독자의 1초를
아껴주는 정성을
만나보세요!

세상이 아무리 바쁘게 돌아가더라도 책까지 아무렇게나 빨리 만들 수는 없습니다.
인스턴트 식품 같은 책보다 오래 익힌 술이나 장맛이 밴 책을 만들고 싶습니다.
땀 흘리며 일하는 당신을 위해 한 권 한 권 마음을 다해 만들겠습니다.
마지막 페이지에서 만날 새로운 당신을 위해 더 나은 길을 준비하겠습니다.

길벗IT 도서 열람 서비스

도서 일부 또는 전체 콘텐츠를 확인하고 읽어볼 수 있습니다.
길벗만의 차별화된 독자 서비스를 만나보세요.

더북(TheBook) ▶ https://thebook.io

더북은 (주)도서출판 길벗에서 제공하는 IT 도서 열람 서비스입니다.

KUBERNETES KANZEN GUIDE DAI2HAN by Masaya Aoyama
Copyright © 2020 Masaya Aoyama
All rights reserved.
Original Japanese edition published by Impress Corporation

Korean translation copyright © 2021 by Gilbut Publishing co.
This Korean edition published by arrangement with Impress Corporation
through HonnoKizuna, Inc., Tokyo, and Botong Agency

이 책의 한국어판 저작권은 Botong Agency를 통한 저작권자와의 독점 계약으로 길벗이 소유합니다.
신 저작권법에 의하여 한국 내에서 보호를 받는 저작물이므로 무단전재와 무단복제를 금합니다.

쿠버네티스 완벽 가이드
Kubernetes Perfect Guide

초판 발행 • 2021년 7월 30일
초판 3쇄 발행 • 2023년 7월 10일

지은이 • 마사야 아오야마
옮긴이 • 박상욱
발행인 • 이종원
발행처 • (주)도서출판 길벗
출판사 등록일 • 1990년 12월 24일
주소 • 서울시 마포구 월드컵로 10길 56(서교동)
대표 전화 • 02)332-0931 | **팩스** • 02)323-0586
홈페이지 • www.gilbut.co.kr | **이메일** • gilbut@gilbut.co.kr

기획 및 책임편집 • 이원휘(wh@gilbut.co.kr) | **디자인** • 박상희 | **제작** • 이준호, 손일순, 이진혁, 김우식
마케팅 • 임태호, 전선하, 차명환, 박민영, 지운집, 박성용 | **영업관리** • 김명자 | **독자지원** • 윤정아, 최희창

교정교열 • 전도영 | **전산편집** • 박진희 | **출력 및 인쇄** • 금강인쇄 | **제본** • 신정문화사

▶ 잘못 만든 책은 구입한 서점에서 바꿔 드립니다.
▶ 이 책은 저작권법에 따라 보호받는 저작물이므로 무단전재와 무단복제를 금합니다. 이 책의 전부 또는 일부를 이용하려면 반드시 사전에 저작권자와 (주)도서출판 길벗의 서면 동의를 받아야 합니다.

ISBN 979-11-6521-628-3 93000
(길벗 도서번호 080280)

정가 44,000원

독자의 1초를 아껴주는 정성 길벗출판사

(주)도서출판 길벗 | IT교육서, IT단행본, 경제경영서, 어학&실용서, 인문교양서, 자녀교육서 www.gilbut.co.kr
길벗스쿨 | 국어학습, 수학학습, 어린이교양, 주니어 어학학습, 학습단행본 www.gilbutschool.co.kr

페이스북 • https://www.facebook.com/gbitbook
예제소스 • https://github.com/MasayaAoyama/kubernetes-perfect-guide

KUBERNETES
PERFECT
GUIDE

쿠버네티스 완벽 가이드

마사야 아오야마 지음
박상욱 옮김

길벗

시작하며

쿠버네티스(Kubernetes)는 컨테이너화된 애플리케이션의 배포, 확장(Scaling) 등과 같은 관리를 자동화하기 위한 플랫폼(컨테이너 오케스트레이션 엔진)이다(그림 0-1). 시스디그(Sysdig, Inc)가 공개한 'Sysdig 2019 Container Usage Report'[1]에 따르면, 컨테이너 오케스트레이션 엔진 시장 점유율에서 쿠버네티스가 약 77%, 오픈시프트(OpenShift)가 약 9%, 도커 스웜(Docker Swarm)이 약 5%를 차지하고 있다. 리눅스 재단(The Linux Foundation)의 상임 이사(Executive Director)인 짐 젬린(Jim Zemlin)이 "쿠버네티스가 클라우드의 리눅스가 되고 있다(Kubernetes is becoming the Linux of the cloud)"라고 말할 정도로 쿠버네티스는 핵심 플랫폼으로 자리매김했다. 쿠버네티스는 컨테이너 오케스트레이션 엔진 분야에서 사실상 표준이 되었다고 할 수 있으며, 앞으로 클라우드 네이티브 환경에서의 개발이 더욱 보편화되면서 반드시 사용해야 하는 플랫폼이 될 것이다.

▼ 그림 0-1 쿠버네티스

이 책의 제목이기도 한 '완벽 가이드'에서 말하는 '완벽'이란, 애플리케이션 개발자가 사용할 만한 쿠버네티스의 기능 전반을 다루고 있다는 의미다. 쿠버네티스는 인프라 엔지니어와 애플리케이션 개발자 사이에 위치하는 소프트웨어다. 쿠버네티스를 사용할 때 엔지니어와 개발자의 역할 범위는 조직마다 다르겠지만, 이 책에서는 인프라 엔지니어가 담당하는 역할을 기준으로 설명한다.

또 이 책에서도 설명하고 있는 CKA/CKAD는 쿠버네티스 자격증이다(그림 0-2). 이 책의 내용을 모두 학습하고 나면 CKAD 자격증을 취득하기 쉬울 것이다. CKA 자격증은 쿠버네티스 클러스터를 수동으로 구축할 수 있는 지식을 요구하므로 책 내용 이외에 추가 학습이 약간 필요하다. CKA/CKAD 자격증을 취득하려는 분들에게 이 책이 많은 도움이 되길 바란다.

---

[1] 시스디그 리포트: https://sysdig.com/blog/sysdig-2019-container-usage-report/

- Certified Kubernetes Administrator(CKA)
- Certified Kubernetes Application Developer(CKAD)

▼ 그림 0-2 CKA와 CKAD

이 책은 쿠버네티스를 지금껏 경험하지 못한 분들도 쿠버네티스의 개념을 이해하고 실제 애플리케이션을 컨테이너화하여 실행할 수 있는 수준까지 실력을 끌어올리는 것을 목표로 하고 있다. 이 책을 끝까지 읽고 나면, 쿠버네티스를 실제로 도입하거나 쿠버네티스의 여러 에코시스템을 이해할 수 있을 것이다. 이 책은 쿠버네티스의 기본 지식을 익히는 것은 물론 실무에서 활용하는 것까지 생각해 다음과 같은 내용에 유의하여 집필했다.

- 체계적으로 설명할 것
- 그림을 많이 활용하여 시각적으로 보고 이해할 수 있도록 할 것
  - 총 그림 수: 285개
- 많은 쿠버네티스 정의 파일(매니페스트)을 다운로드할 수 있도록 준비할 것
  - 예제 매니페스트: 312개
- 쿠버네티스만이 아닌 오픈 소스 소프트웨어 에코시스템도 다룰 것

부디 이 책을 통해 쿠버네티스를 이해하고 실무에서 잘 활용할 수 있길 바란다.

2020년 7월

마사야 아오야마(@amsy810)

이 책에 대하여

이 책에서는 예제 매니페스트(manifest) 파일 등을 내려받아 실습할 수 있으며 다음 깃 저장소(Git Repository)에서 데이터를 받을 수 있다. 이 책에서는 기본적으로 samples/ 디렉터리 아래에 있는 각 장의 디렉터리를 루트 디렉터리로 사용하여 설명한다.

```
# 이 책의 예제 데이터 다운로드
$ git clone https://github.com/MasayaAoyama/kubernetes-perfect-guide.git

# 예제 매니페스트 등이 저장되어 있는 디렉터리로 이동
$ cd kubernetes-perfect-guide/samples/
```

이 책에서는 많은 쿠버네티스 환경 중 다음과 같이 각 방법별로 2~3가지 환경을 소개한다.

- 로컬 쿠버네티스
    - 미니큐브(Minikube)
    - Docker Desktop for Mac/Windows
    - kind(Kubernetes in Docker)
- 쿠버네티스 구축 도구
    - 큐브어드민(kubeadm)
    - 랜처(Rancher)
- 퍼블릭 클라우드(Public Cloud) 관리형 쿠버네티스 서비스
    - Google Kubernetes Engine(GKE)
    - Azure Kubernetes Service(AKS)
    - Elastic Kubernetes Service(EKS)

3장 이후 쿠버네티스의 각 기능 소개는 주로 관리형 쿠버네티스 서비스 환경인 GKE 기준으로 설명하지만, 대부분의 기능은 다른 쿠버네티스 환경에서도 동일하게 사용할 수 있다.

- **쿠버네티스 환경**: Google Kubernetes Engine(GKE), 일부는 Kubernetes in Docker(kind) 사용

- 쿠버네티스 버전: 1.18.16-gke.2100(kind 환경은 1.18.15)
- kubectl 버전: 1.18.16

지면 제약을 고려해서 실행 결과에 직접적으로 영향을 주지 않는 출력 결과의 일부분은 삭제하거나 수정했다. 또한, 쿠버네티스 버전에 따라 출력 결과가 조금 다를 수 있다.

그 외의 시스템 버전은 다음과 같다.

- Docker Desktop for Mac/Windows: 2.3.0.5 (이 책은 맥(Mac) 환경을 사용한다.)
- Minikube: v1.18.1
- kind: v0.10.0
- kubeadm: 1.18.15
- Rancher: v2.3.5
- eksctl: 0.31.0
- stern: 1.11.0
- Nginx Ingress: 0.44.0
- Helm: v3.2.0
- Kustomize: v2.0.3 (kubectl 1.18.16에 내장된 것을 사용)
- Kubeval: 0.16.1
- Conftest: 0.23.0
- ArgoCD: v2.0.0
- Skaffold: v1.12.0
- Telepresence: 1.0.9/2.1.4
- Istio: 1.6.0
- SealedSecret: v0.12.4
- ExternalSecret: 4.0.0

옮긴이의 말

최근 클라우드 네이티브라고 하면, 그 중심에 컨테이너, 컨테이너 오케스트레이션 도구를 도입하는 것이 일반화되었다. 그리고 컨테이너 오케스트레이션 도구라고 하면, 거의 대부분 쿠버네티스를 떠올릴 것이다.

그러나 막상 쿠버네티스를 도입하기 위해 배우려고 하면 사전에 알아야 할 기술적인 내용이 많아서 어디서부터 시작해야 할지 방향을 잡지 못하곤 한다. 인터넷에서 제공되는 쿠버네티스 관련 정보나 서점에 있는 쿠버네티스 책들을 접해 봐도, 기초부터 체계적으로 익히면서 쿠버네티스를 운영하는 데 꼭 필요한 에코시스템 등을 배우기는 쉽지 않다.

이 책은 쿠버네티스를 처음 접하는 분과 쿠버네티스를 이미 접해 봤지만 학습이 더 필요한 분들에게 이론적인 내용을 설명할 뿐 아니라, 예제를 활용해 실습하면서 쿠버네티스의 기초부터 고급 기능까지 모두 배울 수 있도록 구성되어 있다. 280개 이상의 풍부한 그림과 300개 이상의 예제 매니페스트 파일을 제공하므로 쿠버네티스 학습에 많은 도움을 줄 것이다. 또한, 쿠버네티스 자격증인 CKA(Certified Kubernetes Administrator)와 CKAD(Certified Kubernetes Application Developer)를 취득할 때도 유용하도록 구성되어 있다.

이 책을 통해 쿠버네티스를 좀 더 쉽고 명확하게 익힌 후, 반드시 실제 서비스 환경에서 쿠버네티스를 활용하여 애플리케이션을 배포하고 운영해보는 것을 적극 추천한다. 또한, 이 책에서 사용하는 구글 GKE(Google GKE) 환경뿐만 아니라 AWS EKS, 애저 AKS(Azure AKS)도 경험하고 연습해 볼 것을 권한다.

박상욱

이 책의 활용법

KUBERNETES PERFECT GUIDE

예제 파일 내려받기

이 책에서 사용하는 예제 파일은 저자 깃허브 저장소에서 내려받을 수 있습니다.

- https://github.com/MasayaAoyama/kubernetes-perfect-guide

한국어판의 브랜치는 아래 저장소에 준비되어 있습니다.

- https://github.com/MasayaAoyama/kubernetes-perfect-guide/tree/ko/2nd-edition

예제 파일 구조

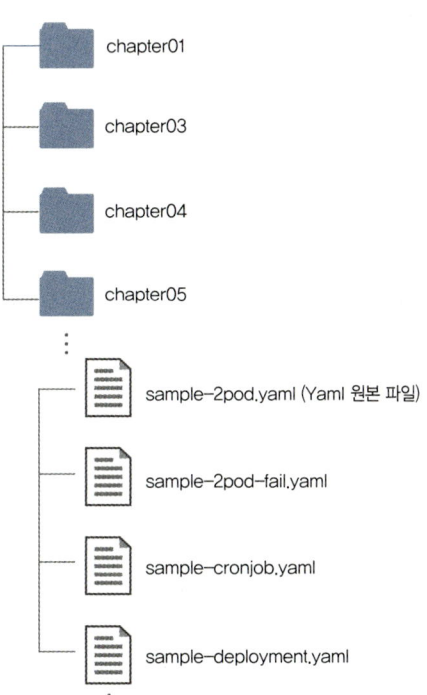

베타테스터 실습 후기

현재 개발 트렌드가 전반적으로 쿠버네티스에 맞춰 크게 변화하고 있습니다. 따라서 쿠버네티스를 처음부터 끝까지, 기초부터 한번 살펴봐야겠다는 생각에 이 책을 읽게 되었습니다.

이 책은 일반적인 아키텍처 설명부터 시작하지 않고 쿠버네티스를 학습하기 위해 먼저 알아야 할 도커(Docker)의 기본부터 먼저 짚고 넘어가며, 쿠버네티스를 이루는 각 구성 요소의 개념을 아주 상세히 설명하고 있습니다. 또한, MSA 아키텍처에 대한 개념 소개와 폭넓은 운영 경험, 다양한 솔루션과의 연계, 많은 실습 자료 등을 함께 제공하므로 책의 내용을 굉장히 쉽게 이해할 수 있었습니다.

마치 '쿠버네티스의 정석'처럼 본문이 구성되어 있으므로 쿠버네티스를 처음 공부하는 분, 어느 정도 쿠버네티스를 알고 있는 분, 쿠버네티스를 좀 더 깊이 알고 싶은 분 모두에게 이 책을 추천합니다.

- **실습 환경** MacOS(Docker 기반의 Kubernetes 최신 버전과 Minikube), Windows(Docker Desktop에서 구성하는 Kubernetes 최신 버전), GKE v1.18.6-gke.2100, v1.18.17-gke.1900

이동민_메가존 클라우드 AWS Solutions Architect

쿠버네티스에 관한 모든 것을 정말 잘 정리해낸 책으로, 쿠버네티스 초보자에게 적극 추천합니다. "쿠버네티스의 개념을 이해하고 실제 애플리케이션을 컨테이너화하여 실행할 수 있는 수준의 실력까지 끌어올리는 것을 목표로 한다"는 저자의 말처럼, 이 책을 읽고 실습하다 보면 이미 쿠버네티스 전문가가 된 기분입니다. 물론 쿠버네티스 전문가가 되려면 더 많은 사용 경험이 필요하겠지만, 이를 실제로 훈련해볼 수 있는 좋은 교재임은 분명합니다.

이 책은 쿠버네티스의 거의 모든 기능을 소개하면서 실습해볼 수 있도록 지원하고 있습니다. 실습에 필요한 리소스들은 저자의 도커 허브와 깃허브를 통해 제공하고 있으며, 이를 통해 책에 소개된 모든 기능을 실제로 실행해볼 수 있습니다. 맥 운영체제를 기준으로 설명하고 있지만, 윈도우 환경에서도 모든 실습이 가능합니다(WSL2와 Docker Desktop의 사용을 권합니다. Windows 10 빌드 18362 이상이 필요합니다). 로컬 환경에 쿠버네티스를 구성할 수도 있지만, 제약이 많으므로 클라우드 서비스를 사용하는 것이 좋습니다.

또한, GCP 무료 등급(Free Tier)으로도 GPU 실습을 제외한 모든 실습이 가능합니다. 단, 무료 등급으로 실습할 때는 클러스터 노드의 `machine-type`을 `n1-standard-2`로 변경해야 합니다. 변경해도 모든 실습이 가능하며, 9장의 실습 일부에서 결과 수치가 두 배로 나오지만 본문 내용을 이해하는 데는 문제없습니다. 유료 등급으로 업그레이드하여 실습해도 기본으로 제공하는 300달러 내에서 실습이 가능하며, 실습이 끝나면 반드시 자원을 삭제해야만 과금되지 않는다는 점에 유의하길 바랍니다(제가 실습할 때는 300달러(약 34만 원)의 크레딧이 주어졌으며, 모든 실습을 해보는 데 9만 원 정도의 크레딧만을 사용했습니다).

- **실습 환경** Windows 10 Pro 빌드 19042, WSL2 Ubuntu-18.04, Docker Desktop-Community Version 2.4.0, Docker Engine-Version 19.03.13, Kubernetes(kubectl) Version 1.18.8(Docker Desktop에 포함), Google Cloud Platform-Kubernetes Engine

신지후_프리랜서

목차

1장 도커 복습과 Hello, Kubernetes …… 29

1.1 도커 복습 30
1.1.1 도커 컨테이너란? 31
1.1.2 도커 컨테이너 설계 32
1.1.3 도커 파일 작성법 33
1.1.4 도커 이미지 빌드 36
1.1.5 이미지 레이어 통합과 이미지 축소화 40
1.1.6 도커 레지스트리로 이미지 업로드 41
1.1.7 컨테이너 기동 44

1.2 쿠버네티스의 세계로 44

2장 왜 쿠버네티스가 필요할까? …… 45

2.1 쿠버네티스란? 46
2.2 쿠버네티스의 역사 47
2.3 쿠버네티스를 사용하면 무엇을 할 수 있을까? 48
2.3.1 선언적 코드를 사용한 관리(IaC) 49
2.3.2 스케일링/오토 스케일링 49
2.3.3 스케줄링 50
2.3.4 리소스 관리 50
2.3.5 자동화된 복구 51
2.3.6 로드 밸런싱과 서비스 디스커버리 51
2.3.7 데이터 관리 52

2.4 정리 54

3장 쿠버네티스 환경 선택 ····· 55

3.1 쿠버네티스 환경의 종류 56
3.2 로컬 쿠버네티스 58
    3.2.1 미니큐브 58
    3.2.2 Docker Desktop for Mac/Windows 62
    3.2.3 kind 63
    3.2.4 로컬 쿠버네티스 정리 68
3.3 쿠버네티스 구축 도구 69
    3.3.1 쿠버네티스 서비스 수준 목표(SLO) 69
    3.3.2 큐브어드민 70
    3.3.3 플라넬 73
    3.3.4 랜처 74
    3.3.5 그 외 구축 도구 76
    3.3.6 그 외 엔터프라이즈 솔루션 76
3.4 퍼블릭 클라우드 관리형 쿠버네티스 서비스 76
    3.4.1 GKE 77
    3.4.2 AKS 82
    3.4.3 EKS 84
3.5 쿠버네티스 플레이그라운드 86
3.6 정리 87

4장 API 리소스와 kubectl ····· 89

4.1 이 책을 읽기 위한 준비 90
    4.1.1 kubectl 설치와 자동 완성 기능 설정 91
    4.1.2 쿠버네티스(GKE) 클러스터 생성 92
4.2 쿠버네티스 기초 95
4.3 쿠버네티스와 리소스 97
    4.3.1 워크로드 API 카테고리 97
    4.3.2 서비스 API 카테고리 98

4.3.3 컨피그 & 스토리지 API 카테고리   99
4.3.4 클러스터 API 카테고리   99
4.3.5 메타데이터 API 카테고리   100

4.4 네임스페이스로 가상적인 클러스터 분리   100

4.5 커맨드 라인 인터페이스(CLI) 도구 kubectl   102

4.5.1 인증 정보와 컨텍스트(config)   103
4.5.2 kubectx/kubens를 사용한 전환   105
4.5.3 매니페스트와 리소스 생성/삭제/갱신   106
4.5.4 리소스 생성에도 kubectl apply를 사용해야 하는 이유   110
4.5.5 `1.18 Beta2` Server-side apply   112
4.5.6 파드 재기동   116
4.5.7 generateName으로 임의의 이름을 가진 리소스 생성   117
4.5.8 리소스 상태 체크와 대기(wait)   118
4.5.9 매니페스트 파일 설계   119
4.5.10 어노테이션과 레이블   124
4.5.11 `1.18 Alpha` Prune을 사용한 리소스 삭제: --prune 옵션   132
4.5.12 편집기로 편집: edit   136
4.5.13 리소스 일부 정보 업데이트: set   137
4.5.14 로컬 매니페스트와 쿠버네티스 등록 정보 비교 출력: diff   138
4.5.15 사용 가능한 리소스 종류의 목록 가져오기: api-resources   139
4.5.16 리소스 정보 가져오기: get   139
4.5.17 리소스 상세 정보 가져오기: describe   144
4.5.18 실제 리소스 사용량 확인: top   149
4.5.19 컨테이너에서 명령어 실행: exec   150
4.5.20 `1.18 Alpha` 파드에 디버깅용 임시 컨테이너 추가: debug   151
4.5.21 로컬 머신에서 파드로 포트 포워딩: port-forward   152
4.5.22 컨테이너 로그 확인: logs   154
4.5.23 스턴을 사용한 로그 확인   154
4.5.24 컨테이너와 로컬 머신 간의 파일 복사: cp   156
4.5.25 kubectl 플러그인과 패키지 관리자: plugin/krew   156
4.5.26 kubectl에서 디버깅   158
4.5.27 kubectl의 기타 팁   160

4.6 정리   162

5장 워크로드 API 카테고리 ····· 163

5.1 워크로드 API 카테고리 개요 **164**

5.2 파드 **165**
- 5.2.1 파드 디자인 패턴 166
- 5.2.2 파드 생성 169
- 5.2.3 두 개의 컨테이너를 포함한 파드 생성 170
- 5.2.4 컨테이너 로그인과 명령어 실행 172
- 5.2.5 ENTRYPOINT 명령/CMD 명령과 command/args 173
- 5.2.6 파드명 제한 174
- 5.2.7 호스트의 네트워크 구성을 사용한 파드 기동 175
- 5.2.8 파드 DNS 설정과 서비스 디스커버리 176
- 5.2.9 정적 호스트명 해석 설정: /etc/hosts 180
- 5.2.10 작업 디렉터리 설정 181

5.3 레플리카셋/레플리케이션 컨트롤러 **182**
- 5.3.1 레플리카셋 생성 183
- 5.3.2 파드 정지와 자동화된 복구 184
- 5.3.3 레플리카셋과 레이블 186
- 5.3.4 레플리카셋과 스케일링 190
- 5.3.5 일치성 기준 조건과 집합성 기준 조건 191

5.4 디플로이먼트 **192**
- 5.4.1 디플로이먼트 생성 193
- 5.4.2 디플로이먼트 업데이트(레플리카셋이 생성되는) 조건 196
- 5.4.3 변경 롤백 197
- 5.4.4 디플로이먼트 변경 일시 중지 199
- 5.4.5 디플로이먼트 업데이트 전략 200
- 5.4.6 상세 업데이트 파라미터 205
- 5.4.7 디플로이먼트 스케일링 206
- 5.4.8 매니페스트를 사용하지 않고 디플로이먼트 생성 207

5.5 데몬셋 **207**
- 5.5.1 데몬셋 생성 208
- 5.5.2 데몬셋 업데이트 전략 209

5.6 스테이트풀셋 **211**
- 5.6.1 스테이트풀셋 생성 212
- 5.6.2 스테이트풀셋 스케일링 214
- 5.6.3 스테이트풀셋의 라이프사이클 216

    5.6.4 스테이트풀셋 업데이트 전략   217
    5.6.5 영구 볼륨 데이터 저장 확인   220
    5.6.6 스테이트풀셋 삭제와 영구 볼륨 삭제   222

5.7 잡   223
    5.7.1 레플리카셋과의 차이점과 잡의 용도   224
    5.7.2 잡 생성   224
    5.7.3 restartPolicy에 따른 동작 차이   225
    5.7.4 태스크와 작업 큐 병렬 실행   228
    5.7.5 1.18 Alpha 일정 기간 후 잡 삭제   235
    5.7.6 매니페스트를 사용하지 않고 잡을 생성   236

5.8 크론잡   236
    5.8.1 크론잡 생성   237
    5.8.2 크론잡 일시 정지   239
    5.8.3 크론잡을 임의의 시점에 실행   240
    5.8.4 동시 실행 제어   240
    5.8.5 실행 시작 기한 제어   242
    5.8.6 크론잡 이력   243
    5.8.7 매니페스트를 사용하지 않고 크론잡 생성   245

5.9 정리   245

6장   서비스 API 카테고리 ····· 247

6.1 서비스 API 카테고리 개요   248

6.2 쿠버네티스 클러스터 네트워크와 서비스   249
    6.2.1 파드에 트래픽 로드 밸런싱   250
    6.2.2 클러스터 내부 DNS와 서비스 디스커버리   258
    6.2.3 클러스터 내부 DNS와 클러스터 외부 DNS   263
    6.2.4 1.18 Stable 노드 로컬 DNS 캐시   264

6.3 ClusterIP 서비스   265
    6.3.1 ClusterIP 서비스 생성   266
    6.3.2 ClusterIP 가상 IP 정적 지정   267

6.4 ExternalIP 서비스   268
    6.4.1 ExternalIP 서비스 생성   269

6.5 NodePort 서비스 273
6.5.1 NodePort 서비스 생성 273
6.5.2 NodePort 주의점 277

6.6 LoadBalancer 서비스 279
6.6.1 LoadBalancer 서비스 생성 280
6.6.2 로드 밸런서에 할당되는 가상 IP 정적 지정 283
6.6.3 로드 밸런서 방화벽 정책 설정 284
6.6.4 GKE와 클라우드 서비스에서 주의할 점 285

6.7 그 외 서비스 기능 286
6.7.1 세션 어피니티 286
6.7.2 노드 간 통신 제외와 발신 측 IP 주소 유지 289
6.7.3 `1.18 Alpha` 토폴로지를 고려한 서비스 전송 294

6.8 헤드리스 서비스(None) 298
6.8.1 헤드리스 서비스 생성 299
6.8.2 헤드리스 서비스로 파드명 이름 해석 300
6.8.3 스테이트풀셋 외의 파드명으로 이름 해석 302

6.9 ExternalName 서비스 304
6.9.1 ExternalName 서비스 생성 304
6.9.2 외부 서비스와 느슨한 결합 확보 305
6.9.3 외부 서비스와 내부 서비스 간의 전환 306

6.10 None-Selector 서비스 307
6.10.1 None-Selector 서비스 생성 308

6.11 인그레스 310
6.11.1 리소스와 컨트롤러 310
6.11.2 인그레스 리소스와 인그레스 컨트롤러 311
6.11.3 인그레스 종류 312
6.11.4 인그레스 컨트롤러 배포 314
6.11.5 인그레스 리소스 생성을 위한 사전 준비 317
6.11.6 인그레스 리소스 생성 319
6.11.7 X-Forwarded-For 헤더에 의한 클라이언트 IP 주소 참조 324
6.11.8 인그레스 클래스에 의한 인그레스 분리 324
6.11.9 `1.18 Beta` 인그레스의 GA 승격을 위한 변경 326

6.12 정리 328

7장 컨피그 & 스토리지 API 카테고리 ····· 331

- 7.1 컨피그 & 스토리지 API 카테고리 개요   332
- 7.2 환경 변수 사용   332
    - 7.2.1 정적 설정   333
    - 7.2.2 파드 정보   334
    - 7.2.3 컨테이너 정보   336
    - 7.2.4 시크릿 리소스 기밀 정보   337
    - 7.2.5 컨피그맵 리소스 설정값   337
    - 7.2.6 환경 변수 이용 시 주의 사항   337
- 7.3 시크릿   340
    - 7.3.1 시크릿 분류   340
    - 7.3.2 일반적인 범용 용도의 시크릿(Opaque)   341
    - 7.3.3 TLS 타입 시크릿   344
    - 7.3.4 도커 레지스트리 타입의 시크릿   345
    - 7.3.5 기본 인증 타입의 시크릿   347
    - 7.3.6 SSH 인증 타입의 시크릿   348
    - 7.3.7 시크릿 사용   349
- 7.4 컨피그맵   355
    - 7.4.1 컨피그맵 생성   355
    - 7.4.2 컨피그맵 사용   359
    - 7.4.3 시크릿과 컨피그맵의 공통 주제   363
- 7.5 영구 볼륨 클레임   369
    - 7.5.1 볼륨, 영구 볼륨, 영구 볼륨 클레임의 차이   369
- 7.6 볼륨   370
    - 7.6.1 emptyDir   371
    - 7.6.2 hostPath   375
    - 7.6.3 downwardAPI   376
    - 7.6.4 projected   377
- 7.7 영구 볼륨(PV)   379
    - 7.7.1 영구 볼륨 종류   379
    - 7.7.2 영구 볼륨 생성   380
- 7.8 영구 볼륨 클레임   389
    - 7.8.1 영구 볼륨 클레임 설정   390

7.8.2 영구 볼륨 클레임 생성 391
7.8.3 파드에서 사용 392
7.8.4 동적 프로비저닝 393
7.8.5 영구 볼륨을 블록 장치로 사용 398
7.8.6 영구 볼륨 클레임 조정을 사용한 볼륨 확장 400
7.8.7 `1.18 Alpha` 영구 볼륨 클레임 조정을 사용한 볼륨 온라인 확장 403
7.8.8 `1.17 Beta` `1.16 Alpha` 영구 볼륨 스냅샷과 클론 403
7.8.9 스테이트풀셋에서 영구 볼륨 클레임(volumeClaimTemplate) 408

7.9 volumeMounts에서 사용 가능한 옵션 410
7.9.1 읽기 전용(ReadOnly) 마운트 410
7.9.2 subPath 411

7.10 정리 413

8장 클러스터 API 카테고리와 메타데이터 API 카테고리 ····· 415

8.1 클러스터 API 카테고리와 메타데이터 API 카테고리의 개요 416

8.2 노드 417

8.3 네임스페이스 423
8.3.1 네임스페이스 생성 423
8.3.2 네임스페이스를 지정한 리소스 획득 423

8.4 정리 424

9장 리소스 관리와 오토 스케일링 ····· 425

9.1 리소스 제한 426
9.1.1 CPU/메모리 리소스 제한 426
9.1.2 `1.18 Beta` Ephemeral 스토리지 리소스 제어 430
9.1.3 시스템에 할당된 리소스와 Eviction 매니저 433
9.1.4 GPU 등의 리소스 제한 435

9.1.5 오버커밋과 리소스 부족 436
9.1.6 여러 컨테이너 사용 시 리소스 할당 439

9.2 Cluster Autoscaler와 리소스 부족 441

9.3 LimitRange를 사용한 리소스 제한 443
9.3.1 기본으로 생성되는 LimitRange 444
9.3.2 컨테이너에 대한 LimitRange 444
9.3.3 파드에 대한 LimitRange 446
9.3.4 영구 볼륨 클레임에 대한 LimitRange 447

9.4 QoS Class 448
9.4.1 BestEffort 449
9.4.2 Guaranteed 449
9.4.3 Burstable 450

9.5 리소스 쿼터를 사용한 네임스페이스 리소스 쿼터 제한 451
9.5.1 생성 가능한 리소스 수 제한 452
9.5.2 리소스 사용량 제한 453

9.6 HorizontalPodAutoscaler 455
9.6.1 `1.18 Beta` HorizontalPodAutoscaler 스케일링 동작 설정 458

9.7 VerticalPodAutoscaler 460

9.8 정리 467

10장 헬스 체크와 컨테이너 라이프사이클 ····· 469

10.1 헬스 체크 470
10.1.1 세 가지 헬스 체크 방법(Liveness/Readiness/Startup Probe) 470
10.1.2 세 가지 헬스 체크 방식 472
10.1.3 헬스 체크 간격 474
10.1.4 헬스 체크 생성 475
10.1.5 Liveness Probe 실패 476
10.1.6 Readiness Probe 실패 479
10.1.7 `1.18 Beta` `1.16 Alpha` Startup Probe를 사용한 지연 체크와 실패 486

10.2 컨테이너 라이프사이클과 재기동(restartPolicy) 490
   10.2.1 Always 491
   10.2.2 OnFailure 492
   10.2.3 Never 493

10.3 초기화 컨테이너 494

10.4 기동 직후와 종료 직전에 임의의 명령어를 실행(postStart/preStop) 496

10.5 파드의 안전한 정지와 타이밍 499

10.6 리소스를 삭제했을 때의 동작 501

10.7 정리 503

11장 메인터넌스와 노드 정지 ····· 505

11.1 노드 정지와 파드 정지 506

11.2 스케줄링 대상에서 제외와 복귀(cordon/uncordon) 506

11.3 노드 배출 처리로 인한 파드 축출(drain) 508

11.4 PodDisruptionBudget(PDB)을 사용한 안전한 축출 510

11.5 정리 513

12장 유연한 고급 스케줄링 ····· 515

12.1 필터링과 스코어링 516

12.2 매니페스트에서 지정하는 스케줄링 516

12.3 빌트인 노드 레이블과 레이블 추가 518

12.4 nodeSelector(가장 단순한 노드 어피니티) 521

12.5 노드 어피니티 522

12.6 matchExpressions 오퍼레이터와 집합성 기준 조건　530
　　12.6.1 In/NotIn 오퍼레이터　531
　　12.6.2 Exits/DoesNotExit 오퍼레이터　531
　　12.6.3 Gt/Lt 오퍼레이터　532

12.7 노드 안티어피니티　533

12.8 인터파드 어피니티　534
　　12.8.1 특정 파드와 반드시 동일한 노드에서 기동　541
　　12.8.2 특정 파드와 반드시 같은 존에 기동하고 가능하다면 같은 노드에 기동　542

12.9 인터파드 안티어피니티　544

12.10 여러 조건을 조합한 파드 스케줄링　546

12.11 `1.18 Beta` TopologySpreadConstraints를 사용한 토폴로지 균형　549

12.12 테인트와 톨러레이션　553
　　12.12.1 테인트 부여　554
　　12.12.2 톨러레이션을 지정한 파드 기동　557
　　12.12.3 NoExecute 일정 시간 허용　558
　　12.12.4 여러 개의 테인트와 톨러레이션　560
　　12.12.5 `1.18 GA` `1.13 Beta` 장애 시 부여되는 테인트와 축출　560
　　12.12.6 쿠버네티스가 부여하는 그 외 테인트　561

12.13 PriorityClass를 이용한 파드 우선순위와 축출　562
　　12.13.1 PriorityClass 생성　562
　　12.13.2 `1.15 Alpha` 우선순위 축출 비활성화　564
　　12.13.3 PriorityClass와 PodDisruptionBudget의 경합　565

12.14 기타 스케줄링　566

12.15 정리　567

13장 보안 ····· 569

13.1 서비스 어카운트 570
- 13.1.1 서비스 어카운트 생성 570
- 13.1.2 서비스 어카운트와 토큰 571
- 13.1.3 토큰 자동 마운트 574
- 13.1.4 클라이언트 라이브러리와 인증 575
- 13.1.5 도커 레지스트리 인증 정보 자동 설정 576

13.2 RBAC 578
- 13.2.1 롤과 클러스터롤 578
- 13.2.2 롤바인딩과 클러스터롤바인딩 585
- 13.2.3 RBAC 테스트 587

13.3 보안 컨텍스트 590
- 13.3.1 특수 권한 컨테이너 생성 590
- 13.3.2 Capabilities 부여 591
- 13.3.3 root 파일 시스템의 읽기 전용 설정 592

13.4 파드 보안 컨텍스트 592
- 13.4.1 실행 사용자 변경 593
- 13.4.2 root 사용자로 실행 제한 594
- 13.4.3 파일 시스템 그룹 지정 595
- 13.4.4 sysctl을 사용한 커널 파라미터 설정 595

13.5 `1.18 Beta` 파드 보안 정책 598
- 13.5.1 파드 보안 정책 활성화 599
- 13.5.2 파드 보안 정책으로 파드 생성 권한 부여 599
- 13.5.3 파드 보안 정책과 레플리카셋 실행 602
- 13.5.4 파드 보안 정책 비활성화 604

13.6 네트워크 정책 604
- 13.6.1 네트워크 정책 활성화 605
- 13.6.2 네트워크 정책 생성 605
- 13.6.3 네트워크 정책 사례 608

13.7 인증/인가와 어드미션 컨트롤 616

13.8 `1.18 Alpha` 파드 프리셋　618
　13.8.1 파드 프리셋 생성　618
　13.8.2 파드 프리셋 충돌　621
　13.8.3 파드 프리셋 제외　621

13.9 시크릿 리소스 암호화　622
　13.9.1 kubesec　622
　13.9.2 SealedSecret　627
　13.9.3 ExternalSecret　632

13.10 정리　635

14장　매니페스트 범용화 오픈 소스 소프트웨어 ····· 637

14.1 매니페스트 범용화　638

14.2 헬름　638
　14.2.1 헬름 설치　639
　14.2.2 제공되는 차트　640
　14.2.3 헬름 저장소 추가　641
　14.2.4 차트 검색　642
　14.2.5 아티팩트 허브　642
　14.2.6 차트 설치　644
　14.2.7 설치한 차트 테스트　645
　14.2.8 템플릿으로 매니페스트 생성　647
　14.2.9 헬름 아키텍처　648
　14.2.10 릴리스 확인　649
　14.2.11 릴리스 삭제　649
　14.2.12 커스텀 차트 생성　649
　14.2.13 차트 패키지화와 헬름 저장소 공개　653

14.3 Kustomize　654
　14.3.1 여러 매니페스트 결합　655
　14.3.2 네임스페이스 덮어 쓰기　656
　14.3.3 Prefix와 Suffix 부여　658
　14.3.4 공통 메타데이터(레이블/어노테이션) 부여　658
　14.3.5 images로 이미지 덮어 쓰기　660
　14.3.6 오버레이로 값 덮어 쓰기　661

14.3.7 컨피그맵과 시크릿 동적 생성 663
14.3.8 Kustomize 관련 kubectl 하위 명령 664

14.4 Ksonnet 665

14.5 그 외 매니페스트 관련 도구 665

14.6 정리 665

15장 모니터링 ····· 667

15.1 쿠버네티스에서의 모니터링 668

15.2 데이터독 668
15.2.1 데이터독 아키텍처 669
15.2.2 데이터독 설치 669
15.2.3 데이터독 대시보드 670
15.2.4 데이터독 메트릭 672
15.2.5 실무 모니터링 사례 673
15.2.6 데이터독을 사용한 컨테이너 모니터링과 알림 설정 676

15.3 프로메테우스 678
15.3.1 프로메테우스 아키텍처 678
15.3.2 프로메테우스 설치 679
15.3.3 대규모 프로메테우스 운용을 지원하는 에코시스템 681

15.4 정리 682

16장 컨테이너 로그 집계 ····· 683

16.1 컨테이너에서 애플리케이션 로그 출력 684

16.2 플루언트디를 사용한 로그 집계 685
16.2.1 로그 저장소 선택 686
16.2.2 GKE의 경우: 클라우드 로깅 686
16.2.3 플루언트디와 플루언트 비트 688

16.3 데이터독 로그를 사용한 로그 집계 **689**

16.4 그라파나 로키를 사용한 로그 집계 **691**

16.5 정리 **692**

17장 쿠버네티스 환경에서의 CI/CD ····· 693

17.1 쿠버네티스 환경에서의 CI/CD **694**

17.2 깃옵스 **694**

17.3 깃옵스에 적합한 CI 도구 **697**

17.4 CI 시 쿠버네티스 매니페스트 체크 실시 **697**
  17.4.1 큐비발 697
  17.4.2 Conftest 699
  17.4.3 OpenPolicyAgent/Gatekeeper 701

17.5 깃옵스에 적합한 CD 도구 **707**
  17.5.1 ArgoCD 707
  17.5.2 시크릿 리소스의 매니페스트 암호화 711

17.6 개발 환경을 정비하는 도구 **711**
  17.6.1 텔레프레전스 711
  17.6.2 스캐폴드 717

17.7 스피네이커 **730**
  17.7.1 스피네이커 설치 730
  17.7.2 스피네이커 시작 736

17.8 젠킨스 X **747**
  17.8.1 젠킨스 X 설치 747
  17.8.2 젠킨스 X 시작 751

17.9 정리 **761**

18장 마이크로서비스 아키텍처와 서비스 매시 ····· 763

18.1 마이크로서비스 아키텍처란? 764

18.2 서비스 매시란? 766

18.3 이스티오 769
  - 18.3.1 이스티오 아키텍처 769
  - 18.3.2 이스티오 샘플 애플리케이션 773
  - 18.3.3 이스티오 시작 773
  - 18.3.4 각종 서비스로 시각화 788

18.4 정리 790

19장 쿠버네티스 아키텍처의 이해 ····· 791

19.1 쿠버네티스 아키텍처 개요 792

19.2 etcd 794

19.3 kube-apiserver 794

19.4 kube-scheduler 796

19.5 kube-controller-manager 797

19.6 kubelet 797

19.7 kube-proxy 799

19.8 CNI 플러그인 800

19.9 kube-dns(CoreDNS) 801

19.10 cloud-controller-manager 801

19.11 기타 구성 요소와 클러스터 체크 802

19.12 커스텀 리소스 데피니션과 오퍼레이터 803

19.13 정리 806

20장 쿠버네티스와 미래 ····· 807

20.1 쿠버네티스와 관련된 표준화   808
20.1.1 OCI와 OCI v1.0   808
20.1.2 CRI   808
20.1.3 CSI   809
20.1.4 CNI   809

20.2 쿠버네티스와 에코시스템   810
20.2.1 쿠버네티스 클러스터를 배포하는 XaaS   810
20.2.2 쿠버네티스 클러스터를 배포하는 서버리스   811
20.2.3 Kubernetes-native Testbed를 사용한 에코시스템 동작 확인   811
20.2.4 구성 커넥터를 이용한 GCP 리소스 생성 및 관리   812

20.3 정리   825

21장 부록 ····· 827

21.1 kubectl에서 사용되는 리소스 약어   828
21.2 자주 묻는 질문과 답변   830

찾아보기   840

1장

도커 복습과 Hello, Kubernetes

1.1 도커 복습
1.2 쿠버네티스의 세계로

이 장은 도커를 잘 모르거나 쿠버네티스를 사용하기 전에 도커를 복습하려는 분들을 위해 준비했다. 도커를 잘 알고 있다면 이 장은 건너뛰고 2장에서 바로 쿠버네티스를 공부해보자.

이 장을 공부하려면 도커 실행 환경이 필요하므로 3장에서 설명하는 Docker Desktop for Mac/Windows 등을 먼저 설치하길 바란다.

1.1 도커 복습

도커(Docker)는 컨테이너를 실행하기 위한 실행 환경(컨테이너 런타임) 및 툴킷이다. 쿠버네티스는 도커 이외의 컨테이너 런타임도 지원하도록 개발되어 있기 때문에 쿠버네티스를 사용할 경우 도커에 대한 학습이 많이 필요하지는 않다. 따라서 이 책에서는 쿠버네티스로 컨테이너화된 애플리케이션을 실행하는 데 필요한 도커의 기본적인 내용만 설명한다(그림 1-1).

❤ 그림 1-1 도커

주로 필요한 내용은 도커 이미지에 대한 지식이다. 최근에는 도커 이미지가 아닌 OCI 표준의 컨테이너 이미지를 사용하는 방법이나 다른 도구에서 도커 이미지를 빌드하는 방법 등도 존재한다. 그러나 아직도 도커 이미지를 많이 사용하고 있으며, 도커 이미지 작성 매뉴얼인 도커 파일을 사용해 이미지를 생성하는 경우가 대부분이다. 그렇기 때문에 도커 이미지를 제대로 만들어 도커 이미지 보관/배포 서버인 도커 레지스트리로 푸시(업로드)하는 방법을 알아 두어야 한다. 쿠버네티스를 사용할 때 도커에 대해 반드시 알아두면 좋은 지식을 좀 더 자세히 설명하면 다음과 같다.

- 도커 컨테이너 설계
- 도커 파일 작성법
- 도커 이미지 빌드
- 도커 레지스트리로 이미지 푸시

1.1.1 도커 컨테이너란?

도커 컨테이너는 도커 이미지를 기반으로 실행되는 프로세스다. 도커 이미지만 있다면 환경의 영향을 받지 않고 다양한 환경에서 컨테이너를 기동시킬 수 있기 때문에 이식성이 높다. 자바(JAVA) 언어에 'WORA(Write Once, Run Anyware)'라는 콘셉트가 있는데, 도커 컨테이너에도 한번 빌드한 도커 이미지는 어느 환경에서나 동일한 동작을 보장한다는 'BORA(Build Once, Run Anyware)' 콘셉트가 있다고 말할 수 있다(그림 1-2).

▼ 그림 1-2 Build Once, Run Anyware

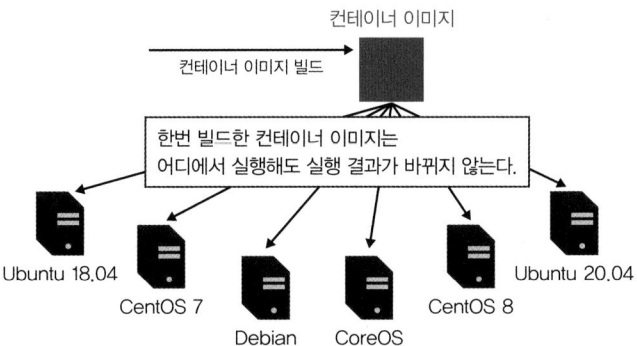

또한, 도커 컨테이너는 가상 머신에 비해 '가볍다', '시작과 중지가 빠르다' 등과 같은 장점이 있다. 가상 머신은 하이퍼바이저를 이용하여 게스트 OS를 동작시키지만, 도커 컨테이너는 호스트 머신의 커널을 이용하면서 네임스페이스 분리와 cgroups를 이용한 제어를 통해 독립적인 OS와 같은 환경을 만들 수 있다. 따라서 게스트 OS 기동을 기다릴 필요가 없으므로 프로세스를 빠르게 시작하고 중지할 수 있다.

1.1.2 도커 컨테이너 설계

도커 컨테이너를 생성할 때 주로 주의해야 할 점은 다음 네 가지다.

- 1 컨테이너당 1 프로세스
- 변경 불가능한 인프라(Immutable Infrastructure) 이미지로 생성한다.
- 경량의 도커 이미지로 생성한다.
- 실행 계정은 root 이외의 사용자로 한다.

가장 중요한 점은 도커 컨테이너는 '1 컨테이너당 1 프로세스'만 기동하도록 생성하는 것이다. 기존 가상 머신 환경처럼 하나의 이미지 안에 여러 프로세스를 올리는 방법은 추천하지 않는다.

도커 컨테이너는 애플리케이션과 해당 애플리케이션을 실행하기 위한 실행 환경을 패키징함으로써 애플리케이션을 쉽게 실행하기 위한 도구로, 애플리케이션에서 중요한 역할을 한다. 주변의 에코시스템도 이 사상을 바탕으로 만들어진 것들이 많으므로, 이를 무시하고 도커 컨테이너에 여러 프로세스를 기동하도록 만들면 주변 에코시스템과 맞지 않거나 관리가 힘들어진다.

두 번째로 중요한 점은 변경 불가능한 인프라를 구현하는 이미지로 생성하는 것이다. 변경 불가능한 인프라는 '환경을 변경할 때 오래된 환경은 없애고 새로운 환경을 만든다', '한번 만들어진 환경은 절대 변경되지 않게 한다'라는 개념이다. 전자는 쿠버네티스를 사용하는 경우 컨테이너가 자동으로 환경을 다시 만들지만, 후자는 컨테이너 이미지 관리자가 고려해야 한다. 예를 들어, 컨테이너 기동 후에 외부에서 실행 바이너리를 가져오거나 패키지를 설치하면 외부 영향에 따라 컨테이너 이미지 실행 결과가 달라진다. 도커 컨테이너는 버전을 관리할 수 있으므로 컨테이너 이미지 안에 애플리케이션 실행 바이너리나 관련 리소스를 가능한 한 포함시켜 컨테이너 이미지를 변경 불가능한 상태로 만들어야 한다(그림 1-3).

❤ 그림 1-3 외부 요인이 컨테이너에 미치는 영향

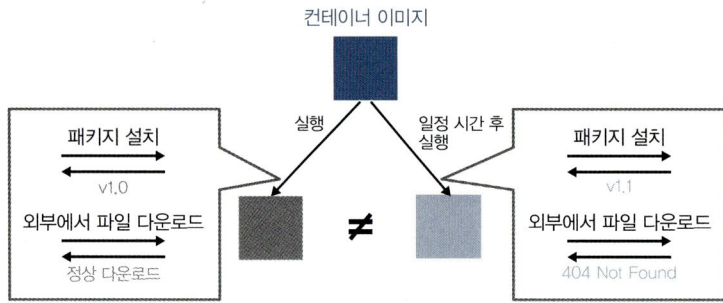

세 번째로 유의할 사항은 도커 이미지를 최대한 경량으로 만드는 것이다. 컨테이너를 실행할 때 노드상에서 사용할 도커 이미지가 없다면 외부에서 이미지를 풀(다운로드)하여 가지고 와야 한다. 그러므로 도커 이미지는 가급적 경량인 상태로 만들어야 한다. 바로 실행 가능한 방법으로 dnf/yum이나 apt로 패키지를 설치한 후 저장소 패키지 목록 등의 캐시 파일을 삭제하는 것을 생각해 볼 수 있다. 나중에 설명할 멀티 스테이지 빌드를 활용하면 이미지에 필요한 파일만 추가할 수 있다. 또 기본 이미지가 경량인 배포판 이미지를 사용하는 것도 하나의 방법이다. 이러한 경량 배포판으로는 알파인 리눅스(Alpine Linux)나 Distroless가 있다. 여기서 자세한 설명은 생략하지만, 도커 파일 최적화에 따라 레이어를 줄이거나 도커 이미지를 생성할 때 스쿼시(squash)를 사용하여 이미지를 경량화할 수도 있다.

마지막 포인트는 컨테이너 내부에서 프로세스를 기동하는 실행 계정 권한을 최소화하는 것이다. 특히 root 사용자를 사용하면 큰 보안 사고로 이어질 수 있으므로 최대한 사용하지 않도록 한다.

1.1.3 도커 파일 작성법

도커 이미지는 도커 파일을 기반으로 이미지가 빌드된다. 도커 파일은 코드 1-1과 같은 형태로 작성하는 컨테이너 이미지 작성 매뉴얼 같은 것이다. 여기서는 HTTP 요청이 오면 'Hello, Kubernetes'라고 응답하는 Go 언어 애플리케이션(main.go)을 실행하는 컨테이너 이미지의 생성 방법을 예로 들어 설명한다.

코드 1-1 도커 파일 예제(Dockerfile)

```
# Alpine 3.11 버전 golang 1.14.1 이미지를 기반 이미지로 사용
FROM golang:1.14.1-alpine3.11

# 빌드할 머신에 있는 main.go 파일을 컨테이너에 복사
COPY ./main.go ./

# 빌드 시 컨테이너 내부에서 명령어 실행
RUN go build -o ./go-app ./main.go

# 실행 계정을 nobody로 지정
USER nobody

# 컨테이너가 기동할 때 실행할 명령어 정의
ENTRYPOINT ["./go-app"]
```

FROM에서는 기반이 되는 도커 이미지를 지정한다. 도커 파일의 기본적인 흐름은 FROM으로 지정한 기반 이미지에 RUN이나 COPY 등의 명령을 사용해 패키지 설치나 파일 복사 등의 여러 가지 처리를 하여 이미지를 생성하는 것이다.

기반 이미지로 사용할 수 있는 대표적인 이미지는 표 1-1과 같다. 알파인 리눅스는 musl libc와 busybox를 기반으로 한 경량 리눅스로, 도커 허브(Docker Hub)에 공개된 많은 컨테이너 이미지에서도 사용되고 있다. 그러나 musl libc는 glibc와 약간의 동작 차이가 있는 등 기존 배포판과 다르므로 주의해야 한다. 그 외에 파이썬(Python)이나 Node.js 등 특정 애플리케이션 런타임만 포함된 Distroless 이미지[1] 등도 좋은 대안이다. 또 초경량의 대표적인 기반 이미지로 scratch 이미지가 있지만, 셸도 설치되어 있지 않아 디버그가 어렵다는 단점이 있다. 기술 지원이 필요한 경우에는 특정 환경의 기반 이미지로 레드햇(RedHat)이 지원하는 Red Hat Universal Base Image(UBI)도 추천한다.

▼ 표 1-1 도커 이미지와 이미지 사이즈

이미지명	이미지 사이즈
scratch	최소
alpine	작다
distroless	작다
ubuntu	크다
centos	크다
Universal Base Image	크다

실제로 도커 이미지를 다운로드해 사이즈를 확인해보자. scratch 이미지는 이미지 안에 아무것도 설치되어 있지 않기 때문에 컨테이너가 생성되지 않으며, 도커에서 제공하는 사전에 정의된 이미지라고 보면 된다.

```
# 도커 이미지 다운로드
IMAGES=(
  alpine:3.11
  gcr.io/distroless/static gcr.io/distroless/base
  gcr.io/distroless/java gcr.io/distroless/python3 gcr.io/distroless/nodejs
  ubuntu:18.04 ubuntu:20.04
  centos:7 centos:8
```

---

[1] https://github.com/GoogleContainerTools/distroless

```
    registry.access.redhat.com/ubi8/ubi
)
$ for IMAGE in $IMAGES[@]; do
    docker image pull ${IMAGE};
done

# 도커 이미지 확인
$ docker image ls
REPOSITORY                              TAG       IMAGE ID        CREATED         SIZE
ubuntu                                  20.04     4dd97cefde62    6 days ago      72.9MB
ubuntu                                  18.04     329ed837d508    6 days ago      63.3MB
alpine                                  3.11      4666da2f166f    13 days ago     5.61MB
registry.access.redhat.com/ubi8/ubi     latest    4199acc83c6a    4 weeks ago     205MB
centos                                  8         300e315adb2f    3 months ago    209MB
centos                                  7         8652b9f0cb4c    3 months ago    204MB
gcr.io/distroless/static                latest    626a0fa9032b    51 years ago    1.79MB
gcr.io/distroless/base                  latest    a8c775b615ca    51 years ago    16.9MB
gcr.io/distroless/python3               latest    c2596fdf7d32    51 years ago    49.6MB
gcr.io/distroless/java                  latest    85cdcf63cad1    51 years ago    130MB
gcr.io/distroless/nodejs                latest    11334d286f73    51 years ago    118MB
```

다운로드한 이미지는 5MB에서 210MB까지 이미지 사이즈가 매우 다르다는 것을 확인할 수 있다.

그다음에는 COPY 명령으로 빌드할 머신에 있는 파일을 컨테이너에 복사한다. 가장 많이 사용하는 RUN 명령은 빌드 시에 컨테이너에서 명령어를 실행하는 명령이다. dnf/yum 명령어나 apt 명령어로 패키지 설치 등 빌드에 필요한 명령어를 실행하는 것이 일반적인 사용법이다.

ENTRYPOINT 명령과 CMD 명령은 컨테이너가 기동할 때 실행하는 명령어를 지정할 때 사용된다. 예를 들어 ENTRYPOINT=/bin/sleep, CMD=3600으로 되어 있으면 컨테이너가 기동할 때 /bin/sleep 3600이 실행된다. 아주 간단히 설명하면 $ENTRYPOINT $CMD가 실행된다고 보면 된다.

▼ 표 1-2 ENTRYPOINT와 CMD의 관계

ENTRYPOINT	CMD	실행되는 명령어
"/bin/ls"	"-a"	/bin/ls -a
"/bin/ls"	지정 안 함	/bin/ls
지정 안 함	/bin/ls	/bin/ls
"/bin/sh", "-c"	"ls -a"	/bin/sh -c "ls -a"

ENTRYPOINT와 CMD는 컨테이너 기동 시에 별도 옵션을 지정하면 실행할 때마다 덮어 쓰기를 할 수 있다. 실제로는 ENTRYPOINT에 기본적으로 바꿀 필요가 없는 부분을 정의해 두고, CMD에 기본값 인수 등을 정의하는 것이 일반적이다. 인수를 지정하고 명령어를 실행하려는 경우에는 CMD 부분만 변경하여 실행할 수 있게 한다. 예를 들어, ENTRYPOINT에 /bin/sleep을 지정해 두고 CMD에는 나중에 sleep하는 시간(초)을 지정하여 사용할 수 있다.

그리고 이번 예제에서는 USER 명령을 사용하여 실행 계정을 nobody로 지정했는데, 서비스 환경에서는 구별하기 쉽도록 별도의 전용 계정을 만들어 사용하는 것을 추천한다.

마지막으로 도커 파일을 작성하는 주요 명령 목록을 표 1-3에 정리했다. 그밖의 명령과 상세한 내용은 도커 파일 모범 사례[2]를 확인하길 바란다.

▼ 표 1-3 도커 파일에서 사용할 수 있는 명령

명령	요약
FROM	기반 이미지를 지정
MAINTAINER	컨테이너 이미지 관리자 정보를 기입 (현재는 비추천. 아래 LABEL 명령을 사용함)
LABEL	컨테이너 이미지의 메타데이터를 키:밸류 형식으로 지정 (예: LABEL maintainer="Park SangUk <polo149278@example.com>")
USER	명령어 실행 계정 지정
WORKDIR	명령어를 실행할 작업 디렉터리 지정 (디렉터리가 없을 경우 생성)
EXPOSE	컨테이너 실행 시 Listen할 포트 지정
COPY	로컬에 있는 파일을 컨테이너로 복사
ADD	로컬에 있는 tar.gz 파일의 압축을 풀고 파일을 컨테이너로 복사
RUN	컨테이너 안에서 명령어를 실행
ENTRYPOINT	컨테이너 기동 시에 실행할 명령어
CMD	컨테이너 기동 시에 실행할 명령어 인수

1.1.4 도커 이미지 빌드

실제로 위의 도커 파일을 가지고 docker image build 명령어를 사용하여 이미지를 빌드해보겠다. -t 옵션으로 이미지의 이름과 태그를 지정할 수 있다. 태그에는 생성하는 도커 이미지의 버전을 지정하는 것이 일반적이다.

---

[2] https://docs.docker.com/develop/develop-images/dockerfile_best-practices/

```
# 현재 디렉터리 확인
$ pwd
/Users/kubernetes-perfect-guide/samples/chapter01

# 도커 파일로 sample-image:0.1 이미지 빌드(버전에 따라 명령어 결과가 다를 수 있다)
$ docker image build -t sample-image:0.1 .
Sending build context to Docker daemon   5.12kB
Step 1/5: FROM golang:1.14.1-alpine3.11
 ---> 760fdda71c8f
Step 2/5: COPY ./main.go ./
 ---> 0be0ec075155
Step 3/5: RUN go build -o ./go-app ./main.go
 ---> Running in 1987fedd0007
Removing intermediate container 1987fedd0007
 ---> deb81b52639b
Step 4/5: USER nobody
 ---> Running in 974973b2ccc5
Removing intermediate container 974973b2ccc5
 ---> 47395f439d63
Step 5/5: ENTRYPOINT ["./go-app"]
 ---> Running in a7e6cb59a1a5
Removing intermediate container a7e6cb59a1a5
 ---> ecf04bf34dd2
Successfully built ecf04bf34dd2
Successfully tagged sample-image:0.1
```

도커 이미지는 docker images ls 명령어로 확인할 수 있다. 기반 이미지로 사용한 golang: 1.14.1-alpine3.11도 빌드 시에 다운로드되어 로컬에 있는 것을 확인할 수 있다. 생성된 sample-image 이미지 크기는 기반 이미지보다 7MB(377MB-370MB) 정도 증가했다.

```
# 도커 이미지 확인
$ docker image ls
REPOSITORY          TAG                 IMAGE ID            CREATED             SIZE
sample-image        0.1                 ecf04bf34dd2        8 seconds ago       377MB
golang              1.14.1-alpine3.11   760fdda71c8f        11 months ago       370MB
```

멀티 스테이지 빌드

방금 설명한 도커 파일에서는 기반 이미지로 golang:1.14.1-alpine3.11을 사용했다. golang:1.14.1-alpine3.11은 alpine 이미지(5.6MB)를 기반으로 만들어진 아주 작은 이미지다. 그러나 golang의 도커 이미지에는 Go 컴파일 도구 등(약 364MB)도 포함되어 있고, 다음과 같이 생성된 sample-image 이미지에도 해당 컴파일 도구가 포함되어 이미지 사이즈가 매우 커지는 문제가 있다.

```
# 도커 이미지 확인
$ docker image ls
REPOSITORY          TAG                 IMAGE ID            CREATED             SIZE
sample-image        0.1                 ecf04bf34dd2        8 seconds ago       377MB
alpine              3.11                4666da2f166f        2 weeks ago         5.61MB
golang              1.14.1-alpine3.11   760fdda71c8f        11 months ago       370MB
```

이 문제는 도커의 멀티 스테이지 빌드를 사용하면 해결할 수 있다. 도커 멀티 스테이지 빌드는 여러 컨테이너 이미지를 사용하여 처리하고 결과물만 실행용 컨테이너 이미지에 복사하는 구조다. 위 도커 파일 예제에서 Golang 이미지는 애플리케이션 컴파일에 필요한 도구로만 사용되고 결과물을 실행하는 데는 필요하지 않다. 그래서 도커 파일이 멀티 스테이지 빌드를 사용하도록 수정하면 코드 1-2와 같다.

코드 1-2 멀티 스테이지 빌드 도커 파일 예제(Dockerfile-MultiStage)
```
# Stage 1 컨테이너(애플리케이션 컴파일)
FROM golang:1.14.1-alpine3.11 as builder
COPY ./main.go ./
RUN go build -o /go-app ./main.go

# Stage 2 컨테이너(컴파일한 바이너리를 포함한 실행용 컨테이너 생성)
FROM alpine:3.11
# Stage 1에서 컴파일한 결과물을 복사
COPY --from=builder /go-app .
ENTRYPOINT ["./go-app"]
```

위 도커 파일의 멀티 스테이지 빌드에서는 1단계에서 golang의 도커 이미지를 사용하여 Go 언어로 작성된 애플리케이션을 컴파일한다. 그리고 2단계에서 다른 도커 이미지를 사용하여 컴파일하고 컴파일한 애플리케이션 바이너리를 1단계 컨테이너에서 복사해 온다(그림 1-4).

▼ 그림 1-4 도커 멀티 스테이지 빌드

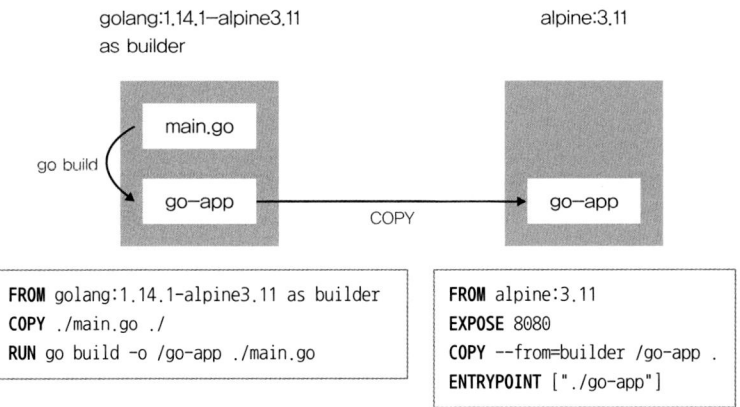

예제는 2단계 구성이었지만 3단계 이상의 구성도 가능하다. 이처럼 멀티 스테이지 빌드를 사용하여 소스 코드 컴파일에 필요한 도구를 실제 애플리케이션을 기동시키는 컨테이너에 포함하지 않아도 된다. 기동용 컨테이너에 불필요한 소프트웨어를 설치하지 않는 것은 보안 측면에서도 좋다. 또한, 최근에는 빌드킷(BuildKit)[3] 등을 사용해 빌드 단계의 의존 관계를 자동으로 파악하고 빌드 단계를 병렬로 처리하는 것도 가능하다. 그래서 멀티 스테이지 빌드를 사용해 도커 이미지의 빌드 처리를 전체적으로 빠르게 할 수도 있다.

실제로 멀티 스테이지 빌드를 사용한 도커 파일로 이미지 빌드를 해보자. 기본값으로 Dockerfile이라는 이름의 파일을 사용해 빌드하지만 -f 옵션을 추가하여 사용하는 파일을 변경할 수 있다.

```
# 멀티 스테이지 빌드용 도커 파일로 sample-image:0.2 이미지 빌드
$ docker image build -t sample-image:0.2 -f Dockerfile-MultiStage .
```

생성한 도커 이미지를 확인해보겠다. sample-image:0.1이 처음 생성한, 멀티 스테이지 빌드를 사용하지 않은 이미지이고, sample-image:0.2가 멀티 스테이지 빌드를 사용한 이미지다. 기반 이미지가 alpine:3.11로 바뀌었기 때문에 이미지 사이즈가 약 13MB로 줄어든 것을 확인할 수 있다.

---

[3] https://github.com/moby/buildkit

```
# 도커 이미지 확인
$ docker images ls
REPOSITORY        TAG                IMAGE ID        CREATED              SIZE
sample-image      0.2                e6ea3f7d6f4f    17 seconds ago       13.1MB
sample-image      0.1                ecf04bf34dd2    About a minute ago   377MB
alpine            3.11               4666da2f166f    2 weeks ago          5.61MB
golang            1.14.1-alpine3.11  760fdda71c8f    11 months ago        370MB
```

또한, alpine 이미지 대신 scratch 이미지를 기반 이미지로 사용하면 이미지 사이즈를 더 줄일 수 있다.

```
# alpine 이미지 대신 scratch 이미지를 사용한 멀티 스테이지 빌드
$ docker image build -t sample-image:0.3 -f Dockerfile-Scratch .

# Docker 이미지 확인
$ docker image ls
REPOSITORY        TAG                IMAGE ID        CREATED              SIZE
sample-image      0.3                963429e4a862    12 seconds ago       7.41MB
sample-image      0.2                e6ea3f7d6f4f    8 minutes ago        13.1MB
sample-image      0.1                ecf04bf34dd2    9 minutes ago        377MB
alpine            3.11               4666da2f166f    2 weeks ago          5.61MB
golang            1.14.1-alpine3.11  760fdda71c8f    11 months ago        370MB
```

1.1.5 이미지 레이어 통합과 이미지 축소화

그 외에도 도커 이미지를 경량화하는 방법이 있다.

다이브(Dive)[4]는 도커 이미지(OCI 표준 이미지)를 조사하는 도구다. 각각의 레이어에서 어느 파일에 변경이 있어 어느 정도의 용량이 소비되고 있는지를 CUI에서 조사할 수 있다.

레이어마다 같은 파일의 변경이 많은 경우 docker image build 시 --squash 옵션을 사용하면 최종 파일 상태를 가진 한 개의 레이어에 하나로 합쳐지므로 컨테이너 이미지를 축소할 수 있다. 이 기능은 이 책을 집필하는 시점(2020년 7월)에는 실험적(experimental) 기능이므로 도커의 Experimental feature를 활성화하고 사용해야 한다.

---

4 https://github.com/wagoodman/dive

1.1.6 도커 레지스트리로 이미지 업로드

도커 레지스트리는 도커 이미지를 보관하는 저장소 서버다. 유명한 저장소로는 도커 허브(Docker Hub)[5], Google Container Registry(GCR)[6], Amazon Elastic Container Registry(Amazon ECR)[7] 등이 있다. 도커 허브에는 누구나 사용할 수 있도록 공개된 도커 이미지가 많이 등록되어 있다. '공식 이미지'와 '사용자가 만든 비공식 이미지'가 있으므로 컨테이너 이미지를 사용할 때는 먼저 신뢰할 수 있는 이미지인지 확인하고 사용해야 한다. 기본적으로 그림 1-5와 같이 'Docker Official Images'라고 명시되어 있는 공식 이미지를 사용할 것을 추천한다.

▼ 그림 1-5 도커 허브 공식 이미지(nginx)

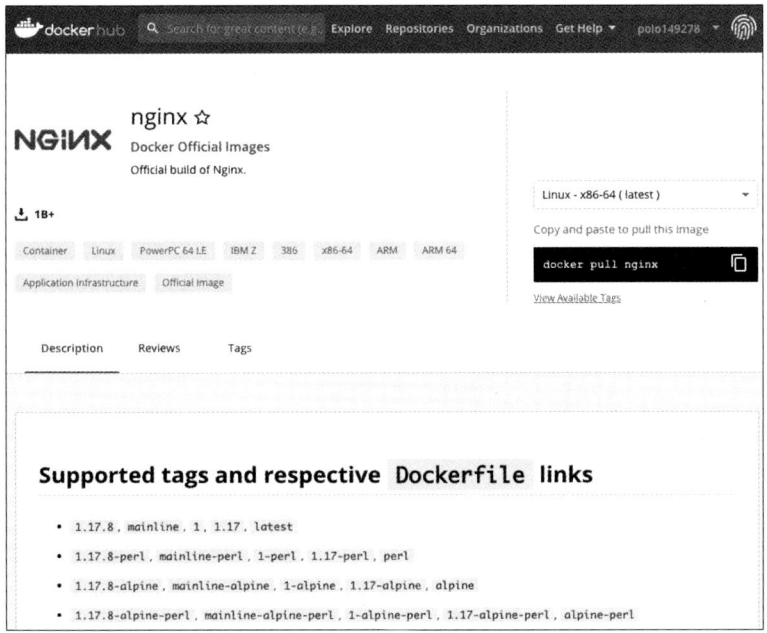

한편 공식 이미지 중에도 보안 업데이트가 되지 않은 취약한 이미지가 있다. 그래서 실제 서비스 환경에서 이미지를 사용할 경우 Trivy[8]나 Clair[9] 등과 같은 컨테이너 보안 스캔 도구의 사용도 검토해보길 바란다.

---

5 https://hub.docker.com/
6 https://cloud.google.com/container-registry/
7 https://aws.amazon.com/ko/ecr/
8 https://github.com/aquasecurity/trivy
9 https://github.com/quay/clair

그럼 생성한 이미지를 도커 레지스트리에 푸시(업로드)해보자. 지금까지 이미지 이름을 'sample-image:0.1'로 생성했지만, 도커 레지스트리에 푸시하려면 이미지 이름을 다음과 같은 형식으로 해야 한다.

```
Docker 레지스트리 호스트명/네임스페이스/저장소:태그
```

도커 허브를 사용할 경우 도커 레지스트리의 호스트명은 생략할 수 있고, 네임스페이스는 도커 허브 사용자 이름을 지정한다. 예를 들면 다음과 같은 형식이 된다.

```
docker.io/DOCKERHUB_USER/sample-image:0.1
또는
DOCKERHUB_USER/sample-image:0.1
```

도커 레지스트리 구조와 도커 허브의 관계를 그림으로 표현하면 그림 1-6과 같다.

▼ 그림 1-6 도커 레지스트리 구조와 도커 허브의 관계

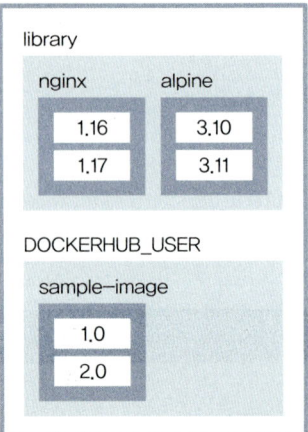

이미지를 푸시할 수 있도록 docker login 명령어를 사용해 도커 레지스트리에 로그인한다. 이렇게 하면 빌드한 도커 이미지를 도커 허브에 푸시할 수 있다. 이미지를 푸시하려면 푸시할 이미지를 지정하고 docker image push 명령어를 실행한다.

```
# 도커 허브 로그인
$ docker login
Username: DOCKERHUB_USER
```

```
Password: ********
Login Succeeded

# 이미지 태그 변경
$ docker image tag sample-image:0.1 DOCKERHUB_USER/sample-image:0.1

# 도커 허브에 이미지 업로드
$ docker image push DOCKERHUB_USER/sample-image:0.1
```

도커 레지스트리에서 로그아웃하려면 docker logout 명령어를 사용한다. 푸시가 잘되지 않을 경우에는 로그아웃 후 다시 docker login을 시도해보길 바란다. Docker Desktop for Mac/Windows를 사용한다면 자동으로 로그인되어 있는 경우도 있다.

```
# 도커 허브에서 로그아웃
$ docker logout
```

정상적으로 푸시되면 그림 1-7과 같이 도커 허브 웹 페이지의 **Tags** 탭에서 확인할 수 있다.

▼ 그림 1-7 도커 허브에 푸시된 이미지 확인

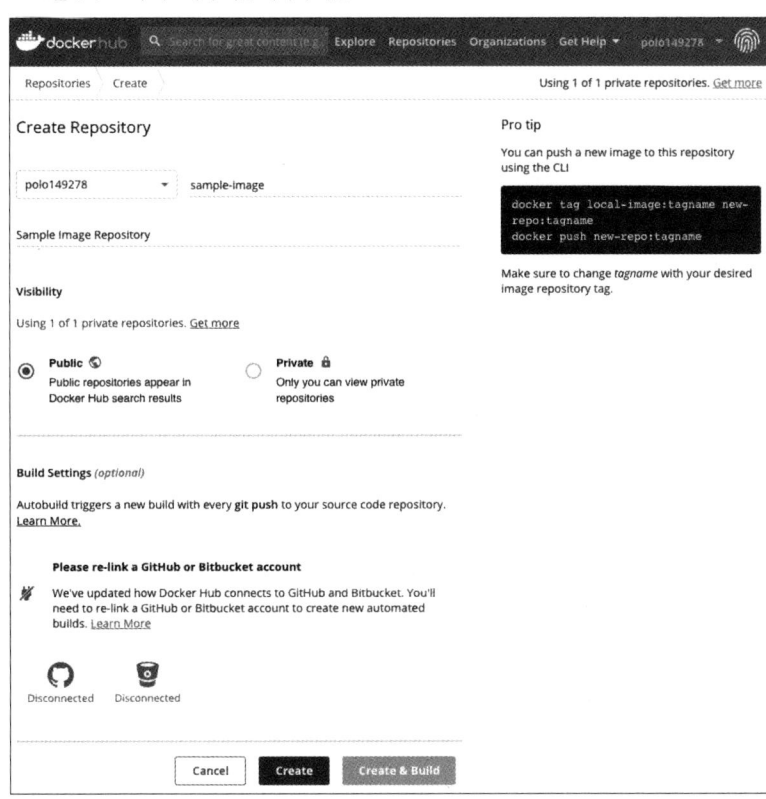

docker image tag 명령어를 사용하지 않고 직접 푸시할 이름을 지정해 이미지를 빌드할 수도 있다.

```
# 직접 푸시할 이름을 지정해 빌드
$ docker image build -t DOCKERHUB_USER/sample-image:0.1 .
```

1.1.7 컨테이너 기동

도커 컨테이너를 기동하려면 다음과 같은 명령어를 사용한다. 그러나 쿠버네티스를 사용할 경우에는 쿠버네티스가 컨테이너를 기동하기 때문에 다음 명령어를 사용하지 않는다.

```
# 도커 컨테이너 기동(localhost:12345 포트를 8080/TCP 포트로 전송)
$ docker container run -d -p 12345:8080 sample-image:0.1

# 애플리케이션 동작 확인
$ curl http://localhost:12345
Hello, Kubernetes
```

1.2 쿠버네티스의 세계로

도커의 기본적인 사항에 대한 복습을 마쳤다. 다음 장부터는 실제 쿠버네티스의 세계로 들어가 보자.

2장

왜 쿠버네티스가 필요할까?

2.1 쿠버네티스란?
2.2 쿠버네티스의 역사
2.3 쿠버네티스를 사용하면 무엇을 할 수 있을까?
2.4 정리

2.1 쿠버네티스란?

쿠버네티스는 컨테이너화된 애플리케이션의 배포, 확장 등을 관리하는 것을 자동화하기 위한 플랫폼(컨테이너 오케스트레이션 엔진)이다(그림 2-1). 최근 몇 년간 도커를 시작으로 컨테이너 기술에 대한 관심이 높아지면서 실제 서비스 환경에 컨테이너를 적용하는 사례가 늘고 있다. 컨테이너 런타임 중 하나인 도커는 단독으로는 도커가 설치된 호스트(도커 호스트)를 동시에 여러 대 동작시키거나 중앙에서 통합, 관리할 수 없었다. 이렇게 도커 자체로는 여러 호스트로 구성되거나 일정 규모 이상의 서비스 환경에서 사용할 수 있는 시스템을 구축하기 어려우므로, 요즘에는 쿠버네티스로 대표되는 컨테이너 오케스트레이션 엔진을 사용해 이러한 시스템을 구축하는 것이 일반적이다.

컨테이너 오케스트레이션 엔진에는 그 밖에도 도커 스웜, 아파치 메소스(Apache Mesos) 등이 있지만, 최근 서비스 환경에서 가장 많이 사용되고 있는 것은 쿠버네티스이며(시스디그 리포트 참조[1]) 컨테이너 오케스트레이션을 위한 사실상의 표준이 되어 가고 있다.

또한, 쿠버네티스에서 사용할 수 있는 컨테이너 런타임은 도커뿐만 아니라 컨테이너디(containerd), cri-o 등 다양한 런타임을 사용하여 구현할 수 있다. 쿠버네티스에서 실제 컨테이너가 기동하는 노드(호스트가 되는 물리 머신이나 가상 머신)는 쿠버네티스 노드라 하고, 그 쿠버네티스 노드를 관리하는 노드는 쿠버네티스 마스터라 한다.

▼ 그림 2-1 쿠버네티스

---

[1] https://sysdig.com/blog/sysdig-2019-container-usage-report/

2.2 쿠버네티스의 역사

쿠버네티스는 구글(Google)이 내부적으로 사용하던 컨테이너 클러스터 관리 도구 'Borg'에서 아이디어를 얻어 만들어진 오픈 소스 소프트웨어다. 2014년 6월에 공개되어, 2015년 7월 버전 1.0이 된 시점에 리눅스 재단 산하의 클라우드 네이티브 컴퓨팅 파운데이션(Cloud Native Computing Foundation, CNCF)으로 이관되었다(그림 2-2). CNCF에는 유명 개발자, 사용자, 대형 클라우드 프로바이더 등의 벤더가 참여하고 있으며, 현재는 CNCF가 호스트로서 커뮤니티를 주도하면서 개발도 진행하고 있다. 이 책을 번역하는 시점(2021년 2월)에서 쿠버네티스 최신 버전은 1.20이고, 이 책의 실습은 1.18로 진행한다.

▼ 그림 2-2 CNCF

CNCF는 쿠버네티스 외에도 많은 프로젝트를 호스트하고 있으며, 각 프로젝트에는 성숙도가 정의되어 있다. 성숙도는 높은 순으로 Graduated, Incubating, Sandbox 중 하나로 분류된다. 쿠버네티스는 이미 Graduated로 분류되어 소프트웨어로서의 품질뿐만 아니라 프로젝트의 활성도, 운영 프로세스의 명확성 등 다양한 측면에서 충분히 성숙한 프로젝트로 인정받고 있다. 여기서 말하는 Graduated는 직역하면 '졸업했다'라는 의미지만, CNCF가 호스트를 하지 않는다는 의미는 아니다.

쿠버네티스가 사실상 표준이 되었다고 말할 수 있는 배경에는 대형 클라우드 사업자가 쿠버네티스 관리형 서비스를 제공한다는 점이 크게 자리잡고 있다. 2014년 11월에 Google Cloud Platform(GCP)이 가장 먼저 관리형 쿠버네티스 서비스로 Google Kubernetes Engine(GKE)(구 Google Container Engine) 제공을 시작했고, 2015년 8월에 이미 GA(Generally Available)가 되었다. 당시 관리형 쿠버네티스 서비스를 사용하려면 GKE 외에는 다른 선택의 여지가 없었지만, 2017년 2월 마이크로소프트 애저(Microsoft Azure)도 Azure Container Service(구 Azure Kubernetes Service(AKS))를 출시했으며, 2018년 6월에 GA가 되었다. 또 2017년 11월에는 아마존 웹 서비스(Amazon Web Services, AWS)가 Amazon Elastic Kubernetes Service(Amazon EKS)를 출시했으며, 2018년 6월에 GA가 되었다. 이것으로 대형 클라우드 사업자의 관리형 쿠버네티스 서비스가 갖춰지게 되었다.

2.3 쿠버네티스를 사용하면 무엇을 할 수 있을까?

컨테이너는 '어떤 애플리케이션을 실행하도록 빌드된 컨테이너 이미지를 기반으로 기동된 워크로드'다. 도커를 사용하면 호스트에 컨테이너화된 애플리케이션을 쉽게 배포할 수 있다. 그러나 컨테이너를 서비스 환경에서 사용하려면 컨테이너 운영과 관련된 다음과 같은 과제도 고려해야 한다.

- 여러 쿠버네티스 노드 관리
- 컨테이너 스케줄링
- 롤링 업데이트
- 스케일링/오토 스케일링
- 컨테이너 모니터링
- 자동화된 복구
- 서비스 디스커버리
- 로드 밸런싱
- 데이터 관리
- 워크로드 관리
- 로그 관리
- 선언적 코드를 사용한 관리
- 그 외 에코시스템과의 연계 및 확장

이런 과제들은 컨테이너 오케스트레이션 엔진인 쿠버네티스를 사용하면 자동화할 수 있거나 간단한 오퍼레이션으로 해결할 수 있다. 그럼 쿠버네티스를 사용하면 무엇을 할 수 있을까? 이 과제를 해결하는 쿠버네티스 특징을 간단히 설명한다.

2.3.1 선언적 코드를 사용한 관리(IaC)

쿠버네티스는 YAML 형식이나 JSON 형식으로 작성한 선언적 코드(매니페스트)를 통해 배포하는 컨테이너로 주변 리소스를 관리할 수 있어 IaC(Infrastructure as Code)를 구현할 수 있다. 선언적 코드로 시스템 구축이나 관리를 자동화하고 오케스트레이션하는 방법은 컨테이너 이전의 가상화 기술을 사용한 시스템에서도 AWS CloudFormation이나 OpenStack Heat 등으로 구현되어 있으며, 쿠버네티스도 그에 준하는 것이 준비되어 있다.

코드 2-1 매니페스트 파일 예제

```
apiVersion: apps/v1
kind: Deployment
metadata:
  name: sample-deployment
spec:
  replicas: 3
  selector:
    matchLabels:
      app: sample-app
  template:
    metadata:
      labels:
        app: sample-app
    spec:
      containers:
        - name: nginx-container
          image: nginx:1.16
```

2.3.2 스케일링/오토 스케일링

쿠버네티스는 컨테이너 클러스터(쿠버네티스 클러스터)를 구성하여 여러 쿠버네티스 노드를 관리한다. 컨테이너 이미지를 기반으로 쿠버네티스 위에 컨테이너를 배포할 때 같은 컨테이너 이미지를 기반으로 한 여러 컨테이너(레플리카)를 배포하면 부하 분산 및 다중화 구조를 만들 수 있다. 또한, 부하에 따라서 컨테이너 레플리카 수를 자동으로 늘리거나 줄일(오토 스케일링) 수도 있다 (그림 2-3).

▼ 그림 2-3 스케일링 이미지

스케일링/오토 스케일링

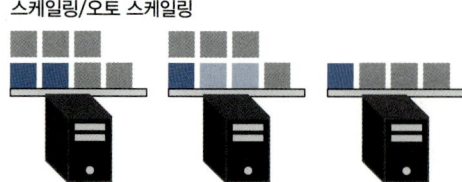

2.3.3 스케줄링

컨테이너를 쿠버네티스 노드에 배포할 때 어떤 쿠버네티스 노드에 배포할 것인지를 결정하는 '스케줄링' 단계가 있다. 어피니티(Affinity)와 안티어피니티(Anti-Affinity) 기능을 사용하여 컨테이너화된 애플리케이션 워크로드의 특징이나 쿠버네티스 노드의 성능을 기준으로 스케줄링할 수 있다. 예를 들어 '디스크 I/O가 많은' 컨테이너를 '디스크가 SSD'인 쿠버네티스 노드에 배치하는 제어가 가능하다. 또 쿠버네티스 클러스터를 GCP/AWS/OpenStack 등에 구축한 경우 쿠버네티스 노드에 가용 영역(Availability Zone) 등을 식별하는 추가 정보가 부여되어 있어 쉽게 멀티존 위에 컨테이너를 분산 배치할 수 있다(그림 2-4).

▼ 그림 2-4 스케줄링 이미지

스케줄링과 어피니티

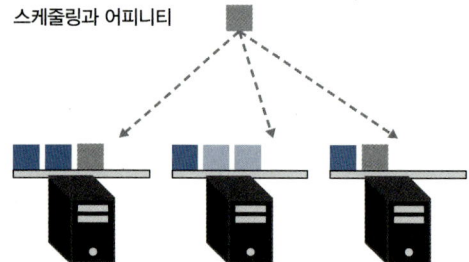

2.3.4 리소스 관리

컨테이너 배치를 위한 지정이 특별히 없을 경우 쿠버네티스 노드의 CPU나 메모리의 여유 리소스 상태에 따라 스케줄링되기 때문에 사용자는 어떤 쿠버네티스 노드에 컨테이너를 배치할지 관리할 필요가 없다(그림 2-5). 또한, 리소스 사용 상태에 따라 클러스터 오토 스케일링 기능으로 쿠버네티스 클러스터의 쿠버네티스 노드도 자동으로 추가하거나 삭제할 수 있다.

▼ 그림 2-5 리소스 관리 이미지

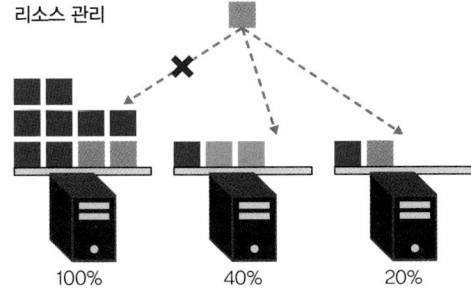

2.3.5 자동화된 복구

다중화(fault tolerant) 관점에서는 쿠버네티스의 중요한 콘셉트 중 하나인 자동화된 복구 기능(self-healing)이 있다. 쿠버네티스는 표준으로 컨테이너 프로세스를 모니터링하고 프로세스 정지를 감지하면 다시 컨테이너 스케줄링을 실행하여 컨테이너를 자동으로 재배포한다(그림 2-6). 클러스터 노드에 장애가 발생하거나 노드를 축출했을 경우 그 노드의 컨테이너가 사라진다 하더라도 서비스에 영향 없이 애플리케이션을 자동으로 복구할 수 있도록 만들어져 있다. 또 자동화된 복구 실행 조건에는 프로세스 모니터링 외에 HTTP/TCP나 셸 스크립트로 헬스 체크의 성공 여부를 설정할 수도 있다.

▼ 그림 2-6 자동화된 복구 이미지

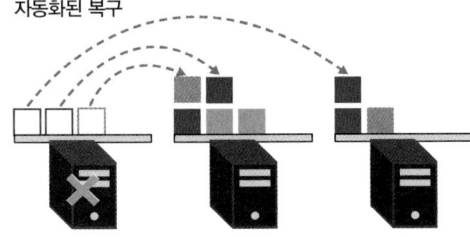

2.3.6 로드 밸런싱과 서비스 디스커버리

여러 대로 구성된 애플리케이션을 하나의 애플리케이션으로 사용자에게 보여주고 접속시키려면 사용자에게 목적지가 되는 여러 대로 구성된 엔드포인트를 준비(할당)해야 한다. 예를 들어, 가상 머신을 사용하는 경우 로드 밸런서를 통해 여러 가상 머신으로 라우팅되도록 구성하고 그 로드 밸런서 주소를 엔드포인트로 할당한다. 쿠버네티스는 로드 밸런서 기능(서비스(Service)나 인그레스(Ingress))을 제공하고 있으며 사전에 정의한 조건과 일치하는 컨테이너 그룹에 라우팅하는 엔드포인트를 할당할 수 있다. 컨테이너를 확장할 때 엔드포인트가 되는 서비스에 컨테이너의 자동 등록과 삭제, 컨테이너 장애 시 분리, 컨테이너 롤링 업데이트 시 필요한 사전 분리 작업도 자동으로 실행해준다. 이를 통해 높은 서비스 레벨을 구현하면서 엔드포인트 관리를 쿠버네티스에게 맡길 수 있다(그림 2-7).

또한, 쿠버네티스 서비스를 사용하면 서비스 디스커버리도 가능하다. 컨테이너를 사용하여 시스템을 구축하는 경우에는 기능별로 독립된 작은 규모의 애플리케이션을 연계하여 시스템을 구현하는 '마이크로서비스 아키텍처'를 선택하는 것이 일반적이다. 이런 환경에서 각각의 마이크로서비스가 서로의 마이크로서비스를 참조할 때 서비스 디스커버리 기능은 매우 유용하다. 서비스에 서비스 디스커버리 기능이 있어 각각의 마이크로서비스가 정의된 복수의 매니페스트를 이용하여 시스템 전체를 쉽게 연계할 수 있다.

▼ 그림 2-7 서비스 이미지

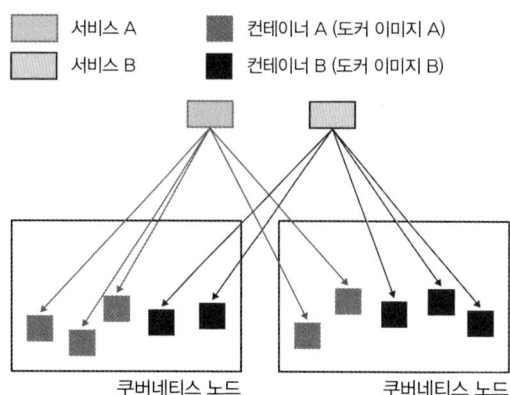

2.3.7 데이터 관리

쿠버네티스는 백엔드 데이터 스토어로 etcd를 채용하고 있다. etcd는 클러스터를 구성하여 이중화가 가능하고 컨테이너나 서비스의 매니페스트 파일도 이중화 구조로 저장한다. 또 쿠버네티스는 컨테이너가 사용하는 설정 파일이나 인증 정보 등의 데이터를 저장하는 구조도 가지고 있어 컨테이너 공통 설정이나 애플리케이션에서 사용되는 데이터베이스 인증 정보 등을 안전하고 이중화된 상태로 쿠버네티스에서 집중적으로 관리할 수 있다(그림 2-8).

▼ 그림 2-8 데이터 저장 이미지

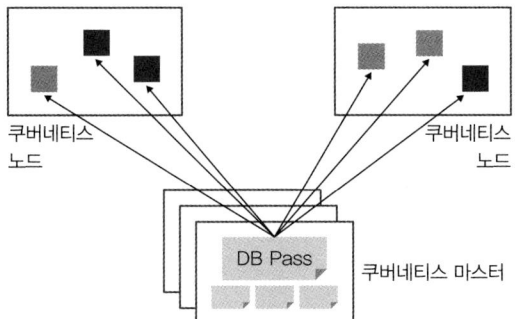

쿠버네티스는 독립적으로 하나의 플랫폼으로 사용할 수 있지만 외부 에코시스템과의 연계도 활발히 이루어지고 있다. 많은 미들웨어가 쿠버네티스를 지원하는 추세이며, 이러한 경향은 앞으로도 가속화될 것이다. 다음은 쿠버네티스를 지원하는 미들웨어와 서비스의 예를 나열한 것이다. 이 책의 후반부에서도 주제별로 쿠버네티스를 지원하는 미들웨어를 소개한다.

- **Ansible**: 쿠버네티스에 컨테이너 배포
- **Apache Ignite**: 쿠버네티스 서비스 디스커버리를 사용한 클러스터 생성과 스케일링
- **Fluentd**: 쿠버네티스에 컨테이너 로그 전송
- **GitLab**: CI/CD를 구현하기 위한 일련의 다양한 도구와 쿠버네티스의 통합
- **Jenkins**: 잡(Job) 실행 시 잡 실행자용 컨테이너를 쿠버네티스에 배포
- **OpenStack**: 클라우드 사업자와 연계한 쿠버네티스 구축
- **Prometheus**: 쿠버네티스 모니터링
- **Spark**: 잡을 쿠버네티스에서 네이티브로 실행(YARN 대체)
- **Spinnaker**: 쿠버네티스에 컨테이너 배포
- **Kubeflow**: 쿠버네티스에 ML 플랫폼 배포
- **Rook**: 쿠버네티스에 분산 파일 시스템 배포
- **Vitess**: 쿠버네티스에 MySQL 클러스터 배포
- 그 외 다수

또한, 쿠버네티스는 기능을 확장할 수 있는 여러 구조를 가지고 있으며 자체 기능을 추가하거나 쿠버네티스 자체를 프레임워크로 자체 플랫폼을 구현하여 사용할 수도 있다.

2.4 정리

이 장에서는 쿠버네티스를 간단히 소개했다. 도커 컨테이너를 서비스 환경에서 사용하려면 지금까지 설명한 내용처럼 컨테이너와 그 주변의 리소스를 관리하기 위한 복잡한 기능이 필요하다. 그러나 쿠버네티스를 사용하면 사전에 개발된 자동화 기능을 사용할 수 있다. 기존 가상 머신을 사용해 전체 시스템의 자동 배포를 구현하려면 AWS CloudFormation을 사용하거나, 로드 밸런서를 사용하는 구조를 만들거나, 애플리케이션 업데이트 구조를 계속 수정해야만 했다. 그러나 쿠버네티스를 사용하면 컨테이너의 이동성과 경량화를 활용한 빠른 개발과 전체 시스템의 배포 자동화를 구현할 수 있다. 또한, 자체적으로 만든 배포용 스크립트 등을 쿠버네티스나 그 주변 에코시스템 등에서 공통으로 사용할 수 있는 것도 큰 장점 중 하나다.

3장

쿠버네티스 환경 선택

3.1 쿠버네티스 환경의 종류

3.2 로컬 쿠버네티스

3.3 쿠버네티스 구축 도구

3.4 퍼블릭 클라우드 관리형 쿠버네티스 서비스

3.5 쿠버네티스 플레이그라운드

3.6 정리

3.1 쿠버네티스 환경의 종류

쿠버네티스는 여러 플랫폼 환경에서 클러스터를 구성하여 사용할 수 있다. 쿠버네티스 클러스터를 구성하려면 크게 다음과 같은 세 가지 방법을 고려할 수 있다.

- 로컬 쿠버네티스
  - 물리 머신 한 대에 구축하여 사용
- 쿠버네티스 구축 도구
  - 도구를 사용하여 온프레미스/클라우드에 클러스터를 구축하여 사용
- 관리형 쿠버네티스 서비스
  - 퍼블릭 클라우드의 관리형 서비스로 제공하는 클러스터를 사용

로컬 쿠버네티스는 네트워크가 연결되지 않아도 되고 바로 눈으로 확인할 수 있다는 점에서 개인적인 테스트나 개발 환경으로 적당하다. 그러나 이중화되어 있지 않아 서비스 환경에는 적합하지 않다. 따라서 로컬 쿠버네티스를 서비스 환경으로 사용하는 것은 피하길 바란다.

개발 부서와 공유하여 사용하는 스테이징 및 서비스 환경용 클러스터는 쿠버네티스 구축 도구나 관리형 쿠버네티스 서비스를 사용하는 것이 좋다. 물론 가능하다면, 개발 환경도 로컬 쿠버네티스가 아닌 이 둘 중 하나를 사용할 경우 서비스 환경과 동일하게 구축할 수 있어 좋다. 이 두 가지 환경의 용도를 보면 기본적으로 관리형 쿠버네티스 서비스를 사용할 수 있다면 사용하고, 쿠버네티스 구축 도구는 온프레미스에 배포하는 경우나 세밀한 커스터마이즈가 필요한 경우에 사용하는 것이 좋다.

쿠버네티스가 제공하는 기능 중에는 선택한 쿠버네티스 환경에 따라 일부 사용할 수 없는 기능(외부 로드 밸런서와의 연계, 동적 영구 볼륨 프로비저닝(Dynamic Persistent Volume Provisioning) 등)이 있지만, 기본적으로는 어떤 쿠버네티스 환경에서도 동일하게 동작한다. 이것은 CNCF가 제공하는 인증 프로그램인 쿠버네티스 적합성 인증 프로그램(Certified Kubernetes Conformance Program)을 준수하도록 각 환경이 만들어지기 때문이다. 이 쿠버네티스 적합성 인증 프로그램은 클러스터 기능 동작의 일관성과 이식성을 보장하려고 만들어진 것으로, 각 환경의 쿠버네티스 개발자는 먼저 이 내용을 준수하고 각 플랫폼 특징을 살려 기능을 확장해 나간다.

이 장에서는 여러 쿠버네티스 환경 중에서 다음과 같이 방법별로 2~3가지 환경을 소개한다.

- 로컬 쿠버네티스
    - 미니큐브(Minikube)
    - Docker Desktop for Mac/Windows
    - kind(Kubernetes in Docker)
- 쿠버네티스 구축 도구
    - 큐브어드민(kubeadm)
    - 랜처(Rancher)
- 퍼블릭 클라우드 관리형 쿠버네티스 서비스
    - Google Kubernetes Engine(GKE)
    - Azure Kubernetes Service(AKS)
    - Elastic Kubernetes Service(EKS)

위와 같은 방법으로 구축된 환경은 모두 쿠버네티스 적합성 인증 프로그램에서 인증된 Certified Kubernetes Distribution/Platform이다(그림 3-1).

❤ 그림 3-1 Certified Kubernetes Distribution/Platform

4장 이후 쿠버네티스의 각 기능에 대한 소개는 관리형 쿠버네티스 서비스 환경인 GKE를 기준으로 집필했지만, 앞에서 설명한 것처럼 대부분의 기능은 다른 쿠버네티스 환경에서도 동일하게 사용할 수 있다.

3.2 로컬 쿠버네티스

첫 번째, 로컬 쿠버네티스는 물리 머신에서 손쉽게 쿠버네티스를 테스트할 수 있는 방법이다. 한 대의 머신에 올인원으로 구성되어 이중화가 보장되지 않는 점에 주의해야 한다. 또한, 일부 사용할 수 없는 기능도 있다.

여기서는 수많은 로컬 쿠버네티스 중에 미니큐브, Docker Desktop for Mac/Windows, kind를 사용한 구축 방법을 각각 소개한다.

3.2.1 미니큐브

미니큐브(Minikube)는 물리 머신에 로컬 쿠버네티스를 쉽게 구축하고 실행할 수 있는 도구로, 쿠버네티스의 SIG-Cluster-Lifecycle이라는 분과회(special interest group)에서 만들었다(그림 3-2).

▼ 그림 3-2 미니큐브

실행되는 쿠버네티스는 단일 노드 구성이라 여러 대의 구성이 필요한 쿠버네티스 기능 등은 사용할 수 없다. 또한, 미니큐브는 로컬 가상 머신에 쿠버네티스를 설치하기 위해 하이퍼바이저가 필요하다. 하이퍼바이저는 다음과 같이 맥 운영체제(macOS)/리눅스(Linux)/윈도우(Windows) 운영체제 환경에 맞는 소프트웨어를 사전에 설치해야 한다.

- 맥 운영체제
    - 도커/하이퍼킷 드라이버(Hyperkit driver)/버추얼박스(VirtualBox)/패럴러즈(Parallels)/브이엠웨어 퓨전(VMware Fusion)/포드맨(Podman) 중 하나

- 리눅스
  - 도커/버추얼박스/포드맨/KVM/베어메탈(Baremetal (systemd-based)) 중 하나
- 윈도우
  - 도커/버추얼박스/하이퍼브이(Hyper-V) 중 하나

미니큐브는 위와 같은 하이퍼바이저를 하이퍼바이저에 맞는 드라이버를 사용해 조작함으로써 자동으로 호스트가 되는 컨테이너나 가상 머신을 생성하고 그 환경에 쿠버네티스를 설치한다. 미니큐브로 구축한 쿠버네티스 클러스터(미니큐브 클러스터라고도 함)는 다른 구축 방법과 마찬가지로 kubectl이라는 명령어 도구를 사용해 조작한다. kubectl은 4장에서 자세히 설명한다.

여기서는 맥 운영체제와 하이퍼킷 환경에서 미니큐브를 사용하는 방법을 설명하겠다.

필요한 소프트웨어는 (버전에 상관없다면) 패키지 관리자인 홈브류(Homebrew)를 사용하여 설치할 수 있다. 물론 각 소프트웨어의 인스톨러를 사용하여 설치할 수도 있다.

```
# 홈브류 설치
$ /usr/bin/ruby -e "$(curl -fsSL https://raw.githubusercontent.com/Homebrew/install/master/install)"

# homebrew-core is a shallow clone 에러가 출력되면 다음 명령어를 실행한다
$ git -C /usr/local/Homebrew/Library/Taps/homebrew/homebrew-core fetch --unshallow

# 패키지 정보 업데이트
$ brew update

# 하이퍼킷 설치
$ brew install hyperkit
```

같은 방법으로 미니큐브도 홈브류를 사용하여 설치한다.

```
# 미니큐브 설치
$ brew install minikube

# 미니큐브 버전 확인(이 책에서 사용하는 버전)
$ minikube version
minikube version: v1.18.1
commit: 09ee84d530de4a92f00f1c5dbc34cead092b95bc
```

이제 minikube start 명령어로 쿠버네티스를 기동한다. 사용할 쿠버네티스 버전을 지정할 경우 --kubernetes-version 옵션을 사용하면 된다. 이번에는 하이퍼킷 드라이버를 사용하기 위해 --driver=hyperkit을 지정하고 있다. 그 외의 드라이버를 사용할 경우 이 부분을 변경한다.

```
# 미니큐브를 사용하여 쿠버네티스 v1.18.15 환경을 구축하고 기동
$ minikube start driver=hyperkit --kubernetes-version v1.18.15
😄 minikube v1.18.1 on Darwin 10.15.4
✨ Automatically selected the hyperkit driver. Other choices: virtualbox, ssh
💾 Downloading driver docker-machine-driver-hyperkit:
    > docker-machine-driver-hyper...: 65 B / 65 B [----------] 100.00% ? p/s 0s
    > docker-machine-driver-hyper...: 10.50 MiB / 10.50 MiB  100.00% 6.77 MiB p
🔑 The 'hyperkit' driver requires elevated permissions. The following commands will
    be executed:
    $ sudo chown root:wheel /Users/mz-park/.minikube/bin/docker-machine-driver-hyperkit
    $ sudo chmod u+s /Users/mz-park/.minikube/bin/docker-machine-driver-hyperkit
💿 Downloading VM boot image ...
    > minikube-v1.18.0.iso.sha256: 65 B / 65 B [--------------] 100.00% ? p/s 0s
    > minikube-v1.18.0.iso: 212.99 MiB / 212.99 MiB [] 100.00% 38.99 MiB p/s 5s
👍 Starting control plane node minikube in cluster minikube
💾 Downloading Kubernetes v1.18.15 preload ...
    > preloaded-images-k8s-v9-v1...: 512.02 MiB / 512.02 MiB  100.00% 10.38 Mi
🔥 Creating hyperkit VM (CPUs=2, Memory=4000MB, Disk=20000MB) ...
🐳 Preparing Kubernetes v1.18.15 on Docker 20.10.3 ...
    ▪ Generating certificates and keys ...
    ▪ Booting up control plane ...
    ▪ Configuring RBAC rules ...
🔎 Verifying Kubernetes components...
    ▪ Using image gcr.io/k8s-minikube/storage-provisioner:v4
🌟 Enabled addons: storage-provisioner, default-storageclass

❗ /usr/local/bin/kubectl is version 1.16.6-beta.0, which may have incompatibilites
    with Kubernetes 1.18.15.
    ▪ Want kubectl v1.18.15? Try 'minikube kubectl -- get pods -A'
🏄 Done! kubectl is now configured to use "minikube" cluster and "default" namespace
    by default
```

미니큐브 클러스터가 정상적으로 기동했는지는 minikube status 명령어로 확인할 수 있다. 이때 쿠버네티스 클러스터는 하이퍼킷에 기동된 가상 머신 안에서 동작한다. 이후에는 kubectl을 사용하여 미니큐브 클러스터를 조작할 수 있다.

```
# 미니큐브 클러스터 상태 확인
$ minikube status
minikube
type: Control Plane
host: Running
kubelet: Running
apiserver: Running
kubeconfig: Configured
timeToStop: Nonexistent
```

여러 쿠버네티스 클러스터를 사용하는 경우에는 kubectl의 컨텍스트를 전환하여 사용해야 한다. 컨텍스트와 kubectl의 사용 방법은 4장에서 소개한다.

다음 명령어로 컨텍스트를 전환한 후에는 kubectl에서 미니큐브 클러스터를 조작할 수 있다.

```
# 컨텍스트 전환
$ kubectl config use-context minikube
Switched to context "minikube".
```

kubectl에서는 로컬 머신에서 기동하고 있는 가상 머신 미니큐브를 쿠버네티스 노드로 인식한다.

```
# 노드 확인
$ kubectl get nodes
NAME       STATUS   ROLES    AGE   VERSION
minikube   Ready    master   11m   v1.18.15
```

또한, 사용하지 않는 미니큐브 클러스터는 다음과 같이 쉽게 삭제할 수 있다.

```
# 미니큐브 클러스터 정지
$ minikube delete
🔥  Deleting "minikube" in hyperkit ...
💀  Removed all traces of the "minikube" cluster.
```

그 외에도 미니큐브에 minikube tunnel 명령어를 사용하여 ClusterIP 서비스에 연결하거나 Addon 기능을 사용해 이스티오(Istio) 등의 다양한 소프트웨어를 설치할 수도 있다.

3.2.2 Docker Desktop for Mac/Windows

도커 역시 DockerCon EU 17에서 쿠버네티스 지원을 발표하고 쿠버네티스 커맨드 라인 인터페이스(CLI)를 통해 도커 스웜을 관리할 수 있게 하는 등 연계 기능을 강화했다. Docker Desktop for Mac/Windows도 버전 18.06.0 CE부터 로컬 머신에서 쿠버네티스를 사용할 수 있게 되었다. 그러나 현재는 쿠버네티스 버전을 지정할 수 없기 때문에 특정 버전을 사용하고 싶은 경우에는 주의해야 한다.

Docker Desktop for Mac/Windows 설치는 공식 사이트[1]에 공개되어 있는 인스톨러를 사용한다. 설치 후 Docker Desktop에서 쿠버네티스를 사용하려면 기동 후에 Preference에서 쿠버네티스를 활성화해야 한다(그림 3-3).

▼ 그림 3-3 쿠버네티스 활성화

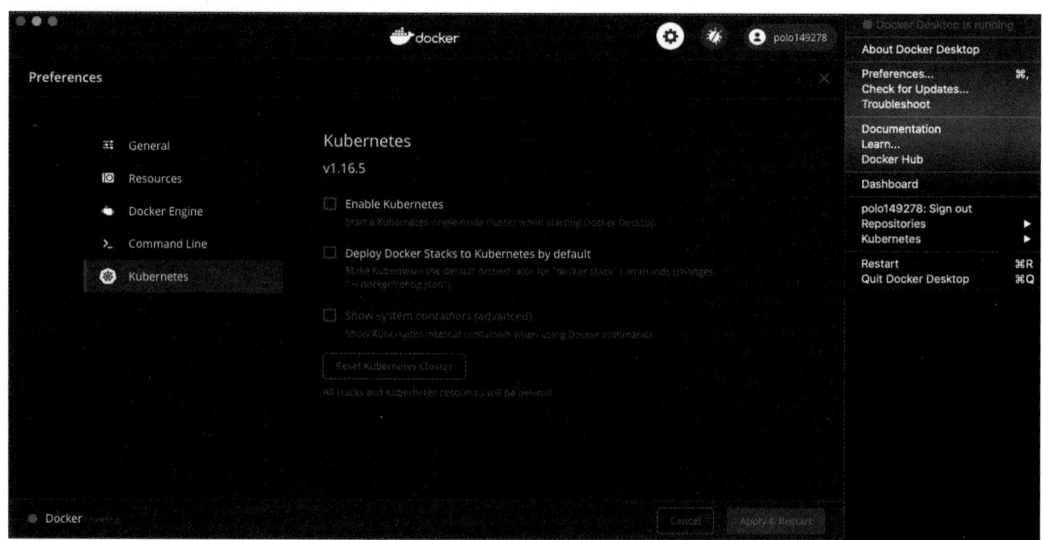

쿠버네티스 배포에는 5분 정도 걸린다. 화면 왼쪽 아래의 표시가 'Docker Running', 'Kubernetes running'과 같이 보이면 쿠버네티스 설치에 성공한 것이다.

여러 쿠버네티스 클러스터를 사용하는 경우에는 kubectl의 컨텍스트를 전환하여 사용해야 한다. 컨텍스트와 kubectl의 사용 방법은 4장에서 설명한다.

다음 명령어로 컨텍스트를 전환한 후에는 kubectl을 사용하여 Docker Desktop 클러스터를 조작할 수 있다.

---

[1] https://docs.docker.com/docker-for-mac/install/

```
# 컨텍스트 변경
$ kubectl config use-context docker-desktop
Switched to context "docker-desktop".
```

kubectl에서는 로컬 머신에 기동 중인 도커 호스트를 쿠버네티스 노드로 인식한다.

```
# 노드 확인
$ kubectl get nodes
NAME              STATUS    ROLES     AGE     VERSION
docker-desktop    Ready     master    2m44s   v1.16.6-beta.0
```

또 쿠버네티스 클러스터 기능을 담당하고 있는 구성 요소(component) 그룹도 컨테이너로 기동된다. 쿠버네티스를 활성화할 때 **Show system containers (advanced)**도 활성화하면 다음과 같이 docker container ls 명령어로 구성 요소를 확인할 수 있다.

```
# 기동 중인 쿠버네티스 관련 구성 요소 확인
$ docker container ls --format 'table {{.Image}}\t{{.Command}}' | grep -v pause
IMAGE                                   COMMAND
docker/kube-compose-controller          "/compose-controller…"
docker/desktop-vpnkit-controller        "/kube-vpnkit-forwar…"
docker/kube-compose-api-server          "/api-server --kubec…"
docker/desktop-storage-provisioner      "/storage-provisione…"
bf261d157914                            "/coredns -conf /etc…"
bf261d157914                            "/coredns -conf /etc…"
0ee1b8a3ebe0                            "/usr/local/bin/kube…"
b2756210eeab                            "etcd --advertise-cl…"
441835dd2301                            "kube-controller-man…"
fc838b21afbb                            "kube-apiserver --ad…"
b4d073a9efda                            "kube-scheduler --au…"
```

3.2.3 kind

kind(kubernetes in Docker)는 쿠버네티스 자체 개발을 위한 도구로, 쿠버네티스의 SIG-Testing이라는 분과회에서 만들어졌다(그림 3-4).

▼ 그림 3-4 kind

이름처럼 도커 컨테이너를 여러 개 기동하고 그 컨테이너를 쿠버네티스 노드로 사용하는 것으로, 여러 대로 구성된 쿠버네티스 클러스터를 구축한다(그림 3-5). 현재 로컬 환경에서 멀티 노드 클러스터를 구축하려면 이 kind를 사용하는 것이 가장 좋다.

▼ 그림 3-5 kind 아키텍처

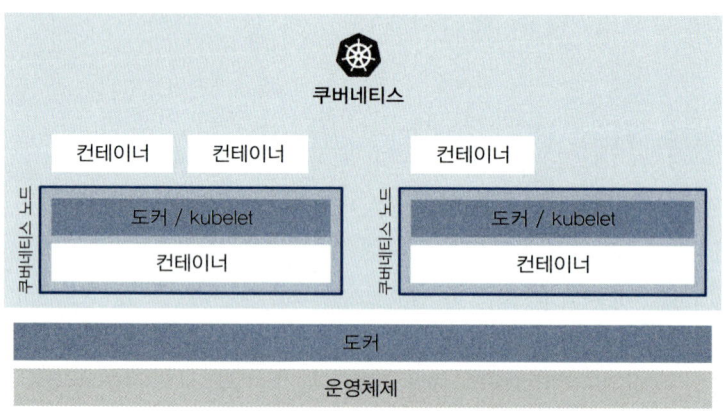

kind도 홈브류를 사용하여 설치할 수 있다.

```
# kind 설치
$ brew install kind

# kind 버전 확인(이 책에서 사용하는 버전)
$ kind version
kind v0.10.0 go1.15.7 darwin/amd64
```

다음은 클러스터를 구축하고 구성 설정은 코드 3-1과 같은 YAML 파일로 관리할 수 있다. 여기서는 마스터 세 대와 워커 세 대의 구성을 지정했다. kind에서 사용하는 도커 이미지는 도커 허브의 kindest Organization에서 관리된다.

코드 3-1 kind 클러스터 설정 예제(kind.yaml)

```yaml
apiVersion: kind.x-k8s.io/v1alpha4
kind: Cluster
nodes:
- role: control-plane
  image: kindest/node:v1.18.15
- role: control-plane
  image: kindest/node:v1.18.15
- role: control-plane
  image: kindest/node:v1.18.15
- role: worker
  image: kindest/node:v1.18.15
- role: worker
  image: kindest/node:v1.18.15
- role: worker
  image: kindest/node:v1.18.15
```

실제로 클러스터를 구축하려면 위의 구성 설정 파일을 지정하고 kind create cluster 명령어를 실행한다. 클러스터를 구축할 때는 Docker Desktop for Mac/Windows의 도커 환경이 기동되고 있어야 한다는 점에 주의한다.

```
# kind에서 쿠버네티스 클러스터 기동
$ kind create cluster --config kind.yaml --name kindcluster
Creating cluster "kindcluster" ...
 ✓ Ensuring node image (kindest/node:v1.18.15) 📦
 ✓ Preparing nodes 📦 📦 📦 📦 📦 📦
 ✓ Configuring the external load balancer ⚖
 ✓ Writing configuration 📜
 ✓ Starting control-plane 🕹
 ✓ Installing CNI 🔌
 ✓ Installing StorageClass 💾
 ✓ Joining more control-plane nodes 🎮
 ✓ Joining worker nodes 🚜
Set kubectl context to "kind-kindcluster"
You can now use your cluster with:

kubectl cluster-info --context kind-kindcluster

Have a nice day! 👋
```

여러 쿠버네티스 클러스터를 사용하는 경우에는 kubectl의 컨텍스트를 전환하여 사용해야 한다. 컨텍스트와 kubectl의 사용 방법은 4장에서 소개한다.

다음 명령어로 컨텍스트를 전환한 후 kubectl에서 kind 클러스터를 조작할 수 있다.

```
# 컨텍스트 전환
$ kubectl config use-context kind-kindcluster
Switched to context "kind-kindcluster".
```

kubectl에서는 로컬 머신에서 기동하고 있는 도커 컨테이너가 쿠버네티스 노드로 인식되어 있다.

```
# 노드 확인
$ kubectl get nodes
NAME                          STATUS   ROLES    AGE     VERSION
kindcluster-control-plane     Ready    master   21m     v1.18.15
kindcluster-control-plane2    Ready    master   19m     v1.18.15
kindcluster-control-plane3    Ready    master   16m     v1.18.15
kindcluster-worker            Ready    <none>   6m32s   v1.18.15
kindcluster-worker2           Ready    <none>   6m43s   v1.18.15
kindcluster-worker3           Ready    <none>   6m35s   v1.18.15
```

실제로 호스트에 기동 중인 도커 컨테이너를 확인해보면 노드 대수만큼의 컨테이너를 확인할 수 있다. 또한, 쿠버네티스 마스터의 이중화 구성을 위해 사용된 HAProxy도 확인할 수 있다.

```
# 도커 컨테이너 확인 (일부 발췌)
$ docker container ls
CONTAINER ID    IMAGE                                PORTS                        NAMES
940b41ba3228    e704287ce753                                                      k8s_
storage-provisioner_storage-provisioner_kube-system_6297cac1-89f0-43da-83e6-84c230804aaa_3
a5164ba35e67    kindest/node:v1.18.15                127.0.0.1:59613->6443/tcp    kind
cluster-control-plane
7335b825a163    kindest/node:v1.18.15                                             kind
cluster-worker
0fa34643dcfc    kindest/node:v1.18.15                127.0.0.1:59614->6443/tcp    kind
cluster-control-plane3
e280014a7985    kindest/node:v1.18.15                127.0.0.1:59612->6443/tcp    kind
cluster-control-plane2
480c88c021b1    kindest/haproxy:v20200708-548e36db   127.0.0.1:59611->6443/tcp    kind
cluster-external-load-balancer
```

```
2b1736b6eb54      kindest/node:v1.18.15
kindcluster-worker3
aa8d56c888f8      kindest/node:v1.18.15
kindcluster-worker2
```

그리고 사용하지 않는 kind 클러스터는 다음과 같이 간단히 삭제할 수 있다.

```
# kind 클러스터 삭제
$ kind delete cluster --name kindcluster
Deleting cluster "kindcluster" ...
```

이 책의 예제 중에는 버전 1.18의 알파 기능을 활성화한 클러스터도 준비되어 있다(코드 3-2, kind-alpha.yaml).

```
# 알파 기능을 활성화한 쿠버네티스 1.18.15 클러스터 구축
$ kind create cluster --name kind-alpha-cluster --config kind-alpha.yaml
```

kind는 내부에서 kubeadm(이 장 뒷부분에서 소개)이라는 구축 도구를 사용하며, 구축 시 설정 파일에 대해 패치를 적용하는 kubeadmConfigPatches와 kubeadmConfigPatchesJson6902 등을 사용하여 다양한 클러스터를 구축할 수 있다. 알파 클러스터를 생성할 때도 이 설정을 사용하여 FeatureGates를 활성화한다.

코드 3-2 알파 기능을 활성화한 kind 클러스터 설정 예(kind-alpha.yaml)

```
apiVersion: kind.x-k8s.io/v1alpha4
kind: Cluster
kubeadmConfigPatches:
- |
  apiVersion: kubeadm.k8s.io/v1beta2
  kind: ClusterConfiguration
  metadata:
    name: config
  apiServer:
    extraArgs:
      "feature-gates": "EphemeralContainers=true,HPAScaleToZero=true,TTLAfterFinished=true,ServiceTopology=true,ImmutableEphemeralVolumes=true"
...(생략)...
```

그 밖에도 kind에는 다양한 설정이 준비되어 있다. 로컬 머신에서 내부 컨테이너로 통신을 확보하기 위한 extraPortMapping 등의 설정도 자주 사용하기 때문에 확인해 두자.[2]

또 도커 허브에서 공개된 kindest/node 이미지는 모든 버전이 공개되어 있지는 않다. 쿠버네티스 릴리스 타이밍에 맞춰 amsy810/kind-node 이미지[3]를 업데이트하고 있으므로 최신 버전이나 kindest/node에 공개되지 않은 버전을 사용할 때는 사용해보길 바란다.

> **column ≡ FeatureGates**
>
> FeatureGates는 쿠버네티스 기능을 활성화/비활성화하기 위한 방법이다.[4] 기본적으로 베타 이상의 상태가 된 기능에 대해서는 기본값으로 활성화되지만, 알파 상태 기능에 대해서는 명시적으로 활성화해야 한다. 쿠버네티스에 어떤 새로운 기능이 추가되었는지는 FeatureGates를 확인하는 것만으로도 어느 정도 파악할 수 있을 것이다.

3.2.4 로컬 쿠버네티스 정리

지금까지 세 종류의 로컬 쿠버네티스 구축 방법을 소개했다. 사용 편의성을 각각 비교해보면 표 3-1과 같다. 그 외에 캐노니컬(Canonical)이 개발한 microk8s[5], 랜처 랩(Rancher Labs)이 개발하고 있는 엣지나 경량 환경용 k3s[6] 등도 있다.

▼ 표 3-1 로컬 쿠버네티스 비교

항목	미니큐브	Docker Desktop for Mac/Windows	kind
버전 선택	○	X	◎
멀티 클러스터	○	X	○
멀티 노드	X	X	○
기능성	◎	△	○
단순성	○	◎	○

---

2 https://kind.sigs.k8s.io/
3 https://hub.docker.com/repository/docker/amsy810/kind-node
4 https://kubernetes.io/ko/docs/reference/command-line-tools-reference/feature-gates/
5 https://microk8s.io/
6 https://k3s.io/

3.3 쿠버네티스 구축 도구

다음으로 소개할 내용은 구축 도구를 사용하여 쿠버네티스 환경을 구성하는 방법이다. 모두 여러 노드의 쿠버네티스 클러스터를 구축할 수 있다.

3.3.1 쿠버네티스 서비스 수준 목표(SLO)

SIG-Scalability라는 분과회는 쿠버네티스 확장성을 논의하고 있다. SIG-Scalability에서는 다음과 같은 서비스 수준 지표(Service Level Indicator, SLI)와 서비스 수준 목표(Service Level Objective, SLO)를 정의하고 있다.[7] 또한, 아래에 제시된 것들 외의 SLI/SLO에 대해서도 책정 중이므로 자세한 내용은 링크를 확인하길 바란다.

- API 응답 시간
  - 단일 객체의 변경 API 요청에 대해 지난 5분 동안 99%가 1초 내에 돌아올 것(일부 제외)
  - 비스트리밍(non-streaming)의 API 요청에 대해 지난 5분 동안 99%가 아래 초 이내로 돌아올 것(일부 제외)
    - 특정 리소스: 1초
    - 네임스페이스 전체: 5초
    - 클러스터 전체: 30초
- 파드 기동 시간
  - 지난 5분 동안 99%가 5초 이내에 기동할 것(이미지 다운로드 시간이나 초기화 컨테이너(Init Container) 처리 시간은 포함하지 않음)

이 서비스 수준 목표를 달성할 수 있는 클러스터의 최대 구성 범위는 표 3-2와 같다.[8] 이 이상의 규모로 클러스터를 만들 수도 있지만 서비스 수준이 떨어질 수 있다. 또한, 아래의 내용 이외의 상한에 대해서도 책정 중이므로 자세한 내용은 링크를 확인하길 바란다.

---

[7] https://github.com/kubernetes/community/blob/master/sig-scalability/slos/slos.md
[8] https://github.com/kubernetes/community/blob/master/sig-scalability/configs-and-limits/thresholds.md

▼ 표 3-2 서비스 수준 목표(SLO)를 충족하는 쿠버네티스 클러스터 최대 사이즈

항목	네임스페이스 단위의 상한	클러스터 전체의 상한
노드 수	-	5,000 노드 이하
클러스터 내 총 파드 수	3,000 파드 이하	150,000 파드 이하
1 노드당 파드 수	-	110 파드 또는 (코어 수 * 10) 중 낮은 쪽
서비스 수	5,000 이하	10,000 이하

위의 제한 이외에도 쿠버네티스 환경에 따라 제한될 수 있다. 예를 들어, 관리형 쿠버네티스 서비스의 경우에는 파드의 네트워크 구성 제약에서 파드 수 제한이 다를 수 있으므로 주의하길 바란다.

많은 관리형 서비스에서 쿠버네티스 마스터 노드의 스케일 업은 자동으로 이루어진다. 그러나 구축 도구를 사용하여 구축하는 경우에는 자체적으로 쿠버네티스 마스터의 인스턴스 사이즈를 정해야 한다. 참고용으로 쿠버네티스 공식 자동 구축 스크립트인 kube-up[9]을 사용하여 GCP(Google Cloud Platform)나 AWS(Amazon Web Services)에 클러스터를 구축하는 경우 사용되는 인스턴스 사이즈 기준이 공개되어 있다.[10] 온프레미스 환경에서 구축하는 경우 코어 수, 메모리 용량 등을 참고해보길 바란다.

3.3.2 큐브어드민

큐브어드민(kubeadm)은 쿠버네티스에서 제공하는 공식 구축 도구이며, 쿠버네티스 1.13이 릴리스된 2018년 12월에 GA가 되었다.

이 장에서는 Ubuntu 18.04 머신 여러 대로 멀티 노드 쿠버네티스 클러스터를 구성하는 예제를 설명한다. 먼저 사전 준비로 모든 노드에 도커, CLI 등 관련 패키지를 설치하고 클러스터에서 사용하는 오버레이 네트워크용 커널 파라미터를 변경한다.

```
# 필요한 의존 패키지 설치
$ sudo apt update && sudo apt install -y apt-transport-https curl

# 저장소 등록 및 업데이트
$ curl -s https://packages.cloud.google.com/apt/doc/apt-key.gpg | sudo apt-key add -
$ cat << EOF | sudo tee /etc/apt/sources.list.d/kubernetes.list
```

---

9 https://github.com/kubernetes/kubernetes/blob/master/cluster/kube-up.sh
10 https://kubernetes.io/docs/setup/cluster-large/

```
deb http://apt.kubernetes.io/ kubernetes-xenial main
EOF
$ sudo apt update

# 쿠버네티스 관련 패키지 설치
$ sudo apt install -y kubelet=1.18.15-00 kubeadm=1.18.15-00 kubectl=1.18.15-00 docker.
io

# 버전 고정
$ sudo apt-mark hold kubelet kubeadm kubectl docker.io

# 오버레이 네트워크용 커널 파라미터 변경
$ cat << EOF | sudo tee /etc/sysctl.d/k8s.conf
net.bridge.bridge-nf-call-ip6tables = 1
net.bridge.bridge-nf-call-iptables = 1
net.ipv4.ip_forward = 1
EOF
$ sudo sysctl --system
```

그다음에는 쿠버네티스 마스터로 설정할 노드에 아래 내용을 실행한다. --pod-network-cidr 옵션은 클러스터 내부 네트워크(파드 네트워크)용으로 플라넬(3.3.3절에서 설명)을 사용하기 위한 설정이다. 그리고 사전에 swap이 비활성화되어 있어야 한다. 일시적으로 비활성화하는 경우는 sudo swapoff -a 명령어를 사용한다. 호스트 OS 재기동 후에도 영구적으로 비활성화하려면 etc/fstab 파일 내 swap 설정 행의 맨 앞에 #을 추가하여 주석 처리한다.

```
# kubeadm 초기화(쿠버네티스 마스터 구축)
$ sudo kubeadm init \
--kubernetes-version=1.18.15 \
--pod-network-cidr=172.31.0.0/16
...(생략)...

Your Kubernetes control-plane has initialized successfully!

To start using your cluster, you need to run the following as a regular user:

  mkdir -p $HOME/.kube
  sudo cp -i /etc/kubernetes/admin.conf $HOME/.kube/config
  sudo chown $(id -u):$(id -g) $HOME/.kube/config
```

```
You should now deploy a pod network to the cluster.
Run "kubectl apply -f [podnetwork].yaml" with one of the options listed at:
  https://kubernetes.io/docs/concepts/cluster-administration/addons/

Then you can join any number of worker nodes by running the following on each as root:

kubeadm join 172.31.2.189:6443 --token zpn5s6.jcx9h6k3a78znd3p \
    --discovery-token-ca-cert-hash sha256:983f234b2c7641e817205f16270547ccc1da2a5360aa
c2abb767b2352ada464e
```

쿠버네티스 마스터 설정이 성공하면 쿠버네티스 노드가 될 노드에서 실행해야 할 명령어가 출력되고, 그 명령어를 노드가 될 머신에서 실행한다. 쿠버네티스 노드를 여러 대 추가할 경우 각 노드에서 이 명령어를 실행하면 된다.

```
# Kubernetes 클러스터에 조인(쿠버네티스 노드 위에서 실행)
$ sudo kubeadm join 172.31.2.189:6443 --token zpn5s6.jcx9h6k3a78znd3p \
--discovery-token-ca-cert-hash \
sha256:983f234b2c7641e817205f16270547ccc1da2a5360aac2abb767b2352ada464e
```

kubectl에서 사용할 인증용 파일은 /etc/kubernetes/admin.conf에 있으며, 다음과 같이 kubeinit을 실행한 후 표시되는 명령어만 입력하면 준비는 끝난다.

```
# 인증용 파일 복사
$ mkdir -p $HOME/.kube
$ sudo cp -i /etc/kubernetes/admin.conf $HOME/.kube/config
$ sudo chown $(id -u):$(id -g) $HOME/.kube/config
```

여기까지 진행되었다면, 각 노드에 마스터/워커 노드로 필요한 쿠버네티스 프로세스가 모두 기동 중인 상태다. 그러나 이것만으로는 멀티 노드 쿠버네티스 클러스터라고 말하기에 조금 부족하다. 서로 다른 노드에 배포된 파드 간 통신이 되지 않기 때문이다.

이 내용은 좀 더 상세히 설명하겠다.

3.3.3 플라넬

기본적으로 도커에서 기동한 컨테이너에 할당된 IP 주소는 호스트 외부에서 볼 수 없는 내부 IP(Internal IP) 주소다. 그래서 이 경우 각 노드에 배포된 컨테이너 간의 통신은 불가능한 상태다(그림 3-6).

▼ 그림 3-6 컨테이너 네트워크와 VM 네트워크

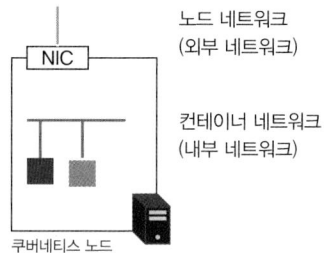

이 문제를 해결하고 멀티 노드 쿠버네티스 클러스터가 되기 위해서는 각 호스트의 내부 네트워크 접속성을 확보해야만 한다(그림 3-7).

▼ 그림 3-7 쿠버네티스 클러스터에 구성한 오버레이 네트워크

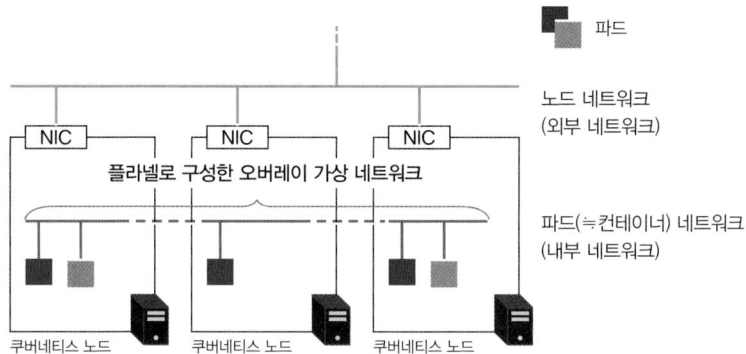

이런 네트워크 구성을 만들기 위한 방법으로 플라넬(Flannel)이 있다. 플라넬은 노드 사이를 연결하는 네트워크에 가상 터널(오버레이 네트워크)을 구성하여 쿠버네티스 클러스터 내부의 파드 간 통신(파드 네트워크)을 구현한다.

지금까지 플라넬을 구성하기 위한 준비를 일부 마쳤기 때문에 다음 명령어를 실행하고 플라넬 데몬 컨테이너를 기동하면 플라넬 구성은 끝난다.

```
# 플라넬 배포
kubectl apply -f \
  https://raw.githubusercontent.com/coreos/flannel/master/Documentation/kube-flannel.yml
```

위 예제에서는 파드 네트워크를 구성하는 방법으로 플라넬을 선택했다. 파드 네트워크를 구현하기 위한 방법은 이외에도 여러 가지 방법[11]이 준비되어 있다.

3.3.4 랜처

랜처(Rancher)는 랜처 랩(Rancher Labs)에서 개발하고 있는 오픈 소스 컨테이너 플랫폼이다. 버전 1.X에서는 쿠버네티스 외에도 다양한 오케스트레이션 도구를 지원했지만, 2.0부터는 쿠버네티스를 중심으로 개발되고 있다. 랜처 2.0은 2018년 5월에 정식으로 출시되었고 국내에서도 인지도가 높아져 쿠버네티스 구축 도구 중 하나로 자리 잡게 되었다.

랜처 2.0의 특징은 쿠버네티스의 구축과 운용을 지원하는 다양한 기능을 제공하여 쿠버네티스를 좀 더 쉽게 도입할 수 있게 한 것이다. 예를 들어 버전 2.3에는 다음과 같은 기능이 있다.

- 여러 클러스터의 통합 관리
- 쿠버네티스 클러스터를 다양한 플랫폼에 배포(AWS, OpenStack, 브이엠웨어 등)
- 온프레미스 환경을 포함한 기존 쿠버네티스 클러스터를 랜처로 관리(클러스터 임포트 기능)
- 여러 클러스터에 대해 애플리케이션 배포를 가능하게 하는 멀티 클러스터 앱(Multi-cluster App) 기능
- 중앙 집중적 인증, 모니터링과 웹 UI 등의 기능 제공
- 풍부한 애플리케이션 카탈로그
- 이스티오(Istio)와의 통합/연계

랜처는 중앙에서 랜처 서버를 기동시키고 관리자는 랜처 서버를 통해 쿠버네티스 클러스터를 구축하고 관리하는 구조다(그림 3-8). 클라우드 프로바이더 환경에 쿠버네티스 클러스터를 구축하는 경우에도 랜처 서버가 클라우드 프로바이더 API를 사용하여 구축 및 관리를 할 수 있게 해준다.

---

11 https://kubernetes.io/docs/setup/production-environment/tools/kubeadm/create-cluster-kubeadm/#pod-network

▼ 그림 3-8 랜처 서버로 쿠버네티스 클러스터 관리

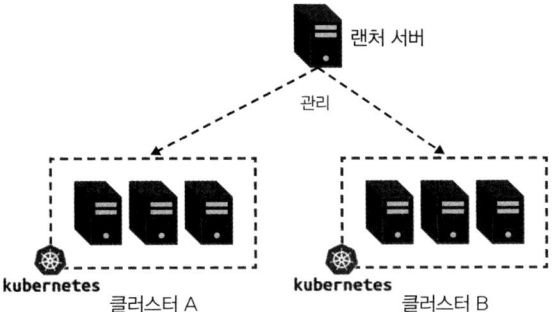

랜처 서버를 기동하려면 다음 명령어를 실행한다. 실제 서비스 환경에서 랜처를 사용할 경우에는 데이터베이스의 이중화나 랜처 서버의 HA 구성을 고려해야 한다.

```
# Rancher Server 기동, https://호스트 IP로 웹 UI 표시
$ sudo docker run -d --restart=unless-stopped -p 80:80 -p 443:443 rancher/rancher:v2.3.5
```

웹 UI도 제공하고 있으므로 UI에서 여러 가지 관리를 할 수 있다(그림 3-9).

▼ 그림 3-9 랜처 웹 UI

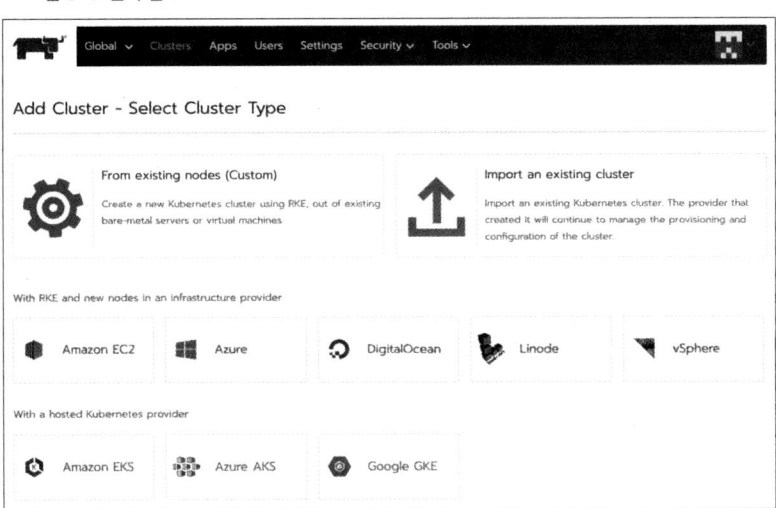

3.3.5 그 외 구축 도구

큐브어드민이나 랜처 외에 여기서 설명하지 못한 구축 도구들도 있다. 유명한 구축 도구를 추천한다면, 앤서블(Ansible)을 사용한 큐브스프레이(Kubespray)[12]/클라우드포메이션(CloudFormation)을 사용한 kube-aws[13]/테라폼(Terraform)이나 클라우드포메이션 형식의 파일을 출력할 수 있는 캅스(kops)[14]/OpenStack Heat를 사용한 OpenStack Magnum[15] 등이 있다.

3.3.6 그 외 엔터프라이즈 솔루션

그 외에도 온프레미스에서 강력한 쿠버네티스 환경을 구축하고 싶은 경우에는 레드햇 오픈시프트 컨테이너 플랫폼(Red Hat OpenShift Container Platform), 브이엠웨어 엔터프라이즈 PKS(VMware Enterprise PKS), IBM 클라우드 프라이빗(IBM Cloud Private, ICP) 등을 선택할 수 있다. 최근에는 브이엠웨어가 출시한 탄주(Tanzu)도 강력한 기능을 제공한다. 국내 엔터프라이즈 시장에서는 피보탈 컨테이너 서비스인 PKS 사례를 많이 볼 수 있다.

3.4 퍼블릭 클라우드 관리형 쿠버네티스 서비스

KUBERNETES PERFECT GUIDE

세 번째로 쿠버네티스 환경을 구성하는 방법은 관리형 쿠버네티스 서비스를 사용하는 것이다. 퍼블릭 클라우드의 쿠버네티스 서비스는 영구 볼륨이나 로드 밸런서와의 연계 등을 쉽게 사용할 수 있도록 기능을 제공하고 있다.

---

[12] https://kubespray.io/
[13] https://github.com/kubernetes-retired/kube-aws
[14] https://kops.sigs.k8s.io
[15] https://docs.openstack.org/magnum/latest/user/

3.4.1 GKE

GKE(Google Kubernetes Engine)는 가장 먼저 출시된 관리형 쿠버네티스 서비스로, 2015년 8월에 GA가 되었다(그림 3-10). 수년 동안 축적된 노하우와 Borg를 바탕으로 만들어진 덕분인지 관리에 필요한 수많은 편리한 기능을 제공한다. 예를 들어 릴리스 채널이나 노드 자동 업데이트 기능, 노드 자동 복구 기능, 노드 인스턴스 유형을 자동으로 결정해주는 노드 자동 프로비저닝 기능 등 쿠버네티스 클러스터 관리를 돕는 많은 기능이 포함되어 있어 클러스터 자체의 운용 부하를 크게 낮출 수 있다.

❤ 그림 3-10 GKE

GKE에서는 쿠버네티스 노드로 GCE(Google Compute Engine)가 사용된다. 또 GCE는 선점형 인스턴스(Preemptible Instance)라고 불리는, 가동 시간이 24시간으로 제약되어 있는 저비용 인스턴스를 쿠버네티스 노드로 사용할 수 있다. 선점형 인스턴스를 사용하여 클러스터를 구성하면 비용을 절감할 수 있지만, 선점형 인스턴스를 사용하기 때문에 노드가 정지되는 경우가 있다. 그러나 컨테이너 환경 설정을 서비스 구성에 맞게 설정해 두면 인스턴스가 다시 생성되더라도 서비스에 영향을 미치지 않고도 자동 복구가 가능하다. 또 선점형 인스턴스만으로 클러스터를 구성하면 24시간 후에 모든 노드가 정지해버릴 수 있기 때문에 랜덤으로 서서히 노드를 교체할 수 있는 preemptible-killer[16]의 사용 등도 검토해보자.

또한, 선점형 인스턴스를 사용하지 않을 경우에도 GKE는 인스턴스 장애가 발생했을 때 노드 자동 복구(Node Auto Repair) 기능을 사용하여 노드를 다시 생성할 수 있다. 이 경우에도 컨테이너를 적절하게 구성하면 서비스에 대한 영향 없이 컨테이너를 자동 복구할 수 있다.

GKE는 GCP(Google Cloud Platform)의 여러 기능과 통합되고 있다. 예를 들어, 클라우드 로깅(Cloud Logging)(구 스택드라이버 로깅(Stackdriver Logging))과는 기본으로 연계되어 있어 컨테이너의 로그를 수집하게 되어 있다. 이외에도 고가용성을 가진 HTTP 로드 밸런서(인그레스(Ingress))나 GPU를 사용할 수 있는 것도 장점이다.

---

16 https://github.com/estafette/estafette-gke-preemptible-killer

또 하나, GKE에서 중요한 콘셉트 중에 노드 풀(NodePool)이라는 기능이 있다(그림 3-11). 노드 풀은 쿠버네티스 클러스터 내부 노드에 레이블을 부여하여 그룹핑하는 기능이다. 예를 들어 'vCPU 수가 많은 노드', '메모리 용량이 많은 노드'와 같이 머신 성능이 다른 노드를 클러스터에 배치하고 노드 풀로 레이블을 부여해 두면 컨테이너 스케줄링 시 배포 제약 조건으로 사용할 수 있다. 이외에 노드를 그룹핑하여 워크로드를 분리하거나 어떤 종류의 노드를 어느 정도의 규모로 클러스터를 구성할 것인지에 대한 제어도 가능하다. 현재 이 노드 풀 기능은 GKE 외에도 다양한 관리형 쿠버네티스 서비스에서 제공되고 있다.

이제 실제로 GCP에 GKE 클러스터를 만들어 보자. 사전 준비로 GCP용 명령어 도구를 설치하고 인증 작업을 해둔다.

```
# Google Cloud SDK(gcloud 명령어를 포함) 설치
# 자세한 사용 방법은 https://cloud.google.com/sdk/docs/quickstarts를 참고
$ curl https://sdk.cloud.google.com | bash

# 설치한 gcloud 명령어를 사용할 수 있도록 셸을 재기동
$ exec -l $SHELL

# gcloud CLI 인증
$ gcloud init
```

❤ 그림 3-11 GKE 노드 풀

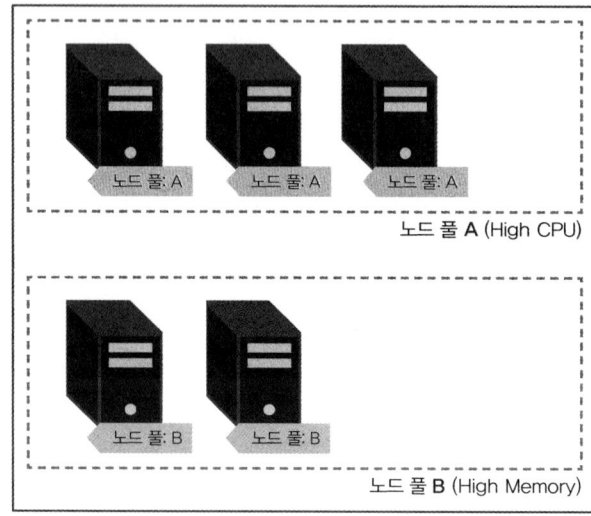

GKE에서 클러스터를 구축하려면 GUI로 구축하거나 gcloud 명령어를 사용해야 한다. gcloud 명령어를 사용하여 구축하는 경우는 다음과 같다.

```
# GKE에서 사용 가능한 쿠버네티스 버전 확인
$ gcloud container get-server-config --zone asia-northeast3-a # asia-northeast3는 서울 리전
Fetching server config for asia-northeast3-a
channels:
- channel: RAPID
  defaultVersion: 1.19.8-gke.1600
  validVersions:
  - 1.20.4-gke.2200
  - 1.19.8-gke.2000
  - 1.19.8-gke.1600
- channel: REGULAR
  defaultVersion: 1.18.16-gke.302
  validVersions:
  - 1.18.16-gke.502
  - 1.18.16-gke.302
- channel: STABLE
  defaultVersion: 1.17.17-gke.2800
  validVersions:
  - 1.17.17-gke.2800
…(생략)…
validMasterVersions:
- 1.18.16-gke.2100
- 1.18.16-gke.1201
- 1.18.16-gke.502
- 1.18.16-gke.302
- 1.18.16-gke.300
…(생략)…
validNodeVersions:
- 1.18.16-gke.2100
- 1.18.16-gke.1201
- 1.18.16-gke.1200
- 1.18.16-gke.502
- 1.18.16-gke.500
- 1.18.16-gke.302
- 1.18.16-gke.300
…(생략)…
```

```
# GKE 클러스터 'k8s' 생성
$ gcloud container clusters create k8s \
--cluster-version 1.18.16-gke.2100 \ # validMasterVersions에 있는 쿠버네티스 버전 지정
--zone asia-northeast3-a \ # 존 지정
--num-nodes 3 # 노드 수
```

GKE 클러스터 생성 명령어를 실행한 후 다음과 같은 Kubernetes Engine API is not enabled for this project라는 에러 메시지가 표시된 경우에는 GCP 프로젝트의 Kubernetes Engine API를 활성화해야 한다. Kubernetes Engine API 활성화는 에러 메시지 마지막에 표시된 URL에서 실행할 수 있다.

```
$ gcloud container clusters create k8s ...(생략)...
...(생략)...
ERROR: (gcloud.container.clusters.create) ResponseError: code=403, message=Kubernetes Engine API is not enabled for this project. Please ensure it is enabled in Google Cloud Console and try again: visit https://console.cloud.google.com/apis/api/container.googleapis.com/overview?project= 프로젝트명 to do so.
```

구축한 쿠버네티스 클러스터에 접속하기 위한 인증 정보는 ~/.kube/config에 자동으로 저장된다.

```
# GKE 클러스터 'k8s'에 접속할 인증 정보를 다시 가져오는 방법
$ gcloud container clusters get-credentials k8s --zone asia-northeast3-a
Fetching cluster endpoint and auth data.
kubeconfig entry generated for k8s.
```

클러스터가 생성되었다면 kubectl을 사용하여 GKE 클러스터를 관리할 수 있다. 4장에서는 kubectl의 설치 방법을 설명한다.

또 다음 명령어를 실행하여 kubectl을 실행하는 GCP의 IAM 사용자(SOMEUSER@gmail.com)에게 클러스터 관리자 권한을 설정한다. 여러 IAM 사용자와 공유하는 서비스 환경에서는 IAM 사용자별로 환경에 맞는 권한을 설정하여 사용해야 한다. 인증/인가는 13장에서 자세히 설명한다.

```
# 현재 사용자의 이메일 주소를 가져온다
$ GCP_USER=`gcloud config get-value core/account`

# kubectl을 사용할 GCP IAM 사용자에게 클러스터 관리자 권한을 설정
$ kubectl create --save-config clusterrolebinding iam-cluster-admin-binding \
--clusterrole=cluster-admin \
--user=${GCP_USER}
clusterrolebinding.rbac.authorization.k8s.io/iam-cluster-admin-binding created
```

사용하지 않는 GKE 클러스터를 gcloud 명령어를 사용하여 삭제하는 방법은 다음과 같다.

```
# GKE 클러스터 'k8s' 삭제
$ gcloud container clusters delete k8s --zone asia-northeast3-a
```

또 GKE는 구글 클라우드 콘솔의 자체 대시보드를 사용하여 쿠버네티스 클러스터를 관리할 수 있다(그림 3-12).

❤ 그림 3-12 GKE 대시보드

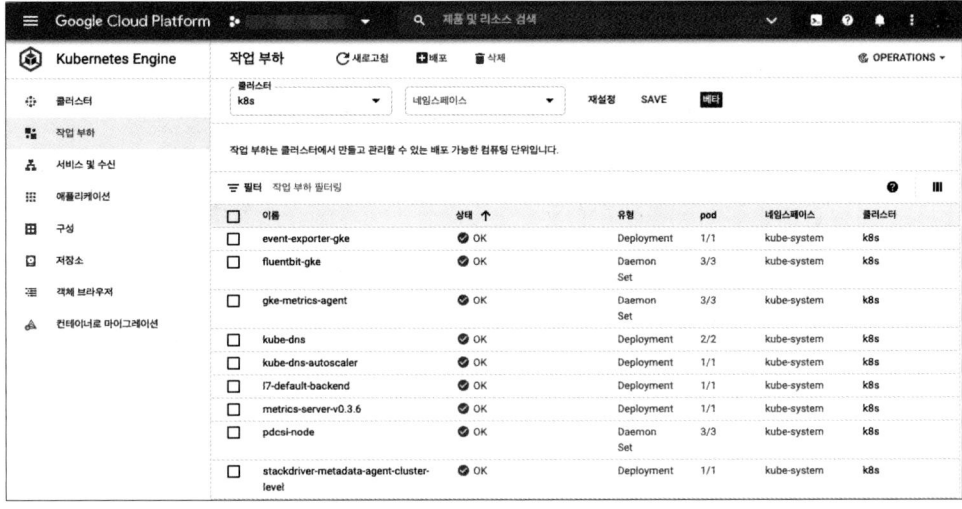

GKE에 대한 더 자세한 설명은 공식 사이트[17]에서 확인할 수 있다.

---

17 https://cloud.google.com/kubernetes-engine/

3.4.2 AKS

AKS(Azure Kubernetes Service)는 마이크로소프트 애저(Microsoft Azure)에서 동작하는 관리형 쿠버네티스 서비스로, 2018년 6월에 GA가 되었다(그림 3-13).

❤ 그림 3-13 AKS

애저 액티브 디렉터리(Azure Active Directory)를 쿠버네티스 역할 기반 액세스 제어(RBAC)와 연계하는 기능, AKS 클러스터의 리소스가 부족할 때 버추얼 쿠버렛(Virtual Kubelet)을 사용하여 Azure Container Instances(ACI)에 버스팅(bursting)하는 기능을 제공하고 있으며, AKS 클러스터를 스케일 아웃하는 것이 아니라 ACI에 버스팅하기 때문에 파드를 몇 초 안에 기동할 수 있다. 또한, 버스팅할 때까지는 비용이 발생하지 않는다.

그러면 실제로 AKS 클러스터를 구축해보자. 사전 준비로 마이크로소프트 애저용 CLI를 설치하고 인증 작업을 진행한다.

```
# Azure CLI에 의존 패키지 설치
$ pip install paramiko

# Azure CLI 설치(맥 운영체제의 경우)
$ brew install azure-cli

# Azure CLI 인증
$ az login
```

AKS에서는 리소스 그룹을 만든 후에 그 그룹을 사용하여 AKS 클러스터를 생성한다.

```
# AKS에서 사용 가능한 쿠버네티스 버전 확인
$ az aks get-versions -l koreasouth
...(생략)...

# 리소스 그룹 생성
$ az group create \
--name k8srg \
```

```
--location koreasouth

# service principal 생성
$ az ad sp create-for-rbac \
--skip-assignment \
--name myAKSClusterServicePrincipal
{
  "appId": " xxxxxxxx-xxxx-xxxx-xxxx-xxxxxxxxxxxx ",
  "displayName": " myAKSClusterServicePrincipal",
  "name": "http://myAKSClusterServicePrincipal ",
  "password": " xxxxxxxx-xxxx-xxxx-xxxx-xxxxxxxxxxxx ",
  "tenant": " xxxxxxxx-xxxx-xxxx-xxxx-xxxxxxxxxxxx "
}

# AKS 클러스터 'k8s' 생성
$ az aks create \
--name k8s \
--kubernetes-version 1.18.14 \ # 쿠버네티스 버전
--node-count 3 \ # 노드 수
--resource-group k8srg \ # 리소스 그룹명
--generate-ssh-keys \
--service-principal <appId> \ # service principal의 appid
--client-secret <password> # service principal의 password
```

AKS에서도 GKE와 같이 쿠버네티스 클러스터의 인증 정보를 가져오는 명령어가 준비되어 있다.

```
# AKS 클러스터 'k8s'에 접속할 인증 정보를 가져온다
$ az aks get-credentials --name k8s --resource-group k8srg
```

클러스터가 생성되었다면 kubectl을 사용하여 AKS 클러스터를 관리할 수 있다. 4장에서는 kubectl의 설치 방법을 설명한다. 또한, 쿠버네티스 대시보드를 사용하여 GUI에서도 쿠버네티스 클러스터를 관리할 수 있다.

```
# AKS 클러스터 'k8s'의 쿠버네티스 대시보드 표시
$ az aks browse --name k8s --resource-group k8srg
```

필요 없어진 AKS 클러스터를 az 명령어를 사용하여 삭제하는 방법은 다음과 같다.

```
# AKS 클러스터 'k8s' 삭제
$ az aks delete --name k8s --resource-group k8srg
```

AKS에 대한 더 자세한 설명은 공식 사이트[18]에서 확인할 수 있다.

3.4.3 EKS

EKS(Elastic Kubernetes Service)는 AWS re:invent 2017에서 발표한 AWS의 관리형 쿠버네티스 서비스다. 2018년 6월에 GA가 되었다(그림 3-14).

▼ 그림 3-14 EKS

IAM(Identity and Access Management)과 쿠버네티스 사용자를 연결하여 IAM을 기반으로 권한을 관리할 수 있는 기능이나 파드 네트워크와 AWS VPC의 서브넷이 직접 연결되어 가상 머신에서 컨테이너로 직접 통신할 수 있는 네트워크 구성이 가능하다. 또한, Amazon CloudWatch Logs나 AWS CloudTrail과 연계된 로깅 등 앞으로 AWS 서비스와 통합된 기능들이 기대된다.

일반적으로 AWS가 제공하는 AMI(Amazon Machine Image)에서 생성한 EC2 인스턴스를 쿠버네티스 노드로 사용한다. 또한, AWS에서 공개한 패커(Packer) 설정과 스크립트[19]를 사용하여 커스터마이즈한 AMI를 생성하고, 이 커스텀 AMI로 EC2를 생성하여 쿠버네티스 노드로 사용할 수도 있다. 운용 부하를 줄이고 싶다면 워커 노드 관리를 AWS에 맡기는 Managed Nodegroups나 AWS Fargate를 쿠버네티스 노드로 사용하는 EKS on Fargate 등을 사용하면 좋다. (이 책을 집필하는 시점에서는) 클러스터 내부의 DNS, CNI, 인그레스 컨트롤러(Ingress Controller) 등의 구성 요소는 관리되지 않으므로 주의해야 한다.

---

[18] https://azure.microsoft.com/ko-kr/services/kubernetes-service/
[19] https://github.com/awslabs/amazon-eks-ami

그럼 실제로 EKS 클러스터를 구축해보자. 일반적으로 AWS CLI를 사용하면서 AWS CloudFormation으로 여러 Stack을 만들어 VPC와 노드의 리소스 그룹을 생성한다. AWS CLI로 실행하는 방법은 커스터마이즈가 편하지만 작업이 조금 복잡한 편이다. 여기서는 EKS 클러스터를 간단히 생성하기 위해 아마존(Amazon)과 웨이브웍스(Waveworks)가 개발한 오픈 소스 소프트웨어 eksctl[20]을 사용하여 구축한다. 사전 준비로 AWS용 명령어 도구를 설치하고 인증을 진행해 둔다.

```
# AWS Credential 생성
$ vi ~/.aws/credentials
[default]
aws_access_key_id=XXXXXXXXXXXXXXXXXXXX
aws_secret_access_key=XXXXXXXXXXXXXXXXXXXXXXXXXXXXXXXXXXXXXXXX

# eksctl 설치
$ curl --silent --location
"https://github.com/weaveworks/eksctl/releases/latest/download/eksctl_$(uname -s)_amd64.tar.gz" | tar xz -C /tmp
$ sudo mv /tmp/eksctl /usr/local/bin
```

eksctl을 사용하면 하나의 명령어로 클러스터를 기동할 수 있다.

```
# EKS 클러스터 'k8s' 생성
$ eksctl create cluster \
--name k8s \
--version 1.18 \
--region ap-northeast-2 \
--nodes 3 \ # 노드 수
--managed # Managed Nodegroups 활성화
```

eksctl에서도 인증 정보를 가져오는 명령어가 준비되어 있다. 이후부터는 정상적으로 kubectl을 사용하여 EKS 클러스터를 관리할 수 있다. 4장에서는 kubectl을 설치하는 방법을 설명한다.

```
# EKS 클러스터 'k8s'에 접속하는 인증 정보를 가져옴
$ eksctl utils write-kubeconfig --cluster k8s
```

---

[20] https://github.com/weaveworks/eksctl

사용하지 않는 EKS 클러스터를 eksctl 명령어를 사용하여 삭제하는 방법은 다음과 같다.

```
# EKS 클러스터 'k8s' 삭제
$ eksctl delete cluster --name k8s --region ap-northeast-2
```

EKS에 대한 더 자세한 설명은 공식 사이트[21]에서 확인할 수 있다.

또 eksctl을 사용하지 않고 EKS 클러스터를 생성하는 경우의 문서[22]도 준비되어 있다.

EKS도 최근에는 깃허브에 관련 정보를 공개하고 있으므로 EKS와 AWS의 향후 로드맵에 대한 문서도 참고하길 바란다.[23]

3.5 쿠버네티스 플레이그라운드

지금까지 여러 가지 쿠버네티스 환경을 소개했다. 좀 더 쉽고 편하게 쿠버네티스 환경을 테스트하려면 도커에서 제공하는 쿠버네티스 플레이그라운드(playground)[24]를 사용해도 좋을 것이다. 플레이그라운드는 웹 화면에서 쿠버네티스를 손쉽게 테스트할 수 있으므로 매우 편리하다. 최대 다섯 대의 인스턴스를 기동할 수 있고 화면에 표시되는 순서대로 큐브어드민을 사용하여 쿠버네티스 클러스터를 구축함으로써 사용할 수 있다. 짧게는 1분 정도에 쿠버네티스 환경을 구축할 수 있어 편리하지만, 연속 사용 시간이 정해져 있고(최대 4시간까지) 기능에 제한이 있으므로 주의해야 한다.

---

[21] https://aws.amazon.com/ko/eks/
[22] https://docs.aws.amazon.com/ko_kr/eks/latest/userguide/what-is-eks.html
[23] https://github.com/aws/containers-roadmap/projects/1
[24] https://labs.play-with-k8s.com/

3.6 정리

이 장에서는 쿠버네티스의 여러 환경을 설명했으며, 크게 '로컬 쿠버네티스', '쿠버네티스 구축 도구', '관리형 쿠버네티스 서비스'라는 세 가지 방법이 있다. 퍼블릭 클라우드/프라이빗 클라우드 등과 같은 플랫폼 종류나 개발 환경/스테이징 환경/서비스 환경 등과 같은 환경적 측면과 사용 용도에 맞게 적절한 방법을 선택하여 사용하면 된다.

- **로컬 쿠버네티스**: 물리 머신 한 대에 구축하여 사용
- **쿠버네티스 구축 도구**: 도구를 사용하여 온프레미스/클라우드에 클러스터를 구축하여 사용
- **관리형 쿠버네티스 서비스**: 퍼블릭 클라우드의 관리형 서비스로 제공하는 클러스터 사용

인증 프로그램을 통해 인증받은 쿠버네티스 환경이라면 기본적으로 동작에 대한 일관성이 보장되지만, 각 환경에 따라 기능 등의 차이가 있을 수 있다. 따라서 개발 환경/스테이징 환경/서비스 환경은 가능하면 같은 환경에서 운용하는 것이 좋다. 적어도 스테이징 환경과 서비스 환경은 같은 환경에서 운용해야 한다.

다음 장부터는 실제 구축된 클러스터를 사용하여 쿠버네티스의 콘셉트와 사용 방법을 설명할 것이다.

4장

API 리소스와 kubectl

4.1 이 책을 읽기 위한 준비
4.2 쿠버네티스 기초
4.3 쿠버네티스와 리소스
4.4 네임스페이스로 가상적인 클러스터 분리
4.5 커맨드 라인 인터페이스(CLI) 도구 kubectl
4.6 정리

4.1 이 책을 읽기 위한 준비

쿠버네티스를 설명하기에 앞서 다시 한 번 이 책에서 사용하는 환경을 설명한다. 쿠버네티스와 커맨드 라인 인터페이스(CLI) 도구 kubectl은 아래 버전을 테스트 환경으로 사용한다.

- **쿠버네티스 환경**: Google Kubernetes Engine(GKE), 일부 kind(Kubernetes in Docker)를 사용
- **쿠버네티스 버전**: 1.18.16-gke.2100(kind의 경우: 1.18.15)
- **kubectl 버전**: v1.18.16

그러나 많은 기능을 대부분의 쿠버네티스 환경/쿠버네티스 버전에서도 사용할 수 있으므로, 3장에서 설명한 환경도 사용할 수 있다.

▼ 표 4-1 쿠버네티스 환경과 버전

환경	버전
Google Kubernetes Engine	V1.18.16
Elastic Kubernetes Service	V1.18.x
Azure Kubernetes Service	V1.18.14
kubeadm	V1.18.15
Docker Desktop	V1.16.5
Minikube	V1.18.15
kind	V1.18.15

또 이 책에서 알파, 베타 기능은 `1.99 Alpha`, `1.99 Beta`로 표시했다. 베타 기능은 해당 버전에서 사용할 수 있지만, 알파 기능은 활성화된 환경에서만 사용할 수 있으므로 주의해야 한다. GKE와 kind에 대해서는 알파 기능을 활성화한 클러스터의 구축 방법을 설명하고 있다.

4.1.1 kubectl 설치와 자동 완성 기능 설정

이 책을 읽어 나가기 전에 CLI 도구인 kubectl을 설치해 두자. 맥 운영체제 환경에서 버전에 상관없다면 brew install kubernetes-cli로도 설치할 수 있다.

```
# 맥 운영체제의 경우
$ OS_TYPE=Darwin
# 리눅스의 경우
$ OS_TYPE=linux

# kubectl 버전
$ VERSION=1.18.16

# kubectl 설치
$ curl -O
https://storage.googleapis.com/kubernetes-release/release/v${VERSION}/bin/${OS_TYPE}/amd64/kubectl
$ chmod +x kubectl
$ sudo mv kubectl /usr/local/bin/kubectl
```

kubectl에는 셸 자동 완성 기능도 준비되어 있다. bash나 zsh를 선택할 수 있으므로 환경에 맞게 지정하자.

```
# bash completion
$ source <(kubectl completion bash)
# zsh completion
$ source <(kubectl completion zsh)
```

다음 번 로그인할 때 다른 셸을 기동했을 경우에도 자동 완성 기능을 활성화하려면 ~/.bashrc나 ~/.zshrc로 설정해야 한다.

```
# 다음 로그인 시에도 bash로 kubectl 자동 완성 기능을 활성화
$ echo 'source <(kubectl completion bash)' >> ~/.bashrc

# 다음 로그인 시에도 zsh로 kubectl 자동 완성 기능을 활성화
$ echo 'source <(kubectl completion zsh)' >> ~/.zshrc
```

4.1.2 쿠버네티스(GKE) 클러스터 생성

이 책에서 사용하는 GKE 클러스터는 기본적으로 다음과 같은 방법으로 생성한 클러스터를 사용한다.

```
# GKE에서 사용 가능한 쿠버네티스 버전 확인
$ gcloud container get-server-config --zone asia-northeast3-a
Fetching server config for asia-northeast3-a
channels:
- channel: RAPID
  defaultVersion: 1.19.8-gke.1600
  validVersions:
  - 1.20.4-gke.2200
  - 1.19.8-gke.2000
  - 1.19.8-gke.1600
- channel: REGULAR
  defaultVersion: 1.18.16-gke.302
  validVersions:
  - 1.18.16-gke.502
  - 1.18.16-gke.302
- channel: STABLE
  defaultVersion: 1.17.17-gke.2800
  validVersions:
  - 1.17.17-gke.2800
…(생략)…
validMasterVersions:
- 1.18.16-gke.2100
- 1.18.16-gke.1201
- 1.18.16-gke.502
- 1.18.16-gke.302
- 1.18.16-gke.300
…(생략)…
validNodeVersions:
- 1.18.16-gke.2100
- 1.18.16-gke.1201
- 1.18.16-gke.1200
- 1.18.16-gke.502
- 1.18.16-gke.500
- 1.18.16-gke.302
- 1.18.16-gke.300
…(생략)…
```

```
# GKE 클러스터 'k8s' 생성
$ gcloud container clusters create k8s \
--cluster-version 1.18.16-gke.2100 \ # validMasterVersions에 있는 쿠버네티스 버전 지정
--zone asia-northeast3-a \ # 존 설정
--num-nodes 3 \ # 노드 수
--machine-type n1-standard-4 \ # 인스턴스 유형 지정
--enable-network-policy \ # 네트워크 정책 기능 활성화
--enable-vertical-pod-autoscaling # VerticalPodAutoscaler 활성화
```

GKE 클러스터에 대한 권한을 다시 가져오는 경우 다음 명령어를 실행한다.

```
# GKE 클러스터 'k8s'에 접속하는 인증 정보를 다시 가져오는 방법
$ gcloud container clusters get-credentials k8s --zone asia-northeast3-a
Fetching cluster endpoint and auth data.
kubeconfig entry generated for k8s.
```

일부 1.18 버전에서 알파 기능을 사용할 때는 다음 클러스터를 사용하여 설명한다. 알파 기능을 활성화한 클러스터는 30일 후에 삭제되는 점만 주의하자.

```
# 알파 기능을 활성화한 클러스터 'k8s-alpha' 생성
$ gcloud container clusters create k8s-alpha \
--cluster-version 1.18.16-gke.2100 \ # validMasterVersions에 있는 쿠버네티스 버전 지정
--zone asia-northeast3-a \ # 존 설정
--num-nodes 3 \ # 노드 수
--machine-type n1-standard-4 \ # 인스턴스 유형 지정
--enable-network-policy \ # 네트워크 정책 기능의 활성화
--enable-vertical-pod-autoscaling \ # VerticalPodAutoscaler 활성화
--enable-kubernetes-alpha \ # 쿠버네티스 알파 기능의 활성화
--no-enable-autorepair --no-enable-autoupgrade # 알파 기능을 활성화하기 때문에 일부 기능은
비활성화
```

구글 계정 'SOMEUSER@gmail.com'이 관리자 권한으로 쿠버네티스 클러스터를 관리할 수 있도록 다음 명령어를 실행해 두자. 구글 계정은 관리자 권한으로 관리하고 싶은 계정을 지정해야 한다. 자세한 내용은 13장의 RBAC 관련 부분에서 설명한다.

```
# 사용자에게 모든 리소스의 접속 권한을 부여
$ kubectl create clusterrolebinding user-cluster-admin-binding \
--clusterrole=cluster-admin \
--user=SOMEUSER@gmail.com
```

마지막으로 설치한 클라이언트와 쿠버네티스 클러스터의 버전을 확인해 두자. 다음과 같이 Client Version이 1.18.16, Server Version이 1.18.16-gke.2100으로 되어 있으면 테스트 환경 준비를 마친 것이다.

```
# 쿠버네티스 버전과 클라이언트 버전 확인(일부 생략)
$ kubectl version
Client Version: version.Info{Major:"1", Minor:"18", GitVersion:"v1.18.16", …}
Server Version: version.Info{Major:"1", Minor:"18+", GitVersion:"1.18.16-gke.2100", …}
```

덧붙여 GKE를 포함한 GCP(Google Cloud Platform)에는 기본으로 300달러의 크레딧을 제공하는 무료 등급[1]이 있다. 처음에는 무료 등급을 사용하여 테스트를 진행해도 좋다. 쿠버네티스 노드에 사용되는 GCE는 비교적 종량에 대한 과금 단가가 비싸기 때문에 사용 후 불필요한 클러스터는 삭제해 두는 것이 좋다.

```
# GKE 클러스터 'k8s' 삭제
$ gcloud container clusters delete k8s --zone asia-northeast3-a
```

> **Note ≡ 실습 시 주의 사항**
> 1. 가능하면 책과 같은 환경에서 실습하기를 권장한다. 환경이 다를 경우 결과도 다르게 나올 수 있다.
> 2. 무료 등급 계정에서는 책과 같은 환경을 설정할 수 없으니(2021년 4월 시점) 업그레이드한 뒤 실습해야 한다. 이 경우 비용이 발생할 수 있다는 점에 주의하길 바란다.

최신 버전의 기능은 3장에서 소개한 kind(Kubernetes in Docker)에서 구축한 클러스터를 사용한다.

```
# 알파 기능을 활성화한 쿠버네티스 1.18.15 클러스터 구축(kind-alpha.yaml은 3장에서 소개한
  다운로드 가능한 예제)
$ kind create cluster --name kind-alpha-cluster --config kind-alpha.yaml
```

---

[1] https://cloud.google.com/free?hl=ko

column ≡   **GKE 워크로드 아이덴티티**

GKE는 GKE에서 기동하고 있는 컨테이너에서 GCP 서비스를 사용할 때 컨테이너에 유연하게 권한을 부여하는 워크로드 아이덴티티(Workload Identity)라는 기능이 있다. 워크로드 아이덴티티는 쿠버네티스의 서비스 어카운트 리소스(KSA)와 GCP의 서비스 어카운트(GSA)를 연결하여 그 KSA를 사용하는 파드에서 GCP 서비스로 접속할 때 연결한 GSA 권한이 자동으로 부여되는 구조다. 이 책에서 소개하는 일부 에코시스템에도 이 기능을 사용하여 GKE와 GCP를 연계하고 있다.

워크로드 아이덴티티를 사용하려면 다음 명령어를 실행한다.

```
# GCP 프로젝트 설정
$ PROJECT=$(gcloud config get-value core/project)
# 워크로드 아이덴티티 활성화
$ gcloud container clusters update k8s \
  --zone asia-northeast3-a \
  --workload-pool=${PROJECT}.svc.id.goog

# 워크로드 아이덴티티에서 사용하는 GKE 메타데이터 기능 활성화
$ gcloud container node-pools update default-pool \
  --cluster k8s \
  --zone asia-northeast3-a \
  --workload-metadata=GKE_METADATA
```

참고로 AWS EKS에는 'IAM roles for service accounts'라는 이름으로 비슷한 기능이 준비되어 있다.

4.2 쿠버네티스 기초

쿠버네티스는 쿠버네티스 마스터와 쿠버네티스 노드로 구성되어 있다(그림 4-1). 쿠버네티스 마스터는 API 엔드포인트 제공, 컨테이너 스케줄링, 컨테이너 스케일링 등을 담당하는 노드다. 그리고 쿠버네티스 노드는 이른바 도커 호스트에 해당하며 실제로 컨테이너를 기동시키는 노드다.

▼ 그림 4-1 쿠버네티스 마스터와 쿠버네티스 노드의 관계

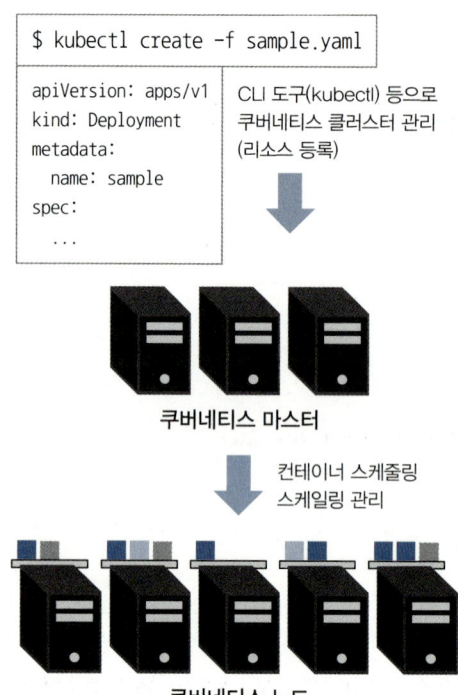

쿠버네티스 클러스터를 관리하려면 CLI 도구인 kubectl과 YAML 형식이나 JSON 형식으로 작성된 매니페스트 파일을 사용하여 쿠버네티스 마스터에 '리소스'를 등록해야 한다. 매니페스트 파일은 가독성을 고려하여 YAML 형식으로 작성하는 것이 일반적이며 확장자(.yaml, .yml, .json)로 구분된다. kubectl은 매니페스트 파일 정보를 바탕으로 쿠버네티스 마스터가 가진 API에 요청을 보내어 쿠버네티스를 관리한다. 쿠버네티스 API는 일반적으로 RESTful API로 구현되어 있다. 따라서 kubectl을 사용하지 않고 각종 프로그램 언어의 RESTful API 라이브러리나 curl 등의 명령어 도구를 사용하여 직접 API를 호출함으로써 쿠버네티스를 관리할 수도 있다.

4.3 쿠버네티스와 리소스

쿠버네티스를 관리하기 위해 등록하는 '리소스'는 컨테이너의 실행과 로드 밸런서 생성 등 많은 종류가 있다. 쿠버네티스가 취급하는 리소스 목록은 API 레퍼런스[2, 3] 페이지에 공개되어 있다. 리소스는 크게 표 4-2의 다섯 가지 카테고리로 분류된다. 쿠버네티스는 이러한 리소스 등록을 비동기로 처리할 수 있다.

▼ 표 4-2 쿠버네티스 리소스 카테고리

종류	개요
워크로드 API 카테고리	컨테이너 실행에 관련된 리소스
서비스 API 카테고리	컨테이너를 외부에 공개하는 엔드포인트를 제공하는 리소스
컨피그 & 스토리지 API 카테고리	설정/기밀 정보/영구 볼륨 등에 관련된 리소스
클러스터 API 카테고리	보안이나 쿼터 등에 관련된 리소스
메타데이터 API 카테고리	클러스터 내부의 다른 리소스를 관리하기 위한 리소스

이 책에서는 먼저 서비스의 전체 모습을 이해할 수 있도록 다섯 가지 종류의 API 카테고리와 속해 있는 리소스를 간단히 설명한다(내부적으로 사용되는 리소스는 제외). 이 중에서도 애플리케이션 개발자가 주로 사용하는 리소스 카테고리는 워크로드/서비스/컨피그 & 스토리지, 세 종류다. 그럼 순서대로 설명하겠다.

4.3.1 워크로드 API 카테고리

첫 번째, 워크로드(Workload) API 카테고리는 클러스터 위에서 컨테이너를 기동하기 위해 사용되는 리소스다. 내부적으로 사용되는 것을 제외하고 사용자가 직접 관리할 수 있는 것으로 총 여덟 가지 종류의 워크로드 리소스가 있다. 자세한 내용은 5장에서 설명한다.

---

[2] https://kubernetes.io/docs/reference/generated/kubernetes-api/(쿠버네티스 버전)/
[3] v1.18의 경우: https://kubernetes.io/docs/reference/generated/kubernetes-api/v1.18/

- 파드(Pod)
- 레플리케이션 컨트롤러(ReplicationController)
- 레플리카셋(ReplicaSet)
- 디플로이먼트(Deployment)
- 데몬셋(DaemonSet)
- 스테이트풀셋(StatefulSet)
- 잡(Job)
- 크론잡(CronJob)

4.3.2 서비스 API 카테고리

두 번째, 서비스(Service) API 카테고리는 컨테이너 서비스 디스커버리와 클러스터 외부에서도 접속이 가능한 엔드포인트 등을 제공하는 리소스다. 내부적으로 사용되는 것을 제외하고 사용자가 직접 관리할 수 있는 리소스로 서비스와 인그레스(Ingress)라는 두 종류의 서비스 API 카테고리가 있다. 서비스에는 엔드포인트 제공 방식이 다른 여러 타입이 준비되어 있다. 다음 리소스 중에서 ExternalIP 서비스와 None-Selector 서비스는 엄밀히 말하면 타입(type)은 아니지만, 이 책에서는 하나의 타입으로 소개한다. 자세한 내용은 6장에서 설명한다.

- 서비스
  - ClusterIP
  - ExternalIP(ClusterIP의 한 종류)
  - NodePort
  - LoadBalancer
  - Headless(None)
  - ExternalName
  - None-Selector
- 인그레스

4.3.3 컨피그 & 스토리지 API 카테고리

세 번째, 컨피그 & 스토리지(Config & Storage) API 카테고리는 설정과 기밀 데이터를 컨테이너에 담거나 영구 볼륨을 제공하는 리소스다. 시크릿과 컨피그맵은 모두 키-밸류 형태의 데이터 구조로 되어 있고, 저장할 데이터가 기밀 데이터인지 일반적인 설정 정보인지에 따라 구분된다. 영구 볼륨 클레임은 컨테이너에서 영구 볼륨을 요청할 때 사용한다. 자세한 내용은 7장에서 설명한다.

- 시크릿(Secret)
- 컨피그맵(ConfigMap)
- 영구 볼륨 클레임(PersistentVolumeClaim)

4.3.4 클러스터 API 카테고리

네 번째, 클러스터(Cluster) API 카테고리는 클러스터 자체 동작을 정의하는 리소스다. 보안 관련 설정이나 정책, 클러스터 관리성을 향상시키는 기능을 위한 리소스 등 여러 리소스가 있다. 자세한 내용은 8장에서 설명한다.

- 노드(Node)
- 네임스페이스(Namespace)
- 영구 볼륨(PersistentVolume)
- 리소스 쿼터(ResourceQuota)
- 서비스 어카운트(ServiceAccount)
- 롤(Role)
- 클러스터 롤(ClusterRole)
- 롤바인딩(RoleBinding)
- 클러스터롤바인딩(ClusterRoleBinding)
- 네트워크 정책(NetworkPolicy)

4.3.5 메타데이터 API 카테고리

마지막으로 다섯 번째, 메타데이터(Metadata) API 카테고리는 클러스터 내부의 다른 리소스 동작을 제어하기 위한 리소스다. 예를 들어, 파드를 오토 스케일링시키기 위해 사용하는 HorizontalPodAutoscaler(HPA)는 디플로이먼트 리소스를 조작해 레플리카 수를 변경함으로써 오토 스케일링을 구현한다. 자세한 내용은 8장에서 설명한다.

- LimitRange
- HorizontalPodAutoscaler(HPA)
- PodDisruptionBudget(PDB)
- 커스텀 리소스 데피니션(CustomResourceDefinition)

4.4 네임스페이스로 가상적인 클러스터 분리

쿠버네티스에는 네임스페이스(NameSpace)라고 불리는 가상적인 쿠버네티스 클러스터 분리 기능이 있다. 완전한 분리 개념이 아니기 때문에 용도는 제한되지만, 하나의 쿠버네티스 클러스터를 여러 팀에서 사용하거나 서비스 환경/스테이징 환경/개발 환경으로 구분하는 경우 사용할 수 있다.

기본 설정에서는 다음 네 가지 네임스페이스가 생성된다.

- kube-system
  - 쿠버네티스 클러스터 구성 요소와 애드온이 배포될 네임스페이스
- kube-public
  - 모든 사용자가 사용할 수 있는 컨피그맵 등을 배치하는 네임스페이스
- kube-node-lease
  - 노드 하트비트 정보가 저장된 네임스페이스
- default
  - 기본 네임스페이스

kube-system은 관습적으로 쿠버네티스 대시보드 같은 시스템 구성 요소와 애드온을 배포하기 위해 생성되는 네임스페이스다. kube-public은 관습적으로 모든 사용자가 공통으로 사용하는 설정값 등을 저장하기 위해 생성되는 네임스페이스다. kube-node-lease는 하트비트 정보를 저장하기 위한 Lease 리소스가 저장되는 전용 네임스페이스다. 이 네임스페이스는 클러스터 관리자 이외에는 그다지 신경 쓰지 않아도 된다. default는 이름 그대로 기본 네임스페이스이며 사용자가 임의의 리소스를 등록하는 데 사용할 수 있다. 목적에 따라 임의의 네임스페이스를 생성할 수 있지만, 하나의 쿠버네티스 클러스터를 여러 목적을 지닌 공용의 것으로 사용하지 않고 시스템이 복잡하지 않을 경우에는 기본 네임스페이스를 사용해도 된다.

관리형 서비스나 구축 도구로 구축된 경우 대부분의 쿠버네티스 클러스터는 13장에서 설명할 RBAC(Role-Based Access Control)가 기본값으로 활성화되어 있다. 또 일부 환경에서는 13장에서 설명할 네트워크 정책을 사용할 수 있다. RBAC는 그림 4-2와 같이 클러스터 조작에 대한 권한을 네임스페이스별로 구분할 수 있고 네트워크 정책과 함께 사용하여 네임스페이스 간의 통신을 제어할 수 있는 구조다. 네임스페이스만으로는 높은 분리성을 확보하기 어렵지만 RBAC나 네트워크 정책을 사용하면 분리성을 높일 수 있다.

▼ 그림 4-2 네임스페이스와 RBAC

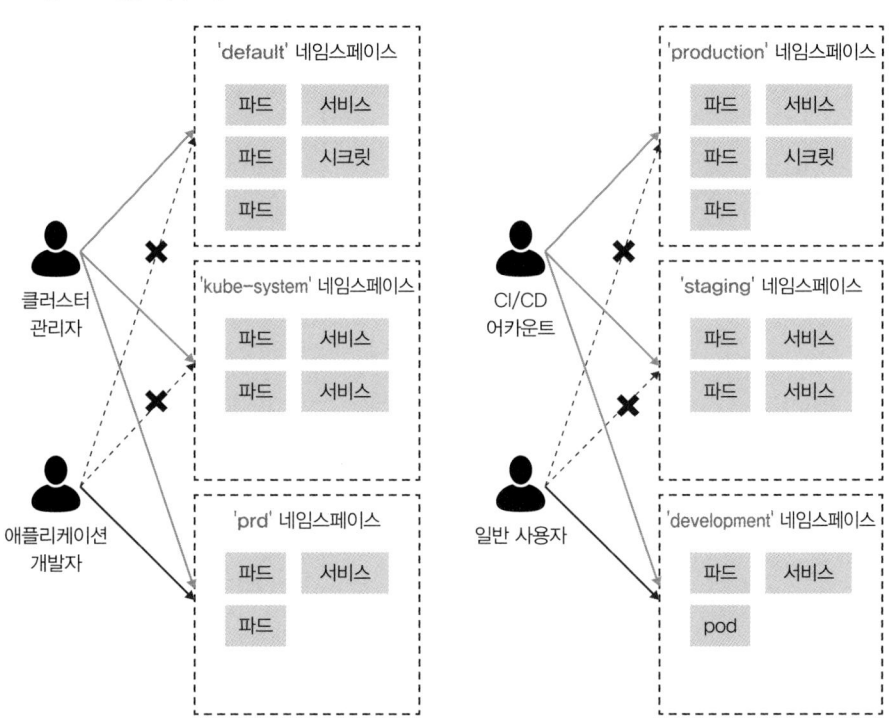

네임스페이스 분리 범위에 대해서는 권한 분리 관점에서 마이크로서비스를 개발하는 팀마다 분리하는 것이 좋다. 또 서비스 환경/스테이징 환경/개발 환경을 네임스페이스로 분리하는 시스템도 있지만, 나는 네임스페이스가 아닌 클러스터별로 나눠야 한다고 생각한다. 그 이유로는 다음 세 가지를 들 수 있다.

- 클러스터 업그레이드 시 동시에 모든 환경에서 장애가 발생할 가능성이 있다.
- 네임스페이스 명명 규칙이 prd-ns1/stg-ns1처럼 되면 매니페스트 재사용성이 현저하게 저하된다. 클러스터를 분리하면 각 환경에서 같은 네임스페이스 이름을 사용할 수 있기 때문에 완전히 같은 매니페스트를 재사용할 수 있다.
- 서비스 이름 해석 시 SERVICE.prd-ns1.svc.cluster.local 등의 다른 목적지에 통신을 해야 한다.

4.5 커맨드 라인 인터페이스(CLI) 도구 kubectl

쿠버네티스에서 클러스터 조작은 모두 쿠버네티스 마스터의 API를 통해 이루어진다. 직접 API에 요청을 보내거나 클라이언트 라이브러리를 사용하여 클러스터를 조작할 수도 있지만, 수동으로 조작하는 경우에는 CLI 도구인 'kubectl'을 사용하는 것이 일반적이다(그림 4-3).

▼ 그림 4-3 쿠버네티스 마스터의 API 통신

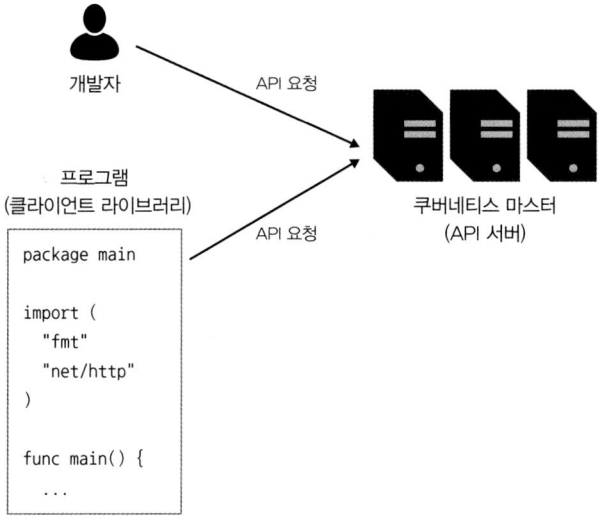

4.5.1 인증 정보와 컨텍스트(config)

kubectl이 쿠버네티스 마스터와 통신할 때는 접속 대상의 서버 정보, 인증 정보 등이 필요하다. kubectl은 kubeconfig(기본 위치는 ~/.kube/config)에 쓰여 있는 정보를 사용하여 접속한다. kubeconfig도 매니페스트와 동일한 형식으로 작성된다.

다음은 kubeconfig 파일 예제다.

코드 4-1 쿠버네티스 마스터에 접속하기 위한 인증 정보 예제(kubeconfig)

```
apiVersion: v1
kind: Config
preferences: {}
clusters: # 접속 대상 클러스터
  - name: sample-cluster
    cluster:
      server: https://localhost:6443
users: # 인증 정보
  - name: sample-user
    user:
      client-certificate-data: LS0tLS1CRUdJTi...
      client-key-data: LS0tLS1CRUdJTi...
contexts: # 접속 대상과 인증 정보 조합
```

```
    - name: sample-context
      context:
        cluster: sample-cluster
        namespace: default
        user: sample-user
current-context: sample-context
```

kubeconfig에서 구체적으로 설정이 이루어지는 부분은 clusters/users/contexts 세 가지다. 이 세 가지 설정 항목은 모두 배열로 되어 있어 여러 대상을 등록할 수 있다.

clusters에는 접속 대상 클러스터 정보, users에는 인증 정보를 각각 정의한다. 사용자 인증에는 X.509 클라이언트 인증서/토큰/패스워드/웹훅(Webhook) 등 다양한 방식을 사용할 수 있다. 그리고 contexts에는 cluster와 user, 네임스페이스를 지정한 것을 정의한다(그림 4-4).

▼ 그림 4-4 컨텍스트/사용자/클러스터의 관계

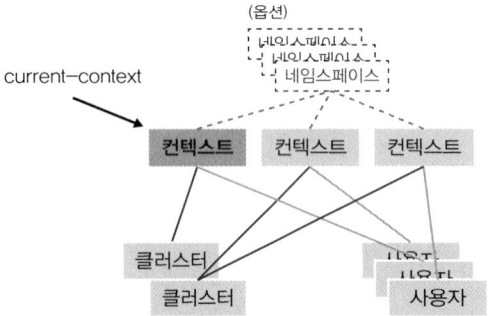

kubeconfig 설정을 변경하려면 직접 편집하는 방법 외에 kubectl 명령어를 사용할 수 있다. kubectl 명령어로 설정을 변경한 경우 kubeconfig 내용은 자동으로 변경된다.

```
# 클러스터(prd-cluster) 정의를 추가, 변경
$ kubectl config set-cluster prd-cluster \
--server=https://localhost:6443

# 인증 정보 정의를 추가, 변경
$ kubectl config set-credentials admin-user \
--client-certificate=./sample.crt \
--client-key=./sample.key \
--embed-certs=true
```

```
# 컨텍스트 정의(클러스터/인증 정보/네임스페이스 정의)를 추가, 변경
$ kubectl config set-context prd-admin \
--cluster=prd-cluster \
--user=admin-user \
--namespace=default
```

kubectl은 컨텍스트(current-context)를 전환하여 여러 환경을 여러 권한으로 조작할 수 있도록 설계되어 있다.

```
# 컨텍스트 목록 표시
$ kubectl config get-contexts
CURRENT    NAME             CLUSTER             AUTHINFO           NAMESPACE
*          docker-desktop   docker-desktop      docker-desktop
           prd-admin        prd-cluster         admin-user         default

# 컨텍스트 전환
$ kubectl config use-context prd-admin
Switched to context "prd-admin".

# 현재 컨텍스트 표시
$ kubectl config current-context
prd-admin

# 명령어 실행마다 컨텍스트 지정 가능
$ kubectl --context prd-admin get pod
...(생략)...
```

4.5.2 kubectx/kubens를 사용한 전환

컨텍스트나 네임스페이스를 전환할 때 kubectl 명령어를 사용하는 것이 불편하다면 오픈 소스 소프트웨어인 kubectx/kubens[4]를 사용하는 것을 검토해보자. 많은 클러스터나 네임스페이스를 관리해야 하는 경우에 kubectl config use-context나 kubectl --namespace 명령어를 사용하는 것은 비효율적이다. 그리고 kubectx와 kubens 도구는 자동 완성 기능을 제공하고 있어 컨텍스트 변경 시 컨텍스트명을 지정하기도 매우 쉽다.

---

4 https://github.com/ahmetb/kubectx

```
# 컨텍스트 전환
# kubectl config use-context docker-desktop과 동일
$ kubectx docker-desktop
Switched to context "docker-desktop".

# 바로 전 컨텍스트로 전환
$ kubectx -
Switched to context "prd-admin".

# 다시 컨텍스트 전환
$ kubectx docker-desktop
Switched to context "docker-desktop".

# 컨텍스트 삭제
$ kubectx -d prd-admin
Deleting context "prd-admin"...
deleted context prd-admin from /Users/mz-park/.kube/config

# 네임스페이스 전환
# kubectl config set-context docker-desktop --namespace=default와 동일
$ kubens default
Context "docker-desktop" modified.
Active namespace is "default".
```

4.5.3 매니페스트와 리소스 생성/삭제/갱신

kubectl을 사용하여 실제 매니페스트를 기반으로 컨테이너를 기동해보자. 여기서는 하나의 컨테이너를 가진 파드를 sample-pod라는 이름으로 생성해보겠다.

코드 4-2 간단한 매니페스트 예(sample-pod.yaml)

```yaml
apiVersion: v1
kind: Pod
metadata:
  name: sample-pod
spec:
  containers:
    - name: nginx-container
      image: nginx:1.16
```

여기서 리소스를 생성할 때는 kubectl create 명령어를 사용한다. 이미 해당 리소스가 있을 경우에는 에러가 발생한다.

```
# 리소스가 존재하지 않을 경우
$ kubectl create -f sample-pod.yaml
pod/sample-pod created

# 리소스가 존재할 경우
$ kubectl create -f sample-pod.yaml
Error from server (AlreadyExists): error when creating "sample-pod.yaml": pods "sample-pod" already exists
```

생성한 파드는 kubectl get pods 명령어로 확인할 수 있다.

```
# 파드 목록 표시
$ kubectl get pods
NAME         READY   STATUS    RESTARTS   AGE
sample-pod   1/1     Running   0          4m48s
```

생성한 파드를 삭제할 때는 kubectl delete 명령어를 사용한다. 삭제할 때도 리소스가 존재하지 않을 경우 에러가 발생한다.

```
# 리소스가 존재할 경우
$ kubectl delete -f sample-pod.yaml
pod "sample-pod" deleted

# 리소스가 존재하지 않을 경우
$ kubectl delete -f sample-pod.yaml
Error from server (NotFound): error when deleting "sample-pod.yaml": pods "sample-pod" not found
```

매니페스트 파일을 사용하지 않고 '리소스 종류'와 '리소스 이름'을 지정하여 삭제할 수도 있다. 또 '리소스 종류'만 지정하고 모두 삭제할 수도 있다.

```
# 특정 리소스만 삭제
$ kubectl delete pod sample-pod
pod "sample-pod" deleted
```

```
# 특정 리소스 종류를 모두 삭제
$ kubectl delete pod --all
pod "sample-pod" deleted
```

kubectl 명령어 실행은 바로 완료되지만, 쿠버네티스에 의한 실제 리소스 처리는 비동기로 실행되어 처리가 바로 완료되지 않는다. --wait 옵션을 사용하면 리소스의 삭제 완료를 기다렸다가 명령어 실행을 종료할 수 있다. 좀 더 자세히 말하면 모든 Finalizer[5] 실행이 완료될 때까지 대기한다.

```
# 리소스 삭제(삭제 완료 대기)
$ kubectl delete -f sample-pod.yaml --wait
```

리소스를 강제로 즉시 삭제하려면 정지까지 유예 기간을 0으로 하는 --grace-period 0 옵션과 강제로 삭제하는 --force 옵션을 사용한다. (쿠버네티스 1.8 이후부터는 --force 옵션 지정만으로 --grace-period 0 옵션도 자동으로 부여된다.) 비슷한 옵션으로 --now가 있지만, 이 옵션은 --grace-period 1과 동일하여 바로 삭제가 안 되는 경우가 있으니 주의해야 한다. Graceful Period는 11장에서 자세히 설명한다.

```
# 리소스 즉시 강제 삭제
$ kubectl delete -f sample-pod.yaml --grace-period 0 --force
```

리소스 업데이트는 kubectl apply 명령어를 사용한다. 먼저 업데이트 테스트를 진행할 리소스를 미리 생성한다.

```
# sample-pod 생성
$ kubectl create -f sample-pod.yaml
pod/sample-pod created
```

컨테이너 이미지 업데이트를 가정하여 방금 사용한 sample-pod.yaml의 이미지 태그를 다음과 같이 수정한다.

```
# sample-pod.yaml 파일을 sample-pod.yaml.old로 백업
$ cp -av sample-pod.yaml{,.old}
```

---

[5] https://kubernetes.io/docs/tasks/extend-kubernetes/custom-resources/custom-resource-definitions/#finalizers

```
# 일부 수정한 sample-pod.yaml 변경 사항
$ diff sample-pod.yaml.old sample-pod.yaml
8c8
< image: nginx:1.16
---
> image: nginx:1.17
```

새로운 nginx 이미지를 사용하기 위해 sample-pod.yaml 파일을 수정한 뒤에 kubectl apply 명령어를 사용하여 변경 사항을 적용한다. 이 예제에서는 nginx 버전이 1.16에서 1.17로 업데이트된다. kubectl apply 명령어는 변경 부분이 있으면 적용하고, 없으면 적용하지 않는다. 또 리소스가 없을 때는 kubectl create 명령어와 동일하게 신규로 리소스를 생성한다. 따라서 기본적으로는 kubectl create보다 kubectl apply를 사용하는 것이 더 편리하다.

```
# 변경 사항이 있을 경우
$ kubectl apply -f sample-pod.yaml
pod/sample-pod configured

# 변경 사항이 없을 경우
$ kubectl apply -f sample-pod.yaml
pod/sample-pod unchanged

# 리소스가 존재하지 않을 경우
$ kubectl apply -f sample-pod.yaml
pod/sample-pod created
```

기동 중인 파드 이미지는 앞에서 설명한 kubectl get pods 명령어에 옵션을 사용하여 확인할 수 있다. kubectl get 명령어의 상세 내용은 이 장의 후반부에서 설명한다.

```
# sample-pod에서 사용 중인 이미지 확인
$ kubectl get pod sample-pod -o jsonpath="{.spec.containers[?(@.name == 'nginx-container')].image}"
nginx:1. 17
```

쿠버네티스는 생성한 리소스 상태를 내부에 기록한다. 한번 기록된 리소스의 필드(내부 상태의 설정 항목) 대부분은 리소스 업데이트에 따라 변경할 수 있지만, 리소스에 따라서는 생성 후에 변경할 수 없는 필드도 존재한다. kubectl apply로 변경할 수 없는 필드도 있다는 점을 염두에 두자.

4.5.4 리소스 생성에도 kubectl apply를 사용해야 하는 이유

앞에서 설명했듯이 리소스 생성에도 kubectl create가 아닌 kubectl apply를 사용해야 하는 이유는 크게 두 가지다.

첫 번째, 생성에는 kubectl create를 사용하고 업데이트 때는 kubectl apply를 사용해야 한다는 구분이 불필요하기 때문이다. 스크립트나 CI/CD 등에 포함될 것을 생각하면 조건 분기는 하지 않는 것이 좋다.

두 번째, kubectl create와 kubectl apply를 섞어서 사용하면 kubectl apply를 실행할 때 변경 사항을 검출하지 못할 경우가 있기 때문이다. kubectl apply로 적용된 변경 사항은 이전에 적용한 매니페스트, 현재 클러스터에 등록된 리소스 상태, 이번에 적용할 매니페스트, 이렇게 세 종류에서 산출된다. 이번에 추가되거나 변경될 필드는 현재 리소스 상태와 이번에 적용할 매니페스트를 비교하여 산출된다. 반면에 삭제된 필드는 이전에 적용한 매니페스트와 이번에 적용할 매니페스트를 기준으로 산출한다(그림 4-5).

▼ **그림 4-5** 이전에 적용한 매니페스트를 알고 있는 경우 kubectl apply 변경 사항 산출

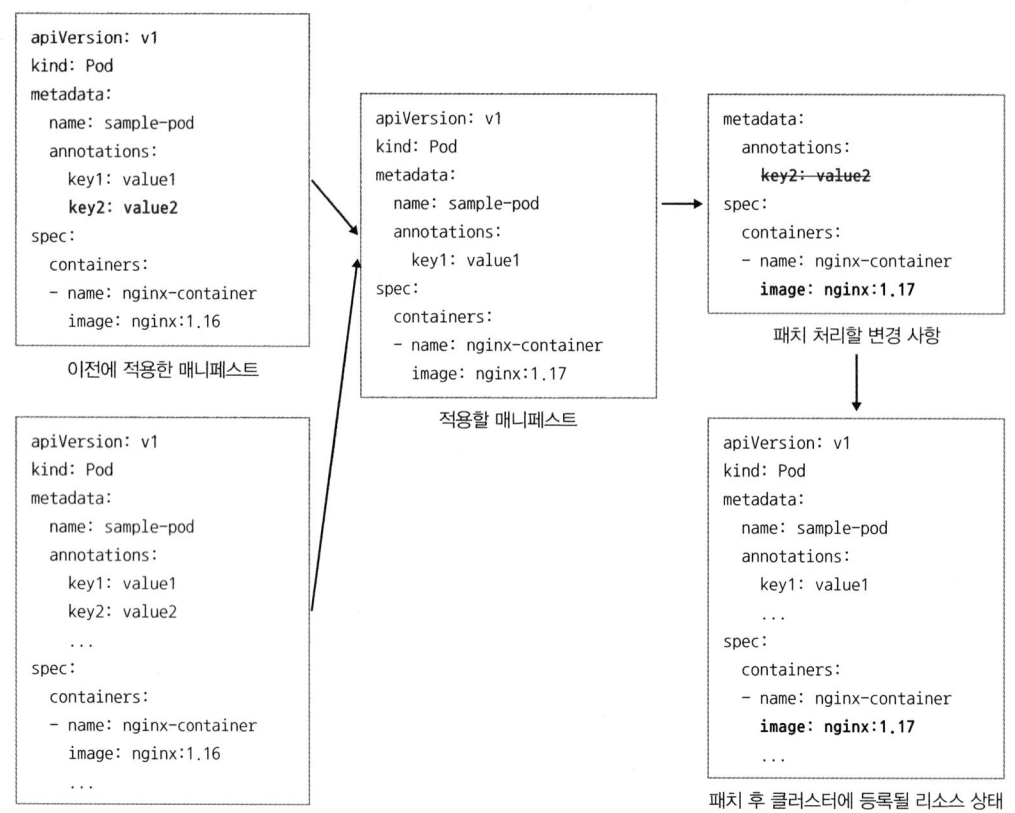

'이전에 적용한 매니페스트'는 kubectl create --save-config나 kubectl apply를 실행하여 리소스를 생성하거나 변경한 경우 리소스의 metadata.annotations.kubectl.kubernetes.io/last-applied-configuration에 원라이너(one-liner)의 JSON 형식으로 저장된다. 그러나 그 외의 방법으로, 예를 들어 --save-config 옵션 없이 kubectl create를 사용하여 리소스를 생성한 경우에는 저장되지 않는다. 그 때문에 '이번에 적용할 매니페스트'에서 특정 필드를 삭제하고 싶은 경우에 변경 사항을 산출하지 못하고 의도한 대로 반영되지 않는 필드가 발생한다(그림 4-6). 위의 경우처럼 리소스 생성은 kubectl create가 아니라 항상 kubectl apply를 사용할 것을 추천한다.

▼ 그림 4-6 이전에 적용한 매니페스트를 모르는 경우 kubectl apply 변경 사항 산출

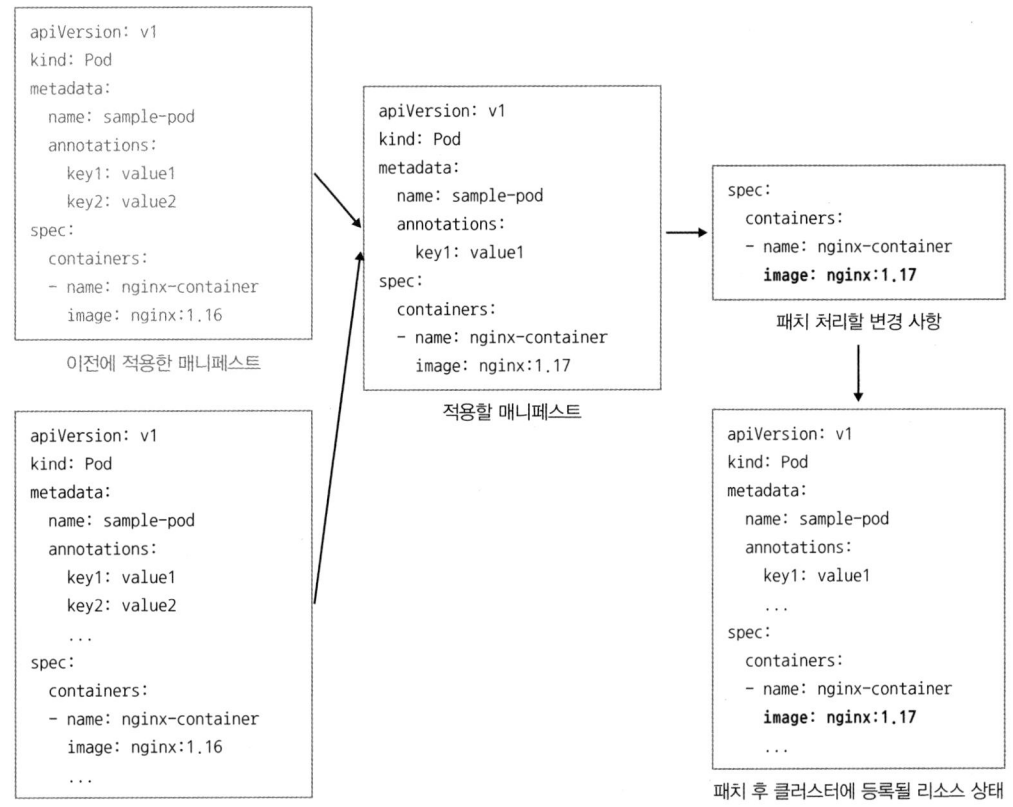

더 자세한 병합 동작 방식은 공식 문서[6]에 정리되어 있다.

---

6 https://kubernetes.io/ko/docs/tasks/manage-kubernetes-objects/declarative-config/

'이전에 적용한 매니페스트'가 저장되지 않는 경우는 kubectl apply를 실행할 때 다음과 같은 경고가 출력된다.

```
# kubectl create로 sample-pod를 생성한 후 kubectl apply한 경우의 경고
$ kubectl apply -f sample-pod.yaml
Warning: kubectl apply should be used on resource created by either kubectl create
--save-config or kubectl apply pod/sample-pod configured
```

이 책에서도 앞으로 설명할 때 명시적으로 지정하지 않은 경우 매니페스트를 적용하여 리소스를 조작할 때는 `kubectl apply` 명령어를 사용한다. `kubectl create` 명령어를 사용한 경우와 결과가 다를 수 있으므로 주의하길 바란다. 또한, 하나의 리소스에 대한 설명이 끝나고 다음 리소스에 대한 설명으로 넘어갈 때는 `kubectl delete` 명령어로 작성한 리소스를 그때마다 삭제하고 예시로 나오는 파드는 생성된 것으로 한다.

4.5.5 `1.18 Beta2` Server-side apply

쿠버네티스에서는 사용자가 사용하는 kubectl 외에 다양한 시스템 구성 요소가 리소스 필드를 자동으로 수정할 수 있다. 현재 변경 사항의 산출은 클라이언트 측(kubectl)에서 계산하여 패치 요청을 보내기 때문에(Client-side apply), 여러 사용자나 구성 요소가 동시에 같은 필드를 변경하는 경우 경합 현상이 발생할 수 있다. 이 문제를 해결하기 위해 필드를 변경한 구성 요소(kubectl이나 구성 요소의 이름)를 기록하는 기능과 서버 측에서 변경 사항을 계산하는 기능이 도입되었다.

예를 들어, 나중에 소개하는 `kubectl set image` 명령어에서는 매니페스트 파일을 사용하지 않고 서버 측 정보를 직접 수정하여 컨테이너 이미지를 변경할 수 있다. 이 명령어는 매니페스트를 수정하지 않기 때문에 `kubectl apply` 명령어로 매니페스트를 다시 적용하면 컨테이너 이미지가 원래대로 돌아가버리는 예상치 못한 변경이 발생한다(그림 4-7). 그 외에 실제 자주 있는 사례로, 사용자가 존재하는 필드를 수정하여 매니페스트를 재적용한 순간에 지금까지 운영 중인 시스템 구성 요소로 수행되던 다른 필드에 대한 변경을 예기치 않게 덮어 씌워 매니페스트 내용으로 되돌려 버리는 경우 등이 있을 것이다.

▼ 그림 4-7 충돌하는 상황

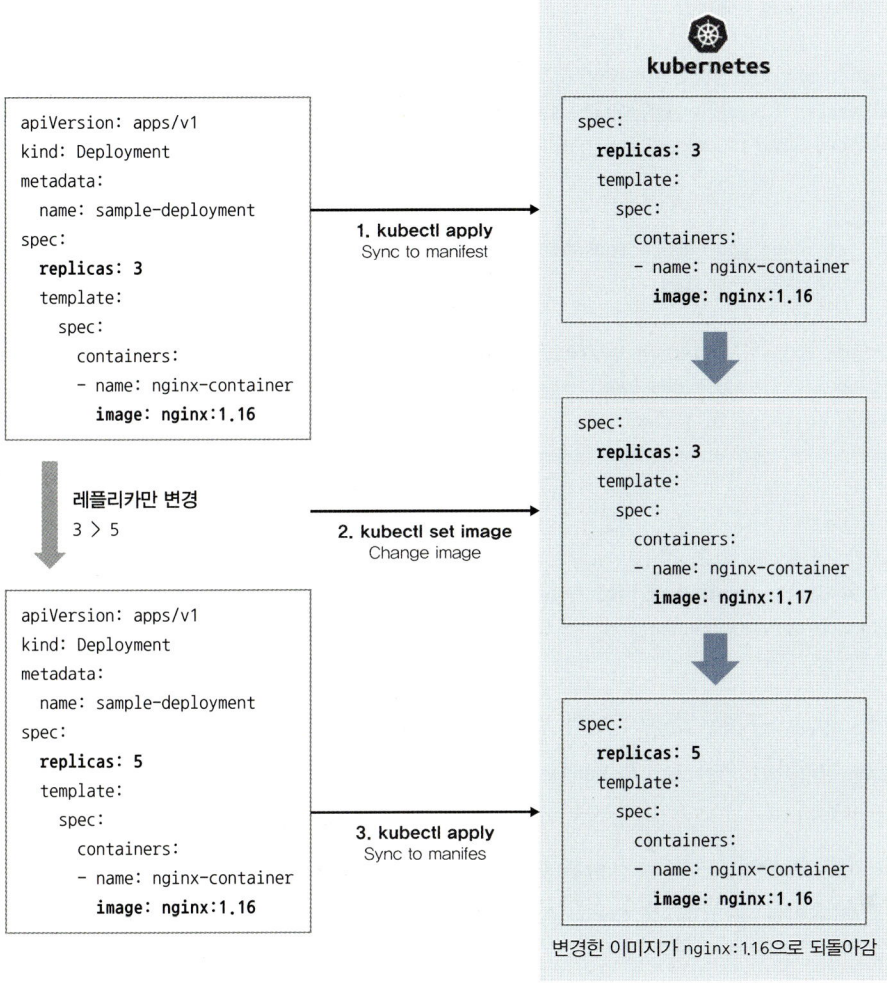

위와 같은 사례처럼 Client-side apply에 kubectl apply를 사용한다 해도 예상치 못한 필드 변경 충돌이 발생하게 된다. 그에 반해 Server-side apply를 사용하면 이러한 충돌을 감지할 수 있다. Server-side apply는 충돌 감지만 하기 때문에 실제 충돌이 발생할 때는 별도로 충돌 내용을 해결해야만 한다.

그럼 실제 위에서 사용한 파드로 Server-side apply를 실행해보자. 서버 측은 쿠버네티스 1.18 이후 기본값으로 활성화되어 있지만, 클라이언트 측은 기본값으로 활성화되어 있지 않다. 클라이언트 측에서 Server-side apply를 활성화하려면 --server-side 옵션을 사용한다. 또한, sample-pod.yaml의 nginx 버전은 1.16으로 되돌리고 나서 실행한다.

```
# 앞서 변경한 sample-pod.yaml 파일을 기존의 내용으로 복원
$ cp -av sample-pod.yaml{.old,}

# Server-side apply를 활성화하여 매니페스트 생성
$ kubectl apply -f sample-pod.yaml --server-side
pod/sample-pod serverside-applied

# 이미지 변경
$ kubectl set image pod sample-pod nginx-container=nginx:1.17
pod/sample-pod image updated

# Server-side apply를 활성화하여 매니페스트 적용
$ kubectl apply -f sample-pod.yaml --server-side
error: Apply failed with 1 conflict: conflict with "kubectl" using v1: .spec.
containers[name="nginx-container"].image
…(생략)…

# 충돌(conflict)을 무시하고 강제로 매니페스트 적용
$ kubectl apply -f sample-pod.yaml --server-side --force-conflicts
pod/sample-pod serverside-applied
```

Server-side apply 구조는 충돌 감지와 변경 사항 감지를 위한 필드를 관리하는 것으로 구현된다. 필드를 관리하는 구성 요소를 manager라고 부르며, metadata.managedFields에 manager와 그 manager가 관리하는 필드가 저장된다. 예를 들어 kubectl set image를 실행한 후 metadata.managedFields를 확인해보면 spec.containers[].image는 kubectl의 Update(set image)를 통해 관리되는 것을 확인할 수 있다. 또 Server-side apply를 사용하는 경우에는 Client-side apply에서 사용하던 kubectl.kubernetes.io/last-applied-configuration 어노테이션이 존재하지 않는다.

```
# (일부 발췌)
$ kubectl get pod sample-pod -o yaml
apiVersion: v1
kind: Pod
metadata:
  annotations:
    cni.projectcalico.org/podIP: 10.0.5.11/32
  creationTimestamp: "2021-03-22T14:05:15Z"
  managedFields:
  - apiVersion: v1
    fieldsType: FieldsV1
```

```
      fieldsV1:
        f:spec:
          f:containers:
            k:{"name":"nginx-container"}:
              .: {}
              f:image: {}
              f:name: {}
      manager: kubectl
      operation: Apply
      time: "2021-03-22T14:05:42Z"
    - apiVersion: v1
      fieldsType: FieldsV1
      fieldsV1:
        ...(관리되고 있는 필드 리스트)...
      manager: calico
      operation: Update
      time: "2021-03-22T14:05:16Z"
    - apiVersion: v1
      fieldsType: FieldsV1
      fieldsV1:
        f:status:
          ...(관리되고 있는 필드 리스트)...
      manager: kubelet
      operation: Update
      time: "2021-03-22T14:05:17Z"
  name: sample-pod
  namespace: default
  resourceVersion: "687345"
  selfLink: /api/v1/namespaces/default/pods/sample-pod
  uid: 4465d197-6c96-49bf-a763-7c6a105f0196
spec:
```

kubectl 명령어에서 조작한 필드에 대한 manager의 이름은 기본값으로 kubectl로 되어 있다. 'CI/CD 등에서 사용하는 kubectl'과 '개발자/운영자가 콘솔에서 사용하는 kubectl'이 구별되지 않으면 양쪽 명령어 실행으로 예기치 않은 충돌이 발생할 수 있다. 따라서 Server-side apply를 활성화한 후 kubectl apply 명령어를 실행할 때는 --field-manager 옵션을 사용하여 manager 이름을 자유롭게 변경할 수 있도록 되어 있다. 이를 사용하면 같은 kubectl에서 조작하는 경우에도 충돌을 감지할 수 있다.

```
# Manager 이름을 변경하고 변경 내용을 적용(CI 도구에서 실행한다고 가정)
$ kubectl apply -f sample-pod.yaml --server-side --field-manager ci-tool
pod/sample-pod serverside-applied

# spec.containers[].image를 nginx:1.16에서 nginx:1.17로 변경
$ vi sample-pod.yaml

# Image 변경 적용(개발자/운영자 콘솔에서 실행한다고 가정, --field-manager kubectl과 같음)
$ kubectl apply -f sample-pod.yaml --server-side
error: Apply failed with 1 conflict: conflict with "ci-tool": .spec.
containers[name="nginx-container"].image
…(생략)…
```

그 외에 Server-side apply에는 서버 측에서 변경 사항을 산출하고 클라이언트 측에서 변경 사항을 산출할 필요가 없기 때문에 curl이나 그 외 HTTP 클라이언트에서 리소스 조작 요청을 보내는 것이 쉬워지는 이점도 있다.

4.5.6 파드 재기동

디플로이먼트 등의 리소스와 연결되어 있는 모든 파드를 재기동할 수 있다(rollout restart). 파드 기동 시 처리를 재실행하고 싶을 때나 시크릿 리소스에서 참조되는 환경 변수를 변경하고 싶을 때 사용하면 좋다. 그러나 리소스와 연결되어 있지 않은 단독 파드에는 사용할 수 없다.

```
# 리소스 생성
$ kubectl apply -f sample-deployment.yaml
$ kubectl apply -f sample-pod.yaml

# Deployment 리소스의 모든 파드 재기동
$ kubectl rollout restart deployment sample-deployment
deployment.apps/sample-deployment restarted

# 파드는 재기동 안 됨
$ kubectl rollout restart pod sample-pod
error: pods "sample-pod" restarting is not supported
```

4.5.7 generateName으로 임의의 이름을 가진 리소스 생성

앞에서 설명했듯이 기본적으로 kubectl apply 명령어를 사용하는 것이 바람직하지만, kubectl create를 사용하여 난수가 있는 이름의 리소스를 생성할 수 있다. metadata.name 대신 metadata.generateName을 지정하고 리소스를 생성하면 그 이름에 접두사(prefix)를 붙여 이름이 자동으로 생성된다.

코드 4-3 임의의 이름을 가진 리소스 예제(sample-generatename.yaml)

```yaml
apiVersion: v1
kind: Pod
metadata:
  generateName: sample-generatename-
spec:
  containers:
  - name: nginx-container
    image: nginx:1.16
```

예를 들어 위의 매니페스트를 사용하여 세 번 리소스를 생성해보자. 그러면 sample-generatename-에 난수가 붙은 이름으로 리소스가 세 개 생성된 것을 확인할 수 있다.

```
# 첫 번째 생성
$ kubectl create -f sample-generatename.yaml
pod/sample-generatename-n2jpz created

# 두 번째 생성
$ kubectl create -f sample-generatename.yaml
pod/sample-generatename-6km7c created

# 세 번째 생성
$ kubectl create -f sample-generatename.yaml
pod/sample-generatename-z6s4w created

# 리소스 확인
$ kubectl get pods
NAME                          READY   STATUS    RESTARTS   AGE
sample-generatename-6km7c     1/1     Running   0          86s
sample-generatename-n2jpz     1/1     Running   0          92s
sample-generatename-z6s4w     1/1     Running   0          85s
```

metadata.generateName은 kubectl apply에서는 사용할 수 없으므로 주의하자.

```
$ kubectl apply -f sample-generatename.yaml
error: error when retrieving current configuration of:
Resource: "/v1, Resource=pods", GroupVersionKind: "/v1, Kind=Pod"
Name: "", Namespace: "default"
from server for: "sample-generatename.yaml": resource name may not be empty
```

4.5.8 리소스 상태 체크와 대기(wait)

kubectl 명령어를 연속적으로 실행하여 리소스를 조작할 때는 다음 명령어를 실행하기 전에 그때까지 작업한 리소스가 의도한 상태가 된 후 다음 명령어를 실행해야 하는 경우가 있다. 이때 사용할 수 있는 것이 kubectl wait 명령어다. 실행하면 --for 옵션에 지정한 상태가 되기까지 kubectl 명령어가 최대 --timeout 옵션에 지정하는 시간(기본값은 30초)까지 종료하지 않고 대기한다.

```
# 파드를 세 개 생성
$ kubectl create -f sample-pod.yaml
pod/sample-pod created
$ kubectl create -f sample-generatename.yaml
pod/sample-generatename-nlsx6 created
$ kubectl create -f sample-generatename.yaml
pod/sample-generatename-kxzg9 created

# sample-pod가 정상적으로 기동할 때(Ready 상태가 될 때)까지 대기
$ kubectl wait --for=condition=Ready pod/sample-pod
pod/sample-pod condition met

# 모든 파드가 스케줄링될 때(PodScheduled 상태가 될 때)까지 대기
$ kubectl wait --for=condition=PodScheduled pod --all
pod/sample-generatename-kxzg9 condition met
pod/sample-generatename-nlsx6 condition met
pod/sample-pod condition met

# 모든 파드가 삭제될 때까지 파드마다 최대 5초씩 대기한다. 아직 파드를 삭제하지 않으므로
타임아웃한다
$ kubectl wait --for=delete pod --all --timeout=5s
timed out waiting for the condition on pods/sample-generatename-kxzg9
timed out waiting for the condition on pods/sample-generatename-nlsx6
```

```
timed out waiting for the condition on pods/sample-pod

# 모든 파드를 삭제한 후 곧바로 kubectl wait를 실행
$ kubectl delete pod --all --wait=false
# 모든 파드가 삭제될 때까지 대기
$ kubectl wait --for=delete pod --all
pod/sample-generatename-kxzg9 condition met
pod/sample-generatename-nlsx6 condition met
pod/sample-pod condition met
```

이 예에서는 파드를 사용하지만 파드 외 리소스에 대해서도 똑같이 사용할 수 있다. 대상 리소스 지정에는 다음과 같이 매니페스트 파일을 사용할 수도 있다.

```
# 파드 생성
$ kubectl apply -f sample-pod.yaml

# 매니페스트 파일을 지정하고 파드가 정상적으로 기동할 때(Ready 상태가 될 때)까지 대기
$ kubectl wait --for=condition=Ready -f sample-pod.yaml
pod/sample-pod condition met
```

그러나 하나의 매니페스트 파일에 여러 리소스가 작성된 경우에는 모든 리소스가 지정하는 상태가 될 때까지 대기한다. 이때 리소스 종류마다 지정할 수 있는 상태가 다른 경우가 많으므로 의도치 않게 계속 기다릴 수 있다는 점에 주의하자. 특정 리소스만 대상으로 하고 싶은 경우에는 나중에 설명하는 레이블을 사용하여 --selector /-l 옵션으로 제어해야 한다.

4.5.9 매니페스트 파일 설계

지금까지 kubectl로 '한 개의 리소스가 정의된 한 개의 매니페스트 파일'을 적용하는 예를 설명했다. 실제로는 한 개의 매니페스트 파일에 여러 리소스를 정의하거나 여러 매니페스트 파일을 동시에 적용할 수도 있다.

하나의 매니페스트 파일에 여러 리소스를 정의

매니페스트 파일은 여러 리소스를 한 개의 매니페스트 파일에 정의할 수 있다. 따라서 어떤 서비스에서 사용할 여러 종류의 리소스를 한 개의 매니페스트 파일로 통합할 수 있다.

일반적인 사용 사례로는 '파드를 기동하는 워크로드 API 카테고리의 리소스'와 '외부에 공개하는 서비스 API 카테고리의 리소스'를 매니페스트에 통합하여 작성하는 방법을 생각해볼 수 있다. 이 경우 그 한 개의 매니페스트 파일을 적용하는 것만으로 서비스를 외부에 공개할 수 있게 된다. 실행 순서를 정확하게 지켜야 하거나 리소스 간의 결합도를 높이고 싶다면 한 개의 매니페스트를 사용하는 것이 좋다. 그러나 공통으로 사용하는 설정 파일(컨피그맵 리소스)이나 패스워드(시크릿 리소스) 등은 여러 리소스에서 사용되는 경우가 있다. 이렇게 공통으로 사용되는 리소스는 별도 매니페스트로 분리하는 것이 좋다.

매니페스트에 여러 리소스를 정의하는 경우에는 코드 4-4의 여러 리소스가 정의된 매니페스트 예제(sample-multi-resource-manifest.yaml)와 같이 ---로 구분하여 작성한다.

코드 4-4 여러 리소스가 정의된 매니페스트 예제(sample-multi-resource-manifest.yaml)

```yaml
---
apiVersion: apps/v1
kind: Deployment
metadata:
  name: order1-deployment
spec:
  replicas: 3
  selector:
    matchLabels:
      app: sample-app
  template:
    metadata:
      labels:
        app: sample-app
    spec:
      containers:
      - name: nginx-container
        image: nginx:1.16
---
apiVersion: v1
kind: Service
metadata:
  name: order2-service
spec:
  type: LoadBalancer
  ports:
  - name: "http-port"
    protocol: "TCP"
```

```
    port: 8080
    targetPort: 80
  selector:
    app: sample-app
```

위 매니페스트를 적용하면 위에서부터 정의된 리소스 순서대로 적용된다.

```
# 여러 리소스가 정의된 매니페스트 적용
$ kubectl apply -f sample-multi-resource-manifest.yaml
deployment.apps/order1-deployment created
service/order2-service created
```

매니페스트 파일 내의 일부 리소스 정의 부분에 문법 에러 등으로 문제가 발생한 경우, 이후에 정의된 리소스는 적용되지 않는다는 점에 주의해야 한다. 예를 들어 sample-multi-resource-manifest.yaml에서 order1-deployment 정의에 문제가 있을 경우 order2-service는 적용되지 않는다.

여러 매니페스트 파일을 동시에 적용

여러 매니페스트 파일을 동시에 적용하려면 디렉터리 안에 적용하고 싶은 여러 매니페스트 파일을 배치해 두고 kubectl apply 명령어를 실행할 때 그 디렉터리를 지정한다. 파일명순으로 매니페스트 파일이 적용되기 때문에 순서를 제어하고 싶을 때는 파일명 앞에 연번의 인덱스 번호 등을 지정하여 사용하면 된다. 또 kubectl apply -f ./ -R과 같이 -R 옵션을 사용하면 재귀적으로 디렉터리 안에 존재하는 매니페스트 파일을 적용할 수도 있다.

```
# 디렉터리 내부 확인
$ ls -R ./dir
innerdir          sample-pod1.yaml sample-pod2.yaml

./dir/innerdir:
sample-pod3.yaml

# 디렉터리(디렉터리 아래에 있는 모든 YAML 파일)를 지정하여 리소스 생성
$ kubectl apply -f ./dir
pod/sample-pod1 created
pod/sample-pod2 created
```

```
# 지정한 디렉터리 내의 파일을 재귀적으로 적용
$ kubectl apply -f ./dir -R
pod/sample-pod3 created
pod/sample-pod1 created
pod/sample-pod2 created
```

앞에서 소개한 것과 같이 한 개의 매니페스트 파일에 여러 리소스를 정의한 경우, 그 일부 리소스 정의 문법에 문제가 발생하면 이후에 정의된 리소스는 적용되지 않았다. 그러나 디렉터리를 지정하여 여러 매니페스트 파일을 적용할 때는 일부 매니페스트 파일에 문법 에러 등과 같은 문제가 있으면, 문제가 있는 매니페스트 파일 이후에 정의된 리소스만 적용되지 않고 그 이외의 다른 매니페스트 파일에 정의된 리소스는 적용되는 등의 차이가 있다.

매니페스트 파일 설계 방침

매니페스트 파일 설계는 몇 가지 패턴이 있다. 따라서 규모나 요구 사항에 따라 적절한 방법을 선택하길 바란다. 여기서는 예로 세 가지 패턴을 소개한다.

18장에서 상세히 설명하겠지만, 쿠버네티스를 사용한 서비스 개발은 마이크로서비스 아키텍처와 친화적이다. 아주 규모가 크지 않을 경우에는 시스템 전체를 구성하기 위한 모든 마이크로서비스의 매니페스트 파일을 하나의 디렉터리로 통합하여 사용하면 좋다. 한 개의 매니페스트 파일을 적용하면 특정 마이크로서비스를 업데이트할 수 있고, 디렉터리를 지정하여 전체 마이크로서비스, 즉 시스템 전체를 업데이트할 수도 있다(그림 4-8).

❤ 그림 4-8 시스템 전체를 한 개의 디렉터리로 통합하는 패턴

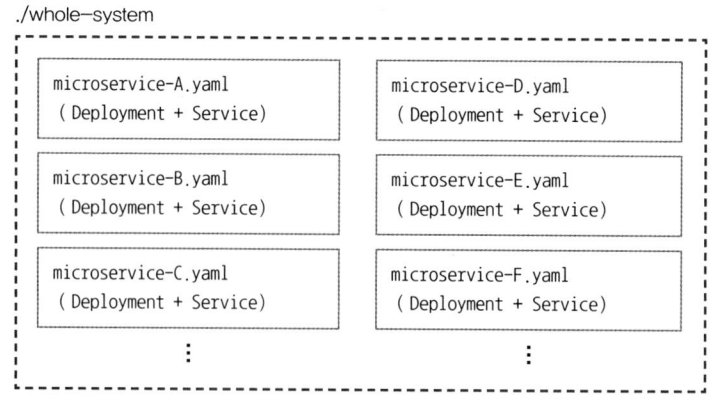

한 개의 디렉터리에 파일 통합이 어려울 정도로 거대한 시스템인 경우, 분리가 가능하다면 서브 시스템이나 부서별로 디렉터리를 나눠서 사용하는 것도 하나의 방법이다. 또한, 내부 정책에 따라 그룹핑이 필요할 경우 나눠서 관리해도 좋다(그림 4-9).

▼ 그림 4-9 시스템 전체를 특정 서브 시스템으로 분리하는 패턴

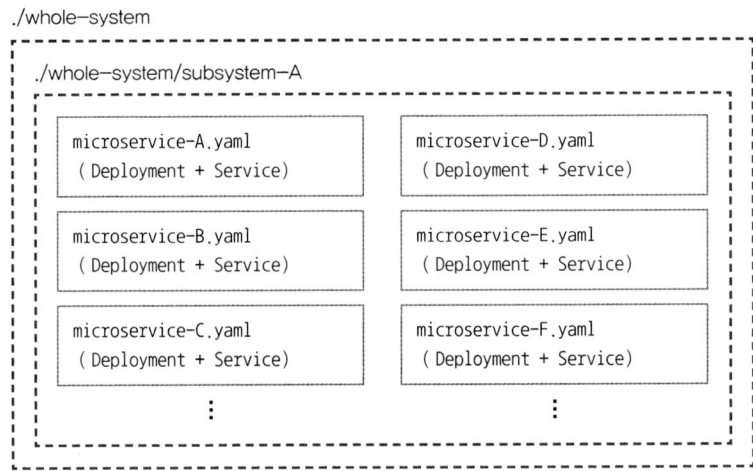

또 각각의 마이크로서비스는 한 개의 매니페스트 파일로 모든 리소스를 관리해도 좋지만, 마이크로서비스마다 디렉터리로 구분하여 리소스 종류별로 파일을 생성할 수도 있다. 이 방법은 가독성이 높아진다는 장점이 있지만, 적용 순서 제어가 어렵다는 단점도 있다(그림 4-10).

▼ 그림 4-10 마이크로서비스별로 디렉터리를 나누는 패턴

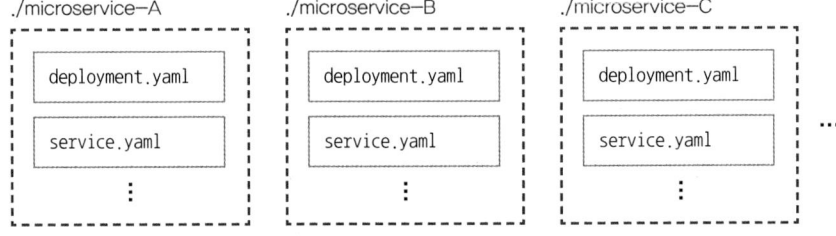

큰 틀에서 관리 방법을 위와 같은 구성으로 만들어도 좋지만 개발 팀의 규모나 조직 구성을 고려하는 것도 중요하다. 예를 들어, 팀이나 조직 구성에 따라 디렉터리나 매니페스트 파일을 나누면 각 팀에서 변경 가능한 범위(권한)를 세밀하게 설정할 수 있는 것도 장점 중 하나다.

이 방법에 따라 분리 방안을 정하고 하나씩 배치 구성을 살펴보면, 조직도와 매니페스트의 관리 구조나 마이크로서비스 아키텍처 구조가 비슷한 경우가 많다. 이런 사상을 '콘웨이의 법칙

(Conway's law)'이라고 한다. 이를 나타낸 원문은 'Organizations which design systems are constrained to produce designs which are copies of the communication structures of these organizations'이다. 즉, 시스템이나 소프트웨어 등은 그것을 개발한 조직과 비슷한 구조를 가지고 있다는 원칙이다. 예를 들어, 다섯 개의 팀에서 개발한 소프트웨어는 크게 다섯 가지 구성 요소로 나눠져 있는 경우 등이 이에 해당한다.

4.5.10 어노테이션과 레이블

쿠버네티스에는 각 리소스에 대해 어노테이션과 레이블이라는 메타데이터를 부여할 수 있다. 둘 다 쿠버네티스가 리소스를 관리할 때 사용한다는 점에서는 비슷하지만 용도가 다르다(표 4-3).

▼ 표 4-3 어노테이션과 레이블의 차이

명칭	개요
어노테이션	시스템 구성 요소가 사용하는 메타데이터
레이블	리소스 관리에 사용하는 메타데이터

또 어노테이션과 레이블은 '[접두사]/키:값'으로 구성된다. 접두사 부분은 옵션으로, 지정하는 경우 DNS 서브 도메인 형식이어야 한다. 어노테이션과 레이블의 제약은 표 4-4와 같다.

▼ 표 4-4 어노테이션과 레이블의 명명 규칙 제약

구성 부분	문자 수 제한	제약(정규 표현식)
접두사	253문자	[a-z0-9]([-a-z0-9]*[a-z0-9])?(\.[a-z0-9]([-a-z0-9]*[a-z0-9])?)*
키 이름	63문자	([A-Za-z0-9][-A-Za-z0-9_.]*)?[A-Za-z0-9]
값	63문자	((([A-Za-z0-9][-A-Za-z0-9_.]*)?[A-Za-z0-9])?

어노테이션

어노테이션(annotation)은 코드 4-5와 같이 `metadata.annotations`로 설정할 수 있는 메타데이터다. 정말 쉽게 설명하면, 어노테이션은 리소스에 대한 메모 같은 것이다. 어노테이션 자체는 단순한 키-밸류(Key-Value) 값이기 때문에 어노테이션 값으로 어떤 처리를 하는 시스템 구성 요소가 없을 경우에는 아무 일도 일어나지 않는다. 코드 4-5와 같이 리소스에 의미를 가지지 않는 메모를 하고 싶을 경우에도 사용할 수 있다. 그리고 값에 수치를 사용하는 경우는 큰따옴표("")로 묶어야 한다.

코드 4-5 어노테이션 설정 예제(sample-annotations.yaml)

```yaml
apiVersion: v1
kind: Pod
metadata:
  name: sample-annotation
  annotations:
    annotation1: val1
    annotation2: "200"
spec:
  containers:
    - name: nginx-container
      image: nginx:1.16
```

매니페스트에 작성할 수도 있지만 kubectl에서 직접 부여할 수도 있다.

```
# apply sample-annotations.yaml
$ kubectl apply -f sample-annotations.yaml
pod/sample-annotations created

# 어노테이션 부여
$ kubectl annotate pods sample-annotations annotation3=val3
pod/sample-annotations annotated

# 어노테이션 부여(덮어 쓰기 허용)
$ kubectl annotate pods sample-annotations annotation3=val3-new --overwrite
pod/sample-annotations annotated

# 어노테이션 확인
$ kubectl get pod sample-annotations -o json | jq .metadata.annotations
{
  "annotation1": "val1",
  "annotation2": "200",
  "annotation3": "val3-new",
...(생략)...
}

# 어노테이션 삭제
$ kubectl annotate pods sample-annotations annotation3-
pod/sample-annotations annotated
```

어노테이션은 주로 다음 세 가지 용도로 사용된다.

- 시스템 구성 요소를 위한 데이터 저장
- 모든 환경에서 사용할 수 없는 설정
- 정식으로 통합되기 전의 기능을 설정

시스템 구성 요소를 위한 데이터 저장

'리소스 생성에도 kubectl apply를 사용해야 하는 이유'에 등장한 kubectl.kubernetes.io/last-applied-configuration도 어노테이션 중 하나다. 이 어노테이션은 설명한 대로 '이전에 적용한 매니페스트'의 내용이 저장되어 있고 시스템 구성 요소가 리소스를 업데이트할 때 이 정보를 사용하여 업데이트한다.

이런 유형의 어노테이션은 매니페스트에 기술하고 리소스에 어노테이션을 부여하는 것이 아니라 시스템 구성 요소가 자동으로 부여한다. 사용자가 어노테이션을 부여하지 않고 생성한 리소스에도 다음과 같이 여러 어노테이션이 부여되어 있다.

```
# 파드 리소스의 어노테이션 확인
$ kubectl get pod sample-pod -o yaml
apiVersion: v1
kind: Pod
metadata:
  annotations:
    cni.projectcalico.org/podIP: 10.0.5.28/32
    kubectl.kubernetes.io/last-applied-configuration: |
      {"apiVersion":"v1","kind":"Pod","metadata":{"annotations":{},"name":"sample-pod"
,"namespace":"default"},"spec":{"containers":[{"image":"nginx:1.16","name":"nginx-
container"}]}}
...(생략)...
```

그 밖에도 파드의 버전 관리를 하는 디플로이먼트 리소스에서는 버전 관리를 deployment.kubernetes.io/revision 어노테이션에 저장하거나 리소스를 업데이트할 때 실행한 kubectl 명령어의 상세 내용이 kubernetes.io/change-cause 어노테이션에 저장되기도 한다.

모든 환경에서 사용할 수 없는 설정

쿠버네티스는 3장에서 설명한 바와 같이 GKE/AKS/EKS 등의 여러 환경에서 사용할 수 있다. 이런 환경 고유의 확장 기능이 구현되면, 그 설정에는 어노테이션을 사용하는 경우가 많다.

예를 들어, 쿠버네티스 클러스터의 파드에 대해 클러스터 외부에서 접속할 수 있도록 외부 로드 밸런서 등과 연계하는 서비스 리소스가 좋은 예다. 서비스 리소스를 생성하면 GKE에서는

Google Cloud Load Balancing(GCLB), EKS에서는 AWS Classic Load Balancer(CLB) 또는 Network Load Balancer(NLB)와 연계한다.

대부분의 경우 로드 밸런서와 연계하는 서비스 리소스는 외부에서 접속할 수 있도록 글로벌 IP 주소가 부여된 글로벌 엔드포인트가 생성된다. 그러나 GKE와 EKS는 어노테이션을 부여하면 로컬 IP 주소를 사용한 인터널 엔드포인트 생성도 가능하다. GKE는 cloud.google.com/load-balancer-type: "Internal", EKS는 service.beta.kubernetes.io/aws-load-balancer-internal: 0.0.0.0/0의 어노테이션을 설정해 두면 GCP나 AWS 내부 네트워크에 대한 IP 주소가 부여된 엔드포인트를 생성한다.

또한, EKS는 로드 밸런서를 연계할 때 CLB나 NLB를 선택할 수 있다. 이 또한 어노테이션에 service.beta.kubernetes.io/aws-load-balancer-type: "nlb"와 같이 지정해 두면 선택할 수 있다.

이와 같이 각 클라우드 프로바이더나 벤더가 독자적으로 구현한 확장 설정은 다른 쿠버네티스 환경에서는 당연히 사용할 수 없다. 이처럼 쿠버네티스는 개방적이고 중립적인 오픈 소스 소프트웨어이기 때문에 모든 쿠버네티스 환경에서 사용할 수 없는 설정은 어노테이션으로 제어할 수 있도록 구현되어 있다.

정식으로 통합되기 전의 기능을 설정

최근에는 쿠버네티스 생태계가 많이 성숙한 덕분에 거의 보이지 않지만, 쿠버네티스에 공식적으로 통합되기 전의 실험적인 기능과 평가 중인 새로운 기능 설정을 어노테이션으로 사용하는 경우도 있다. 뒤에서 설명할 스토리지클래스(StorageClass)나 초기화 컨테이너(Init Container) 등의 설정도 이전에는 어노테이션으로 설정해야만 했다.

레이블

레이블(label)은 코드 4-6과 같이 `metadata.labels`에 설정할 수 있는 메타데이터다. 쉽게 설명하면 레이블은 리소스를 구분하기 위한 정보 같은 것이다.

코드 4-6 레이블 설정 예제(sample-label.yaml)

```
apiVersion: v1
kind: Pod
metadata:
  name: sample-label
  labels:
```

```
      label1: val1
      label2: val2
spec:
  containers:
  - name: nginx-container
    image: nginx:1.16
```

매니페스트에 작성할 수도 있지만 kubectl에서 직접 부여할 수도 있다.

```
# 레이블 부여
$ kubectl label pods sample-label label3=val3
pod/sample-label labeled

# 레이블 부여(덮어 쓰기 허용)
$ kubectl label pods sample-label label3=val3-new --overwrite
pod/sample-label labeled

# 레이블 확인
$ kubectl get pod sample-label -o json | jq .metadata.labels
{
  "label1": "val1",
  "label2": "val2",
  "label3": "val3-new"
}

# 레이블 삭제
$ kubectl label pods sample-label label3-
pod/sample-label labeled
```

컨테이너는 하나의 프로세스와 거의 같은 아주 작은 리소스다. 또한, 파드도 여러 컨테이너로 이루어진 작은 리소스다. 쿠버네티스는 파드와 같이 작은 리소스를 대량으로 처리할 뿐만 아니라 4장 앞부분에서 설명한 다양한 리소스를 처리한다. 레이블은 이러한 수많은 리소스에 대해 동일한 레이블로 그룹핑하여 처리하거나 어떤 처리에 대한 조건으로 사용되기 때문에 리소스를 효율적으로 관리할 수 있는 구조를 가지고 있다.

레이블은 크게 다음과 같은 두 가지 용도로 사용된다.

- 개발자가 사용하는 레이블
- 시스템이 사용하는 레이블

개발자가 사용하는 레이블

개발자가 많은 리소스를 효율적으로 관리하는 데 레이블은 정말 유용하게 사용된다. 그림 4-11과 같이 리소스에 부여된 레이블을 사용하여 대상 리소스를 필터링함으로써 운영할 수 있다.

▼ 그림 4-11 개발자가 사용하는 레이블

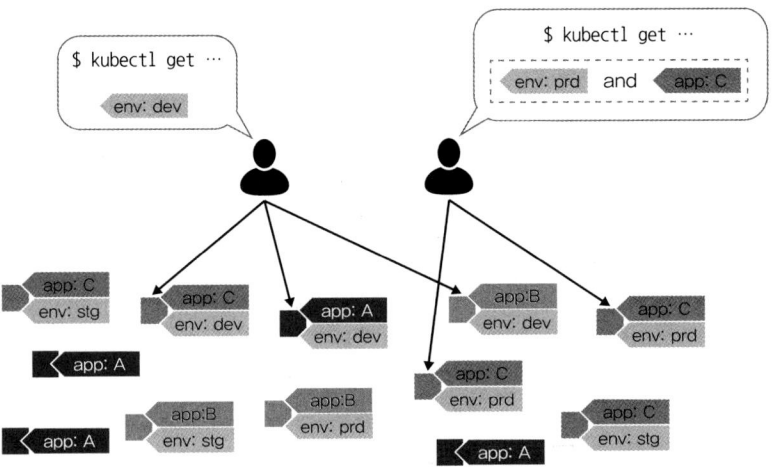

앞의 예제 sample-label.yaml을 적용하면 label1: val1과 label2: val2 레이블이 부여된 파드 리소스가 생성된다. 이 레이블을 사용해 kubectl get 명령어 등으로 대상을 필터링할 수 있다.

필터링은 -l 옵션을 사용한다. -l label1과 같이 지정하면 해당 레이블이 있는지를 필터링한다. -l label1=val1과 같이 값을 지정하면 해당 레이블 값과 일치하는지를 필터링한다. 또 -l label1,label2와 같이 콤마로 구분된 여러 레이블로 필터링할 수도 있다.

```
# label1=val1과 label2 레이블을 가진 파드를 표시
$ kubectl get pods -l label1=val1,label2
NAME           READY   STATUS    RESTARTS   AGE
sample-label   1/1     Running   0          12m
```

목록을 표시할 때 -L 옵션을 사용하면 지정한 레이블도 함께 표시된다. 그러나 이 옵션은 필터링 기능을 하지 않기 때문에 다른 리소스도 같이 표시된다. 여기서도 콤마로 구분하여 여러 레이블을 표시할 수 있다.

```
# 파드와 label1 레이블 표시
$ kubectl get pods -L label1
NAME           READY   STATUS    RESTARTS   AGE   LABEL1
```

```
sample-label    1/1    Running    0    13m    val1
sample-pod      1/1    Running    0    4s
```

위의 두 가지 옵션 -l, -L은 다음과 같이 동시에 사용할 수도 있다.

```
# label1 레이블을 가진 파드와 label2 레이블을 표시
$ kubectl get pods -l label1 -L label2
NAME            READY  STATUS     RESTARTS  AGE    LABEL2
sample-label    1/1    Running    0         14m    val2
```

그 외에도 --show-labels 옵션을 사용하여 모든 레이블을 표시할 수 있다.

```
# 모든 레이블을 표시하고 파드 목록을 출력
$ kubectl get pods --show-labels
NAME            READY  STATUS     RESTARTS  AGE    LABELS
sample-label    1/1    Running    0         14m    label1=val1,label2=val2
```

시스템이 사용하는 레이블

레이블 자체는 단순한 키-밸류 값이지만, 실수로 레이블을 지정하면 레이블 값이 충돌하여 예상하지 못한 문제가 발생할 수도 있다.

예를 들어 그림 4-12에서 app: A, app: B, app: C, env: prd, env: stg라는 총 다섯 가지 레이블이 지정된 파드가 일부 기동하고 있다고 하자.

▼ 그림 4-12 시스템이 사용하는 레이블

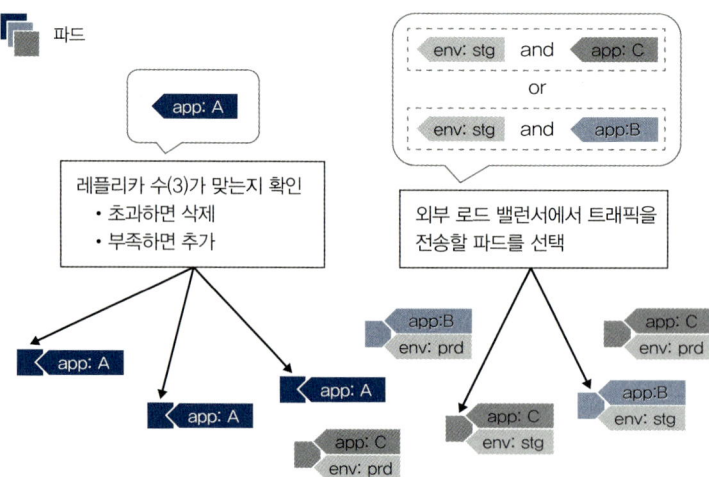

파드 수를 유지하는 리소스(ReplicaSet)에서는 레이블에 부여된 파드 수를 계산하여 레플리카 수를 관리한다. 대상 파드 수가 레플리카 수의 설정보다 많은 경우에는 파드 중 하나를 삭제하고, 반대로 부족한 경우에는 새로운 파드를 생성한다. 그래서 조건에 일치하는 파드를 별도로 생성하게 되면 이미 기동 중인 파드가 정지하는 경우가 발생할 수 있다. 그림 예제에서는 app: A 레이블을 가진 파드가 세 개가 되도록 레플리카 수를 지정하고 있기 때문에 app: A 레이블을 부여한 파드를 별도로 생성하게 되면 기존에 생성된 파드가 정지될 수도 있다.

마찬가지로 외부의 요청을 로드 밸런서로 받은 후에 파드로 전송하는 서비스 리소스(LoadBalancer)에서는 이 레이블을 기준으로 목적지 파드를 결정한다. 리소스에 대해 레이블을 여러 개 지정할 수 있기 때문에 유연하게 조건을 설정할 수 있다. 그림 예제의 로드 밸런서에서는 env: stg 레이블을 가지고 app: B 또는 app: C 레이블을 가진 파드에 트래픽을 전송한다. 즉, 여러 종류의 파드에 트래픽을 전송할 수 있다는 것이다. 이 경우에도 실수로 레이블을 지정하게 되면 다른 파드에 트래픽이 전송되어 문제가 발생할 수 있다.

위와 같은 내용을 참고하여 처음부터 레이블을 지정할 정책을 정하고, 다음과 같이 몇 가지 레이블을 지정해 두는 것이 좋다. 레이블 사용에 익숙해지기 전까지는 주의하여 작업하도록 한다.

- 프로젝트
- 애플리케이션 종류
- 애플리케이션 버전
- 환경

또한, 쿠버네티스에서는 다양한 에코시스템에서 공통화하기 위해 표 4-5에 나타낸 키 이름으로 레이블을 지정할 것을 권장하고 있다. 쿠버네티스의 에코시스템을 구성하는 OSS에서도 이 방법에 따라 레이블이 지정되는 경우가 증가하고 있으므로 레이블 지정에 참고하길 바란다.

▼ 표 4-5 권장되는 레이블 키 이름

레이블 키 이름	개요
app.kubernetes.io/name	애플리케이션 이름
app.kubernetes.io/version	애플리케이션 버전
app.kubernetes.io/component	애플리케이션 내 구성 요소
app.kubernetes.io/part-of	애플리케이션이 전체적으로 구성하는 시스템 이름
app.kubernetes.io/instance	애플리케이션이나 시스템을 식별하는 인스턴스명
app.kubernetes.io/managed-by	이 애플리케이션을 관리하는 데 사용되는 도구

4.5.11 1.18 Alpha Prune을 사용한 리소스 삭제: --prune 옵션

쿠버네티스를 실제 운용할 때 수동으로 kubectl 명령어를 실행하는 일은 거의 없다. 수동으로 운영하는 것은 휴먼 에러가 발생하기 쉽고, 사람이 파악하고 관리할 수 있는 리소스 수에 한계가 있기 때문에 권장하지 않는다. 해결책의 하나로 매니페스트를 깃(Git) 저장소에서 관리하고 변경이 있을 때만 kubectl apply 명령어를 사용하여 자동으로 매니페스트를 적용시키는 방법 등을 들 수 있다(그림 4-13). 그러나 매니페스트에서 삭제된 리소스를 삭제하는 데 필요한 kubectl delete 명령어를 자동으로 실행하려면 매니페스트에서 삭제된 리소스를 감지할 수 있는 구조를 만들어야 한다.

▼ 그림 4-13 매니페스트 관리와 자동 적용

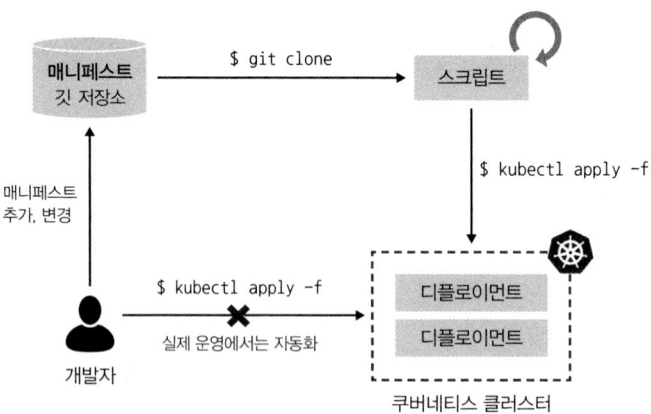

여기서 필요한 것이 kubectl apply 명령어에서 사용 가능한 --prune 옵션이다. 간략하게 설명하면, kubectl apply 명령어를 실행할 때 매니페스트에서 삭제된 리소스를 감지하여 자동으로 삭제하는 기능을 구현할 수 있다(그림 4-14). 그래서 CI/CD 파이프라인에서는 업데이트된 매니페스트에 대해 kubectl apply --prune 명령어를 계속 실행하는 것만으로 매니페스트에서 삭제된 리소스도 자동으로 삭제할 수 있다. 그러나 --prune 옵션은 쿠버네티스 v1.18 시점에서 아직 알파 상태이며, 향후 후속 업데이트에 따라 사양이 변경되어 호환되지 않을 수 있으므로 주의가 필요하다.

❤ 그림 4-14 Prune 옵션을 사용한 리소스 삭제

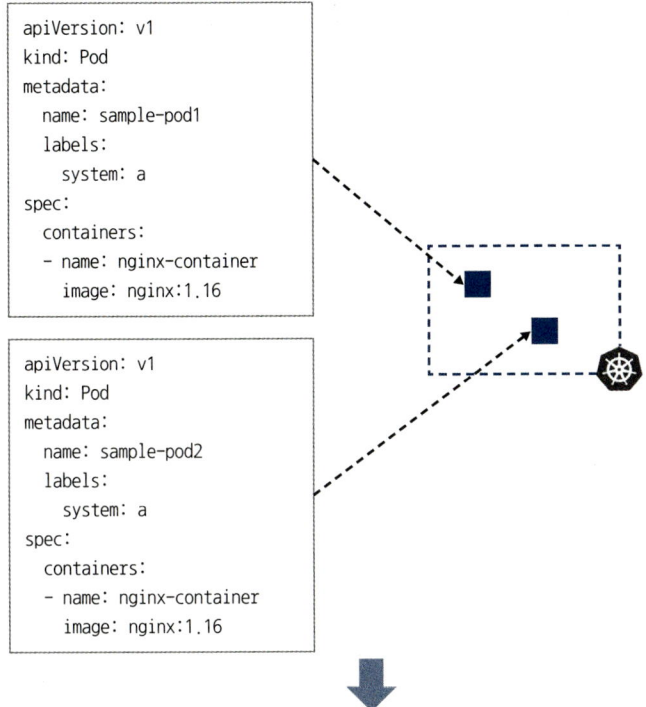

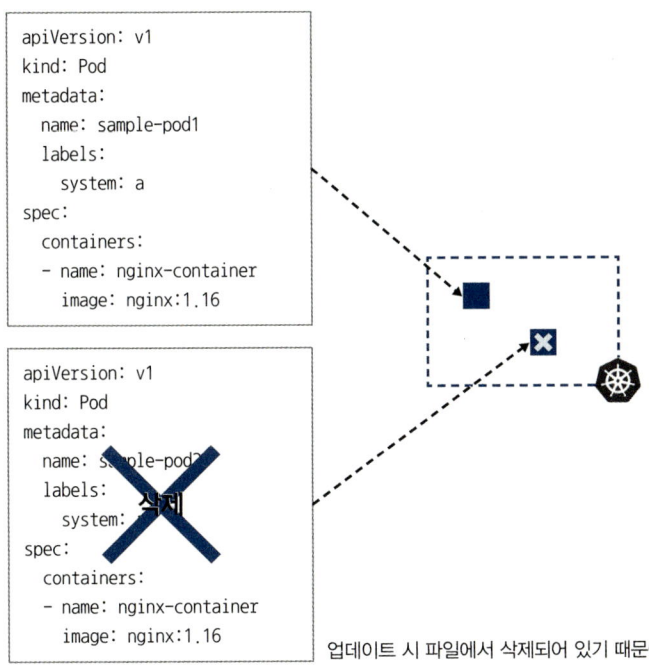

예를 들어 코드 4-7, 코드 4-8과 같은 두 개의 매니페스트가 있다고 하자.

코드 4-7 --prune 옵션을 사용한 매니페스트 1(prune-sample/sample-pod1.yaml)

```yaml
apiVersion: v1
kind: Pod
metadata:
  name: sample-pod1
  labels:
    system: a
spec:
  containers:
  - name: nginx-container
    image: nginx:1.16
```

코드 4-8 --prune 옵션을 사용한 매니페스트 2(prune-sample/sample-pod2.yaml)

```yaml
apiVersion: v1
kind: Pod
metadata:
  name: sample-pod2
  labels:
    system: a
spec:
  containers:
  - name: nginx-container
    image: nginx:1.16
```

다음과 같은 명령어를 실행하면 한쪽 매니페스트 파일이 삭제된 상태에서 kubectl apply --prune 을 실행했을 때 그 매니페스트 파일에 기술되었던 리소스만 삭제된 것을 확인할 수 있다.

```
# 초기 생성
$ kubectl apply -f ./prune-sample --prune -l system=a
pod/sample-pod1 created
pod/sample-pod2 created

# 파일 삭제
$ rm prune-sample/sample-pod1.yaml
```

```
# sample-pod1.yaml이 삭제된 상태에서 다시 같은 명령어로 업데이트
$ kubectl apply -f ./prune-sample --prune -l system=a
pod/sample-pod2 unchanged
pod/sample-pod1 pruned
```

위 예제에서는 여러 매니페스트 파일을 사용하는 경우에 하나의 매니페스트 파일을 삭제하는 방법을 설명했다. 이외에도 하나의 매니페스트 파일에 여러 리소스를 정의한 상태에서 특정 리소스만 삭제했을 때 그 리소스만이 삭제된다.

Prune은 삭제된 매니페스트 파일에 기술된 리소스를 삭제하는 것처럼 보이지만, 실제로는 레이블과 일치하는 전체 리소스의 목록에서 kubectl apply로 읽어들인 매니페스트 안에 '포함되지 않는 리소스'를 모두 삭제하는 구조로 동작한다. 레이블을 별도로 지정하지 않는 --all 옵션도 있지만, 이 옵션을 사용할 때 클러스터에 배포된 모든 리소스의 매니페스트를 읽어들이지 않으면 읽어들이지 못한 리소스가 모두 삭제되기 때문에 주의해야 한다. 경우에 따라서는 클러스터의 거의 모든 리소스가 삭제될 수 있기 때문에 매우 위험하다. 따라서 기본적으로 레이블을 지정하여 Prune을 사용하도록 한다. 정확하게는 Prune의 대상이 되는 리소스 조건으로 어노테이션에 kubectl. kubernetes.io/last-applied-configuration이 포함되어 있어야 한다.

또 하나 주의해야 하는 사례를 소개한다. 그림 4-15의 예제에서는 두 디렉터리 dir1과 dir2 양쪽 모두에 같은 레이블을 사용한 리소스가 기술된 매니페스트 파일이 있다. 업데이트만 한다면 kubectl apply -f ./dir1과 kubectl apply -f ./dir2를 사용해도 문제가 없겠지만, system=a 레이블을 지정하고 Prune을 포함해서 apply를 하면 dir2에 포함된 리소스가 삭제된다. 이런 사고를 방지하기 위해서도 디렉터리 구성과 레이블을 정확히 설계해야 한다. 또한, 서비스를 운영하고 있는 인프라에 --prune 옵션을 사용할 때는 특히 더 조심해야 한다.

▼ 그림 4-15 레이블이 다른 디렉터리에서 사용될 경우 Prune이 예기치 않은 동작을 하는 사례

```
$ kubectl apply -f ./dir1 --prune -l system=a
```

파일명 등으로 판별하는 것은 아니기 때문에
'현재 존재하는 여섯 개 리소스 - ./dir1에서 읽어들인 세 개 리소스' 이외를 Prune

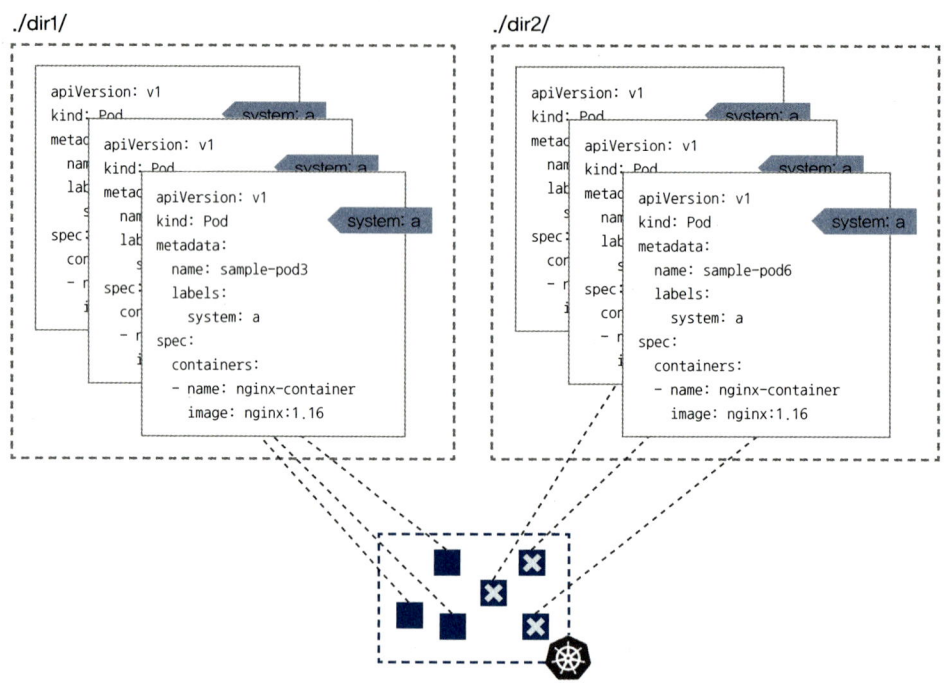

4.5.12 편집기로 편집: edit

kubectl edit 명령어를 사용하면 편집기상에서 변경 작업을 할 수 있다. 편집에 사용되는 편집기는 환경 변수 EDITOR 또는 KUBE_EDITOR로 지정할 수 있다. 지정하지 않을 경우 vi(윈도우 환경의 경우 notepad)가 사용된다.

```
# 환경 변수 EDITOR에 vim을 일시적으로 정의(~/.bashrc 등에 추가하면 영구적으로 사용 가능)
$ export EDITOR=vim

# 파드 정의 편집(환경 변수 EDITOR에 정의된 편집기 실행)
$ kubectl edit pod sample-pod
```

4.5.13 리소스 일부 정보 업데이트: set

매니페스트 파일을 업데이트하지 않고 일부 설정값(또는 이 설정값을 가진 특정 리소스)만 kubectl set 명령어를 사용하여 간단히 동작 상태를 변경할 수 있다. 변경 가능한 설정값은 다음과 같다.

- env
- image
- resources
- selector
- serviceaccount
- subject

예를 들어 컨테이너 이미지만 업데이트하는 경우, 다음과 같이 하면 된다.

```
# sample-pod 내 nginx-container 컨테이너의 컨테이너 이미지 확인
$ kubectl describe pod sample-pod
...(생략)...
Containers:
  nginx-container:
...(생략)...
    Image:          nginx:1.17
...(생략)...

# 컨테이너 이미지를 nginx:1.17에서 nginx:1.16으로 변경
# 서식: kubectl set image 리소스 종류 리소스명 컨테이너명=컨테이너 이미지 지정(:컨테이너 이미지 태그 지정)
$ kubectl set image pod sample-pod nginx-container=nginx:1.16
pod/sample-pod image updated

# sample-pod 내 nginx-container 컨테이너의 컨테이너 이미지 확인
$ kubectl describe pod sample-pod
    Image:          nginx:1.16
```

kubectl set 명령어로 직접 설정을 변경하더라도 가지고 있는 매니페스트 파일은 업데이트되지 않는다. 매니페스트 파일 내용과 서버상의 리소스 상태가 일치하지 않기 때문에 이 기능을 남용하지 않도록 한다.

4.5.14 로컬 매니페스트와 쿠버네티스 등록 정보 비교 출력: diff

쿠버네티스에서는 매니페스트를 적용(apply)할 때, '실제로 쿠버네티스 클러스터에 등록된 정보'와 '로컬에 있는 매니페스트' 내용의 차이가 있는지 알 수 없다면 매니페스트를 적용하기가 힘들 수 있다. 예를 들어, 매니페스트를 변경하고 적용할 때 예상치 못한 변경이 없는지 등 적용 직전에 알고 싶은 내용이 많다. 또 쿠버네티스를 사용하는 경우 기본적으로 매니페스트를 변경하여 적용하는 흐름을 유지해야 하지만, kubectl set 명령어나 kubectl edit 명령어 등의 사용으로 이 흐름이 지켜지지 않으면 예상치 못한 큰 변경이 생길 수 있다.

이번 예제에서는 앞에서 설명한 kubectl set 명령어로 매니페스트를 수정하지 않고 클러스터에 등록된 설정을 변경한 후 실제 매니페스트 내용과의 차이를 출력해보겠다. 예제에서는 이미지 부분에 차이가 있으므로 그 변경 내용이 출력될 것이다. kubectl diff 명령어의 종료 코드는 '실제 클러스터에 등록된 정보'와 '로컬에 있는 매니페스트 파일' 간에 차이가 있으면 1을 반환하고, 차이가 없으면 0을 반환한다.

```
# 컨테이너 이미지를 nginx:1.15로 변경
$ kubectl set image pod sample-pod nginx-container=nginx:1.15
pod/sample-pod image updated

# 클러스터 등록 정보와 매니페스트의 차이점 확인
$ kubectl diff -f sample-pod.yaml
…(생략)…
@@ -85,7 +85,7 @@
   uid: 04e90ade-fe83-4c58-a0b4-5bedabe64d39
 spec:
   containers:
-  - image: nginx:1.15
+  - image: nginx:1.16
     imagePullPolicy: IfNotPresent
     name: nginx-container
     resources: {}

# 상태 코드 확인
$ echo $?
1
```

4.5.15 사용 가능한 리소스 종류의 목록 가져오기: api-resources

앞부분에서 설명했듯이 쿠버네티스에는 파드나 서비스 등의 다양한 리소스 종류가 있다. kubectl api-resources 명령어로 사용 가능한 리소스 목록을 가져올 수 있다.

```
# 모든 리소스 종류 표시(일부 발췌)
$ kubectl api-resources
NAME                    SHORTNAMES    APIGROUP    NAMESPACED    KIND
bindings                                          true          Binding
componentstatuses       cs                        false         ComponentStatus
configmaps              cm                        true          ConfigMap
endpoints               ep                        true          Endpoints
events                  ev                        true          Event
limitranges             limits                    true          LimitRange
namespaces              ns                        false         Namespace
nodes                   no                        false         Node
persistentvolumeclaims  pvc                       true          PersistentVolumeClaim
…(생략)…
```

> **column ≡ 네임스페이스 수준의 리소스와 클러스터 수준의 리소스**
>
> 쿠버네티스에서 취급하는 리소스는 네임스페이스 수준의 리소스와 네임스페이스에 속하지 않는 클러스터 수준의 리소스, 두 종류가 있다. 예를 들어, 노드 리소스나 영구 볼륨 리소스는 클러스터 수준의 리소스로 등록되어 있으며 모든 네임스페이스에서 공유하여 사용할 수 있다. 반면에 파드 리소스나 영구 볼륨 클레임 리소스는 네임스페이스 수준의 리소스로 등록되어 있다.
>
> 리소스가 네임스페이스 수준인지 클러스터 수준인지 확인하려면 다음 명령어를 사용한다.
>
> ```
> # 네임스페이스에 속하는 리소스
> $ kubectl api-resources --namespaced=true
>
> # 네임스페이스에 속하지 않는 리소스
> $ kubectl api-resources --namespaced=false
> ```

4.5.16 리소스 정보 가져오기: get

지금까지 kubectl을 사용한 리소스 조작 방법을 설명했는데, kubectl로 다양한 정보를 가져올 수도 있다. 예를 들어 리소스 목록을 가져올 때는 kubectl get 명령어를 사용한다. get 명령어는 인수에 '리소스 종류' '리소스명 (옵션)'을 지정한다. 리소스명이 지정되어 있을 경우에는 그 이름의 특정 리소스 정보만 가져온다.

```
# 파드 목록 표시
$ kubectl get pods
NAME            READY   STATUS    RESTARTS   AGE
sample-label    1/1     Running   0          123m
sample-pod      1/1     Running   3          109m

# 특정 파드 정보만 표시
$ kubectl get pods sample-pod
NAME            READY   STATUS    RESTARTS   AGE
sample-pod      1/1     Running   3          110m
```

파드에 지정된 레이블을 기준으로 목록을 필터링할 수도 있다. -l 옵션은 필터링할 레이블을 지정하고, --show-labels 옵션은 지정한 레이블을 표시한다.

```
# label1=val1과 label2 레이블을 가진 파드를 표시
$ kubectl get pods -l label=val1,label2 --show-labels
NAME            READY   STATUS    RESTARTS   AGE    LABELS
sample-label    1/1     Running   0          123m   label1=val1,label2=val2
```

--output (-o) 옵션을 사용하면 JSON/YAML/Custom Columns/JSON Path/Go Template 등과 같은 다양한 형식으로 출력할 수도 있다.

```
# 파드 목록 표시(더 상세히 표시)
$ kubectl get pods -o wide
NAME            READY   STATUS    RESTARTS   AGE    IP          NODE
sample-label    1/1     Running   0          124m   10.0.5.29   gke-k8s-default-pool-
XXXXXXXX-0000
```

JSON이나 YAML 등으로 출력하면 좀 더 상세한 정보를 확인할 수 있다. 또 JSON과 YAML 중 하나로 출력하면 리소스명을 지정하여 표시할 리소스를 한정시킬 수 있다. 출력되는 JSON과 YAML은 리소스를 한정하는지 여부에 따라 최상위 수준 구성이 달라진다.

```
# YAML 형식으로 파드의 상세 정보 목록 출력
$ kubectl get pods -o yaml
apiVersion: v1
```

```
items:
- apiVersion: v1
  kind: Pod
  metadata:
   …(생략)…

# YAML 형식으로 특정 파드의 상세 정보 출력
$ kubectl get pods -o yaml sample-pod
apiVersion: v1
kind: Pod
metadata:
  annotations:
    cni.projectcalico.org/podIP: 10.0.5.30/32
    kubectl.kubernetes.io/last-applied-configuration: |
    …(생략)…
```

이외에도 다양한 출력 형식이 준비되어 있다. Custom Columns 형식의 출력은 자신이 지정한 항목을 표 형식으로 표시할 수 있다. alias 명령어를 사용하여 alias kpod='kubectl get pods -o custom-columns="..."' 등으로 실행하면 자신이 확인하고 싶은 정보를 쉽게 출력할 수 있다.

```
# Custom Columns(모든 파드의 파드명과 기동 중인 호스트 IP 주소를 표시)
$ kubectl get pods -o custom-columns="NAME:{.metadata.name},NodeIP:{.status.hostIP}"
NAME         NodeIP
sample-pod   10.178.0.60
```

JSON Path 형식의 출력은 특정 항목을 표시하며, 셸 스크립트 등으로 변수에 특정 값을 지정하는 등 특정 값을 조사할 때 자주 사용된다.

```
# JSON Path(sample-pod의 파드명 표시)
$ kubectl get pods sample-pod -o jsonpath="{.metadata.name}"
sample-pod
```

또 Custom Columns나 JSON Path로 배열 데이터를 출력할 때는 ?(@.field == ") 형식으로 지정하여 배열에서 특정 조건에 맞는 요소로 필터링할 수 있다.

```
# .spec.containers[].name이 nginx-container에 일치하는 요소의 .spec.containers[].image를 출력
$ kubectl get pod sample-pod -o jsonpath="{.spec.containers[?(@.name == 'nginx-
```

```
container')].image}"
nginx:1.16
```

Go Template 형식의 출력은 가장 유연한 출력 방식이다. 여기서는 Go Template을 자세히 설명하지 않겠지만, 반복문이나 조건문 등과 같은 제어 구문에도 사용할 수 있다는 점은 알아두자.

```
# Go Template(모든 파드의 이름과 파드 안에서 기동 중인 각 컨테이너 이미지를 표시)
$ kubectl get pods -o go-template="{{range .items}}{{.metadata.name}}:
{{range .spec.containers}}{{.image}}{{end}} {{end}}"
sample-pod:nginx:1.16
```

또 get 명령어는 파드 이외에도 노드 등의 다양한 리소스 정보를 확인할 수 있다.

```
# 노드 목록 표시
$ kubectl get nodes
NAME                               STATUS   ROLES    AGE     VERSION
gke-k8s-default-pool-66fff949-12xg  Ready    <none>   2d14h   v1.18.16-gke.2100
gke-k8s-default-pool-66fff949-fzsq  Ready    <none>   2d14h   v1.18.16-gke.2100
gke-k8s-default-pool-66fff949-lm8e  Ready    <none>   2d14h   v1.18.16-gke.2100
```

파드나 노드 등의 리소스 종류를 개별적으로 지정하지 않고 kubectl get all과 같이 all을 지정하면 all 카테고리에 속하는 몇 가지 리소스[7] 목록을 가져올 수 있다.

```
# 생성된 거의 모든 종류의 리소스를 표시
$ kubectl get all
NAME              READY   STATUS    RESTARTS   AGE
pod/sample-pod    1/1     Running   4          14h

NAME                 TYPE        CLUSTER-IP   EXTERNAL-IP   PORT(S)   AGE
service/kubernetes   ClusterIP   10.3.240.1   <none>        443/TCP   3d6h
```

한편 시크릿/컨피그맵/인그레스 등과 같이 자주 사용하는데 표시되지 않는 리소스도 있다. 따라서 4.5.15절의 kubectl api-resources 명령어를 사용하여 쿠버네티스가 취급하고 있는 모든 리소스 종류의 목록을 가져와 다음과 같이 모든 리소스에 대한 목록을 표시할 수도 있다.

---

[7] https://github.com/kubernetes/kubernetes/blob/v1.18.2/test/cmd/get.sh#L101-L115

```
# 모든 리소스 목록을 가져옴(kubectl get configmaps, endpoints, events, limitranges,
pods...가 실행됨)
$ kubectl get $(kubectl api-resources --namespaced=true --verbs=list -o name | tr '\n'
',' | sed -e 's|,$||g')
NAME                          DATA    AGE
configmap/kube-root-ca.crt    1       3d6h

NAME                          ENDPOINTS           AGE
endpoints/kubernetes          xx.xx.xxx.xxx:443   3d6h

LAST SEEN   TYPE     REASON    OBJECT              MESSAGE
2m11s       Normal   Killing   pod/sample-label    Stopping container nginx-container
…(생략)…

NAME              READY   STATUS    RESTARTS   AGE
pod/sample-pod    1/1     Running   4          14h
…(생략)…
```

--watch 옵션을 사용하여 리소스 상태의 변화가 있을 때 계속 결과를 출력할 수 있다. 5장에서 소개하는 디플로이먼트나 레플리카셋 등 레플리카 수의 변화 추이를 계속 확인할 때도 유용하다.

```
$ kubectl get pods --watch
NAME          READY   STATUS              RESTARTS   AGE
sample-pod    1/1     Running             4          15h
sample-pod    1/1     Terminating         4          15h    # kubectl delete -f sample-
deployment.yaml 실행
sample-pod    0/1     Terminating         4          15h
sample-pod    0/1     Pending             0          0s     # kubectl apply -f sample-pod.yaml
실행
sample-pod    0/1     ContainerCreating   0          1s
sample-pod    1/1     Running             0          1s
```

또 --output-watch-events 옵션과 함께 사용하면 해당 리소스가 API처럼 어떤 처리가 되었는지 이벤트 정보(ADDED/MODIFIED/DELETED)를 함께 표시할 수도 있다.

```
$ kubectl get pods --watch --output-watch-events
EVENT      NAME          READY   STATUS        RESTARTS   AGE
ADDED      sample-pod    1/1     Running       0          2m48s
MODIFIED   sample-pod    1/1     Terminating   0          3m28s   # kubectl delete -f
```

```
sample-deployment.yaml 실행
MODIFIED   sample-pod   0/1   Terminating         0   3m28s
MODIFIED   sample-pod   0/1   Terminating         0   3m29s
DELETED    sample-pod   0/1   Terminating         0   3m29s
ADDED      sample-pod   0/1   Pending             0   0s      # kubectl apply -f
sample-pod.yaml 실행
MODIFIED   sample-pod   0/1   Pending             0   0s
MODIFIED   sample-pod   0/1   ContainerCreating   0   0s
MODIFIED   sample-pod   0/1   ContainerCreating   0   1s
MODIFIED   sample-pod   1/1   Running             0   2s
```

4.5.17 리소스 상세 정보 가져오기: describe

리소스의 상세 정보를 알고 싶다면 kubectl describe 명령어를 사용한다. kubectl describe 명령어는 kubectl get 명령어로도 확인할 수 있는 정보 외에 리소스 관련 이벤트 등과 같은 좀 더 상세한 정보를 확인할 수 있다. 예를 들어 kubectl describe 명령어에 파드를 지정하면 Event라는 항목 아래에 볼륨 셋업이나 이미지 다운로드 상태 등 컨테이너 라이프사이클에 대한 정보가 표시된다.

```
# 파드 상세 정보 표시
$ kubectl describe pod sample-pod
Name:          sample-pod
Namespace:     default
Priority:      0
Node:          gke-k8s-default-pool-66fff949-12xg/10.178.0.60
Start Time:    Wed, 24 Mar 2021 23:04:19 +0900
Labels:        <none>
Annotations:   cni.projectcalico.org/podIP: 10.0.5.33/32
Status:        Running
IP:            10.0.5.33
IPs:
  IP:  10.0.5.33
Containers:
  nginx-container:
    Container ID:  docker://628d00d5a02b4b41016af5e3c0a91a7c0bf65afa8bfc704295dfcaec2
9ea514d
    Image:         nginx:1.16
    Image ID:      docker-pullable://nginx@sha256:d20aa6d1cae56fd17cd458f4807e0de462c
```

```
            af2336f0b70b5eeb69fcaaf30dd9c
    Port:           <none>
    Host Port:      <none>
    State:          Running
      Started:      Wed, 24 Mar 2021 23:04:20 +0900
    Ready:          True
    Restart Count:  0
    Environment:    <none>
    Mounts:
      /var/run/secrets/kubernetes.io/serviceaccount from default-token-blggn (ro)
Conditions:
  Type              Status
  Initialized       True
  Ready             True
  ContainersReady   True
  PodScheduled      True
Volumes:
  default-token-blggn:
    Type:           Secret (a volume populated by a Secret)
    SecretName:     default-token-blggn
    Optional:       false
QoS Class:          BestEffort
Node-Selectors:     <none>
Tolerations:        node.kubernetes.io/not-ready:NoExecute for 300s
                    node.kubernetes.io/unreachable:NoExecute for 300s
Events:
  Type    Reason     Age    From                Message
  ----    ------     ----   ----                -------
  Normal  Scheduled  2m19s  default-scheduler   Successfully assigned default/sample-
pod to gke-k8s-default-pool-66fff949-12xg
  Normal  Pulled     2m18s  kubelet             Container image "nginx:1.16" already
present on machine
  Normal  Created    2m18s  kubelet             Created container nginx-container
  Normal  Started    2m18s  kubelet             Started container nginx-container
```

그 외에도 노드를 지정한 경우 리소스 사용 현황이나 여유 리소스, 기동 중인 파드 리소스 사용량이 표시된다.

```
# 노드 상세 정보 표시
$ kubectl describe node gke-k8s-default-xxxxxxxx-377p
Name:               gke-k8s-default-pool-xxxxxxxx-12xg
```

```
Roles:              <none>
Labels:             beta.kubernetes.io/arch=amd64
                    beta.kubernetes.io/instance-type=n1-standard-4
                    beta.kubernetes.io/os=linux
                    cloud.google.com/gke-boot-disk=pd-standard
                    cloud.google.com/gke-netd-ready=true
                    cloud.google.com/gke-nodepool=default-pool
                    cloud.google.com/gke-os-distribution=cos
                    cloud.google.com/machine-family=n1
                    failure-domain.beta.kubernetes.io/region=asia-northeast3
                    failure-domain.beta.kubernetes.io/zone=asia-northeast3-a
                    iam.gke.io/gke-metadata-server-enabled=true
                    kubernetes.io/arch=amd64
                    kubernetes.io/hostname=gke-k8s-default-pool-xxxxxxxx-12xg
                    kubernetes.io/os=linux
                    node.kubernetes.io/instance-type=n1-standard-4
                    node.kubernetes.io/masq-agent-ds-ready=true
                    projectcalico.org/ds-ready=true
                    topology.gke.io/zone=asia-northeast3-a
                    topology.kubernetes.io/region=asia-northeast3
                    topology.kubernetes.io/zone=asia-northeast3-a
Annotations:        container.googleapis.com/instance_id: 37636034586955522357
                    csi.volume.kubernetes.io/nodeid:
                      {"pd.csi.storage.gke.io":"projects/psu-satest-20200113/zones/
asia-northeast3-a/instances/gke-k8s-default-pool-xxxxxxxx-12xg"}
                    node.alpha.kubernetes.io/ttl: 0
                    node.gke.io/last-applied-node-labels:
                      cloud.google.com/gke-boot-disk=pd-standard,cloud.google.com/gke-
netd-ready=true,cloud.google.com/gke-nodepool=default-pool,cloud.google.co...
                    projectcalico.org/IPv4IPIPTunnelAddr: 10.0.5.1
                    volumes.kubernetes.io/controller-managed-attach-detach: true
CreationTimestamp:  Mon, 22 Mar 2021 08:30:11 +0900
Taints:             <none>
Unschedulable:      false
Lease:
  HolderIdentity:   gke-k8s-default-pool-xxxxxxxx-12xg
  AcquireTime:      <unset>
  RenewTime:        Wed, 24 Mar 2021 23:12:04 +0900
Conditions:
  Type                          Status  LastHeartbeatTime                   LastTransiti
onTime                Reason                                Message
  ----                          ------  -----------------                   ------------
------                ------                                -------
```

```
  KernelDeadlock               False   Wed, 24 Mar 2021 23:10:14 +0900   Mon, 22 Mar
2021 08:30:16 +0900   KernelHasNoDeadlock           kernel has no deadlock
  ReadonlyFilesystem           False   Wed, 24 Mar 2021 23:10:14 +0900   Mon, 22 Mar
2021 08:30:16 +0900   FilesystemIsNotReadOnly       Filesystem is not read-only
  CorruptDockerOverlay2        False   Wed, 24 Mar 2021 23:10:14 +0900   Mon, 22 Mar
2021 08:30:16 +0900   NoCorruptDockerOverlay2       docker overlay2 is functioning
properly
  FrequentKubeletRestart       False   Wed, 24 Mar 2021 23:10:14 +0900   Mon, 22 Mar
2021 08:30:16 +0900   NoFrequentKubeletRestart      kubelet is functioning properly
  FrequentDockerRestart        False   Wed, 24 Mar 2021 23:10:14 +0900   Mon, 22 Mar
2021 08:30:16 +0900   NoFrequentDockerRestart       docker is functioning properly
  FrequentContainerdRestart    False   Wed, 24 Mar 2021 23:10:14 +0900   Mon, 22
Mar 2021 08:30:16 +0900   NoFrequentContainerdRestart   containerd is functioning
properly
  FrequentUnregisterNetDevice  False   Wed, 24 Mar 2021 23:10:14 +0900   Mon, 22 Mar
2021 08:30:16 +0900   NoFrequentUnregisterNetDevice   node is functioning properly
  NetworkUnavailable           False   Mon, 22 Mar 2021 08:30:21 +0900   Mon, 22 Mar
2021 08:30:21 +0900   RouteCreated                  RouteController created a route
  MemoryPressure               False   Wed, 24 Mar 2021 23:12:08 +0900   Mon, 22 Mar
2021 08:30:08 +0900   KubeletHasSufficientMemory    kubelet has sufficient memory
available
  DiskPressure                 False   Wed, 24 Mar 2021 23:12:08 +0900   Mon, 22 Mar
2021 08:30:08 +0900   KubeletHasNoDiskPressure      kubelet has no disk pressure
  PIDPressure                  False   Wed, 24 Mar 2021 23:12:08 +0900   Mon, 22
Mar 2021 08:30:08 +0900   KubeletHasSufficientPID       kubelet has sufficient PID
available
  Ready                        True    Wed, 24 Mar 2021 23:12:08 +0900   Mon, 22 Mar
2021 08:30:31 +0900   KubeletReady                  kubelet is posting ready status.
AppArmor enabled
Addresses:
  InternalIP:    10.178.0.60
  ExternalIP:    XX.XX.XXX.XXX
  InternalDNS:   gke-k8s-default-pool-66fff949-12xg.c.psu-satest-20200113.internal
  Hostname:      gke-k8s-default-pool-66fff949-12xg.c.psu-satest-20200113.internal
Capacity:
  attachable-volumes-gce-pd:   127
  cpu:                         4
  ephemeral-storage:           98868448Ki
  hugepages-2Mi:               0
  memory:                      15369308Ki
  pods:                        110
Allocatable:
  attachable-volumes-gce-pd:   127
```

```
  cpu:                     3920m
  ephemeral-storage:       47093746742
  hugepages-2Mi:           0
  memory:                  12670044Ki
  pods:                    110
System Info:
  Machine ID:              xxxxxxxxxxxxxxxxxxxxxxxxxxxxxxxx
  System UUID:             xxxxxxxx-xxxx-xxxx-xxxx-xxxxxxxxxxxx
  Boot ID:                 xxxxxxxx-xxxx-xxxx-xxxx-xxxxxxxxxxxx
  Kernel Version:          5.4.89+
  OS Image:                Container-Optimized OS from Google
  Operating System:        linux
  Architecture:            amd64
  Container Runtime Version: docker://19.3.14
  Kubelet Version:         v1.18.16-gke.2100
  Kube-Proxy Version:      v1.18.16-gke.2100
PodCIDR:                   10.0.5.0/24
PodCIDRs:                  10.0.5.0/24
ProviderID:                gce://psu-satest-20200113/asia-northeast3-a/gke-k8s-default-pool-66fff949-12xg
Non-terminated Pods:       (14 in total)
  Namespace                Name                  CPU Requests  CPU Limits  Memory Requests  Memory Limits  AGE
  ---------                ----                  ------------  ----------  ---------------  -------------  ---
  default                  sample-pod            0 (0%)        0 (0%)      0 (0%)           0 (0%)         7m55s
…(생략)…
Allocated resources:
  (Total limits may be over 100 percent, i.e., overcommitted.)
  Resource                   Requests      Limits
  --------                   --------      ------
  cpu                        779m (19%)    291m (7%)
  memory                     683Mi (5%)    1207Mi (9%)
  ephemeral-storage          0 (0%)        0 (0%)
  hugepages-2Mi              0 (0%)        0 (0%)
  attachable-volumes-gce-pd  0             0
Events:                      <none>
```

4.5.18 실제 리소스 사용량 확인: top

kubectl describe 명령어로 확인할 수 있는 리소스 사용량은 쿠버네티스가 파드에 확보한 값을 나타낸다. 실제 파드 내부의 컨테이너가 사용하고 있는 리소스 사용량은 kubectl top 명령어를 사용하여 확인할 수 있다. 리소스 사용량은 노드와 파드 단위로 확인한다.

또 kubectl top 명령어는 metrics-server[8]라는 추가 구성 요소를 사용한다. 일반적인 쿠버네티스 환경이라면 배포되겠지만, 배포되지 않을 경우에는 수동으로 배포해야 한다.

노드 리소스 사용량을 확인하려면 kubectl top node 명령어를 사용한다. 노드별로 사용하는 리소스 사용량과 사용률을 확인할 수 있다.

```
# 노드 리소스 사용량 확인
$ kubectl top node
NAME                                  CPU(cores)   CPU%   MEMORY(bytes)   MEMORY%
gke-k8s-default-pool-66fff949-12xg    169m         4%     805Mi           6%
gke-k8s-default-pool-66fff949-fzsq    140m         3%     753Mi           6%
gke-k8s-default-pool-66fff949-lm8e    145m         3%     779Mi           6%
```

파드 리소스를 확인하려면 kubectl top pod 명령어를 사용한다. 이번에는 시스템 구성 요소의 리소스 사용량을 확인하기 위해 kube-system 네임스페이스로 기동 중인 파드의 현황을 보자. 결과는 다음과 같다.

```
# 파드별 리소스 사용량 확인
$ kubectl -n kube-system top pod
NAME                                      CPU(cores)   MEMORY(bytes)
…(생략)…
event-exporter-gke-564fb97f9-t4r5s        1m           16Mi
fluentbit-gke-8dnz5                       3m           22Mi
…(생략)…
```

위의 결과에서 fluentbit-gke-8dnz5 파드가 실제 사용하는 리소스는 CPU:1m, MEMORY: 16Mi인 것을 알 수 있다.

---

[8] https://kubernetes.io/docs/tasks/debug-application-cluster/resource-metrics-pipeline/#metrics-server

또 파드 내부에 여러 컨테이너가 존재하는 경우가 있으므로, --containers 옵션을 사용하여 컨테이너별 리소스 사용량을 확인할 수도 있다. 이번 예에서는 각각 한 개의 파드에 두 개의 컨테이너와 네 개의 컨테이너가 있으며, 컨테이너별 리소스 사용량이 표시된다.

```
# 파드 리스트 표시
$ kubectl -n kube-system get pods
NAME                              READY    STATUS     RESTARTS    AGE
...(생략)...
fluentbit-gke-8dnz5               2/2      Running    0           2d15h
...(생략)...
kube-dns-6465f78586-sgff2         4/4      Running    0           2d15h
...(생략)...

# 컨테이너별 리소스 사용량 확인
$ kubectl -n kube-system top pod --containers
POD                               NAME                    CPU(cores)    MEMORY(bytes)
...(생략)...
fluentbit-gke-8dnz5               fluentbit               2m            9Mi
fluentbit-gke-8dnz5               fluentbit-gke           1m            12Mi
...(생략)...
kube-dns-6465f78586-sgff2         dnsmasq                 1m            7Mi
kube-dns-6465f78586-sgff2         prometheus-to-sd        0m            9Mi
kube-dns-6465f78586-sgff2         kubedns                 2m            10Mi
kube-dns-6465f78586-sgff2         sidecar                 2m            12Mi
...(생략)...
```

여기서 설명한 CPU와 메모리 리소스는 9장에서 상세히 설명한다.

4.5.19 컨테이너에서 명령어 실행: exec

파드 내부의 컨테이너에서 특정 명령어를 실행하려면 kubectl exec 명령어를 사용한다. 이 명령어를 사용하여 /bin/bash 등의 셸을 실행함으로써 마치 컨테이너에 로그인한 것과 같은 상태를 만들 수 있다. /bin/bash 등과 같은 표준 입출력이 필요한 프로그램 등에서는 -i, -t 옵션을 지정하면 된다. 이 방법으로 가상 터미널을 생성(-t)하고, 표준 입출력을 패스스루(-i)하면서 /bin/sh를 기동하면 마치 컨테이너에 SSH로 로그인한 것과 같은 상태가 된다. 덧붙여 이전에는 --를 사용하지 않아도 문제가 없었지만, 지금은 필수 항목이기 때문에 주의해야 한다.

```
# 파드 내부의 컨테이너에서 /bin/ls 실행
$ kubectl exec -it sample-pod -- /bin/ls
bin   dev   home  lib64  mnt    proc  run   srv   tmp   var
boot  etc   lib   media  opt    root  sbin  sys   usr

# 여러 컨테이너에 존재하는 파드의 특정 컨테이너에서 /bin/ls 실행
$ kubectl exec -it sample-pod -c nginx-container -- /bin/ls
bin   dev   home  lib64  mnt    proc  run   srv   tmp   var
boot  etc   lib   media  opt    root  sbin  sys   usr

# 파드 내부의 컨테이너에서 /bin/bash 실행(종료하려면 exit 실행)
$ kubectl exec -it sample-pod -- /bin/bash
root@sample-pod:/#

# 파이프 등 특정 문자가 포함된 경우 /bin/bash에 인수를 전달하는 형태로 실행
$ kubectl exec -it sample-pod -- /bin/bash -c "ls --all --classify | grep lib"
lib/
lib64/
```

4.5.20 1.18 Alpha 파드에 디버깅용 임시 컨테이너 추가: debug

컨테이너 이미지로 경량의 Distroless나 Scratch 이미지 등을 사용하는 경우 디버깅용 도구 등이 전혀 들어 있지 않기 때문에, 문제가 발생했을 때 kubectl exec 명령어를 사용하여 컨테이너 안으로 들어가도 디버깅을 수행하기가 어렵다. 이 문제를 해결하기 위해 사용 가능한 것이 kubectl debug 명령어다. (현재는 알파 상태이기 때문에 kubectl alpha debug 명령어로 실행해야 한다.) 이 명령어는 파드에 추가 임시 컨테이너(Ephemeral Container)를 기동하고 그 컨테이너를 사용하여 디버깅이나 트러블 슈팅을 수행한다. 기본적으로 kubectl exec 명령어 구조와 같은 형식으로 사용할 수 있다.

```
# sample-pod에 임의의 명령어로 디버깅용 컨테이너를 기동하여 접속(4장에서 생성한 k8s-alpha에서 실행)
$ kubectl alpha debug sample-pod --image=amsy810/tools:v2.0 -it -- bash
```

컨테이너를 기동시킨 다음 kubectl exec 명령어로 임의의 명령어를 실행할 수도 있다. 여러 사람이 같은 디버깅용 컨테이너에서 셸을 기동하고 싶은 경우, sleep을 실행하는 디버깅용 컨테이너를 한 개만 기동하여 사용해도 좋을 것이다.

```
# sample-pod에 디버깅용 컨테이너를 기동하고 kubectl exec로 임의의 명령어 실행
$ kubectl alpha debug sample-pod --image=amsy810/tools:v2.0 --container debug-container
$ kubectl exec -it sample-pod -c debug-container -- bash
```

kubectl debug 명령어로 사용되는 임시 컨테이너는 어디까지나 디버깅이나 트러블 슈팅 용도의 임시 컨테이너다. 따라서 자동 재기동/헬스 체크(probe)/라이프사이클(lifecycle)/포트 설정(ports) 같은 일부 기능은 사용할 수 없다. 임시 컨테이너를 사용하여 서비스에 관련된 프로세스를 동작하는 등 용도에 맞지 않게 사용하지는 말자.

4.5.21 로컬 머신에서 파드로 포트 포워딩: port-forward

디버깅 용도 등으로 JMX 클라이언트에서 컨테이너에서 실행 중인 자바 애플리케이션 서버에 접속하거나, 데이터베이스 클라이언트에서 컨테이너에서 기동 중인 MySQL 서버에 접속해야 할 경우가 있다. 그런 경우 kubectl을 실행하는 로컬 머신에서 특정 파드로 트래픽을 전송하는 kubectl port-forward 명령어를 사용할 수 있다(그림 4-16).

❤ 그림 4-16 kubectl port-forward로 로컬 머신에서 컨테이너로 접속

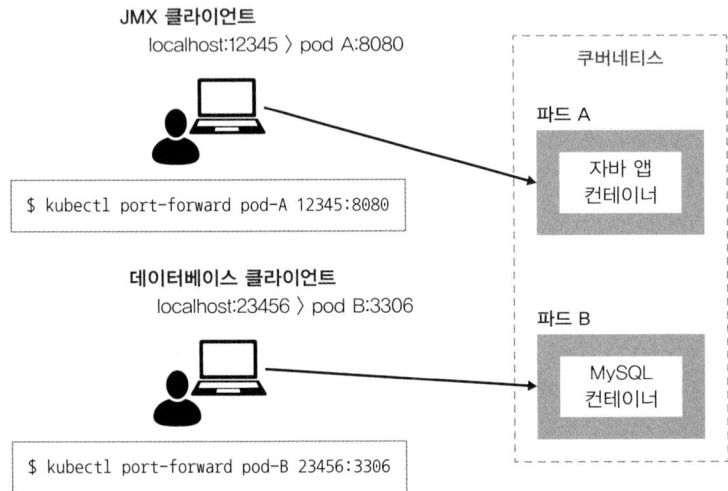

여기서는 로컬 PC의 웹 브라우저에서 nginx 컨테이너로 접속하는 것을 가정한 포트 포워딩을 설정해보겠다. 다음과 같이 8888:80을 지정하여 실행하면 localhost:8888의 통신이 지정한 파드의 80/TCP 포트로 전송한다. 실행 중에는 로컬 머신의 브라우저에서도 접속을 확인할 수 있다.

```
# nginx 컨테이너가 기동하지 않으면 기동함
$ kubectl apply -f sample-pod.yaml
pod/sample-pod created

# localhost:8888에서 파드의 80/TCP 포트로 전송(종료하려면 Ctrl + C 입력)
$ kubectl port-forward sample-pod 8888:80
Forwarding from 127.0.0.1:8888 -> 80
Forwarding from [::1]:8888 -> 80

# 다른 터미널에서 접속 확인
$ curl -I localhost:8888
HTTP/1.1 200 OK
Server: nginx/1.16.1
...(생략)...
```

파드명이 아닌 디플로이먼트 리소스나 서비스 리소스에 연결되는 파드에도 포트 포워딩을 할 수 있다. 5장에서 자세히 설명하겠지만, 이 리소스는 여러 파드에 연결되는 리소스다. 포트 포워딩에 의한 통신은 여러 파드에 분산하여 전송되는 것이 아니라 kubectl port-forward를 실행할 때 선택된 여러 파드 중 하나의 파드로만 전송된다. 따라서 kubectl port-forward 실행 중에 통신할 수 있는 파드는 항상 같은 하나의 파드뿐이다(그림 4-17).

▼ 그림 4-17 디플로이먼트/서비스와 연결되는 파드로 포트 포워딩

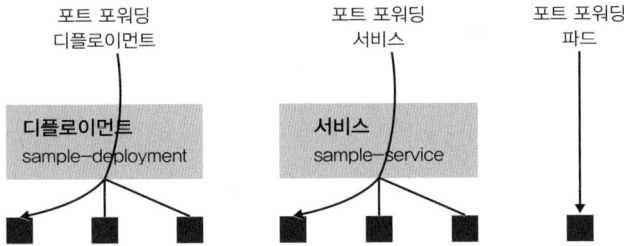

여러 파드에 전송하지 않고 명령어를 실행할 때 하나의 파드로만 전송

```
# sample-deployment에 연결된 파드 중 하나의 파드로 포트 포워딩(종료하려면 Ctrl + C 입력)
$ kubectl port-forward deployment/sample-deployment 8888:80

# sample-service에 연결된 파드 중 하나의 파드로 포트 포워딩(종료하려면 Ctrl + C 입력)
$ kubectl port-forward service/sample-service 8888:80
```

4.5.22 컨테이너 로그 확인: logs

자세한 내용은 16장에서 설명하겠지만, 기본적으로 컨테이너에서 기동하는 애플리케이션은 표준 출력과 표준 에러 출력으로 로그를 출력하는 것이 가장 좋다. 왜냐하면 표준 출력과 표준 에러 출력으로 출력된 컨테이너(애플리케이션) 로그는 kubectl logs 명령어를 사용하여 확인할 수 있기 때문이다. 여러 컨테이너가 있을 경우에는 하나의 컨테이너 로그만 출력할 수 있다. 또 리눅스의 tail -f 명령어처럼 업데이트되는 내용이 실시간으로 표시되거나 타임스탬프 표시, 특정 기간 지정 등도 옵션으로 지정할 수 있다.

다음 명령어를 실행하면 4.5.21절의 kubectl port-forward로 접속한 로그를 확인할 수 있을 것이다. -f 옵션으로 HTTP 요청을 보내면 로그를 실시간으로 확인할 수도 있다.

```
# 파드 내의 컨테이너 로그 출력
$ kubectl logs sample-pod

# 여러 컨테이너가 존재하는 파드에서 특정 컨테이너 로그 출력
$ kubectl logs sample-pod -c nginx-container

# 실시간 로그 출력
$ kubectl logs -f sample-pod

# 최근 1시간 이내, 10건의 로그를 타임스탬프와 함께 출력
$ kubectl logs --since=1h --tail=10 --timestamps=true sample-pod

# app=sample-app 레이블을 가진 모든 파드의 로그 출력
# (sample-app에는 레이블이 부여되지 않아서 출력되지 않는다)
$ kubectl logs --selector app=sample-app
```

4.5.23 스턴을 사용한 로그 확인

오픈 소스 스턴(Stern)[9]을 사용하면 로그를 더욱 편리하게 출력할 수 있다. kubectl logs 명령어에서도 --selector 옵션을 사용하여 여러 파드의 로그를 확인할 수 있지만, 스턴을 이용하면 파드별로 로그를 색으로 구분하여 시각화해주며 하나의 콘솔에서 시계열로 표시할 수 있다(그림 4-18).

---

[9] https://github.com/wercker/stern

▼ 그림 4-18 스턴을 이용한 로그 표시

```
$ stern sample-deployment-
+ sample-deployment-7bb5fc6bc6-27p95 › nginx-container
+ sample-deployment-7bb5fc6bc6-76hqg › nginx-container
+ sample-deployment-7bb5fc6bc6-x76js › nginx-container
sample-deployment-7bb5fc6bc6-27p95 nginx-container 10.48.1.1 - - [07/Apr/2020:23:01:41 +0000] "GET / HTTP/1.1" 200 612
sample-deployment-7bb5fc6bc6-27p95 nginx-container 2020/04/07 23:01:42 [error] 6#6: *1 open() "/usr/share/nginx/html/fa
sample-deployment-7bb5fc6bc6-27p95 nginx-container 10.48.1.1 - - [07/Apr/2020:23:01:42 +0000] "GET /favicon.ico HTTP/1.
sample-deployment-7bb5fc6bc6-27p95 nginx-container 10.48.1.1 - - [07/Apr/2020:23:01:48 +0000] "GET / HTTP/1.1" 304 0 "-
sample-deployment-7bb5fc6bc6-27p95 nginx-container 10.48.1.1 - - [07/Apr/2020:23:01:49 +0000] "GET / HTTP/1.1" 304 0 "-
sample-deployment-7bb5fc6bc6-27p95 nginx-container 10.48.1.1 - - [07/Apr/2020:23:01:50 +0000] "GET / HTTP/1.1" 304 0 "-
sample-deployment-7bb5fc6bc6-76hqg nginx-container 10.178.0.13 - - [07/Apr/2020:23:02:31 +0000] "GET / HTTP/1.1" 200 61
sample-deployment-7bb5fc6bc6-76hqg nginx-container 2020/04/07 23:02:32 [error] 6#6: *5 open() "/usr/share/nginx/html/fa
sample-deployment-7bb5fc6bc6-76hqg nginx-container 10.48.0.1 - - [07/Apr/2020:23:02:32 +0000] "GET /favicon.ico HTTP/1.
sample-deployment-7bb5fc6bc6-76hqg nginx-container 10.178.0.12 - - [07/Apr/2020:23:02:39 +0000] "GET / HTTP/1.1" 200 61
sample-deployment-7bb5fc6bc6-76hqg nginx-container 2020/04/07 23:02:39 [error] 6#6: *6 open() "/usr/share/nginx/html/fa
sample-deployment-7bb5fc6bc6-76hqg nginx-container 10.178.0.12 - - [07/Apr/2020:23:02:39 +0000] "GET /favicon.ico HTTP/
sample-deployment-7bb5fc6bc6-76hqg nginx-container 10.48.0.1 - - [07/Apr/2020:23:04:58 +0000] "GET / HTTP/1.1" 200 612
sample-deployment-7bb5fc6bc6-x76js nginx-container 10.48.2.1 - - [07/Apr/2020:23:05:01 +0000] "GET / HTTP/1.1" 304 0 "-
sample-deployment-7bb5fc6bc6-x76js nginx-container 10.48.2.1 - - [07/Apr/2020:23:05:04 +0000] "GET / HTTP/1.1" 304 0 "-
sample-deployment-7bb5fc6bc6-x76js nginx-container 10.48.2.1 - - [07/Apr/2020:23:05:05 +0000] "GET / HTTP/1.1" 304 0 "-
```

스턴을 설치하려면 다음과 같이 바이너리만 다운로드하면 된다. 맥 운영체제의 경우 brew로 설치할 수 있어 자동으로 최신 버전이 설치된다.

```
# 맥 운영체제 환경에서의 설치 예
$ brew install stern

# 리눅스 환경에서의 설치 예(버전: 1.11.0)
$ VERSION=1.11.0
$ sudo curl -L https://github.com/wercker/stern/releases/download/${VERSION}/stern_linux_amd64 \ -o /usr/local/bin/stern
$ sudo chmod 755 /usr/local/bin/stern
```

스턴에서 파드명을 부분 일치로 검색하면 일치한 파드가 로그로 출력된다. 적절한 명명 규칙으로 파드명을 만들면 대상이 되는 파드 그룹으로 묶어 로그를 동시에 확인할 수 있다.

예를 들어, 쿠버네티스에는 파드를 여러 개 기동시켜야 스케일링이 가능한 디플로이먼트 리소스(5장에서 설명한다)가 있다. sample-deployment라는 디플로이먼트 리소스가 생성하는 파드명은 sample-deployment-7bb5fc6bc6-27p95나 sample-deployment-7bb5fc6bc6-76hqg처럼 'sample-deployment-' (디플로이먼트 이름)으로 시작하여 해시값과 난수에 의해 접미사(suffix)가 붙는 구성이다. 스턴을 사용해 stern sample-deployment-나 stern deployment-처럼 부분 일치로 지정한 stern 명령어를 실행하면 디플로이먼트 리소스가 생성한 전체 파드의 로그를 표시할 수 있다(그림 4-18).

스턴은 kubectl logs로 할 수 있는 모든 작업이 가능하고, 그 외에도 다음과 같이 편리한 기능을 제공한다.

- 각 컨테이너 로그를 시계열로 표시
- 타임스탬프 표시(--timestamps 옵션)
- 특정 레이블로 지정한 파드 로그만 표시(--selector 옵션)
- 예외 처리할 로그를 정규 표현식으로 지정 가능(--exclude 옵션)

4.5.24 컨테이너와 로컬 머신 간의 파일 복사: cp

컨테이너와 로컬 머신 간 파일 복사는 kubectl cp 명령어를 사용한다. 컨테이너에서 로컬 머신, 로컬 머신에서 컨테이너, 양방향으로 파일 복사가 가능하다.

```
# sample-pod의 /etc/hostname 파일을 로컬 머신에 복사
$ kubectl cp sample-pod:etc/hostname ./hostname

# hostname 파일 확인
$ cat hostname
sample-pod

# 가져온 로컬 파일을 컨테이너로 복사
$ kubectl cp hostname sample-pod:/tmp/newfile

# 컨테이너의 /tmp를 확인
$ kubectl exec -it sample-pod -- ls /tmp
newfile
```

4.5.25 kubectl 플러그인과 패키지 관리자: plugin/krew

kubectl에는 하위 명령어가 확장할 수 있도록 플러그인이 준비되어 있다. kubectl 플러그인 관리는 수동으로 할 수 있지만, krew라는 플러그인 관리자를 통해 관리할 것을 추천한다.

먼저 krew 하위 명령어를 설치한다.[10] 그다음 kubectl krew 명령어를 사용하여 하위 명령어를 관리해 나간다. 이 krew 하위 명령어도 kubectl 플러그인 중 하나다.

---

10 https://krew.sigs.k8s.io/docs/user-guide/setup/install/

설치된 플러그인 목록은 kubectl plugin list 명령어로 확인할 수 있다.

```
# 플러그인 목록 표시
$ kubectl plugin list
The following compatible plugins are available:

/Users/mz-park/.krew/bin/kubectl-krew
```

그럼 실제로 krew를 사용하여 몇 가지 플러그인을 설치해보자.

```
# 플러그인 설치
$ kubectl krew install tree rolesum sort-manifests open-svc view-serviceaccount-kubeconfig

# 플러그인 목록 표시
$ kubectl plugin list
The following compatible plugins are available:

/Users/mz-park/.krew/bin/kubectl-krew
/Users/mz-park/.krew/bin/kubectl-open_svc
/Users/mz-park/.krew/bin/kubectl-rolesum
/Users/mz-park/.krew/bin/kubectl-sort_manifests
/Users/mz-park/.krew/bin/kubectl-tree
/Users/mz-park/.krew/bin/kubectl-view_serviceaccount_kubeconfig
```

kubectl 플러그인에는 다양한 것들이 준비되어 있다. 필요한 플러그인이 있다면 한번 설치해보자. 내가 추천하는 플러그인은 표 4-6과 같다. krew에서 사용 가능한 플러그인은 kubernetes-sigs/krew-index 저장소[11]에 목록화되어 있다.

▼ 표 4-6 kubectl 플러그인 목록

플러그인 이름	개요
tree	리소스의 계층 관계를 표시한다.
neat	kubectl get -o yaml 등에서 출력된 불필요한 필드를 삭제한다.
sick-pods	Ready되지 않는 파드의 목록과 이유를 표시한다.
podevents	파드의 이벤트 정보를 출력한다.
resource-capacity	클러스터의 리소스 사용률을 표시한다.

○ 계속

---

11 https://github.com/kubernetes-sigs/krew-index/blob/master/plugins.md

플러그인 이름	개요
get-all	모든 리소스를 가져온다.
sort-manifests	입력한 매니페스트를 의존 관계를 기준으로 정렬한다.
ctx	kubectx 플러그인
ns	kubens 플러그인
images	사용하고 있는 컨테이너 이미지를 출력한다.
outdated	사용하고 있는 컨테이너 이미지에 새로운 버전이 있는지를 표시한다.
open-svc	ClusterIP 서비스에 대해 부하 분산이 가능한 상태에서 접속을 허용한다.
iexec	kubectl exec를 실행하는 파드를 대화형(interactive)으로 선택한다.
tmux-exec	tmux를 사용하여 여러 컨테이너에서 명령어를 실행한다.
cssh	tmux를 사용하여 여러 쿠버네티스 노드에 SSH한다.
node-shell	쿠버네티스 노드에 셸을 기동한다. (nsenter 이용)
node-restart	쿠버네티스 노드를 재기동한다.
view-secret	Base64 디코드된 상태에서 시크릿을 표시한다.
modify-secret	Base64 디코드된 상태에서 시크릿을 `kubectl edit`한다.
konfig	kubeconfig를 병합한다.
view-serviceaccount-kubeconfig	특정 ServiceAccount의 kubeconfig를 생성한다.
rolesum	ServiceAccount나 Group 등에 할당된 RBAC 설정값을 행렬로 시각화한다.
who-can	지정한 권한을 가진 ServiceAccount나 사용자를 표시한다.

4.5.26 kubectl에서 디버깅

kubectl은 쿠버네티스 마스터의 API와 통신하여 클러스터를 관리한다. 따라서 어떤 에러가 발생했을 때는 API 통신이나 kubectl 설정에 문제가 있는 경우가 대부분이다. kubectl 명령어를 실행할 때 -v 옵션으로 로그 레벨을 지정하면 명령어 실행 내용을 좀 더 상세히 볼 수 있다. 리소스 등을 생성했을 때 HTTP Request/Response 내용을 표시하는 경우 -v=6 이상의 로그 레벨로 출력하면 된다.

```
$ kubectl -v=6 get pod
I0409 09:16:34.713869   90079 loader.go:375] Config loaded from file:  /Users/mz-park/.kube/config
```

```
...(생략)...
I0409 09:16:36.993107    90079 round_trippers.go:443] GET https://XXX.XXX.XXX.XXX/apis/
apps/v1?timeout=32s 200 OK in 56 milliseconds
...(생략)...
NAME                    READY   STATUS    RESTARTS   AGE
sample-pod              1/1     Running   1          26h
```

Request Body/Response Body까지 확인하려면 -v=8 이상의 레벨로 출력한다. -v=8 옵션을 지정하여 kubectl apply 명령어를 실행하면 HTTP PATCH 요청 내용을 다음과 같이 확인할 수 있다.

```
# HTTP PATCH 상황을 확인
$ kubectl -v=8 apply -f sample-pod.yaml
...(생략)...
I0409 09:27:02.799606    91068 request.go:1017] Request Body: {"metadata":
{"annotations":{"kubectl.kubernetes.io/last-applied-configuration":"{\"apiVersion\":
\"v1\",\"kind\":\"Pod\",\"metadata\":{\"annotations\":{},\"name\":\"sample-pod\",
\"namespace\":\"default\"},\"spec\":{\"containers\":[{\"image\":\"nginx:1.12\",
\"name\":\"nginx-container\"}]}}\n"},"labels":null,"spec":{"$setElementOrder/
containers":[{"name":"nginx-container"}],"containers":[{"image":"nginx:1.12","name":
"nginx-container"}]}}
I0409 09:27:02.799640    91068 round_trippers.go:420] PATCH https://XXX.XXX.XXX.XXX/
api/v1/namespaces/default/pods/sample-pod
I0409 09:27:02.799646    91068 round_trippers.go:427] Request Headers:
I0409 09:27:02.799651    91068 round_trippers.go:431]     Accept: application/json
I0409 09:27:02.799655    91068 round_trippers.go:431]     Content-Type: application/
strategic-merge-patch+json
I0409 09:27:02.799670    91068 round_trippers.go:431]     User-Agent: kubectl/v1.17.4
(darwin/amd64) kubernetes/8d8aa39
I0409 09:27:02.853590    91068 round_trippers.go:446] Response Status: 200 OK in 53
milliseconds
I0409 09:27:02.853618    91068 round_trippers.go:449] Response Headers:
I0409 09:27:02.853626    91068 round_trippers.go:452]     Audit-Id: 93500af3-8c42-4d82-
a5ea-7579d2456e87
I0409 09:27:02.853632    91068 round_trippers.go:452]     Content-Type: application/
json
I0409 09:27:02.853636    91068 round_trippers.go:452]     Content-Length: 2748
I0409 09:27:02.853641    91068 round_trippers.go:452]     Date: Thu, 09 Apr 2020
00:27:02 GMT
…(생략)…
```

위 예제는 일반적으로 상세히 이해할 필요는 없지만, 간략히 설명하면 리소스 정보를 변경할 때 HTTP PATCH 요청을 사용하여 쿠버네티스 자체의 Strategic Merge Patch[12] 처리를 한다는 것이다. 관심 있는 독자라면 구현해보길 바란다.

4.5.27 kubectl의 기타 팁

마지막으로 개발 효율을 높이기 위해 kubectl에 대한 몇 가지 팁을 소개하겠다.

alias 생성

kubectl은 쿠버네티스를 관리하기 위해 몇 번이고 사용하는 명령어다. 명령어를 실행하려면 반드시 kubectl을 입력해야 하지만, 다음과 같이 alias를 설정하면 명령어를 단축할 수 있다. 또 리소스 종류를 지정할 경우에도 pods를 po 등으로 간략히 표기할 수 있다. 각 리소스 약어에 대해서는 부록을 참고하길 바란다.

```
# kubectl 명령어를 k로 사용할 수 있도록 alias 설정(별명)
$ alias k='kubectl'

# 약어를 사용하여 파드 정보 조회
$ k get po
NAME          READY   STATUS    RESTARTS   AGE
sample-pod    1/1     Running   2          2d1h

# 약어를 사용하지 않고 파드 정보 조회
$ kubectl get pods
NAME          READY   STATUS    RESTARTS   AGE
sample-pod    1/1     Running   2          2d1h
```

이외에도 편리하고 많은 alias를 생성하는 kubectl-aliases[13]가 있다.

---

[12] https://kubernetes.io/ko/docs/tasks/manage-kubernetes-objects/declarative-config/#어떻게-apply가-차이를-계산하고-변경을-병합하는가

[13] https://github.com/ahmetb/kubectl-aliases

kube-ps1

kube-ps1[14]은 bash나 zsh의 프롬프트에 현재 작업 중인 쿠버네티스 클러스터와 네임스페이스를 표시한다. 맥 운영체제에서는 brew로 설치할 수 있다. 설치 후에는 다음에 표시된 순서로 bashrc나 zashrc에 내용을 추가한다. 다른 운영체제의 경우도 깃허브에 공개되어 있는 스크립트를 사용하여 설치한다.

```
# kube-ps1 설치(맥 운영체제)
$ brew update
$ brew install kube-ps1
...(생략)...
Make sure kube-ps1 is loaded from your ~/.zshrc and/or ~/.bashrc:
source "/usr/local/opt/kube-ps1/share/kube-ps1.sh"
PS1='$(kube_ps1)'$PS1
```

kube-ps1은 kubeon 명령어로 표시 기능을 활성화하고, kubeoff 명령어로 표시 기능을 비활성화할 수 있다(설치 시에는 활성화되어 있다). 기능을 활성화하면 셸 프롬프트에 현재 작업 중인 클러스터와 네임스페이스가 표시되어 여러 클러스터나 여러 네임스페이스를 조작할 때 실수를 줄일 수 있다.

```
# kube-ps1 표시 기능 활성화
$ kubeon

# 프롬프트에 현재 작업 중인 클러스터와 네임스페이스 표시
(⎈ |gke_GCP_PROJECT_asia-northeast3-a_k8s:default) $ kubectl ...
```

파드가 기동하지 않는 경우의 디버깅

쿠버네티스 환경에서 파드가 기동하지 않는 경우에는 디버깅할 때 주로 다음 세 가지 방법이 사용된다.

첫 번째, kubectl logs 명령어를 사용하여 컨테이너가 출력하는 로그를 확인하는 방법이다. 이 방법은 주로 애플리케이션에 문제가 있을 때 유용하다.

---

[14] https://github.com/jonmosco/kube-ps1

두 번째, kubectl describe 명령어로 표시되는 Events 항목을 확인하는 방법이다. 이 방법은 주로 쿠버네티스 설정이나 리소스 설정에 문제가 있을 때 유용하다. 명령어를 실행하면 에러 메시지를 확인할 수 있어 다음과 같은 원인을 판별할 수 있다.

- 리소스 부족으로 스케줄링이 불가능
- 스케줄링 정책에 해당하는 노드가 존재하지 않음
- 볼륨 마운트 실패

세 번째, kubectl run 명령어를 사용하여 실제 컨테이너 셸로 확인하는 방법이다. 이는 주로 컨테이너 환경이나 애플리케이션에 문제가 있을 때 유용하다. 기동한 애플리케이션이 정지되면 파드도 정지되어 kubectl exec 명령어로 셸을 실행할 수 없다. 그런 경우에는 애플리케이션의 ENTRYPOINT를 덮어 씌워 일시적으로 컨테이너를 기동시켜 확인할 수 있다.

```
# 일시적으로 nginx 이미지로 웹 서버가 아닌 셸을 기동(종료 후 파드는 삭제된다)
$ kubectl run --image=nginx:1.16 --restart=Never --rm -it sample-debug --command -- /bin/sh
sh-4.1# (이후에 컨테이너 내부에서 임의의 명령어로 디버깅)
```

4.6 정리

이 장에서는 쿠버네티스 운영의 기본적인 부분을 설명했다. 더 자세한 내용을 확인하려는 경우, kubectl get --help와 같이 명령어 뒤에 --help 옵션을 사용하면 알기 쉽게 명령어 예제도 같이 출력된다. 그 밖에도 kubectl에는 편리한 기능이 많으므로 각 장에서 몇 가지 하위 명령어를 소개하겠다. 다음 장에서는 각 리소스의 사용 방법과 용도 등을 설명한다.

5장

워크로드 API 카테고리

5.1 워크로드 API 카테고리 개요
5.2 파드
5.3 레플리카셋/레플리케이션 컨트롤러
5.4 디플로이먼트
5.5 데몬셋
5.6 스테이트풀셋
5.7 잡
5.8 크론잡
5.9 정리

5.1 워크로드 API 카테고리 개요

4장에서 쿠버네티스 리소스는 크게 다섯 가지 카테고리로 분류되어 있다고 설명했다(표 5-1). 이 장에서는 그중 하나인 워크로드 API 리소스를 자세히 설명한다.

▼ 표 5-1 쿠버네티스 리소스 카테고리

종류	개요
워크로드 API 카테고리	컨테이너 실행에 관련된 리소스
서비스 API 카테고리	컨테이너를 외부에 공개하는 엔드포인트를 제공하는 리소스
컨피그 & 스토리지 API 카테고리	설정/기밀 정보/영구 볼륨 등에 관련된 리소스
클러스터 API 카테고리	보안이나 쿼터 등에 관련된 리소스
메타데이터 API 카테고리	클러스터 내부의 다른 리소스를 관리하기 위한 리소스

워크로드 API 카테고리로 분류된 리소스는 클러스터에 컨테이너를 기동시키기 위해 사용되는 리소스다. 내부에서 사용되는 리소스를 제외하고, 사용자가 직접 사용하는 리소스는 총 여덟 가지다.

- 파드
- 레플리케이션 컨트롤러
- 레플리카셋
- 디플로이먼트
- 데몬셋
- 스테이트풀셋
- 잡
- 크론잡

각 리소스는 앞으로 자세히 설명하겠지만 파드를 최소 단위로 하여 그것을 관리하는 상위 리소스가 있는 부모 자식 관계로 되어 있다. 예를 들어, 디플로이먼트는 레플리카셋을 관리하고 레플리카셋은 파드를 관리한다. 이 장을 전부 읽은 후에 그림 5-1을 다시 확인해보길 바란다.

▼ 그림 5-1 각 워크로드 API 카테고리로 분류된 리소스의 관계

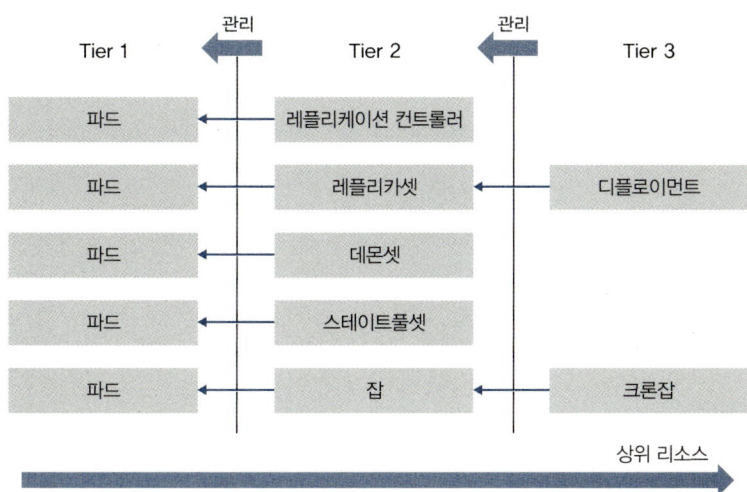

5.2 파드

KUBERNETES PERFECT GUIDE

워크로드 리소스의 최소 단위는 '파드'라고 불리는 리소스다. 파드는 한 개 이상의 컨테이너로 구성되며, 같은 파드에 포함된 컨테이너끼리는 네트워크적으로 격리되어 있지 않고 IP 주소를 공유한다. 다시 말하면, 컨테이너가 두 개 들어 있는 파드를 생성한 경우 이 두 컨테이너는 같은 IP 주소를 가진다(그림 5-2). 따라서 파드 내부의 컨테이너는 서로 localhost로 통신할 수 있다.

▼ 그림 5-2 파드 내부에서 네트워크 네임스페이스 공유

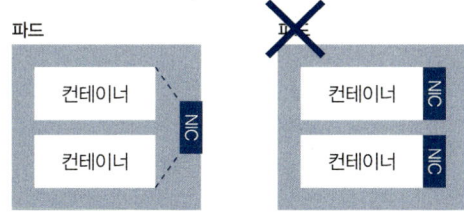

컨테이너별로 IP 주소가 할당되지 않고
파드 단위로 IP 주소가 할당됨
(네트워크 네임스페이스는 파드 내부에서 공유)

대부분의 경우 하나의 파드에 하나의 컨테이너를 가지지만, 메인 컨테이너 이외에 메인 컨테이너를 지원하는 서브 컨테이너도 포함하듯이, 하나의 파드에 여러 컨테이너를 가질 수도 있다. 서브 컨테이너라고 하면 프록시 역할을 하는 컨테이너, 설정값을 동적으로 변경시키는 컨테이너, 로컬 캐시용 컨테이너, SSL용 컨테이너 등을 예로 들 수 있다. 이와 같이 하나의 파드에 여러 컨테이너가 존재하는 구성에 대해 각 특징별로 파드의 디자인 패턴들이 제시되어 있다. 또 nginx 컨테이너와 redis 컨테이너와 같은 메인 컨테이너를 하나의 파드 안에 두는 구성은 개별 파드의 이동이 어려워지고 복잡해지기 때문에 추천하지 않는다.

5.2.1 파드 디자인 패턴

파드 디자인 패턴에는 크게 세 종류가 있다(표 5-2). 이렇게 패턴이 구분되어 있지만, 보조적인 역할을 하는 서브 컨테이너를 통틀어 사이드카라고 부르는 경우도 있다.

▼ 표 5-2 파드 디자인 패턴

종류	개요
사이드카 패턴(sidecar pattern)	메인 컨테이너에 기능을 추가한다.
앰배서더 패턴(ambassador pattern)	외부 시스템과의 통신을 중계한다.
어댑터 패턴(adapter pattern)	외부 접속을 위한 인터페이스를 제공한다.

사이드카 패턴

사이드카 패턴은 메인 컨테이너 외에 보조적인 기능을 추가하는 서브 컨테이너를 포함하는 패턴이다(그림 5-3). 예를 들어 '특정 변경 사항을 감지하여 동적으로 설정을 변경하는 컨테이너', '깃 저장소와 로컬 스토리지를 동기화하는 컨테이너', '애플리케이션의 로그 파일을 오브젝트 스토리지로 전송하는 컨테이너'라는 구성이 자주 사용된다. 파드는 데이터 영역을 공유하고 가지고 있을 수 있기 때문에 대부분 데이터와 설정에 관련된 패턴이라 할 수 있다.

▼ 그림 5-3 사이드카 패턴

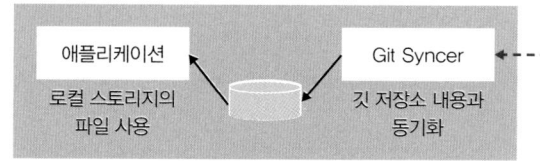

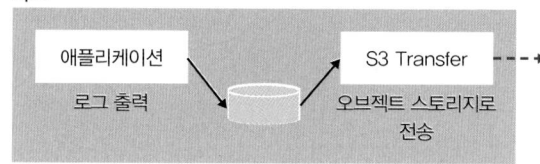

앰배서더 패턴

앰배서더 패턴은 메인 컨테이너가 외부 시스템과 접속할 때 대리로 중계해주는 서브 컨테이너(앰배서더 컨테이너)를 포함한 패턴이다(그림 5-4). 파드에 두 개의 컨테이너가 있어 메인 컨테이너에서 목적지에 localhost를 지정하여 앰배서더 컨테이너로 접속할 수 있다. 앰배서더 컨테이너를 사용하여 외부 시스템과 통신을 하면 어떤 장점이 있을까? 예를 들어 앰배서더 컨테이너를 사용하지 않고 메인 컨테이너에서 동작 중인 애플리케이션이 샤딩(sharding)된 데이터베이스 하나를 선택하여 접속하게 된다면 메인 컨테이너는 데이터베이스와의 결합도가 강해진다. 그러나 앰배서더 컨테이너를 사용함으로써 메인 컨테이너에서는 항상 localhost를 지정하여 앰배서더 컨테이너로만 접속하고 앰배서더 컨테이너가 여러 목적지에 중계하여 연결하도록 구성하면 느슨한 결합을 유지할 수 있다. 즉, 앰배서더 컨테이너를 경유하면 단일 데이터베이스를 사용하는 개발 환경이나 분산된 데이터베이스를 사용하는 서비스 환경 모두에서 특별한 변경 사항 없이 애플리케이션을 사용할 수 있게 된다.

▼ 그림 5-4 앰배서더 패턴

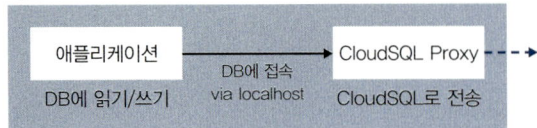

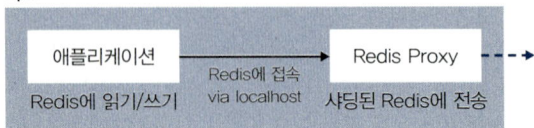

어댑터 패턴

어댑터 패턴은 서로 다른 데이터 형식을 변환해주는 컨테이너(어댑터 컨테이너)를 포함하는 패턴이다(그림 5-5). 예를 들어 프로메테우스(Prometheus) 등의 모니터링 소프트웨어에서는 정의된 형식으로 메트릭을 수집해야 한다. 그러나 대부분의 미들웨어가 제공하는 메트릭 출력 형식은 프로메테우스 메트릭 형식을 지원하지 않는다. 따라서 이러한 경우 어댑터 컨테이너를 사용하면 외부 요청에 맞게 데이터 형식으로 변환하고 데이터를 반환해준다. 어댑터 패턴의 경우도 메인 컨테이너와 어댑터 컨테이너 간에는 localhost를 통해 접속할 수 있다.

▼ 그림 5-5 어댑터 패턴

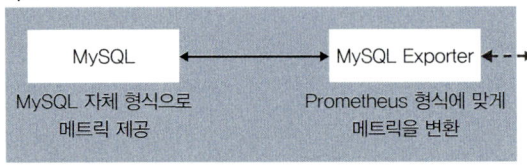

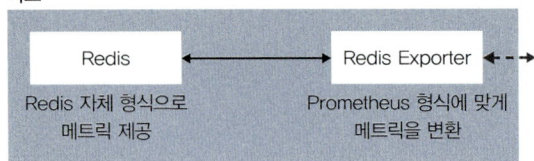

5.2.2 파드 생성

간단한 파드 예제를 실행해보겠다. 먼저 코드 5-1의 매니페스트를 작성하고 sample-pod를 생성한다. sample-pod 내부에 nginx:1.16 이미지를 사용한 컨테이너 하나를 기동하고 80/TCP 포트를 바인드하는 단순한 파드다.

코드 5-1 파드 예제(sample-pod.yaml)
```yaml
apiVersion: v1
kind: Pod
metadata:
  name: sample-pod
spec:
  containers:
    - name: nginx-container
      image: nginx:1.16
```

매니페스트를 사용하여 파드를 생성한다.

```
# 파드 생성
$ kubectl apply -f sample-pod.yaml
pod/sample-pod created
```

이제 기동한 파드를 확인해보자.

```
# 파드 목록 표시
$ kubectl get pods
NAME         READY   STATUS    RESTARTS   AGE
sample-pod   1/1     Running   0          5h53m
```

정상적으로 컨테이너가 동작하고 있는 것을 알 수 있다. 좀 더 상세한 리소스 정보를 보기 위해서는 --output wide 옵션을 사용하여 출력한다.

```
# 파드 상세 정보 표시
$ kubectl get pods --output wide
NAME         READY   STATUS    RESTARTS   AGE     IP         NODE
sample-pod   1/1     Running   0          5h53m   10.0.2.7   gke-k8s-default-pool-
be722c17-mnpv
```

5.2.3 두 개의 컨테이너를 포함한 파드 생성

코드 5-2의 매니페스트는 nginx와 redis라는 두 개의 컨테이너를 가진 파드 예제다. 레디스(redis)는 6379/TCP 포트를 바인드한다. 또 앞서 디자인 패턴 항목에서 소개했듯이, nginx나 redis와 같은 메인 컨테이너를 하나의 파드 안에 같이 구성하는 것은 추천하지 않는다.

코드 5-2 두 개의 컨테이너를 가진 파드 예제(sample-2pod.yaml)

```yaml
apiVersion: v1
kind: Pod
metadata:
  name: sample-2pod
spec:
  containers:
  - name: nginx-container
    image: nginx:1.16
  - name: redis-container
    image: redis:3.2
```

마찬가지로 매니페스트를 사용하여 파드를 생성한다.

```
# 두 개의 컨테이너를 포함한 파드 생성
$ kubectl apply -f sample-2pod.yaml
pod/sample-2pod created
```

정상적으로 기동하면 두 개의 컨테이너가 파드 안에서 기동되어 다음과 같이 READY 상태의 컨테이너 수가 2/2로 표시된다.

```
# 두 개의 컨테이너를 포함한 파드 확인
$ kubectl get pods
NAME          READY   STATUS    RESTARTS   AGE
sample-2pod   2/2     Running   0          2m8s
```

만약 코드 5-3과 같이 containerPort를 양쪽 모두 80/TCP 포트를 사용하는 nginx 컨테이너로 지정한 경우는 어떻게 될까?

코드 5-3 같은 포트를 사용하는 두 개의 컨테이너를 가진 파드 예제(sample-2pod-fail.yaml)

```
apiVersion: v1
kind: Pod
metadata:
  name: sample-2pod-fail
spec:
  containers:
    - name: nginx-container-112
      image: nginx:1. 16
    - name: nginx-container-113
      image: nginx:1.17
```

실제로 파드를 생성하고 기동해보면 두 컨테이너 중 하나만 기동한 것을 알 수 있다.

```
# 포트 충돌이 있는 파드 생성
$ kubectl apply -f sample-2pod-fail.yaml
pod/sample-2pod-fail created

# 파드 상태가 에러임을 확인
$ kubectl get pods
NAME               READY   STATUS   RESTARTS   AGE
sample-2pod-fail   1/2     Error    1          18s

# 파드 로그 확인(여러 컨테이너가 있는 경우 특정 컨테이너 지정 가능)
$ kubectl logs sample-2pod-fail -c nginx-container-113
2021/03/25 05:31:11 [emerg] 1#1: bind() to 0.0.0.0:80 failed (98: Address already in use)
nginx: [emerg] bind() to 0.0.0.0:80 failed (98: Address already in use)
```

파드는 네트워크 네임스페이스를 공유하고 있으므로, 일반 VM상에 80/TCP 포트를 바인드하는 서비스를 하나 이상 사용할 수 없는 환경과 같다고 보면 된다. 파드 내에서는 containerPort가 충돌하지 않도록 해야 한다.

▼ 그림 5-6 파드 내의 컨테이너 간 포트 번호 충돌

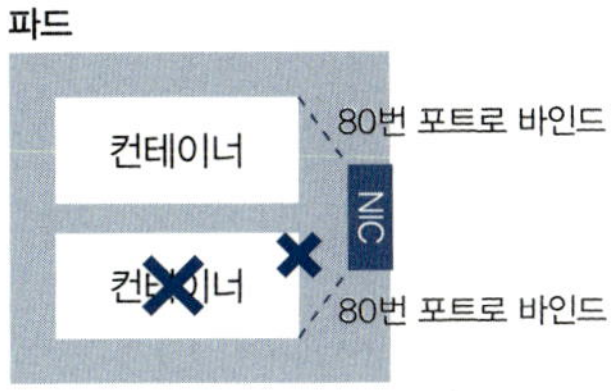

IP 주소가 공유되어 있어 같은 포트 번호를 사용할 수 없다.

5.2.4 컨테이너 로그인과 명령어 실행

컨테이너 로그인이라고 말했지만, 여기서 설명하는 방법은 실제 SSH와 같이 컨테이너에 직접 로그인하는 것이 아니다. 실제로는 가상 터미널을 생성(-t)하고, 표준 입력을 패스 스루(-i)하면서 /bin/sh를 실행하면 마치 컨테이너에 SSH로 로그인한 상태가 된다. 실제로 컨테이너에 로그인하여 확인하려면 kubectl exec에서 bash를 실행한다.

생성한 컨테이너에 로그인해보자.

```
# 컨테이너에서 /bin/bash 실행
$ kubectl exec -it sample-pod -- /bin/bash
root@sample-pod:/# (이후부터 컨테이너 내부에서 명령어 실행 가능)
```

컨테이너를 확인해보면 정상적으로 프로세스가 동작하고 있다.

```
# 확인 작업에 필요한 패키지 설치
root@sample-pod:/$ apt update && apt -y install iproute2 procps

# 컨테이너 내부에서 IP 주소 확인
root@sample-pod:/$ ip a | grep "inet "
    inet 127.0.0.1/8 scope host lo
    inet 10.0.2.7/32 scope global eth0

# 컨테이너 내부에서 바인드(listen)하는 포트 확인
root@sample-pod:/$ ss -napt | grep LISTEN
LISTEN   0         511                0.0.0.0:80                0.0.0.0:*
users:(("nginx",pid=1,fd=6))

# 컨테이너 내부에서 프로세스 확인
root@sample-pod:/$ ps aux
USER         PID %CPU %MEM    VSZ   RSS TTY      STAT START   TIME COMMAND
root           1  0.0  0.0  10624  5512 ?        Ss   Mar24   0:00 nginx: master
process nginx -g daemon off;
nginx          6  0.0  0.0  11096  2620 ?        S    Mar24   0:00 nginx: worker
process
root          39  0.0  0.0   3868  3236 pts/0    Ss   05:40   0:00 /bin/bash
root         469  0.0  0.0   7640  2740 pts/0    R+   05:46   0:00 ps aux
```

이외에도 kubectl exec -it sample-pod -- some-command처럼 여러 가지 명령어를 실행할 수 있다. kubectl exec는 이후에도 자주 사용하기 때문에 바로 사용할 수 있도록 기억해 두면 편리하다.

```
# 컨테이너에서 ls 명령어를 실행
$ kubectl exec -it sample-pod -- /bin/ls
bin   dev   home  lib64  mnt   proc  run   srv   tmp   var
boot  etc   lib   media  opt   root  sbin  sys   usr

# 다수의 컨테이너를 포함한 파드의 경우 특정 컨테이너 지정 가능
$ kubectl exec -it sample-2pod -c nginx-container -- /bin/ls
bin   dev   home  lib64  mnt   proc  run   srv   tmp   var
boot  etc   lib   media  opt   root  sbin  sys   usr

# 옵션을 포함한 명령어 실행
$ kubectl exec -it sample-pod -- /bin/ls --all --classify
./     .dockerenv*  boot/   etc/    lib/     media/   opt/   root/   sbin/   sys/   usr/
../    bin/         dev/    home/   lib64/   mnt/     proc/  run/    srv/    tmp/   var/

# 파이프 등 특정 문자열을 포함한 경우의 실행
$ kubectl exec -it sample-pod -- /bin/bash -c "ls --all --classify | grep lib"
lib/
lib64/
```

5.2.5 ENTRYPOINT 명령/CMD 명령과 command/args

1장에서도 설명했던 내용이지만, 도커 파일로 이미지를 생성할 때는 ENTRYPOINT 명령과 CMD 명령을 사용하여 컨테이너 실행 시 명령어를 정의했다. 쿠버네티스에서는 도커용 용어와 조금 다르게 ENTRYPOINT를 command, CMD를 args라고 부른다. 조금 헷갈릴 수도 있지만, CMD 명령이 command에 해당하지 않는다는 점을 주의하길 바란다. 컨테이너를 실행할 때 도커 이미지의 ENTRYPOINT와 CMD를 덮어 쓰기하려면 파드 정의 내용 중 spec.containers[].command와 spec.containers[].args를 지정한다.

코드 5-4 ENTRYPOINT 명령과 CMD 명령을 덮어 쓰기 하는 파드 예제(sample-entrypoint.yaml)

```
apiVersion: v1
kind: Pod
metadata:
  name: sample-entrypoint
```

```yaml
spec:
  containers:
  - name: nginx-container-112
    image: nginx:1.16
    command: ["/bin/sleep"] # ENTRYPOINT 명령으로 대체
    args: ["3600"] # CMD 명령으로 대체
```

위에서 설명한 kubectl exec를 사용하여 nginx 대신 sleep 명령어가 실행되고 있는지 확인해 보자.

5.2.6 파드명 제한

쿠버네티스에서는 파드명에 제한이 있다. 파드명은 RFC1123의 호스트명 규약을 따르고 있어 다음 조건에 맞아야 한다.

- 이용 가능한 문자는 영문 소문자와 숫자
- 이용 가능한 기호는 '-' 또는 '.'
- 시작과 끝은 영문 소문자

예를 들어 코드 5-5의 파드 매니페스트는 언뜻 보기에 문제가 없을 것 같다.

코드 5-5 파드명 규칙을 위반한 파드 예제(sample-podname-fail.yaml)

```yaml
apiVersion: v1
kind: Pod
metadata:
  name: sample_podname_fail
spec:
  containers:
    - name: nginx-container-112
      image: nginx:1.16
```

이 매니페스트를 사용하여 파드를 생성하려고 하면 쿠버네티스 파드명 제한('_' 언더바를 사용하고 있음)에 따라 파드가 생성되지 않고 실패하게 된다.

```
# RFC1123 호스트명 규약에 따르지 않은 파드명을 사용하여 에러가 발생
$ kubectl apply -f sample-podname-fail.yaml
```

```
The Pod "sample_podname_fail" is invalid: metadata.name: Invalid value:
"sample_podname_fail": a DNS-1123 subdomain must consist of lower case alphanumeric
characters, '-' or '.', and must start and end with an alphanumeric character
(e.g. 'example.com', regex used for validation is '[a-z0-9]([-a-z0-9]*[a-z0-9])?
(\.[a-z0-9]([-a-z0-9]*[a-z0-9])?)*')
```

5.2.7 호스트의 네트워크 구성을 사용한 파드 기동

쿠버네티스에 기동하는 파드에 할당된 IP 주소는 쿠버네티스 노드의 호스트 IP 주소와 범위가 달라 외부에서 볼 수 없는 IP 주소가 할당된다(쿠버네티스 네트워크 구성은 7장에서 자세히 설명한다). 호스트의 네트워크를 사용하는 설정(spec.hostNetwork)을 활성화하면 호스트상에서 프로세스를 기동하는 것과 같은 네트워크 구성(IP 주소, DNS 설정, host 설정 등)으로 파드를 기동시킬 수 있다. hostNetwork를 사용한 파드는 쿠버네티스 노드의 IP 주소를 사용하는 관계로 포트 번호 충돌을 방지하기 위해 기본적으로 사용하지 않고, 6장에서 설명하는 NodePort 서비스 등으로 해결할 수 있는지 검토해보자. 사용할 때는 에지(Edge) 환경에서의 사용이나 호스트 측의 네트워크를 감시 또는 제어와 같은 특수한 애플리케이션 등에서만 사용하도록 하자.

코드 5-6 호스트의 네트워크 구성을 사용하는 예제(sample-hostnetwork.yaml)

```
apiVersion: v1
kind: Pod
metadata:
  name: sample-hostnetwork
spec:
  hostNetwork: true
  containers:
  - name: nginx-container
    image: nginx:1.16
```

실제로 파드를 기동하면 노드의 IP 주소와 같은 IP 주소를 사용하는 것을 확인할 수 있다. 환경에 따라 다르지만, 이번 클러스터의 예에서 일반 파드에 할당된 네트워크 범위는 10.0.0.0/14, 노드에 할당된 네트워크 범위는 10.178.0.0/16으로 되어 있어 이 네트워크 간에는 통신을 할 수 없다. 또한, 그 외 네트워크에 관한 설정도 모두 호스트의 것이 상속된다.

```
# 파드의 IP 주소 확인
$ kubectl get pod sample-hostnetwork -o wide
NAME                 READY   STATUS    RESTARTS   AGE   IP            NODE
sample-hostnetwork   1/1     Running   0          3s    10.178.0.63   gke-k8s-default-
pool-be722c17-mnpv

# 파드가 기동 중인 노드의 IP 주소 확인
$ kubectl get node gke-k8s-default-pool-be722c17-mnpv -o wide
NAME                                 STATUS   ROLES    AGE     VERSION
INTERNAL-IP       EXTERNAL-IP
gke-k8s-default-pool-be722c17-mnpv   Ready    <none>   3d15h   v 1.18.16-gke.2100
10.178.0.63       xx.xx.xxx.xxx

# 파드의 호스트명 확인
$ kubectl exec -it sample-hostnetwork -- hostname
gke-k8s-default-pool-be722c17-mnpv

# 파드의 DNS 설정 확인
$ kubectl exec -it sample-hostnetwork -- cat /etc/resolv.conf
resolv.conf
nameserver 169.254.169.254
search c.psu-satest-20200113.internal google.internal
```

5.2.8 파드 DNS 설정과 서비스 디스커버리

DNS 서버에 관한 설정(dnsPolicy)은 파드 정의 spec.dnsPolicy에 설정한다. 설정할 수 있는 값은 표 5-3에 나타낸 네 가지다.

❤ 표 5-3 dnsPolicy 설정값

설정값	개요
ClusterFirst(기본값)	클러스터 내부 DNS에 질의하여 해석되지 않으면 업스트림(upstream)에 질의한다.
None	파드 정의 내에서 정적으로 설정한다.
Default	파드가 기동하는 쿠버네티스 노드의 /etc/resolv.conf를 상속받는다.
ClusterFirstWithHostNet	ClusterFirst의 동작과 같다(hostNetwork 사용 시 설정).

ClusterFirst(기본값)

일반적으로 파드는 클러스터 내부 DNS를 사용하여 이름을 해석한다. 이는 7장에서 설명할 서비스 디스커버리나 클러스터 내부 로드 밸런싱에서 사용하기 위해서다. (클러스터 내부 DNS는 7장에서 설명한다.) dnsPolicy가 ClusterFirst(미지정 시 기본값)인 경우 클러스터 내부의 DNS 서버에 질의를 하고, 클러스터 내부 DNS에서 해석이 안 되는 도메인에 대해서는 업스트림 DNS 서버에 질의한다.

코드 5-7 파드 예제(sample-dnspolicy-clusterfirst.yaml)

```yaml
apiVersion: v1
kind: Pod
metadata:
  name: sample-dnspolicy-clusterfirst
spec:
  dnsPolicy: ClusterFirst
  containers:
  - name: nginx-container
    image: nginx:1.16
```

```
# 컨테이너 내부의 DNS 설정 파일 /etc/resolv.conf를 표시
$ kubectl exec -it sample-dnspolicy-clusterfirst -- cat /etc/resolv.conf
nameserver 10.3.240.10
search default.svc.cluster.local svc.cluster.local cluster.local c.psu-satest-20200113.internal google.internal
options ndots:

# 클러스터 내부의 DNS Service에 할당된 IP 주소를 확인
$ kubectl get services -n kube-system
NAME       TYPE        CLUSTER-IP    EXTERNAL-IP   PORT(S)         AGE
kube-dns   ClusterIP   10.3.240.10   <none>        53/UDP,53/TCP   3d15h
```

None

한편 특별한 요건에 따라서는 클러스터 외부 DNS 서버를 참조하는 경우도 있다. DNS 서버를 수동으로 설정하려면 spec.dnsPolicy: None이라고 설정한 후 dnsConfig에 설정하고 싶은 값을 작성하면 된다.

코드 5-8 정적으로 설정하여 외부 DNS 서버를 사용하는 파드 예제(sample-dnspolicy-none.yaml)

```yaml
apiVersion: v1
kind: Pod
metadata:
  name: sample-dnspolicy-none
spec:
  dnsPolicy: None
  dnsConfig:
    nameservers:
    - 8.8.8.8
    - 8.8.4.4
    searches:
    - example.com
    options:
    - name: ndots
      value: "5"
  containers:
  - name: nginx-container
    image: nginx:1.16
```

실제로 파드를 생성해보면 DNS 설정이 변경된 것을 확인할 수 있다.

```
# 컨테이너 내부의 DNS 설정 파일 /etc/resolv.conf 표시
$ kubectl exec -it sample-dnspolicy-none -- cat /etc/resolv.conf
nameserver 8.8.8.8
nameserver 8.8.4.4
search example.com
options ndots:5
```

정적으로 외부 DNS 서버만 설정하면 클러스터 내부 DNS를 사용한 서비스 디스커버리는 사용할 수 없게 되므로 주의해야 한다.

Default

쿠버네티스 노드의 DNS 설정을 그대로 상속받는 경우에는 spec.dnsPolicy: Default로 설정한다. dnsPolicy의 기본값은 Default가 아니므로 주의하자.

코드 5-9 쿠버네티스 노드의 DNS 설정을 상속받는 파드 예제(sample-dnspolicy-default.yaml)

```yaml
apiVersion: v1
kind: Pod
metadata:
  name: sample-dnspolicy-default
spec:
  dnsPolicy: Default
  containers:
  - name: nginx-container
    image: nginx:1.16
```

위와 같이 파드를 생성하면 쿠버네티스 노드의 /etc/resolv.conf와 똑같은 내용을 확인할 수 있다. 이번에는 GCE의 VM을 사용하고 있기 때문에 기본 설정이 표시되지만, 다른 환경에서는 설정값이 다를 것이다.

```
# 컨테이너 내부의 DNS 설정 파일 /etc/resolv.conf 표시
$ kubectl exec -it sample-dnspolicy-default -- cat /etc/resolv.conf
nameserver 169.254.169.254
search c.psu-satest-20200113.internal google.internal
```

쿠버네티스 노드의 DNS 설정을 상속받게 설정하면 클러스터 내부의 DNS를 사용한 서비스 디스커버리를 할 수 없게 되므로 주의해야 한다.

ClusterFirstWithHostNet

hostNetwork를 사용한 파드에 클러스터 내부의 DNS를 참조하고 싶은 경우에는 `spec.dnsPolicy: ClusterFirstWithHostNet`을 설정한다. hostNetwork를 사용하는 경우 기본값 ClusterFirst의 설정값은 무시되고 쿠버네티스 노드의 네트워크 설정(DNS 설정을 포함)이 사용되기 때문에 명시적으로 ClusterFirstWithHostNet을 지정하도록 하자.

코드 5-10 hostNetwork 사용 시 클러스터 내부의 DNS를 사용하는 파드 예제(sample-dnspolicy-clusterfirstwithhostnet.yaml)

```yaml
apiVersion: v1
kind: Pod
metadata:
  name: sample-dnspolicy-clusterfirstwithhostnet
spec:
  dnsPolicy: ClusterFirstWithHostNet
  hostNetwork: true
```

```
  containers:
  - name: nginx-container
    image: nginx:1.16
```

위와 같이 파드를 생성하면 처음에 ClusterFirst 설정값과 같은 DNS 설정을 확인할 수 있다. 또한, 이 장에서 설명한 sample-hostnetwork 파드와 경합하기 때문에 생성한 파드가 남아 있다면 삭제하자.

```
# 경합하는 파드 삭제(생성된 상태로 남아 있는 경우)
$ kubectl delete pod sample-hostnetwork
pod "sample-hostnetwork" deleted

# 컨테이너 내부의 DNS 설정 파일 /etc/resolv.conf 표시
$ kubectl exec -it sample-dnspolicy-clusterfirstwithhostnet -- cat /etc/resolv.conf
nameserver 10.3.240.10
search default.svc.cluster.local svc.cluster.local cluster.local c.psu-satest-20200113.
internal google.internal
options ndots:5
```

5.2.9 정적 호스트명 해석 설정: /etc/hosts

리눅스 운영체제에서는 DNS로 호스트명을 해석하기 전에 /etc/hosts 파일로 정적 호스트명을 해석한다. 쿠버네티스에서는 파드 내부 모든 컨테이너의 /etc/hosts를 변경하는 기능이 준비되어 있으며 spec.hostAliases로 지정하여 사용할 수 있다.

코드 5-11 /etc/hosts에 정적 호스트명 해석을 설정하는 파드 예제(sample-hostaliases.yaml)

```
apiVersion: v1
kind: Pod
metadata:
  name: sample-hostaliases
spec:
  containers:
  - name: nginx-container
    image: nginx:1.16
  hostAliases:
  - ip: 8.8.8.8
    hostnames:
```

```
    - google-dns
    - google-public-dns
```

실제로 생성한 파드 내부의 /etc/hosts를 확인해보면 spec.hostAliases에서 지정한 내용이 추가된 것을 확인할 수 있다.

```
# 컨테이너 내부의 /etc/hosts 확인
$ kubectl exec -it sample-hostaliases -- cat /etc/hosts
# Kubernetes-managed hosts file.
127.0.0.1       localhost
::1             localhost ip6-localhost ip6-loopback
fe00::0         ip6-localnet
fe00::0         ip6-mcastprefix
fe00::1         ip6-allnodes
fe00::2         ip6-allrouters
10.0.2.13       sample-hostaliases

# Entries added by HostAliases.
8.8.8.8         google-dns          google-public-dns
```

5.2.10 작업 디렉터리 설정

컨테이너에서 동작하는 애플리케이션의 작업 디렉터리(Working Directory)는 도커 파일의 WORKDIR 명령 설정을 따르지만 spec.containers[].workingDir로 덮어 쓸 수도 있다. 예를 들어 7장에서 설명할 볼륨 기능을 사용하여 특정 스크립트 등이 배치된 볼륨을 파드에 마운트할 때 그 스크립트가 배치된 디렉터리로 이동한 후 실행하고 싶은 경우가 있다. 이는 작업 디렉터리를 변경하는 기능을 사용하여 해결할 수 있다.

코드 5-12 작업 디렉터리를 변경한 파드 예제(sample-workingdir.yaml)

```
apiVersion: v1
kind: Pod
metadata:
  name: sample-workingdir
spec:
  containers:
  - name: nginx-container
```

```
    image: nginx:1.16
    workingDir: /tmp
```

실제로 컨테이너에 workingDir을 설정한 경우 프로세스가 실행되는 디렉터리가 변경된 것을 확인할 수 있다.

```
# workingDir: 미지정
$ kubectl exec -it sample-pod -- pwd
/
# workindDir: /tmp로 지정
$ kubectl exec -it sample-workingdir -- pwd
/tmp
```

5.3 레플리카셋/레플리케이션 컨트롤러

레플리카셋(ReplicaSet)/레플리케이션 컨트롤러(ReplicationController)는 파드의 레플리카를 생성하고 지정한 파드 수를 유지하는 리소스다(그림 5-7).

▼ 그림 5-7 레플리카셋

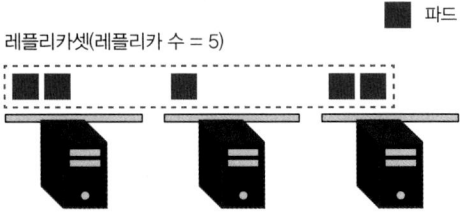

원래 파드의 레플리카를 생성하는 리소스의 이름은 레플리케이션 컨트롤러였는데, 시간이 지나 레플리카셋으로 이름이 변경되면서 일부 기능이 추가되었다. 레플리케이션 컨트롤러는 앞으로 사용하지 않는 추세이기 때문에 기본적으로 레플리카셋을 사용하자.

5.3.1 레플리카셋 생성

간단한 레플리카셋 예제를 동작시켜 보자. 먼저 코드 5-13의 매니페스트 내용으로 sample-rs를 생성한다. spec.template 부분에는 복제할 파드 정의(Pod Template)를 기술한다. 다음 예제에서는 앞에서 생성한 파드를 레프리카 수 3으로 확장시킨 레플리카셋을 생성한다.

코드 5-13 레플리카셋 예제(sample-rs.yaml)

```yaml
apiVersion: apps/v1
kind: ReplicaSet
metadata:
  name: sample-rs
spec:
  replicas: 3
  selector:
    matchLabels:
      app: sample-app
  template:
    metadata:
      labels:
        app: sample-app
    spec:
      containers:
      - name: nginx-container
        image: nginx:1.16
```

매니페스트로 레플리카셋을 생성한다.

```
# 레플리카셋 생성
$ kubectl apply -f sample-rs.yaml
replicaset.apps/sample-rs created
```

레플리카셋을 확인해보면 세 개의 파드가 기동 중인 것을 확인할 수 있다.

```
# 레플리카셋 확인
$ kubectl get replicasets -o wide
NAME        DESIRED   CURRENT   READY   AGE   CONTAINERS        IMAGES
SELECTOR
sample-rs   3         3         3       11s   nginx-container   nginx:1.16
app=sample-app
```

실제로 레이블을 지정하여 파드를 확인해 봐도 기동 중인 세 개의 파드를 확인할 수 있다. 배포된 노드를 보면, 파드가 각각 다른 노드에 흩어져 생성되어 있기 때문에 만약 노드에 장애가 발생하더라도 서비스에 미치는 영향을 최소화할 수 있다.

```
# 레플리카셋이 파드 관리에 사용하는 레이블(app=sample-app)을 지정하여 파드 목록 표시
$ kubectl get pods -l app=sample-app -o wide
NAME                 READY   STATUS    RESTARTS   AGE   IP          NODE
sample-rs-9f9kr      1/1     Running   0          78s   10.0.2.14   gke-k8s-default-pool-
be722c17-mnpv
sample-rs-ccj9l      1/1     Running   0          78s   10.0.0.8    gke-k8s-default-pool-
be722c17-gshw
sample-rs-gs98r      1/1     Running   0          78s   10.0.1.15   gke-k8s-default-pool-
be722c17-fpxg
```

또한, 레플리카셋이 생성하는 파드는 '레플리카셋 이름-임의의 문자열'로 명명된다(그림 5-8).

▼ 그림 5-8 레플리카셋 명명 규칙

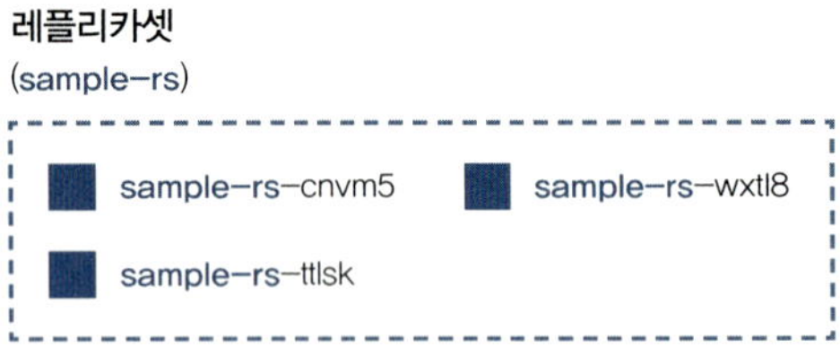

레플리카셋
(sample-rs)

- sample-rs-cnvm5
- sample-rs-wxtl8
- sample-rs-ttlsk

5.3.2 파드 정지와 자동화된 복구

레플리카셋에서는 노드나 파드에 장애가 발생했을 때 지정한 파드 수를 유지하기 위해 다른 노드에서 파드를 기동시켜 주기 때문에 장애 시에도 많은 영향을 받지 않는다. 이는 쿠버네티스의 중요한 콘셉트 중 하나로, '자동화된 복구'라는 기능이다(그림 5-9).

▼ 그림 5-9 레플리카셋의 자동화된 복구

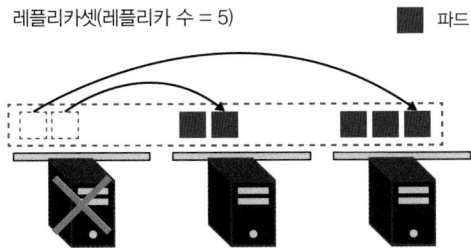

노드 장애 시에도 다른 노드에서 파드를 기동하고
레플리카 수를 유지(자동화된 복구)

자동화된 복구의 동작을 확인하기 위해 테스트로 파드 한 대를 정지시켜 보자.

```
# 파드 정지(삭제)
# 실제 기동 중인 파드명을 지정
$ kubectl delete pod sample-rs-9f9kr
pod "sample-rs-9f9kr" deleted
```

다시 파드를 확인하면 즉시 레플리카셋에 의해 파드가 새로 생성되는 것을 확인할 수 있다.

```
# 레플리카셋 목록 표시
$ kubectl get pods -o wide
NAME                  READY   STATUS    RESTARTS   AGE     IP          NODE
sample-rs-ccj9l       1/1     Running   0          9m40s   10.0.0.8    gke-k8s-default-
pool-be722c17-gshw
sample-rs-gs98r       1/1     Running   0          9m40s   10.0.1.15   gke-k8s-default-
pool-be722c17-fpxg
sample-rs-hfxbl       1/1     Running   0          66s     10.0.2.15   gke-k8s-default-
pool-be722c17-mnpv
```

레플리카셋의 파드 수 증감 이력은 kubectl describe rs 명령어로 확인할 수 있다.

```
# 레플리카셋 상세 정보 표시
$ kubectl describe replicaset sample-rs
Name:           sample-rs
Namespace:      default
Selector:       app=sample-app
Labels:         <none>
Annotations:    Replicas:  3 current / 3 desired
```

```
Pods Status:   3 Running / 0 Waiting / 0 Succeeded / 0 Failed
Pod Template:
  Labels:   app=sample-app
  Containers:
   nginx-container:
    Image:          nginx:1.16
    Port:           <none>
    Host Port:      <none>
    Environment:    <none>
    Mounts:         <none>
  Volumes:          <none>
Events:
  Type     Reason            Age     From                    Message
  ----     ------            ----    ----                    -------
  Normal   SuccessfulCreate  11m     replicaset-controller   Created pod: sample-rs-9f9kr
  Normal   SuccessfulCreate  11m     replicaset-controller   Created pod: sample-rs-gs98r
  Normal   SuccessfulCreate  11m     replicaset-controller   Created pod: sample-rs-ccj9l
  Normal   SuccessfulCreate  3m18s   replicaset-controller   Created pod: sample-rs-hfxbl
```

5.3.3 레플리카셋과 레이블

레플리카셋은 쿠버네티스가 파드를 모니터링하여 파드 수를 조정한다. 모니터링은 특정 레이블을 가진 파드 수를 계산하는 형태로 이루어진다(그림 5-10). 레플리카 수가 부족한 경우 매니페스트에 기술된 spec.template로 파드를 생성하고 레플리카 수가 많을 경우 레이블이 일치하는 파드 중 하나를 삭제한다.

▼ 그림 5-10 레이블로 레플리카셋의 레플리카 수 관리

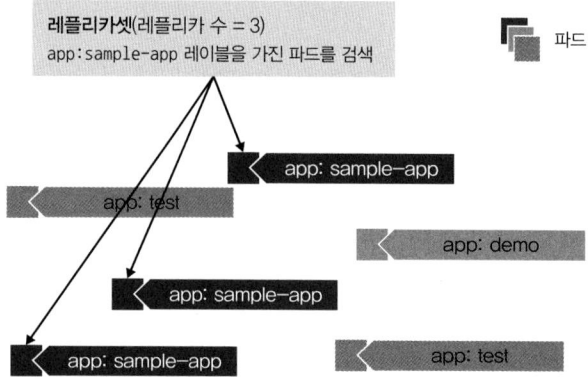

어떤 레이블을 가진 파드를 계산할지는 다음과 같이 spec.selector 부분에 지정한다.

```
selector:
  matchLabels:
    app: sample-app
```

위에서 설명한 sample-rs.yaml 예제에서는 spec.template.metadata.labels 부분에 해당하는 app: sample-app 레이블을 설정하고 app: sample-app 레이블이 지정된 상태에서 파드가 생성되었기 때문에 레플리카 수로 계산된다.

```
labels:
  app: sample-app
```

만약 spec.selector와 spec.template.metadata.labels의 레이블이 일치하지 않는 경우에는 어떻게 될까?

코드 5-14 셀렉터와 파드 Template 레이블이 일치하지 않는 레플리카셋 예제(sample-rs-fail.yaml)

```yaml
apiVersion: apps/v1
kind: ReplicaSet
metadata:
  name: sample-rs-fail
spec:
  replicas: 3
  selector:
    matchLabels:
      app: sample-app
  template:
    metadata:
      labels:
        app: sample-app-fail
    spec:
      containers:
      - name: nginx-container
        image: nginx:1.16
```

레이블이 일치하지 않는 경우 에러가 발생하여 생성할 수 없게 되어 있다. 만약 에러가 발생하지 않는다면 레플리카 수를 늘리려고 파드가 계속 생성될 것이다(그림 5-11).

```
# 레이블 불일치 상태로 생성
$ kubectl apply -f sample-rs-fail.yaml
The ReplicaSet "sample-rs-fail" is invalid: spec.template.metadata.labels: Invalid
value: map[string]string{"app":"sample-app-fail"}: `selector` does not match template
`labels`
```

▼ 그림 5-11 레플리카셋의 셀렉터와 파드 레이블이 일치하지 않을 경우

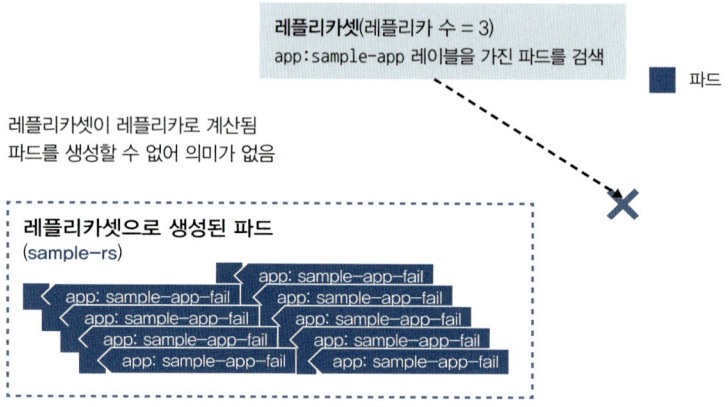

같은 레이블을 가진 파드를 레플리카셋 밖에서 생성했을 때는 어떻게 될까?

코드 5-15 레플리카셋의 셀렉터와 일치하는 레이블을 가진 파드 예제(sample-rs-pod.yaml)

```yaml
apiVersion: v1
kind: Pod
metadata:
  name: sample-rs-pod
  labels:
    app: sample-app
spec:
  containers:
  - name: nginx-container
    image: nginx:1.17
```

위와 같이 레플리카 수를 3으로 지정한 sample-rs.yaml과 같은 레이블(app: sample-app)을 가진 sample-rs-pod를 생성하고 테스트해보자.

```
# 레이블 sample-app의 레플리카 수가 3인 레플리카셋을 생성(이미 생성된 경우는 생략)
$ kubectl apply -f sample-rs.yaml

# 레이블 sample-app을 가진 파드 생성
$ kubectl apply -f sample-rs-pod.yaml
```

생성 후 파드의 상태를 확인해보자. kubectl get pods -L 옵션을 사용하면 각 파드에 지정된 레이블도 표시할 수 있다. 레이블이 중복된 경우 레플리카셋은 파드를 초과하여 생성한 것으로 판단하고 네 개의 파드 중 하나를 정지시킨다(그림 5-12). 이 예제에서는 마지막에 생성된 파드가 삭제되지만 상황에 따라 기존 파드가 삭제될 수도 있으므로 주의가 필요하다.

▼ 그림 5-12 레플리카셋의 셀렉터에 일치하는 파드 생성

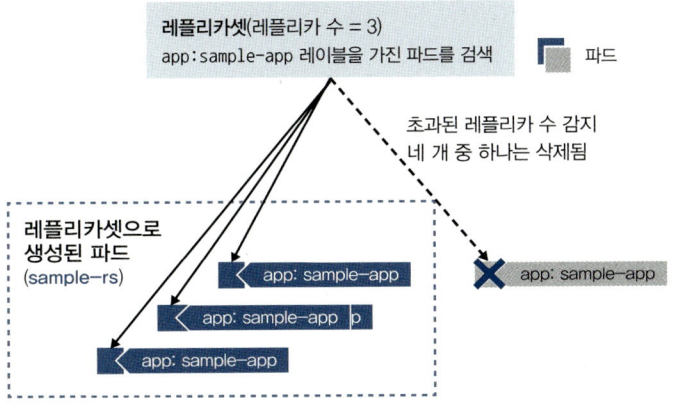

```
# 파드 목록 표시(app 레이블 추가 표시)
$ kubectl get pods -L app
NAME                READY   STATUS        RESTARTS   AGE   APP
sample-rs-ccj9l     1/1     Running       0          24m   sample-app
sample-rs-gs98r     1/1     Running       0          24m   sample-app
sample-rs-hfxbl     1/1     Running       0          15m   sample-app
sample-rs-pod       0/1     Terminating   0          1s    sample-app
```

쿠버네티스 동작이 익숙해질 때까지 레이블은 유니크(unique)하게 붙이는 것이 좋다. 하나의 리소스에 여러 레이블을 부여할 수도 있기 때문에 4장에서 설명한 것처럼 다음과 같이 어떤 규칙을 정해 레이블을 정하자.

```
      labels:
        env: dev
        codename: system_a
        role: web-front
```

5.3.4 레플리카셋과 스케일링

레플리카셋 설정을 변경하고 파드 수를 변경해보자. 다음과 같은 두 가지 방법이 있다.

- 매니페스트를 수정하여 kubectl apply -f 명령어를 실행
- kubectl scale 명령어를 사용하여 스케일 처리

수정한 매니페스트로 kubectl apply 명령어를 실행하는 경우

첫 번째 방법은 매니페스트를 수정하여 kubectl apply 명령어를 실행하는 방법이다.

IaC(Infrastructure as Code)를 구현하기 위해서라도 이 방법을 사용하자.

```
# 레플리카 수를 3에서 4로 변경한 매니페스트를 apply
$ sed -i -e 's|replicas: 3|replicas: 4|' sample-rs.yaml
$ kubectl apply -f sample-rs.yaml
replicaset.apps/sample-rs configured
```

kubectl scale 명령어를 사용하는 경우

두 번째 방법은 kubectl scale 명령어를 사용하여 스케일링하는 방법이다. scale 명령어를 사용한 스케일 처리는 레플리카셋 이외에도 레플리케이션 컨트롤러/디플로이먼트/스테이트풀셋/잡/크론잡에서 사용할 수 있다.

```
# 레플리카 수를 5로 변경
$ kubectl scale replicaset sample-rs --replicas 5
replicaset.apps/sample-rs scaled
```

어떤 방법이든 하나를 실행한 후 레플리카셋 상태를 보면 파드가 늘어난 것을 확인할 수 있다.

```
# 레플리카셋 목록 표시
$ kubectl get replicasets
NAME        DESIRED   CURRENT   READY   AGE
sample-rs   5         5         5       29m
```

5.3.5 일치성 기준 조건과 집합성 기준 조건

레플리카 제어 조건은 서비스 중단 예정인 레플리케이션 컨트롤러의 일치성 기준(equality-based) 셀렉터였지만, 레플리카셋에서는 좀 더 강화된 집합성 기준(set-based) 셀렉터를 사용하여 유연한 제어도 가능하다. 쿠버네티스에서 어떤 조건을 지정할 때는 이 두 가지 방법이 있고 레플리카셋 외에 스케줄링할 때도 이 조건 지정이 사용된다(표 5-4).

▼ 표 5-4 일치성 기준과 집합성 기준 조건 지정

조건	개요
일치성 기준	조건부에 일치 불일치(=, !=) 조건 지정
집합성 기준	조건부에 일치 불일치(=, !=) 조건 지정과 집합(in, notin, exists) 조건 지정 가능

일치성 기준 조건에서는 조건부에 같은지 혹은 같지 않은지에 대한 조건을 사용할 수 있다. 예를 들어 app=sample-app과 같이 지정한다. 집합성 기준 조건에서는 일치성 기준 조건과 함께 집합 조건을 지정할 수 있다. 예를 들어 env In [development,staging]과 같이 지정할 수 있다. 또 In에 해당하는 연산자는 스케줄링 조건에서 사용할 때 수치 비교도 가능하다.

이 장에서 레플리카셋의 셀렉터에는 집합성 기준 조건을 사용하지 않았다. 집합성 기준 조건 지정 방법은 12장의 'matchExpressions 오퍼레이터와 집합성 기준 조건' 절에서 자세히 설명한다.

5.4 디플로이먼트

디플로이먼트(Deployment)는 여러 레플리카셋을 관리하여 롤링 업데이트나 롤백 등을 구현하는 리소스다. 디플로이먼트가 레플리카셋을 관리하고 레플리카셋이 파드를 관리하는 관계다.

간단한 구조이며, 다음과 같은 순서로 동작한다(그림 5-13).

1. 신규 레플리카셋을 생성
2. 신규 레플리카셋의 레플리카 수(파드 수)를 단계적으로 늘림
3. 이전 레플리카셋의 레플리카 수(파드 수)를 단계적으로 줄임
4. (2, 3을 반복)
5. 이전 레플리카셋은 레플리카 수를 0으로 유지

▼ 그림 5-13 디플로이먼트의 롤링 업데이트 구조

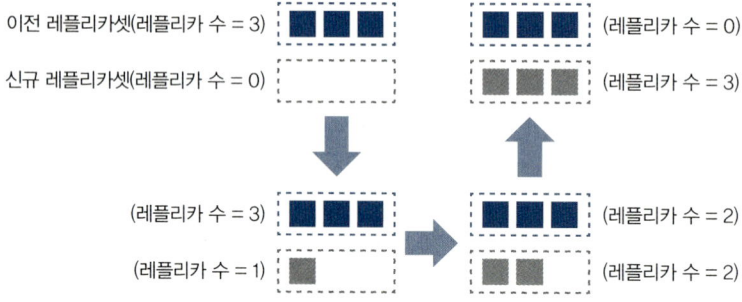

디플로이먼트를 사용하면 신규 레플리카셋에 컨테이너가 기동되었는지와 헬스 체크는 통과했는지를 확인하면서 전환 작업이 진행되며, 레플리카셋의 이행 과정에서 파드 수에 대한 상세한 지정도 가능하다. 이는 쿠버네티스에서 가장 권장하는 컨테이너 기동 방법으로 알려져 있다. 지금까지 파드나 레플리카셋의 사용 방법도 설명했는데, 가령 하나의 파드를 기동만 한다 하더라도 디플로이먼트 사용을 권장한다. 파드로만 배포한 경우에는 파드에 장애가 발생하면 자동으로 파드가 다시 생성되지 않으며, 레플리카셋으로만 배포한 경우에는 롤링 업데이트 등의 기능을 사용할 수 없다.

5.4.1 디플로이먼트 생성

간단한 디플로이먼트 예제를 동작시켜 보자. 먼저 코드 5-16의 매니페스트로 sample-deployment를 생성한다. 앞에서 생성했던 레플리카셋 설정과 동일하게 디플로이먼트를 생성한다.

코드 5-16 디플로이먼트 예제(sample-deployment.yaml)

```yaml
apiVersion: apps/v1
kind: Deployment
metadata:
  name: sample-deployment
spec:
  replicas: 3
  selector:
    matchLabels:
      app: sample-app
  template:
    metadata:
      labels:
        app: sample-app
    spec:
      containers:
      - name: nginx-container
        image: nginx:1.16
```

매니페스트로 디플로이먼트를 생성한다. 이번에는 --record 옵션을 사용하여 어떤 명령어를 실행하고 업데이트했는지 이력을 저장해 둔다. 이력을 작성해 놓으면, 나중에 설명하는 kubectl rollout에서 롤백 등을 실시할 때 참고 정보로 사용할 수 있다. 또 나중에 설명하겠지만, 서비스 환경 운영에서 kubectl rollout을 사용하는 경우는 거의 없기 때문에 --record 옵션은 많이 사용하지 않는다.

```
# 업데이트 이력을 저장하는 옵션을 사용하여 디플로이먼트를 기동
$ kubectl apply -f sample-deployment.yaml --record
deployment.apps/sample-deployment created
```

이력은 각 레플리카셋의 metadata.annotations[kubernetes.io/change-cause]에 저장되어 있다. 또한, 현재 레플리카셋의 수정 버전 번호도 마찬가지로 metadata.annotations[deployment.kubernetes.io/revision]에 저장되어 있다. 이 정보들은 다음과 같이 확인할 수 있다.

```
# 레플리카셋 목록을 YAML 형식으로 표시
$ kubectl get replicasets -o yaml | head
apiVersion: v1
items:
- apiVersion: apps/v1
  kind: ReplicaSet
  metadata:
    annotations:
      deployment.kubernetes.io/desired-replicas: "3"
      deployment.kubernetes.io/max-replicas: "4"
      deployment.kubernetes.io/revision: "1"
      kubernetes.io/change-cause: kubectl apply --filename=sample-deployment.yaml
```

디플로이먼트를 확인해보면 레플리카셋과 거의 같은 정보가 표시된다. 이름을 봐도(명명 규칙) 디플로이먼트가 레플리카셋을 생성하고 레플리카셋이 파드를 생성한다는 것을 알 수 있다.

```
# 디플로이먼트 확인
$ kubectl get deployments
NAME                READY   UP-TO-DATE   AVAILABLE   AGE
sample-deployment   3/3     3            3           2m5s

# 레플리카셋 확인
$ kubectl get replicasets
NAME                           DESIRED   CURRENT   READY   AGE
sample-deployment-7bf986f9cf   3         3         3       2m19s

# 파드 확인
$ kubectl get pods
NAME                                 READY   STATUS    RESTARTS   AGE
sample-deployment-7bf986f9cf-t2xl2   1/1     Running   0          2m56s
sample-deployment-7bf986f9cf-xlncd   1/1     Running   0          2m56s
sample-deployment-7bf986f9cf-zpfvk   1/1     Running   0          2m56s
```

테스트로 디플로이먼트에서 사용하는 컨테이너 이미지를 nginx:1.16에서 nginx:1.17로 업데이트해보자. 여기서는 이미지 업데이트를 위해 kubectl set image 명령어를 사용한다. 매니페스트를 업데이트하고 kubectl apply 명령어로 업데이트해도 상관없다.

```
# 컨테이너 이미지 업데이트
$ kubectl set image deployment sample-deployment nginx-container=nginx:1.17 --record
deployment.apps/sample-deployment image updated
```

업데이트 상태는 kubectl rollout status 명령어로 확인할 수 있다.

```
# 디플로이먼트 업데이트 상태 확인
$ kubectl rollout status deployment sample-deployment
…(생략)…
Waiting for deployment "sample-deployment" rollout to finish: 2 out of 3 new replicas
have been updated...
Waiting for deployment "sample-deployment" rollout to finish: 2 out of 3 new replicas
have been updated...
Waiting for deployment "sample-deployment" rollout to finish: 1 old replicas are
pending termination...
Waiting for deployment "sample-deployment" rollout to finish: 1 old replicas are
pending termination...
deployment "sample-deployment" successfully rolled out
```

업데이트 후 레플리카셋이 새롭게 생성되고 거기에 연결되는 형태로 파드도 다시 생성된다. 이때 내부적으로는 롤링 업데이트가 되기 때문에 실제 서비스에는 영향이 없다.

```
# 디플로이먼트 확인
$ kubectl get deployments
NAME                READY   UP-TO-DATE   AVAILABLE   AGE
sample-deployment   3/3     3            3           6m19s

# 레플리카셋 확인
$ kubectl get replicasets
NAME                             DESIRED   CURRENT   READY   AGE
sample-deployment-5988b689cb     3         3         3       2m31s    # 신규 레플리카셋
sample-deployment-7bf986f9cf     0         0         0       6m31s    # 이전 레플리카셋

# 파드 확인
$ kubectl get pods
NAME                                    READY   STATUS    RESTARTS   AGE
sample-deployment-5988b689cb-6chtq      1/1     Running   0          3m58s
sample-deployment-5988b689cb-gv94l      1/1     Running   0          4m2s
sample-deployment-5988b689cb-jxnp5      1/1     Running   0          4m
```

위에서의 디플로이먼트/레플리카셋/파드 관계를 그림으로 표현하면 그림 5-14와 같다. 다시 업데이트를 하면 신규 레플리카셋이 증가하게 된다.

▼ 그림 5-14 디플로이먼트/레플리카셋/파드 관계

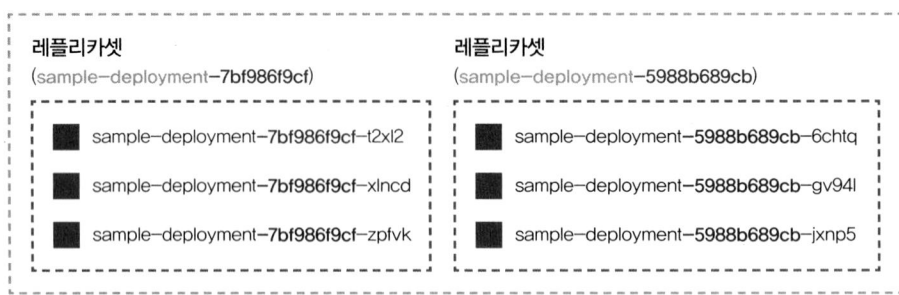

5.4.2 디플로이먼트 업데이트(레플리카셋이 생성되는) 조건

디플로이먼트에서는 변경이 발생하면 레플리카셋이 생성된다고 설명했다. 이 '변경'에는 레플리카 수의 변경 등은 포함되어 있지 않으며 '생성된 파드의 내용 변경'이 필요하다. 더 정확하게 말하면, `spec.template`에 변경이 있으면 생성된 파드의 설정이 변경되기 때문에 레플리카셋을 신규로 생성하고 롤링 업데이트를 하게 된다. 실제로 매니페스트를 쿠버네티스에 등록한 후 레플리카셋의 정의를 보면, `spec.template` 아래의 해시값(파드 템플릿 해시(Pod Template Hash))을 계산하고 이 값을 사용한 레이블로 관리한다. 다시 수작업으로 이미지 등을 이전 버전으로 재변경하여 해시값이 동일해진 경우에는 레플리카셋을 신규로 생성하지 않고 기존 레플리카셋을 사용한다.

```
# sample-deployment-5988b689cb 레플리카셋 상태를 YAML 형식으로 출력
$ kubectl get replicasets sample-deployment-5988b689cb -o yaml
…(생략)…
spec:
  replicas: 3
  selector:
    matchLabels:
      app: sample-app
      pod-template-hash: 5988b689cb
…(생략)…
```

이번 예제에서는 파드 정의 내용에서 `image`를 `nginx:1.16`에서 `nginx:1.17`로 변경했기 때문에 파드 템플릿 해시가 다시 계산되어 레플리카셋이 신규로 생성되었다(그림 5-15).

▼ 그림 5-15 디플로이먼트의 파드 템플릿 해시와 레플리카셋의 관계

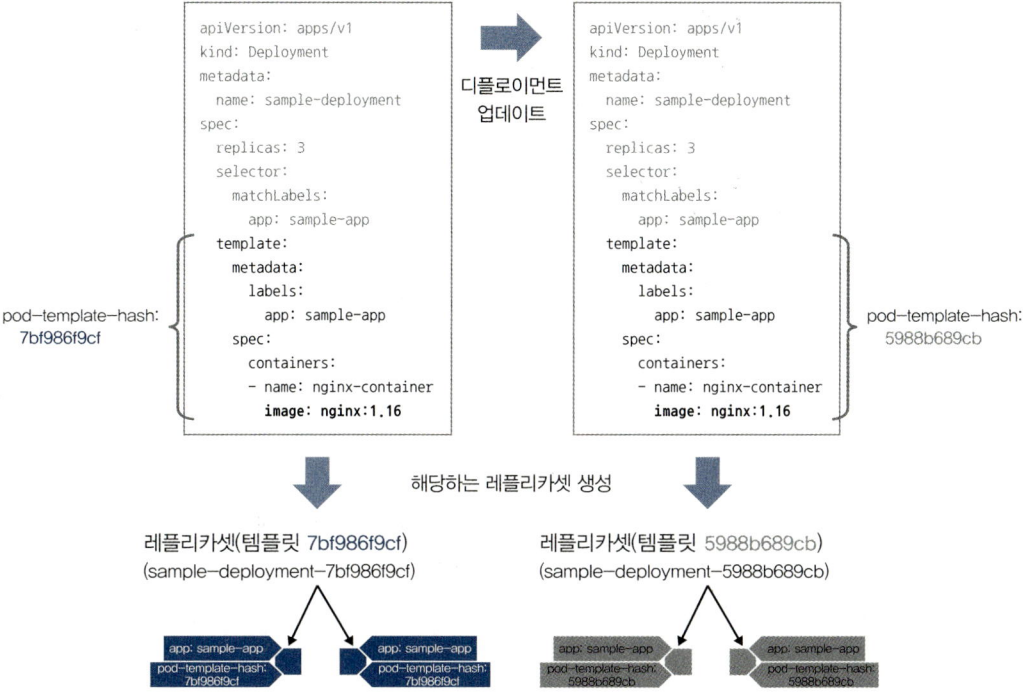

5.4.3 변경 롤백

디플로이먼트에는 롤백 기능이 있다. 롤백 기능의 실체는 현재 사용 중인 레플리카셋의 전환과 같은 것이다. 디플로이먼트가 생성한 기존 레플리카셋은 레플리카 수가 0인 상태로 남아 있기 때문에 레플리카 수를 변경시켜 다시 사용할 수 있는 상태가 된다(그림 5-16).

▼ 그림 5-16 레플리카셋 전환에 의한 디플로이먼트 롤백

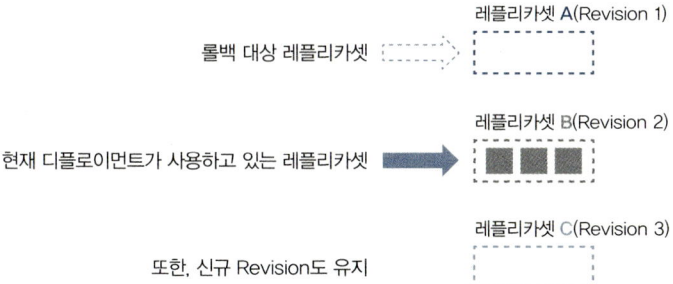

변경 이력을 확인할 때는 kubectl rollout history 명령어를 사용한다. CHANGE-CAUSE 부분은 디플로이먼트를 생성할 때 --record 옵션을 사용하여 이력 내용이 있지만, --record 옵션을 사용하지 않았다면 〈none〉 등이 된다.

```
# 변경 이력 확인
$ kubectl rollout history deployment sample-deployment
deployment.apps/sample-deployment
REVISION    CHANGE-CAUSE
1           kubectl apply --filename=sample-deployment.yaml --record=true
2           kubectl set image deployment sample-deployment nginx-container=nginx:1.17
--record=true
```

해당 수정 버전에 대한 상세한 정보를 가져오려면 --revision 옵션을 지정한다.

```
# 초기 상태의 디플로이먼트
$ kubectl rollout history deployment sample-deployment --revision 1
deployment.apps/sample-deployment with revision #1
Pod Template:
  Labels:       app=sample-app
                pod-template-hash=7bf986f9cf
  Annotations:  kubernetes.io/change-cause: kubectl apply --filename=sample-
deployment.yaml --record=true
  Containers:
   nginx-container:
    Image:          nginx:1.16
    Port:           <none>
    Host Port:      <none>
    Environment:    <none>
    Mounts:         <none>
  Volumes:          <none>

# 한 번 업데이트된 후의 디플로이먼트
$ kubectl rollout history deployment sample-deployment --revision 2
deployment.apps/sample-deployment with revision #2
Pod Template:
  Labels:       app=sample-app
                pod-template-hash=5988b689cb
  Annotations:  kubernetes.io/change-cause: kubectl set image deployment sample-
deployment nginx-container=nginx:1.17 --record=true
  Containers:
   nginx-container:
```

```
    Image:          nginx:1.17
    Port:           <none>
    Host Port:      <none>
    Environment:    <none>
    Mounts:         <none>
  Volumes:          <none>
```

롤백하려면 kubectl rollout undo를 사용한다. 명령어의 인수로 버전 번호를 지정할 수 있으며, 0으로 지정하거나 지정하지 않을 경우에는 바로 이전 버전으로 롤백하게 된다.

```
# 버전 번호를 지정하여 롤백하는 경우
$ kubectl rollout undo deployment sample-deployment --to-revision 1
deployment.apps/sample-deployment rolled back

# 바로 이전 버전으로 롤백하는 경우(기본값인 --to-revision 0이 지정되어 바로 이전 버전으로 롤백)
$ kubectl rollout undo deployment sample-deployment
deployment.apps/sample-deployment rolled back
```

롤백한 후에는 이전 레플리카셋의 파드가 기동된다.

```
# 롤백한 후 이전 레플리카셋에서 파드가 기동됨
$ kubectl get replicasets
NAME                              DESIRED   CURRENT   READY   AGE
sample-deployment-5988b689cb      0         0         0       31m     # 신규 레플리카셋
sample-deployment-7bf986f9cf      3         3         3       35m     # 이전 레플리카셋
```

그러나 실제 환경에서는 롤백 기능을 사용하는 경우가 많지 않다. CI/CD 파이프라인에서 롤백을 하는 경우 kubectl rollout 명령어보다 이전 매니페스트를 다시 kubectl apply 명령어로 실행하여 적용하는 것이 호환성 면에서 더 좋기 때문이다. 이때 spec.template을 같은 내용으로 되돌렸을 경우에는 pod-template-hash 값이 같기 때문에 kubectl rollout처럼 기존에 있었던 레플리카셋의 파드가 기동된다.

5.4.4 디플로이먼트 변경 일시 중지

일반적으로 디플로이먼트를 업데이트하면 바로 적용되어 업데이트 처리가 실행된다. 그러나 안전을 위해 디플로이먼트에 대한 업데이트를 하더라도 바로 적용되지 않는 것을 원하는 경우도 있다.

이런 경우를 위해 즉시 적용되지 않는 구조도 준비되어 있다. 즉시 적용을 일시 정지하고 싶을 때는 kubectl rollout pause를 실행하고 다시 시작할 때는 kubectl rollout resume을 실행한다.

```
# 업데이트 일시 정지
$ kubectl rollout pause deployment sample-deployment
deployment.apps/sample-deployment paused

# 업데이트 일시 정지 해제
$ kubectl rollout resume deployment sample-deployment
deployment.apps/sample-deployment resumed
```

pause 상태에서는 디플로이먼트 업데이트가 즉시 반영되지 않는다.

```
# pause 상태에서 컨테이너 이미지 업데이트
$ kubectl set image deployment sample-deployment nginx-container=nginx:1.16
deployment.apps/sample-deployment image updated

# 업데이트는 대기 상태
$ kubectl rollout status deployment sample-deployment
Waiting for deployment "sample-deployment" rollout to finish: 0 out of 3 new replicas
have been updated...
```

pause 상태에서는 롤백도 되지 않는다.

```
# pause된 상태에서 롤백
$ kubectl rollout undo deployment sample-deployment
error: you cannot rollback a paused deployment; resume it first with 'kubectl rollout
resume deployment/sample-deployment' and try again
```

5.4.5 디플로이먼트 업데이트 전략

위 예제에서 디플로이먼트를 업데이트하면 롤링 업데이트가 실행되었다. 업데이트 전략을 지정하는 spec.strategy.type이라는 항목의 기본값이 RollingUpdate로 되어 있기 때문이다. 업데이트 전략에는 Recreate와 RollingUpdate가 있다.

Recreate

Recreate는 모든 파드를 한 번 삭제하고 다시 파드를 생성하기 때문에 다운타임이 발생하지만, 추가 리소스를 사용하지 않고 전환이 빠른 것이 장점이다.

Recreate의 경우 type 이외에 지정할 수 있는 항목은 없다.

코드 5-17 Recreate 업데이트 전략의 디플로이먼트 예제(sample-deployment-recreate.yaml)

```yaml
apiVersion: apps/v1
kind: Deployment
metadata:
  name: sample-deployment-recreate
spec:
  strategy:
    type: Recreate
  replicas: 3
  selector:
    matchLabels:
      app: sample-app
  template:
    metadata:
      labels:
        app: sample-app
    spec:
      containers:
      - name: nginx-container
        image: nginx:1.16
```

Recreate의 경우에는 일단 기존 레플리카셋의 레플리카 수를 0으로 하고 리소스를 반환한다. 이후 신규 레플리카셋을 생성하고 레플리카 수를 늘린다(그림 5-17). 그래서 클러스터 전체에 현재 동작하고 있는 레플리카 수만큼만 리소스가 있다 하더라도 업데이트를 할 수 있다. 또 일괄적으로 업데이트를 실행하기 때문에 비교적 빠르게 전환할 수 있다는 장점이 있다.

▼ 그림 5-17 디플로이먼트의 Recreate 업데이트 구조

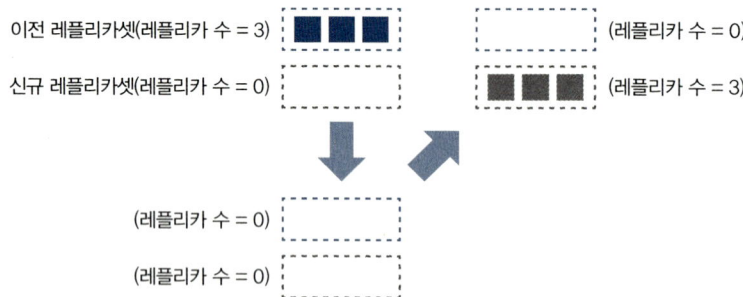

실제로 레플리카셋을 확인해보면 연결된 모든 파드가 존재하지 않는 기간을 확인할 수 있다. 대략 몇 초 정도 파드가 존재하지 않기 때문에 일시적으로 서비스 중단이 발생할 수 있다.

```
# 컨테이너 이미지 업데이트
$ kubectl set image deployment sample-deployment-recreate nginx-container=nginx:1.17

# 레플리카셋 목록 표시(리소스 상태에 변화가 있으면 계속 출력)
$ kubectl get replicasets --watch
NAME                                    DESIRED   CURRENT   READY   AGE
sample-deployment-recreate-7bf986f9cf   3         3         3       26s
sample-deployment-recreate-7bf986f9cf   0         3         3       50s
sample-deployment-recreate-7bf986f9cf   0         3         3       50s
# 컨테이너 이미지 업데이트
sample-deployment-recreate-7bf986f9cf   0         0         0       50s
# 몇 초 동안 파드가 전혀 존재하지 않는 상태
sample-deployment-recreate-5988b689cb   3         0         0       0s
# 몇 초 후 신규 레플리카셋 생성
…(생략)…
```

RollingUpdate

Recreate는 추가 리소스를 사용하지 않고 빠른 업데이트가 가능하다고 설명했다. RollingUpdate는 업데이트 중에 동시에 정지 가능한 최대 파드 수(maxUnavailable)와 업데이트 중에 동시에 생성할 수 있는 최대 파드 수(maxSurge)를 설정할 수 있다. 이 설정을 사용하면 추가 리소스를 사용하지 않도록 하거나 많은 리소스를 소비하지 않고 빠르게 전환하는 등 업데이트를 하면서 동작을 제어할 수 있다. maxUnavailable과 maxSurge를 모두 0으로 설정할 수는 없다.

이 설정을 매니페스트에 정의할 때는 `spec.strategy.rollingUpdate` 아래에 설정한다. `type`은 RollingUpdate를 지정하거나 지정하지 않아도 된다.

코드 5-18 RollingUpdate 업데이트 전략 디플로이먼트 예제(sample-deployment-rollingupdate.yaml)

```yaml
apiVersion: apps/v1
kind: Deployment
metadata:
  name: sample-deployment-rollingupdate
spec:
  strategy:
    type: RollingUpdate
    rollingUpdate:
      maxUnavailable: 0
      maxSurge: 1
  replicas: 3
  selector:
    matchLabels:
      app: sample-app
  template:
    metadata:
      labels:
        app: sample-app
    spec:
      containers:
      - name: nginx-container
        image: nginx:1.16
```

maxUnavailable=0/maxSurge=1 설정의 RollingUpdate에서는 maxSurge 수만큼 추가 레플리카 수를 늘려 파드를 이동시킨다.

```
# 컨테이너 이미지 업데이트
$ kubectl set image deployment sample-deployment-rollingupdate nginx-container=nginx:1.17

# 레플리카셋 목록 표시(리소스 상태에 변화가 있으면 계속 출력)
$ kubectl get replicasets --watch
NAME                                             DESIRED   CURRENT   READY   AGE
sample-deployment-rollingupdate-7bf986f9cf       3         3         3       2s
sample-deployment-rollingupdate-5988b689cb       1         1         1       1s
sample-deployment-rollingupdate-7bf986f9cf       2         2         2       20s
sample-deployment-rollingupdate-5988b689cb       2         2         2       2s
```

sample-deployment-rollingupdate-7bf986f9cf	1	1	1	21s
sample-deployment-rollingupdate-5988b689cb	3	3	3	4s
sample-deployment-rollingupdate-7bf986f9cf	0	0	0	23s

그림으로 나타내면 그림 5-18과 같다.

▼ 그림 5-18 maxUnavailable=0/maxSurge=1의 롤링 업데이트

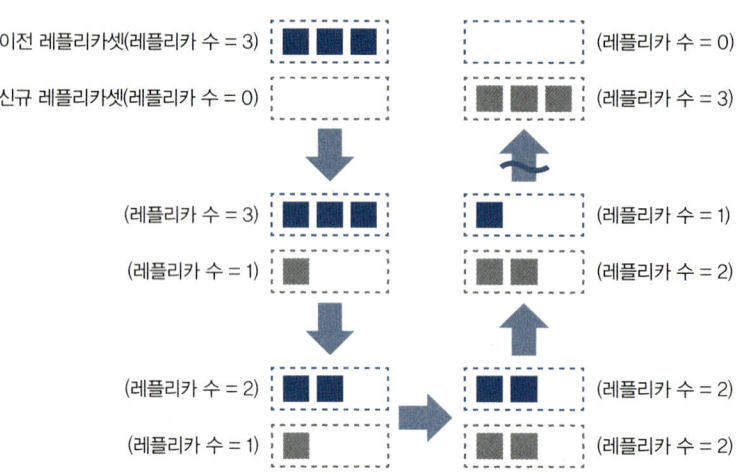

반대로 maxUnavailable=1/maxSurge=0 설정의 RollingUpdate에서는 maxUnavailable 수만큼 레플리카 수를 감소시킨 후 파드를 이동시킨다.

```
# 컨테이너 이미지 업데이트
$ kubectl set image deployment sample-deployment-rollingupdate nginx-container=nginx:1.17

# 레플리카셋 목록 표시(리소스 상태에 변화가 있으면 계속 출력)
$ kubectl get replicasets --watch
NAME                                          DESIRED   CURRENT   READY   AGE
sample-deployment-rollingupdate-7bf986f9cf    3         3         3       2s
sample-deployment-rollingupdate-5988b689cb    0         0         0       0s
sample-deployment-rollingupdate-7bf986f9cf    2         2         2       53s
sample-deployment-rollingupdate-5988b689cb    1         1         1       3s
sample-deployment-rollingupdate-7bf986f9cf    1         1         1       55s
sample-deployment-rollingupdate-5988b689cb    2         2         2       5s
sample-deployment-rollingupdate-7bf986f9cf    0         0         0       57s
sample-deployment-rollingupdate-5988b689cb    3         3         3       7s
```

이 경우 그림 5-19와 같이 바뀌게 된다.

▼ 그림 5-19 maxUnavailable=1/maxSurge=0의 롤링 업데이트

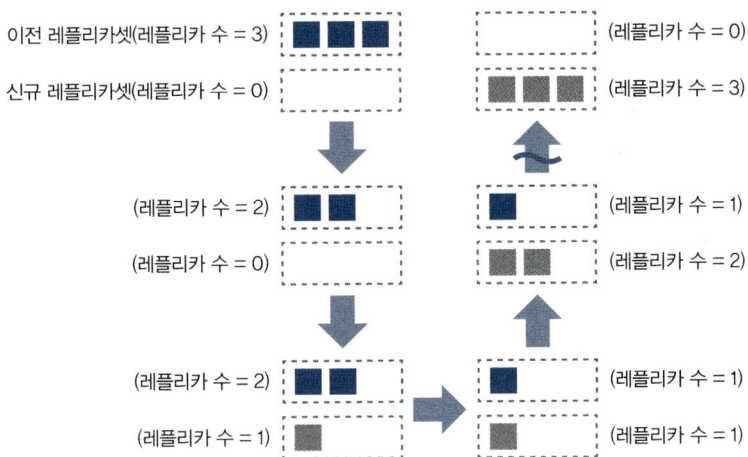

maxUnavailable과 maxSurge는 백분율로도 지정할 수 있다. 지정하지 않을 경우 기본값은 각각 25%로 지정된다.

```
rollingUpdate:
  maxUnavailable: 25%
  maxSurge: 25%
```

5.4.6 상세 업데이트 파라미터

Recreate나 RollingUpdate를 사용할 때 다른 파라미터를 설정하여 사용할 수도 있다.

- minReadySeconds(최소 대기 시간(초))
  - 파드가 Ready 상태가 된 다음부터 디플로이먼트 리소스에서 파드 기동이 완료되었다고 판단(다음 파드의 교체가 가능하다고 판단)하기까지의 최소 시간(초)
- revisionHistoryLimit(수정 버전 기록 제한)
  - 디플로이먼트가 유지할 레플리카셋 수
  - 롤백이 가능한 이력 수

- progressDeadlineSeconds(진행 기한 시간(초))
  - Recreate/RollingUpdate 처리 타임아웃 시간
  - 타임아웃 시간이 경과하면 자동으로 롤백

위의 내용은 모두 디플로이먼트의 spec 아래에서 설정할 수 있다.

코드 5-19 업데이트 상세 파라미터를 설정한 디플로이먼트 예제(sample-deployment-params.yaml)

```yaml
apiVersion: apps/v1
kind: Deployment
metadata:
  name: sample-deployment-params
spec:
  minReadySeconds: 0
  revisionHistoryLimit: 2
  progressDeadlineSeconds: 3600
  replicas: 3
  selector:
    matchLabels:
      app: sample-app
  template:
    metadata:
      labels:
        app: sample-app
    spec:
      containers:
        - name: nginx-container
          image: nginx:1.16
```

5.4.7 디플로이먼트 스케일링

디플로이먼트가 관리하는 레플리카셋의 레플리카 수는 레플리카셋과 같은 방법으로 kubectl apply -f 또는 kubectl scale을 사용하여 스케일할 수 있다.

```
# 레플리카 수를 3에서 4로 변경한 매니페스트를 apply
$ sed -i -e 's|replicas: 3|replicas: 4|' sample-deployment.yaml
$ kubectl apply -f sample-deployment.yaml
```

```
deployment.apps/sample-deployment configured

# kubectl scale 명령어를 사용한 스케일링
$ kubectl scale deployment sample-deployment --replicas=5
deployment.apps/sample-deployment scaled
```

5.4.8 매니페스트를 사용하지 않고 디플로이먼트 생성

kubectl create deployment 명령어를 사용하면 매니페스트를 사용하지 않고 거의 동일한 디플로이먼트를 만들 수 있다.

```
# 매니페스트를 사용하지 않고 명령어로 디플로이먼트를 생성
$ kubectl create deployment sample-deployment-by-cli --image nginx:1.16
deployment.apps/sample-deployment-by-cli created
```

기본 레이블은 app: sample-deployment-by-cli와 파드 템플릿 구조에서 계산되는 pod-template-hash가 부여되지만, 충돌 위험성이 낮아 이미지 확인 등의 간단한 작업 용도로 사용할 수 있다. 그래도 서비스 환경에서는 매니페스트를 사용하자.

5.5 데몬셋

데몬셋(DaemonSet)은 레플리카셋의 특수한 형태라고 할 수 있는 리소스다. 레플리카셋은 각 쿠버네티스 노드에 총 N개의 파드를 노드의 리소스 상황에 맞게 배치한다. 그래서 각 노드의 파드 수가 동일하다고 할 수 없으며, 모든 노드에 반드시 배치된다고도 할 수 없다. 그러나 데몬셋은 각 노드에 파드를 하나씩 배치하는 리소스다(그림 5-20). 따라서 데몬셋은 레플리카 수를 지정할 수 없고 하나의 노드에 두 개의 파드를 배치할 수도 없다. 다만 파드를 배치하고 싶지 않은 노드가 있을 경우 12장에서 설명하는 nodeSelector나 노드 안티어피니티를 사용한 스케줄링으로 예외 처리를 할 수 있다.

▼ 그림 5-20 데몬셋

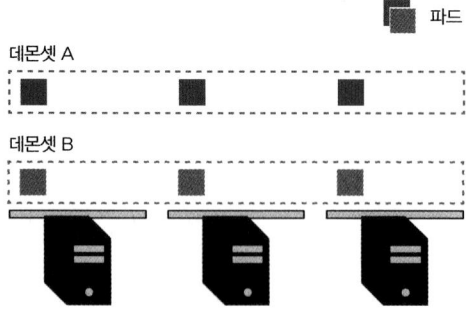

쿠버네티스 노드를 늘렸을 때도 데몬셋의 파드는 자동으로 늘어난 노드에서 기동한다. 그렇기 때문에 데몬셋은 각 파드가 출력하는 로그를 호스트 단위로 수집하는 플루언트디(Fluentd)나 각 파드 리소스 사용 현황 및 노드 상태를 모니터링하는 데이터독(Datadog) 등 모든 노드에서 반드시 동작해야 하는 프로세스를 위해 사용하는 것이 유용하다.

5.5.1 데몬셋 생성

간단한 데몬셋 예제를 동작시켜 보자. 먼저 코드 5-20의 매니페스트로 sample-ds를 생성한다. 레플리카셋 등과 달리 레플리카 수 등을 지정할 수 있는 항목은 없다.

코드 5-20 데몬셋 예제(sample-ds.yaml)

```yaml
apiVersion: apps/v1
kind: DaemonSet
metadata:
  name: sample-ds
spec:
  selector:
    matchLabels:
      app: sample-app
  template:
    metadata:
      labels:
        app: sample-app
    spec:
      containers:
      - name: nginx-container
        image: nginx:1.16
```

매니페스트로 데몬셋을 생성한다.

```
# 데몬셋 생성
$ kubectl apply -f sample-ds.yaml
daemonset.apps/sample-ds created
```

데몬셋을 확인해보면 각 노드에 하나씩 파드가 기동된 것을 확인할 수 있다.

```
# 파드 목록 표시
$ kubectl get pods -o wide
NAME                READY   STATUS    RESTARTS   AGE    IP          NODE
sample-ds-97cqr     1/1     Running   0          2m2s   10.0.1.31   gke-k8s-default-
pool-be722c17-fpxg
sample-ds-gpfrl     1/1     Running   0          2m1s   10.0.0.22   gke-k8s-default-
pool-be722c17-gshw
sample-ds-kfr88     1/1     Running   0          2m1s   10.0.2.34   gke-k8s-default-
pool-be722c17-mnpv
```

5.5.2 데몬셋 업데이트 전략

디플로이먼트와 마찬가지로 데몬셋 업데이트에서도 두 가지 업데이트 전략 중 하나를 선택할 수 있다.

하나는 OnDelete이고, 다른 하나는 디플로이먼트에서도 사용한 RollingUpdate다. OnDelete는 데몬셋 매니페스트가 변경되었을 때 파드를 업데이트하지 않고 다른 이유로 파드가 다시 생성될 때 새로운 정의로 파드를 생성한다. RollingUpdate는 디플로이먼트와 마찬가지로 즉시 파드를 업데이트한다. 데몬셋 업데이트 전략도 기본값은 RollingUpdate이다.

OnDelete

OnDelete에서는 데몬셋 매니페스트를 수정하여 이미지 등을 변경했더라도 기존 파드는 업데이트되지 않는다. 디플로이먼트와 달리 데몬셋은 모니터링이나 로그 전송과 같은 용도로 많이 사용하기 때문에, 업데이트는 다음 번에 다시 생성할 때나 수동으로 임의의 시점에 하게 되어 있다. 또한, type 외에 지정할 수 있는 항목은 없다.

코드 5-21 OnDelete 업데이트 전략의 데몬셋 예제(sample-ds-ondelete.yaml)

```yaml
apiVersion: apps/v1
kind: DaemonSet
metadata:
  name: sample-ds-ondelete
spec:
  updateStrategy:
    type: OnDelete
  selector:
    matchLabels:
      app: sample-app
  template:
    metadata:
      labels:
        app: sample-app
    spec:
      containers:
      - name: nginx-container
        image: nginx:1.16
```

OnDelete로 설정하고 아무것도 하지 않을 경우, 노드의 유지 보수를 이유로 파드가 정지되거나 예기치 못하게 파드가 정지되는 등 다양한 이유로 파드가 정지되어 다시 생성되기 전까지는 업데이트되지 않는다. 그렇기 때문에 운영상의 이유로 정지하면 안 되는 파드이거나 업데이트가 급하게 필요 없는 경우 OnDelete 설정으로 사용해도 되지만, 이전 버전이 계속 장기간 사용된다는 점에 주의하길 바란다.

또 임의의 시점에 파드를 업데이트하는 경우에는 데몬셋과 연결된 파드를 kubectl delete pod 명령어로 수동으로 정지시키고 자동화된 복구 기능으로 새로운 파드를 생성해야 한다.

```
# 하나의 파드만 다시 생성하여 업데이트
$ kubectl delete pod sample-ds-ondelete-xxxxx
```

RollingUpdate

데몬셋도 디플로이먼트와 마찬가지로 RollingUpdate를 사용한 업데이트가 가능하다. 그러나 데몬셋에서는 하나의 노드에 동일한 파드를 여러 개 생성할 수 없으므로 디플로이먼트와 달리 동시에 생성할 수 있는 최대 파드 수(maxSurge)를 설정할 수 없다. 동시에 정지 가능한 최대 파드 수(maxUnavailable)만 지정하여 RollingUpdate를 하게 된다. 예를 들어 maxUnavailable=2의 경우 파드를 두 개씩 동시에 업데이트해 나가는 형태가 된다. maxUnavailable의 기본값은 1이며, maxUnavailable을 0으로 지정할 수는 없다.

코드 5-22 RollingUpdate 업데이트 전략의 데몬셋 예제(sample-ds-rollingupdate.yaml)

```yaml
apiVersion: apps/v1
kind: DaemonSet
metadata:
  name: sample-ds-rollingupdate
spec:
  updateStrategy:
    type: RollingUpdate
    rollingUpdate:
      maxUnavailable: 2
  selector:
    matchLabels:
      app: sample-app
  template:
    metadata:
      labels:
        app: sample-app
    spec:
      containers:
      - name: nginx-container
        image: nginx:1.16
```

5.6 스테이트풀셋

스테이트풀셋(StatefulSet)도 데몬셋과 마찬가지로 레플리카셋의 특수한 형태라고 할 수 있는 리소스다. 이름 그대로 데이터베이스 등과 같은 스테이트풀(stateful)한 워크로드에 사용하기 위한 리소스다.

레플리카셋과의 주된 차이점은 다음과 같다.

- 생성되는 파드명의 접미사는 숫자 인덱스가 부여된 것이다.

- sample-statefulset-0, sample-statefulset-1, ..., sample-statefulset-N
      - 파드명이 바뀌지 않는다.
  - 데이터를 영구적으로 저장하기 위한 구조로 되어 있다.
    - 7장에서 설명할 영구 볼륨(PersistentVolume)을 사용하는 경우에는 파드를 재기동할 때 같은 디스크를 사용하여 다시 생성한다.

5.6.1 스테이트풀셋 생성

간단한 스테이트풀셋 예제를 동작시켜 보자. 먼저 코드 5-23의 매니페스트로 sample-statefulset을 생성한다. 스테이트풀셋에서는 spec.volumeClaimTemplates를 지정할 수 있다. 이 설정으로 스테이트풀셋으로 생성되는 각 파드에 영구 볼륨 클레임(영구 볼륨 요청)을 설정할 수 있다. 영구 볼륨 클레임을 사용하면 클러스터 외부의 네트워크를 통해 제공되는 영구 볼륨을 파드에 연결할 수 있으므로, 파드를 재기동할 때나 다른 노드로 이동할 때 같은 데이터를 보유한 상태로 컨테이너가 다시 생성된다. 영구 볼륨은 하나의 파드가 소유할 수도 있고, 영구 볼륨 종류에 따라 여러 파드에서 공유할 수도 있다. 영구 볼륨과 영구 볼륨 클레임은 7장에서 자세히 설명한다.

코드 5-23 스테이트풀셋 예제(sample-statefulset.yaml)

```yaml
apiVersion: apps/v1
kind: StatefulSet
metadata:
  name: sample-statefulset
spec:
  serviceName: sample-statefulset
  replicas: 3
  selector:
    matchLabels:
      app: sample-app
  template:
    metadata:
      labels:
        app: sample-app
    spec:
      containers:
      - name: nginx-container
        image: nginx:1.16
        volumeMounts:
```

```
        - name: www
          mountPath: /usr/share/nginx/html
  volumeClaimTemplates:
  - metadata:
      name: www
    spec:
      accessModes:
      - ReadWriteOnce
      resources:
        requests:
          storage: 1G
```

매니페스트로 스테이트풀셋을 생성한다.

```
# 스테이트풀셋 생성
$ kubectl apply -f sample-statefulset.yaml
statefulset.apps/sample-statefulset created
```

스테이트풀셋을 확인해보면 레플리카셋과 거의 같은 정보가 표시된다.

```
# 스테이트풀셋 확인
$ kubectl get statefulsets
NAME                 READY   AGE
sample-statefulset   3/3     91s
```

파드를 확인해보면 스테이트풀셋으로 생성된 파드명에 연번의 인덱스가 접미사로 부여된 것을 확인할 수 있다.

```
# 파드 목록 표시(출력 일부 수정)
$ kubectl get pods -o wide
NAME                   READY   STATUS    RESTARTS   AGE   IP          NODE
sample-statefulset-0   1/1     Running   0          92s   10.0.2.36   gke-k8s-default-
pool-be722c17-mnpv
sample-statefulset-1   1/1     Running   0          66s   10.0.1.33   gke-k8s-default-
pool-be722c17-fpxg
sample-statefulset-2   1/1     Running   0          48s   10.0.0.25   gke-k8s-default-
pool-be722c17-gshw
```

참고로 위 스테이트풀셋이 사용하고 있는 영구 볼륨 클레임(영구 볼륨 요청)과 영구 볼륨의 목록은 다음과 같이 확인할 수 있다. 상세한 설명은 7장에서 하겠지만, 스테이트풀셋이 볼륨 리소스를 생성하여 영구 볼륨을 확보한다고 보면 된다.

```
# 스테이트풀셋에서 사용되고 있는 영구 볼륨 클레임(영구 볼륨 요청) 확인(일부 항목 생략)
$ kubectl get persistentvolumeclaims
NAME                        STATUS   VOLUME                                     CAPACITY
AGE
www-sample-statefulset-0    Bound    pvc-c5446317-fdd6-447b-a1e8-98aa931ea852   1Gi
2m58s
www-sample-statefulset-1    Bound    pvc-2bbb3f2a-b3ab-4d37-8752-bba1225b9e08   1Gi
2m32s
www-sample-statefulset-2    Bound    pvc-7fbec9b4-174b-43ae-8adb-3255dee100a2   1Gi
2m14s

# 스테이트풀셋에서 사용되고 있는 영구 볼륨 확인(일부 항목 생략)
$ kubectl get persistentvolumes
NAME                                       CAPACITY   RECLAIM POLICY   STATUS   AGE
pvc-2bbb3f2a-b3ab-4d37-8752-bba1225b9e08   1Gi        Delete           Bound    5m42s
pvc-7fbec9b4-174b-43ae-8adb-3255dee100a2   1Gi        Delete           Bound    5m23s
pvc-c5446317-fdd6-447b-a1e8-98aa931ea852   1Gi        Delete           Bound    6m7s
```

5.6.2 스테이트풀셋 스케일링

스테이트풀셋도 레플리카셋과 같은 방법인 kubectl apply -f 또는 kubectl scale을 사용하여 스케일링할 수 있다.

```
# 레플리카 수를 3에서 4로 변경한 매니페스트를 apply
$ sed -i -e 's|replicas: 3|replicas: 4|' sample-statefulset.yaml
$ kubectl apply -f sample-statefulset.yaml
statefulset.apps/sample-statefulset configured

# kubectl scale을 사용한 스케일링
$ kubectl scale statefulset sample-statefulset --replicas=5
statefulset.apps/sample-statefulset scaled
```

스테이트풀셋에서 레플리카 수를 변경하여 파드를 생성하고 삭제하면 레플리카셋이나 데몬셋 등과 달리 기본적으로 파드를 동시에 하나씩만 생성하고 삭제하기 때문에 조금 시간이 걸린다.

스케일 아웃일 때는 인덱스가 가장 작은 것부터 파드를 하나씩 생성하고 이전에 생성된 파드가 Ready 상태가 되고 나서 다음 파드를 생성하기 시작한다. 따라서 위 예제에서는 sample-statefulset-0, sample-statefulset-1, sample-statefulset-2 순서로 생성된다(그림 5-21). 또 이 동작 방식은 스테이트풀셋 리소스 생성 시 처음 파드가 생성될 때도 동일하다.

▼ 그림 5-21 스테이트풀셋 스케일 아웃

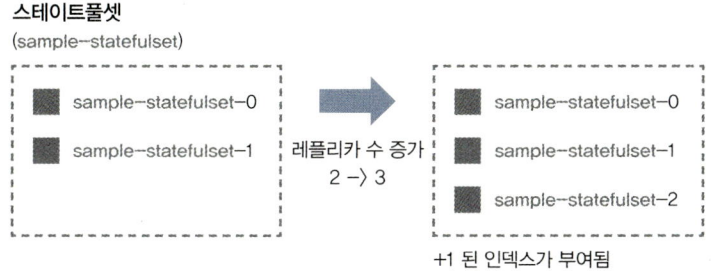

반대로 스케일 인일 때는 인덱스가 가장 큰 파드(가장 최근에 생성된 컨테이너)부터 삭제된다. 즉, sample-statefulset-2, sample-statefulset-1, sample-statefulset-0 순서로 삭제된다(그림 5-22).

▼ 그림 5-22 스테이트풀셋 스케일 인

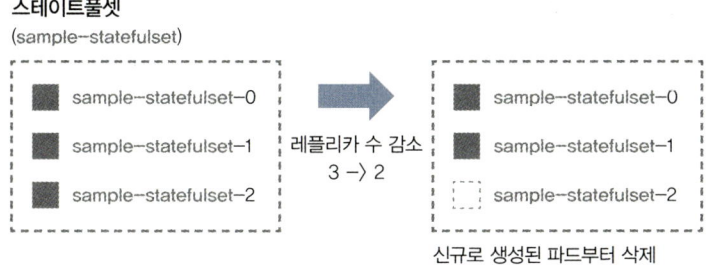

레플리카셋의 경우 파드가 무작위로 삭제되기 때문에 특정 파드가 마스터가 되는 애플리케이션에는 맞지 않는다(그림 5-23). 그러나 스테이트풀셋은 0번째 파드가 항상 가장 먼저 생성되고 가장 늦게 삭제되기 때문에 0번째 파드를 마스터 노드로 사용하는 이중화 구조 애플리케이션에 적합하다.

▼ 그림 5-23 레플리카셋 스케일 인

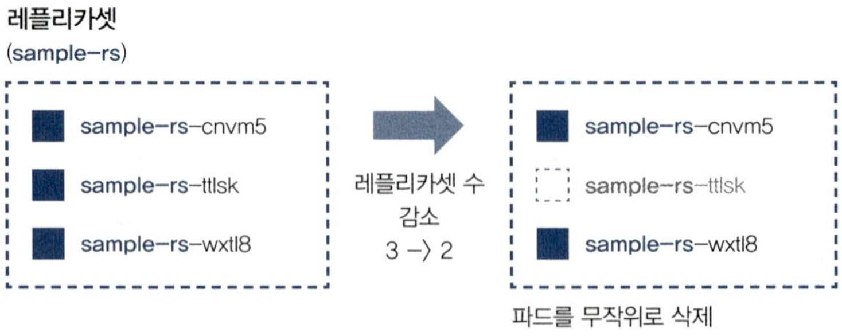

레플리카셋
(sample-rs)

sample-rs-cnvm5	→	sample-rs-cnvm5
sample-rs-ttlsk	레플리카셋 수 감소 3 -> 2	sample-rs-ttlsk
sample-rs-wxtl8		sample-rs-wxtl8

파드를 무작위로 삭제

5.6.3 스테이트풀셋의 라이프사이클

스테이트풀셋은 레플리카셋 등과 달리 여러 파드가 동시에 생성되지 않고 하나씩 파드를 생성하며 Ready 상태가 되면 다음 파드를 생성한다고 설명했다. 그러나 스테이트풀셋에서도 spec.podManagementPolicy를 Parallel로 설정하여 레플리카셋 등과 마찬가지로 병렬로 동시에 파드를 기동시킬 수 있다(그림 5-24). spec.podManagementPolicy 기본값은 OrderedReady로 설정된다.

▼ 그림 5-24 스테이트풀셋 podManagementPolicy 설정에 따른 동작 차이

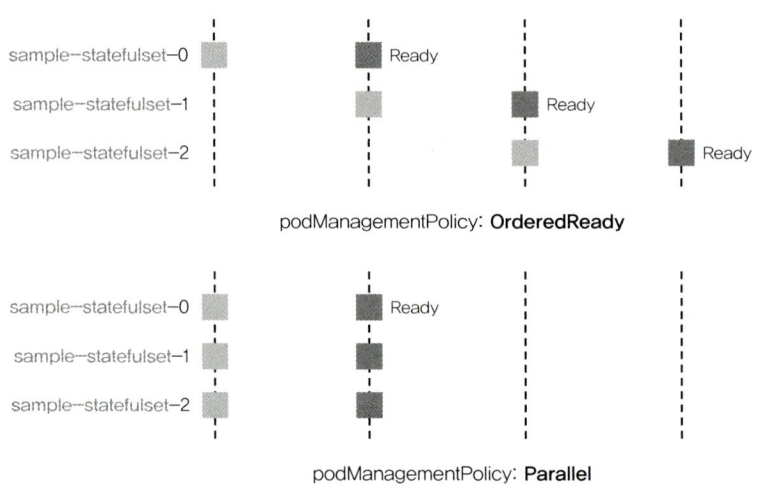

코드 5-24와 같은 매니페스트를 사용하여 스테이트풀셋을 생성하면 동시에 세 대가 기동한다.

코드 5-24 병렬로 동시에 파드를 기동하는 스테이트풀셋 예제(sample-statefulset-parallel.yaml)

```yaml
apiVersion: apps/v1
kind: StatefulSet
metadata:
  name: sample-statefulset-parallel
spec:
  podManagementPolicy: Parallel
  serviceName: sample-statefulset-parallel
  replicas: 3
  selector:
    matchLabels:
      app: sample-app
  template:
    metadata:
      labels:
        app: sample-app
    spec:
      containers:
      - name: nginx-container
        image: nginx:1.16
```

5.6.4 스테이트풀셋 업데이트 전략

디플로이먼트나 데몬셋과 마찬가지로 스테이트풀셋을 업데이트할 때도 업데이트 전략을 두 가지 중에서 선택할 수 있다. 두 가지는 데몬셋과 마찬가지로 OnDelete와 RollingUpdate다. OnDelete는 스테이트풀셋 매니페스트가 변경되었을 때 파드를 업데이트하지 않고 다른 이유로 파드가 다시 생성될 때 새로운 설정으로 파드가 생성된다. RollingUpdate는 디플로이먼트와 마찬가지로 즉시 파드를 업데이트한다. 스테이트풀셋의 업데이트 전략도 RollingUpdate가 기본값이다.

OnDelete

OnDelete에서는 스테이트풀셋 매니페스트를 수정하여 이미지 등을 변경했더라도 기존 파드는 업데이트되지 않는다. 스테이트풀셋에서 OnDelete는 영속성 영역을 가진 데이터베이스나 클러스터 등에서 많이 사용되기 때문에 수동으로 업데이트하고 싶을 경우 OnDelete를 사용하여 임의의 시점에서나 다음에 재기동할 때 업데이트를 진행하게 되어 있다. 또한, type 외에 지정할 수 있는 항목은 없다.

코드 5-25 OnDelete 업데이트 전략의 스테이트풀셋 예제(sample-statefulset-ondelete.yaml)

```yaml
apiVersion: apps/v1
kind: StatefulSet
metadata:
  name: sample-statefulset-ondelete
spec:
  updateStrategy:
    type: OnDelete
  serviceName: sample-statefulset-ondelete
  replicas: 3
  selector:
    matchLabels:
      app: sample-app
  template:
    metadata:
      labels:
        app: sample-app
    spec:
      containers:
      - name: nginx-container
        image: nginx:1.16
```

RollingUpdate

디플로이먼트와 마찬가지로 RollingUpdate를 사용한 스테이트풀셋 업데이트가 가능하다. 그러나 스테이트풀셋에는 영속성 데이터가 있으므로 디플로이먼트와 다르게 추가 파드를 생성해서 롤링 업데이트를 할 수 없다. 또한, 동시에 정지 가능한 최대 파드 수(maxUnavailable)를 지정하여 롤링 업데이트를 할 수도 없으므로 파드마다 Ready 상태인지를 확인하고 업데이트하게 된다. spec.podManagementPolicy가 Parallel로 설정되어 있는 경우에도 병렬로 동시에 처리되지 않고 파드 하나씩 업데이트가 이루어진다.

스테이트풀셋의 RollingUpdate에서는 partition이라는 특정 값을 설정할 수 있다. partition을 설정하면 전체 파드 중 어떤 파드까지 업데이트할지를 지정할 수 있다. 이 설정을 사용하면 전체에 영향을 주지 않고 부분적으로 업데이트를 적용하고 확인할 수 있어 안전한 업데이트를 할 수 있다(그림 5-25). 또한, OnDelete와 달리 수동으로 재기동한 경우에도 partition 값보다 작은 인덱스를 가진 파드는 업데이트되지 않는다.

❤ 그림 5-25 스테이트풀셋 RollingUpdate 시의 Partition

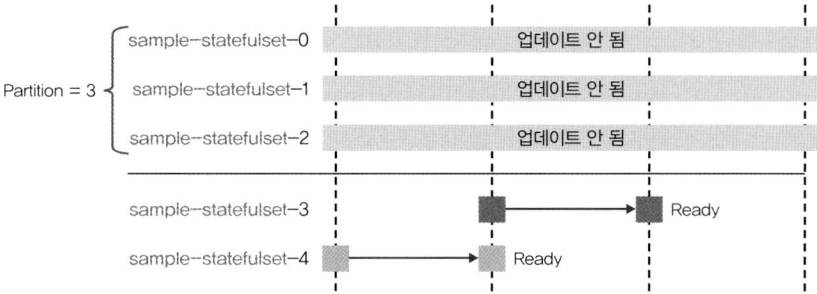

파티션은 spec.updateStrategy.rollingUpdate.partition에 지정한다.

코드 5-26 RollingUpdate 업데이트 전략에서 partition을 지정한 스테이트풀셋 예제(sample-statefulset-rollingupdate.yaml)

```
apiVersion: apps/v1
kind: StatefulSet
metadata:
  name: sample-statefulset-rollingupdate
spec:
  updateStrategy:
    type: RollingUpdate
    rollingUpdate:
      partition: 3
  serviceName: sample-statefulset-rollingupdate
  replicas: 5
  selector:
    matchLabels:
      app: sample-app
  template:
    metadata:
      labels:
        app: sample-app
    spec:
      containers:
      - name: nginx-container
        image: nginx:1.16
```

위의 스테이트풀셋을 실제로 기동해보면 0~4 인덱스를 가진 다섯 개의 파드가 생성된다. 이 상태에서 스테이트풀셋 이미지를 수정하면 partition=3(위에서부터 세 개의 파드는 업데이트 대상 외 = 3 이상의 인덱스를 가진 파드가 업데이트 대상)이기 때문에 인덱스 4와 인덱스 3인 파드가 이 순서대로 하나씩 업데이트된다. 이때 0~2 인덱스를 가진 파드는 업데이트되지 않는다. 이후에 partition 값을 3에서 1로 변경하면, 대상 인덱스가 1 이상이 되고 업데이트되지 않은 인덱스 2와 인덱스 1인 파드도 하나씩 이 순서대로 업데이트된다.

```
# 파드 목록 표시
$ kubectl get pods --watch
NAME                                      READY   STATUS        RESTARTS   AGE
sample-statefulset-rollingupdate-0        1/1     Running       0          8s
sample-statefulset-rollingupdate-1        1/1     Running       0          6s
sample-statefulset-rollingupdate-2        1/1     Running       0          5s
sample-statefulset-rollingupdate-3        1/1     Running       0          3s
sample-statefulset-rollingupdate-4        1/1     Running       0          2s
sample-statefulset-rollingupdate-4        0/1     Terminating   0          23s
# 이미지 수정
sample-statefulset-rollingupdate-4        1/1     Running       0          3s
sample-statefulset-rollingupdate-3        0/1     Terminating   0          28s
sample-statefulset-rollingupdate-3        1/1     Running       0          1s
# 3 이상만 순서대로 업데이트
sample-statefulset-rollingupdate-2        0/1     Terminating   0          3m42s
# partition: 3->1
sample-statefulset-rollingupdate-2        1/1     Running       0          2s
sample-statefulset-rollingupdate-1        0/1     Terminating   0          3m47s
sample-statefulset-rollingupdate-1        1/1     Running       0          3s
# 1 이상만 순서대로 업데이트
```

5.6.5 영구 볼륨 데이터 저장 확인

먼저 컨테이너 내부에 영구 볼륨이 마운트되어 있는지를 확인한다. 영구 볼륨을 사용하고 있을 경우 /dev/sdb 등의 별도 디스크(PV)가 마운트되어 있다.

```
# 약 1GB 영구 볼륨이 마운트되어 있는 것을 확인(/dev/sdb > /usr/share/nginx/html)
$ kubectl exec -it sample-statefulset-0 -- df -h | grep /dev/sd
/dev/sda1         95G   2.7G   92G   3%  /etc/hosts
/dev/sdb          976M  2.6M   958M  1%  /usr/share/nginx/html
```

마운트된 영구 볼륨에 같은 이름의 파일이 없는지를 확인하고 샘플 파일을 생성한다.

```
# 영구 볼륨에 sample.html이 없는지 확인
$ kubectl exec -it sample-statefulset-0 -- ls /usr/share/nginx/html/sample.html
ls: cannot access '/usr/share/nginx/html/sample.html': No such file or directory
command terminated with exit code 2

# 영구 볼륨에 sample.html 생성
$ kubectl exec -it sample-statefulset-0 -- touch /usr/share/nginx/html/sample.html

# 영구 볼륨에 sample.html 파일이 있는지 확인
$ kubectl exec -it sample-statefulset-0 -- ls /usr/share/nginx/html/sample.html
/usr/share/nginx/html/sample.html
```

kubectl을 사용하여 파드를 삭제하거나 컨테이너 내부 에러로 컨테이너가 정지된 경우 등의 상황에서도 복구 후에 파일이 유실되지 않는다.

```
# 예상치 못한 파드 정지 1(파드 삭제)
$ kubectl delete pod sample-statefulset-0
pod "sample-statefulset-0" deleted

# 예상치 못한 파드 정지 2(nginx 프로세스 정지)
$ kubectl exec -it sample-statefulset-0 -- /bin/bash -c 'kill 1'

# 파드 정지, 복구 이후에도 파일 유실 없음
$ kubectl exec -it sample-statefulset-0 -- ls /usr/share/nginx/html/sample.html
/usr/share/nginx/html/sample.html
```

복구 후 스테이트풀셋 상태를 확인해보면, IP 주소는 변경되었지만 파드명은 그대로인 것을 알 수 있다.

```
# 파드 목록 표시
$ kubectl get pods -o wide
NAME                    READY   STATUS    RESTARTS   AGE     IP          NODE
sample-statefulset-0    1/1     Running   0          25s     10.0.2.55   gke-k8s-
default-pool-be722c17-mnpv
sample-statefulset-1    1/1     Running   0          4m21s   10.0.1.52   gke-k8s-
default-pool-be722c17-fpxg
sample-statefulset-2    1/1     Running   0          4m3s    10.0.0.32   gke-k8s-
default-pool-be722c17-gshw
```

5.6.6 스테이트풀셋 삭제와 영구 볼륨 삭제

스테이트풀셋을 생성하면 파드에 영구 볼륨 클레임(영구 볼륨 요청)을 설정할 수 있어 영구 볼륨도 동시에 확보할 수 있다고 설명했다. 이렇게 확보한 영구 볼륨은 스테이트풀셋이 삭제되어도 동시에 해제되지 않는다. 스테이트풀셋이 영구 볼륨을 해제하기 전에 볼륨에서 데이터를 백업할 수 있도록 시간을 주기 때문이다. 반대로 말하면, 스테이트풀셋을 삭제하고 스테이트풀셋이 영구 볼륨 클레임으로 확보한 영구 볼륨을 해제하지 않고 다시 스테이트풀셋을 생성한 경우 영구 볼륨 데이터는 그대로 파드가 기동된다. 이것은 스케일 인하여 레플리카 수를 줄인 경우도 마찬가지다.

```
# 스테이트풀셋 삭제
$ kubectl delete statefulset sample-statefulset
statefulset.apps "sample-statefulset" deleted

# 스테이트풀셋에 연결되는 영구 볼륨 클레임(영구 볼륨 요청) 확인(출력 일부 수정)
$ kubectl get persistentvolumeclaims
NAME                      STATUS    VOLUME                                     CAPACITY
ACCESS MODES   STORAGECLASS   AGE
www-sample-statefulset-0  Bound     pvc-c5446317-fdd6-447b-a1e8-98aa931ea852   1Gi
RWO            standard       74m
www-sample-statefulset-1  Bound     pvc-2bbb3f2a-b3ab-4d37-8752-bba1225b9e08   1Gi
RWO            standard       74m
www-sample-statefulset-2  Bound     pvc-7fbec9b4-174b-43ae-8adb-3255dee100a2   1Gi
RWO            standard       74m

# 스테이트풀셋에 연결되는 영구 볼륨 확인(출력 일부 수정)
$ kubectl get persistentvolumes
NAME                                       CAPACITY  RECLAIM POLICY  CLAIM
                        AGE
pvc-2bbb3f2a-b3ab-4d37-8752-bba1225b9e08   1Gi       Delete          default/www-
sample-statefulset-1    76m
pvc-7fbec9b4-174b-43ae-8adb-3255dee100a2   1Gi       Delete          default/www-
sample-statefulset-2    76m
pvc-c5446317-fdd6-447b-a1e8-98aa931ea852   1Gi       Delete          default/www-
sample-statefulset-0    76m

# 다시 스테이트풀셋 생성
$ kubectl apply -f sample-statefulset.yaml
statefulset.apps/sample-statefulset created
```

```
# 스테이트풀셋을 한 번 삭제한 후에도 영구 볼륨에 sample.html이 있는지 확인
$ kubectl exec -it sample-statefulset-0 -- ls /usr/share/nginx/html/sample.html
/usr/share/nginx/html/sample.html
```

스테이트풀셋을 삭제해도 영구 볼륨이 확보된 상태일 경우 비용이 발생한다. 관리형 서비스의 종량 과금 방식인 경우 볼륨을 그대로 유지하면 비용이 발생하고, 온프레미스 환경인 경우에도 디스크 공간이 확보된 상태로 남아 있다. 따라서 스테이트풀셋을 삭제한 후에는 확보된 영구 볼륨도 해제하도록 하자.

```
# 스테이트풀셋이 확보한 영구 볼륨 해제
$ kubectl delete persistentvolumeclaims www-sample-statefulset-{0..2}
persistentvolumeclaim "www-sample-statefulset-0" deleted
persistentvolumeclaim "www-sample-statefulset-1" deleted
persistentvolumeclaim "www-sample-statefulset-2" deleted
```

또한, 영구 볼륨 클레임을 삭제해도 영구 볼륨은 삭제되지 않는 경우가 있다. 이것은 영구 볼륨의 ClaimPolicy 설정 때문이다. 자세한 내용은 7장에서 설명한다.

5.7 잡

잡(Job)은 컨테이너를 사용하여 한 번만 실행되는 리소스다. 더 정확하게 말하면, N개의 병렬로 실행하면서 지정한 횟수의 컨테이너 실행(정상 종료)을 보장하는 리소스다.

그림 5-26은 세 개의 병렬 잡으로 5회 실행이 성공할 때까지 파드를 기동하는 예제다.

▼ 그림 5-26 잡

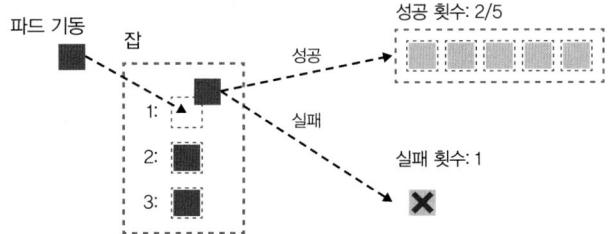

5.7.1 레플리카셋과의 차이점과 잡의 용도

잡과 레플리카셋 간의 큰 차이점은 '기동 중인 파드가 정지되는 것을 전제로 만들어졌는지'에 있다. 기본적으로 레플리카셋 등에서 파드의 정지는 예상치 못한 에러다. 반면 잡의 경우는 파드의 정지가 정상 종료되는 작업에 적합하다. 예를 들어 '특정 서버와의 rsync'나 'S3 등의 오브젝트 스토리지에 파일 업로드' 등을 들 수 있다. 레플리카셋 등에서는 정상 종료 횟수 등을 셀 수 없기 때문에 배치 처리인 경우에는 잡을 적극적으로 사용하자.

5.7.2 잡 생성

간단한 잡 예제를 동작시켜 보자. 먼저 코드 5-27의 매니페스트로 sample-job을 생성한다. 여기서는 60초 동안만 sleep하는 잡을 생성한다. 레플리카셋과 마찬가지로 레이블과 셀렉터는 명시적으로 지정할 수 있지만, 쿠버네티스가 유니크한 uuid를 자동으로 생성하기 때문에 잡에서는 명시적으로 지정하는 것을 추천하지 않는다.

코드 5-27 잡 예제(sample-job.yaml)

```
apiVersion: batch/v1
kind: Job
metadata:
  name: sample-job
spec:
  completions: 1
  parallelism: 1
  backoffLimit: 10
  template:
    spec:
      containers:
      - name: tools-container
        image: amsy810/tools:v2.0
        command: ["sleep"]
        args: ["60"]
      restartPolicy: Never
```

위의 매니페스트로 잡을 생성한다.

```
# 잡 생성
$ kubectl apply -f sample-job.yaml
job.batch/sample-job created
```

kubectl get으로 잡을 확인해보면 레플리카셋 등에서는 READY 상태의 컨테이너 수를 표시하지만, 잡에서는 정상 종료한 파드 수(COMPLETIONS)를 표시한다. 또한, 잡은 레플리카셋 등과 마찬가지로 파드를 생성하는 리소스라는 점을 알아 두길 바란다.

```
# 잡 목록 표시(잡 생성 직후)
$ kubectl get jobs
NAME          COMPLETIONS   DURATION   AGE
sample-job    0/1           44s        44s

# 잡이 생성한 파드 확인
$ kubectl get pods --watch
NAME                  READY   STATUS    RESTARTS   AGE
sample-job-mbx2s      1/1     Running   0          68s

# 잡 목록 표시(파드 실행 완료 후)
$ kubectl get jobs
NAME                  READY   STATUS      RESTARTS   AGE
sample-job-mbx2s      0/1     Completed   0          73s
```

5.7.3 restartPolicy에 따른 동작 차이

잡의 매니페스트에는 spec.template.spec.restartPolicy에 OnFailure 또는 Never 중 하나를 지정해야 한다. Never를 지정한 경우 파드에 장애가 발생하면 신규 파드가 생성된다. 반대로 OnFailure의 경우 다시 동일한 파드를 사용하여 잡을 다시 시작한다.

restartPolicy: Never의 경우

코드 5-28의 매니페스트를 사용하여 restartPolicy에 Never를 지정한 경우의 동작을 확인해보자. Docker에서는 spec.containers[].command에서 지정한 프로그램은 프로세스 ID=1로 실행된다. 프로세스 ID=1에서 sleep 명령어를 실행하면 SIGKILL 신호를 보내도 프로세스를 정지할 수 없기 때문에 셸에서 별도 프로세스를 시작하는 형태로 기동해야 한다.

코드 5-28 restartPolicy에 Never를 지정한 잡 예제(sample-job-never-restart.yaml)

```yaml
apiVersion: batch/v1
kind: Job
metadata:
  name: sample-job-never-restart
spec:
  completions: 1
  parallelism: 1
  backoffLimit: 10
  template:
    spec:
      containers:
      - name: tools-container
        image: amsy810/tools:v2.0
        command: ["sh", "-c"]
        args: ["$(sleep 3600)"]
      restartPolicy: Never
```

위의 매니페스트로 리소스를 생성하고 실제로 컨테이너상의 sleep 프로세스를 정지시켜 보자. restartPolicy: Never의 경우 잡 용도로 생성한 파드 내부 프로세스가 정지되면 신규 파드를 생성하여 잡을 계속 실행하려고 한다.

```
# 잡이 생성한 파드 확인
$ kubectl get pods
NAME                             READY   STATUS    RESTARTS   AGE
sample-job-never-restart-5vhgd   1/1     Running   0          5s

# 컨테이너상의 sleep 프로세스 정지
$ kubectl exec -it sample-job-never-restart-5vhgd -- sh -c 'kill -9 `pgrep sleep`'

# 생성된 파드가 기동됨
$ kubectl get pods
NAME                             READY   STATUS    RESTARTS   AGE
sample-job-never-restart-5vhgd   0/1     Error     0          69s
sample-job-never-restart-8fgdq   1/1     Running   0          4s
```

restartPolicy: OnFailure의 경우

코드 5-29의 매니페스트를 사용하여 restartPolicy에 OnFailure를 지정한 경우의 동작을 확인해 보자. 이 경우에도 셸로 sleep용 별도 프로세스를 기동하여 실행한다.

코드 5-29 restartPolicy에 OnFailure를 지정한 잡 예제(sample-job-onfailure-restart.yaml)

```yaml
apiVersion: batch/v1
kind: Job
metadata:
  name: sample-job-onfailure-restart
spec:
  completions: 1
  parallelism: 1
  backoffLimit: 10
  template:
    spec:
      containers:
      - name: tools-container
        image: amsy810/tools:v2.0
        command: ["sh", "-c"]
        args: ["$(sleep 3600)"]
      restartPolicy: OnFailure
```

위의 매니페스트를 생성하고 실제로 컨테이너상의 sleep 프로세스를 정지시켜 보자. restartPolicy: OnFailure의 경우 잡 용도로 생성된 파드 내부 프로세스가 정지되면 RESTARTS 카운터가 증가하고, 사용했던 파드를 다시 사용하여 잡을 실행하려고 한다. 파드가 기동하는 노드나 파드 IP 주소는 변경되지 않지만, 영구 볼륨이나 쿠버네티스 노드의 영역(hostPath)을 마운트하지 않은 경우라면 데이터 자체가 유실된다. 이 부분은 7장에서 자세히 설명한다.

```
# 잡이 생성한 파드 확인
$ kubectl get pods
NAME                                    READY   STATUS    RESTARTS   AGE
sample-job-onfailure-restart-cgzr9      1/1     Running   0          4s

# 파드상의 sleep 프로세스 정지
$ kubectl exec -it sample-job-onfailure-restart-cgzr9 -- sh -c 'kill -9 `pgrep sleep`'

# 같은 파드 재시작
$ kubectl get pods
NAME                                    READY   STATUS    RESTARTS   AGE
sample-job-onfailure-restart-cgzr9      1/1     Running   1          75s
```

5.7.4 태스크와 작업 큐 병렬 실행

코드 5-30의 잡에서는 성공 횟수를 지정하는 completions와 병렬성을 지정하는 parallelism 설정 항목에 각각 1을 지정했다. 이 설정들의 기본값은 1이기 때문에 명시적으로 지정하지 않아도 동작은 변하지 않는다. 이 두 파라미터는 잡을 병렬화하여 실행할 때 사용하는 옵션이다. 다음 예제는 두 개의 병렬로 실행하고 10회 성공하면 종료하는 잡이다. backoffLimit는 실패를 허용하는 횟수다.

코드 5-30 병렬로 처리하는 잡 예제(sample-paralleljob.yaml)

```yaml
apiVersion: batch/v1
kind: Job
metadata:
  name: sample-paralleljob
spec:
  completions: 10
  parallelism: 2
  backoffLimit: 10
  template:
    spec:
      containers:
      - name: tools-container
        image: amsy810/tools:v2.0
        command: ["sleep"]
        args: ["30"]
      restartPolicy: Never
```

completions/parallelism/backoffLimit는 아주 중요한 파라미터들이며 잡의 워크로드에 따라 적절히 설정하여 사용해야 한다. 다음 표는 전형적인 네 가지 태스크와 작업 큐의 워크로드를 위한 잡의 생성 예제다(표 5-5).

▼ **표 5-5** 병렬 잡과 작업 큐 파라미터 설정(M, N, P는 임의의 수)

워크로드	completions	parallelism	backoffLimit
1회만 실행하는 태스크	1	1	0
N개 병렬로 실행시키는 태스크	M	N	P
한 개씩 실행하는 작업 큐	미지정	1	P
N개 병렬로 실행하는 작업 큐	미지정	N	P

이 파라미터들 중에서 성공 횟수(completions)는 나중에 변경할 수 없으며, 병렬성(parallelism)과 실패를 허용하는 횟수(backoffLimit)는 도중에 변경할 수 있다. 변경하려면 매니페스트를 수정하고 kubectl apply 명령어를 실행한다.

```
# 병렬성을 2에서 3으로 변경한 매니페스트를 apply
$ sed -e 's|parallelism: 2|parallelism: 3|' sample-paralleljob.yaml | kubectl apply -f -
job.batch/sample-paralleljob configured
```

One Shot Task: 1회만 실행하는 태스크

1회만 실행하려는 태스크의 경우 completions=1/parallelism=1/backoffLimit=0을 지정한다(One Shot Task). 이 경우 '한 개 병렬로 실행/성공 횟수가 1이 되면 종료/실패 횟수가 0이 되면 종료(실패를 허용하지 않음)'라는 조건 때문에 성공 유무에 관계없이 반드시 1회만 실행된다(그림 5-27).

▼ 그림 5-27 1회만 실행하는 태스크 잡

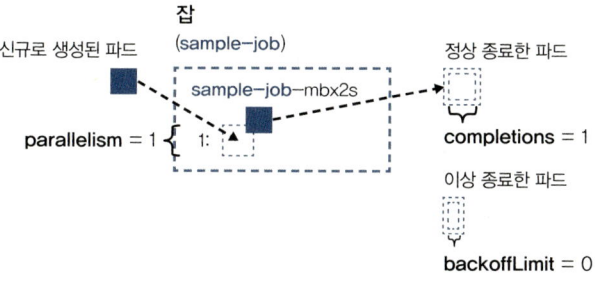

코드 5-31 1회만 실행하는 태스크를 처리하는 잡 예제(sample-oneshot-task-job.yaml)

```
apiVersion: batch/v1
kind: Job
metadata:
  name: sample-oneshot-task-job
spec:
  completions: 1
  parallelism: 1
  backoffLimit: 0
  template:
    spec:
      containers:
      - name: tools-container
        image: amsy810/tools:v2.0
```

```
        command: ["sleep"]
        args: ["30"]
      restartPolicy: Never
```

Multi Task: N개 병렬로 실행시키는 태스크

성공 횟수(completions)와 병렬 수(parallelism)를 변경하여 병렬 태스크(Multi Task)를 생성할 수 있다. 예를 들어 completions=5/parallelism=3을 지정하고 잡을 실행한 경우 파드가 5회 정상 종료할 때까지 세 개 병렬로 실행한다(그림 5-28). 코드 5-32의 매니페스트 예제에서는 먼저 세 개의 파드가 생성되고 30초 후에 세 개의 잡이 종료된다. 그 이후 남은 두 개의 잡을 완료하면 조건이 만족되어 파드의 병렬 수가 세 개가 아닌 두 개만 생성되는 것에 주의하자. 성공률이 낮은 잡 등의 경우에는 '남은 필요한 성공 횟수가 2라고 해도 3 병렬로 실행해서 성공하는 파드가 나오면 종료한다'라는 방식으로 실행하고 싶겠지만, 그런 식으로는 동작하지 않는다.

❤ 그림 5-28 N개 병렬로 실행되는 태스크 잡

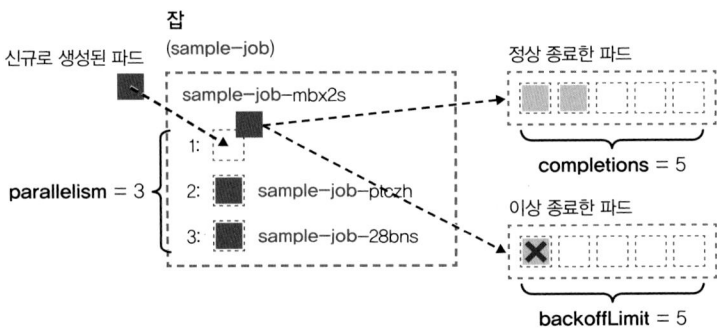

코드 5-32 병렬로 실행하는 태스크를 처리하는 잡 예제(sample-multi-task-job.yaml)

```
apiVersion: batch/v1
kind: Job
metadata:
  name: sample-multi-task-job
spec:
  completions: 5
  parallelism: 3
  backoffLimit: 5
  template:
    spec:
```

```
    containers:
    - name: tools-container
      image: amsy810/tools:v2.0
      command: ["sleep"]
      args: ["30"]
    restartPolicy: Never
```

또 병렬 수(parallelism)를 성공 횟수(completions) 이상으로 설정하면 성공 횟수만큼만 파드가 생성된다. 예를 들어 completions=3/parallelism=5를 지정하고 잡을 실행해도 파드는 다섯 개가 아닌 세 개만 작성된다.

Multi WorkQueue: N개 병렬로 실행하는 작업 큐

지금까지의 태스크 잡처럼 개별 파드의 정상 종료가 성공 횟수에 도달할 때까지 실행하는 것이 아니라, 큰 처리 전체가 정상 종료할 때까지 몇 개의 병렬 수로 계속 실행하고 싶은 경우가 있다. 그런 경우 작업 큐의 잡을 사용한다. 작업 큐의 잡은 성공 횟수(completions)를 지정하지 않고 병렬 수(parallelism)만 지정한다(Multi WorkQueue). 이 경우 parallelism으로 지정한 병렬 수로 파드를 실행하고, 그중 하나라도 정상 종료하면 그 이후는 파드를 생성하지 않는다(그림 5-29). 또 그때 이미 실행 중인 나머지 파드는 강제적으로 정지하지 않고 개별 처리가 종료할 때까지 계속 동작한다.

작업 큐의 잡을 사용하려면 처리 전체의 진행을 관리하기 위한 어떤 메시지 큐를 사용해야 한다. 그리고 파드 내의 애플리케이션에는 그 메시지로부터 반복하여 데이터를 계속 가져오는 처리를 구현해 둔다. 또한, 메시지 큐가 빈 것을 확인하면 그 파드를 정상 종료하도록 구현해 둠으로써 작업 큐의 잡에서 처리 전체를 정지시킬 수 있게 된다. 또 메시지 큐의 Topic(큐의 송신자)에 공통으로 정상 종료 후에도 새로운 데이터가 큐에 들어오는 경우 등은 (나중에 설명하는) 잡을 정기적으로 시작하는 크론잡 리소스 등과 조합하도록 구현해 두자. 메시지 큐에 모인 메시지 양에 따라 병렬 수를 늘리는 구조를 만들면 작업 큐의 잡을 자동으로 스케일하는 것도 가능하다.

▼ 그림 5-29 N개 병렬로 실행하는 작업 큐 잡

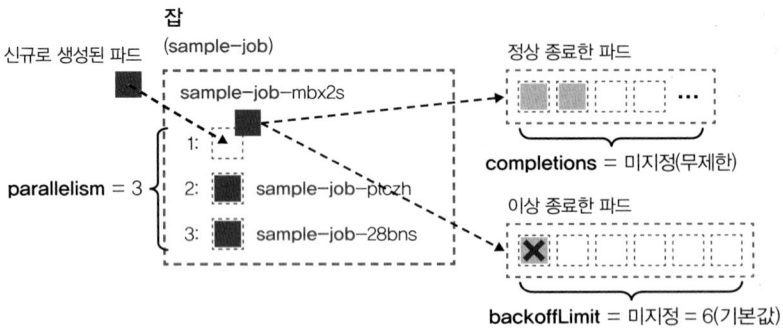

코드 5-33 병렬로 실행하는 작업 큐를 처리하는 잡 예제(sample-multi-workqueue-job.yaml)

```yaml
apiVersion: batch/v1
kind: Job
metadata:
  name: sample-multi-workqueue-job
spec:
  # 지정하지 않음
  # completions: 1
  parallelism: 3
  backoffLimit: 1
  template:
    spec:
      containers:
      - name: tools-container
        image: amsy810/tools:v2.0
        command: ["sleep"]
        args: ["30"]
      restartPolicy: Never
```

태스크와 작업 큐는 잡을 표시할 때 COMPLETIONS의 출력 형식이 다르다. 앞에서 설명한 Multi Task 예에서는 다섯 개가 정상 종료할 때까지 최대 세 개 병렬로 실행되기 때문에 처음 세 개가 정상 종료한 시점에서 3/5로 출력된다. 한편 앞에서 설명한 Multi WorkQueue 예에서는 세 개 중에 하나만 정상 종료하면 되기 때문에 하나도 정상 종료하지 않는 시점에서 0/1 of 3으로 출력된다. 이는 세 개 병렬로 실행 중 하나가 정상 종료하면 되지만 아직 하나도 정상 종료되지 않은 것을 나타낸다.

```
# 'Multi Task' 실행 중의 잡 표시
$ kubectl get job sample-multi-task-job
NAME                    COMPLETIONS    DURATION    AGE
sample-multi-task-job   3/5            38s         38s

# 'Multi WorkQueue' 실행 중의 잡 표시
$ kubectl get job sample-multi-workqueue-job
NAME                         COMPLETIONS    DURATION    AGE
sample-multi-workqueue-job   0/1 of 3       6s          6s

# 'Multi WorkQueue' 실행 중의 잡 표시
$ kubectl get pods
NAME                               READY   STATUS    RESTARTS   AGE
sample-multi-workqueue-job-h8b6b   1/1     Running   0          23s
sample-multi-workqueue-job-nz628   1/1     Running   0          23s
sample-multi-workqueue-job-vhdxq   1/1     Running   0          23s
```

Single WorkQueue: 한 개씩 실행하는 작업 큐

Multi WorkQueue 응용으로 성공 횟수(completions)를 지정하지 않고 병렬 수(parallelism)에 1을 지정한 경우에는 한 번 정상 종료할 때까지 한 개씩 실행하는 작업 큐(Single WorkQueue)가 된다(그림 5-30).

❤ 그림 5-30 한 개씩 실행하는 작업 큐 잡

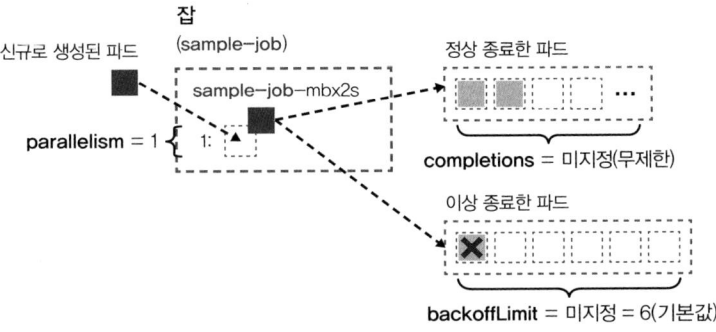

코드 5-34 한 개씩 실행하는 작업 큐를 처리하는 잡 예제(sample-single-workqueue-job.yaml)

```
apiVersion: batch/v1
kind: Job
metadata:
  name: sample-single-workqueue-job
```

```
spec:
  # 지정하지 않음
  # completions: 1
  parallelism: 1
  backoffLimit: 1
  template:
    spec:
      containers:
        - name: tools-container
          image: amsy810/tools:v2.0
          command: ["sleep"]
          args: ["30"]
      restartPolicy: Never
```

앞에서 설명했듯이 잡의 성공 횟수(completions)는 나중에 변경할 수 없는 파라미터다.

```
# 성공 횟수 변경
$ kubectl patch job sample-single-workqueue-job -p '{"spec": {"completions": 2}}'
The Job "sample-single-workqueue-job" is invalid: spec.completions: Invalid value: 2:
field is immutable
```

반면에 병렬 수(parallelism)는 나중에 변경할 수 있다. 이를 사용하여 completions를 지정하지 않은 한 개 병렬의 Single WorkQueue는 나중에 parallelism을 변경하여 N개 병렬의 Multi WorkQueue로 변경할 수 있다. parallelism 변경은 kubectl patch 명령어를 사용하거나 매니페스트를 수정한 후에 다시 kubectl apply 등으로 적용한다.

```
$ kubectl get jobs
NAME                           COMPLETIONS   DURATION   AGE
sample-single-workqueue-job    1/1           31s        118s

$ kubectl patch job sample-single-workqueue-job -p '{"spec": {"parallelism": 2}}'
job.batch/sample-single-workqueue-job patched

$ kubectl get jobs
NAME                           COMPLETIONS   DURATION   AGE
sample-single-workqueue-job    1/1 of 2      31s        2m41s
```

5.7.5 `1.18 Alpha` 일정 기간 후 잡 삭제

잡 리소스는 한 번만 실행하는 태스크로 생성하는 경우가 있는데, 잡은 종료 후에 삭제되지 않고 계속 남는다. `spec.ttlSecondsAfterFinished`를 설정하여 잡이 종료한 후에 일정 기간(초) 경과 후 삭제하도록 설정할 수 있다.

코드 5-35 종료 후에 일정 기간(초) 경과 후 삭제되는 잡 예제(sample-job-ttl.yaml)

```yaml
apiVersion: batch/v1
kind: Job
metadata:
  name: sample-job-ttl
spec:
  ttlSecondsAfterFinished: 30
  completions: 1
  parallelism: 1
  backoffLimit: 10
  template:
    spec:
      containers:
      - name: tools-container
        image: amsy810/tools:v2.0
        command: ["sleep"]
        args: ["60"]
      restartPolicy: Never
```

이번 예에서는 60초 후에 잡이 종료되고, 종료 이후 30초가 지나면 잡이 삭제된다.

```
# Job 상태 모니터링
$ kubectl get job sample-job-ttl --watch --output-watch-events
EVENT      NAME             COMPLETIONS   DURATION   AGE
ADDED      sample-job-ttl   0/1           1s         1s    # 잡 기동
MODIFIED   sample-job-ttl   1/1           71s        71s   # 잡 완료(+60초 후)
DELETED    sample-job-ttl   1/1           71s        105s  # 잡 자동 삭제(+30초 후)
```

5.7.6 매니페스트를 사용하지 않고 잡을 생성

kubectl create job 명령어를 사용하여 매니페스트를 사용하지 않고도 거의 동일한 크론잡을 생성할 수 있다. 그러나 어디까지나 간단한 작업 용도이기 때문에 상세한 설정은 할 수 없다. 서비스 환경에서는 매니페스트를 사용하자.

```
# 매니페스트를 사용하지 않고 명령어로 잡 생성
$ kubectl create job sample-job-by-cli \
--image=amsy810/tools:v2.0 \
-- sleep 30
job.batch/sample-job-by-cli created
```

--from 옵션을 이용하여 (다음 절에서 설명하는) 크론잡을 기반으로 잡을 작성할 수도 있다.

```
$ kubectl create job sample-job-from-cronjob --from cronjob/sample-cronjob
job.batch/sample-job-from-cronjob created
```

5.8 크론잡

잡과 비슷한 리소스로 크론잡(CronJob)이라는 리소스가 있다. 쿠버네티스 1.4까지는 스케줄잡(ScheduledJob)이라는 이름이었는데, 크론잡으로 명칭이 변경되었다. 크론잡은 크론과 같이 스케줄링된 시간에 잡을 생성한다(그림 5-31).

▼ 그림 5-31 크론잡

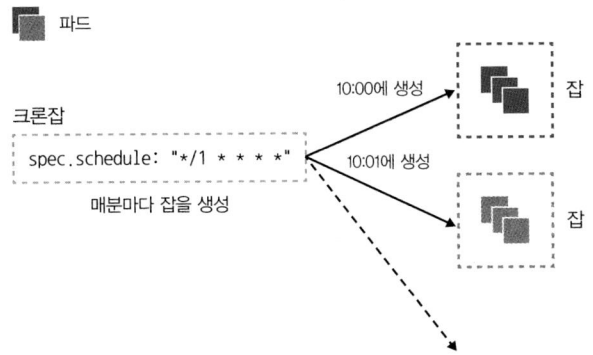

크론잡은 잡의 변형된 형태로 보이지만, 크론잡과 잡의 관계는 디플로이먼트와 레플리카셋의 관계와 비슷하다. 즉, 크론잡이 잡을 관리하고 잡이 파드를 관리하는 3계층 구조라고 할 수 있다(그림 5-32).

▼ 그림 5-32 크론잡/잡/파드의 관계도

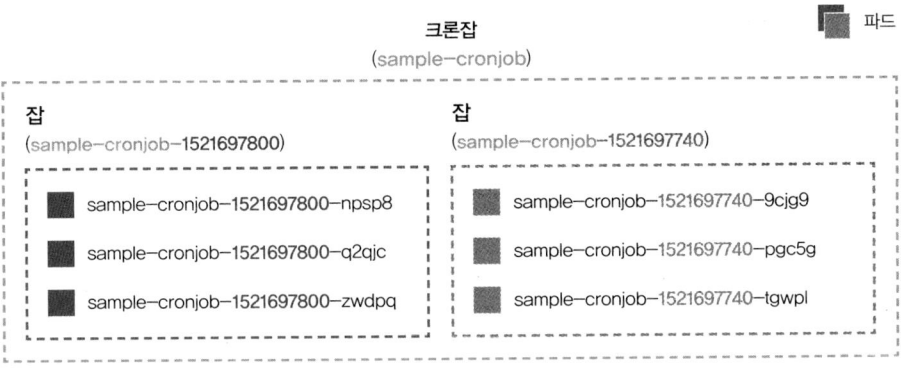

5.8.1 크론잡 생성

간단한 크론잡 예제를 동작시켜 보자. 먼저 코드 5-36의 매니페스트로 sample-cronjob을 작성한다. 여기서는 '1분마다 50% 확률로 성공하는 한 번만 실행되는 잡'을 생성하는 크론잡을 생성한다. 50% 확률로 성공하는 명령어가 실행되는 컨테이너 이미지로는 amsy810/random-exit를 사용하고 있다. `spec.schedule`에는 Cron과 같은 형식으로 시간을 지정할 수 있다.

코드 5-36 크론잡 예제(sample-cronjob.yaml)

```yaml
apiVersion: batch/v1beta1
kind: CronJob
metadata:
  name: sample-cronjob
spec:
  schedule: "*/1 * * * *"
  concurrencyPolicy: Allow
  startingDeadlineSeconds: 30
  successfulJobsHistoryLimit: 5
  failedJobsHistoryLimit: 3
  suspend: false
  jobTemplate:
    spec:
      completions: 1
      parallelism: 1
      backoffLimit: 0
      template:
        spec:
          containers:
          - name: tools-container
            image: amsy810/random-exit:v2.0
          restartPolicy: Never
```

매니페스트로 잡을 생성한다.

```
# 크론잡 생성
$ kubectl apply -f sample-cronjob.yaml
cronjob.batch/sample-cronjob created
```

크론잡 생성 직후에는 아직 잡이 생성되지 않아 ACTIVE한 잡이 존재하지 않는 상태다.

```
# 크론잡 확인
$ kubectl get cronjobs
NAME             SCHEDULE      SUSPEND   ACTIVE   LAST SCHEDULE   AGE
sample-cronjob   */1 * * * *   False     0        <none>          1s

# 스케줄 시간이 되지 않은 경우 잡이 존재하지 않음
$ kubectl get jobs
No resources found in default namespace.
```

지정한 시간이 되면 크론잡이 잡을 생성하는 것을 확인할 수 있다.

```
# LAST SCHEDULE이 업데이트됨
$ kubectl get cronjobs
NAME              SCHEDULE     SUSPEND    ACTIVE    LAST SCHEDULE    AGE
sample-cronjob    */1 * * * *  False      1         8s               43s

# 크론잡이 생성한 잡이 존재
$ kubectl get jobs
NAME                          COMPLETIONS    DURATION    AGE
sample-cronjob-1617024540     0/1            14s         14s
```

5.8.2 크론잡 일시 정지

크론잡은 지정한 시간에 잡을 계속 생성한다. 점검이나 어떤 이유로 잡 생성을 원하지 않을 경우에는 suspend(일시 정지)를 할 수 있다. 크론잡에서는 spec.suspend가 true로 설정되어 있으면 스케줄 대상에서 제외된다(기본값은 false). 매니페스트를 수정하고 kubectl apply 명령어를 다시 실행해도 되지만, 이번에는 kubectl patch 명령어를 사용하여 하나의 명령어로 변경하는 방법을 사용하겠다.

```
# 클라이언트에서 크론잡 일시 정지 실행
$ kubectl patch cronjob sample-cronjob -p '{"spec":{"suspend":true}}'
cronjob.batch/sample-cronjob patched
```

실행 후 크론잡을 확인해보면 SUSPEND 부분이 True로 변경되고 더는 잡이 생성되지 않는다. 다시 스케줄링하고 싶을 경우 spec.suspend를 false로 변경한다.

```
# 크론잡이 일시 정지한 상태
$ kubectl get cronjobs
NAME              SCHEDULE     SUSPEND    ACTIVE    LAST SCHEDULE    AGE
sample-cronjob    */1 * * * *  True       0         71s              106s
```

5.8.3 크론잡을 임의의 시점에 실행

--from 옵션을 사용하여 크론잡으로 잡을 생성할 수도 있다. 정기적 실행 이외의 시점에 잡을 생성하고 싶은 경우에는 이 방법을 사용한다.

```
$ kubectl create job sample-job-from-cronjob --from cronjob/sample-cronjob
job.batch/sample-job-from-cronjob created
```

5.8.4 동시 실행 제어

크론잡에서는 잡을 생성하는 특성상 동시 실행에 대한 정책을 설정할 수 있다. 잡 실행이 의도한 시간 간격 안에서 정상 종료할 때는 명시적으로 지정하지 않아도 동시 실행되지 않고 새로운 잡을 실행한다(그림 5-33). 한편 기존 잡이 아직 실행되고 있을 때는 정책으로 새로운 잡을 실행할지 말지를 제어하고 싶은 경우가 있다.

▼ 그림 5-33 이전 스케줄링한 잡이 이미 종료된 크론잡

동시 실행에 대한 정책은 spec.concurrencyPolicy에 지정한다. 설정 가능한 값은 표 5-6과 같다.

▼ 표 5-6 크론잡 동시 실행에 대한 정책

정책	개요
Allow(기본값)	동시 실행에 대한 제한을 하지 않음
Forbid	이전 잡이 종료되지 않았을 경우 다음 잡은 실행하지 않음(동시 실행하지 않음)
Replace	이전 잡을 취소하고 잡을 시작

기본값으로는 Allow가 설정되어 있고, 이전에 실행된 잡의 상태와 관계없이 새로운 잡을 계속 생성한다(그림 5-34).

▼ 그림 5-34 spec.concurrencyPolicy가 Allow인 크론잡

Forbid로 지정하면 이전 잡이 아직 실행 중인 경우 신규 잡을 생성하지 않는다(그림 5-35).

▼ 그림 5-35 spec.concurrencyPolicy가 Forbid인 크론잡

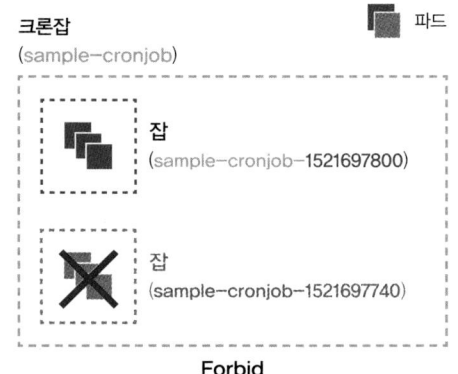

Replace를 지정하면 이전 잡이 아직 실행 중인 경우 이전 잡을 중지하고 신규 잡을 생성한다. 더 정확히 말하면, 이전 잡의 레플리카 수를 0으로 변경하여 이전 잡에 연결된 파드를 삭제 처리한다(그림 5-36).

▼ 그림 5-36 spec.concurrencyPolicy가 Replace인 크론잡

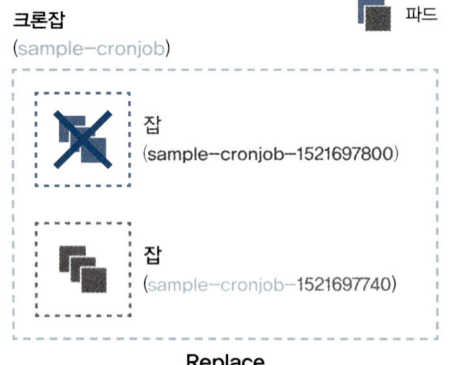

Replace
실행 중인 이전 잡을 삭제하고 다음 잡을 생성

5.8.5 실행 시작 기한 제어

크론잡은 지정한 시간이 되면 쿠버네티스 마스터가 잡을 생성한다. 따라서 쿠버네티스 마스터가 일시적으로 정지되는 경우 등과 같이 시작 시간이 지연되면, 그 지연 시간을 허용하는 시간(초, spec.startingDeadlineSeconds)을 지정할 수 있다. 예를 들어, 매시 00분에 시작하는 잡을 '매시 00~05분에만 실행 가능'으로 설정할 경우 300초로 설정해야 한다(그림 5-37). 기본값에서는 시작 시간이 아무리 늦어져도 잡을 생성하게 되어 있다.

▼ 그림 5-37 크론잡 지연에 따른 스케줄링 가능 기간

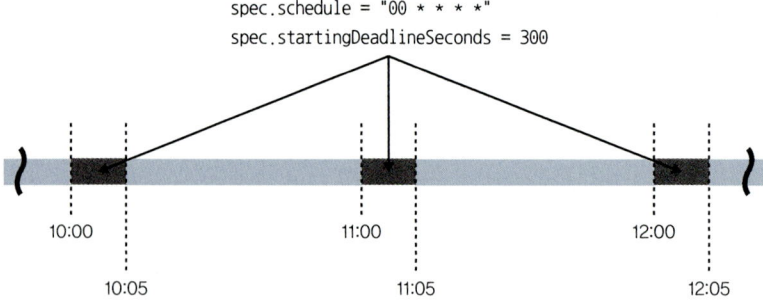

5.8.6 크론잡 이력

크론잡 설정 항목에는 이외에도 저장할 잡 개수를 지정하는 spec.successfulJobsHistoryLimit와 spec.failedJobsHistoryLimit가 있다(표 5-7).

▼ 표 5-7 크론잡 이력 저장 개수에 대한 파라미터

설정 항목	개요
spec.successfulJobsHistoryLimit	성공한 잡을 저장하는 개수
spec.failedJobsHistoryLimit	실패한 잡을 저장하는 개수

이 설정값은 크론잡이 생성할 잡을 몇 개 유지할지를 지정한다(그림 5-38). 잡이 남아 있다는 것은 잡에 연결되어 있는 파드도 'Completed(정상 종료)', 'Error(이상 종료)'의 상태로 남아 있고 kubectl log 명령어로 로그를 확인할 수 있다는 의미다. 그러나 실제 운영 환경에서는 컨테이너 로그를 외부 로그 시스템을 통해 운영하는 것을 추천한다. 로그를 별도 로그 시스템으로 수집하면 kubectl 명령어로 로그를 확인할 필요도 없고 가용성이 높은 환경에 로그를 저장할 수 있다. 로그 수집에 대한 내용은 16장에서 설명한다.

▼ 그림 5-38 크론잡 History Limit

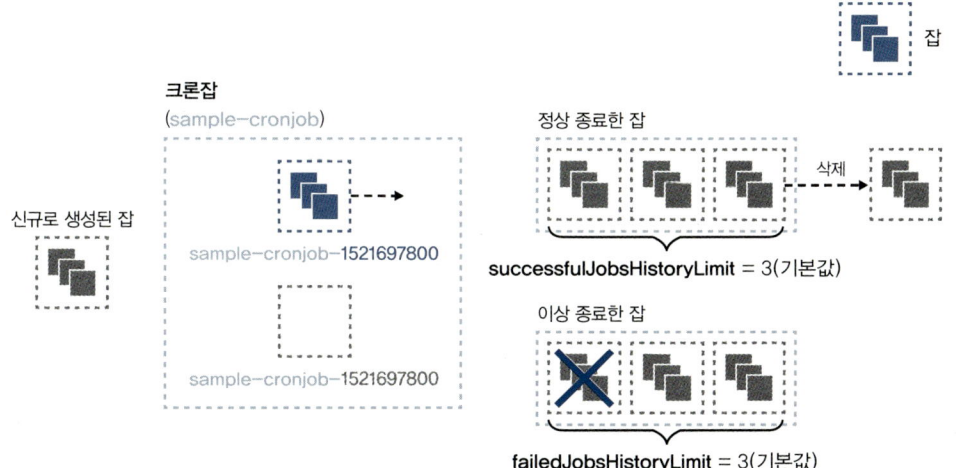

다음 예제는 successfulJobsHistoryLimit를 5, failedJobsHistoryLimit를 3으로 설정한 크론잡이 생성한 잡 목록이며, 충분히 많은 잡이 생성된 후에 잡을 확인한 예제다. 이 예제에서는 가장 최근에 성공한 잡 5건과 실패한 잡 3건이 남아 있다. 이 두 설정값을 0으로 설정한 경우 잡은 종료 시 즉시 삭제된다. 또 기본 설정값은 두 파라미터 모두 3이다.

```
# 크론잡이 생성한 잡 확인(일정 시간 경과 후)
$ kubectl get jobs
NAME                              COMPLETIONS   DURATION   AGE
sample-cronjob-1617024900         1/1           2s         8m45s   # 성공 5
sample-cronjob-1617024960         1/1           2s         7m45s   # 성공 4
sample-cronjob-1617025020         1/1           1s         6m44s   # 성공 3
sample-cronjob-1617025080         1/1           1s         5m44s   # 성공 2
sample-cronjob-1617025200         0/1           3m44s      3m44s   # 실패 2
sample-cronjob-1617025260         0/1           2m44s      2m44s   # 실패 1
sample-cronjob-1617025320         1/1           1s         104s    # 성공 1
sample-cronjob-1617025380         0/1           43s        43s     # 현재 실행 중
```

잡 리소스가 남아 있기 때문에 잡에 연결된 파드도 남아 있다.

```
# 잡이 생성한 파드 확인(일정 시간 경과 후)
$ kubectl get pods
NAME                                    READY   STATUS      RESTARTS   AGE
sample-cronjob-1617024900-b27sm         0/1     Completed   0          9m32s
sample-cronjob-1617024960-6vrhp         0/1     Completed   0          8m32s
sample-cronjob-1617025020-szp4n         0/1     Completed   0          7m31s
sample-cronjob-1617025080-kh9c8         0/1     Completed   0          6m31s
sample-cronjob-1617025260-khd9h         0/1     Error       0          3m31s
sample-cronjob-1617025320-gkdz8         0/1     Completed   0          2m31s
sample-cronjob-1617025380-pmnvv         0/1     Error       0          90s
sample-cronjob-1617025440-24nzx         0/1     Error       0          30s
```

이력에 남아 있는 파드 로그는 kubectl 명령어로 확인할 수 있다. 쿠버네티스 대시보드(Kubernetes Dashboard)[1] 등과 함께 사용하면 젠킨스(Jenkins)처럼 잡의 실행 결과나 로그를 UI에서 확인할 수도 있다. 이러한 방법을 사용하는 경우 JobsHistoryLimit는 큰 값으로 설정하는 것이 좋다.

```
# 30초 전에 실패한 잡의 파드 확인
$ kubectl logs sample-cronjob-1617025440-24nzx
Failed
# 2분 전에 성공한 잡의 파드 확인
$ kubectl logs sample-cronjob-1617025320-gkdz8
Succeeded
```

---

1 https://github.com/kubernetes/dashboard

5.8.7 매니페스트를 사용하지 않고 크론잡 생성

kubectl create cronjob 명령어를 사용하면 매니페스트를 사용하지 않고도 거의 동일한 크론잡을 생성할 수 있다. 그러나 어디까지나 간단한 작업 용도이기 때문에 상세한 설정은 할 수 없다. 서비스 환경에서는 매니페스트를 사용하자.

```
# 매니페스트를 사용하지 않고 명령어로 크론잡 생성
$ kubectl create cronjob sample-cronjob-by-cli \
--image amsy810/random-exit:v2.0 \
--schedule "*/1 * * * *" \
--restart Never
cronjob.batch/sample-cronjob-by-cli created
```

5.9 정리

이 장에서는 각 워크로드 API 카테고리에 분류된 리소스를 소개했다. 쿠버네티스는 실행하려는 프로세스 특성에 맞게 컨테이너를 운영할 수 있도록 다양한 리소스를 제공하고 있다. 기본적으로 파드나 레플리카셋을 생성하는 경우 처음부터 디플로이먼트를 통해 생성하는 것이 좋다. 상세한 사양의 차이는 모르더라도 이 장에서 소개한 표 5-8의 각 워크로드 API 카테고리에 분류된 리소스 사용 방법에서 제시하는 여덟 개의 리소스 사용 방법은 쿠버네티스를 운영하는 데 기본이 되는 지식이므로 알아 두어야 한다.

▼ 표 5-8 각 워크로드 API 카테고리에 분류된 리소스 사용 방법

리소스 종류	사용 방법
파드	디버깅이나 확인 용도로 사용
레플리케이션 컨트롤러	추천하지 않으며 대신 레플리카셋을 사용
레플리카셋	파드를 스케일링하여 관리 기본적으로는 디플로이먼트를 통해 사용
디플로이먼트	스케일링할 워크로드에 사용

○ 계속

리소스 종류	사용 방법
데몬셋	각 노드에 파드 하나씩 배포할 때 사용
스테이트풀셋	영속성 데이터 등의 상태를 가진 워크로드에 사용
잡	작업 큐나 태스크 등 컨테이너 종료가 필요한 워크로드에 사용
크론잡	정기적으로 잡을 생성하고 싶은 경우 사용

또한, 이러한 리소스들의 관계는 다음과 같다(그림 5-39). 함께 확인해 두자.

❤ 그림 5-39 각 워크로드 API 카테고리에 분류된 리소스의 관계

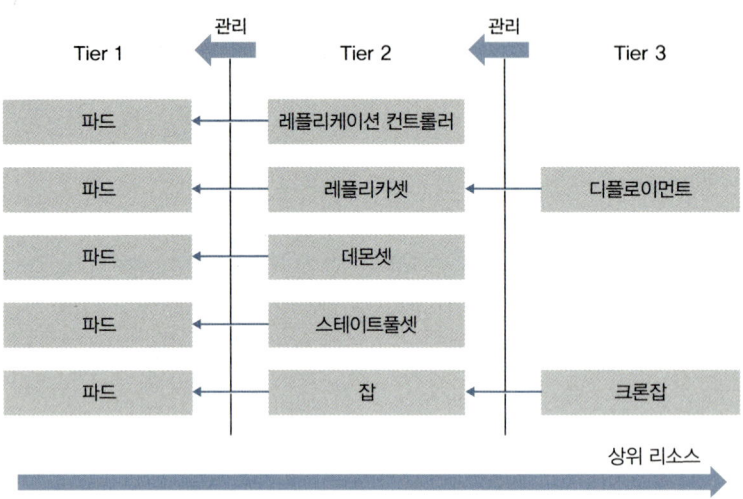

다음 장에서는 실행한 워크로드 API 카테고리에 분류된 리소스에 대해 외부에서 접속 가능한 엔드포인트 등을 제공하는 서비스 API 카테고리에 분류된 리소스를 설명한다.

6장

서비스 API 카테고리

6.1 서비스 API 카테고리 개요
6.2 쿠버네티스 클러스터 네트워크와 서비스
6.3 ClusterIP 서비스
6.4 ExternalIP 서비스
6.5 NodePort 서비스
6.6 LoadBalancer 서비스
6.7 그 외 서비스 기능
6.8 헤드리스 서비스(None)
6.9 ExternalName 서비스
6.10 None-Selector 서비스
6.11 인그레스
6.12 정리

6.1 서비스 API 카테고리 개요

4장에서 쿠버네티스 리소스는 크게 다섯 가지 카테고리로 분류된다고 설명했다(표 6-1). 이 장에서는 그중 하나인 서비스(Service) API 카테고리 리소스를 자세히 설명한다.

▼ 표 6-1 쿠버네티스 리소스 카테고리

종류	개요
워크로드 API 카테고리	컨테이너 실행에 관련된 리소스
서비스 API 카테고리	컨테이너를 외부에 공개하는 엔드포인트를 제공하는 리소스
컨피그 & 스토리지 API 카테고리	설정/기밀 정보/영구 볼륨 등에 관련된 리소스
클러스터 API 카테고리	보안이나 쿼터 등에 관련된 리소스
메타데이터 API 카테고리	클러스터 내부의 다른 리소스를 관리하기 위한 리소스

서비스 API 카테고리로 분류된 리소스는 클러스터상의 컨테이너에 대한 엔드포인트를 제공하거나 레이블과 일치하는 컨테이너의 디스커버리에 사용되는 리소스다. 내부적으로 사용되는 리소스를 제외하고 사용자가 직접 사용하는 것은 L4 로드 밸런싱을 제공하는 서비스 리소스와 L7 로드 밸런싱을 제공하는 인그레스 리소스, 두 종류가 있다. 또한, 서비스 리소스에는 제공 목적에 따라 클러스터 내부나 클러스터 외부에서 접속할 수 있는, 접속 창구가 되는 가상 IP 등의 엔드포인트를 제공하고 있다. 그리고 제공 목적에 따라 일곱 가지 서비스 타입을 가지고 있다. 그중 ExternalIP 서비스와 None-Selector 서비스는 정확히 말하면 서비스 타입은 아니지만, 이 책에서는 서비스 타입 중 하나로 설명한다.

- 서비스
    - ClusterIP
    - ExternalIP(ClusterIP의 한 종류)
    - NodePort
    - LoadBalancer
    - Headless(None)
    - ExternalName

- None-Selector
- 인그레스

이 장에서는 각각의 서비스와 인그레스를 설명하며, 이해를 돕기 위해 컨테이너 간 통신과 파드 IP 주소, 클러스터 내부 네트워크에 대한 내용도 다룰 것이다.

6.2 쿠버네티스 클러스터 네트워크와 서비스

쿠버네티스 네트워크를 설명하기 전에 5장에서 설명한 컨테이너 간 통신과 파드에 할당된 IP 주소에 대해 복습해보자. 파드 내부에는 여러 컨테이너가 존재할 수 있는데, 같은 파드 내에 있는 컨테이너는 동일한 IP 주소를 할당받게 된다. 따라서 같은 파드의 컨테이너로 통신하려면 localhost로 통신하고, 다른 파드에 있는 컨테이너와 통신하려면 파드의 IP 주소로 통신한다(그림 6-1).

▼ 그림 6-1 파드 내부의 컨테이너 통신과 파드 외부의 컨테이너 간 통신

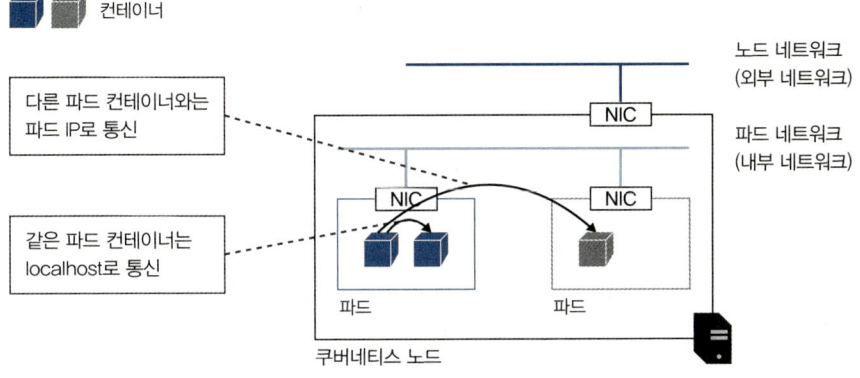

다음으로는 쿠버네티스 클러스터의 내부 네트워크를 설명한다. 쿠버네티스 클러스터는 클러스터를 생성하면 노드상에 파드를 위한 내부 네트워크가 자동으로 구성된다. 내부 네트워크 구성은 사용할 CNI(Container Network Interface)라는 플러그형(Pluggable) 모듈 구현에 따라 다르지만, 기본적으로 노드별로 다른 네트워크 세그먼트를 구성하고 노드 간의 트래픽은 VXLAN이나 L2 Routing 등의 기술을 사용하여 전송함으로써 노드 간 통신이 가능하게 구성한다. 노드별 네트워크 세그먼트는 쿠버네티스 클러스터 전체에 할당된 네트워크 세그먼트를 자동으로 분할해 할당하므로 사용

자가 설정하지 않아도 된다(그림 6-2).

▼ 그림 6-2 쿠버네티스 클러스터 내부에 구축된 파드 네트워크

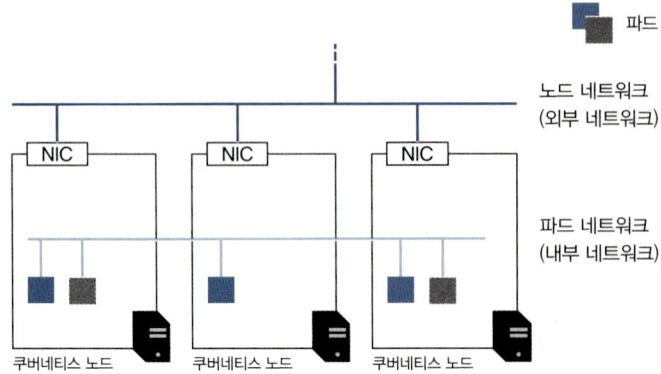

이러한 내부 네트워크가 자동으로 구성되기 때문에 파드는 서비스를 사용하지 않고도 파드 간 통신이 가능하다. 그러나 서비스를 사용하면 두 가지 큰 장점을 얻을 수 있다.

- 파드에 트래픽 로드 밸런싱
- 서비스 디스커버리와 클러스터 내부 DNS

이 기능은 앞에서 설명한 모든 서비스 종류에서 사용할 수 있다.

6.2.1 파드에 트래픽 로드 밸런싱

서비스는 수신한 트래픽을 여러 파드에 로드 밸런싱(부하 분산)하는 기능을 제공한다. 예를 들어 디플로이먼트를 사용하여 여러 파드를 기동할 수 있는데, 파드는 기동될 때마다 각각 다른 IP 주소를 할당받기 때문에 로드 밸런싱하는 구조를 자체적으로 구현하려면 각 파드의 IP 주소를 매번 조회하거나 전송 대상의 목적지를 설정해야 한다. 그러나 서비스를 사용하면 여러 파드에 대한 로드 밸런싱을 자동으로 구성할 수 있다. 또한, 서비스는 로드 밸런싱의 접속 창구가 되는 엔드포인트도 제공한다. 엔드포인트는 외부 로드 밸런서가 할당하는 가상 IP 주소(Virtual IP 주소)나 클러스터 내부에서만 사용할 수 있는 가상 IP 주소(ClusterIP) 등 여러 가지 종류를 제공한다(그림 6-3).

❤ 그림 6-3 파드에 트래픽 로드 밸런싱과 엔드포인트 제공

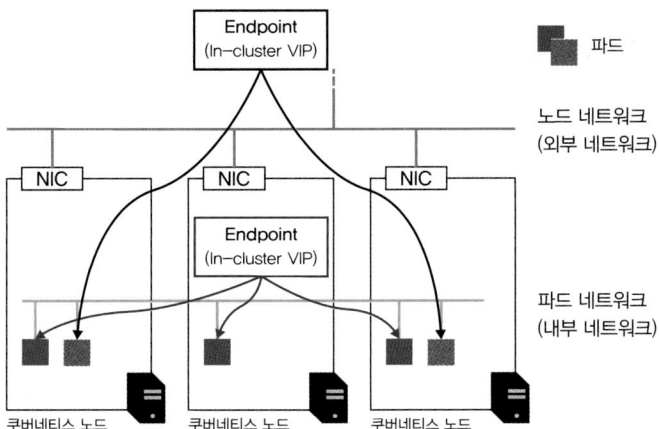

이 장에서 설명하는 각 서비스 종류는 5장에서 사용한 디플로이먼트를 사용하여 설명한다. 그러나 설명을 위해 5장에서 사용한 컨테이너 이미지와는 다르기 때문에 주의하길 바란다.

코드 6-1 이 장에서 사용할 디플로이먼트 예제(sample-deployment.yaml)

```yaml
apiVersion: apps/v1
kind: Deployment
metadata:
  name: sample-deployment
spec:
  replicas: 3
  selector:
    matchLabels:
      app: sample-app
  template:
    metadata:
      labels:
        app: sample-app
    spec:
      containers:
      - name: nginx-container
        image: amsy810/echo-nginx:v2.0
```

앞에서 설명했지만, 이 디플로이먼트가 생성할 파드에는 app: sample-app 레이블과 자동으로 부여되는 pod-template-hash:7c67dd9675(해시값) 레이블이 설정되어 있다. 디플로이먼트를 생성한 후 특정 JSON Path를 지정하는 옵션을 사용하여 레이블 목록을 출력해보자.

```
# 출력 시 특정 JSON Path(예제에서는 레이블) 값만을 출력
$ kubectl get pods sample-deployment-7c67dd9675-87v5d -o jsonpath='{.metadata.labels}'
map[app:sample-app pod-template-hash:7c67dd9675]
```

다음은 엔드포인트의 서비스 종류에 ClusterIP를 사용하는 서비스를 생성해보겠습니다. 서비스 종류는 나중에 자세히 설명하겠지만, ClusterIP는 클러스터 내부에서만 사용 가능한 가상 IP를 가진 엔드포인트를 제공하는 로드 밸런서를 구성합니다. 서비스는 spec.selector에 정의할 셀렉터 조건에 따라 트래픽을 전송합니다. 그림 6-4의 예제에서는 app: sample-app 레이블을 가진 파드에 트래픽을 로드 밸런싱하여 전송합니다.

▼ 그림 6-4 서비스의 셀렉터와 파드 레이블 관계

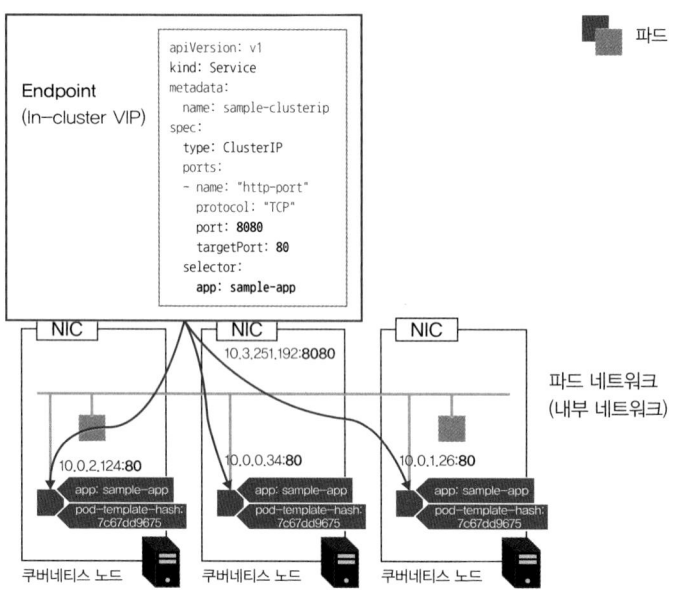

코드 6-2 ClusterIP 서비스 예제(sample-clusterip.yaml)

```
apiVersion: v1
kind: Service
metadata:
  name: sample-clusterip
spec:
  type: ClusterIP
  ports:
  - name: "http-port"
    protocol: "TCP"
    port: 8080
```

```
      targetPort: 80
  selector:
    app: sample-app
```

서비스를 생성하면 생성된 로드 밸런서의 트래픽이 전송되는 파드를 확인해보자. 먼저 app: sample-app 레이블을 가진 파드 IP 주소를 확인해야 한다.

```
# 지정한 레이블을 가진 파드 정보 중 특정 JSON Path를 컬럼으로 출력
$ kubectl get pods -l app=sample-app -o custom-columns="NAME:{metadata.name},
IP:{status.podIP}"
NAME                                      IP
sample-deployment-7c67dd9675-87v5d        10.0.1.26
sample-deployment-7c67dd9675-btkfh        10.0.2.124
sample-deployment-7c67dd9675-x4x97        10.0.0.34
```

다음으로, 생성된 서비스 상세 정보를 출력하면 Endpoints 항목에서 트래픽의 목적지 IP 주소(그리고 포트)를 확인할 수 있다. 방금 확인한 app: sample-app 레이블을 가진 파드 IP 주소가 같기 때문에 트래픽 전송이 셀렉터 조건에 따라 선택된 것을 확인할 수 있다. 또한, 로드 밸런싱을 위한 엔드포인트의 가상 IP는 CLUSTER-IP 항목이나 IP 항목에서 10.3.251.192가 할당된 것을 확인할 수 있다.

```
# 서비스 생성
$ kubectl apply -f sample-clusterip.yaml
service/sample-clusterip created

# 서비스 정보 확인
$ kubectl get services sample-clusterip
NAME               TYPE        CLUSTER-IP      EXTERNAL-IP   PORT(S)    AGE
sample-clusterip   ClusterIP   10.3.251.192    <none>        8080/TCP   3h

# 서비스 상세 정보 확인
$ kubectl describe service sample-clusterip
Name:              sample-clusterip
Namespace:         default
Labels:            <none>
Annotations:       Selector:  app=sample-app
Type:              ClusterIP
IP:                10.3.251.192
Port:              http-port  8080/TCP
```

```
TargetPort:          80/TCP
Endpoints:           10.0.0.34:80,10.0.1.26:80,10.0.2.124:80
Session Affinity:    None
Events:              <none>
```

Endpoints 항목에 아무것도 표시되지 않을 경우 셀렉터 조건이 맞지 않을 가능성이 있다. 파드에 레이블이 정확히 설정되었는지, 레이블 값이 셀렉터 조건과 동일한지를 확인해보길 바란다.

마지막으로, 생성한 로드 밸런서가 각 파드에 트래픽을 로드 밸런싱하여 전송하고 있는지를 확인한다. 이번 예제에서는 엔드포인트 서비스 종류에 ClusterIP를 지정했기 때문에 엔드포인트 가상 IP는 클러스터 내부에서만 접속 가능한 IP 주소다. 그러므로 클러스터 내 별도 컨테이너를 기동하고 그 컨테이너에서 엔드포인트로 HTTP 요청을 보내 동작을 확인한다. HTTP 요청은 로드 밸런싱되어 어느 하나의 파드에서 요청을 처리하고 처리한 파드의 호스트명을 포함한 HTTP 응답이 반환된다. 따라서 HTTP 응답을 보면 어떤 파드에서 요청을 처리했는지 확인할 수 있다(그림 6-5).

```
# 일시적으로 파드를 시작하여 서비스 엔드포인트로 요청
$ kubectl run --image=amsy810/tools:v2.0 --restart=Never --rm -i testpod --command --
curl -s http://10.3.251.192:8080
Host=10.3.251.192  Path=/  From=sample-deployment-7c67dd9675-x4x97  ClientIP=10.0.2.144
XFF=
pod "testpod" deleted

(여러 번 실행하면 비슷한 빈도로 세 개의 파드명이 표시된다)
Host=10.3.251.192  Path=/  From=sample-deployment-7c67dd9675-87v5d  ClientIP=10.0.2.145
XFF=
pod "testpod" deleted

Host=10.3.251.192  Path=/  From=sample-deployment-7c67dd9675-btkfh  ClientIP=10.0.2.147
XFF=
pod "testpod" deleted
```

▼ 그림 6-5 엔드포인트와 파드로 로드 밸런싱

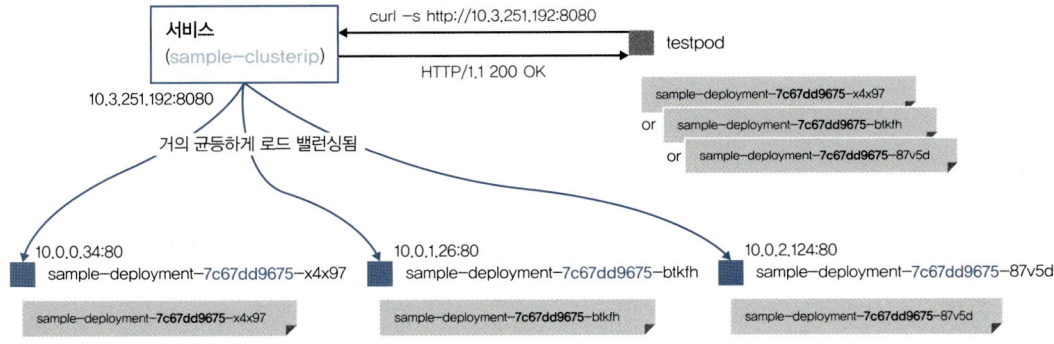

여러 포트 할당

또한, 위 예제에서는 포트가 하나였지만 하나의 서비스에 여러 포트를 할당할 수도 있다. 예를 들어 http와 https에서 ClusterIP가 다르면 불편한 경우가 많으므로, 하나의 서비스에서 여러 포트를 가질 수 있도록 설정하는 것이 바람직하다. 그림 6-6의 예제를 보면, ClusterIP의 8080/TCP 포트로의 요청은 파드 80/TCP 포트로 로드 밸런싱하고, ClusterIP의 8443/TCP 포트로의 요청은 파드 443/TCP 포트로 로드 밸런싱한다(그러나 사용하고 있는 디플로이먼트의 파드에서는 443번 포트가 Listen 상태가 아니므로 https-port로는 통신할 수 없다).

▼ 그림 6-6 여러 포트를 가진 서비스

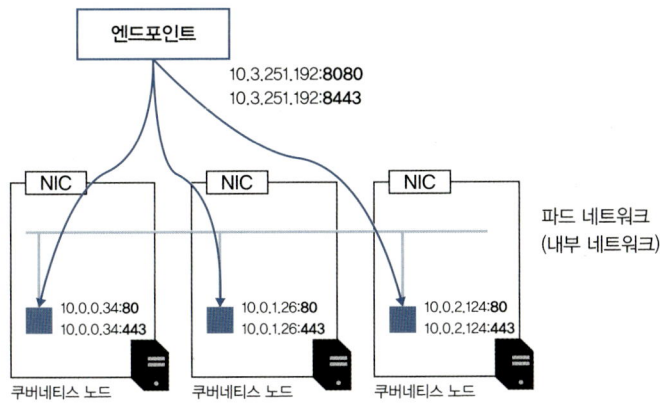

코드 6-3 여러 포트를 가진 ClusterIP 서비스 예제(sample-clusterip-multi.yaml)

```
apiVersion: v1
kind: Service
metadata:
  name: sample-clusterip-multi
spec:
  type: ClusterIP
  ports:
  - name: "http-port"
    protocol: "TCP"
    port: 8080
    targetPort: 80
  - name: "https-port"
    protocol: "TCP"
    port: 8443
    targetPort: 443
  selector:
    app: sample-app
```

이름을 사용한 포트 참조

위 예제에서는 서비스에 targetPort를 직접 지정했는데, 파드의 포트 정의에 이름을 지정해 놓으면 이름을 사용하여 참조할 수 있다. 이번 예제에서는 디플로이먼트의 포트 정의에서 80번 포트를 http라고 명명하고, 서비스에서 참조할 때는 targetPort에서 http로 참조한다(코드 6-4, 코드 6-5). 이 기능을 사용하면 다른 목적지의 포트 번호를 처리하는 것도 할 수 있다.

코드 6-4 이름이 붙여진 포트를 가진 두 개의 파드 예제(sample-named-port-pods.yaml)

```
---
apiVersion: v1
kind: Pod
metadata:
  name: sample-named-port-pod-80
  labels:
    app: sample-app
spec:
  containers:
  - name: nginx-container
    image: amsy810/echo-nginx:v2.0
    ports:
    - name: http # 포트에 이름 지정
```

```yaml
      containerPort: 80
---
apiVersion: v1
kind: Pod
metadata:
  name: sample-named-port-pod-81
  labels:
    app: sample-app
spec:
  containers:
  - name: nginx-container
    image: amsy810/echo-nginx:v2.0
    env:
    - name: NGINX_PORT
      value: "81"
    ports:
    - name: http # 포트에 이름 지정
      containerPort: 81
```

코드 6-5 이름이 붙여진 포트를 참조하는 서비스 예제(sample-named-port-service.yaml)

```yaml
apiVersion: v1
kind: Service
metadata:
  name: sample-named-port-service
spec:
  type: ClusterIP
  ports:
  - name: "http-port"
    protocol: "TCP"
    port: 8080
    targetPort: http  # 이름으로 포트를 참조
  selector:
    app: sample-app
```

위 예에서는 80번 포트와 81번 포트가 모두 http라는 이름으로 참조되기 때문에 서비스 목적지가 되는 엔드포인트는 각각의 포트를 등록한다.

```
# 서비스 목적지 엔드포인트 확인
$ kubectl describe service sample-named-port-service
Name:              sample-named-port-service
Namespace:         default
```

```
Labels:            <none>
Annotations:       Selector:   app=sample-app
Type:              ClusterIP
IP:                10.3.250.174
Port:              http-port   8080/TCP
TargetPort:        http/TCP
Endpoints:         10.0.2.153:80,10.0.1.27:81
Session Affinity:  None
Events:            <none>

# 파드 IP 주소 확인
$ kubectl get pods -o wide
NAME                         READY   STATUS    RESTARTS   AGE   IP
sample-named-port-pod-80     1/1     Running   0          42s   10.0.2.153
sample-named-port-pod-81     1/1     Running   0          42s   10.0.1.27
```

6.2.2 클러스터 내부 DNS와 서비스 디스커버리

쿠버네티스에서는 서비스 디스커버리 기능을 서비스(Service)가 제공하고 있다. 서비스 디스커버리는 간단히 말하면 특정 조건의 대상이 되는 멤버를 보여주거나 이름에서 엔드포인트를 판별하는 기능이다. 쿠버네티스에서 서비스 디스커버리란 서비스에 속해 있는 파드를 보여주거나 서비스명에서 엔드포인트 정보를 반환하는 것을 말한다.

서비스 디스커버리 방법은 크게 세 가지가 있다. DNS를 사용한 서비스 디스커버리는 클러스터 안에 있는 DNS 서버(이후 클러스터 내부 DNS라고 부름)에 자동으로 등록되는 서비스 엔드포인트 정보를 사용한다.

- 환경 변수를 사용한 서비스 디스커버리
- DNS A 레코드를 사용한 서비스 디스커버리
- DNS SRV 레코드를 사용한 서비스 디스커버리

환경 변수를 사용한 서비스 디스커버리

파드 내부에서는 환경 변수에서도 같은 네임스페이스 서비스를 확인할 수 있다. -이 포함된 서비스명은 _로 변경된 후 대문자로 변환된다. docker --links …로 실행했을 때와 같은 형식으로 환경 변수가 저장되기 때문에 도커 자체에서 사용하던 환경에서 마이그레이션할 때도 사용하기 편하다. 그러나 파드가 생성된 후 서비스 생성이나 삭제에 따라 변경된 환경 변수가 먼저 기동한 파드 환경에는 자동으로 다시 등록되지 않기 때문에 예기치 못한 장애로 이어질 수 있다. 그런 경우에는 먼저 생성한 파드를 다시 생성하자(여기서부터는 파드를 신규로 생성하여 앞에서 사용한 파드명과 다른 파드명을 사용한다).

```
# 환경 변수에 등록된 서비스 정보 확인
$ kubectl exec -it sample-deployment-7c67dd9675-87v5d -- env | grep -i kubernetes
KUBERNETES_PORT_443_TCP=tcp://10.3.240.1:443
KUBERNETES_PORT_443_TCP_PROTO=tcp
KUBERNETES_PORT_443_TCP_PORT=443
KUBERNETES_PORT_443_TCP_ADDR=10.3.240.1
KUBERNETES_SERVICE_HOST=10.3.240.1
KUBERNETES_SERVICE_PORT=443
KUBERNETES_SERVICE_PORT_HTTPS=443
KUBERNETES_PORT=tcp://10.3.240.1:443
```

sample-deployment-servicelinks.yaml의 예제와 같이 파드의 spec.enableServiceLinks를 false로 설정하면 환경 변수 추가를 비활성화할 수 있다. 이 파라미터의 기본값은 true로 설정되어 있다.

```
spec:
  enableServiceLinks: false
  containers:
  - name: nginx-container
    image: amsy810/echo-nginx:v2.0
```

DNS A 레코드를 사용한 서비스 디스커버리

다른 파드에서 서비스로 할당되는 엔드포인트에 접속하려면 당연히 목적지가 필요하지만, 할당된 IP 주소를 사용하는 방법 외에도 자동 등록된 DNS 레코드를 사용할 수 있다. 쿠버네티스에서 IP 주소를 편하게 관리하려면 기본적으로 자동 할당된 IP 주소에 연결된 DNS명을 사용하는 것이 바람직하다. 할당되는 IP 주소는 서비스를 생성할 때마다 변경된다. 그래서 IP 주소를 송신 측 컨테이너 설정 파일 등에서 명시적으로 설정하면 변경될 때마다 설정 파일 등을 변경해야 하기 때문에 컨테이너를 변경 불가능한(immutable) 상태로 유지할 수 없어 추천하지 않는다(그림 6-7).

▼ 그림 6-7 서비스에 대한 요청을 IP 주소로 지정한 경우

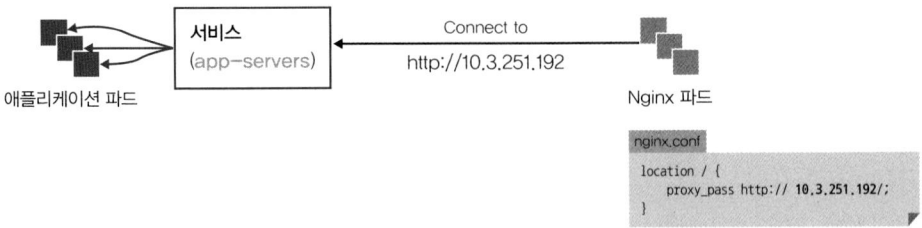

그런 점에서 DNS명을 사용하면, 서비스 재생성에 따른 IP 주소 변경도 신경 쓸 필요가 없고 설정 파일도 변경할 필요가 없다(그림 6-8).

▼ 그림 6-8 서비스에 대한 요청을 DNS명으로 지정한 경우

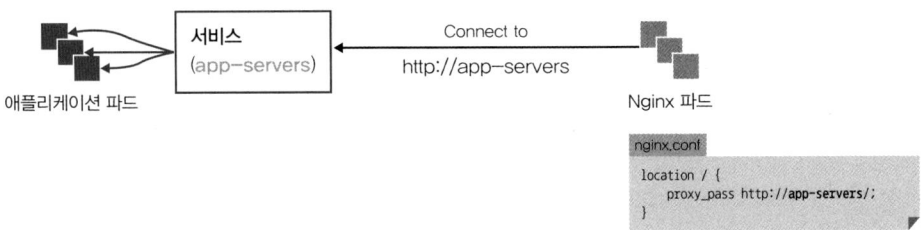

위에서 사용한 sample-clusterip라는 서비스명을 사용하여 위와 같은 HTTP 요청을 보내도 같은 결과를 얻을 수 있다.

```
# 일시적으로 파드를 기동하여 컨테이너 내부에서 sample-clusterip:8080으로 HTTP 요청
$ kubectl run --image=amsy810/tools:v2.0 --restart=Never --rm -i testpod \
--command -- curl -s http://sample-clusterip:8080
Host=sample-clusterip  Path=/  From=sample-deployment-7c67dd9675-h9l6d
ClientIP=10.0.1.157  XFF=
pod "testpod" deleted

(여러 번 실행하면 비슷한 빈도로 세 개의 파드명이 표시된다)
Host=sample-clusterip  Path=/  From=sample-deployment-7c67dd9675-kqbgt
ClientIP=10.0.1.159  XFF=
pod "testpod" deleted

Host=sample-clusterip  Path=/  From=sample-deployment-7c67dd9675-8wbp4
ClientIP=10.0.1.160  XFF=
pod "testpod" deleted
```

이는 sample-clusterip의 이름 해석이 수행되고 10.3.255.181로 요청이 발송되도록 되어 있기 때문이다. 또 실제로 등록된 정식 FQDN은 '서비스명.네임스페이스명.svc.cluster.local'로 되어 있다.

```
# 일시적으로 파드를 기동하여 컨테이너 내부에서 sample-clusterip.default.svc.cluster.local의
이름 해석 확인
$ kubectl run --image=amsy810/tools:v2.0 --restart=Never --rm -i testpod \
--command -- dig sample-clusterip.default.svc.cluster.local
…(생략)…

;; QUESTION SECTION:
;sample-clusterip.default.svc.cluster.local.  IN  A

;; ANSWER SECTION:
sample-clusterip.default.svc.cluster.local. 30 IN A 10.3.251.192

…(생략)…
```

이 FQDN에는 서비스가 충돌하지 않도록 네임스페이스 등이 포함되어 있는데, 컨테이너 내부의 /etc/resolve.conf에 다음과 같은 내용(search로 시작하는 행)이 있기 때문에 sample-clusterip.default나 sample-clusterip만으로 이름을 해석할 수 있다. 이 설정은 기본 네임스페이스라면 default.svc.cluster.local이 들어가 있듯이 네임스페이스별로 다르다. 동일한 네임스페이스인 경우에는 sample-clusterip와 같이 서비스명만으로 이름 해석이 가능하지만, 다른 네임스페이스의 경우에는 sample-clusterip.default처럼 네임스페이스명을 붙여 이름을 해석해야 한다.

```
# 일시적으로 파드를 기동하여 기본으로 /etc/resolv.conf에 포함되어 있는 옵션을 확인
$ kubectl run --image=amsy810/tools:v2.0 --restart=Never --rm -i testpod --command --
cat /etc/resolv.conf
nameserver 10.3.240.10
search default.svc.cluster.local svc.cluster.local cluster.local c.psu-satest-20200113.
internal google.internal
options ndots:5
pod "testpod" deleted
```

또 역방향 질의도 할 수 있다.

```
# 일시적으로 파드를 기동하여 컨테이너 내부에서 10.3.255.181의 이름 해석 확인
$ kubectl run --image=amsy810/tools:v2.0 --restart=Never --rm -i testpod --command --
dig -x 10.3.251.192
…(생략)…
;; QUESTION SECTION:
;192.251.3.10.in-addr.arpa.        IN      PTR

;; ANSWER SECTION:
192.251.3.10.in-addr.arpa. 30      IN      PTR     sample-clusterip.default.svc.
cluster.local.

…(생략)…
```

이 이름 해석을 사용하지 않을 경우, 고정 IP로 설정하여 기존과 같이 IP 주소를 수동으로 관리하거나 서비스 생성 시에 자동으로 할당된 엔드포인트의 IP 주소를 확인하고 애플리케이션 등의 설정 파일에 포함시켜야 하므로 많은 시간이 소요된다. 쿠버네티스의 이식성을 유지하기 위해 IP 주소는 최대한 서비스명을 사용하여 이름 해석을 하도록 한다.

DNS SRV 레코드를 사용한 서비스 디스커버리

정방향과 역방향으로 DNS 레코드가 질의되는 것을 확인했는데, SRV 레코드를 사용해서 서비스 엔드포인트를 확인할 수도 있다. SRV 레코드는 포트명과 프로토콜을 사용하여 서비스를 제공하는 포트 번호를 포함한 엔드포인트를 DNS로 해석하는 구조다. 레코드 형식은 다음과 같다. 서비스의 포트명과 프로토콜에는 접두사에 _가 포함되므로 주의하자.

_서비스의 포트명._프로토콜.서비스명.네임스페이스명.svc.cluster.local

예를 들어 앞에서도 사용한 코드 6-6(코드 6-2)의 sample-clusterip.yaml 예제에서 서비스의 포트명은 http-port, 프로토콜은 TCP다.

코드 6-6 ClusterIP 서비스 예제(sample-clusterip.yaml)
```
apiVersion: v1
kind: Service
metadata:
  name: sample-clusterip
spec:
  type: ClusterIP
  ports:
```

```
      - name: "http-port"
        protocol: "TCP"
        port: 8080
        targetPort: 80
    selector:
      app: sample-app
```

실제로 SRV 레코드를 확인해보면, 다음과 같이 목적지 호스트명 sample-clusterip.default.svc. cluster.local과 포트 번호 8080을 해석할 수 있다. SRV 레코드를 해석할 수 있는 소프트웨어의 경우 이와 같은 서비스를 제공하는 포트 번호를 포함한 엔드포인트까지 DNS로 해석할 수 있다.

```
# 일시적으로 파드를 기동하여 SRV 레코드가 다른 파드에서 해석이 가능한지를 확인
$ kubectl run --image=amsy810/tools:v2.0 --restart=Never --rm -i testpod \
--command -- dig _http-port._tcp.sample-clusterip.default.svc.cluster.local SRV
…(생략)…
;; QUESTION SECTION:
;_http-port._tcp.sample-clusterip.default.svc.cluster.local. IN SRV

;; ANSWER SECTION:
_http-port._tcp.sample-clusterip.default.svc.cluster.local. 30 IN SRV 10 100 8080
sample-clusterip.default.svc.cluster.local.

;; ADDITIONAL SECTION:
sample-clusterip.default.svc.cluster.local. 30 IN A 10.3.251.192
…(생략)…
```

6.2.3 클러스터 내부 DNS와 클러스터 외부 DNS

5장에서 설명한 dnsPolicy를 사용하여 파드의 DNS 서버 설정을 명시적으로 하지 않는 이상 기동하는 모든 파드는 이 클러스터 내부 DNS를 사용하여 이름 해석을 한다. 클러스터 내부 DNS에는 서비스 엔드포인트에 대한 레코드(*.cluster.local)가 저장되어 있다. 그러므로 클러스터 내부 DNS에 질의하여 서비스 디스커버리에서 사용한다. 물론 클러스터 내부 DNS에는 내부용 레코드(*.cluster.local)만 등록되어 있으므로 내부 이외의 레코드는 외부 DNS에 재귀 질의를 해야 한다(그림 6-9).

▼ 그림 6-9 클러스터 내부 DNS와 DNS 재귀 질의

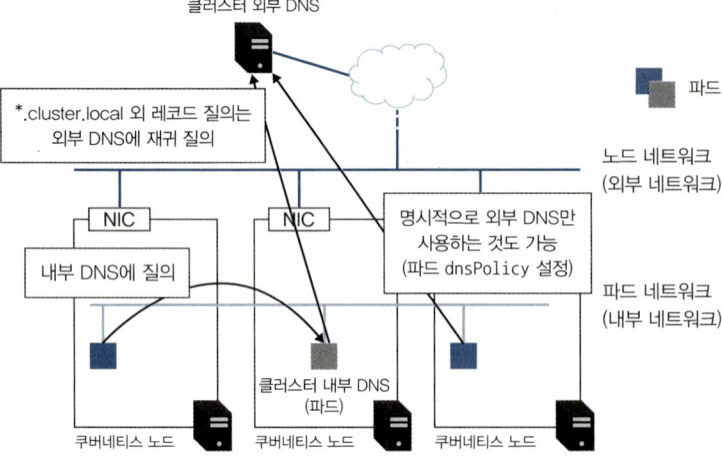

6.2.4 `1.18 Stable` 노드 로컬 DNS 캐시

일반적으로 클러스터 내부 DNS에 이름 해석 요청을 보내지만, 대규모 클러스터에서 성능 향상을 위해 각 노드의 로컬에 DNS 캐시 서버를 포함하는 구조가 있다. 이 기능을 활성화한 환경에서 파드의 질의 대상은 같은 노드에 있는 로컬 DNS 캐시 서버가 된다(그림 6-10).

GKE 환경의 경우 gcloud 명령어를 사용하여 활성화시키자.[1]

▼ 그림 6-10 노드 로컬 DNS 캐시

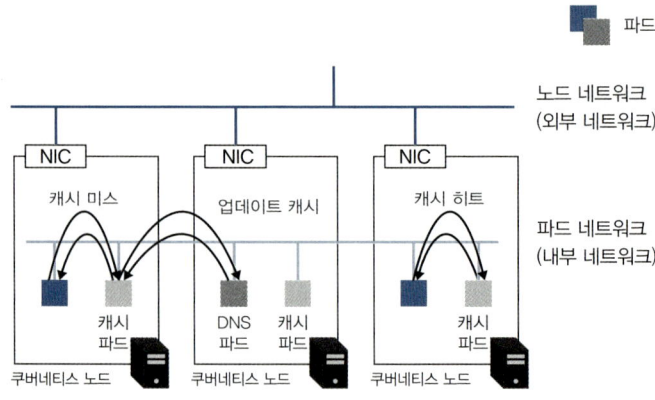

---

[1] https://cloud.google.com/kubernetes-engine/docs/how-to/nodelocal-dns-cache

6.3 ClusterIP 서비스

ClusterIP 서비스는 쿠버네티스의 가장 기본이 되는 type: ClusterIP 서비스다. type: ClusterIP 서비스를 생성하면 쿠버네티스 클러스터 내부에서만 통신 가능한, Internal Network에 생성되는 가상 IP가 할당된다. 따라서 ClusterIP라고 불린다. ClusterIP와 통신은 각 노드상에서 실행 중인 시스템 구성 요소 kube-proxy가 파드로 전송을 실시한다(그림 6-11). (실제로는 Proxy-mode에 따라 다르다.)

❤ 그림 6-11 ClusterIP 서비스

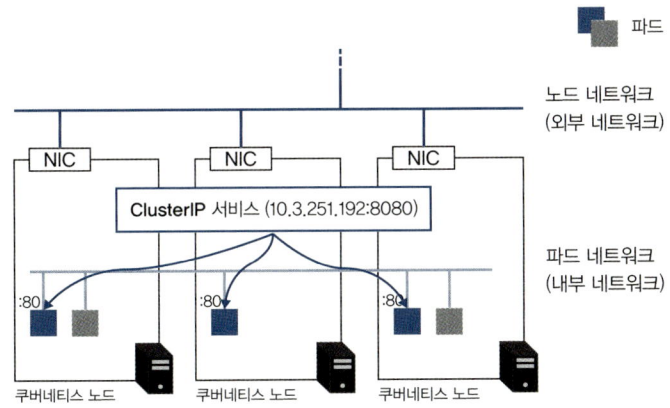

ClusterIP는 쿠버네티스 클러스터 외부에서 트래픽을 수신할 필요가 없는 환경에서 클러스터 내부 로드 밸런서로 사용한다. 기본적으로는 쿠버네티스 API에 접속하기 위한 Kubernetes 서비스가 생성되어 있고, ClusterIP가 발급되어 있다.

```
# 쿠버네티스 API에 접속할 수 있도록 쿠버네티스 서비스가 생성됨
$ kubectl get services
NAME              TYPE         CLUSTER-IP      EXTERNAL-IP   PORT(S)    AGE
kubernetes        ClusterIP    10.3.240.1      <none>        443/TCP    5d10h
sample-clusterip  ClusterIP    10.3.251.192    <none>        8080/TCP   76m
```

6.3.1 ClusterIP 서비스 생성

ClusterIP 서비스는 코드 6-7과 같은 매니페스트로 생성한다.

코드 6-7 ClusterIP 서비스 예제(sample-clusterip.yaml)

```yaml
apiVersion: v1
kind: Service
metadata:
  name: sample-clusterip
spec:
  type: ClusterIP
  ports:
  - name: "http-port"
    protocol: "TCP"
    port: 8080
    targetPort: 80
  selector:
    app: sample-app
```

type: ClusterIP를 지정하면 ClusterIP 서비스를 생성할 수 있다. spec.ports[].port에는 ClusterIP에서 수신할 포트 번호를 지정하고, spec.ports[].targetPort는 목적지 컨테이너 포트 번호를 지정한다(그림 6-12).

▼ **그림 6-12** ClusterIP 설정에 대한 포트 종류

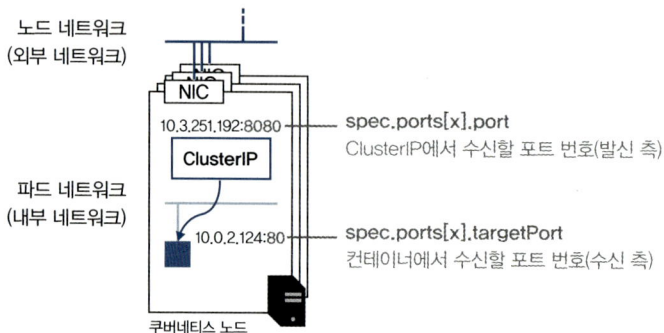

▼ 표 6-2 ClusterIP 서비스에 설정하는 포트 번호

설정 항목	개요
spec.ports[].port	ClusterIP에서 수신할 포트 번호
spec.ports[].targetPort	목적지 컨테이너 포트 번호

이 장 초반에 생성한 디플로이먼트를 사용하여 다시 HTTP 요청을 해보면 ClusterIP로 전송되는 트래픽이 각 파드로 전송되는 것을 확인할 수 있다.

```
# 일시적으로 파드를 기동하여 ClusterIP로 전송되는 트래픽이 분산되는 것을 확인
$ kubectl run --image=amsy810/tools:v2.0  --restart=Never --rm -i testpod \
--command -- curl -s http://sample-clusterip:8080
Host=sample-clusterip  Path=/  From=sample-deployment-7c67dd9675-x4x97
ClientIP=10.0.2.168  XFF=
pod "testpod" deleted

(여러 번 실행하면 비슷한 빈도로 세 개의 파드명이 표시된다)
Host=sample-clusterip  Path=/  From=sample-deployment-7c67dd9675-87v5d
ClientIP=10.0.2.169  XFF=
pod "testpod" deleted

Host=sample-clusterip  Path=/  From=sample-deployment-7c67dd9675-btkfh
ClientIP=10.0.2.170  XFF=
pod "testpod" deleted
```

6.3.2 ClusterIP 가상 IP 정적 지정

예를 들어 애플리케이션에서 데이터베이스 서버를 지정하는 경우에는 기본적으로 쿠버네티스 서비스에 등록된 클러스터 내부 DNS 레코드를 사용하여 호스트를 지정하는 것이 바람직하다. 그러나 IP 주소로 지정해야 하는 경우 ClusterIP를 정적으로 지정할 수도 있다.

ClusterIP를 자동 할당이 아닌 수동으로 설정할 경우 spec.clusterIP를 지정한다.

코드 6-8 ClusterIP를 정적으로 지정하는 서비스 예제(samlple-clusterip-vip.yaml)
```
apiVersion: v1
kind: Service
metadata:
```

```yaml
  name: sample-clusterip-vip
spec:
  type: ClusterIP
  clusterIP: 10.3.251.194   # 실습 환경에 맞춰 IP를 변경
  ports:
  - name: "http-port"
    protocol: "TCP"
    port: 8080
    targetPort: 80
  selector:
    app: sample-app
```

서비스가 이미 생성된 후에는 ClusterIP를 변경할 수 없다. 쿠버네티스에서는 `kubectl apply`를 사용하여 설정값을 변경할 수 있다고 설명하지만, 쿠버네티스 특성상 ClusterIP 값 등과 같은 일부 필드는 변경할 수 없게(immutable) 되어 있다. ClusterIP를 지정하려면 삭제하고 다시 생성해야 한다.

```
# 매니페스트에 작성된 ClusterIP 변경
$ sed -i -e 's|10.3.251.194|10.3.251.195|g' sample-clusterip-vip.yaml

# 이미 할당된 ClusterIP 주소를 변경하려는 경우
$ kubectl apply -f sample-clusterip-vip.yaml
The Service "sample-clusterip-vip" is invalid: spec.clusterIP: Invalid value:
"10.3.251.195": field is immutable
```

6.4 ExternalIP 서비스

ExternalIP 서비스는 특정 쿠버네티스 노드 IP 주소:포트에서 수신한 트래픽을 컨테이너로 전송하는 형태로 외부와 통신할 수 있도록 하는 서비스다(그림 6-13). 그리고 특별한 이유가 없는 경우에는 ExternalIP 서비스 대신 나중에 설명하는 NodePort 서비스를 사용하는 것을 검토해 보자.

❤ 그림 6-13 ExternalIP 서비스

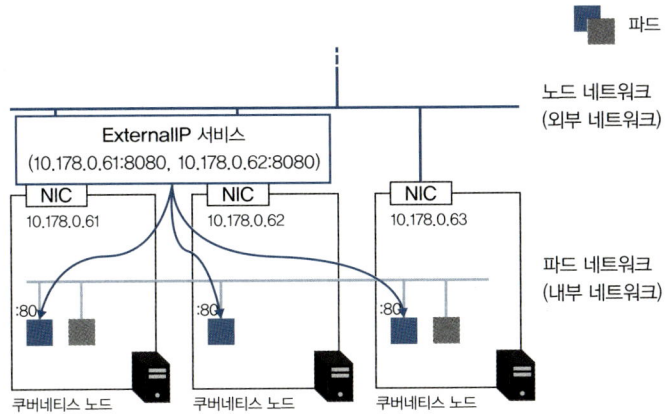

6.4.1 ExternalIP 서비스 생성

ExternalIP 서비스는 코드 6-9와 같은 매니페스트로 생성한다.

코드 6-9 ExternalIP 서비스 예제(sample-externalip.yaml)

```yaml
apiVersion: v1
kind: Service
metadata:
  name: sample-externalip
spec:
  type: ClusterIP
  externalIPs:
  - 10.178.0.61  # 실습 환경의 노드 IP로 변경한다
  - 10.178.0.62
  ports:
  - name: "http-port"
    protocol: "TCP"
    port: 8080
    targetPort: 80
  selector:
    app: sample-app
```

ExternalIP는 type: ExternalIP를 지정하는 것이 아니다(type 자체는 ClusterIP다). spec.externalIPs에는 쿠버네티스 노드 IP(10.178.0.61 등)를, spec.ports[].port에는 쿠버네티스 노드의 IP와 ClusterIP에서 수신할 포트 번호를, spec.ports[].targetPort에는 목적지 컨테이너 포트 번호를 지정한다. 또한, ExternalIP에 사용하는 IP는 모든 쿠버네티스 노드의 IP를 넣을 필요가 없다(그림 6-14).

❤ 그림 6-14 ExternalIP 서비스 설정에 대한 포트 종류

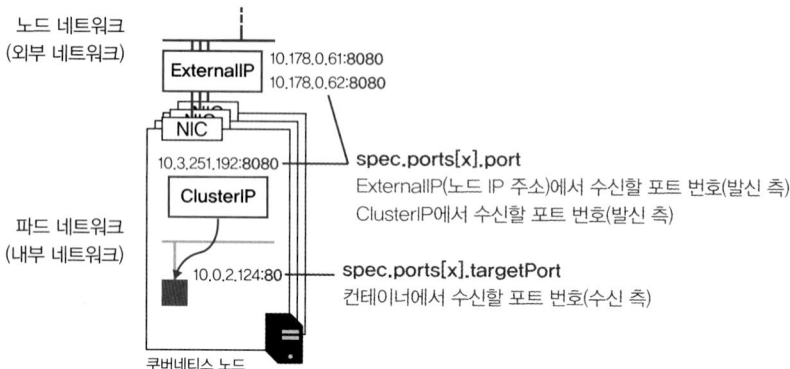

❤ 표 6-3 ExternalIP 서비스에 설정하는 포트 번호

설정 항목	개요
spec.externalIPs	쿠버네티스 노드 IP 주소(ExternalIP)
spec.ports[].port	ExternalIP와 ClusterIP에서 수신할 포트 번호
spec.ports[].targetPort	목적지 컨테이너 포트 번호

ExternalIP에 사용 가능한 IP 주소는 노드 정보에서 확인할 수 있다. GKE의 경우 쿠버네티스 노드가 되는 GCE(Google Compute Engine) 인스턴스에 할당된 OS에서 인식할 수 있는 Internal용 IP 주소(10.178.0.61)만 사용 가능하다. GCE 인스턴스에 연결된 글로벌 IP 주소는 OS에서 직접 할당되어 있지 않아 인식할 수 없기 때문에 ExternalIP에는 사용할 수 없는 점에 주의해야 한다. 그 외 환경에서 OS에서 인식할 수 있는 상태로 노드에 직접 글로벌 IP 주소가 할당된 경우에는 ExternalIP로 사용할 수 있다.

```
# 쿠버네티스 노드 목록과 주소 출력
$ kubectl get nodes -o custom-columns="NAME:{metadata.name},IP:{status.addresses[].address}"
```

```
NAME                                    IP
gke-k8s-default-pool-be722c17-fpxg      10.178.0.61
gke-k8s-default-pool-be722c17-gshw      10.178.0.62
gke-k8s-default-pool-be722c17-mnpv      10.178.0.63
```

생성한 ExternalIP 서비스를 확인해보면, 컨테이너 내부에서의 통신은 ClusterIP를 사용하기 위해 ClusterIP도 자동으로 확보된다.

```
# ExternalIP 서비스 확인
$ kubectl get services
NAME                TYPE        CLUSTER-IP      EXTERNAL-IP                 PORT(S)
AGE
kubernetes          ClusterIP   10.3.240.1      <none>                      443/TCP
5d14h
sample-clusterip    ClusterIP   10.3.251.192    <none>                      8080/TCP
5h16m
sample-externalip   ClusterIP   10.3.247.160    10.178.0.61,10.178.0.62     8080/TCP
3h23m    # 추가
```

컨테이너 내부에서 확인하면 클러스터 내부 DNS에서 반환하는 서비스 디스커버리의 IP 주소는 ExternalIP가 아닌 ClusterIP다.

```
# 일시적으로 파드를 기동하여 A 레코드로 ClusterIP가 다른 파드에서 해석 가능함을 확인
$ kubectl run --image=amsy810/tools:v2.0 --restart=Never --rm -i testpod \
--command -- dig sample-externalip.default.svc.cluster.local
…(생략)…
;; QUESTION SECTION:
;sample-externalip.default.svc.cluster.local.  IN   A

;; ANSWER SECTION:
sample-externalip.default.svc.cluster.local. 30    IN A 10.3.247.160
…(생략)…
pod "testpod" deleted
```

실제 쿠버네티스 노드에 SSH로 로그인한 후 ss -napt | grep 8080 명령어나 netstat -nap | grep 8080 명령어를 실행하여 포트 상태를 확인해보자. GCP의 경우 다음과 같은 명령어를 사용하여 로그인할 수 있다.

```
# 첫 번째 노드(gke-k8s-default-pool-be722c17-fpxg)에 SSH 로그인
$ gcloud compute ssh gke-k8s-default-pool-be722c17-fpxg --zone asia-northeast3-a

# root 유저로 셸 기동
$ sudo -i
```

ExternalIP를 사용하고 있는 쿠버네티스 노드에서 포트 상태를 확인하면 8080/TCP 포트로 Listen하고 있는 상태다. 여기서는 두 개의 노드가 해당한다.

```
# 첫 번째 노드에서 실행
gke-k8s-default-pool-be722c17-fpxg ~ # ss -napt | grep 8080
LISTEN     0    1024           10.178.0.61:8080              0.0.0.0:*
users:(("kube-proxy",pid=2933,fd=9))

# 두 번째 노드에서 실행
gke-k8s-default-pool-be722c17-gshw ~ # ss -napt | grep 8080
LISTEN     0    1024           10.178.0.62:8080              0.0.0.0:*
users:(("kube-proxy",pid=2946,fd=9))

# 세 번째 노드에서 실행(결과 없음)
gke-k8s-default-pool-be722c17-mnpv ~ # ss -napt | grep 8080
```

그래서 ExternalIP를 사용하는 경우 쿠버네티스 클러스터 외부에서도 통신이 가능하다. 또 파드에 대한 요청도 분산된다. 다음 명령어는 GCE 네트워크 내부에서 실행해보길 바란다.

```
# 10.178.0.61, 10.178.0.62는 통신 가능, 10.178.0.63은 통신 불가능
$ curl -s http://10.178.0.61:8080
Host=10.178.0.61  Path=/  From=sample-deployment-7c67dd9675-87v5d  ClientIP=10.178.0.63
XFF=

(여러 번 실행하면 비슷한 빈도로 세 개의 파드명이 표시된다)
Host=10.178.0.61  Path=/  From=sample-deployment-7c67dd9675-x4x97  ClientIP=10.178.0.63
XFF=
Host=10.178.0.61  Path=/  From=sample-deployment-7c67dd9675-btkfh  ClientIP=10.178.0.63
XFF=
```

6.5 NodePort 서비스

NodePort 서비스는 ExternalIP 서비스와 비슷하다. 위에서 설명한 ExternalIP는 지정한 쿠버네티스 노드의 IP 주소:포트에서 수신한 트래픽을 컨테이너로 전송하는 형태로 외부와 통신할 수 있었다. 반면 NodePort는 모든 쿠버네티스 노드의 IP 주소:포트에서 수신한 트래픽을 컨테이너에 전송하는 형태로 외부와 통신할 수 있다(그림 6-15). ExternalIP 서비스에서 전체 노드의 트래픽을 수신할 수 있도록 설정하는 기능과 비슷하지만, 엄밀히 말하면 Listen할 때 0.0.0.0:포트를 사용하여 모든 IP 주소로 바인드하는 형태다. 도커 스웜을 사용한 경험이 있다면 '서비스를 Expose 한 상태와 같은 동작'이라고 생각하면 된다.

▼ 그림 6-15 NodePort 서비스

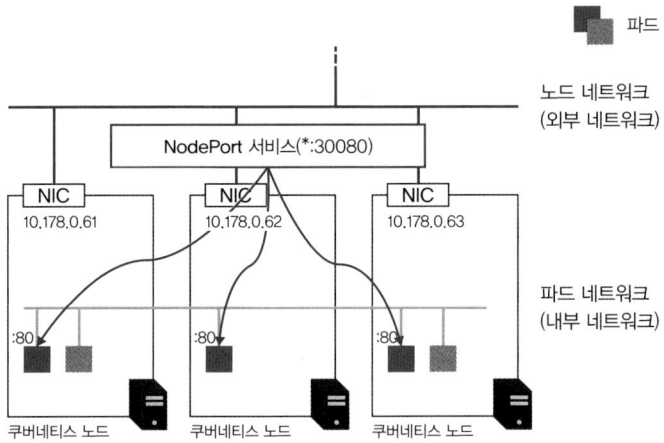

6.5.1 NodePort 서비스 생성

NodePort 서비스는 코드 6-10의 매니페스트로 생성한다.

코드 6-10 NodePort 서비스 예제(sample-nodeport.yaml)

```
apiVersion: v1
kind: Service
metadata:
  name: sample-nodeport
```

```
spec:
  type: NodePort
  ports:
  - name: "http-port"
    protocol: "TCP"
    port: 8080
    targetPort: 80
    nodePort: 30080
  selector:
    app: sample-app
```

spec.ports[].port에는 ClusterIP에서 수신할 포트 번호, spec.ports[].targetPort에는 목적지 컨테이너 포트 번호, spec.ports[].nodePort에는 모든 쿠버네티스 노드에서 수신할 포트 번호를 지정한다. 모든 쿠버네티스 노드의 IP 주소에서 spec.ports[].nodePort에 지정한 포트를 Listen 하기 때문에 포트 충돌이 없도록 주의하자(그림 6-16). 할당된 포트 번호를 지정할 필요가 없을 경우에는 spec.ports[].nodePort 항목에 명시적으로 포트를 지정하지 않으면 빈 포트 번호가 자동으로 선택된다.

▼ 그림 6-16 NodePort 설정에 대한 포트 종류

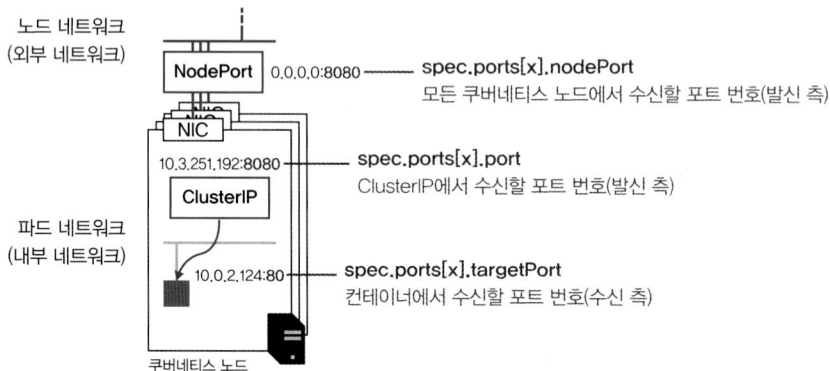

▼ 표 6-4 NodePort 서비스에 설정하는 포트 번호

설정 항목	개요
spec.ports[].port	ClusterIP에서 수신할 포트 번호
spec.ports[].targetPort	목적지 컨테이너 포트 번호
spec.ports[].nodePort	모든 쿠버네티스 노드 IP 주소에서 수신할 포트 번호

생성한 NodePort 서비스를 확인해보면 컨테이너 내부에서의 통신에 ClusterIP를 사용하기 위해 ClusterIP도 자동으로 할당된다.

```
# NodePort 서비스 확인
$ kubectl get services
NAME                TYPE        CLUSTER-IP     EXTERNAL-IP            PORT(S)
AGE
kubernetes          ClusterIP   10.3.240.1     <none>                 443/TCP
5d16h
sample-clusterip    ClusterIP   10.3.251.192   <none>                 8080/TCP
8h
sample-externalip   ClusterIP   10.3.247.160   10.178.0.61,10.178.0.62   8080/TCP
6h9m
sample-nodeport     NodePort    10.3.248.195   <none>                 8080:30080/
TCP    8s # 추가
```

컨테이너 내부에서 확인해보면 클러스터 내부 DNS에서 반환하는 서비스 디스커버리 IP 주소는 ClusterIP가 된다.

```
# 일시적으로 파드를 기동하여 NodePort 서비스의 이름 해석을 확인
$ kubectl run --image=amsy810/tools:v2.0 --restart=Never --rm -i testpod --command --
dig \ sample-nodeport.default.svc.cluster.local
…(생략)…
;; QUESTION SECTION:
;sample-nodeport.default.svc.cluster.local. IN A

;; ANSWER SECTION:
sample-nodeport.default.svc.cluster.local. 30 IN A 10.3.248.195
…(생략)…
pod "testpod" deleted
```

실제 쿠버네티스 노드에 SSH로 로그인하여 `ss -napt | grep 8080` 명령어나 `netstat -nap | grep 8080` 명령어를 실행하고 포트 상태를 확인해보자. GCP의 경우 다음과 같은 명령어를 사용하여 로그인할 수 있다.

```
# 첫 번째 노드(gke-k8s-default-pool-2fc9916b-gsll)에 SSH 로그인
$ gcloud compute ssh gke-k8s-default-pool-be722c17-fpxg --zone asia-northeast3-a

# 루트 유저로 셸 기동
$ sudo -i
```

NodePort를 사용하고 있는 쿠버네티스 노드에서 포트 상태를 확인해보면, 모든 노드의 30080/TCP 포트로 Listen하고 있는 상태가 되어 있다.

```
# 첫 번째 노드에서 실행
gke-k8s-default-pool-be722c17-fpxg ~ # ss -napt | grep 30080
LISTEN     0      1024             0.0.0.0:30080              0.0.0.0:*
users:(("kube-proxy",pid=2933,fd=10))

# 두 번째 노드에서 실행
gke-k8s-default-pool-be722c17-gshw ~ # ss -napt | grep 30080
LISTEN     0      1024             0.0.0.0:30080              0.0.0.0:*
users:(("kube-proxy",pid=2946,fd=10))

# 세 번째 노드에서 실행
gke-k8s-default-pool-be722c17-mnpv ~ # ss -napt | grep 30080
LISTEN     0      1024             0.0.0.0:30080              0.0.0.0:*
users:(("kube-proxy",pid=2914,fd=8))
```

그래서 ExternalIP와는 달리 모든 쿠버네티스 노드의 IP 주소로 쿠버네티스 클러스터 외부에서도 통신이 가능하다. 또한, 파드로 보내는 요청도 분산된다. GKE의 경우 GCE 인스턴스에 할당된 글로벌 IP 주소로도 통신할 수 있다. 통신이 불가능할 경우 GCE의 방화벽 정책에 의해 차단되어 있지 않은지 확인해보길 바란다.

```
# GCE 인스턴스에 할당된 글로벌 IP 주소로 요청
$ curl -s http://XXX.XXX.XXX.XXX:30080
Host=XX.XXX.XXX.XXX  Path=/  From=sample-deployment-7c67dd9675-btkfh
ClientIP=10.178.0.61  XFF=

(여러 번 실행하면 비슷한 빈도로 세 개의 파드명이 표시된다)
Host=XX.XXX.XXX.XXX  Path=/  From=sample-deployment-7c67dd9675-87v5d
ClientIP=10.178.0.61  XFF=
Host=XX.XXX.XXX.XXX  Path=/  From=sample-deployment-7c67dd9675-x4x97
ClientIP=10.178.0.61  XFF=
```

6.5.2 NodePort 주의점

NodePort에서 사용할 수 있는 포트 범위는 GKE를 포함하여 많은 쿠버네티스 환경에서 30000~32767(쿠버네티스 기본값)이며, 범위 외의 포트를 지정하려고 하면 에러가 발생한다(쿠버네티스 마스터 설정을 자체적으로 바꿀 수 있는 경우에는 이 범위를 커스터마이즈할 수 있다). 또한, 자동으로 할당되는 NodePort도 같은 범위 안에서 사용 가능하다.

코드 6-11 사용할 수 있는 범위 외로 포트를 설정한 NodePort 서비스 예제(sample-nodeport-fail.yaml)

```yaml
apiVersion: v1
kind: Service
metadata:
  name: sample-nodeport-fail
spec:
  type: NodePort
  ports:
  - name: "http-port"
    protocol: "TCP"
    port: 8080
    targetPort: 80
    nodePort: 8888
  selector:
    app: sample-app
```

위와 같이 nodePort를 8888로 변경한 매니페스트로 NodePort 서비스를 생성하려고 하면 에러가 발생한다.

```
# 30000~32767 이외의 포트 번호를 NodePort로 설정한 경우
$ kubectl apply -f sample-nodeport-fail.yaml
The Service "sample-nodeport-fail" is invalid: spec.ports[0].nodePort: Invalid value: 8888: provided port is not in the valid range. The range of valid ports is 30000-32767
```

또한, 여러 NodePort 서비스에서 같은 포트를 사용하는 것도 불가능하다.

코드 6-12 여러 NodePort 서비스에서 같은 포트를 사용하는 예제(sample-nodeport-fail2.yaml)

```yaml
apiVersion: v1
kind: Service
metadata:
  name: sample-nodeport-fail2
```

```
spec:
  type: NodePort
  ports:
  - name: "http-port"
    protocol: "TCP"
    port: 8080
    targetPort: 80
    nodePort: 30080
  selector:
    app: sample-app
```

위와 같은 매니페스트로 NodePort 서비스를 생성하려고 하면 여기서도 에러가 발생한다.

```
# spec.ports[].nodePort로 이미 사용 중인 포트 번호를 사용할 수 없다
$ kubectl apply -f sample-nodeport-fail2.yaml
The Service "sample-nodeport-fail2" is invalid: spec.ports[0].nodePort: Invalid value:
30080: provided port is already allocated
```

당연한 결과다. 쿠버네티스 노드에서 30080/TCP 포트로 복수의 Listen 상태를 가질 수 없기 때문이다(그림 6-17).

❤ 그림 6-17 NodePort 충돌

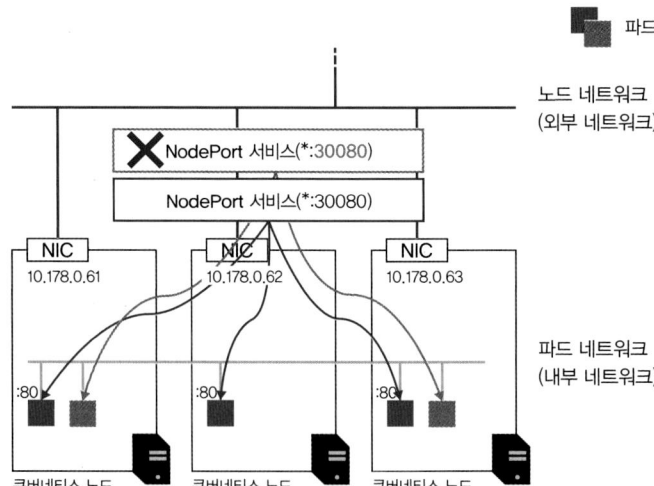

6.6 LoadBalancer 서비스

LoadBalancer 서비스는 서비스 환경에서 클러스터 외부로부터 트래픽을 수신할 때 가장 실용적이고 사용하기 편리한 서비스다.

LoadBalancer 서비스는 쿠버네티스 클러스터 외부의 로드 밸런서에 외부 통신이 가능한 가상 IP를 할당할 수 있다(그림 6-18). 외부 로드 밸런서를 사용하려면 쿠버네티스 클러스터가 구축된 인프라가 이 구조에 맞도록 설계되어 있어야 한다. 현재는 GCP/AWS/애저(Azure)/OpenStack을 비롯한 클라우드 프로바이더가 LoadBalancer 서비스를 사용할 수 있는 환경을 제공하고 있다 (MetalLB 등도 출시되어 클라우드 프로바이더 이외의 환경을 사용할 수 있는 선택의 폭도 넓어지고 있다). 이 책에서는 GKE 환경을 예제로 사용하지만, 기본 동작은 대부분의 쿠버네티스 환경과 같다.

❤ 그림 6-18 LoadBalancer 서비스

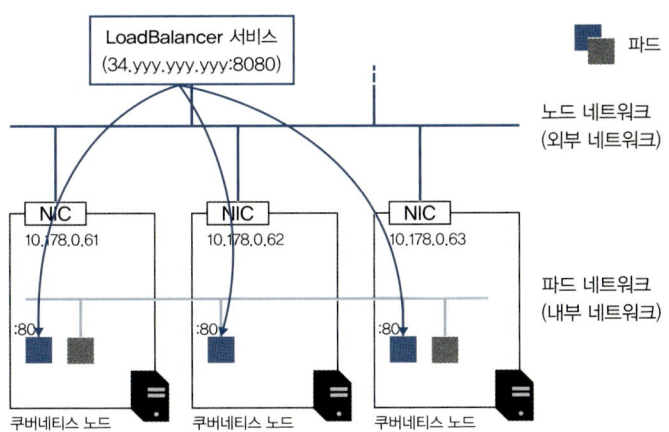

NodePort나 ExternalIP에서는 결국 하나의 쿠버네티스 노드에 할당된 IP 주소로 통신을 하기 때문에 그 노드가 단일 장애점(Single Point of Failure, SPoF)이 되어 버린다. 그러나 type: LoadBalancer에서는 쿠버네티스 노드와 별도로 외부 로드 밸런서를 사용하기 때문에 노드 장애가 발생해도 크게 문제가 되지 않는다. 구조는 NodePort 서비스를 생성하고 클러스터 외부의 로드 밸런서에서 쿠버네티스 노드로 밸런싱을 하는 형태다. 쿠버네티스 노드에 장애가 발생한 경우에는 그 노드에 트래픽을 전송하지 않음으로써 자동으로 복구하게 되어 있다. 다만 로드 밸런서가 노드 장애를 감지하고 목적지에서 제외 처리하기까지의 시간이 필요하므로, 그동안 일시적으로 서비스 중단 현상이 발생한다(그림 6-19). 이러한 현상은 기존의 로드 밸런서와 가상 머신의 경우와 같다.

❤ 그림 6-19 LoadBalancer 서비스 사용 시 노드 장애

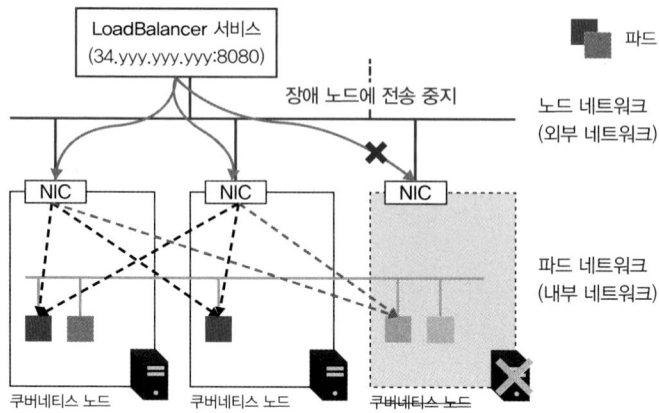

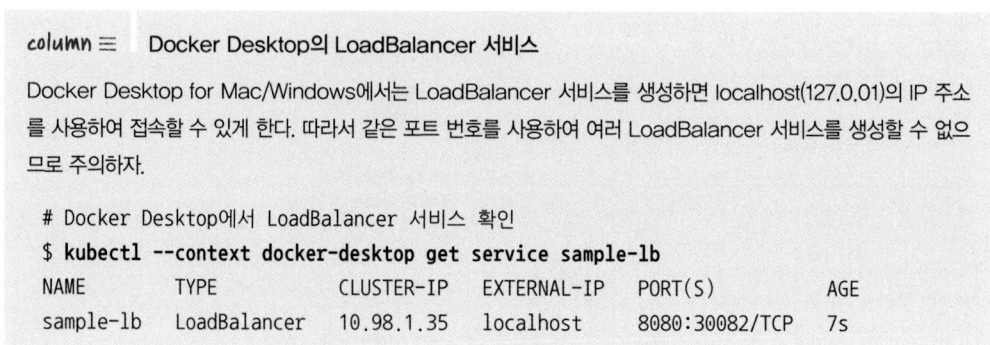

column ≡ Docker Desktop의 LoadBalancer 서비스

Docker Desktop for Mac/Windows에서는 LoadBalancer 서비스를 생성하면 localhost(127.0.0.1)의 IP 주소를 사용하여 접속할 수 있게 한다. 따라서 같은 포트 번호를 사용하여 여러 LoadBalancer 서비스를 생성할 수 없으므로 주의하자.

```
# Docker Desktop에서 LoadBalancer 서비스 확인
$ kubectl --context docker-desktop get service sample-lb
NAME        TYPE          CLUSTER-IP    EXTERNAL-IP   PORT(S)         AGE
sample-lb   LoadBalancer  10.98.1.35    localhost     8080:30082/TCP  7s
```

6.6.1 LoadBalancer 서비스 생성

LoadBalancer 서비스는 코드 6-13의 매니페스트로 생성한다.

코드 6-13 LoadBalancer 서비스 예제(sample-lb.yaml)

```
apiVersion: v1
kind: Service
metadata:
  name: sample-lb
spec:
```

```
    type: LoadBalancer
    ports:
    - name: "http-port"
      protocol: "TCP"
      port: 8080
      targetPort: 80
      nodePort: 30082
    selector:
      app: sample-app
```

spec.ports[].port에는 로드 밸런서에 할당되는 가상 IP와 ClusterIP에서 수신할 포트 번호를, spec.ports[].targetPort에는 목적지 컨테이너 포트 번호를 지정한다. 또 type: LoadBalancer를 사용할 때는 NodePort도 자동적으로 할당되므로 spec.ports[].nodePort 지정도 가능하다(표 6-5).

▼ 그림 6-20 LoadBalancer 서비스 설정에 대한 포트 종류

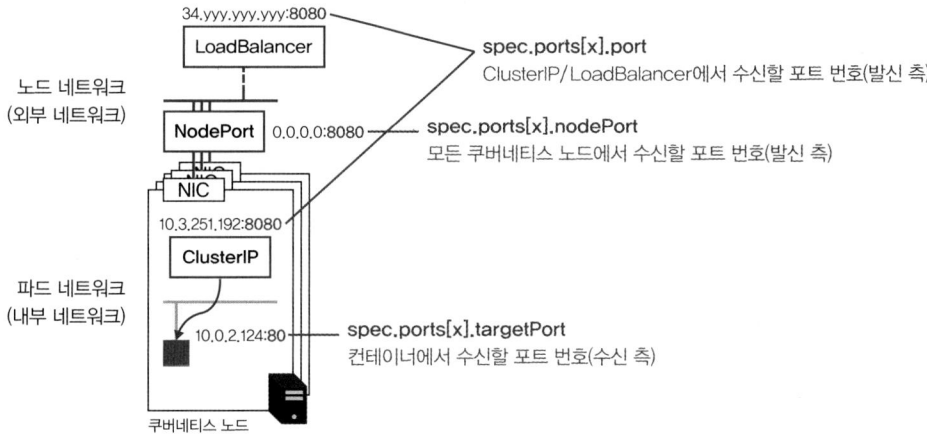

▼ 표 6-5 LoadBalancer 서비스에 설정하는 포트 번호

설정 항목	개요
spec.ports[].port	LoadBalancer에 할당되는 가상 IP와 ClusterIP에서 수신할 포트 번호
spec.ports[].targetPort	목적지 컨테이너 포트 번호
spec.ports[].nodePort	모든 쿠버네티스 노드 IP 주소에서 수신할 포트 번호

LoadBalancer 서비스 생성 직후에 서비스를 확인해보면 새로운 서비스가 생성되어 있지만, EXTERNAL-IP 부분이 〈pending〉 상태로 되어 있다. 이는 GCP의 로드 밸런서 생성 처리가 백

그라운드에서 실행하는 단계로 아직 미할당 상태이기 때문이다. type: LoadBalancer 구현에 따라 다르겠지만, 대부분의 경우 몇 초에서 수십 초 정도면 생성 처리가 완료된다.

```
# LoadBalancer Service(sample-lb) 확인
$ kubectl get services sample-lb
NAME        TYPE          CLUSTER-IP     EXTERNAL-IP   PORT(S)         AGE
sample-lb   LoadBalancer  10.3.250.133   <pending>     8080:30082/TCP  1s
```

LoadBalancer 서비스를 생성했지만, 컨테이너 내부에서의 통신은 ClusterIP를 사용하기 위해 ClusterIP도 자동 할당된다. 이번 예제를 보면, 클러스터 내부에서 기동 중인 파드에서 sample-lb.default.svc.cluster.local의 이름 해석을 한 경우에는 클러스터 내부에서만 사용 가능한 IP 주소 10.3.250.133이 반환된다. 또 NodePort (:30082)도 같이 생성된다.

```
# 서비스 확인
$ kubectl get services
NAME                    TYPE          CLUSTER-IP     EXTERNAL-IP             PORT(S)
kubernetes              ClusterIP     10.3.240.1     <none>                  443/
TCP
sample-clusterip        ClusterIP     10.3.251.192   <none>                  8080/
TCP
sample-externalip       ClusterIP     10.3.247.160   10.178.0.61,10.178.0.62 8080/
TCP
sample-lb               LoadBalancer  10.3.250.133   XX.XX.XXX.XX            8080:
30082/TCP # 추가
sample-nodeport         NodePort      10.3.248.195   <none>                  8080:
30080/TCP
sample-nodeport-local   NodePort      10.3.254.63    <none>                  8080:
30081/TCP
```

할당된 가상 IP는 쿠버네티스 노드에 분산되기 때문에 쿠버네티스 노드를 스케일링할 때 변경하지 않아도 된다. type: LoadBalancer도 다음과 같이 당연히 쿠버네티스 클러스터 외부에서 글로벌 IP 주소를 통해 통신이 가능하다.

```
# XX.XX.XXX.XXX는 GCE 인스턴스 IP 주소가 아닌 GCLB(Google Cloud Load Balancing)에
  할당된 가상 IP
$ curl -s http://xx.xx.xxx.xxx:8080
Host= xx.xx.xxx.xxx  Path=/  From=sample-deployment-7c67dd9675-87v5d
ClientIP=10.178.0.62  XFF=
```

```
(여러 번 실행하면 비슷한 빈도로 세 개의 파드명이 표시된다)
Host=xx.xx.xxx.xxx  Path=/  From=sample-deployment-7c67dd9675-btkfh
ClientIP=10.178.0.61   XFF=
Host= xx.xx.xxx.xxx  Path=/  From=sample-deployment-7c67dd9675-x4x97
ClientIP=10.178.0.61   XFF=
```

6.6.2 로드 밸런서에 할당되는 가상 IP 정적 지정

실제 서비스 운영 환경에서는 외부로부터 요청을 수신하는 IP 주소에 대해 DNS 설정 등의 이유로 고정 IP를 사용하려는 경우가 많다. 이런 경우 `spec.loadBalancerIP`로 외부 LoadBalancer에서 사용하는 IP 주소를 지정할 수 있다. 앞의 예제와 같이 지정하지 않을 경우 자동으로 할당된다.

코드 6-14 가상 IP를 정적으로 지정하는 LoadBalancer 서비스 예제(sample-lb-fixip.yaml)

```yaml
apiVersion: v1
kind: Service
metadata:
  name: sample-lb-fixip
spec:
  type: LoadBalancer
  loadBalancerIP: xxx.xxx.xxx.xxx
  ports:
  - name: "http-port"
    protocol: "TCP"
    port: 8080
    targetPort: 80
  selector:
    app: sample-app
```

GKE의 경우 사용자가 임의로 가상 IP를 사용할 수 없도록 설계되어 있으므로, 소유하지 않은 IP 주소를 지정한 경우 〈pending〉 상태가 되어 버린다. GCP의 경우 **VPC 네트워크 > 외부 IP 주소**에서 정적 주소를 미리 예약한 후 설정해야 한다. 또한, GCP에서 가져오는 정적 주소 타입은 '리전'을 지정해야 한다. '전역' 타입은 `type: LoadBalancer` 서비스에서는 사용할 수 없다. 뒤에서 설명할 인그레스(Ingress) 리소스에서는 '전역' 타입의 정적 주소를 사용할 수 있다(그림 6-21).

▼ 그림 6-21 GCP에서 정적 주소 확보

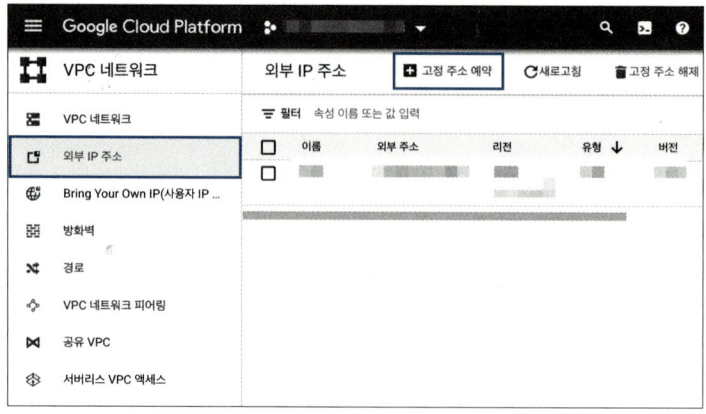

6.6.3 로드 밸런서 방화벽 정책 설정

LoadBalancer 서비스를 생성하면 기본적으로 전 세계(글로벌)로 공개된다. GKE와 아마존 EKS 에서는 LoadBalancer 서비스의 spec.loadBalancerSourceRanges에 접속을 허가하는 발신 측 네트워크를 지정하면 클러스터 밖의 외부 로드 밸런서에 클라우드 프로바이더가 제공하는 방화벽 기능을 사용하여 접속 제한을 설정할 수 있다. 지정하지 않을 경우, 기본값으로 0.0.0.0/0이 지정되어 전 세계에 공개된다.

코드 6-15 접속 제한을 설정한 LoadBalancer 서비스 예제(sample-lb-fw.yaml)

```yaml
apiVersion: v1
kind: Service
metadata:
  name: sample-lb-fw
spec:
  type: LoadBalancer
  ports:
  - name: "http-port"
    protocol: "TCP"
    port: 8080
    targetPort: 80
  selector:
    app: sample-app
  loadBalancerSourceRanges:
  - 10.0.0.0/8
```

외부 로드 밸런서에서 접속 제어가 구현되지 않은 쿠버네티스 환경에서 이 loadBalancerSource
Ranges를 설정하면, 쿠버네티스 노드 측의 iptables를 사용하여 접속 제어 처리가 이루어진다.
더 세밀하게 접속 제어를 해야 하는 경우에는 13장에서 설명할 NetworkPolicy 리소스를 사용
하는 것을 검토하길 바란다. NetworkPolicy 리소스도 사용할 수 있는 환경이 한정되어 있지만,
NetworkPolicy를 사용해도 쿠버네티스 노드의 iptables를 사용하여 접속을 제한할 수 있다. 다
만 확장성 저하나 레이턴시에 영향을 미치기 쉬우므로, 가능하면 로드 밸런서 쪽에서 제한하도록
한다(그림 6-22).

▼ 그림 6-22 로드 밸런서에서의 접속 제어와 NetworkPolicy에서의 접속 제어

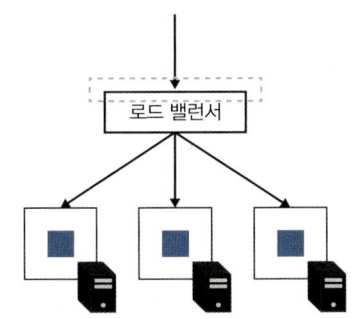
type: LoadBalancer 서비스의
loadBalancerSourceRanges를 사용한 접속 제어

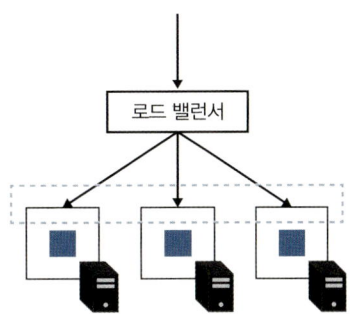
NetworkPolicy를 사용한 접속 제어

6.6.4 GKE와 클라우드 서비스에서 주의할 점

GKE에서 type: LoadBalancer 서비스를 생성하면 GCLB(Google Cloud Load Balancing)가 생성된
다. GCLB를 생성해 두어 불필요한 비용이 발생하지 않도록 하고, 보안 관점에서도 불필요한 서
비스는 최대한 삭제하도록 한다. 또한, 서비스를 생성한 상태에서 GKE 클러스터를 삭제한 경우
GCLB의 과금이 계속 발생하기 때문에 잊지 말고 삭제하길 바란다.

6.7 그 외 서비스 기능

여기서는 각각의 서비스에서 사용 가능한 기능을 설명한다.

6.7.1 세션 어피니티

서비스에서는 세션 어피니티(Session Affinity)를 활성화할 수 있다. 예를 들어, ClusterIP 서비스에서 활성화한 경우 파드에서 ClusterIP로 보내진 트래픽은 서비스에 연결된 어느 하나의 파드에 전송된 후 다음 트래픽도 계속 같은 파드에 보내진다.

▼ 그림 6-23 세션 어피니티를 활성화한 ClusterIP 서비스

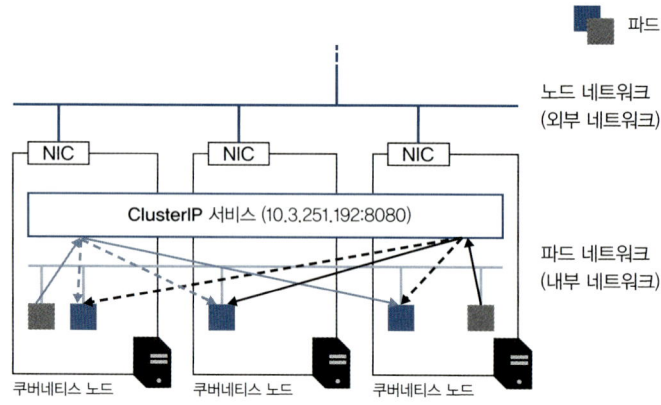

서비스에 대한 설정은 spec.sessionAffinity와 spec.sessionAffinityConfig를 사용한다. 현재 구현된 ClusterIP에서는 클라이언트 IP 주소(발신 측 IP 주소)를 바탕으로 목적지를 결정하게 된다. 이 세션 어피니티의 기능은 각 쿠버네티스 노드에 iptables로 구현되어 있으며[2], 최대 세션 고정 시간(sessionAffinityConfig.clientIP.timeoutSeconds)을 설정할 수 있다. 그리고 spec.sessionAffinity 기본값은 None이다.

---

2 kube-proxy 모드가 일반적으로 사용하는 iptables의 경우

코드 6-16 세션 어피니티가 활성화된 예제(sample-session-affinity.yaml)

```yaml
apiVersion: v1
kind: Service
metadata:
  name: sample-session-affinity
spec:
  type: LoadBalancer
  selector:
    app: sample-app
  ports:
  - name: http-port
    protocol: TCP
    port: 8080
    targetPort: 80
    nodePort: 30084
  sessionAffinity: ClientIP
  sessionAffinityConfig:
    clientIP:
      timeoutSeconds: 10
```

이번 설정 예제에서는 마지막 요청 후 10초 이내의 요청은 같은 파드로 전송한다. 다음과 같이 요청을 보내면, 10초 이내에 보낸 요청은 같은 파드에 전송되는 것을 확인할 수 있다.

```
# 첫 번째 요청 전송(sample-pod에 curl을 설치한 후 실행)
$ kubectl exec -it sample-pod -- curl http://sample-session-affinity.default.svc.cluster.local:8080
Host=sample-session-affinity.default.svc.cluster.local  Path=/  From=sample-deployment-7c67dd9675-x4x97  ClientIP=10.0.2.49  XFF=

# 마지막 요청 후 10초 이내에 요청을 전송
$ kubectl exec -it sample-pod -- curl http://sample-session-affinity.default.svc.cluster.local:8080
Host=sample-session-affinity.default.svc.cluster.local  Path=/  From=sample-deployment-7c67dd9675-x4x97  ClientIP=10.0.2.49  XFF=

#  마지막 요청 후 10초 이상 간격을 두고 요청 전송
$ kubectl exec -it sample-pod -- curl http://sample-session-affinity.default.svc.cluster.local:8080
Host=sample-session-affinity.default.svc.cluster.local  Path=/  From=sample-deployment-7c67dd9675-87v5d  ClientIP=10.0.2.49  XFF=
```

세션 어피니티를 비활성화하고 같은 요청을 전송해보면, 이번에는 10초 이내에 보낸 요청이 다른 파드에 전송되는 것을 확인할 수 있다.

```
# 세션 어피니티 비활성화(kubectl apply -f no-sample-session-affinity.yaml에서도 가능)
$ kubectl patch service sample-session-affinity -p '{"spec": {"sessionAffinity":
"None"}}'
service/sample-session-affinity patched

# 첫 번째 요청 전송
$ kubectl exec -it sample-pod -- curl http://sample-session-affinity.default.svc.
cluster.local:8080
Host=sample-session-affinity.default.svc.cluster.local  Path=/  From=sample-deployment-
7c67dd9675-87v5d  ClientIP=10.0.2.49  XFF=

# 마지막 요청 후 10초 이내에 요청을 전송
$ kubectl exec -it sample-pod -- curl http://sample-session-affinity.default.svc.
cluster.local:8080
Host=sample-session-affinity.default.svc.cluster.local  Path=/  From=sample-deployment-
7c67dd9675-btkfh  ClientIP=10.0.2.49  XFF=
```

마찬가지로 NodePort 서비스에도 세션 어피니티를 활성화할 수 있지만, 어느 쿠버네티스 노드에 전송하는지에 따라 같은 클라이언트 IP라도 같은 파드에 전송된다고 단정할 수 없으므로 주의하자. 따라서 NodePort에서는 세션 어피니티 기능을 사용하는 경우가 제한적이다.

▼ 그림 6-24 세션 어피니티를 활성화한 NodePort 서비스

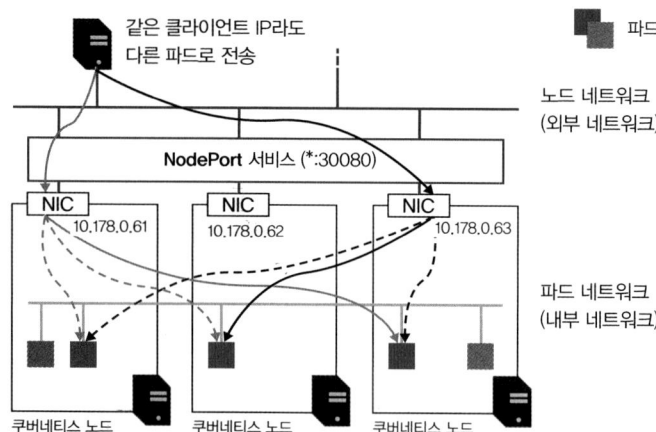

같은 이유로 세션 어피니티를 사용할 수 있는 LoadBalancer 서비스도 많지 않다. 로드 밸런서에서 클라이언트 IP로 같은 쿠버네티스 노드에 전송하고, 또 쿠버네티스 노드에 도달했을 때 클라이언트 IP가 로드 밸런서의 IP 주소가 아닌 구성으로 되어 있어야 한다.

6.7.2 노드 간 통신 제외와 발신 측 IP 주소 유지

NodePort 서비스와 LoadBalancer 서비스에서 쿠버네티스 노드에 도착한 요청은 노드를 통해 파드에도 로드 밸런싱하게 되어 있으므로 불필요한 2단계 로드 밸런싱이 이루어진다. 예를 들어, LoadBalancer 서비스에서 로드 밸런서가 로드 밸런싱하여 노드에 도착한 요청은 노드를 통해 파드에도 로드 밸런싱되는 형태다(그림 6-25).

▼ 그림 6-25 LoadBalancer 서비스에서 2단계 로드 밸런싱

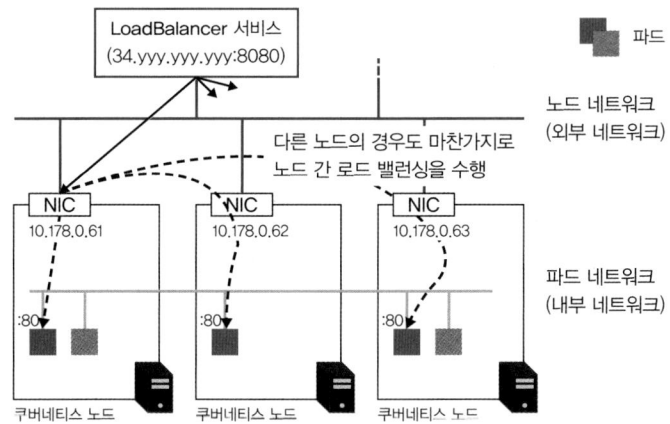

NodePort 서비스도 마찬가지로 어떤 호스트의 NodePort에 도착한 요청은 노드를 통해 파드에도 로드 밸런싱되는 형태로 되어 있다(그림 6-26).

▼ 그림 6-26 NodePort 서비스에서의 2단계 로드 밸런싱

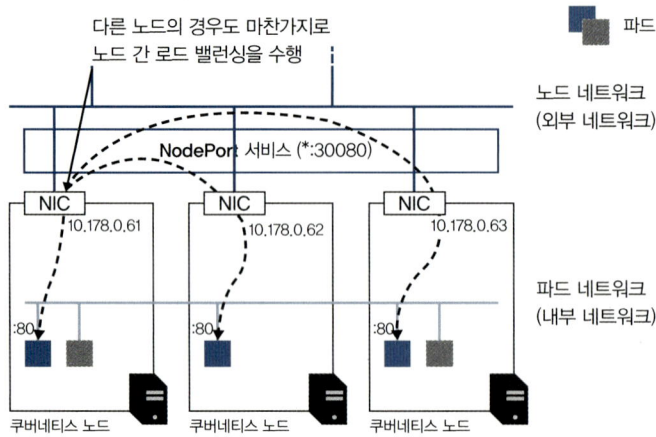

이 2단계 로드 밸런싱은 균일하게 요청을 분산하기 쉽지만, 불필요한 레이턴시 오버헤드가 발생하거나 밸런싱을 수행할 때 네트워크 주소 변환(Network Address Translation, NAT)이 이루어져 발신 측 IP 주소가 유실되는 특징도 있다. 예를 들어 다음과 같은 파드가 각 노드에 기동 중인 경우 gke-k8s-default-pool-be722c17-fpxg(10.178.0.61) 호스트에는 sample-deployment-7c67dd9675-87v5d 파드가 존재하지만, 10.178.0.61의 NodePort에 보내는 요청은 노드 간 로드 밸런싱되어 세 개의 파드에 모두 도착한다.

```
# 파드가 기동 중인 노드와 IP 주소 확인
$ kubectl get pods \
-o custom-columns="NAME:{metadata.name},Node:{spec.nodeName},NodeIP:{status.hostIP}"
NAME                                  Node                                   NodeIP
sample-deployment-7c67dd9675-87v5d    gke-k8s-default-pool-be722c17-fpxg     10.178.0.61
sample-deployment-7c67dd9675-btkfh    gke-k8s-default-pool-be722c17-mnpv     10.178.0.63
sample-deployment-7c67dd9675-x4x97    gke-k8s-default-pool-be722c17-gshw     10.178.0.62
```

반면 데몬셋은 하나의 노드에 하나의 파드가 배치되기 때문에 굳이 다른 노드의 파드에 전송하지 않고 같은 노드에만 통신하고 싶은 경우가 있다. 그런 경우 spec.externalTrafficPolicy를 사용할 수 있다(표 6-6). 단 ClusterIP 서비스 등에는 사용할 수 없다.

▼ 표 6-6 externalTrafficPolicy 설정값

설정값	개요
Cluster(기본값)	노드에 트래픽이 도착한 후 다른 노드에 있는 파드를 포함하여 다시 로드 밸런싱함으로써 파드 부하를 균등하게 분산한다.
Local	노드에 트래픽이 도착한 후 노드 간 로드 밸런싱을 하지 않는다.

spec.externalTrafficPolicy가 Cluster인 경우 LoadBalancer 서비스와 NodePort 서비스 둘 다 외부로부터 해당 노드에 도착한 요청은 세 개의 파드에 거의 균등하게 전송된다(그림 6-27). 좀 더 엄밀하게 말하면, kube-proxy 설정에서 iptables의 proxy mode를 사용하는 경우는 다른 노드보다 자신의 노드로 전송되는 요청이 많아지는 것 같다. 확인하고 싶다면 iptables-save 등에서 statistics 부분을 확인해보길 바란다.

▼ 그림 6-27 NodePort 서비스의 externalTrafficPolicy: Cluster 동작

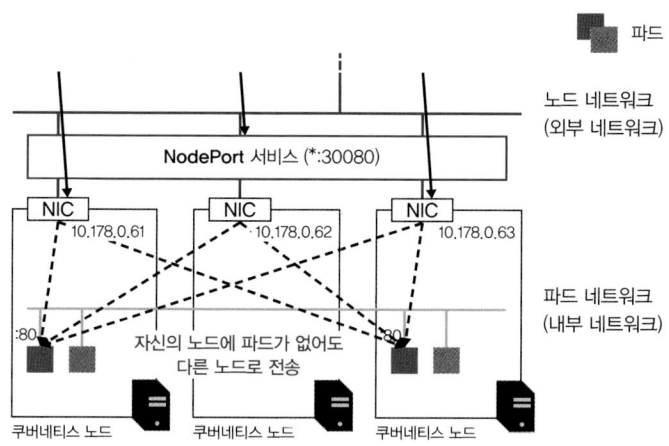

반면 spec.externalTrafficPolicy가 Local인 경우 LoadBalancer 서비스와 NodePort 서비스 둘 다 외부에서 해당 노드에 도착한 요청은 그 노드상에 있는 파드에만 전송된다. 예를 들어, NodePort 서비스의 경우 10.178.0.62:30080으로 들어온 요청은 gke-k8s-default-pool-be722c17-gshw 파드로만 전송된다(그림 6-28). 같은 노드에 두 개 이상의 파드가 존재하는 경우에는 그 두 개 파드에 요청이 균등하게 전송된다.

또한, NodePort 서비스의 경우 해당 노드에 파드가 없다면 요청에 응답할 수 없으므로 가능하면 사용하지 않는 것이 좋다.

▼ 그림 6-28 NodePort 서비스의 externalTrafficPolicy: Local 동작

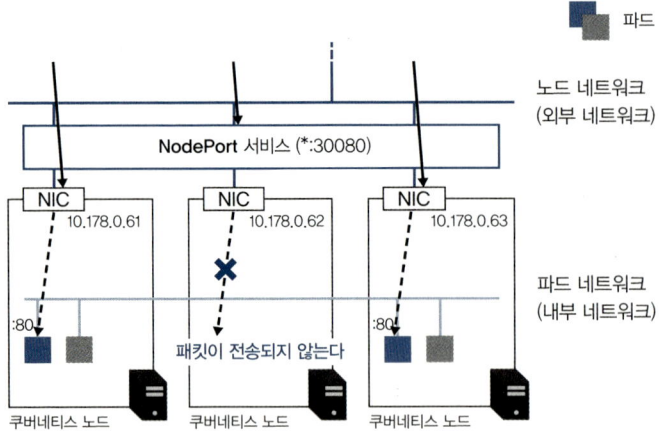

externalTrafficPolicy를 기본값인 Cluster에서 Local로 변경하려면 코드 6-17의 매니페스트를 설정한다.

코드 6-17 externalTrafficPolicy를 Local로 설정한 NodePort 서비스 예제(sample-nodeport-local.yaml)

```
apiVersion: v1
kind: Service
metadata:
  name: sample-nodeport-local
spec:
  type: NodePort
  externalTrafficPolicy: Local
  ports:
  - name: "http-port"
    protocol: "TCP"
    port: 8080
    targetPort: 80
    nodePort: 30081
  selector:
    app: sample-app
```

새로 생성한 NodePort에 요청을 보내면 하나의 파드에서만 응답이 돌아온다. 또한, 발신 측 IP 주소(클라이언트 IP 주소)가 유지되는 것도 확인할 수 있다.

```
# 특정 노드의 NodePort 서비스에 요청(externalTrafficPolicy: Local)/노드의 IP 주소를 사용
$ curl -s http://34.XX.XXX.XXX:30081
Host=34.XX.XXX.XXX  Path=/  From=sample-deployment-7c67dd9675-87v5d  ClientIP=yy.
```

```
yy.yy.yyy  XFF=
(여러 번 실행해도 동일한 노드의 파드에서만 응답이 돌아온다)
```

여기서 설명한 externalTrafficPolicy는 NodePort 서비스뿐만 아니라 LoadBalancer 서비스에서도 사용할 수 있다(그림 6-29).

NodePort 서비스의 경우 해당 노드상에 파드가 없다면 요청에 응답할 수 없다고 설명했지만, LoadBalancer 서비스의 경우에는 별도로 헬스 체크용 NodePort가 할당되기 때문에 파드가 존재하지 않는 노드에는 로드 밸런서에서 요청이 전송되지 않는다. 헬스 체크용 NodePort의 포트 번호는 spec.healthCheckNodePort에서 설정할 수 있다. 지정하지 않으면 NodePort 서비스처럼 임의의 포트 번호가 할당된다. 또한, healthCheckNodePort는 LoadBalancer 서비스와 externalTrafficPolicy가 Local인 경우에만 설정할 수 있는 항목이다.

▼ 그림 6-29 LoadBalancer 서비스의 externalTrafficPolicy: Local 동작

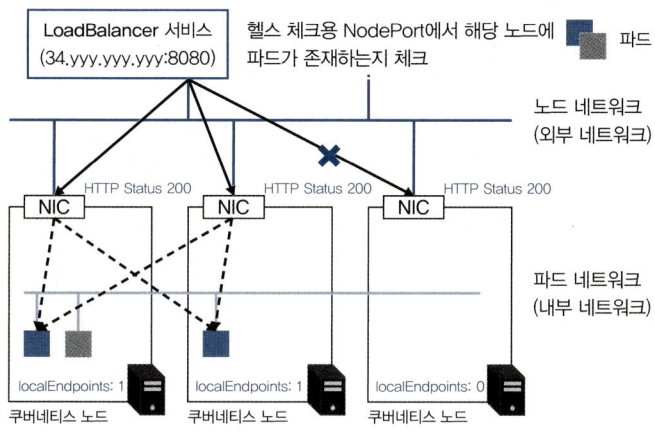

코드 6-18 externalTrafficPolicy를 Local로 설정한 LoadBalancer 서비스 예제(sample-lb-local.yaml)

```yaml
apiVersion: v1
kind: Service
metadata:
  name: sample-lb-local
spec:
  type: LoadBalancer
  externalTrafficPolicy: Local
  healthCheckNodePort: 30086
  ports:
  - name: "http-port"
    protocol: "TCP"
```

```
    port: 8080
    targetPort: 80
    nodePort: 30085
  selector:
    app: sample-app
```

노드의 헬스 체크용 NodePort에서는 서비스용 NodePort와 달리 서비스 정보나 해당 노드의 엔드포인트 개수(그 노드에서 기동 중인 파드 개수)를 확인할 수 있다. 해당 노드에 파드가 존재하지 않으면 503 HTTP Status가 반환되고 로드 밸런서에서 요청이 전송되지 않는다.

```
# 노드 IP 주소와 헬스 체크용 NodePort에 접속
$ curl -s 34.xxx.xxx.xxx:30086
{
        "service": {
                "namespace": "default",
                "name": "sample-lb-local"
        },
        "localEndpoints": 1
}

# 파드가 존재하지 않는(localEndpoints=0) 노드의 경우는 503 HTTP Status가 반환됨
$ curl -sI 34.xxx.xxx.xxx:30086
HTTP/1.1 503 Service Unavailable
```

6.7.3 `1.18 Alpha` 토폴로지를 고려한 서비스 전송

앞에서 설명했듯이, 일반적으로 서비스 전송 대상은 리전(region)이나 가용성 영역 등의 토폴로지를 고려하지 않고 전송된다. 노드가 같은 리전이나 영역에 있으면 레이턴시는 별로 높지 않지만, 멀리 떨어져 있는 경우 성능이 저하된다. 또한, 노드 수가 너무 많으면 East-West 트래픽이 증가되어 결과적으로 성능이 저하된다. 이러한 문제를 해결하는 것이 Topology-aware Service Routing이다.

▼ 그림 6-30 같은 가용성 영역에만 트래픽을 전송하는 서비스 예제

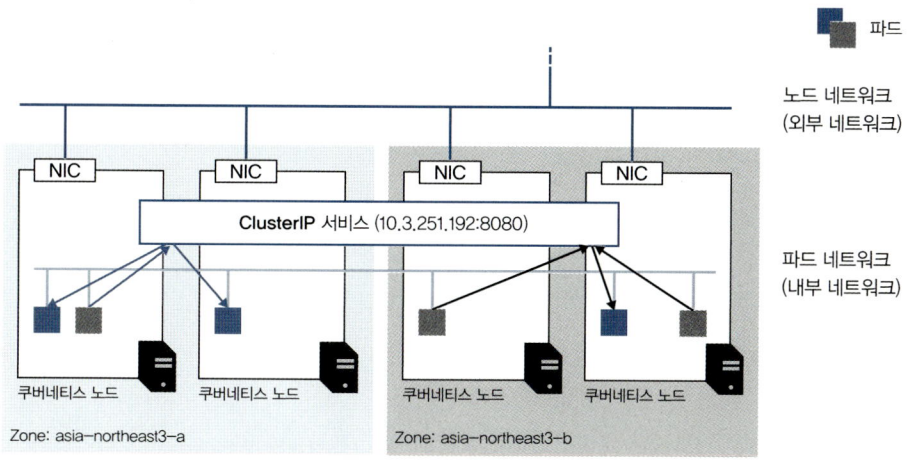

externalTrafficPolicy를 사용하면 노드 간 통신을 방지할 수 있으므로 위와 같은 문제를 일부 해결할 수 있지만, 다음과 같은 문제가 존재한다.

- ClusterIP에서는 사용할 수 없다.
- 같은 노드 내에서만 전송 범위를 좁힐 수 있다.
- 같은 노드에 파드가 기동하지 않으면 타임아웃을 기다린다.

Topology-aware Service Routing은 이런 문제를 발생하지 않도록 해준다. 그러나 external TrafficPolicy와 달리 발신 측 IP 주소를 가져올 수 없으므로 주의해야 한다. 또한, external TrafficPolicy:Local과 동시에 사용할 수 없다.

Topology-aware Service Routing은 어느 토폴로지 범위로 전송할지 우선순위를 지정한다. 예를 들어 1순위 '같은 노드', 2순위 '같은 영역', 3순위 '임의의 파드'와 같이 설정한다.

이번 예제에서는 설정값 spec.topologyKeys에 kubernetes.io/hostname과 *를 지정한다. 이는 1순위로 발신 측 파드와 같은 kubernetes.io/hostname 레이블을 가진 노드상의 파드에 전송하고, 2순위로 임의의 파드 *에 전송하는 것을 의미한다. 또한, topologyKeys를 사용한 필터링은 기존 spec.selector와 일치하는 파드에서 노드별로 이루어졌다. 즉, 기존과 달리 kube-proxy가 iptables나 IPVS(19장의 'kube-proxy' 절에서 설명)에 등록하는 목적지 엔트리가 각 노드에서 각각 다르다는 것을 의미한다(그림 6-31).

코드 6-19 가능한 한 같은 노드에 요청을 전송하는 서비스 예제(sample-service-topology.yaml)

```yaml
apiVersion: v1
kind: Service
metadata:
  name: sample-service-topology
spec:
  type: ClusterIP
  selector:
    app: sample-app
  ports:
  - name: http
    protocol: TCP
    port: 8080
    targetPort: 80
  topologyKeys:
  - kubernetes.io/hostname
  - "*"
```

❖ 그림 6-31 가능한 한 같은 노드에 요청을 전송하는 서비스 예제

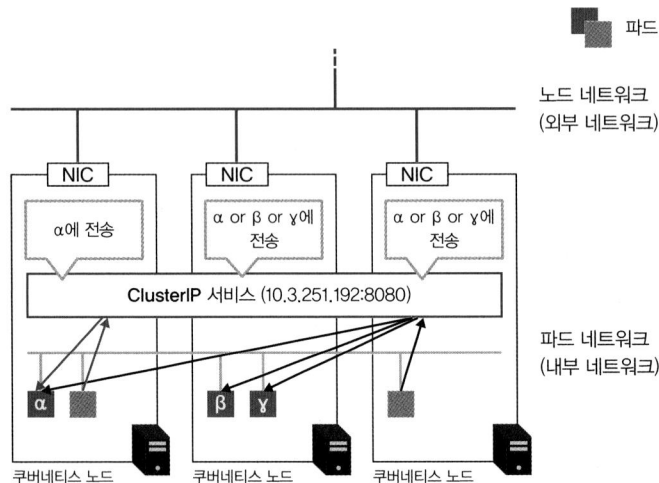

예를 들어 1순위 발신 측 파드와 같은 kubernetes.io/hostname 레이블을 가진 노드상의 파드가 존재하지 않으면, 다시 말해 같은 노드에 존재하지 않으면 2순위 조건으로 임의의 파드에 전송한다. 다음 결과는 예시이며 이 기능은 kind 환경에서 확인해보길 바란다.

```
# 같은 노드에 파드가 존재하지 않는 경우
$ kubectl get pods -o wide
NAME                           READY   STATUS   RESTARTS   AGE   IP
```

```
NODE
sample-deployment-7c67dd9675-k5rbw        1/1       Running    0       47m      10.84.0.5
gke-k8s-alpha-default-pool-638dd8d8-nwzb
sample-deployment-7c67dd9675-wfch9        1/1       Running    0       47m      10.84.2.7
gke-k8s-alpha-default-pool-638dd8d8-w2sl
sample-deployment-7c67dd9675-x5fvh        1/1       Running    0       48m      10.84.1.11
gke-k8s-alpha-default-pool-638dd8d8-wxhh
sample-pod                                1/1       Running    0       5s       10.84.1.14
gke-k8s-alpha-default-pool-638dd8d8-fgcv

# 같은 노드에 파드가 존재하지 않아 실행 때마다 임의의 파드(*)로 요청이 전송됨
$ kubectl exec -it sample-pod -- curl http://sample-service-topology.default.svc.
cluster.local:8080
Host=sample-service-topology.default.svc.cluster.local  Path=/  From=sample-deployment-
7c67dd9675-k5rbw   ClientIP=10.84.1.14   XFF=
Host=sample-service-topology.default.svc.cluster.local  Path=/  From=sample-deployment-
7c67dd9675-wfch9   ClientIP=10.84.1.14   XFF=
Host=sample-service-topology.default.svc.cluster.local  Path=/  From=sample-deployment-
7c67dd9675-x5fvh   ClientIP=10.84.1.14   XFF=
```

반면 같은 노드에 파드가 존재하면 해당 파드에만 요청을 전송한다.

```
# 같은 노드에 파드가 존재하는 경우
$ kubectl get pods -o wide
NAME                                      READY     STATUS     RESTARTS   AGE      IP
NODE
sample-deployment-7c67dd9675-k5rbw        1/1       Running    0       27m      10.84.0.5
gke-k8s-alpha-default-pool-638dd8d8-nwzb
sample-deployment-7c67dd9675-wfch9        1/1       Running    0       27m      10.84.2.7
gke-k8s-alpha-default-pool-638dd8d8-w2sl
sample-deployment-7c67dd9675-x5fvh        1/1       Running    0       27m      10.84.1.11
gke-k8s-alpha-default-pool-638dd8d8-wxhh
sample-pod                                1/1       Running    0       3m17s    10.84.1.13
gke-k8s-alpha-default-pool-638dd8d8-wxhh

# 같은 노드에 파드가 존재하는 경우 몇 번 실행해도 레이블이 일치하는 같은 파드
(kubernetes.io/hostname)로 요청이 전송됨
$ kubectl exec -it sample-pod -- curl http://sample-service-topology.default.svc.
cluster.local:8080
Host=sample-service-topology.default.svc.cluster.local  Path=/  From=sample-deployment-
7c67dd9675-x5fvh   ClientIP=10.84.1.13   XFF=
```

쿠버네티스 1.18 버전에서 topologyKeys에 설정할 수 있는 레이블은 kubernetes.io/hostname, topology.kubernetes.io/zone, topology.kubernetes.io/region, 세 가지다. 클라우드 프로바이더에 의해 zone과 region 레이블은 자동으로 부여된다. 쿠버네티스 1.16 이전 환경에서는 키 이름이 failure-domain.beta.kubernetes.io/zone, failure-domain.beta.kubernetes.io/region과는 달라 사용할 수 없으니 주의하길 바란다. 또 topologyKeys에 *를 지정하는 경우는 가장 마지막에 사용하도록 하자(상세한 설명은 https://kubernetes.io/ko/docs/concepts/services-networking/service-topology를 참고하길 바란다).

6.8 헤드리스 서비스(None)

헤드리스(Headless) 서비스는 대상이 되는 개별 파드의 IP 주소가 직접 반환되는 서비스다. 지금까지 소개한 다른 서비스에서 부하 분산을 위해 제공되는 엔드포인트는 가상 IP로 로드 밸런싱 동작을 하기 위해 여러 파드로 전송되는 IP 엔드포인트였다(표 6-7).

▼ 표 6-7 지금까지 설명한 각 서비스의 IP 엔드포인트 내용

서비스 종류	IP 엔드포인트 내용
ClusterIP	쿠버네티스 클러스터 내부에서만 통신이 가능한 가상 IP
ExternalIP	특정 쿠버네티스 노드의 IP
NodePort	모든 쿠버네티스 노드의 모든 IP 주소(0.0.0.0)
LoadBalancer	클러스터 외부에서 제공되는 로드 밸런서의 가상 IP

그러나 헤드리스 서비스는 로드 밸런싱을 하기 위한 IP 주소는 제공되지 않고 DNS 라운드 로빈(DNS RR)을 사용한 엔드포인트를 제공한다(그림 6-32). 헤드리스 서비스의 DNS 라운드 로빈에서는 목적지 파드 IP 주소가 클러스터 내부 DNS에서 반환되는 형태로 부하 분산을 하기 때문에 클라이언트에서 DNS 캐시에 주의해야 한다.

또한, 스테이트풀셋이 헤드리스 서비스를 사용하는 경우에만 파드명으로 IP 주소를 디스커버리할 수 있다. 즉, sample-statefulset-0 등의 파드명으로 IP 주소를 가져올 수 있다(그림 6-32). 기본적으로 쿠버네티스는 파드의 IP 주소를 의식할 필요가 없게 만들어졌으므로, 디플로이먼트 등과

같은 그 외 리소스의 경우에는 파드명으로 IP 주소를 가져올 수 없다. 꼭 필요한 경우에는 다른 쿠버네티스 API에서 정보를 가져와야 한다.

▼ 그림 6-32 헤드리스 서비스와 DNS 라운드 로빈
헤드리스 서비스에서는 DNS 라운드 로빈으로 파드의 IP 주소가 직접 반환된다.

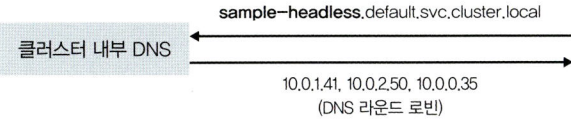

스테이트풀셋의 경우에만 파드명으로도 이름 해석이 가능

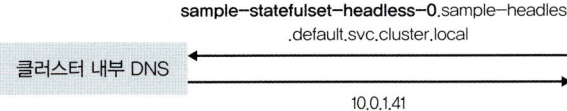

6.8.1 헤드리스 서비스 생성

헤드리스 서비스를 생성하려면 다음 두 가지 조건을 만족해야 한다. 또 스테이트풀셋과 조합하여 사용하는 경우에는 특정 조건에서 파드명으로 이름 해석을 할 수도 있다.

- 서비스의 `spec.type`이 ClusterIP일 것
- 서비스의 `spec.clusterIP`가 None일 것
- [옵션] 서비스의 `metadata.name`이 스테이트풀셋의 `spec.serviceName`과 같을 것
    - 스테이트풀셋으로 생성된 파드명으로 디스커버리하는 경우

세 번째 조건을 만족하지 않을 경우 DNS 라운드 로빈으로 디스커버리하는 헤드리스 서비스로만 동작하여 파드명으로 질의할 수 없다. 구체적으로 코드 6-20과 같이 정의 파일을 생성해야 한다.

코드 6-20 헤드리스 서비스 예제(sample-headless.yaml)
```
apiVersion: v1
kind: Service
metadata:
  name: sample-headless
spec:
  type: ClusterIP
  clusterIP: None
```

```
  ports:
  - name: "http-port"
    protocol: "TCP"
    port: 80
    targetPort: 80
  selector:
    app: sample-app
```

또한, 이 서비스와 조합하여 사용할 스테이트풀셋 예제는 코드 6-21과 같은 형태다. spec.serviceName이 서비스의 metadata.name과 일치하게 되어 있다.

코드 6-21 헤드리스 서비스와 조합하여 사용할 스테이트풀셋 예제(sample-statefulset-headless.yaml)

```
apiVersion: apps/v1
kind: StatefulSet
metadata:
  name: sample-statefulset-headless
spec:
  serviceName: sample-headless
  replicas: 3
  selector:
    matchLabels:
      app: sample-app
  template:
    metadata:
      labels:
        app: sample-app
    spec:
      containers:
      - name: nginx-container
        image: amsy810/echo-nginx:v2.0
```

6.8.2 헤드리스 서비스로 파드명 이름 해석

서비스 이름 해석은 '서비스명.네임스페이스명.svc.cluster.local'로 질의한다. 헤드리스 서비스의 경우는 FQDN에 대해 정방향으로 질의하면 ClusterIP 대신 DNS 라운드 로빈에서 여러 파드의 IP 주소가 반환되기 때문에 부하 분산 때는 클라이언트 캐시 등을 생각해야 한다. 레플리카셋 등의 리소스에도 다음과 같이 DNS 라운드 로빈에서 IP 주소가 반환되도록 할 수 있다.

```
# 파드 IP 주소 확인
$ kubectl get pods -o wide
NAME                             READY   STATUS    RESTARTS   AGE     IP          NODE
sample-statefulset-headless-0    1/1     Running   0          5m32s   10.0.1.41   gke-
k8s-default-pool-be722c17-fpxg
sample-statefulset-headless-1    1/1     Running   0          5m29s   10.0.2.50   gke-
k8s-default-pool-be722c17-mnpv
sample-statefulset-headless-2    1/1     Running   0          5m27s   10.0.0.35   gke-
k8s-default-pool-be722c17-gshw

# 스테이트풀셋의 서비스 디스커버리에서는 DNS 라운드 로빈으로 IP 주소를 반환
$ kubectl run --image=amsy810/tools:v2.0 --restart=Never --rm -i testpod \
--command -- dig sample-headless.default.svc.cluster.local
…(생략)…
;; QUESTION SECTION:
;sample-headless.default.svc.cluster.local.    IN    A

;; ANSWER SECTION:
sample-headless.default.svc.cluster.local. 30 IN A 10.0.2.50
sample-headless.default.svc.cluster.local. 30 IN A 10.0.0.35
sample-headless.default.svc.cluster.local. 30 IN A 10.0.1.41
…(생략)…
```

일반적으로는 클러스터 내부 DNS에서 파드명으로 이름 해석을 할 수 없게 되어 있다. 서비스를 생성할 때 ClusterIP 등과 같은 여러 파드에 대해 엔드포인트가 할당되어 그 엔드포인트의 이름 해석은 제공되지만, 개별 파드명에서 이름 해석은 할 수 없다. 스테이트풀셋이 헤드리스 서비스를 사용하고 서비스의 metadata.name이 스테이트풀셋의 spec.serviceName과 같은 경우 추가로 다음과 같이 파드 단위의 이름 해석을 할 수 있다.

- 파드명.서비스명.네임스페이스명.svc.cluster.local

```
# 파드명으로 서비스 디스커버리
$ kubectl run --image=amsy810/tools:v2.0 --restart=Never --rm -i testpod \
--command -- dig sample-statefulset-headless-0.sample-headless.default.svc.cluster.
local
…(생략)…
;; ANSWER SECTION:
sample-statefulset-headless-0.sample-headless.default.svc.cluster.local. 30 IN A
10.0.1.41
…(생략)…
```

또한, 컨테이너 내부의 resolv.conf 등에는 search 지시자로 다음과 같은 엔트리가 들어 있어 '파드명.서비스명'이나 '파드명.서비스명.네임스페이스명' 등으로도 질의할 수 있다.

```
# 컨테이너 내부의 resolv.conf 확인
$ kubectl run --image=amsy810/tools:v2.0 --restart=Never --rm -i testpod --command --
cat /etc/resolv.conf
nameserver 10.3.240.10
search default.svc.cluster.local svc.cluster.local cluster.local c.psu-satest-20200113.
internal google.internal
options ndots:5
pod "testpod" deleted
```

6.8.3 스테이트풀셋 외의 파드명으로 이름 해석

스테이트풀셋의 경우만 파드명으로 이름 해석이 가능하다고 설명했지만, 파드에 설정을 추가하여 파드명으로 이름 해석을 할 수도 있다. 파드에서 이름을 해석하려면 파드에 `spec.hostname`과 헤드리스 서비스명과 동일한 `spec.subdomain` 설정을 추가한다. 이때 `spec.hostname`은 파드명이 아니어도 된다.

코드 6-22 파드명으로 이름을 해석하는 예제(sample-subdomain.yaml)

```yaml
---
apiVersion: v1
kind: Pod
metadata:
  name: sample-subdomain
  labels:
    app: sample-app
spec:
  hostname: sample-hostname
  subdomain: sample-subdomain
  containers:
  - name: nginx-container
    image: amsy810/tools:v2.0
---
apiVersion: v1
kind: Service
metadata:
```

```
  name: sample-subdomain
spec:
  type: ClusterIP
  clusterIP: None
  ports: []
  selector:
    app: sample-app
```

이 설정을 하면 다음과 같이 파드 단위로 이름 해석을 할 수 있게 된다.

Hostname명.Subdomain/서비스명.네임스페이스명.svc.cluster.local

디플로이먼트 등에서 이 설정을 할 경우, 매니페스트 구조상 여러 레플리카에서는 같은 hostname만 설정할 수 있다. 또한, 같은 hostname이 지정된 경우는 하나의 A 레코드만 반환되기 때문에 디플로이먼트 등에는 개별 파드명으로 이름 해석이 가능하도록 설정할 수 없다.

```
# 파드 IP 주소를 확인
$ kubectl get pods -o wide
NAME                     READY    STATUS     RESTARTS   AGE    IP          NODE
NOMINATED NODE           READINESS           GATES
sample-subdomain         1/1      Running    0          34s    10.0.1.46   gke-k8s-default-
pool-be722c17-fpxg       <none>              <none>

# 파드명으로 서비스 디스커버리
$ kubectl run --image=amsy810/tools:v2.0 --restart=Never --rm -i testpod \
 --command -- dig sample-hostname.sample-subdomain.default.svc.cluster.local
…(생략)…
;; ANSWER SECTION:
sample-hostname.sample-subdomain.default.svc.cluster.local. 30 IN A 10.0.1.46
…(생략)…
```

또한, 앞에서 설명한 스테이트풀셋과 조합하여 사용하는 헤드리스 서비스에서도 이 구조를 사용했다. 스테이트풀 애플리케이션이나 특별한 요구 사항 외에는 기본적으로 개별 파드를 의식하지 않고 서비스를 통해 관리할 수 있게 시스템을 구성하여 확장성이나 관리 용이성을 확보할 수 있도록 파드명으로 이름 해석을 사용할 때는 신중하게 검토한 후 사용하길 바란다.

6.9 ExternalName 서비스

ExternalName 서비스는 일반적인 서비스 리소스와 달리 서비스명의 이름 해석에 있어 외부 도메인으로 CNAME을 반환한다(그림 6-33). 사용 용도를 살펴보면, 다른 이름을 설정하고 싶은 경우, 클러스터 내부에서의 엔드포인트를 쉽게 변경하고 싶을 경우에 사용한다.

▼ **그림 6-33** ExternalName을 사용한 CNAME 이름 해석

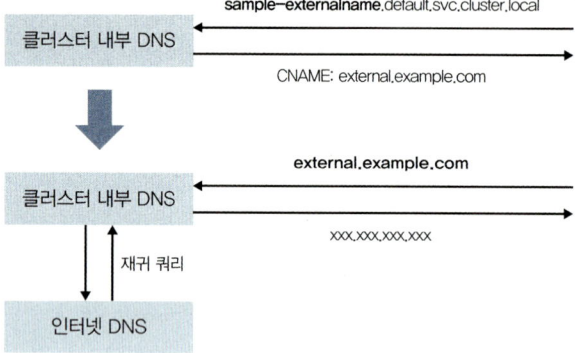

6.9.1 ExternalName 서비스 생성

ExternalName 서비스는 코드 6-23의 매니페스트로 생성한다.

코드 6-23 ExternalName 서비스 예제(sample-externalname.yaml)

```yaml
apiVersion: v1
kind: Service
metadata:
  name: sample-externalname
  namespace: default
spec:
  type: ExternalName
  externalName: external.example.com
```

서비스를 확인하면 External-IP 부분에 CNAME용 FQDN이 표시된다.

```
# 서비스 목록 표시
$ kubectl get services
NAME                  TYPE           CLUSTER-IP    EXTERNAL-IP           PORT(S)    AGE
sample-externalname   ExternalName   <none>        external.example.com  <none>     5s
```

그러므로 컨테이너 내부에서는 '서비스명'이나 '서비스명.네임스페이스명.svc.cluster.local'로 정방향 질의를 하면 CNAME이 반환되는 것을 확인할 수 있다.

```
# 일시적으로 파드를 기동하여 ExternalName의 CNAME 이름 해석을 확인
$ kubectl run --image=amsy810/tools:v2.0 --restart=Never --rm -i testpod \
--command -- dig sample-externalname.default.svc.cluster.local CNAME
…(생략)…
;; ANSWER SECTION:
sample-externalname.default.svc.cluster.local. 30 IN CNAME external.example.com.
…(생략)…
```

6.9.2 외부 서비스와 느슨한 결합 확보

클러스터 내부에서는 파드와 통신에 서비스 이름 해석을 사용하여 느슨한 결합(loose coupling)을 유지하고 있다. 그리고 SaaS나 IaaS 등 외부에 있는 서비스를 사용할 때도 가능하면 느슨한 결합으로 구성해야 한다.

예를 들어, 애플리케이션 등에 외부의 엔드포인트를 등록해 두면 목적지가 변경되었을 때 애플리케이션 측의 설정 변경이 필요하다. 그런데 ExternalName을 사용하면 목적지가 변경되어도 ExternalName 서비스를 변경하는 것만으로 가능하다. (클러스터 내부 DNS를 사용한 이름 해석의 결과가 바뀌기 때문에) 목적지 변경에 대한 대응을 쿠버네티스 내부에서 끝낼 수 있으므로 외부 서비스와 느슨한 결합을 유지할 수 있다(그림 6-34).

▼ 그림 6-34 ExternalName을 사용한 외부 서비스와의 느슨한 결합 확보

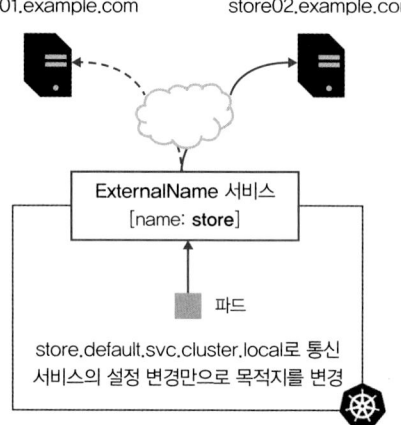

6.9.3 외부 서비스와 내부 서비스 간의 전환

ExternalName을 사용하면 외부 서비스와의 느슨한 결합을 확보하고, 외부 서비스와 쿠버네티스에 배포된 클러스터 내부 서비스와의 전환도 유연하게 할 수 있게 된다. 애플리케이션 측은 서비스의 FQDN(store.default.svc.cluster.local)을 지정해 두고 이름 해석이 되면 ExternalName의 CNAME 레코드 또는 ClusterIP의 A 레코드가 반환되는 형태가 되어 애플리케이션 측은 변경 없이 내부 서비스와 외부 서비스를 전환할 수 있다. 한 가지 주의할 점은 ClusterIP 서비스에서 ExternalName 서비스로 전환할 경우 spec.clusterIP를 명시적으로 공란으로 만들어 두어야 한다는 것이다. ExternalName 서비스와 ClusterIP 서비스를 전환하는 경우 이 설정을 잊지 않도록 주의해야 한다(그림 6-35).

▼ 그림 6-35 ExternalName을 사용한 클러스터 내부 서비스에서 외부 서비스로의 전환

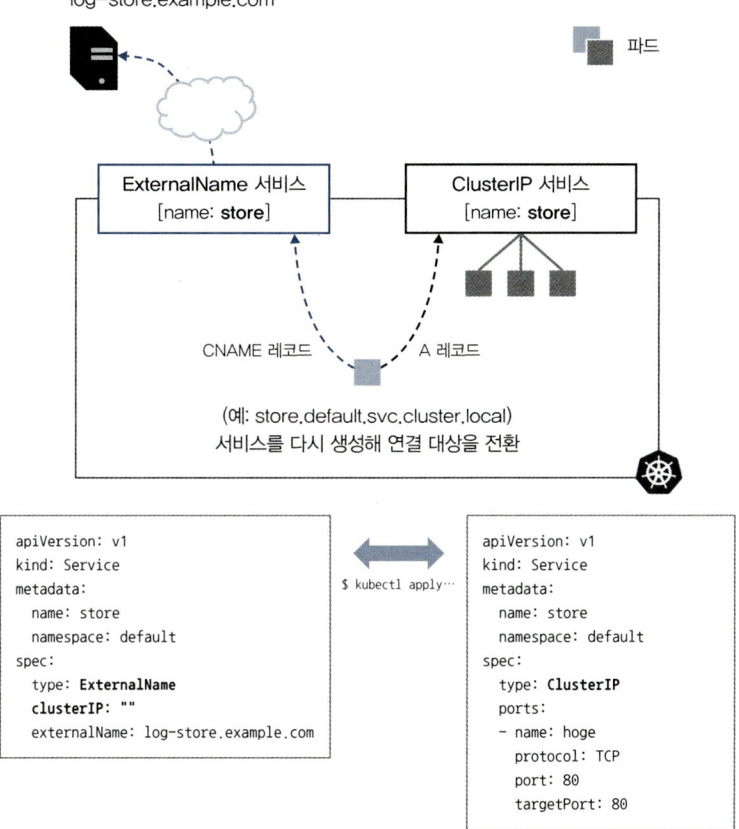

6.10 None-Selector 서비스

ExternalName 서비스에서는 서비스명으로 이름 해석을 하면 외부 도메인에 전송되었다. 그에 반해 None-Selector 서비스에서는 서비스명으로 이름 해석을 하면 자신이 설정한 멤버에 대해 로드 밸런싱을 한다. 간단하게 설명하면, 쿠버네티스 내에 원하는 목적지로 지금까지 설명했던 형태의 로드 밸런서를 생성할 수 있는 기능이다. 클라이언트 사이드 로드 밸런싱용 엔드포인트를 제공하는 서비스라고도 말할 수 있다. 기본적으로 ClusterIP를 사용하여 클러스터 내부 로

드 밸런서를 사용하는 경우가 많기 때문에 이 책에서는 ClusterIP를 전제로 하여 설명한다. type: LoadBalancer를 지정하는 것도 가능하지만, 쿠버네티스 클러스터의 외부 로드 밸런서에서 수신한 트래픽이 쿠버네티스 클러스터로 전송된 후에 다시 쿠버네티스 클러스터 외부로 전송하는 형태가 되기 때문에 유용하지 못하다. 이는 type: NodePort도 마찬가지다.

externalName을 지정하지 않고 셀렉터가 존재하지 않는 서비스를 생성한 후 엔드포인트 리소스를 수동으로 만들면 유연한 서비스를 만들 수 있다. 예를 들어 쿠버네티스 클러스터 외부의 애플리케이션 서버에 대해 요청을 분산하는 경우에도 쿠버네티스 서비스를 사용할 수 있다(그림 6-36). 또한, 서비스 환경과 스테이징 환경에서 클러스터 외부와 클러스터 내부 서비스를 분리했다 해도 애플리케이션에서 같은 ClusterIP로 보여줄 수 있다. 외부로 요청을 보내기 위한 서비스로 ExternalName 서비스와 거의 비슷하지만, ExternalName 서비스는 CNAME이 반환되는 반면 None-Selector 서비스는 ClusterIP의 A 레코드가 반환된다. 그래서 쿠버네티스 서비스를 사용하는 것처럼 외부용 로드 밸런싱을 할 수 있다.

▼ 그림 6-36 None-Selector 서비스를 사용한 외부 노드로 로드 밸런싱

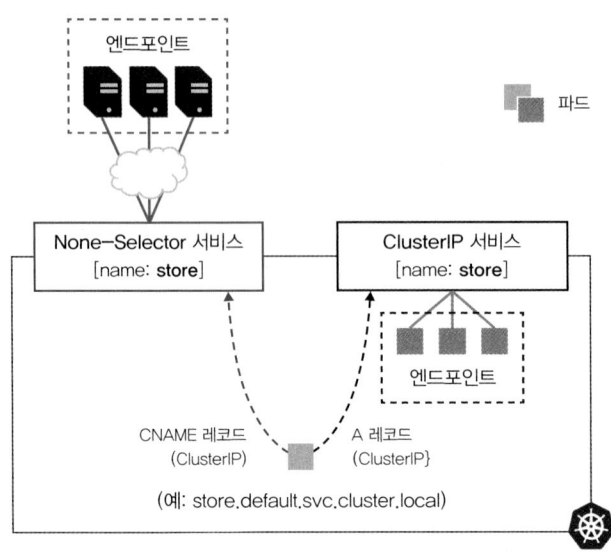

6.10.1 None-Selector 서비스 생성

None-Selector 서비스는 코드 6-24의 매니페스트로 생성한다. 실제로 리소스를 생성할 때는 서비스와 엔드포인트 리소스를 각각 생성한다. 서비스와 엔드포인트 리소스는 각각 이름이 일치해

야 하므로 주의한다. 앞에서 설명했지만, 기본적으로 서비스 리소스는 기본값 type: ClusterIP를 지정한다. 서비스에는 셀렉터를 지정하지 않는다는 점에 주의한다. 마찬가지로 externalName도 지정하지 않는다.

코드 6-24 None-Selector 서비스 예제(sample-none-selector.yaml)

```yaml
---
apiVersion: v1
kind: Service
metadata:
  name: sample-none-selector
spec:
  type: ClusterIP
  ports:
  - protocol: TCP
    port: 8080
    targetPort: 80
---
apiVersion: v1
kind: Endpoints
metadata:
  name: sample-none-selector
subsets:
- addresses:
  - ip: 192.168.1.1
  - ip: 192.168.1.2
  ports:
  - protocol: TCP
    port: 80
```

위 매니페스트로 생성한 서비스에는 다음과 같이 엔드포인트에 로드 밸런싱 대상 멤버가 등록되어 있다. 멤버를 등록하고 삭제할 경우에는 엔드포인트 리소스만 수정하면 된다. 실제의 경우, 일반적으로 ClusterIP 서비스나 LoadBalancer 서비스도 자동으로 엔드포인트 리소스가 생성되고 엔드포인트 리소스를 수정하여 로드 밸런싱 대상 파드를 변경한다.

```
# 생성한 서비스 확인
$ kubectl describe svc sample-none-selector
Name:                sample-none-selector
Namespace:           default
Labels:              <none>
Annotations:         Selector:  <none>
```

```
Type:              ClusterIP
IP:                10.3.248.169
Port:              <unset>  8080/TCP
TargetPort:        80/TCP
Endpoints:         192.168.1.1:80,192.168.1.2:80
Session Affinity:  None
Events:            <none>
```

쿠버네티스 1.18부터는 IPv6 대응/토폴로지를 고려한 라우팅/대규모 환경에서의 확장성 등을 구현하기 위해 엔드포인트 리소스 대신 엔드포인트슬라이스(EndpointSlice) 리소스가 도입되기 시작했다. 당분간은 엔드포인트 리소스와 엔드포인트슬라이스 리소스가 공존하겠지만, 앞으로는 엔드포인트슬라이스로 대체될 것이다.

6.11 인그레스

지금까지 설명한 서비스는 L4 로드 밸런싱을 제공하는 리소스였지만, 인그레스(Ingress)는 L7 로드 밸런싱을 제공하는 리소스다. 인그레스는 서비스들을 묶는 서비스들의 상위 객체로, 서비스 종류의 하나로서가 아닌 독립된 리소스로 구현되어 있다. 인그레스를 사용할 때는 kind: Service 타입 리소스가 아닌 kind: Ingress 타입 리소스를 지정한다. 쿠버네티스 Network Policy 리소스에 Ingress/Egress라는 설정 항목이 있지만, 이 인그레스와는 관계가 없다.

6.11.1 리소스와 컨트롤러

인그레스를 이해하는 데 도움이 되도록 쿠버네티스 내부 구조를 간단히 설명하겠다. 쿠버네티스는 분산 시스템이며 매니페스트로 정의한 리소스를 쿠버네티스에 등록하는 것으로 시작된다. 등록만으로는 아무런 처리가 이루어지지 않으며, 실제 처리를 하는 컨트롤러라는 시스템 구성 요소가 필요하다. 예를 들어, 디플로이먼트에서는 레플리카셋을 생성하거나 레플리카 수를 변경해 가면서 롤링 업데이트를 하는 디플로이먼트 컨트롤러라고 하는 시스템 구성 요소가 쿠버네티스 클러스터에서 동작한다(그림 6-37). 디플로이먼트 컨트롤러가 없는 경우 매니페스트로 디플로이먼트 리소스를 생성해도 레플리카셋은 생성되지 않는다. 이처럼 각 리소스는 등록된 후 여러 컨트롤러가 실제로 처리를 함으로써 시스템이 동작하게 되어 있다. 자세한 내용은 19장의 '쿠버네티스 아키텍처 개요' 절에서 설명한다.

▼ 그림 6-37 리소스와 컨트롤러의 관계

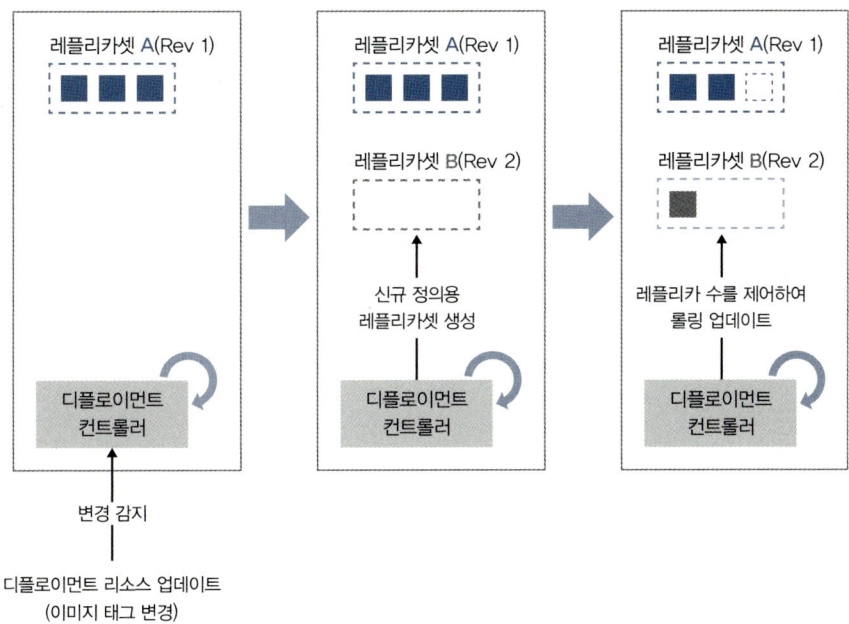

6.11.2 인그레스 리소스와 인그레스 컨트롤러

한마디로 인그레스가 실제로 가리키는 것은 다양한 개념의 집합이다. 예를 들어 '인그레스 리소스'란 매니페스트에 등록된 API 리소스를 의미하고, '인그레스 컨트롤러'는 인그레스 리소스가 쿠버네티스에 등록되었을 때 어떤 처리를 한다. 처리의 예로는 GCP의 GCLB를 조작하여 L7 로드 밸런서 설정을 하거나 Nginx 설정을 변경하여 리로드를 하는 등의 처리를 들 수 있다(그림 6-38).

❤ 그림 6-38 인그레스 리소스와 인그레스 컨트롤러의 관계

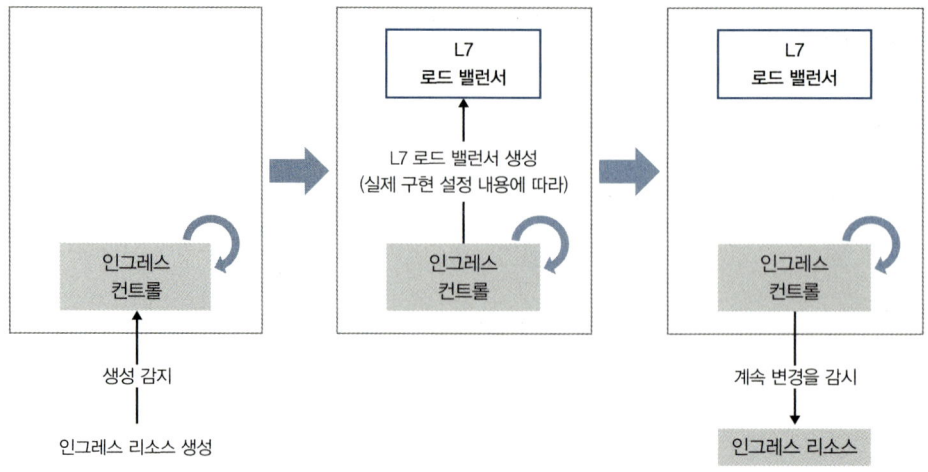

6.11.3 인그레스 종류

인그레스의 구현 방법은 여러 가지가 있고 사용 편의성도 다르지만, 여기서는 실제로 많이 사용되는 GKE 인그레스 컨트롤러와 Nginx 인그레스 컨트롤러를 소개한다. 이 두 가지 컨트롤러는 인그레스 리소스를 생성했을 때 처리를 담당하는 컨트롤러다. 어떤 L7 로드 밸런서를 생성할지는 이 인그레스 컨트롤러에 따라 달라진다.

또한, 인그레스는 다음과 같이 크게 두 가지로 분류된다.

- 클러스터 외부 로드 밸런서를 사용한 인그레스
  - GKE 인그레스
- 클러스터 내부 인그레스용 파드를 배포하는 인그레스
  - Nginx 인그레스

> **column ≡ 인그레스 구현에 대해**
>
> 인그레스는 쿠버네티스 1.18 버전에서도 베타 상태이지만 꽤 오래전부터 구현되던 리소스다. 아직도 베타 상태인 배경으로는 몇 가지 준비된 인그레스가 구현마다 조금씩 동작이 달라 GA가 되지 않은 점 등을 들 수 있다. 인그레스가 베타라고 해서 단순히 안정적이지 않다고 생각하지 말고 사용하려는 인그레스의 구현이 안정적인지를 확인하도록 하자. 또한, 이 책에서 소개하는 GKE 인그레스나 Nginx 인그레스도 충분히 안정적이기 때문에 서비스 환경에서 사용해도 적합하다. 그 외에 Envoy를 사용한 고기능 인그레스를 제공하는 Contour[3] 등을 검토해 봐도 좋다.

---

3 https://github.com/projectcontour/contour

클러스터 외부 로드 밸런서를 사용한 인그레스

GKE처럼 클러스터 외부 로드 밸런서를 사용한 인그레스의 경우 인그레스 리소스 생성만으로 로드 밸런서의 가상 IP가 할당되어 사용할 수 있다.

따라서 인그레스의 트래픽은 GCP의 GCLB(Google Cloud Load Balancing)가 트래픽을 수신한 후 GCLB에서 SSL 터미네이션이나 경로 기반 라우팅을 통해 NodePort에 트래픽을 전송함으로써 대상 파드까지 도달한다. 순서를 간략히 하면 다음 두 단계를 통해 전달된다(그림 6-39).

1. 클라이언트
2. -> L7 로드 밸런서(NodePort 경유)
3. -> 목적지 파드

▼ 그림 6-39 클러스터 외부 로드 밸런서를 사용한 인그레스

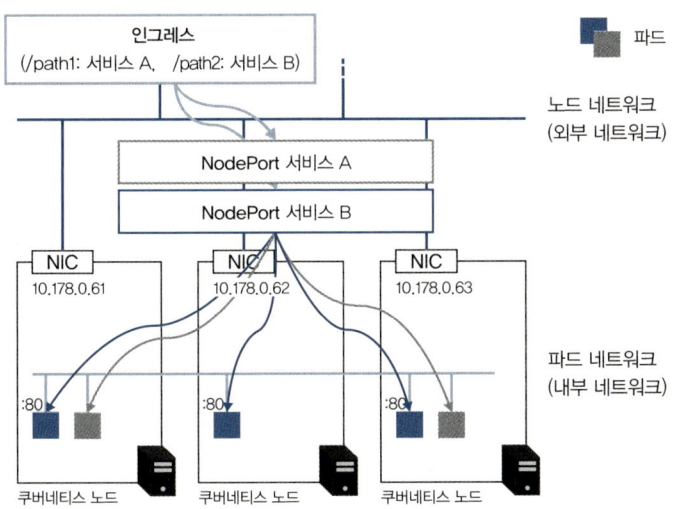

클러스터 내부에 인그레스용 파드를 배포하는 인그레스

'클러스터 내부에 인그레스용 파드를 배포하는 인그레스' 패턴은 인그레스 리소스에서 정의한 L7 수준의 로드 밸런싱 처리를 하기 위해 인그레스용 파드를 클러스터 내부에 생성해야 한다. 또 생성한 인그레스용 파드에 대해 클러스터 외부에서 접속할 수 있도록 별도로 인그레스용 파드에 LoadBalancer 서비스를 생성하는 등의 준비가 필요하다. 그리고 인그레스용 파드가 SSL 터미네이션이나 경로 기반 라우팅 등과 같은 L7 수준의 처리를 하기 위해 부하에 따른 파드 레플리카 수의 오토 스케일링도 고려해야 한다.

인그레스용 파드에 Nginx를 사용한 Nginx 인그레스의 경우 로드 밸런서가 Nginx 파드까지 전송하고, 그다음에는 Nginx가 L7 수준의 처리를 수행할 파드에 전송한다. 이때 Nginx 파드에서 대상 파드까지는 NodePort를 통과하지 않고 직접 파드 IP 주소로 전송된다. 그 순서를 간략히 하면 다음 세 단계를 통해 전달된다(그림 6-40).

1. 클라이언트
2. -> L4 로드 밸런서(type: LoadBalancer)
3. -> Nginx 파드(Nginx 인그레스 컨트롤러)
4. -> 목적지 파드

❤ 그림 6-40 클러스터 내부에 인그레스용 파드를 배포하는 인그레스

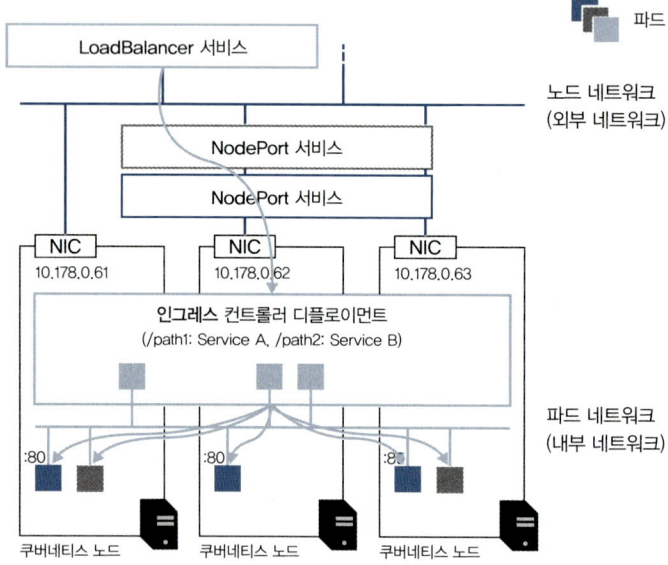

6.11.4 인그레스 컨트롤러 배포

인그레스를 사용하려면 인그레스 컨트롤러를 배포해야 한다.

GKE 인그레스 컨트롤러 배포

GKE의 경우 클러스터를 생성할 때 HttpLoadBalancing 애드온을 활성화하면 배포된다. 또 이 애드온은 기본값으로 활성화되어 있기 때문에 4장에서 설명한 순서대로 클러스터를 구축했다면 이미 인그레스를 사용할 수 있다.

Nginx 인그레스 컨트롤러 배포

Nginx 인그레스를 사용하는 경우에는 Nginx 인그레스 컨트롤러를 배포해야 한다. Nginx 인그레스에는 인그레스 컨트롤러 자체가 L7 수준의 처리를 하는 파드이기도 하므로, 이름은 컨트롤러이지만 실제 처리도 한다(그림 6-41).

❤ 그림 6-41 클러스터 내부에 인그레스용 파드를 배포하는 인그레스(그림 6-40 사용)

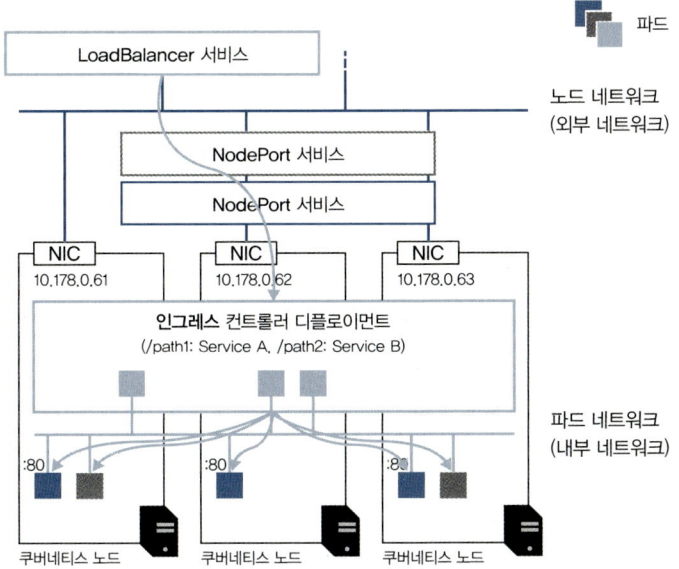

또 정의된 규칙에 일치하지 않을 경우의 기본 목적지용 디플로이먼트도 생성해야 한다는 점에 주의하자. 대부분은 정의되지 않은 요청이 들어올 때 반환되는 404 Not Found 페이지를 준비해 두면 문제없다(그림 6-42). 디플로이먼트는 'L7 처리를 하는 Nginx 인그레스 컨트롤러 파드'나 '기본 백엔드용 파드'의 레플리카 수가 고정이면 트래픽이 증가할 때 제대로 처리하지 못할 가능성이 있으므로 파드에 오토 스케일링하는 HorizontalPodAutoscaler(HPA)의 사용도 검토해보자.

▼ 그림 6-42 Nginx 인그레스 컨트롤러 구성

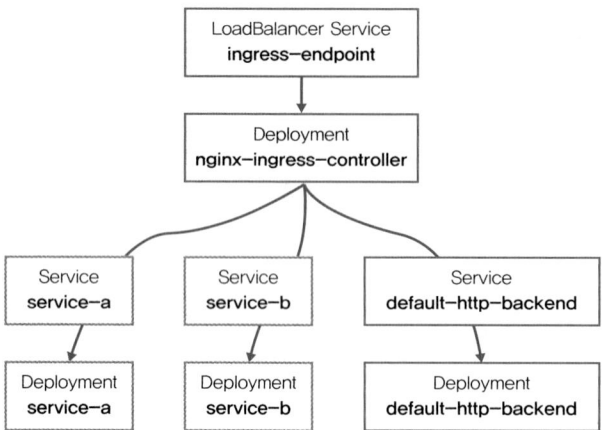

클러스터 외부로부터의 통신을 확보하기 위해 Nginx 인그레스 컨트롤러의 파드에 로드 밸런서 서비스(NodePort 등에서도 가능)를 생성해야 한다.

인그레스 컨트롤러를 한 번에 배포하기 위한 매니페스트는 깃허브[4]에 공개되어 있으므로 쉽게 도입할 수 있다. 커스텀하여 사용하는 경우에는 패키지 관리 툴 헬름(Helm)을 사용하여 인그레스 컨트롤러를 설치하는 것도 검토해보자.

```
# Nginx 인그레스 컨트롤러 설치(ingress-nginx 네임스페이스에 설치됨)
$ kubectl apply -f https://raw.githubusercontent.com/kubernetes/ingress-nginx/
controller-v0.44.0/deploy/static/provider/cloud/deploy.yaml
namespace/ingress-nginx created
serviceaccount/ingress-nginx created
configmap/ingress-nginx-controller created
clusterrole.rbac.authorization.k8s.io/ingress-nginx created
clusterrolebinding.rbac.authorization.k8s.io/ingress-nginx created
role.rbac.authorization.k8s.io/ingress-nginx created
rolebinding.rbac.authorization.k8s.io/ingress-nginx created
…(생략)…
```

좀 더 상세한 사양은 공식 문서[5]에서도 확인할 수 있다.

---

4 https://github.com/kubernetes/ingress-nginx/blob/master/docs/deploy/index.md
5 https://kubernetes.github.io/ingress-nginx/deploy/

6.11.5 인그레스 리소스 생성을 위한 사전 준비

인그레스 리소스를 생성하려면 사전 준비가 필요하다. 인그레스는 먼저 생성된 서비스를 백엔드로 전송하는 구조로 되어 있어 코드 6-25의 매니페스트에 있는 서비스를 생성해야 한다. 백엔드에서 사용하는 서비스는 `type: NodePort`를 지정한다. 또 코드 6-25의 매니페스트에서는 동작 확인을 위해 서비스에 연결되는 파드도 생성했지만, 인그레스 리소스에서 필요한 것은 서비스 리소스뿐이다.

코드 6-25 인그레스 동작 확인에 필요한 애플리케이션 예제(sample-ingress-apps.yaml)

```yaml
---
apiVersion: v1
kind: Service
metadata:
  name: sample-ingress-svc-1
spec:
  type: NodePort
  ports:
  - name: "http-port"
    protocol: "TCP"
    port: 8888
    targetPort: 80
  selector:
    ingress-app: sample1
---
apiVersion: v1
kind: Pod
metadata:
  name: sample-ingress-apps-1
  labels:
    ingress-app: sample1
spec:
  containers:
  - name: nginx-container
    image: amsy810/echo-nginx:v2.0
---
apiVersion: v1
kind: Service
metadata:
  name: sample-ingress-svc-2
spec:
  type: NodePort
```

```yaml
  ports:
  - name: "http-port"
    protocol: "TCP"
    port: 8888
    targetPort: 80
  selector:
    ingress-app: sample2
---
apiVersion: v1
kind: Pod
metadata:
  name: sample-ingress-apps-2
  labels:
    ingress-app: sample2
spec:
  containers:
  - name: nginx-container
    image: amsy810/echo-nginx:v2.0
---
apiVersion: v1
kind: Service
metadata:
  name: sample-ingress-default
spec:
  type: NodePort
  ports:
  - name: "http-port"
    protocol: "TCP"
    port: 8888
    targetPort: 80
  selector:
    ingress-app: default
---
apiVersion: v1
kind: Pod
metadata:
  name: sample-ingress-default
  labels:
    ingress-app: default
spec:
  containers:
  - name: nginx-container
    image: amsy810/echo-nginx:v2.0
```

지금까지의 작업을 정리해보면, 다음 세 가지 서비스와 파드가 쌍으로 생성되었다.

- sample-ingress-svc-1 서비스 -> sample-ingress-apps-1 파드
- sample-ingress-svc-2 서비스 -> sample-ingress-apps-2 파드
- sample-ingress-default 서비스 -> sample-ingress-default 파드

또한, 인그레스에서 HTTPS를 사용하는 경우에는 사전에 인증서를 시크릿 리소스로 생성해야 한다(시크릿 리소스는 7장에서 자세히 설명한다). 시크릿은 인증서 정보로 매니페스트를 작성하고 등록하거나 인증서 파일을 지정하여 kubectl creater secret 명령어로 생성한다. 여기서는 자체 서명된 인증서를 생성하여 테스트한다.

```
# 자체 서명된 인증서 생성
$ openssl req -x509 -nodes -days 365 -newkey rsa:2048 \
-keyout ~/tls.key -out ~/tls.crt -subj "/CN=sample.example.com"

# 시크릿 생성(인증서 파일을 지정한 경우)
$ kubectl create secret tls --save-config tls-sample --key ~/tls.key --cert ~/tls.crt
```

윈도우 운영체제 환경 등에서 위의 순서로 자체 서명된 인증서를 만들기 어려운 경우에는 사전에 준비한 자체 서명된 인증서가 등록된 매니페스트(tls-sample.yaml)를 사용하자.

```
$ kubectl apply -f tls-sample.yaml
```

또한, 일부 클라우드 프로바이더에서는 관리형 서비스에서 관리되는 인증서를 어노테이션으로 지정할 수도 있다.

6.11.6 인그레스 리소스 생성

사전 준비에서는 인그레스에서 사용할 서비스 백엔드를 생성했다. 인그레스 리소스는 L7 로드 밸런서이기 때문에 특정 호스트명에 대해 '요청 경로 > 서비스 백엔드' 형태의 쌍으로 전송 규칙을 설정한다. 또한, 하나의 IP 주소에서 여러 호스트명을 처리할 수 있다. spec.rules[].http.paths[].backend.servicePort에 설정할 포트 번호는 서비스의 spec.ports[].port를 지정한다.

인그레스 리소스 매니페스트에 정의 가능한 설정은 '클러스터 외부 로드 밸런서를 사용한 인그레스'와 '클러스터 내부에 인그레스용 파드를 배포하는 인그레스'라는 두 방식 중 어떤 방법을 사용하든 거의 비슷하다. 인그레스 구현에 따라 설정 가능한 항목이 조금 다르거나 GKE처럼 인그레스 리소스별로 다른 엔드포인트를 할당하려면 뒤에서 설명할 인그레스 클래스 설정이 필요할 수도 있다. 이번에는 '클러스터 외부 로드 밸런서를 사용한 인그레스'의 예로 GKE를 사용한 경우와 '클러스터 내부에 인그레스용 파드를 배포하는 인그레스'의 예로 Nginx 인그레스를 사용한 경우를 설명한다.

GKE용 인그레스 리소스 생성

코드 6-26 GKE 인그레스를 사용한 인그레스 예제(sample-ingress.yaml)

```yaml
apiVersion: networking.k8s.io/v1beta1
kind: Ingress
metadata:
  name: sample-ingress
spec:
  rules:
  - host: sample.example.com
    http:
      paths:
      - path: /path1/
        backend:
          serviceName: sample-ingress-svc-1
          servicePort: 8888
      - path: /path2/
        backend:
          serviceName: sample-ingress-svc-2
          servicePort: 8888
  backend:
    serviceName: sample-ingress-default
    servicePort: 8888
  tls:
  - hosts:
    - sample.example.com
    secretName: tls-sample
```

위의 매니페스트에서는 각 경로를 앞에서 생성한 서비스에 전송하게 되어 있다. 또 spec.backend 설정에 따라 경로에 일치하지 않을 경우 기본값으로 sample-ingress-default 서비스에 전송한다.

1. /path1/*
2. -> sample-ingress-svc-1 서비스
3. -> sample-ingress-apps-1 파드

1. /path2/*
2. -> sample-ingress-svc-2 서비스
3. -> sample-ingress-apps-2 파드

1. *
2. -> sample-ingress-default 서비스
3. -> sample-ingress-default 파드

GKE의 경우에는 특별히 의식하지 않아도 인그레스 리소스마다 자동으로 로드 밸런서의 가상 IP가 할당된다. 따라서 sample-ingress.yaml 매니페스트를 적용하면 다음과 같이 인그레스 리소스가 생성되는 것을 확인할 수 있다. 여러 인그레스 리소스를 생성하면 인그레스 리소스마다 IP 주소가 할당된다.

로드 밸런서 서비스처럼 로드 밸런서를 생성하고 IP 주소가 표시되는 데는 몇 분 정도 걸린다.

```
# 인그레스 리소스 확인
$ kubectl get ingresses
NAME             HOSTS                ADDRESS         PORTS     AGE
sample-ingress   sample.example.com   XX.XXX.XX.XXX   80, 443   4m14s
```

실제 요청을 보내면 정상적으로 반환되는 것을 확인할 수 있다. 클라우드 로드 밸런서를 사용하는 인그레스의 경우 요청을 받아들일 때까지 다소 시간이 걸리므로 잠시 기다렸다가 다시 시도해 보자.

```
# L7 로드 밸런서의 가상 IP를 환경 변수에 저장
$ INGRESS_IP=`kubectl get ingresses sample-ingress \
-o jsonpath='{.status.loadBalancer.ingress[0].ip}'`

# 인그레스 리소스 경유의 HTTP 요청(/path1/* > sample-ingress-svc-1)
$ curl http://${INGRESS_IP}/path1/ -H "Host: sample.example.com"
Host=sample.example.com  Path=/path1/  From=sample-ingress-apps-1  ClientIP=10.178.0.61
XFF= xxx.xxx.xxx.xxx, xxx.xxx.xxx.xxx

# 인그레스 리소스 경유의 HTTP 요청(/path2/* > sample-ingress-svc-2)
$ curl http://${INGRESS_IP}/path2/ -H "Host: sample.example.com"
Host=sample.example.com  Path=/path2/  From=sample-ingress-apps-2  ClientIP=10.178.0.63
XFF= xxx.xxx.xxx.xxx, xxx.xxx.xxx.xxx

# 인그레스 리소스 경유의 HTTP 요청(/* > sample-ingress-default)
$ curl http://${INGRESS_IP}/ -H "Host: sample.example.com"
Host=sample.example.com  Path=/  From=sample-ingress-default  ClientIP=10.178.0.61
XFF= xxx.xxx.xxx.xxx, xxx.xxx.xxx.xxx

# 인그레스 리소스 경유의 HTTPS 요청
$ curl https://${INGRESS_IP}/path1/ -H "Host: sample.example.com" --insecure
Host=sample.example.com  Path=/path1/  From=sample-ingress-apps-1  ClientIP=10.0.2.54
XFF=xx.xxx.xxx.xxx, xxx.xxx.xxx.xxx
```

Nginx 인그레스용 인그레스 리소스 생성

Nginx 인그레스라도 인그레스 리소스 설정은 기본적으로 GKE의 경우와 같다. GKE 환경에서 Nginx 인그레스를 사용하는 경우에는 GKE 인그레스가 아닌 Nginx 인그레스를 사용하도록 kubernetes.io/ingress.class: nginx의 어노테이션을 지정해야 한다. 또한, Nginx 인그레스가 GKE 인그레스용으로 생성한 인그레스 리소스 sample-ingress를 보고 있어서 동시에 동작하는 경우에는 sample-ingress에도 kubernetes.io/ingress.class: gce의 어노테이션을 지정해야 한다.

추가로, Nginx 인그레스는 기본값으로 HTTP로부터의 요청을 HTTPS로 리다이렉트하도록 설정되어 있기 때문에 이번에는 비활성화한다.

코드 6-27 Nginx 인그레스를 사용한 인그레스 예제(sample-ingress-by-nginx.yaml)

```yaml
apiVersion: networking.k8s.io/v1beta1
kind: Ingress
metadata:
  name: sample-ingress-by-nginx
  annotations:
    kubernetes.io/ingress.class: nginx
    nginx.ingress.kubernetes.io/ssl-redirect: "false"
…(생략)…
# 이후는 GKE의 경우와 동일
```

Nginx 인그레스의 경우에는 인그레스 컨트롤러 디플로이먼트에 대한 LoadBalancer 서비스 IP 주소가 인그레스에도 등록되도록 되어 있다. 그래서 sample-ingress-by-nginx.yaml 매니페스트를 적용하면 다음과 같이 인그레스 리소스가 생성된 것을 확인할 수 있다. 여러 인그레스 리소스를 생성해도 같은 IP 주소를 사용한다.

```
# 인그레스 리소스 목록 확인
$ kubectl get ingresses
NAME                       CLASS    HOSTS                ADDRESS           PORTS     AGE
sample-ingress-by-nginx    <none>   sample.example.com   xxx.xxx.xxx.xxx   80, 443   47s

# 서비스에서 해당 IP 주소를 확인해야 함
$ kubectl get services -n ingress-nginx
NAME                                   TYPE           CLUSTER-IP    EXTERNAL-IP
PORT(S)                                AGE
ingress-nginx-controller               LoadBalancer   10.3.240.68   xxx.xxx.xxx.xxx
80:30372/TCP,443:31141/TCP             82m
ingress-nginx-controller-admission     ClusterIP      10.3.243.30   <none>
443/TCP                                82m
```

실제 요청을 보내면 이번에도 정상적으로 반환되는 것을 확인할 수 있다. 단, 기본 요청 목적지의 동작이 조금 다르기 때문에 주의하자.

```
# L7 로드 밸런서의 가상 IP를 환경 변수에 저장
$ INGRESS_IP=`kubectl get ingress sample-ingress-by-nginx \
-o jsonpath='{.status.loadBalancer.ingress[0].ip}'`

# 인그레스 리소스 경유의 HTTP 요청(/path1/* > sample-ingress-svc-1)
```

```
$ curl http://${INGRESS_IP}/path1/ -H "Host: sample.example.com"
Host=sample.example.com  Path=/path1/  From=sample-ingress-apps-1  ClientIP=10.0.2.54
XFF=xxx.xxx.xxx

# 인그레스 리소스 경유의 HTTP 요청(/path2/* > sample-ingress-svc-2)
$ curl http://${INGRESS_IP}/path2/ -H "Host: sample.example.com"
Host=sample.example.com  Path=/path2/  From=sample-ingress-apps-2  ClientIP=10.0.2.54
XFF=xxx.xxx.xxx.xxx

# 인그레스 리소스 경유의 HTTP 요청(/* > sample-ingress-default)
$ curl http://${INGRESS_IP}/ -H "Host: sample.example.com"
Host=sample.example.com  Path=/  From=sample-ingress-default  ClientIP=10.0.2.54
XFF=xxx.xxx.xxx.xxx

# 인그레스 리소스 경유의 HTTPS 요청
$ curl https://${INGRESS_IP}/path1/ -H "Host: sample.example.com" --insecure
Host=sample.example.com  Path=/path1/  From=sample-ingress-apps-1  ClientIP=10.0.2.54
XFF=xxx.xxx.xxx.xxx
```

6.11.7 X-Forwarded-For 헤더에 의한 클라이언트 IP 주소 참조

인그레스 경유로 들어오는 트래픽에는 기본적으로 X-Forwarded-For(XFF) 헤더가 지정되어 있으므로 클라이언트 IP 주소(발신 측 IP 주소)를 참조할 수 있게 되어 있다. 환경이나 사용하는 구현에 따라 지정되지 않거나 NAT되어 정확한 값을 참조할 수 없는 경우도 있으므로 주의하자.

6.11.8 인그레스 클래스에 의한 인그레스 분리

배포한 인그레스 컨트롤러는 클러스터에 등록된 모든 인그레스 리소스를 볼 수 있어 충돌이 발생할 가능성이 있다. 이런 경우에는 인그레스 클래스를 사용하여 처리하는 대상의 인그레스 리소스를 분리할 수 있다. 예를 들어 서비스 A와 서비스 B가 각각 존재하고 GKE 인그레스 컨트롤러에서 그림 6-43과 같이 인그레스 리소스를 두 개 생성한 경우, 두 개의 GCLB가 생성되고 엔드포인트는 두 개를 할당받게 된다.

▼ 그림 6-43 예상되는 동작

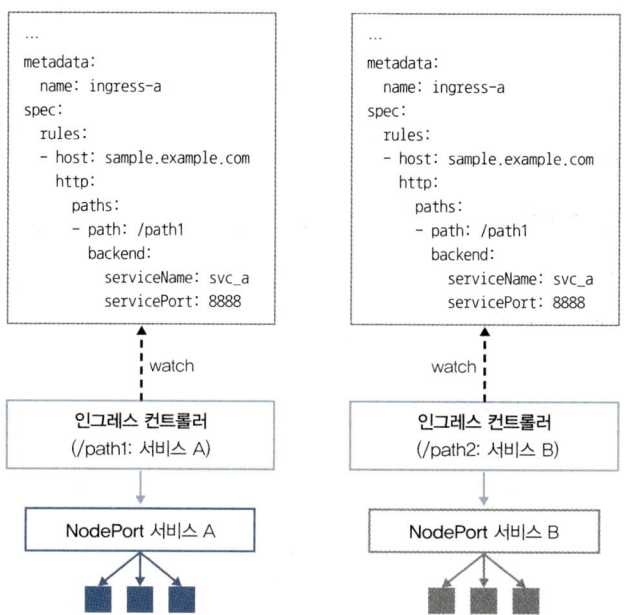

그러나 Nginx 인그레스 컨트롤러에서도 위의 예상되는 동작만 기대하면 예상치 못한 상황이 발생한다. 인그레스 컨트롤러 자체가 L7 로드 밸런서인 것처럼 구현되어 있어서 아무 설정을 하지 않을 경우에는 전체 인그레스 리소스를 watch하여 Nginx 파드 설정을 업데이트하므로 분리가 되지 않기 때문이다(그림 6-44).

▼ 그림 6-44 Nginx 인그레스 실제 동작(인그레스 클래스를 사용하지 않은 상태)

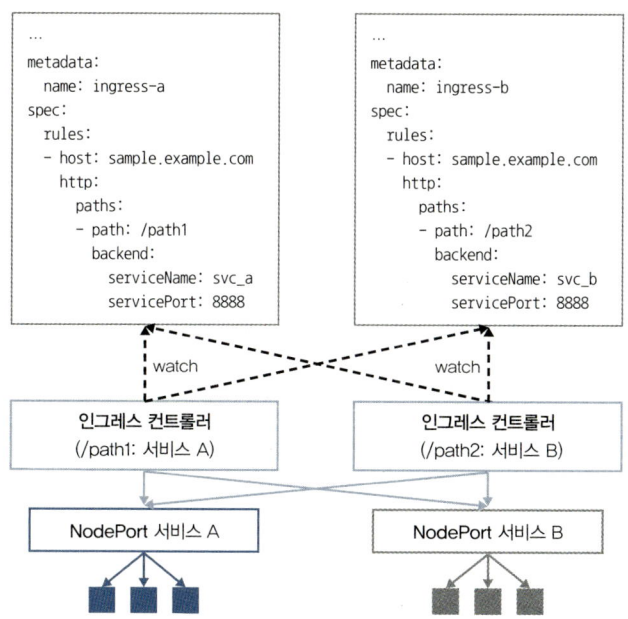

이런 분리성을 확보하기 위해 인그레스 리소스에 인그레스 클래스의 어노테이션을 지정하고 Nginx 인그레스 컨트롤러에 해당하는 인그레스 클래스를 설정하여 대상을 분리할 수 있다(그림 6-45).

- Nginx 인그레스 컨트롤러 기동 시 --ingress-class 옵션을 전달
    - /nginx-ingress-controller --ingress-class=system_a…
- 인그레스 리소스에 어노테이션을 지정
    - kubernetes.io/ingress.class: "system_a"

❤ 그림 6-45 인그레스 클래스를 사용하여 Nginx 인그레스 대상을 분리

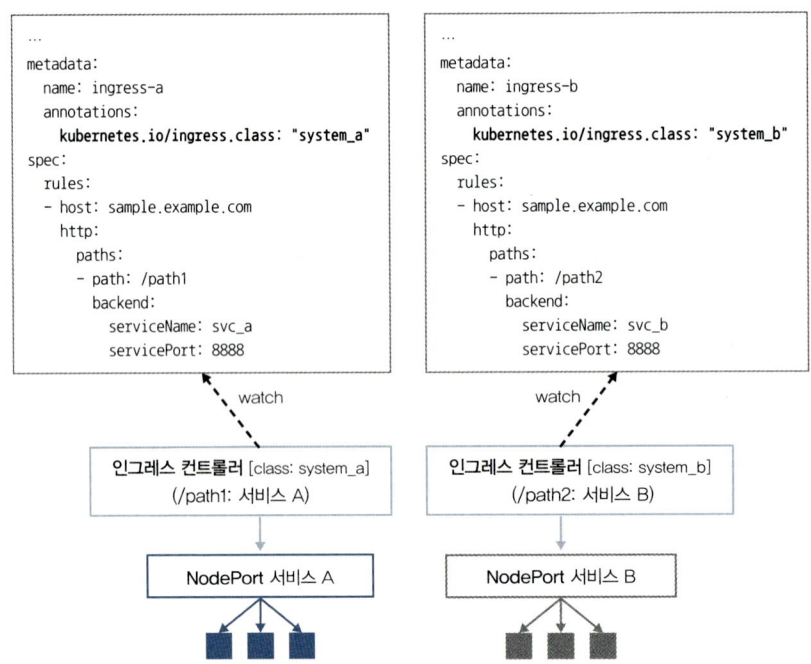

6.11.9 `1.18 Beta` 인그레스의 GA 승격을 위한 변경

쿠버네티스 1.18 버전에서는 인그레스 수정을 시작하여 GA 승격을 위한 몇 가지 변경이 이루어 졌다. 아직 변경된 기능에 대응하고 있는 것은 적지만(2021년 5월 기준), 앞으로 모든 인그레스 컨트롤러가 대응될 전망이다.

- IngressClass 리소스에 의해 Ingress 분리
- pathType에 의한 경로
- 호스트 이름에서 와일드카드 매칭

IngressClass 지정은 앞에서 설명한 어노테이션에 의한 지정이 아니라 IngressClass 리소스와 인그레스 리소스의 `spec.ingressClassName`에서 지정하는 방법으로 대체될 예정이다. IngressClass 리소스를 사용하는 방법은 다음 장에 등장하는 StorageClass와 PersistentVolumeClaim 리소스의 `spec.storageClassName`과 같다.

또 지금까지 인그레스 리소스에 경로를 지정한 경우 처리는 각각의 인그레스 컨트롤러 구현에 따라 달랐지만 pathType(표 6-8)으로 설정할 수 있게 되었다. 기본 설정값은 지금과 같은 `ImplementationSpecific`(구현에 따라 처리가 다름)이다.

```
spec:
  rules:
  - http:
      paths:
      - path: /path1
        backend:
          serviceName: sample-ingress-svc-1
          servicePort: 8888
```

▼ 표 6-8 pathType 설정값

pathType 종류	개요
`ImplementationSpecific`(기본값)	구현에 따라 처리가 다름
`Exact`	URL 경로와의 완전 일치가 조건
`prefix`	URL 경로에 대해 /를 기준으로 분리할 때 전방 일치가 조건

6.12 정리

쿠버네티스에서는 파드 서비스 디스커버리나 L4 로드 밸런싱 기능을 제공하기 위해 서비스 리소스가 준비되어 있다. 또한, 비슷한 리소스로 L7 로드 밸런싱 기능을 제공하는 인그레스도 있다.

- 서비스
    - L4 로드 밸런싱
    - 클러스터 내부 DNS를 사용한 이름 해석
    - 레이블을 사용한 파드의 서비스 디스커버리
- 인그레스
    - L7 로드 밸런싱
    - SSL 터미네이션
    - 경로 기반 라우팅

서비스에는 엔드포인트를 제공하는 여러 type이 준비되어 있고, 요구 사항에 맞춰 선택할 수 있다. 기본적으로 내부 엔드포인트를 할당하고 싶을 때 사용하는 type: ClusterIP와 외부 엔드포인트를 할당하고 싶을 때 사용하는 type: LoadBalancer가 많이 사용된다(표 6-9).

▼ 표 6-9 서비스 종류

서비스 종류	IP 엔드포인트 내용
ClusterIP	쿠버네티스 클러스터 내부에서만 통신 가능한 가상 IP
ExternalIP	특정 쿠버네티스 노드의 IP 주소
NodePort	모든 쿠버네티스 노드의 모든 IP 주소(0.0.0.0)
LoadBalancer	클러스터 외부에서 제공되는 로드 밸런서의 가상 IP
Headless(None)	파드의 IP 주소를 사용한 DNS 라운드 로빈
ExternalName	CNAME을 사용한 느슨한 연결 확보
None-Selector	원하는 목적지 멤버를 설정할 수 있는 다양한 엔드포인트

인그레스에는 type 등이 없지만, 구현에 따라 사양이 크게 달라지는 경우가 있으니 주의하길 바란다(표 6-10).

▼ 표 6-10 인그레스 종류

인그레스 종류	구현 예제
클러스터 외부 로드 밸런서를 사용한 인그레스	GKE
클러스터 내부에 인그레스용 파드를 배포하는 인그레스	Nginx 인그레스

7장

컨피그 & 스토리지 API 카테고리

7.1 컨피그 & 스토리지 API 카테고리 개요

7.2 환경 변수 사용

7.3 시크릿

7.4 컨피그맵

7.5 영구 볼륨 클레임

7.6 볼륨

7.7 영구 볼륨(PV)

7.8 영구 볼륨 클레임

7.9 volumeMounts에서 사용 가능한 옵션

7.10 정리

7.1 컨피그 & 스토리지 API 카테고리 개요

4장에서 쿠버네티스 리소스는 크게 다섯 가지 카테고리로 분류된다고 설명했다(표 7-1). 이 장에서는 그중 하나인 컨피그 & 스토리지(Config & Storage) API 카테고리를 자세히 설명한다.

▼ 표 7-1 쿠버네티스 리소스 카테고리

종류	개요
워크로드 API 카테고리	컨테이너 실행에 관련된 리소스
서비스 API 카테고리	컨테이너를 외부에 공개하는 엔드포인트를 제공하는 리소스
컨피그 & 스토리지 API 카테고리	설정/기밀 정보/영구 볼륨 등에 관련된 리소스
클러스터 API 카테고리	보안이나 쿼터 등에 관련된 리소스
메타데이터 API 카테고리	클러스터 내부의 다른 리소스를 관리하기 위한 리소스

컨피그 & 스토리지 API 카테고리로 분류되는 리소스는 컨테이너에 대해 설정 파일, 패스워드 같은 기밀 정보 등을 추가하거나 영구 볼륨을 제공하기 위한 리소스다. 내부에서 사용되는 것을 제외하고 사용자가 직접 사용하는 것으로는 세 가지 종류의 컨피그 & 스토리지 리소스가 있다.

- 시크릿
- 컨피그맵
- 영구 볼륨 클레임

7.2 환경 변수 사용

쿠버네티스에서 개별 컨테이너의 설정 내용은 환경 변수나 파일이 저장되어 있는 영역을 마운트하여 전달하는 것이 일반적이다. 리소스 설명에 들어가기에 앞서 쿠버네티스에서의 환경 변수에 대해 설명하겠다.

쿠버네티스에서 환경 변수를 전달할 때는 파드 템플릿에 env 또는 envForm을 지정한다. 크게 나눠 다음과 같은 다섯 가지 정보를 환경 변수에 포함시킬 수 있다.

- 정적 설정
- 파드 정보
- 컨테이너 정보
- 시크릿 리소스 기밀 정보
- 컨피그맵 리소스 설정값

위의 각 항목을 간략하게 설명해본다.

7.2.1 정적 설정

정적 설정에서는 그 이름 그대로 spec.containers[].env에 정적인 값을 설정한다.

코드 7-1 정적으로 등록한 환경 변수를 사용하는 파드 예제(sample-env.yaml)

```yaml
apiVersion: v1
kind: Pod
metadata:
  name: sample-env
  labels:
    app: sample-app
spec:
  containers:
  - name: nginx-container
    image: nginx:1.16
    env:
    - name: MAX_CONNECTION
      value: "100"
```

컨테이너 내부에서 보면 환경 변수가 설정된 것을 확인할 수 있다.

```
# sample-env 파드의 환경 변수 'MAX_CONNECTION' 확인
$ kubectl exec -it sample-env -- env | grep MAX_CONNECTION
MAX_CONNECTION=100
```

또 기동한 컨테이너의 타임존은 기본값으로 UTC로 설정되어 있다. 타임존을 변경하는 가장 쉬운 방법은 환경 변수를 사용하는 것이다. 다음과 같이 환경 변수를 지정해 두면 타임존을 KST로 변경할 수 있다.

```
# 타임존 설정
  env:
  - name: TZ
      value: Asia/Seoul
```

7.2.2 파드 정보

어떤 노드에서 파드가 기동하고 있는지와 파드 자신의 IP 주소, 기동 시간 등 파드에 관한 정보는 fieldRef를 사용하면 참조할 수 있다. 확인 가능한 값은 kubectl get pods -o yaml 등으로 확인할 수 있다. 일부 내용을 보면, 등록한 매니페스트 정보와 별도로 파드의 IP 주소나 호스트 정보와 같은 여러 정보가 추가되어 있는 것을 확인할 수 있다.

```
# 기동 중인 파드 정보 확인
$ kubectl get pods sample-env -o yaml
...(생략)...
  nodeName: gke-k8s-default-pool-be722c17-fpxg
  priority: 0
  restartPolicy: Always
  schedulerName: default-scheduler
  securityContext: {}
  serviceAccount: default
  serviceAccountName: default
  terminationGracePeriodSeconds: 30
...(생략)...
    state:
      running:
        startedAt: "2021-04-03T01:09:00Z"
  hostIP: 10.178.0.61
  phase: Running
  podIP: 10.0.1.50
  podIPs:
  - ip: 10.0.1.50
```

```
  qosClass: BestEffort
  startTime: "2021-04-03T01:08:59Z"
```

여기서는 기동 중인 쿠버네티스 노드 이름을 K8S_NODE 환경 변수로 등록해보자. 위에서 출력한 YAML 형식에 따라 키를 지정하기 위해 spec.nodeName을 지정한다.

코드 7-2 파드 정보를 등록한 환경 변수를 사용하는 파드 예제(sample-env-pod.yaml)

```yaml
apiVersion: v1
kind: Pod
metadata:
  name: sample-env-pod
  labels:
    app: sample-app
spec:
  containers:
  - name: nginx-container
    image: nginx:1.16
    env:
    - name: K8S_NODE
      valueFrom:
        fieldRef:
          fieldPath: spec.nodeName
```

먼저 파드가 어떤 노드에서 기동 중인지 확인해보자.

```
# 파드가 기동 중인 노드 확인
$ kubectl get pods -o wide sample-env-pod
NAME             READY   STATUS    RESTARTS   AGE   IP         NODE
sample-env-pod   1/1     Running   0          4s    10.0.1.51  gke-k8s-default-pool-
be722c17-fpxg
```

컨테이너 내부에서 보면, 환경 변수에 파드가 기동하고 있는 노드와 같은 값이 설정된 것을 확인할 수 있다.

```
# sample-env-pod 파드 환경 변수 'K8S_NODE' 확인
$ kubectl exec -it sample-env-pod -- env | grep K8S_NODE
K8S_NODE=gke-k8s-default-pool-be722c17-fpxg
```

7.2.3 컨테이너 정보

파드의 정보와 마찬가지로 컨테이너 리소스에 대한 정보는 resourceFieldRef를 사용하여 확인할 수 있다. 파드에는 여러 컨테이너 정보가 포함되어 있으므로 각 컨테이너 정보에 대해서는 fieldRef에서 확인할 수 없는 점에 주의해야 한다. 여기서도 확인 가능한 값은 kubectl get pods -o yaml 등으로 확인할 수 있다.

여기서는 컨테이너에 할당된 CPU 리소스의 최솟값과 최댓값을 CPU_REQUESTS와 CPU_LIMITS 환경 변수로 등록해보자. 앞에서 출력한 YAML 형식에 따라 키를 지정하기 위해 requests.cpu와 limits.cpu를 지정한다.

코드 7-3 컨테이너 정보를 등록한 환경 변수를 사용하는 파드 예제(sample-env-container.yaml)

```yaml
apiVersion: v1
kind: Pod
metadata:
  name: sample-env-container
  labels:
    app: sample-app
spec:
  containers:
  - name: nginx-container
    image: nginx:1.16
    env:
    - name: CPU_REQUESTS
      valueFrom:
        resourceFieldRef:
          containerName: nginx-container
          resource: requests.cpu
    - name: CPU_LIMITS
      valueFrom:
        resourceFieldRef:
          containerName: nginx-container
          resource: limits.cpu
```

컨테이너 내부에서 보면 환경 변수가 설정된 것을 확인할 수 있다.

```
# sample-env-container 파드에 지정한 CPU_REQUESTS와 CPU_LIMITS 환경 변수 확인
$ kubectl exec -it sample-env-container -- env | grep CPU
CPU_REQUESTS=0
CPU_LIMITS=4
```

7.2.4 시크릿 리소스 기밀 정보

기밀 정보 등은 별도 시크릿(Secret) 리소스를 생성하고 환경 변수로 참조하는 것을 추천한다. 자세한 내용은 시크릿 리소스 항목에서 설명한다.

7.2.5 컨피그맵 리소스 설정값

단순한 키-밸류 값이나 설정 파일 등은 컨피그맵(ConfigMap)으로 관리할 수 있다. 매번 파드에 환경 변수를 설정해도 좋지만, 여러 파드에 적용해야 할 경우 컨피그맵을 사용하면 한 번에 적용할 수 있는 등 관리상의 장점이 많다. 자세한 내용은 컨피그맵 리소스 항목에서 설명한다.

7.2.6 환경 변수 이용 시 주의 사항

쿠버네티스로 전달되는 환경 변수에는 주의 사항이 있다. 예를 들어 코드 7-4의 파드 매니페스트를 살펴보면, 환경 변수가 설정되고 컨테이너가 기동된 후 '100'과 '호스트명'이 출력될 것처럼 보인다.

코드 7-4 환경 변수 설정에 실패한 파드 예제(sample-env-fail.yaml)

```yaml
apiVersion: v1
kind: Pod
metadata:
  name: sample-env-fail
  labels:
    app: sample-app
spec:
  containers:
  - name: nginx-container
    image: nginx:1.16
    command: ["echo"]
    args: ["${TESTENV}", "${HOSTNAME}"]
    env:
    - name: TESTENV
      value: "100"
```

그러나 이 파드를 기동하면 [${TESTENV}, ${HOSTNAME}]이라는 문자열이 그대로 출력되는 것을 확인할 수 있다.

```
# 환경 변수가 설정되지 않음
$ kubectl logs sample-env-fail
${TESTENV} ${HOSTNAME}
```

쿠버네티스에서 command나 args로 실행할 명령어를 지정할 때는 일반적인 방식으로 환경 변수를 사용할 수 없다. 엄밀히 말하면, 파드 매니페스트 내부에 정의된 환경 변수에만 $(TESTENV)라는 형태로 불러올 수 있다. 다시 말해 ${}가 아닌 $()를 사용해야 한다. 이에 따라 매니페스트 파일을 수정하면 다음과 같다.

코드 7-5 $()를 사용하여 매니페스트 내부의 환경 변수를 설정한 파드 예제 1(sample-env-fail2.yaml)

```yaml
apiVersion: v1
kind: Pod
metadata:
  name: sample-env-fail2
  labels:
    app: sample-app
spec:
  containers:
  - name: nginx-container
    image: nginx:1.16
    command: ["echo"]
    args: ["$(TESTENV)", "$(HOSTNAME)"]
    env:
    - name: TESTENV
      value: "100"
```

이 파드를 실행하면 100 $(HOSTNAME)이라고 출력된다.

```
# 일부 환경 변수가 설정되지 않음
$ kubectl logs sample-env-fail2
100 $(HOSTNAME)
```

어디까지나 command와 args에서 참조 가능한 것은 그 파드의 매니페스트 내부에 정의된 환경 변수만(이 경우에는 TESTENV)이라는 점에 주의해야 한다. 만약 OS에서만 참조할 수 있는 환경 변수를 사용하는 경우 Entrypoint(spec.containers[].command)를 entrypoint.sh 등의 셸 스크립트로 하여 셸 스크립트 내부에서 처리할 수 있도록 한다.

여기서는 정적 환경 변수(TESTENC=100)를 예제로 설명했다. 시크릿이나 컨피그맵에서 정의한 env, 파드나 컨테이너 정보를 fieldRef나 resourceFieldRef에서 참조한 env도 마찬가지로 [$(SOME_ENVIRONMENT)] 형식으로만 사용할 수 있다. 예를 들어 코드 7-6의 매니페스트를 적용해보자.

코드 7-6 $()를 사용하여 매니페스트 내부의 환경 변수를 설정한 파드 예제 2(sample-env-fail3.yaml)

```yaml
apiVersion: v1
kind: Pod
metadata:
  name: sample-env-fail3
  labels:
    app: sample-app
spec:
  containers:
  - name: nginx-container
    image: nginx:1.16
    command: ["echo"]
    args: ["$(K8S_NODE)", "${K8S_NODE}"]
    env:
    - name: K8S_NODE
      valueFrom:
        fieldRef:
          fieldPath: spec.nodeName
```

여기서도 [${}] 형식에서는 이스케이프(escape) 처리가 되어 버려 문자열이 그대로 표시된다.

```
# 외부 정보를 바탕으로 정의된 환경 변수 사용
$ kubectl logs sample-env-fail3
gke-k8s-default-pool-be722c17-gshw ${K8S_NODE}
```

7.3 시크릿

MySQL 데이터베이스에 접속하려면 사용자명이나 패스워드 등의 기밀 정보가 필요하다. 쿠버네티스에서 애플리케이션을 실행할 경우, 이와 같은 기밀 정보를 컨테이너로 전달하는 방법으로는 어떤 것이 있을까?

도커 빌드 시 컨테이너 이미지에 추가

이미지를 빌드할 때 애플리케이션 측이나 컨테이너 환경 변수 및 실행 인수 등에 패스워드 등을 추가할 수 있다. 그러나 이미지 자체에 기밀 정보가 포함되어 있다면 도커 레지스트리(도커 이미지를 저장하는 저장소)에 기밀 정보도 업로드하게 되어 보안상 바람직하지 않다. 또 기밀 정보 내용을 변경하려면 다시 이미지를 빌드해야 하므로 불편하다.

파드나 디플로이먼트의 매니페스트를 통해 전달

이 경우도 매니페스트 자체에 기밀 정보가 포함되어 매니페스트 관리가 어려워진다. 예를 들어 깃 저장소와 같은 외부 서버에서 기밀 정보를 포함한 매니페스트를 관리하면 보안상 위험하다. 또한, 여러 애플리케이션에서 같은 기밀 정보를 사용할 경우 매니페스트 관리가 어려워진다.

위의 방법으로 해결할 수도 있지만, 몇 가지 문제가 있다. 이런 경우 사용자명이나 패스워드 등의 기밀 정보를 별도 리소스에 정의하고 파드에서 읽어들일 수 있다. 그것이 시크릿 리소스다.

먼저 확인해 두어야 할 내용은 시크릿을 정의하고 있는 매니페스트는 base64로 인코드되어 있지만 암호화되어 있지 않아 매니페스트를 깃 저장소 등에 업로드하는 것은 불가능하다는 점이다. 이러한 문제를 해결하기 위해 시크릿이 정의된 매니페스트를 암호화하는 kubesec/SealedSecret/ExternalSecret 같은 오픈 소스 소프트웨어도 있다. 이 솔루션은 13장에서 소개한다.

7.3.1 시크릿 분류

시크릿은 표 7-2와 같이 몇 가지 타입으로 나눌 수 있다.

▼ 표 7-2 시크릿 리소스 타입 목록

종류	개요
Opaque	일반적인 범용 용도
kubernetes.io/tls	TLS 인증서용
kubernetes.io/basic-auth	기본 인증용
kubernetes.io/dockerconfigjson	도커 레지스트리 인증 정보용
kubernetes.io/ssh-auth	SSH 인증 정보용
kubernetes.io/service-account-token	서비스 어카운트 토큰용
bootstrap.kubernetes.io/token	Bootstrap 토큰용

일반 사용자명과 패스워드 같은 인증 정보 등은 스키마리스(스키마가 없는 데이터 구조)로 정의 가능한 type: Opaque를 사용한다. 이외에도 인그레스 등에서 참조 가능한 TLS용의 type: kubernetes.io/tls나 도커 레지스트리 인증 정보용의 type: kubernetes.io/dockerconfigjson 등도 있다. 또 수동으로 만들 일은 거의 없지만, 파드에 서비스 어카운트 토큰이나 인증서를 마운트하기 위한 type: kubernetes.io/service-account-token이나 Bootstrap 토큰용 type: bootstrap.kubernetes.io/token 시크릿도 있다.

그리고 Opaque 타입 이외의 리소스에는 스키마가 정해져 있다. 예를 들어 TLS 타입의 경우에는 '인증서(tls.crt)'와 '비밀키(tls.key)' 스키마가 정의되어 있다.

kubectl 명령어로 직접 시크릿을 생성할 경우 kubectl create secret generic 명령어에서 --type 옵션을 지정하여 시크릿을 생성한다. 그리고 위와 같이 스키마가 정해져 있는 일부 시크릿에 대해서는 kubectl create secret TYPE 명령어로 생성하는 것으로 스키마 체크를 할 수 있다.

7.3.2 일반적인 범용 용도의 시크릿(Opaque)

일반적인 스키마리스 시크릿을 생성하는 경우 타입에 Opaque를 지정한다. 생성 방법에는 다음 네 가지 패턴이 있다.

- kubectl로 파일에서 값을 참조하여 생성(--from-file)
- kubectl로 envfile에서 값을 참조하여 생성(--from-env-file)
- kubectl로 직접 값을 전달하여 생성(--from-literal)
- 매니페스트에서 생성(-f)

시크릿 리소스에서는 하나의 시크릿 안에 여러 키-밸류 값이 저장된다. 하나의 시크릿당 저장 가능한 데이터 사이즈는 총 1MB다. 예를 들어 데이터베이스 인증 정보를 생성하는 경우 시크릿명은 db-auth, key는 username, password 두 가지를 지정한다. 물론 쿠버네티스 클러스터 내부에서 여러 데이터베이스 인증 정보를 사용하는 경우도 있을 수 있으므로, 이런 경우에는 스크릿명을 유니크한 이름으로 정의하거나 시스템별로 네임스페이스를 분리해야 한다.

kubectl로 파일에서 값을 참조하여 생성(--from-file)

kubectl을 사용하여 파일에서 값을 참조함으로써 생성하는 경우에는 --from-file 옵션을 지정한다. 일반적으로 파일명이 그대로 키가 되기 때문에 확장자는 붙이지 않는 것이 좋다. (username.txt 대신 username과 같이) 확장자를 붙일 경우 --from-file=username=username.txt 등과 같이 지정한다. 또한, 파일을 생성할 때 개행 코드가 들어가지 않도록 주의해야 한다. 예를 들어 echo -n 출력 결과를 리다이렉트하여 파일에 쓰는 방법을 사용할 수 있다.

```
# 시크릿에 포함된 값을 파일로 내보내기
$ echo -n "root" > ./username
$ echo -n "rootpassword" > ./password
```

생성한 파일로 시크릿을 생성한다.

```
# 파일에서 값을 참조하여 시크릿을 생성
$ kubectl create secret generic --save-config sample-db-auth \
--from-file=./username --from-file=./password
secret/sample-db-auth created
```

생성한 시크릿을 확인하려면 kubectl get 명령어로 json이나 yaml 형식으로 출력하여 data 부분을 확인한다.

```
# 시크릿 확인
$ kubectl get secrets sample-db-auth -o json | jq .data
{
  "password": "cm9vdHBhc3N3b3Jk",
  "username": "cm9vdA=="
}
```

base64로 인코딩되어 있으므로 일반 텍스트로 확인하려면 다음과 같이 디코드한다.

```
# 보통은 base64로 인코딩되어 있다
$ kubectl get secrets sample-db-auth -o json | jq -r .data.username
cm9vdA==

# 일반 텍스트로 변경하려면 base64로 디코드가 필요하다
$ kubectl get secrets sample-db-auth -o json | jq -r .data.username | base64 --decode
root
```

kubectl로 envfile에서 값을 참조하여 생성(--from-env-file)

하나의 파일에서 일괄적으로 생성하는 경우에는 envfile로 생성하는 방법도 있다. 도커에서 --env-file 옵션을 사용하여 컨테이너를 기동한 경우에 이 방법을 사용하면 그대로 시크릿을 이관할 수 있다. 먼저 코드 7-7과 같이 텍스트 파일을 준비한다.

코드 7-7 도커나 쿠버네티스에서 사용 가능한 envfile 예제(env-secret.txt)

```
username=root
password=rootpassword
```

그런 다음 이 파일로 시크릿을 생성할 수 있다.

```
# envfile로 시크릿을 생성
$ kubectl create secret generic --save-config sample-db-auth \
--from-env-file ./env-secret.txt
secret/sample-db-auth created
```

kubectl로 직접 값을 전달하여 생성(--from-literal)

kubectl을 사용하여 직접 값을 전달함으로써 생성하려면 --from-literal 옵션을 사용하여 생성한다. 이때 지정하는 타입은 일반 텍스트다.

```
# 직접 옵션으로 값을 지정하여 시크릿을 생성
$ kubectl create secret generic --save-config sample-db-auth \
--from-literal=username=root --from-literal=password=rootpassword
secret/sample-db-auth created
```

매니페스트에서 생성(-f)

매니페스트에서 생성하는 경우 base64로 인코딩한 값을 매니페스트에 추가한다. 위와 같이 시크릿을 생성하려면 코드 7-8과 같은 매니페스트를 사용한다.

코드 7-8 시크릿 매니페스트 예제(sample-db-auth.yaml)

```
apiVersion: v1
kind: Secret
metadata:
  name: sample-db-auth
type: Opaque
data:
  username: cm9vdA== # root
  password: cm9vdHBhc3N3b3Jk # rootpassword
```

시크릿 매니페스트를 쿠버네티스에 등록할 수 없는 경우에는 base64로 제대로 인코딩되었는지 확인한다.

또 시크릿 매니페스트는 data가 아닌 stringData 필드를 사용하면 일반 텍스트로 작성할 수 있다. stringData와 data를 모두 설정한 경우에는 stringData 필드가 우선순위가 높다.

코드 7-9 base64로 인코딩하지 않는 시크릿 매니페스트 예제(sample-db-auth-nobase64.yaml)

```
apiVersion: v1
kind: Secret
metadata:
  name: sample-db-auth-nobase64
type: Opaque
stringData:
  username: root
  password: rootpassword
```

7.3.3 TLS 타입 시크릿

인증서로 사용할 시크릿을 생성하는 경우 type에 tls를 지정한다. TLS 타입의 시크릿은 인그레스 리소스 등에서 사용하는 것이 일반적이다. TLS 타입의 시크릿인 경우도 매니페스트로 생성할 수 있지만, 기본적으로 비밀키와 인증서 파일로 생성하는 것을 추천한다.

먼저 임시 테스트용으로 사용하기 위한 자체 서명된 인증서를 생성한다. 자체 서명된 인증서는 외부에 공개하는 정식 서비스에는 사용할 수 없는 인증서이므로, 서비스 환경에서는 CA 루트(또는 ICA)로 서명된 정식 인증서를 사용한다.

```
# 자체 서명된 인증서 생성
$ openssl req -x509 -nodes -days 365 -newkey rsa:2048 \
-keyout ~/tls.key -out ~/tls.crt -subj "/CN=sample1.example.com"
```

kubectl에서 비밀키와 인증서 파일로 생성(--key/--cert)

kubectl을 사용하여 비밀키와 인증서 파일로 시크릿을 생성하는 경우 --key와 --cert 옵션에 각각 파일 경로를 지정한다. 여기서는 앞에서 작성한 자체 서명된 인증서를 사용한다.

```
# TLS 시크릿 생성
$ kubectl create secret tls --save-config tls-sample --key ~/tls.key --cert ~/tls.crt
secret/tls-sample created
```

7.3.4 도커 레지스트리 타입의 시크릿

사용하고 있는 컨테이너 레지스트리가 프라이빗 저장소인 경우, 도커 이미지를 가져오려면 인증이 필요하다. 쿠버네티스에서는 이 인증 정보를 시크릿으로 정의하여 사용할 수 있다.

도커 레지스트리 인증용 시크릿을 생성하는 경우에는 type에 doker-registry를 지정한다. 도커 레지스트리 인증용 시크릿도 매니페스트로 생성할 수 있지만, 형식이 특수하므로 kubectl로 직접 생성하는 것이 편하다. 덧붙여, 이 타입의 시크릿은 ~/.docker/config.json 파일 대체용으로 사용한다.

kubectl로 직접 생성

kubectl을 사용하여 시크릿을 직접 생성할 때는 레지스트리 서버와 인증 정보를 인수로 지정한다.

```
# 도커 레지스트리 인증 정보의 시크릿 생성
$ kubectl create secret docker-registry --save-config sample-registry-auth \
--docker-server=REGISTRY_SERVER \
--docker-username=REGISTRY_USER \
--docker-password=REGISTRY_USER_PASSWORD \
--docker-email=REGISTRY_USER_EMAIL
secret/sample-registry-auth created
```

내용을 보면 dockercfg 형식의 JSON이 base64로 인코딩된 형식으로 되어 있다. 따라서 매니페스트를 직접 작성하는 것은 조금 귀찮다.

```
# base64로 인코딩된 dockercfg 형식의 JSON 데이터
$ kubectl get secrets -o json sample-registry-auth | jq .data
{
  ".dockerconfigjson": "eyJhdXRocyI6eyJSRUdJU1RSWV9TRVJWRVIiOnsidXNlcm5hbWUiOiJSRUdJU1
RSWV9VU0VSIiwicGFzc3dvcmQiOiJSRUdJU1RSWV9VU0VSX1BBU1NXT1JEIiwiZW1haWwiOiJSRUdJU1RSWV9V
U0VSX0VNQU1MIiwiYXV0aCI6IlVrVkhTVk5VVWxsZlZWTkZVanBTUlVkJU1RSWV9VU0VSX1NjbWJWVTBWU1gxQkJVMU5YVD
FKRlNJ9fX0="
}

# base64로 디코드한 dockercfg 형식의 JSON 데이터
$ kubectl get secrets sample-registry-auth -o yaml | grep "\.dockerconfigjson" | awk
-F' ' '{print $2}' | base64 --decode
{"auths":{"REGISTRY_SERVER":{"username":"REGISTRY_USER","password":"REGISTRY_USER_
PASSWORD","email":"REGISTRY_USER_EMAIL","auth":"UkVHSVNUUllfVVNFUjpSRUdJU1RSWV9VU0VSX1
BBU1NXT1JE"}}}
```

이미지 다운로드 시 시크릿 사용

인증이 필요한 도커 레지스트리(도커 허브 등)의 프라이빗 저장소에 저장된 이미지를 다운로드하는 경우, 시크릿을 사전에 생성한 후 파드 정의 spec.imagePullSecrets에 docker-registry 타입의 시크릿을 지정해야 한다.

코드 7-10 인증이 필요한 도커 레지스트리에서 이미지를 다운로드하는 파드 예제(sample-pull-secret.yaml)

```
apiVersion: v1
kind: Pod
metadata:
  name: sample-pull-secret
spec:
```

```
  containers:
  - name: secret-image-container
    image: REGISTRY_NAME/secret-image:latest
  imagePullSecrets:
  - name: sample-registry-auth
```

spec.imagePullSecrets는 파드에 설정하는 항목이며, 파드에는 여러 컨테이너가 포함된 경우가 있으므로 imagePullSecrets는 복수로 설정할 수 있다.

7.3.5 기본 인증 타입의 시크릿

사용자명과 패스워드로 인증하는 시스템을 사용하는 경우 기본 인증용 스키마를 가진 시크릿을 생성한다.

kubectl로 직접 값을 전달하여 생성(--from-literal)

kubectl로 직접 값을 전달하여 생성하려면 --from-literal 옵션을 사용한다. 그리고 기본 인증 타입은 --type 옵션에서 지정한다. 또한, 리소스를 생성하지 않고 매니페스트를 출력하는 경우 --dry-run, -o yaml 옵션을 함께 사용한다.

```
# 직접 옵션에서 type과 값을 지정하여 시크릿 생성
$ kubectl create secret generic --save-config sample-basic-auth \
--type kubernetes.io/basic-auth \
--from-literal=username=root --from-literal=password=rootpassword
```

매니페스트에서 생성(-f)

기본 인증용 시크릿을 생성하는 경우에는 type에 kubernetes.io/basic-auth를 지정한다. 또 데이터 스키마로 username과 password를 지정해야 한다.

코드 7-11 기본 인증용 시크릿 매니페스트 예제(sample-basic-auth.yaml)

```
apiVersion: v1
kind: Secret
metadata:
  name: sample-basic-auth
```

```
type: kubernetes.io/basic-auth
data:
  username: cm9vdA== # root
  password: cm9vdHBhc3N3b3Jk # rootpassword
```

7.3.6 SSH 인증 타입의 시크릿

비밀키로 인증하는 시스템을 사용하는 경우에는 SSH 인증용 스키마를 가진 시크릿을 생성한다.

kubectl로 파일에서 값을 참조하여 생성(--from-file)

비밀키 파일은 크기 때문에 Opaque 타입처럼 --from-file 옵션을 사용하여 생성하는 것이 좋다. 그리고 SSH 인증 타입은 --type 옵션에서 지정한다. 또한, 리소스를 생성하지 않고 매니페스트를 출력하는 경우 --dry-run, -o yaml 옵션을 함께 사용한다.

```
# SSH 비밀키 생성
$ ssh-keygen -t rsa -b 2048 -f sample-key -C "sample"

# 파일에서 type과 값을 참조하여 시크릿을 생성
$ kubectl create secret generic --save-config sample-ssh-auth \
--type kubernetes.io/ssh-auth \
--from-file=ssh-privatekey=./sample-key
```

매니페스트에서 생성(-f)

SSH 인증용 시크릿을 생성하는 경우에는 type에 kubernetes.io/ssh-auth를 지정한다. 또 데이터 스키마로 ssh-privatekey를 지정해야 한다.

코드 7-12 SSH 인증용 시크릿 매니페스트 예제(sample-ssh-auth.yaml)

```
apiVersion: v1
kind: Secret
metadata:
  name: sample-ssh-auth
type: kubernetes.io/ssh-auth
data:
  ssh-privatekey: LS0tLS1CRUdJTiBPUEVOU1NIIFBSSVZBVEUgS0VZLS...
```

7.3.7 시크릿 사용

시크릿을 컨테이너에서 사용할 경우 다음과 같이 크게 두 가지 패턴으로 나눌 수 있다.

- 환경 변수로 전달
    - 시크릿의 특정 키만
    - 시크릿의 전체 키
- 볼륨으로 마운트
    - 시크릿의 특정 키만
    - 시크릿의 전체 키

환경 변수로 전달

환경 변수로 전달할 경우 특정 키만 전달하거나 시크릿 전체를 전달하는 두 가지 방법이 있다. 시크릿의 특정 키를 전달할 경우에는 spec.containers[].env의 valueFrom.secretKeyRef를 사용하여 지정한다.

코드 7-13 시크릿의 한 개 키를 환경 변수로 전달하는 파드 예제(sample-secret-single-env.yaml)

```yaml
apiVersion: v1
kind: Pod
metadata:
  name: sample-secret-single-env
spec:
  containers:
  - name: secret-container
    image: nginx:1.16
    env:
    - name: DB_USERNAME
      valueFrom:
        secretKeyRef:
          name: sample-db-auth
          key: username
```

env로 하나씩 정의하기 때문에 환경 변수명을 지정할 수 있는 것이 특징이다.

```
# sample-secret-single-env 파드의 DB_USERNAME 환경 변수 확인
$ kubectl exec -it sample-secret-single-env -- env | grep DB_USERNAME
DB_USERNAME=root
```

또한, 시크릿 전체를 변수로 전달할 수도 있다. 키마다 각각 env를 설정할 필요가 없으므로 매니페스트가 길어지지는 않지만, 시크릿에 어떤 값이 저장되어 있는지 매니페스트 정의에서는 판단하기 힘든 것이 단점이다.

코드 7-14 시크릿의 전체 키를 환경 변수로 전달하는 파드 예제(sample-secret-multi-env.yaml)

```yaml
apiVersion: v1
kind: Pod
metadata:
  name: sample-secret-multi-env
spec:
  containers:
  - name: secret-container
    image: nginx:1.16
    envFrom:
    - secretRef:
        name: sample-db-auth
```

다음과 같이 시크릿에 등록된 모든 키가 환경 변수로 등록되어 있는 것을 확인할 수 있다.

```
# sample-secret-multi-env 파드의 환경 변수 확인
$ kubectl exec -it sample-secret-multi-env -- env
…(생략)…
password=rootpassword
username=root
…(생략)…
```

envFrom에서 여러 시크릿을 가져오면 키가 충돌할 가능성이 있다. 이런 경우에는 접두사를 붙여 충돌을 방지할 수 있다.

코드 7-15 시크릿의 전체 키에 접두사를 붙여 환경 변수로 전달하는 파드 예제(sample-secret-prefix-env.yaml)

```yaml
apiVersion: v1
kind: Pod
metadata:
  name: sample-secret-prefix-env
spec:
  containers:
  - name: secret-container
    image: nginx:1.16
    envFrom:
```

```
      - secretRef:
          name: sample-db-auth
        prefix: DB1_
      - secretRef:
          name: sample-db-auth
        prefix: DB2_
```

다음과 같이 시크릿에 등록된 모든 키에 접두사가 붙은 형태로 환경 변수로 등록되어 있는 것을 확인할 수 있다.

```
# sample-secret-prefix-env 파드의 접두사가 DB인 환경 변수 확인
$ kubectl exec -it sample-secret-prefix-env -- env | egrep ^DB
DB1_password=rootpassword
DB1_username=root
DB2_password=rootpassword
DB2_username=root
```

볼륨으로 마운트

볼륨으로 마운트하는 경우에도 특정 키만을 마운트하거나 시크릿 전체를 마운트하는 두 가지 방법이 있다. 시크릿의 특정 키를 마운트하는 경우에는 spec.volumes[]의 secret.items[]를 사용하여 지정한다.

코드 7-16 시크릿의 한 개 키를 볼륨 마운트하는 파드 예제(sample-secret-single-volume.yaml)

```
apiVersion: v1
kind: Pod
metadata:
  name: sample-secret-single-volume
spec:
  containers:
  - name: secret-container
    image: nginx:1.16
    volumeMounts:
    - name: config-volume
      mountPath: /config
  volumes:
  - name: config-volume
    secret:
      secretName: sample-db-auth
```

```
      items:
      - key: username
        path: username.txt
```

마운트 대상 파일을 하나씩 정의하고 있으므로 파일명을 지정할 수 있는 것이 특징이다.

```
# sample-secret-single-volume 파드의 /config/username.txt 파일 확인
$ kubectl exec -it sample-secret-single-volume -- cat /config/username.txt
root
```

시크릿 전체를 마운트할 수도 있다. 여기서도 매니페스트가 길어지지는 않지만, 시크릿에 어떤 값이 저장되어 있는지를 매니페스트 정의에서 판단하기 힘든 것이 단점이다.

코드 7-17 시크릿의 전체 키를 볼륨 마운트하는 파드 예제(sample-secret-multi-volume.yaml)

```
apiVersion: v1
kind: Pod
metadata:
  name: sample-secret-multi-volume
spec:
  containers:
  - name: secret-container
    image: nginx:1.16
    volumeMounts:
    - name: config-volume
      mountPath: /config
  volumes:
  - name: config-volume
    secret:
      secretName: sample-db-auth
```

마운트한 영역을 확인해보면 키의 이름으로 파일이 생성된 것을 확인할 수 있다.

```
# 파드 내부의 /config 디렉터리 내용 확인
$ kubectl exec -it sample-secret-multi-volume -- ls /config
password  username
```

동적 시크릿 업데이트

볼륨 마운트를 사용한 시크릿에서는 일정 기간마다(kubelet의 Sync Loop 타이밍) kube-apiserver로 변경을 확인하고 변경이 있을 경우 파일을 교체한다(그림 7-1). 기본 업데이트 주기는 60초로 설정되어 있다. 이 주기를 조정하려면 kubelet의 --sync-frequency 옵션을 지정해야 한다. 또한, 환경 변수를 사용한 시크릿의 경우 파드를 기동할 때 환경 변수가 정해지기 때문에 동적으로 변경할 수는 없다.

▼ 그림 7-1 볼륨 마운트 사용 시 시크릿 동적 업데이트

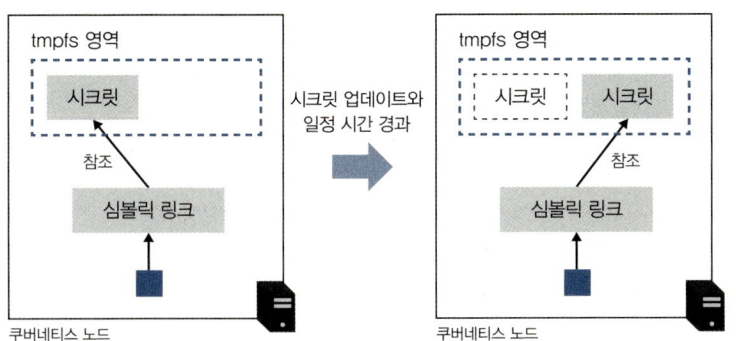

예를 들어 위의 예제 파드에서 username 값은 root다.

```
# 시크릿에 마운트된 디렉터리 확인
$ kubectl exec -it sample-secret-multi-volume -- ls -la /config
total 4
drwxrwxrwt 3 root root  120 Apr  3 03:31 .
drwxr-xr-x 1 root root 4096 Apr  3 03:31 ..
drwxr-xr-x 2 root root   80 Apr  3 03:31 ..2021_04_03_03_31_44.123237975
lrwxrwxrwx 1 root root   31 Apr  3 03:31 ..data -> ..2021_04_03_03_31_44.123237975
lrwxrwxrwx 1 root root   15 Apr  3 03:31 password -> ..data/password
lrwxrwxrwx 1 root root   15 Apr  3 03:31 username -> ..data/username

# 파드의 /config/username 파일 내용 확인
$ kubectl exec -it sample-secret-multi-volume -- cat /config/username
root

# 시크릿 변경 전 경과 시간(AGE) 확인
$ kubectl get pods sample-secret-multi-volume
NAME                          READY   STATUS    RESTARTS   AGE
sample-secret-multi-volume    1/1     Running   0          14m
```

그리고 시크릿 값을 변경한다.

```
# 시크릿 내용 업데이트
$ cat << EOF | kubectl apply -f -
apiVersion: v1
kind: Secret
metadata:
  name: sample-db-auth
type: Opaque
data:
  # root > admin으로 변경
  username: YWRtaW4=
EOF
secret/sample-db-auth configured
```

일정 기간(최대 60초)이 경과하면 볼륨에 마운트된 파일 값이 변경된 것을 확인할 수 있다. 파드가 다시 생성되지 않기 때문에 순단도 발생하지 않는다.

```
# 시크릿에 마운트된 디렉터리를 확인
$ kubectl exec -it sample-secret-multi-volume -- ls -la /config
total 4
drwxrwxrwt 3 root root  100 Apr  3 03:56 .
drwxr-xr-x 1 root root 4096 Apr  3 03:31 ..
drwxr-xr-x 2 root root   60 Apr  3 03:56 ..2021_04_03_03_56_14.464768908
lrwxrwxrwx 1 root root   31 Apr  3 03:56 ..data -> ..2021_04_03_03_56_14.464768908
lrwxrwxrwx 1 root root   15 Apr  3 03:31 username -> ..data/username

# root에서 admin으로 변경됨
$ kubectl exec -it sample-secret-multi-volume -- cat /config/username
admin

# 동적으로 파일이 변경된 후의 경과 시간(AGE)을 확인
$ kubectl get pods sample-secret-multi-volume
NAME                         READY   STATUS    RESTARTS   AGE
sample-secret-multi-volume   1/1     Running   0          34m
```

또 이번 예제에서는 시크릿 내용을 username으로만 하고 kubectl apply를 실행하여 그 외의 파일(password)이 삭제된 점에 주의하자. 단, 처음 시크릿을 생성할 때 kubectl apply나 kubectl create --save-config를 사용하여 생성하지 않는 경우 4장에서 설명한 매니페스트 병합 처리가 불완전하여 결과가 달라진다.

```
# password 파일은 삭제됨
$ kubectl exec -it sample-secret-multi-volume -- ls /config
username
```

7.4 컨피그맵

컨피그맵(ConfigMap)은 설정 정보 등을 키-밸류 값으로 저장할 수 있는 데이터 저장 리소스다. 키-밸류 형식 외에도 nginx.conf나 httpd.conf 같은 설정 파일 자체도 저장할 수 있다.

7.4.1 컨피그맵 생성

컨피그맵은 Generic 타입의 시크릿과 거의 동일한 방법으로 생성한다. 여기서는 다음과 같은 세 가지 방법을 소개한다.

- kubectl로 파일에서 값을 참조하여 생성(--from-file)
- kubectl로 직접 값을 전달하여 생성(--from-literal)
- 매니페스트로 생성(-f)

컨피그맵 리소스는 하나의 컨피그맵 안에 여러 키-밸류 값이 저장된다. 하나의 컨피그맵마다 저장할 수 있는 사이즈는 총 1MB이다. nginx.conf 전체를 컨피그맵에 저장해도 되고 nginx.conf 설정 파라미터만 저장해도 문제없다. 저장 방법은 각각의 세부 설정에 맞춰 결정하면 된다.

kubectl로 파일에서 값을 참조하여 생성(--from-file)

kubectl을 사용하여 파일에서 값을 참조함으로써 생성하는 경우에는 --from-file 옵션을 지정한다. 일반적으로 파일명이 그대로 키가 된다. 키 이름을 변경하고 싶은 경우에는 --from-file=nginx.conf=sample-nginx.conf 등과 같이 지정하면 된다.

기존 파일로 컨피그맵을 생성한다.

```
# 파일로 컨피그맵 생성
$ kubectl create configmap --save-config sample-configmap --from-file=./nginx.conf
configmap/sample-configmap created
```

생성한 컨피그맵을 확인하려면 kubectl get으로 json이나 yaml 형식으로 출력하여 data 부분을 확인한다.

```
# 컨피그맵에 등록된 데이터 확인
$ kubectl get configmaps sample-configmap -o json | jq .data
{
  "nginx.conf": "user  nginx;\nworker_processes  auto;\nerror_log  /var/log/nginx/error.log warn;\npid        /var/run/nginx.pid;\n"
}
```

kubectl describe 명령어로도 내용을 확인할 수 있다.

```
# 컨피그맵에 등록된 데이터 확인
$ kubectl describe configmap sample-configmap
Name:         sample-configmap
Namespace:    default
Labels:       <none>
Annotations:
Data
====
nginx.conf:
----
user  nginx;
worker_processes  auto;
error_log  /var/log/nginx/error.log warn;
pid        /var/run/nginx.pid;

Events:  <none>
```

컨피그맵 매니페스트는 data가 아닌 binaryData 필드를 사용하여 UTF-8 이외의 데이터를 포함하는 바이너리 데이터를 저장할 수 있다. 쿠버네티스에 직접 등록하는 것이 아니라 매니페스트 파일로 저장하려면 --dry-run=client -o yaml 옵션을 사용한다.

```
$ kubectl create configmap sample-configmap-binary \
--from-file image.jpg \
```

```
--from-literal=index.html="Hello, Kubernetes" \
--dry-run=client -o yaml \
> sample-configmap-binary.yaml
```

매니페스트의 binaryData 필드에는 base64로 인코드한 값이 등록된다. 또 마찬가지로 kubectl create configmap --from-file 대신 kubectl create secret generic --from-file을 사용한 경우 시크릿 리소스에서도 바이너리 데이터를 취급할 수 있다.

코드 7-18 바이너리 데이터를 취급하는 컨피그맵 예제(sample-configmap-binary.yaml)

```
apiVersion: v1
binaryData:
  image.jpg: /9j/4AAQSkZJRgABAQAASABIAAD/4QBMRXhpZgAATU0AKgAAAAgAAgESAAMAAAABAAEAAIdpA
AQAAAABAAAAJgAAAAAAqACAAQAAAABAAAAqaADAAQAAAABAAAALgAAAAD/7QA4UGhvdG9zaG9wIDMuMAA4Qkl
NBAQAAAAAAAA4QklNBCUAAAAAABDUHYzZjwCyBOmACZjs+EJ+/+ICJElDQ19QUk9GSUxFAAEBAAACFGFwcGwEA
AAAbW50clJHQiBYWVogB+UABAADAAkAEAA4YWNzcEFQUEwAAAAAQVBQTAAAAAAAAAAAAAAAAAAAAAAAPbWAAE
AAAAA0y1hcHBsB0PtxK0KklSsSNjBD0aABgAAAAAAAAAAAAAAAAAAAAAAAAAAAAAAAAAAAKZGVzYwAAA
PwAAABmY3BydAAAAWQAAAAjd3RwdAAAAYgAAAAUclhZWgAAAZwAAAAUZ1hZWgAAAbAAAAAUYlhZWgAAAcQAAAA
UclRSQwAAAdgAAAAQY2hhZAAAAegAAAAsYlRSQwAAAdgAAAAQZ1RSQwAAAdgAAAAQZGVzYw ⋯(생략)⋯
data:
  index.html: Hello, Kubernetes
kind: ConfigMap
metadata:
  creationTimestamp: null
  name: sample-configmap-binary
```

실제로 생성한 컨피그맵에 저장된 콘텐츠를 웹 서버에서 사용할 수도 있다. 이번 예에서는 '쿠버네티스'라는 글자가 쓰여진 화면이 표시된다.

코드 7-19 컨피그맵 콘텐츠를 사용한 웹 서버 예제(sample-configmap-binary-webserver.yaml)

```
apiVersion: v1
kind: Pod
metadata:
  name: sample-configmap-binary-webserver
spec:
  containers:
  - name: nginx-container
    image: nginx:1.16
    volumeMounts:
    - name: config-volume
      mountPath: /usr/share/nginx/html
```

```
    volumes:
    - name: config-volume
      configMap:
        name: sample-configmap-binary
```

```
# 로컬 머신 8080번 포트에서 파드의 80번 포트로 포트 포워딩
$ kubectl port-forward sample-configmap-binary-webserver 8080:80

# 브라우저로 표시('쿠버네티스' 화면이 표시됨)
$ open http://localhost:8080/image.jpg
```

kubectl로 직접 값을 전달하여 생성(--from-literal)

kubectl을 사용하여 직접 값을 전달함으로써 생성하려면 from-literal 옵션을 사용한다.

```
# 인수에 직접 값을 전달하여 컨피그맵 생성
$ kubectl create configmap --save-config web-config \
--from-literal=connection.max=100 --from-literal=connection.min=10
configmap/web-config created
```

매니페스트로 생성(-f)

매니페스트로 생성할 경우에는 시크릿과 다르게 base64로 인코드되지 않고 추가된다. 밸류를 여러 행으로 전달하는 경우 YAML 문법 스타일에 맞춰 Key: | 등과 같이 다음 행부터 정의한다. 그리고 숫자는 큰따옴표로 둘러싸도록 한다.

코드 7-20 컨피그맵 예제(sample-configmap.yaml)

```
apiVersion: v1
kind: ConfigMap
metadata:
  name: sample-configmap
data:
  thread: "16"
  connection.max: "100"
  connection.min: "10"
  sample.properties: |
    property.1=value-1
```

```
    property.2=value-2
    property.3=value-3
nginx.conf: |
    user nginx;
    worker_processes auto;
    error_log /var/log/nginx/error.log;
    pid /run/nginx.pid;
test.sh: |
    #!/bin/bash
    echo "Hello, kubernetes"
    sleep infinity
```

7.4.2 컨피그맵 사용

컨피그맵을 컨테이너에서 사용하는 경우도 크게 두 가지 방법으로 나눌 수 있다.

- 환경 변수로 전달
    - 컨피그맵의 특정 키만
    - 컨피그맵의 전체 키
- 볼륨으로 마운트
    - 컨피그맵의 특정 키만
    - 컨피그맵의 전체 키

환경 변수로 전달

환경 변수로 전달하는 경우 특정 키만을 전달하거나 컨피그맵 전체를 전달하는 두 가지 방법이 있다. 컨피그맵의 특정 키를 전달하는 경우에는 spec.containers[].env의 valueFrom.configMapKeyRef를 사용하여 지정한다.

코드 7-21 컨피그맵의 한 개 키를 환경 변수로 전달하는 파드 예제(sample-configmap-single-env.yaml)

```
apiVersion: v1
kind: Pod
metadata:
  name: sample-configmap-single-env
spec:
```

```
    containers:
    - name: configmap-container
      image: nginx:1.16
      env:
      - name: CONNECTION_MAX
        valueFrom:
          configMapKeyRef:
            name: sample-configmap
            key: connection.max
```

env로 하나씩 정의되어 있으므로 환경 변수명을 지정할 수 있는 것이 특징이다.

```
# 파드의 CONNECTION_MAX 환경 변수 내용 확인
$ kubectl exec -it sample-configmap-single-env -- env | grep CONNECTION_MAX
CONNECTION_MAX=100
```

컨피그맵 전체를 변수로 전달하는 것도 가능하다. 키마다 각각의 env를 지정할 필요가 없으므로 매니페스트가 길어지지 않지만, 컨피그맵에 어떤 값이 저장되어 있는지를 매니페스트 정의에서는 판단하기 힘든 단점도 있다.

코드 7-22 컨피그맵의 전체 키를 환경 변수로 전달하는 파드 예제(sample-configmap-multi-env.yaml)

```
apiVersion: v1
kind: Pod
metadata:
  name: sample-configmap-multi-env
spec:
  containers:
  - name: configmap-container
    image: nginx:1.16
    envFrom:
    - configMapRef:
        name: sample-configmap
```

환경 변수를 확인하면 제대로 읽어들이고 있는 것을 확인할 수 있다. 그런데 환경 변수명에 '.'나 '-'가 포함된 경우에는 변수 참조가 어려우므로 사용하지 않는 것이 좋다. 환경 변수 값이 개행을 포함하고 있는 경우에도 주의해야 하며, Key: | 등의 YAML 문법 스타일을 사용하여 정의되는 것은 환경 변수로 사용하지 않는 것이 좋다. 여러 행의 경우에는 볼륨으로 마운트하여 사용하길 바란다.

```
# sample-configmap-multi-env 파드의 환경 변수 확인
$ kubectl exec -it sample-configmap-multi-env -- env
…(생략)…
sample.properties=property.1=value-1
property.2=value-2
property.3=value-3

test.sh=#!/bin/bash
echo "Hello, kubernetes"
sleep infinity

thread=16
connection.max=100
KUBERNETES_PORT_443_TCP_ADDR=10.3.240.1
KUBERNETES_SERVICE_HOST=10.3.240.1
KUBERNETES_SERVICE_PORT=443
…(생략)…
```

볼륨으로 마운트

볼륨으로 마운트하는 경우도 특정 키만을 마운트하거나 컨피그맵 전체를 마운트하는 두 가지 방법이 있다. 컨피그맵의 특정 키를 마운트할 경우에는 spec.volumes[]의 configMap.items[]를 사용하여 지정한다.

코드 7-23 컨피그맵의 한 개 키를 볼륨 마운트하는 파드 예제(sample-configmap-single-volume.yaml)

```yaml
apiVersion: v1
kind: Pod
metadata:
  name: sample-configmap-single-volume
spec:
  containers:
  - name: configmap-container
    image: nginx:1.16
    volumeMounts:
    - name: config-volume
      mountPath: /config
  volumes:
  - name: config-volume
    configMap:
      name: sample-configmap
```

```
      items:
      - key: nginx.conf
        path: nginx-sample.conf
```

마운트할 파일을 하나씩 정의하고 있으므로 파일명을 지정할 수 있는 것이 특징이다.

```
# 파일로 저장된 컨피그맵 확인
$ kubectl exec -it sample-configmap-single-volume -- cat /config/nginx-sample.conf
user nginx;
worker_processes auto;
error_log /var/log/nginx/error.log;
pid /run/nginx.pid;
```

컨피그맵 전체를 마운트할 수도 있다. 이 경우에도 매니페스트가 길어지지는 않지만, 컨피그맵에 어떤 값이 저장되어 있는지를 매니페스트 정의에서 판단하기 힘든 단점이 있다.

코드 7-24 컨피그맵의 전체 키를 볼륨 마운트하는 파드 예제(sample-configmap-multi-volume.yaml)

```
apiVersion: v1
kind: Pod
metadata:
  name: sample-configmap-multi-volume
spec:
  containers:
  - name: configmap-container
    image: nginx:1.16
    volumeMounts:
    - name: config-volume
      mountPath: /config
  volumes:
  - name: config-volume
    configMap:
      name: sample-configmap
```

```
# sample-configmap-single-volume 파드에 마운트된 /config 아래 파일 확인
$ kubectl exec -it sample-configmap-multi-volume -- ls /config
connection.max   connection.min   nginx.conf   sample.properties   test.sh        thread
```

7.4.3 시크릿과 컨피그맵의 공통 주제

여기서는 시크릿과 컨피그맵에서 공통되는 주제를 소개한다.

시크릿과 컨피그맵의 사용 구분

시크릿과 컨피그맵은 비슷한 리소스들이지만, 둘의 가장 큰 차이는 시크릿이 기밀 정보를 취급하기 위한 리소스라는 점에 있다.

시크릿은 그림 7-2와 같이 안전하게 처리할 수 있는 구조로 되어 있다. 시크릿 데이터는 쿠버네티스 마스터가 사용하는 분산 KVS(Key-Value Store)의 etcd에 저장된다. 실제 시크릿을 사용하는 파드가 있는 경우에만 etcd에서 쿠버네티스 노드에 데이터를 보낸다. 이때 쿠버네티스 노드상에 영구적으로 데이터가 남지 않도록 시크릿 데이터는 tmpfs 영역(메모리상에 구축된 임시 파일 시스템)에 저장되게 되어 있다. 쿠버네티스 버전과 쿠버네티스 환경에 따라서는 etcd에 저장되는 시크릿이 암호화되어 있지 않으므로 etcd에 대한 접속 권한 설정을 제대로 해두어야 한다.

▼ 그림 7-2 파드가 시크릿을 사용하기까지의 흐름

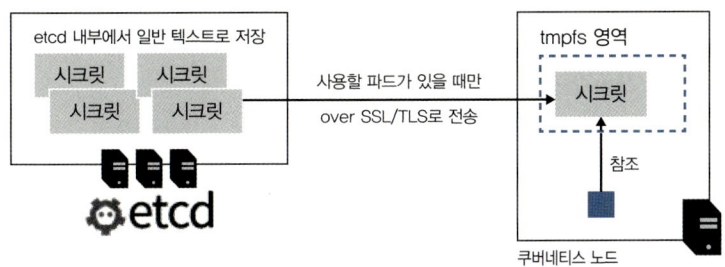

시크릿이 안전한 또 하나의 이유는 kubectl 명령어로 표시했을 때 값이 보기 어렵게 되어 있다는 점이다. 예를 들어 kubectl describe secert 명령어에서는 다음과 같이 값이 보이지 않게 되어 있고, kubectl get secret -o yaml 명령어로 매니페스트 전체를 표시해도 앞에서 소개한 실행 예제와 같이 base64로 인코드되어 있어 화면에서는 판단하기 어렵다.

```
# 시크릿 상세 표시에서 값이 표시되지 않음
$ kubectl describe secret sample-db-auth
Name:           sample-db-auth
Namespace:      default
Labels:         <none>
Annotations:
Type:           Opaque
```

```
Data
====
password:  12 bytes
username:  4 bytes
```

한편 매니페스트에 저장된 데이터는 base64로 인코딩되어 있을 뿐이다. 따라서 그대로 깃 저장소에 업로드하는 것은 피하고, 13장에서 소개하는 시크릿을 암호화하는 OSS, 또는 마찬가지로 암호화 기능을 제공하는 서드 파티 솔루션인 Vault 등을 사용하는 것을 검토해보길 바란다.

컨피그맵과 시크릿의 데이터 마운트 시 퍼미션 변경

컨피그맵에 저장된 스크립트를 파드에서 실행하는 경우 컨피그맵 데이터에서 볼륨을 생성할 때 실행 권한을 부여할 수 있다. 또 시크릿도 저장된 기밀 데이터를 파드에 마운트하는 경우 시크릿 데이터에서 볼륨을 생성할 때 퍼미션(permission)을 부여할 수 있다. 컨피그맵과 시크릿 모두 기본값 0644(rw-r--r--)로 마운트된다.

퍼미션은 8진수 표기에서 10진수 표기로 변환한 형태를 사용하여 기술해야 한다(표 7-3).

▼ 표 7-3 퍼미션의 10진수 표기와 8진수 표기

10진수 표기	8진수 표기	rwx 표기
256	0400	r--------
384	0600	rw-------
420	0644	rw-r--r--
448	0700	rwx------
493	0755	rwxr-xr-x
511	0777	rwxrwxrwx

코드 7-25의 예제에서는 컨피그맵 내부의 test.sh를 0755로 마운트한다. 그래서 이 스크립트를 그대로 실행할 수 있다.

코드 7-25 컨피그맵 데이터를 실행 가능하게 한 예제(sample-configmap-scripts.yaml)

```
apiVersion: v1
kind: Pod
metadata:
  name: sample-configmap-scripts
spec:
```

```yaml
  containers:
  - name: configmap-container
    image: nginx:1.16
    command: ["/config/test.sh"]
    volumeMounts:
    - name: config-volume
      mountPath: /config
  volumes:
  - name: config-volume
    configMap:
      name: sample-configmap
      items:
      - key: test.sh
        path: test.sh
        mode: 493 # 0755
```

제대로 동작하고 있다면 로그 출력에서 확인할 수 있다.

```
$ kubectl logs sample-configmap-scripts
Hello, kubernetes
```

코드 7-26의 예제에서는 시크릿 내부의 모든 데이터를 0400으로 마운트한다.

코드 7-26 시크릿 데이터를 강력한 퍼미션으로 한 예제(sample-secret-secure.yaml)

```yaml
apiVersion: v1
kind: Pod
metadata:
  name: sample-secret-secure
spec:
  containers:
  - name: secret-container
    image: nginx:1.16
    volumeMounts:
    - name: config-volume
      mountPath: /config
  volumes:
  - name: config-volume
    secret:
      secretName: sample-db-auth
      defaultMode: 256 #0400
```

실제로 파일을 확인해보면, 기본값 0644에서 0400으로 변경되어 마운트된 것을 확인할 수 있다.

```
$ kubectl exec -it sample-secret-secure -- ls -l /config
total 0
lrwxrwxrwx 1 root root 15 Apr  3 10:47 password -> ..data/password
lrwxrwxrwx 1 root root 15 Apr  3 10:47 username -> ..data/username

$ kubectl exec -it sample-secret-secure -- ls -l /config/..data/
total 8
-r-------- 1 root root 12 Apr  3 10:47 password
-r-------- 1 root root  4 Apr  3 10:47 username
```

동적 컨피그맵 업데이트

볼륨 마운트를 사용한 컨피그맵에서는 일정 기간마다(kubectl의 Sync Loop 타이밍) kube-apiserver로 변경을 확인하고 변경이 있을 경우에는 파일을 교체한다(그림 7-3). 기본 업데이트 간격은 60초로 설정되어 있다. 이 간격을 조정할 경우에는 kubelet의 --sync-frequency 옵션을 설정한다.

한편 환경 변수를 사용한 컨피그맵은 기동할 때 환경 변수가 정해지기 때문에 동적으로 업데이트를 할 수 없다. 따라서 4장에서 설명한 kubectl rollout restart 명령어를 사용하여 파드를 재기동한다.

▼ 그림 7-3 볼륨 마운트 사용 시 컨피그맵 동적 업데이트

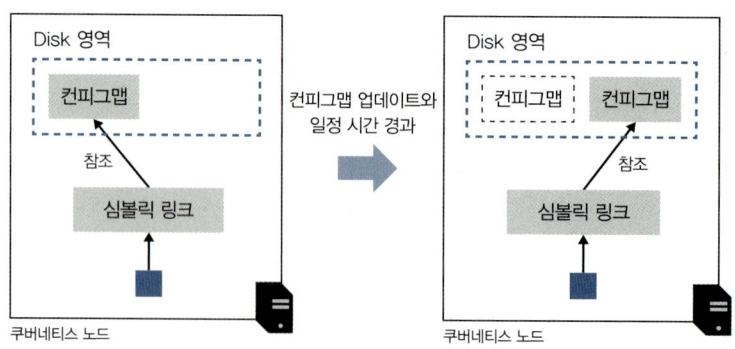

예를 들어 조금 전의 예제 파드에서는 thread 값이 16으로 되어 있다.

```
# 컨피그맵이 마운트되어 있는 디렉터리 확인
$ kubectl exec -it sample-configmap-multi-volume -- ls -al /config
total 12
…(생략)…
drwxr-xr-x 2 root root 4096 Apr  3 06:37 ..2021_04_03_06_37_51.027601688
lrwxrwxrwx 1 root root   31 Apr  3 06:37 ..data -> ..2021_04_03_06_37_51.027601688
lrwxrwxrwx 1 root root   21 Apr  3 06:37 connection.max -> ..data/connection.max
lrwxrwxrwx 1 root root   21 Apr  3 06:37 connection.min -> ..data/connection.min
lrwxrwxrwx 1 root root   17 Apr  3 06:37 nginx.conf -> ..data/nginx.conf
lrwxrwxrwx 1 root root   24 Apr  3 06:37 sample.properties -> ..data/sample.properties
lrwxrwxrwx 1 root root   14 Apr  3 06:37 test.sh -> ..data/test.sh
lrwxrwxrwx 1 root root   13 Apr  3 06:37 thread -> ..data/thread

# 파드의 /config/thread 파일 내용 확인
$ kubectl exec -it sample-configmap-multi-volume -- cat /config/thread
16

# 컨피그맵 변경 전의 경과 시간(AGE) 확인
$ kubectl get pods sample-configmap-multi-volume
NAME                             READY   STATUS    RESTARTS   AGE
sample-configmap-multi-volume    1/1     Running   0          4h19m
```

그런 다음 컨피그맵 값을 변경한다.

```
# 컨피그맵 업데이트
$ cat << EOF | kubectl apply -f -
apiVersion: v1
kind: ConfigMap
metadata:
  name: sample-configmap
data:
  thread: "32"
EOF
configmap/sample-configmap configured
```

일정 기간(최대 60초)이 경과하면 볼륨에 마운트된 파일의 값이 변경된 것을 확인할 수 있다. 그리고 파드가 다시 생성되지 않으므로 순단도 발생하지 않는다.

```
# 컨피그맵이 마운트되어 있는 디렉터리 확인
$ kubectl exec -it sample-configmap-multi-volume -- ls -al /config
total 12
```

```
…(생략)…
drwxr-xr-x 2 root root 4096 Apr  3 10:58 ..2021_04_03_10_58_43.653329868
lrwxrwxrwx 1 root root   31 Apr  3 10:58 ..data -> ..2021_04_03_10_58_43.653329868
lrwxrwxrwx 1 root root   13 Apr  3 06:37 thread -> ..data/thread

# 16에서 32로 변경된 내용 확인
$ kubectl exec -it sample-configmap-multi-volume -- cat /config/thread
32

# 동적 파일이 변경된 후의 결과 시간(AGE) 확인
$ kubectl get pods sample-configmap-multi-volume
NAME                             READY   STATUS    RESTARTS   AGE
sample-configmap-multi-volume    1/1     Running   0          19m
```

또한, 이번 예제에서는 컨피그맵 내용을 thread만으로 kubectl apply했기 때문에 그 외의 파일 (nginx.conf 등)이 삭제된 점에도 주의하자. 단, 처음에 컨피그맵을 생성할 때 kubectl apply나 kubectl create --save-config를 사용하여 생성하지 않을 경우에는 4장에서 설명한 매니페스트 병합 처리가 불완전하여 결과가 달라진다.

```
# 파드의 /config 디렉터리 확인
$ kubectl exec -it sample-configmap-multi-volume -- ls /config
thread
```

1.18 Alpha 시크릿이나 컨피그맵의 데이터 변경 거부

시크릿이나 컨피그맵은 여러 디플로이먼트 등에서 참조되는 경우가 많고, 변경하게 되면 여러 애플리케이션에 영향을 준다. 시크릿이나 컨피그맵의 immutable 설정을 변경하면 데이터가 변경되는 것을 방지하고 예상치 못한 시스템 변경도 방지할 수 있다. 변경이 거부된 시크릿이나 컨피그맵의 데이터를 변경하는 경우에는 리소스를 한번 삭제하고 나서 다시 생성해야 한다. 또 볼륨으로 마운트하고 있는 경우는 파드 재생성도 필요하다. 그 외의 장점으로는 리소스 변경을 감시할 필요가 없어지므로 쿠버네티스의 시스템적 성능 문제를 해결할 수도 있다는 것을 들 수 있다.

코드 7-27 변경할 수 없는 시크릿 예제(sample-secret-immutable.yaml)
```
apiVersion: v1
kind: Secret
metadata:
  name: sample-secret-immutable
```

```
type: Opaque
data:
  username: cm9vdA== # root
  password: cm9vdHBhc3N3b3Jk # rootpassword
immutable: true
```

변경할 수 없게 설정한 시크릿이나 컨피그맵의 경우, 다음과 같이 kubectl patch를 포함해 kubectl apply 명령어 등과 같은 그 외의 방법으로 변경하려고 해도 변경할 수 없다. 또한, immutable 설정값 자체를 도중에 false로 변경할 수도 없기 때문에 주의하자.

```
# username을 root(cm9vdA==)에서 hoge(aG9nZQ==)로 변경(k8s-alpha 클러스터에서 실행)
$ kubectl patch secret sample-secret-immutable -p '{"data": {"username": "aG9nZQ=="}}'
The Secret "sample-secret-immutable" is invalid: data: Forbidden: field is immutable
when `immutable` is set
```

7.5 영구 볼륨 클레임

영구 볼륨 클레임 리소스는 영구 볼륨을 사용하기 위한 리소스다.

7.5.1 볼륨, 영구 볼륨, 영구 볼륨 클레임의 차이

컨피그 & 스토리지 리소스 종류의 하나인 영구 볼륨 클레임을 설명하기 전에 볼륨(Volume)과 영구 볼륨(PersistentVolume), 그리고 영구 볼륨 클레임(PersistentVolumeClaim)의 차이를 이해하고 넘어가자.

볼륨은 미리 준비된 사용 가능한 볼륨(호스트 볼륨/nfs/iSCSI/Ceph) 등을 매니페스트에 직접 지정하여 사용할 수 있게 하는 것이다. 그래서 사용자가 설정된 볼륨을 사용할 수 있지만, 쿠버네티스에서 신규 볼륨을 생성하거나 기존 볼륨을 삭제하는 작업은 할 수 없다. 또한, 매니페스트에서 볼륨 리소스를 생성하는 것도 불가능하다.

그에 반해 영구 볼륨은 외부 영구 볼륨을 제공하는 시스템과 연계하여 신규 볼륨을 생성하거나 기존 볼륨을 삭제하는 등의 작업이 가능하다. 구체적으로는 매니페스트에서 영구 볼륨 리소스를 별도로 생성하는 형태다.

영구 볼륨과 볼륨은 같은 플러그인을 제공한다. 예를 들어 GCP나 AWS 볼륨 서비스에서는 영구 볼륨 플러그인과 볼륨 플러그인 둘 다 제공된다. 영구 볼륨 플러그인에서는 볼륨 생성 및 삭제 같은 라이프사이클을 처리할 수 있지만(영구 볼륨 클레임을 사용하면 동적 프로비저닝도 가능), 볼륨 플러그인의 경우에는 기존에 있는 볼륨만 사용할 수 있다.

영구 볼륨 클레임은 이름 그대로 생성된 영구 볼륨 리소스를 할당하는 리소스다. 영구 볼륨은 클러스터에 볼륨을 등록만 하기 때문에 실제 파드에서 사용하려면 영구 볼륨 클레임을 정의하고 사용해야 한다. 또한, 동적 프로비저닝 기능(상세 내용은 뒤에서 설명한다)을 사용한 경우에는 영구 볼륨 클레임이 사용된 시점에 영구 볼륨을 동적으로 생성할 수 있어 순서가 바뀌었다고 느낄 수도 있다.

7.6 볼륨

쿠버네티스에서는 볼륨을 추상화하여 파드와 느슨하게 결합된 리소스로 정의하고 있다. 볼륨 플러그인은 다음과 같이 여러 가지가 제공된다. 위에서 설명한 시크릿과 컨피그맵도 볼륨 플러그인의 한 종류다. 다음 목록 외에도 여러 볼륨 플러그인이 있다.[1]

- emptyDir
- hostPath
- downwardAPI
- projected
- nfs
- iscsi
- cephfs

---

1 https://kubernetes.io/ko/docs/concepts/storage/volumes/

영구 볼륨과 다르게 파드에 정적으로 볼륨을 지정하는 형태이므로 플러그인에 따라서는 충돌이 있을 수 있으니 주의해야 한다. 여기서는 emptyDir/hostPath/downwardAPI/projected를 설명한다.

7.6.1 emptyDir

emptyDir은 파드용 임시 디스크 영역으로 사용할 수 있다. 그리고 파드가 종료(Terminate)되면 삭제된다. 호스트의 임의 영역을 마운트할 수 없으며 호스트에 있는 파일을 참조할 수도 없다(그림 7-4).

▼ 그림 7-4 emptyDir을 사용한 임시 볼륨 마운트

코드 7-28 emptyDir 볼륨을 마운트하는 파드 예제(sample-emptydir.yaml)

```
apiVersion: v1
kind: Pod
metadata:
  name: sample-emptydir
spec:
  containers:
  - image: nginx:1.16
    name: nginx-container
    volumeMounts:
    - mountPath: /cache
      name: cache-volume
  volumes:
  - name: cache-volume
    emptyDir: {}
```

할당된 emptyDir 볼륨을 확인하면, 컨테이너가 기동 중인 쿠버네티스 노드의 디스크 영역이 할당된 것을 알 수 있다.

```
$ kubectl exec -it sample-emptydir -- df -h | grep /cache
/dev/sda1          95G   3.2G   92G   4%  /cache
```

emptyDir을 사용한 볼륨에 emptyDir.sizeLimit로 리소스 제한을 할 수도 있다.

코드 7-29 용량 제한을 둔 emptyDir 볼륨을 마운트하는 파드 예제(sample-emptydir-limit.yaml)

```yaml
apiVersion: v1
kind: Pod
metadata:
  name: sample-emptydir-limit
spec:
  containers:
  - image: nginx:1.16
    name: nginx-container
    volumeMounts:
    - mountPath: /cache
      name: cache-volume
  volumes:
  - name: cache-volume
    emptyDir:
      sizeLimit: 128Mi
```

실제로 할당된 /cache 영역에 대해 150MB 용량의 파일을 작성하면 용량 초과로 Evict(축출)되는 것을 확인할 수 있다. 또한, 9장에서 설명하는 Ephemeral 스토리지(임시 스토리지)의 사용 상한 설정이 더 작은 경우 그쪽의 설정값이 적용되기 때문에 주의해야 한다.

```
# 150MB 파일을 /cache/dummy에 생성
$ kubectl exec -it sample-emptydir-limit -- dd if=/dev/zero of=/cache/dummy bs=1M count=150

# 파드 상태 모니터링(별도 터미널에서 파일 생성 전에 실행)
$ kubectl get pods --watch
NAME                     READY   STATUS    RESTARTS   AGE
sample-emptydir-limit    1/1     Running   0          15s
sample-emptydir-limit    0/1     Evicted   0          62s
```

```
$ kubectl describe pods sample-emptydir-limit
…(생략)…
  Warning  Evicted   2m20s  kubelet          Usage of EmptyDir volume "cache-
volume" exceeds the limit "128Mi".
  Normal   Killing   2m20s  kubelet          Stopping container nginx-container
```

emptyDir은 호스트상의 디스크 영역뿐만 아니라 고속 tmpfs 메모리 영역을 사용할 수도 있다. 메모리 영역을 사용하려면 `emptyDir.medium`에 Memory를 지정한다.

코드 7-30 고속 메모리 영역을 사용한 emptyDir 볼륨을 마운트하는 파드 예제(sample-emptydir-memory.yaml)

```yaml
apiVersion: v1
kind: Pod
metadata:
  name: sample-emptydir-memory
spec:
  containers:
  - image: nginx:1.16
    name: nginx-container
    volumeMounts:
    - mountPath: /cache
      name: cache-volume
  volumes:
  - name: cache-volume
    emptyDir:
      medium: Memory
      sizeLimit: 128Mi
```

할당된 emptyDir 영역을 확인하면 컨테이너가 기동 중인 쿠버네티스 노드의 tmpfs 영역이 할당된 것을 확인할 수 있다.

```
$ kubectl exec -it sample-emptydir-memory -- df -h | grep /cache
tmpfs           7.4G     0  7.4G   0% /cache
```

메모리 영역도 마찬가지로 용량 제한을 할 수 있다.

```
# 150MB 파일을 /cache/dummy에 생성
$ kubectl exec -it sample-emptydir-memory -- dd if=/dev/zero of=/cache/dummy bs=1M count=150
```

```
# 파드 상태 모니터링(별도 터미널에서 파일 생성 전에 실행)
$ kubectl get pods --watch
NAME                      READY   STATUS    RESTARTS   AGE
sample-emptydir-memory    1/1     Running   0          21s
sample-emptydir-memory    0/1     Evicted   0          60s

$ kubectl describe pods sample-emptydir-memory
…(생략)…
  Warning  Evicted  7s    kubelet    Usage of EmptyDir volume "cache-volume" exceeds the limit "128Mi".
  Normal   Killing  7s    kubelet    Stopping container nginx-container
```

이 emptyDir 메모리 영역에서 사용하는 용량은 9장에서 설명하는 컨테이너에 대한 메모리 사용 상한 설정 resource.limits.memory에도 영향을 준다. 이 매니페스트는 128Mi까지 tmpfs 영역을 사용할 수 있는 점은 같지만, 컨테이너가 사용할 수 있는 메모리 상한이 설정되어 있다. emptyDir도 이 제한이 예외가 아니라서 70MB 파일을 작성하는 단계에서 OOM(Out of Memory)에 의해 파드가 정지되는 점에 주의하자.

코드 7-31 메모리 리소스 제한과 emptyDir을 같이 사용한 예제(sample-emptydir-memory-with-memory-limits.yaml)

```
apiVersion: v1
kind: Pod
metadata:
  name: sample-emptydir-memory-with-memory-limits
spec:
  containers:
  - image: nginx:1.16
    name: nginx-container
    resources:
      limits:
        memory: 64Mi
    volumeMounts:
    - mountPath: /cache
      name: cache-volume
  volumes:
  - name: cache-volume
    emptyDir:
      medium: Memory
      sizeLimit: 128Mi
```

```
# 70MB 파일을 /cache/dummy에 생성
$ kubectl exec -it sample-emptydir-memory-with-memory-limits -- dd if=/dev/zero of=/
cache/dummy bs=1M
command terminated with exit code 137

# 파드 상태 모니터링(별도 터미널에서 파일 생성 전에 실행)
$ kubectl get pods --watch
NAME                                              READY   STATUS      RESTARTS   AGE
sample-emptydir-memory-with-memory-limits         1/1     Running     0          2s
sample-emptydir-memory-with-memory-limits         0/1     OOMKilled   0          18s
```

7.6.2 hostPath

hostPath는 쿠버네티스 노드상의 영역을 컨테이너에 매핑하는 플러그인이다. emptyDir과 다르게 호스트의 임의 영역을 마운트할 수 있기 때문에 사용할 때는 호스트의 어떤 영역을 사용할지 지정해야 한다(그림 7-5). type은 Directory/DirectoryOrCreate/File/Socket/BlockDevice 등을 선택할 수 있다. DirectoryOrCreate와 Directory의 차이는 디렉터리가 존재하지 않을 경우 생성하고 기동하는지 여부에 있다. 보안상의 이유로 안전하지 않은 컨테이너가 업로드될 수 있으므로 사용하지 말 것을 권장한다. 또한, 보안상 hostPath를 사용할 수 없는 쿠버네티스 환경도 있다.

▼ 그림 7-5 hostPath를 사용한 호스트 영역 마운트

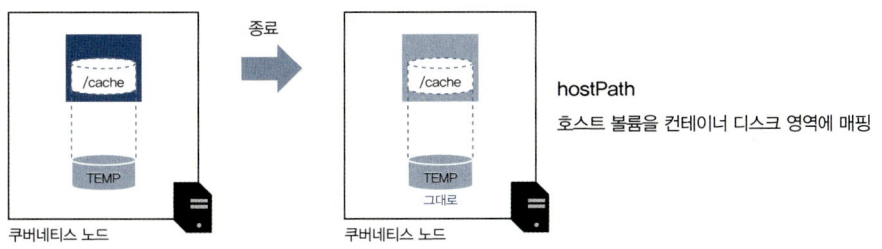

코드 7-32 hostPath 볼륨을 마운트하는 파드 예제(sample-hostpath.yaml)

```
apiVersion: v1
kind: Pod
metadata:
  name: sample-hostpath
spec:
```

```
    containers:
    - image: nginx:1.16
      name: nginx-container
      volumeMounts:
      - mountPath: /srv
        name: hostpath-sample
    volumes:
    - name: hostpath-sample
      hostPath:
        path: /etc
        type: DirectoryOrCreate
```

위 매니페스트 파일은 파드의 /srv에 호스트의 /etc를 마운트하는 것을 의미한다. 그래서 실제로 기동된 파드에서는 쿠버네티스 OS 정보와 컨테이너 OS 정보를 모두 확인할 수 있다.

```
# 호스트 OS 이미지 확인
# (호스트의 /etc가 생성한 파드의 /srv에 마운트된 것을 확인)
$ kubectl exec -it sample-hostpath -- cat /srv/os-release | grep PRETTY_NAME
PRETTY_NAME="Container-Optimized OS from Google"

# 컨테이너 OS 이미지 확인
$ kubectl exec -it sample-hostpath -- cat /etc/os-release | grep PRETTY_NAME
PRETTY_NAME="Debian GNU/Linux 10 (buster)"
```

7.6.3 downwardAPI

downwardAPI는 파드 정보 등을 파일로 배치하기 위한 플러그인이다. 이 장의 첫머리에서 설명한 환경 변수 fieldRef와 resourceFieldRef의 사용 방법과 같다.

코드 7-33 downwardAPI 볼륨을 마운트하는 파드 예제(sample-downward-api.yaml)

```
apiVersion: v1
kind: Pod
metadata:
  name: sample-downward-api
spec:
  containers:
  - name: nginx-container
```

```yaml
    image: nginx:1.16
    volumeMounts:
    - name: downward-api-volume
      mountPath: /srv
  volumes:
  - name: downward-api-volume
    downwardAPI:
      items:
      - path: "podname"
        fieldRef:
          fieldPath: metadata.name
      - path: "cpu-request"
        resourceFieldRef:
          containerName: nginx-container
          resource: requests.cpu
```

생성 후 파드에는 파드 정보 등이 파일로 배치된다.

```
# sample-downward-api 파드의 /srv 아래 파일 확인
$ kubectl exec -it sample-downward-api -- ls /srv
cpu-request  podname
```

7.6.4 projected

projected는 시크릿/컨피그맵/downwardAPI/serviceAccountToken의 볼륨 마운트를 하나의 디렉터리에 통합하는 플러그인이다. 시크릿 인증 정보와 컨피그맵 설정 파일을 하나의 디렉터리에 배치하고 싶을 경우 사용할 수 있다.

코드 7-34 projected 볼륨을 마운트하는 파드 예제(sample-projected.yaml)

```yaml
apiVersion: v1
kind: Pod
metadata:
  name: sample-projected
spec:
  containers:
  - name: nginx-container
    image: nginx:1.16
```

```yaml
      volumeMounts:
      - name: projected-volume
        mountPath: /srv
    volumes:
    - name: projected-volume
      projected:
        sources:
        - secret:
            name: sample-db-auth
            items:
            - key: username
              path: secret/username.txt
        - configMap:
            name: sample-configmap
            items:
            - key: nginx.conf
              path: configmap/nginx.conf
        - downwardAPI:
            items:
            - path: "podname"
              fieldRef:
                fieldPath: metadata.name
```

생성 후 파드에는 /srv/ 아래 세 가지 종류의 파일이 저장된다.

참고로 앞의 예제들에서 sample-configmap을 수정하여 명령어를 실행했기 때문에 위의 예제를 실행했을 때 파드가 생성되지 않는다. sample-configmap을 다시 생성하고 위 예제를 실행하도록 한다.

```
# /srv 디렉터리 확인
$ kubectl exec -it sample-projected -- ls /srv
configmap  podname  secret

# /srv/configmap 디렉터리 확인
$ kubectl exec -it sample-projected -- ls /srv/configmap
nginx.conf

# /srv/secret 디렉터리 확인
$ kubectl exec -it sample-projected -- ls /srv/secret
username.txt
```

7.7 영구 볼륨(PV)

영구 볼륨은 영속성 영역으로 확보된 볼륨이다. 위에서 설명한 볼륨은 파드 정의 안에 직접 지정하는 형태로 연결하지만, 영구 볼륨은 개별 리소스로 생성한 후 사용한다. 즉, 매니페스트를 사용하여 영구 볼륨 리소스를 생성해야 한다.

또한, 영구 볼륨은 엄밀히 말하면 컨피그 & 스토리지 리소스가 아닌 클러스터 리소스로 분류되지만, 여기서는 설명의 편의를 위해 이 장에서 설명한다.

7.7.1 영구 볼륨 종류

영구 볼륨은 기본적으로 네트워크를 통해 디스크를 어태치(attach)하는 디스크 타입이다.

단일 노드 시 테스트용으로 hostPath가 제공되지만, 영구 볼륨으로는 실용적이지 않다. 영구 볼륨은 플러거블(pluggable)한 구조로 되어 있으며 다음과 같은 플러그인이 있다. 아래의 목록 외에도 여러 플러그인이 있다.[2]

- GCE Persistent Disk
- AWS Elastic Block Store
- Azure File
- nfs
- iSCSI
- Ceph(RBD, CephFS)
- OpenStack Cinder
- GlusterFS
- Container Storage Interface(CSI)

---

2 https://kubernetes.io/ko/docs/concepts/storage/persistent-volumes/

Container Storage Interface

위의 플러그인들 중 하나인 Container Storage Interface(CSI)는 조금 특수한 플러그인이며, 컨테이너 오케스트레이션 엔진과 스토리지 시스템을 연결하는 인터페이스다(그림 7-6). 기존에는 쿠버네티스에서 프로바이더용 플러그인이 개발되었지만, 이 방법은 특정 프로바이더의 볼륨 관련 업데이트가 있을 때 쿠버네티스 자체도 변경해야 했다. 그 때문에 개발 주기가 한정되거나 사용하지 않는 구성 요소 코드도 쿠버네티스 자체에 포함되는 문제가 있었다. 그래서 새로 만들어진 것이 CSI다. CSI를 사용하면, 쿠버네티스부터 공통화된 CSI 인터페이스를 통해 다양한 프로바이더를 사용할 수 있다. 그래서 GCE는 'GCE Persistent Disk Plugin'과 'CSI 플러그인 경유 GCE Persistent Disk CSI Driver' 두 가지가 존재한다. 이 책을 집필하는 시점에 'CSI 플러그인 경유 GCE Persistent Disk CSI Driver'[3]는 아직 베타 상태이고 구글이 공식적으로 지원하는 프로바이더가 아니므로 주의해야 한다.

▼ 그림 7-6 Container Storage Interface의 개요

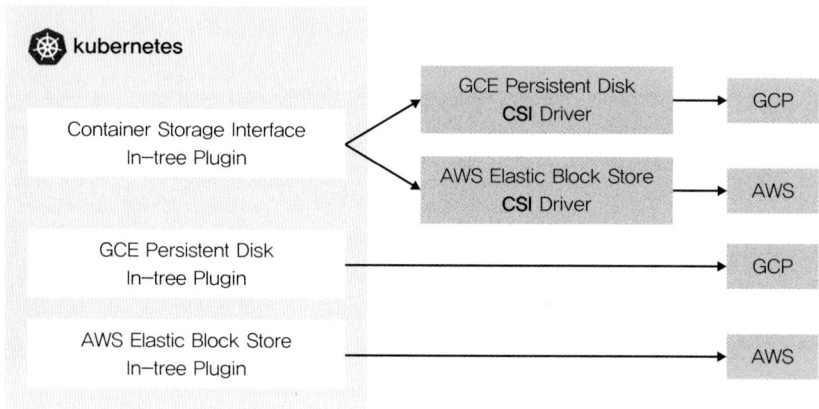

7.7.2 영구 볼륨 생성

영구 볼륨을 생성할 때 다음과 같은 항목을 설정할 수 있다. 영구 볼륨 설정은 위에서 설명한 각 플러그인 특유의 설정 외에는 동일하다.

- 레이블
- 용량

---

3 https://github.com/kubernetes-sigs/gcp-compute-persistent-disk-csi-driver

- 접근 모드
- Reclaim Policy
- 마운트 옵션
- 스토리지클래스
- 각 플러그인 특유의 설정

코드 7-35는 GCE 영구 디스크용 플러그인을 사용한 경우의 매니페스트다.

코드 7-35 GCE 영구 디스크를 등록하는 영구 볼륨 예제(sample-pv.yaml)

```yaml
apiVersion: v1
kind: PersistentVolume
metadata:
  name: sample-pv
  labels: # 레이블
    type: gce-pv
    environment: stg
spec:
  capacity: # 용량
    storage: 10Gi
  accessModes: # 접근 모드
  - ReadWriteOnce
  persistentVolumeReclaimPolicy: Retain # Reclaim Policy
  storageClassName: manual # StorageClass
  # PersistentVolume 플러그인별 설정(GCE Persistent Disk 예)
  gcePersistentDisk:
    pdName: sample-gce-pv
    fsType: ext4
```

위 매니페스트는 미리 GCE에 영구 디스크를 생성한 후에 적용해야 한다. 만약 `spec.gcePersistentDisk.pdName`에 존재하지 않는 영구 디스크를 선택한 경우에는 다음과 같은 에러가 발생하고 영구 볼륨 리소스 생성이 불가능하다.

```
# GCP(Google Compute Engine)에 존재하지 않는 영구 디스크를 지정한 경우
$ kubectl apply -f sample-pv.yaml
Error from server (Forbidden): error when creating "sample-pv.yaml": persistentvolumes
"sample-pv" is forbidden: error querying GCE PD volume sample-gce-pv: disk is not
found
```

쿠버네티스에서 영구 볼륨을 사용하려면 먼저 gcloud 명령어로 영구 볼륨을 생성해 두어야 한다. 존은 쿠버네티스 환경에 맞춰 설정한다.

```
# sample-gce-pv 이름으로 10GB 디스크 생성
$ gcloud compute disks create --size=10GB sample-gce-pv --zone asia-northeast3-a
NAME            ZONE              SIZE_GB  TYPE         STATUS
sample-gce-pv   asia-northeast3-a   10     pd-standard  READY

# GCE(Google Compute Engine)에 존재하는 영역 디스크를 지정한 경우
$ kubectl apply -f sample-pv.yaml
persistentvolume/sample-pv created
```

사전 준비가 끝나면 실제 사용할 영구 볼륨 리소스를 생성한다. 리소스 생성 후에 영구 볼륨이 정상적으로 생성되었다면, Available 상태로 되어 있는 것을 확인할 수 있다.

```
# 영구 볼륨 상태 확인
$ kubectl get persistentvolumes
NAME         CAPACITY   ACCESS MODES   RECLAIM POLICY   STATUS      CLAIM   STORAGECLASS   REASON   AGE
sample-pv    10Gi       RWO            Retain           Available           manual                  34s
```

다음으로는 영구 볼륨 설정 항목을 설명한다.

레이블

동적 프로비저닝을 사용하지 않고 영구 볼륨을 생성하는 경우 영구 볼륨 종류를 알 수 없게 되기 때문에 type/environment/speed 등의 레이블을 사용하는 것을 추천한다. 레이블을 사용하지 않을 경우 영구 볼륨에서 할당할 때 사용자가 원하는 볼륨을 지정하기가 어렵다(그림 7-7).

▼ 그림 7-7 레이블을 사용하지 않을 경우의 영구 볼륨 선택

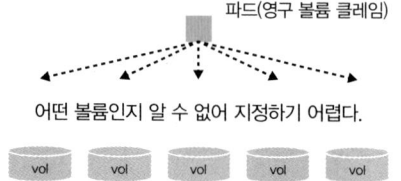

반면에 레이블을 사용하면, 영구 볼륨 클레임에서 레이블로 볼륨을 지정할 수 있기 때문에 사용 목적에 맞도록 유연하게 스케줄링을 할 수 있다(그림 7-8).

▼ 그림 7-8 레이블을 지정한 경우의 영구 볼륨 선택

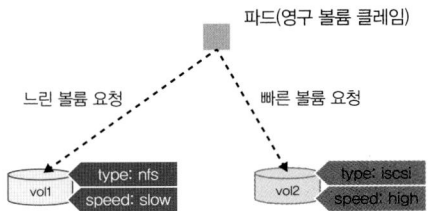

용량

용량을 지정할 때 주의해야 할 점은 나중에 설명할 동적 프로비저닝을 사용할 수 없는 환경에서는 작은 용량의 영구 볼륨도 준비해 두어야 한다는 것이다. 예를 들어, 그림 7-9의 상황에서 영구 볼륨 클레임 요청이 3GiB인 경우에는 준비된 영구 볼륨에서 가장 비슷한 용량인 10GiB 볼륨이 할당된다.

▼ 그림 7-9 영구 볼륨 클레임과 영구 볼륨 용량의 차이

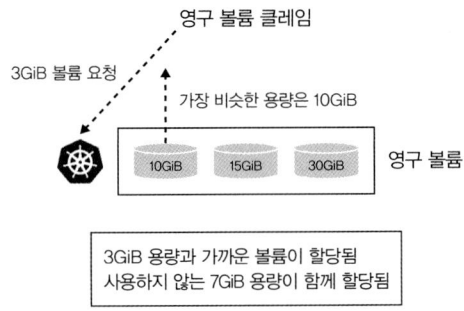

접근 모드

접근 모드는 세 가지가 정의되어 있다.

- ReadWriteOnce(RWO)
    - 단일 노드에서 Read/Write 가능
- ReadOnlyMany(ROX)
    - 여러 노드에서 Read 가능

- ReadWriteMany(RWX)
  - 여러 노드에서 Read/Write 가능

ReadWriteOnce(RWO)는 단일 노드에서만 Read와 Write를 허용하는 접근 모드다. 그림 7-10에서는 단일 파드에서 Read/Write가 허용된 것처럼 표시하고 있지만, 실제로는 단일 '파드'가 아닌 단일 '노드'에서 허용된다. 따라서 같은 노드에서 여러 파드가 기동한다면, 여러 파드에서 Read/Write할 수 있는 경우가 있다. 그런데 쿠버네티스에서는 최대한 노드를 의식하지 않고 개발하는 것이 바람직하므로 단일 '파드'로 생각하는 것이 좋다.

▼ 그림 7-10 접근 모드: ReadWriteOnce의 영구 볼륨 동작

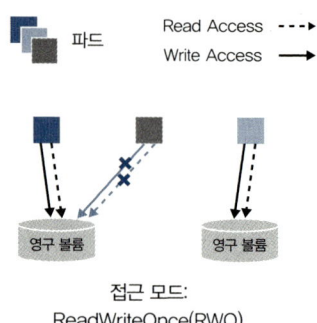

ReadOnlyMany(ROX)는 여러 노드에서 Read를 허용하는 접근 모드다(그림 7-11). 하나라도 쓰기 요청이 있는 파드가 있다면 다른 노드에서 마운트가 불가능하기 때문에 파드에서 영구 볼륨 클레임을 지정할 때 readOnly로 지정한다. 이것은 spec.containers[].volumeMounts.readOnly가 아닌 spec.volumes[].persistentVolumeClaim.readOnly로 지정해야 한다.

코드 7-36의 매니페스트를 적용하려면 sample-pvc.yaml(영구 볼륨 클레임은 나중에 설명한다)을 미리 적용해 두어야 한다.

코드 7-36 ReadOnlyMany로 영구 볼륨을 사용하는 예제(sample-pv-readonlymany.yaml)

```
apiVersion: apps/v1
kind: Deployment
metadata:
  name: sample-pv-readonlymany
spec:
  replicas: 3
  selector:
    matchLabels:
      app: sample-app
  template:
```

```
    metadata:
      labels:
        app: sample-app
    spec:
      containers:
      - name: nginx-container
        image: nginx:1.16
        volumeMounts:
        - mountPath: "/usr/share/nginx/html"
          name: nginx-pvc
        # readOnly: true
      volumes:
      - name: nginx-pvc
        persistentVolumeClaim:
          claimName: sample-pvc
          readOnly: true
```

▼ 그림 7-11 접근 모드: ReadOnlyMany의 영구 볼륨 동작

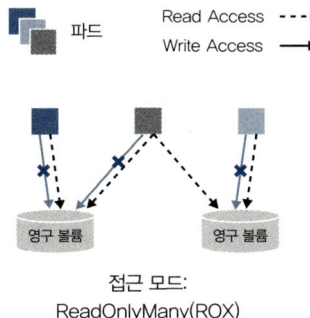

접근 모드:
ReadOnlyMany(ROX)

ReadWriteMany(RWX)는 여러 노드에서 Read와 Write를 허용하는 접근 모드다. 주로 nfs와 같은 영속성 영역에서 사용할 수 있다(그림 7-12).

▼ 그림 7-12 접근 모드: ReadWriteMany의 영구 볼륨 동작

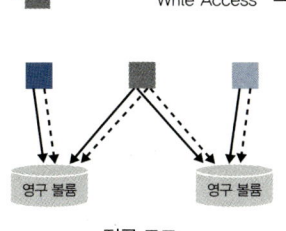

접근 모드:
ReadWriteMany(RWX)

영구 볼륨에 따라 지원하는 접근 모드가 다르다.[4] 또한, GCP/AWS/OpenStack에서 제공되는 블록 스토리지 서비스에서는 ReadWriteMany를 지원하지 않는다.

Reclaim Policy

Reclaim Policy는 영구 볼륨을 사용한 후 처리 방법(삭제 또는 재사용 등)을 제어하는 정책이다. 더 정확히 말하면, 영구 볼륨 클레임에서 사용된 후 그 영구 볼륨 클레임이 삭제되었을 때 영구 볼륨 자체(GCP 영구 디스크 등)의 동작을 설정한다. `spec.persistentVolumeReclaimPolicy`를 설정하는 방법은 세 가지가 있다.

- Delete
  - 영구 볼륨 자체(GCP 영구 디스크 등)가 삭제된다.
  - GCP/AWS/OpenStack 등에서 확보되는 외부 볼륨의 동적 프로비저닝 때 사용되는 경우가 많다.
- Retain
  - 영구 볼륨 자체(GCP 영구 디스크 등)를 삭제하지 않고 유지한다.
  - 또 다른 영구 볼륨 클레임에 의해 이 영구 볼륨이 다시 마운트되지 않는다.
- Recycle
  - 영구 볼륨 데이터를 삭제(`rm -rf ./*`)하고 재사용 가능한 상태로 만든다.
  - 다른 영구 볼륨 클레임에서 다시 마운트 가능
  - 이 정책은 쿠버네티스에서 더 이상 사용하지 않으므로, 대신 동적 프로비저닝을 사용하길 바란다.

Delete의 경우에는 영구 볼륨 클레임을 삭제했을 때 영구 볼륨 자체(GCP 영구 디스크 등)도 동시에 삭제된다. 영구 볼륨 클레임 리소스를 삭제해도 영구 볼륨 리소스는 Released 상태로 남는다(그림 7-13).

---

[4] https://kubernetes.io/ko/docs/concepts/storage/persistent-volumes/

▼ 그림 7-13 persistentVolumeReclaimPolicy: Delete의 영구 볼륨 클레임 동작

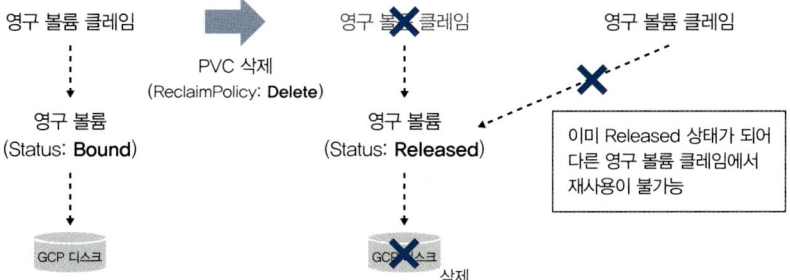

반면 Retain의 경우에는 영구 볼륨 클레임을 삭제할 때 영구 볼륨 자체를 삭제하지 않고 그대로 유지한다. 영구 볼륨 클레임 리소스를 삭제하더라도 영구 볼륨 리소스는 Released 상태로 남는다. 그러나 다른 영구 볼륨 클레임에 할당할 수 없기 때문에 다시 같은 디스크를 할당할 경우에는 새로운 영구 볼륨을 생성해야 한다(그림 7-14).

▼ 그림 7-14 persistentVolumeReclaimPolicy: Retain의 영구 볼륨 클레임 동작

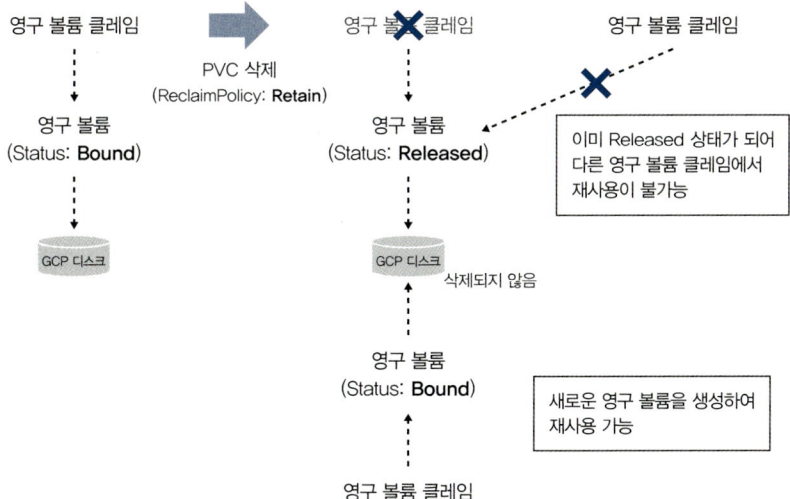

Recycle은 더 이상 사용하지 않는다. 그 대신에 권장하는 방식은 나중에 설명하는 동적 프로비저닝이다. 동적 프로비저닝에서는 동적으로 신규 디스크를 할당하고 사용 후 자동으로 삭제하므로 같은 디스크를 재사용하는 Recycle을 사용할 필요가 없어졌다(그림 7-15).

▼ 그림 7-15 persistentVolumeReclaimPolicy: Recycle의 영구 볼륨 클레임 동작

스토리지클래스

GKE에서는 기본으로 kubernetes.io/gce-pd라는 프로비저너(Provisioner)가 설정된 스토리지클래스(StorageClass)가 정의되어 있다. 프로비저너는 클라우드 환경의 API를 호출하는 등 동적으로 영구 볼륨을 프로비저닝하는 구조다. 따라서 GKE에서 기본 설정 그대로 영구 볼륨 클레임을 사용하면 자동으로 동적 프로비저닝이 된다.

```
# 스토리지클래스 목록 표시
$ kubectl get storageclasses
NAME                 PROVISIONER             RECLAIMPOLICY    VOLUMEBINDINGMODE
ALLOWVOLUMEEXPANSION AGE
standard (default)   kubernetes.io/gce-pd    Delete           Immediate
true                 9d
```

영구 볼륨이 자동으로 할당되는 것을 막으려면 코드 7-37과 같이 스토리지클래스에 kubernetes.io/no-provisioner를 사전에 정의하고 영구 볼륨과 영구 볼륨 클레임에서 지정한다.

코드 7-37 동적 영구 볼륨을 프로비저닝하지 않는 스토리지클래스 예제(sample-storageclass-manual.yaml)

```
apiVersion: storage.k8s.io/v1
kind: StorageClass
metadata:
  name: manual
provisioner: kubernetes.io/no-provisioner
```

마운트 옵션

영구 볼륨의 종류에 따라 spec.mountOptions를 설정하여 마운트 옵션을 추가로 설정할 수 있다. 상세 내용을 보려면 각 영구 볼륨 사양을 확인하자.

영구 볼륨 플러그인 특유의 설정

코드 7-35의 예제에서는 GCE 영구 디스크를 사용했지만, 설정 항목은 영구 볼륨 플러그인마다 다르다. 예를 들어 nfs의 경우 spec.nfs에 nfs 서버 주소나 경로를 설정한다. GCE 영구 디스크와 nfs 특유의 설정은 다음과 같다.

- gcePersistentDisk 플러그인의 경우

```
gcePersistentDisk:
  pdName: sample-gce-pv
  fsType: ext4
```

- nfs 플러그인의 경우

```
nfs:
  server: xxx.xxx.xxx.xxx
  path: /nfs/sample
```

7.8 영구 볼륨 클레임

영구 볼륨 클레임(PVC)은 영구 볼륨을 요청하는 리소스다. 앞에서 설명한 영구 볼륨은 영구 볼륨 클레임을 통해 사용하는 형태다. 영구 볼륨 클레임에서 지정된 조건(용량, 레이블)을 기반으로 영구 볼륨에 대한 요청이 들어오면 스케줄러는 현재 가지고 있는 영구 볼륨에서 적당한 볼륨을 할당한다(그림 7-16).

▼ 그림 7-16 영구 볼륨에 레이블을 지정한 경우

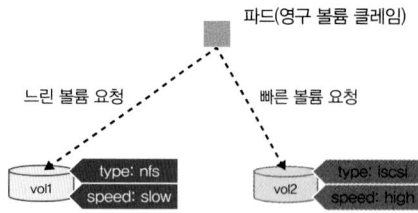

7.8.1 영구 볼륨 클레임 설정

영구 볼륨 클레임을 생성할 때 다음과 같은 항목을 설정할 수 있다.

- 레이블 셀렉터
- 용량
- 접근 모드
- 스토리지클래스

모두 영구 볼륨에 정의한 값이며, 이 영구 볼륨 클레임 요청에 일치하는 영구 볼륨이 할당된다. 이 때 주의해야 할 것은 영구 볼륨 클레임 용량이 영구 볼륨 용량보다 작으면 할당된다는 점이다. 예를 들어 3GiB 요청에 대해 3GiB 영구 볼륨이 있다면 할당되지만, 만약 10GiB 영구 볼륨밖에 없는 경우라면 10GiB 영구 볼륨이 할당된다. 또한, nfs 플러그인에서는 용량 제한 구조를 지원하지 않아 영구 볼륨 생성 시 용량 지정이 안 되는 등의 플러그인별 제약 사항에도 주의해야 한다.

코드 7-38 영구 볼륨 클레임 예제(sample-pvc.yaml)

```
apiVersion: v1
kind: PersistentVolumeClaim
metadata:
  name: sample-pvc
spec:
  selector:
    matchLabels:
      type: gce-pv
    matchExpressions:
    - key: environment
      operator: In
      values:
```

```
      - stg
  resources:
    requests:
      storage: 3Gi
  accessModes:
  - ReadWriteOnce
  storageClassName: manual
```

7.8.2 영구 볼륨 클레임 생성

영구 볼륨 클레임을 생성하면 영구 볼륨 클레임이 영구 볼륨을 확보하고 있는 것을 확인할 수 있다.

```
# 영구 볼륨 클레임 정보 확인
$ kubectl get persistentvolumeclaims sample-pvc
NAME         STATUS   VOLUME      CAPACITY   ACCESS MODES   STORAGECLASS   AGE
sample-pvc   Bound    sample-pv   10Gi       RWO            manual         8s

# 영구 볼륨 정보 확인
$ kubectl get persistentvolumes sample-pv
NAME           CAPACITY    ACCESS MODES   RECLAIM POLICY   STATUS   CLAIM
STORAGECLASS   REASON      AGE
sample-pv      10Gi        RWO                             Retain   Bound    default/sample-pvc
manual                     3h33m
```

영구 볼륨 클레임이 영구 볼륨 확보에 실패하면 Pending 상태가 유지된다. 에러 상세 내용은 kubectl describe pvc에서 확인할 수 있다.

```
# 영구 볼륨 확보에 실패한 영구 볼륨 클레임 상태 확인
$ kubectl get persistentvolumeclaims
NAME         STATUS    VOLUME   CAPACITY   ACCESS MODES   STORAGECLASS   AGE
sample-pvc   Pending                                      manual         6s

$ kubectl describe pvc sample-pvc
…(생략)…
Events:
  Type    Reason          Age              From                Message
  ----    ------          ----             ----                -------
```

```
Warning  ProvisioningFailed  12s (x2 over 17s)  persistentvolume-controller
storageclass.storage.k8s.io "manual" not found
```

Retain 정책을 사용하고 있는 경우 영구 볼륨 클레임을 삭제할 때 영구 볼륨 Status가 Bound에서 Released로 변경된다. Released 상태의 영구 볼륨은 다시 영구 볼륨 클레임에서 할당하여 사용할 수 없다.

```
# 영구 볼륨 클레임 삭제
$ kubectl delete persistentvolumeclaim sample-pvc
persistentvolumeclaim "sample-pvc" deleted

# 영구 볼륨은 Released 상태로 변경됨
$ kubectl get persistentvolumes sample-pv
NAME            CAPACITY    ACCESS MODES   RECLAIM POLICY   STATUS     CLAIM
STORAGECLASS    REASON      AGE
sample-pv       10Gi        RWO            Retain           Released   default/sample-pvc
manual                      66s
```

7.8.3 파드에서 사용

파드에서 영구 볼륨 클레임을 사용하려면 spec.volumes에 persistentVolumeClaim.claimName을 지정한다.

코드 7-39 영구 볼륨 클레임을 사용하는 파드 예제(sample-pvc-pod.yaml)

```
apiVersion: v1
kind: Pod
metadata:
  name: sample-pvc-pod
spec:
  containers:
  - name: nginx-container
    image: nginx:1.16
    volumeMounts:
    - mountPath: "/usr/share/nginx/html"
      name: nginx-pvc
  volumes:
  - name: nginx-pvc
```

```
persistentVolumeClaim:
  claimName: sample-pvc
```

7.8.4 동적 프로비저닝

지금까지 영구 볼륨 클레임에서는 영구 볼륨을 미리 생성해 두고 영구 볼륨 클레임 요청에 따라 볼륨을 할당하는 순서로 진행되었다. 그래서 사전에 영구 볼륨을 생성해야 하는 번거로움과 영구 볼륨 클레임이 요청하는 용량 이상으로 영구 볼륨이 할당되어 낭비가 발생하는 문제가 있었다(그림 7-17).

▼ 그림 7-17 영구 볼륨 클레임과 영구 볼륨 용량의 차이(그림 7-9와 동일)

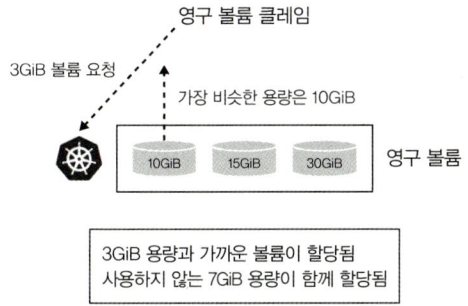

이런 문제를 해결하는 것이 동적 프로비저닝(Dynamic Provisioning)이다. 동적 프로비저닝을 사용한 영구 볼륨 클레임의 경우 영구 볼륨 클레임이 생성되는 타이밍에 동적으로 영구 볼륨을 생성하고 할당한다. 따라서 사전에 영구 볼륨을 생성할 필요가 없고 용량 낭비가 발생하지 않는다는 장점이 있다(그림 7-18).

▼ 그림 7-18 영구 볼륨의 동적 프로비저닝

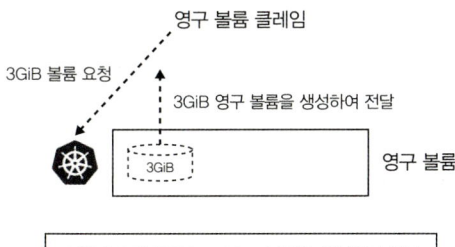

동적 프로비저닝을 사용하려면 사전에 어떤 영구 볼륨을 생성할지 정의한 스토리지클래스를 생성해야 한다. 이때 설정하는 프로비저너로 동적 프로비저닝이 실행된다. 또 GKE는 기본값으로 standard라는 이름이 붙은 스토리지클래스가 생성되는데, 여기서는 테스트로 스토리지클래스를 생성해보겠다.

코드 7-40 GCE-PD 프로비저너를 사용한 스토리지클래스 예제(sample-storageclass.yaml)

```yaml
apiVersion: storage.k8s.io/v1
kind: StorageClass
metadata:
  name: sample-storageclass
parameters:
  type: pd-ssd
provisioner: kubernetes.io/gce-pd
reclaimPolicy: Delete
```

다음으로 동적 프로비저닝용 스토리지클래스를 지정하여 영구 볼륨 클레임을 생성한다.

코드 7-41 GCE-PD 프로비저너를 사용한 스토리지클래스를 지정한 영구 볼륨 클레임 예제(sample-pvc-dynamic.yaml)

```yaml
apiVersion: v1
kind: PersistentVolumeClaim
metadata:
  name: sample-pvc-dynamic
spec:
  storageClassName: sample-storageclass
  accessModes:
    - ReadWriteOnce
  resources:
    requests:
      storage: 3Gi
```

이 영구 볼륨 클레임을 생성하면 pvc-로 시작하는 이름이 붙은 영구 볼륨이 자동적으로 생성되고 할당된다.

```
# 영구 볼륨 클레임 확인
$ kubectl get persistentvolumeclaim sample-pvc-dynamic
NAME                  STATUS    VOLUME                                     CAPACITY
ACCESS MODES    STORAGECLASS          AGE
sample-pvc-dynamic    Bound     pvc-bfd055c9-f413-4c23-bbd1-32b2ed19ff23   3Gi           RWO
```

```
sample-storageclass   48s

# 생성한 영구 볼륨 확인
$ kubectl get persistentvolumes pvc-6dd5f9fc-4692-45e7-9136-53598a062225
NAME                                      CAPACITY   ACCESS MODES   RECLAIM POLICY
STATUS    CLAIM                           STORAGECLASS              REASON   AGE
pvc-bfd055c9-f413-4c23-bbd1-32b2ed19ff23  3Gi        RWO            Delete
Bound     default/sample-pvc-dynamic      sample-storageclass                78s
```

영구 볼륨 클레임을 파드에 지정하여 생성한다. 이후 작업은 수동으로 영구 볼륨을 생성한 경우와 같은 순서로 진행된다.

코드 7-42 GCE-PD 프로비저너를 사용한 영구 볼륨 클레임을 사용하는 파드 예제(sample-pvc-dynamic-pod.yaml)

```yaml
apiVersion: v1
kind: Pod
metadata:
  name: sample-pvc-pod
spec:
  containers:
  - name: nginx-container
    image: nginx:1.16
    volumeMounts:
    - mountPath: "/usr/share/nginx/html"
      name: nginx-pvc
  volumes:
  - name: nginx-pvc
    persistentVolumeClaim:
      claimName: sample-pvc
```

영구 볼륨 할당 타이밍 제어

동적 프로비저닝을 사용할 때 기본적으로 영구 볼륨 클레임 리소스를 생성하면 바로 영구 볼륨이 생성된다. 그런데 이 동작은 파드에 영구 볼륨 클레임이 어태치되어 있지 않아도 영구 볼륨이 생성된다는 것을 의미한다. 이는 사용되지 않는 기간 동안에는 영구 볼륨의 낭비가 발생한다는 것이다.

스토리지클래스에는 `volumeBindingMode`라는 설정 항목이 있어 `WaitForFirstConsumer`를 지정하면 실제 파드에 어태치되기 직전에 영구 볼륨이 생성되고 연결할 수 있게 된다(표 7-4). 기본값은 `Immediate`이다.

❤ 표 7-4 volumeBindingMode 설정값

설정값	개요
`Immediate`(기본값)	즉시 영구 볼륨이 생성되고 연결할 수 있게 됨
`WaitForFirstConsumer`	처음으로 파드에 사용될 때 영구 볼륨이 생성되고 연결할 수 있게 됨

이 책을 집필하는 시점에는 `WaitForFirstConsumer`를 지정할 수 있는 영구 볼륨 플러그인이 한정되어 있어 다음 다섯 가지만 지원되고 있다. 앞으로 CSI 구현으로 바꿔가면서 지원하는 스토리지 프로바이더도 늘어날 것이다.

- GCE Persistent Disk
- AWS Elastic Block Store
- AzureDisk
- Local
- Container Storage Interface(CSI)

코드 7-43 파드 사용 직전까지 영구 볼륨 할당을 대기하는 스토리지클래스 예제(sample-storageclass-wait.yaml)

```yaml
apiVersion: storage.k8s.io/v1
kind: StorageClass
metadata:
  name: sample-storageclass-wait
parameters:
  type: pd-ssd
provisioner: kubernetes.io/gce-pd
reclaimPolicy: Delete
volumeBindingMode: WaitForFirstConsumer
```

코드 7-43의 스토리지클래스를 사용한 영구 볼륨 클레임을 생성한 경우 Status는 Pending 상태가 되고 영구 볼륨은 생성되지 않는 것을 확인할 수 있다. 또한, 해당 영구 볼륨 클레임을 사용하는 파드를 생성한 타이밍에 영구 볼륨이 생성되는 것을 확인할 수 있다.

```
# 영구 볼륨 클레임 생성
$ kubectl apply -f sample-pvc-wait.yaml
persistentvolumeclaim/sample-pvc-wait created

# 영구 볼륨 클레임 확인
$ kubectl get persistentvolumeclaim sample-pvc-wait
```

```
AME                STATUS   VOLUME    CAPACITY   ACCESS MODES   STORAGECLASS
AGE
sample-pvc-wait    Pending                                      sample-storageclass-
wait   7s

# 영구 볼륨 확인
$ kubectl get persistentvolumes
No resources found in default namespace.

# 영구 볼륨 클레임을 사용한 파드 생성
$ kubectl apply -f sample-pvc-wait-pod.yaml
pod/sample-pvc-wait-pod created

# 영구 볼륨 클레임 확인
$ kubectl get persistentvolumeclaim sample-pvc-wait
NAME              STATUS   VOLUME                                     CAPACITY   ACCESS
MODES    STORAGECLASS                  AGE
sample-pvc-wait   Bound    pvc-8c0c4a1c-4f97-4d6e-8a24-cc49c4092ccf   3Gi        RWO
sample-storageclass-wait            117s

# 영구 볼륨 확인
$ kubectl get persistentvolumes
NAME                                       CAPACITY   ACCESS MODES   RECLAIM POLICY
STATUS   CLAIM                     STORAGECLASS              REASON    AGE
pvc-8c0c4a1c-4f97-4d6e-8a24-cc49c4092ccf   3Gi        RWO            Delete
Bound    default/sample-pvc-wait   sample-storageclass-wait            49s
```

GCE에서의 스토리지클래스

스토리지클래스는 사용자가 영구 볼륨 클레임을 사용하여 동적 프로비저닝으로 영구 볼륨을 요청할 때 원하는 디스크를 지정하는 데 사용된다. 스토리지클래스를 선택한다는 것은 외부 볼륨 종류를 선택하는 것과 같다. GKE에서도 기본값으로 GCE 영구 디스크를 사용하기 위한 스토리지클래스가 등록되어 있고 초기 상태에는 다음과 같이 설정되어 있다. 어노테이션에 is-default-class가 들어 있으므로 스토리지클래스가 지정되어 있지 않으면 이 정의가 사용된다.

```
# 기본값으로 GKE에 등록된 스토리지클래스(일부 수정)
$ kubectl get storageclasses standard -o yaml
allowVolumeExpansion: true
apiVersion: storage.k8s.io/v1
kind: StorageClass
```

```
metadata:
  annotations:
    storageclass.kubernetes.io/is-default-class: "true"
  creationTimestamp: "2021-03-24T16:19:23Z"
  labels:
    addonmanager.kubernetes.io/mode: EnsureExists
  name: standard
parameters:
  type: pd-standard
provisioner: kubernetes.io/gce-pd
reclaimPolicy: Delete
volumeBindingMode: Immediate
```

GKE는 다음 네 가지 파라미터를 지정할 수 있다. 이 중에서 zone/zones는 replication-type에 따라 어느 한쪽만 설정한다.

- type:
    - pd-standard(표준 영구 디스크)
    - pd-ssd(SSD 영구 디스크)
- replication-type:
    - none(한 개 존에만)
    - regional-pd(여러 존에서 동기식 복제 실행)
- zone(replication-type: none인 경우)
    - 한 개 존을 선택
- zones(replication-type: regional-pd인 경우)
    - 여러 존을 선택

7.8.5 영구 볼륨을 블록 장치로 사용

영구 볼륨은 파일 시스템으로 어태치하지 않고 블록 장치로 어태치할 수도 있다. 블록 스토리지를 직접 처리하여 성능을 향상시킬 수 있는 미들웨어를 사용하는 경우 등은 블록 장치를 적극적으로 사용하자.

영구 볼륨을 블록 장치로 생성하려면 spec.volumeMode를 Block으로 지정한다. 지정하지 않을 경우 기본값은 Filesystem이다.

코드 7-44 블록 장치를 사용하는 영구 볼륨 예제(sample-pvc-block.yaml)

```yaml
apiVersion: v1
kind: PersistentVolumeClaim
metadata:
  name: sample-pvc-block
spec:
  storageClassName: sample-storageclass
  volumeMode: Block
  accessModes:
  - ReadWriteOnce
  resources:
    requests:
      storage: 3Gi
```

블록 장치 모드의 영구 볼륨 클레임을 사용할 때는 spec.containers[].volumeMounts 대신 spec.containers[].volumeDevices를 사용한다. volumeMounts로 지정해도 등록 자체는 할 수 있지만, 컨테이너는 기동할 수 없는 상태가 되기 때문에 주의해야 한다.

코드 7-45 블록 장치를 마운트하는 예제(sample-pvc-block-pod.yaml)

```yaml
apiVersion: v1
kind: Pod
metadata:
  name: sample-pvc-block-pod
spec:
  containers:
  - name: nginx-container
    image: nginx:1.16
    volumeDevices:
    - devicePath: /dev/sample-block
      name: nginx-pvc
  volumes:
  - name: nginx-pvc
    persistentVolumeClaim:
      claimName: sample-pvc-block
```

위의 파드를 생성하면 해당 영역에서 블록 장치를 확인할 수 있다.

```
# 어태치된 블록 장치 확인
$ kubectl exec -it sample-pvc-block-pod -- ls -l /dev/sample-block
brw-rw---- 1 root disk 8, 16 Apr  4 00:28 /dev/sample-block
```

7.8.6 영구 볼륨 클레임 조정을 사용한 볼륨 확장

동적 프로비저닝을 사용하고 크기 조정이 지원되는 볼륨 플러그인을 사용할 때는 영구 볼륨 클레임 확장(리사이즈)이 가능하다(그림 7-19). 이 책을 집필하는 시점에서 지원하는 볼륨 플러그인으로는 gcePersistentDisk/awsElasticBlockStore/OpenStack Cinder/glusterfs/RDB가 있다.

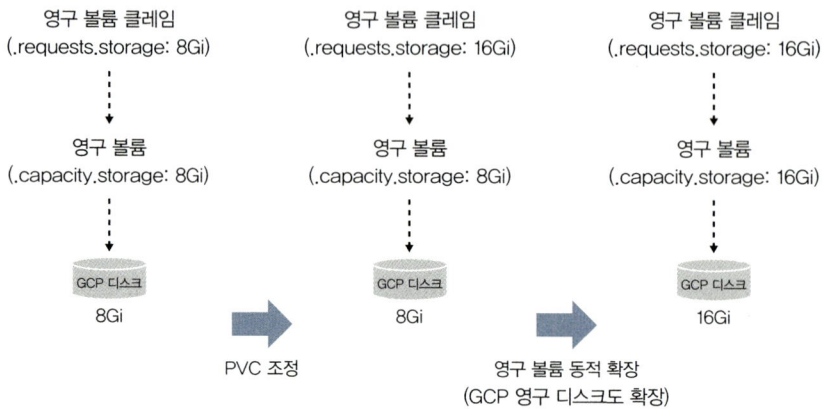

▼ 그림 7-19 영구 볼륨 클레임 조정을 사용한 영구 볼륨 확장

영구 볼륨 클레임 크기를 조정하려면 사전에 스토리지클래스에 allowVolumeExpantion:true를 설정하고 그 스토리지클래스로 영구 볼륨 클레임을 생성해야 한다. 스토리지클래스는 코드 7-46과 같이 정의한다.

▼ 코드 7-46 영구 볼륨 클레임 크기 조정이 가능한 스토리지클래스 예제(sample-storageclass-resize.yaml)

```
apiVersion: storage.k8s.io/v1
kind: StorageClass
metadata:
  name: sample-storageclass-resize
parameters:
  type: pd-ssd
provisioner: kubernetes.io/gce-pd
reclaimPolicy: Delete
allowVolumeExpansion: true
```

볼륨 확장이 가능해졌다면 영구 볼륨 클레임을 생성해보자. 영구 볼륨 클레임 리소스 정의에는 스토리지클래스 외에 특별한 설정이 필요 없다. 기본값으로 스토리지클래스에 allowVolumeExpantion: true가 설정되어 있으면 스토리지클래스 설정도 필요 없다.

코드 7-47 크기 조정이 가능한 스토리지클래스를 지정한 영구 볼륨 클레임 예제(sample-pvc-resize.yaml)

```yaml
apiVersion: v1
kind: PersistentVolumeClaim
metadata:
  name: sample-pvc-resize
spec:
  accessModes:
  - ReadWriteOnce
  resources:
    requests:
      storage: 8Gi
  storageClassName: sample-storageclass-resize
```

생성한 영구 볼륨을 확인해보면 매니페스트 지정대로 8GiB 디스크가 생성되어 있다.

```
# 영구 볼륨 클레임을 사용하여 8GiB 영구 볼륨을 생성
$ kubectl apply -f sample-pvc-resize.yaml
persistentvolumeclaim/sample-pvc-resize created

$ kubectl get persistentvolumeclaim sample-pvc-resize
NAME                STATUS   VOLUME                                     CAPACITY
ACCESS MODES   STORAGECLASS                AGE
sample-pvc-resize   Bound    pvc-d8a05e91-ef99-4dfa-9296-c1234ca0824d   8Gi        RWO
sample-storageclass-resize   38s

$ kubectl get persistentvolumes pvc-d8a05e91-ef99-4dfa-9296-c1234ca0824d
NAME                                       CAPACITY   ACCESS MODES   RECLAIM POLICY
STATUS   CLAIM                        STORAGECLASS                 REASON   AGE
pvc-d8a05e91-ef99-4dfa-9296-c1234ca0824d   8Gi        RWO            Delete
Bound    default/sample-pvc-resize    sample-storageclass-resize            62s
```

위와 같이 영구 볼륨 클레임을 사용한 파드를 코드 7-48의 매니페스트로 생성한다.

코드 7-48 크기 조정이 가능한 영구 볼륨 클레임을 사용하는 파드 예제(sample-pvc-resize-pod.yaml)

```yaml
apiVersion: v1
kind: Pod
metadata:
  name: sample-pvc-resize-pod
spec:
  containers:
  - name: nginx-container
```

```yaml
      image: nginx:1.16
      volumeMounts:
      - mountPath: "/usr/share/nginx/html"
        name: nginx-pvc
  volumes:
  - name: nginx-pvc
    persistentVolumeClaim:
      claimName: sample-pvc-resize
```

파드에서 확인해도 마운트된 영구 볼륨은 약 8GB이다.

```
# 마운트된 영구 볼륨 크기 확인
$ kubectl exec -it sample-pvc-resize-pod -- df -h | grep /usr/share/nginx/html
/dev/sdb          7.9G   36M  7.8G   1% /usr/share/nginx/html
```

여기까지 해서 확인은 끝났고, 이제 영구 볼륨 클레임을 확장해보자. kubectl patch를 사용하여 8GiB에서 16GiB로 변경한다. 확장 후 영구 볼륨을 확인해보면, 같은 디스크에서 용량만 증가된 것을 알 수 있다. 또 이 변경이 명령어로 확인되는 데는 1분 정도 소요될 수 있다. 실제로 GCP 콘솔의 디스크 항목에서 확인해도 볼륨이 확장되어 있다.

```
# 영구 볼륨 클레임에서 요청하는 용량 변경
$ kubectl patch pvc sample-pvc-resize --patch '{"spec": {"resources": {"requests": {"storage": "16Gi"}}}}'
persistentvolumeclaim/sample-pvc-resize patched

# 영구 볼륨이 확장된 것을 확인
$ kubectl get persistentvolume pvc-d8a05e91-ef99-4dfa-9296-c1234ca0824d
NAME                                       CAPACITY   ACCESS MODES   RECLAIM POLICY
STATUS    CLAIM                            STORAGECLASS              REASON   AGE
pvc-d8a05e91-ef99-4dfa-9296-c1234ca0824d   16Gi       RWO            Delete
Bound     default/sample-pvc-resize        sample-storageclass-resize         5m32s
```

영구 볼륨 클레임 조정은 디스크 크기를 확장할 수 있지만 축소할 수는 없다는 점에 주의하자.

```
# 요청하는 볼륨을 축소하는 것은 불가능(영구 볼륨 크기를 줄이는 것은 불가능)
$ kubectl patch pvc sample-pvc-resize \
--patch '{"spec": {"resources": {"requests": {"storage": "1Gi"}}}}'
The PersistentVolumeClaim "sample-pvc-resize" is invalid: spec.resources.requests.
storage: Forbidden: field can not be less than previous value
```

파드에서 확인해 봐도 재생성 후 마운트된 영구 볼륨 용량이 약 16G로 되어 있다.

```
# 마운트된 영구 볼륨 사이즈 확인
$ kubectl exec -it sample-pvc-resize-pod -- df -h | grep /usr/share/nginx/html
/dev/sdb          16G    44M   16G   1% /usr/share/nginx/html
```

파드에 어태치된 볼륨 자체는 확장되는데, 그 위에 있는 파일 시스템 확장은 경우에 따라 달라진다. 먼저 전제 조건으로 파일 시스템의 자동 확장은 파일 시스템으로 EXT3/EXT4/XFS를 사용하는 경우만 해당된다. 다음에 설명하는 온라인 확장을 할 수 없는 오래된 클러스터의 경우에는 파드를 재작성하여 파일 시스템을 확장할 수 있다.

7.8.7 1.18 Alpha 영구 볼륨 클레임 조정을 사용한 볼륨 온라인 확장

영구 볼륨 클레임 조정(PersistentVolumeClaimResize)을 사용하여 영구 볼륨 확장이 가능해졌고, 파드를 재생성하면 특정 파일 시스템에서는 파일 시스템 자체도 확장할 수 있었다. 쿠버네티스 1.15 이후 ExpandInUsePersistentVolume FeatureGates가 활성화되어 있어 파드 재생성은 필요 없고 기동된 상태로 파일 시스템을 확장할 수 있게 되었다.

7.8.8 1.17 Beta 1.16 Alpha 영구 볼륨 스냅샷과 클론

영구 볼륨 스냅샷 기능은 CSI와 함께 구현된 기능이므로 사용하려면 CSI 플러그인 사용이 전제되어야 한다(그림 7-6). 또 사용하는 CSI 드라이버가 스냅샷 기능을 구현하고 있어야 한다.[5] 이 책을 집필하는 시점에서 GKE Persistent Disk CSI 드라이버[6]는 아직 Alpha~Beta 상태다. 또 관리형 쿠버네티스 서비스 GKE를 사용해도 직접 설치해야 한다.

GKE 클러스터를 생성할 때 옵션으로 --addons GcePersistentDiskCsiDriver가 준비되어 있지만, 이 책을 집필하는 시점에서는 스냅샷 기능을 사용할 수 없다. 앞으로 스냅샷 기능을 포함해 GKE에서 활성화할 수 있게 될 것이다.

---

5   https://kubernetes-csi.github.io/docs/drivers.html
6   https://github.com/kubernetes-sigs/gcp-compute-persistent-disk-csi-driver

영구 볼륨에 관련된 리소스로 VolumeSnapshot/VolumeSnapshotClass/ VolumeSnapshotContent 세 종류가 있다(그림 7-20). 이 세 가지 리소스의 대응 관계는 사전에 클러스터 관리자가 정의한 스토리지클래스 사양을 기준으로 클러스터 사용자가 영구 볼륨 클레임 리소스를 생성하고 영구 볼륨이 할당되는 관계와 비슷하다. 스냅샷 기능의 경우, 사전에 클러스터 관리자가 정의한 VolumeSnapshotClass 사양을 기준으로 클러스터 사용자가 VolumeSnapshot 리소스를 생성하면 VolumeSnapshotContent가 생성된다.

❤ 그림 7-20 VolumeSnapshot 관련 리소스 대응 관계

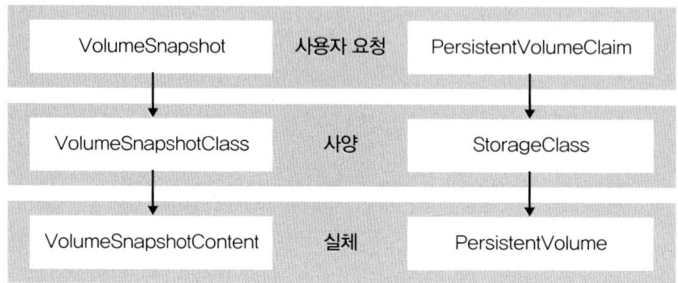

GCE Persistent Disk용 CSI 드라이버를 설치하는 스크립트가 준비되어 있어서 이 책에서는 다음 스크립트를 사용한다. 스크립트는 GCP의 서비스 어카운트를 생성하고 그 인증 정보를 시크릿 리소스로 등록하고 있다. 만약을 위해 실행 전에 스크립트 내용을 이해한 후 실행하도록 하자. 또 볼륨 스냅샷은 1.16 시점에서는 알파 기능이기 때문에 4장에서 설명한 순서로 생성한 알파용 클러스터를 사용한다.

```
# GCP 프로젝트 설정
$ export PROJECT=$(gcloud config get-value core/project)

# CSI 드라이버 설치와 GCP의 서비스 어카운트 생성
# (예제 디렉터리에 배치되어 있다. 실행 전에 처리 내용을 확인하자)
$ sh ./install-gcp-csi.sh
```

먼저 스토리지클래스와 VolumeSnapshotClass를 생성한다. CSI 플러그인을 사용하는 경우 GCE Persistent Disk In-tree 플러그인은 사용하지 않기 때문에 스토리지클래스도 CSI 드라이버용으로 생성해야 한다.

```
$ kubectl apply -f sample-csi-storageclass.yaml
storageclass.storage.k8s.io/sample-csi-storageclass created
```

```
$ kubectl apply -f sample-csi-volumesnapshotclass.yaml
volumesnapshotclass.snapshot.storage.k8s.io/sample-csi-volumesnapshotclass created
```

```
$ kubectl apply -f source-pvc.yaml
persistentvolumeclaim/source-pvc created
```

```
$ kubectl apply -f source-pod.yaml
pod/source-pod created
```

```
# 생성한 영구 볼륨 클레임과 파드 확인
$ kubectl get persistentvolumeclaims,pods
NAME                                STATUS   VOLUME
CAPACITY   ACCESS MODES   STORAGECLASS              AGE
persistentvolumeclaim/source-pvc    Bound    pvc-afee61a7-ba69-4694-ac07-303ab78628b5
1Gi        RWO            sample-csi-storageclass   2m9s

NAME                           READY   STATUS    RESTARTS   AGE
pod/csi-snapshotter-0          3/3     Running   0          14m
pod/snapshot-controller-0      1/1     Running   0          14m
pod/source-pod                 1/1     Running   0          61s
```

스냅샷은 VolumeSnapshot 리소스를 생성하면 영구 볼륨 클레임에서 생성할 수 있다.

코드 7-49 영구 볼륨 클레임에서 스냅샷을 생성하는 예제(source-pvc-snapshot.yaml)

```yaml
apiVersion: snapshot.storage.k8s.io/v1beta1
kind: VolumeSnapshot
metadata:
  name: source-pvc-snapshot
spec:
  volumeSnapshotClassName: sample-csi-volumesnapshotclass
  source:
    persistentVolumeClaimName: source-pvc
```

VolumeSnapshot을 생성하면 그 시점의 영구 볼륨 클레임에 연결되는 영구 볼륨의 스냅샷이 생성된다. 그 스냅샷 정보는 VolumeSnapshotContent 리소스로 쿠버네티스에 등록된다. 마치 영구 볼륨 클레임과 영구 볼륨의 관계와 같다.

```
# VolumeSnapshot 리소스 생성
$ kubectl apply -f source-pvc-snapshot.yaml
volumesnapshot.snapshot.storage.k8s.io/source-pvc-snapshot created

$ kubectl get volumesnapshot
NAME                   AGE
source-pvc-snapshot    5m15s

$ kubectl get volumesnapshotcontents
NAME                                                AGE
snapcontent-348e2cc8-a5c7-4516-a4b6-899d18082f7a    5m20s
```

생성된 VolumeSnapshotContent 리소스 안에는 `spec.source.volumeHandle`이라는 필드가 있다. 여기에는 클라우드 볼륨 서비스에서 생성된 디스크의 실제 ID가 저장된다. GCE Persistent Disk CSI 드라이버의 경우 GCE Persistent Disk 서비스에 스냅샷 볼륨이 생성된다.

```
$ kubectl get volumesnapshotcontents snapcontent-348e2cc8-a5c7-4516-a4b6-899d18082f7a
-o yaml
apiVersion: snapshot.storage.k8s.io/v1beta1
kind: VolumeSnapshotContent
metadata:
  creationTimestamp: "2021-04-04T01:14:38Z"
  finalizers:
  - snapshot.storage.kubernetes.io/volumesnapshotcontent-bound-protection
  generation: 1
  managedFields:
...(생략)...
spec:
  deletionPolicy: Delete
  driver: pd.csi.storage.gke.io
  source:
    volumeHandle: projects/PROJECT/zones/asia-northeast3-a/disks/pvc-afee61a7-ba69-
4694-ac07-303ab78628b5
  volumeSnapshotClassName: sample-csi-volumesnapshotclass
  volumeSnapshotRef:
...(생략)...
```

생성된 VolumeSnapshot에서는 영구 볼륨 클레임을 사용하여 영구 볼륨 리소스를 생성할 수 있다. 이때 스냅샷에서 생성하는 볼륨 크기를 스냅샷보다 크게 할 수도 있다. 이번 예제에서는 1GiB 디스크에서 생성된 스냅샷으로 3GiB 디스크를 생성하고 있다.

코드 7-50 스냅샷에서 영구 볼륨을 생성하는 예제(restored-pvc.yaml)

```yaml
apiVersion: v1
kind: PersistentVolumeClaim
metadata:
  name: restored-pvc
spec:
  accessModes:
  - ReadWriteOnce
  storageClassName: sample-csi-storageclass
  resources:
    requests:
      storage: 3Gi
  dataSource:
    kind: VolumeSnapshot
    name: source-pvc-snapshot
    apiGroup: snapshot.storage.k8s.io
```

이 영구 볼륨 클레임을 생성하면 보통 때처럼 영구 볼륨이 생성된다.

```
$ kubectl apply -f restored-pvc.yaml
persistentvolumeclaim/restored-pvc created

$ kubectl get persistentvolumes
NAME                                       CAPACITY   ACCESS MODES   RECLAIM POLICY
STATUS   CLAIM                  STORAGECLASS              REASON    AGE
pvc-afee61a7-ba69-4694-ac07-303ab78628b5   1Gi        RWO            Delete
Bound    default/source-pvc     sample-csi-storageclass             17m
pvc-d6e7cd2c-87bf-413f-8a89-4c625e544587   3Gi        RWO            Delete
Bound    default/restored-pvc   sample-csi-storageclass             23s

$ kubectl get persistentvolumeclaims
NAME            STATUS   VOLUME                                     CAPACITY   ACCESS
MODES   STORAGECLASS              AGE
restored-pvc    Bound    pvc-d6e7cd2c-87bf-413f-8a89-4c625e544587   3Gi        RWO
sample-csi-storageclass   95s
source-pvc      Bound    pvc-afee61a7-ba69-4694-ac07-303ab78628b5   1Gi        RWO
sample-csi-storageclass   18m
```

스냅샷에서 생성된 영구 볼륨은 보통 때처럼 파드에서 사용할 수 있다. source-pod는 생성된 타이밍에 영구 볼륨의 영역에 있는 time.txt에 현재 시간을 쓰도록 되어 있다. 복원된 영구 볼륨을 사용하는 restored-pod에서 그 파일을 확인해보면 정상적으로 복원되었는지 알 수 있을 것이다.

```
$ kubectl apply -f restored-pod.yaml
pod/restored-pod created

# source-pod가 생성된 시간이 기록됨
$ kubectl exec -it restored-pod -- cat /data/time.txt
Sun Apr  4 01:11:02 UTC 2021
```

영구 볼륨 스냅샷을 사용할 수 있으면 스테이트풀 애플리케이션 도입이 쉬워질 것이다. 정기적인 백업도 스토리지 레이어 기능을 사용하여 구현할 수 있으므로 운영 비용을 낮출 수 있다. 또한, 사용하는 백엔드 스토리지에 따라 바로 스냅샷이 생성되거나 데이터 영역을 절약할 수 있는 장점도 있다.

7.8.9 스테이트풀셋에서 영구 볼륨 클레임(volumeClaimTemplate)

스테이트풀셋(StatefulSet)의 워크로드에서는 영구 데이터 영역을 사용하는 경우가 많기 때문에 spec.volumeClaimTemplate 항목이 있다. volumeClaimTemplate을 사용하면 영구 볼륨 클레임을 별도로 정의하지 않아도 자동으로 영구 볼륨 클레임을 생성할 수 있다. 또 컨테이너 내부의 volumeMounts에 volumeClaimTemplate 이름을 지정하는 것만으로 완료되고, 스테이트풀셋 매니페스트만으로 설정이 끝난다(그림 7-21).

▼ 그림 7-21 스테이트풀셋의 영구 볼륨 클레임 자동 생성

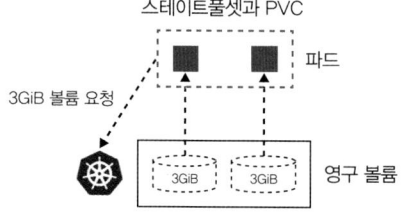

코드 7-51 영구 볼륨 클레임 템플릿을 사용한 스테이트풀셋 예제(sample-statefulset-with-pvc.yaml)

```
apiVersion: apps/v1
kind: StatefulSet
metadata:
  name: sample-statefulset-with-pvc
```

```
spec:
  serviceName: stateful-with-pvc
  replicas: 2
  selector:
    matchLabels:
      app: sample-pvc
  template:
    metadata:
      labels:
        app: sample-pvc
    spec:
      containers:
      - name: sample-pvc
        image: nginx:1.16
        volumeMounts:
        - name: pvc-template-volume
          mountPath: /tmp
  volumeClaimTemplates:
  - metadata:
      name: pvc-template-volume
    spec:
      accessModes:
      - ReadWriteOnce
      resources:
        requests:
          storage: 10Gi
      storageClassName: sample-storageclass
```

실제로 위의 스테이트풀셋을 생성하면 영구 볼륨 클레임 두 개가 생성되고 각각의 영구 볼륨이 생성된 것을 확인할 수 있다.

```
# 스테이트풀셋이 volumeClaimTemplate으로 생성하는 영구 볼륨 클레임 확인
$ kubectl get persistentvolumeclaims
NAME                                                  STATUS   VOLUME
CAPACITY   ACCESS MODES   STORAGECLASS                AGE
pvc-template-volume-sample-statefulset-with-pvc-0     Bound    pvc-7c1cd464-ce34-42fc-
9aeb-0f35c5b9589c     10Gi     RWO     sample-storageclass     4m2s
pvc-template-volume-sample-statefulset-with-pvc-1     Bound    pvc-fbb62411-c62a-4d8e-
8e2b-6ce5ec09f41d     10Gi     RWO     sample-storageclass     18s
```

7.9 volumeMounts에서 사용 가능한 옵션

volumeMounts에는 사용 가능한 몇 가지 옵션이 있다.

7.9.1 읽기 전용(ReadOnly) 마운트

다양한 spec.volumes로 정의한 여러 볼륨을 컨테이너에 마운트할 때 readonly 옵션을 지정할 수 있다. 예를 들어 hostPath는 컨테이너에 호스트 영역을 보여주기 때문에 보안상 그다지 좋지 않다. 어쩔 수 없이 hostPath로 호스트 영역을 마운트해야 하는 경우 최소한 ReadOnly로 마운트할 수 있도록 한다.

코드 7-52 ReadOnly로 볼륨을 마운트하는 파드 예제(sample-readonly-volumemount.yaml)

```yaml
apiVersion: v1
kind: Pod
metadata:
  name: sample-readonly-volumemount
spec:
  containers:
  - image: nginx:1.16
    name: nginx-container
    volumeMounts:
    - mountPath: /srv
      name: hostpath-sample
      readOnly: true
  volumes:
  - name: hostpath-sample
    hostPath:
      path: /etc
      type: DirectoryOrCreate
```

실제로 파드를 생성해보면 다음과 같이 ReadOnly로 마운트된 것을 확인할 수 있다.

```
# 마운트한 영역의 파일을 변경할 수 없음
$ kubectl exec -it sample-readonly-volumemount -- touch /srv/motd
touch: cannot touch '/srv/motd': Read-only file system
```

```
command terminated with exit code 1

# 마운트한 영역의 파일 읽기는 가능
$ kubectl exec -it sample-readonly-volumemount -- cat /srv/motd
Welcome to Kubernetes v1.18.16-gke.2100!
…(생략)…
```

7.9.2 subPath

subPath는 볼륨을 마운트할 때 특정 디렉터리를 루트로 마운트하는 기능이다. 코드 7-53의 매니페스트에서는 세 개의 컨테이너를 가진 하나의 파드를 생성한다. 각각의 컨테이너는 마운트한 디렉터리 바로 아래에 텍스트 파일을 배치한다.

코드 7-53 subPath를 사용한 파드 예제(sample-subpath.yaml)

```yaml
apiVersion: v1
kind: Pod
metadata:
  name: sample-subpath
spec:
  containers:
  - name: container-a
    image: alpine:3.7
    command: ["sh", "-c", "touch /data/a.txt; sleep 86400"]
    volumeMounts:
    - mountPath: /data
      name: main-volume
  - name: container-b
    image: alpine:3.7
    command: ["sh", "-c", "touch /data/b.txt; sleep 86400"]
    volumeMounts:
    - mountPath: /data
      name: main-volume
      subPath: path1
  - name: container-c
    image: alpine:3.7
    command: ["sh", "-c", "touch /data/c.txt; sleep 86400"]
    volumeMounts:
    - mountPath: /data
      name: main-volume
```

```
      subPath: path2
  volumes:
  - name: main-volume
    emptyDir: {}
```

파드를 생성한 후 마운트한 디렉터리의 루트 바로 아래를 확인해보자. 두 번째와 세 번째 컨테이너에는 예상대로 /data에 각자 파일이 배치된 것으로 확인할 수 있다. 첫 번째 컨테이너를 보면, 두 번째와 세 번째가 subPath로 나눠서 사용하고 있어 루트 바로 아래에 /path1 및 /path2와 그 아래 파일들이 생성된 것을 확인할 수 있다. 이와 같이 subPath를 지정한 경우에는 볼륨의 특정 디렉터리를 루트로 마운트하게 된다. 또한, 볼륨에 subPath 디렉터리가 없을 경우 자동으로 생성된다.

```
# subPath /path1을 지정한 컨테이너
$ kubectl exec -it sample-subpath -c container-b -- find /data
/data
/data/b.txt

# subPath /path2를 지정한 컨테이너
$ kubectl exec -it sample-subpath -c container-c -- find /data
/data
/data/c.txt

# subPath를 지정하지 않은 컨테이너
$ kubectl exec -it sample-subpath -c container-a -- find /data
/data
/data/a.txt
/data/path1
/data/path1/b.txt
/data/path2
/data/path2/c.txt
```

subPath에서는 각 컨테이너가 하나의 볼륨을 사용하면서도 서로에게 영향을 주지 않도록 디렉터리를 나눌 수 있다. 그리고 subPath는 /path1/morepath 등과 같이 2계층 이상으로 지정할 수도 있다(그림 7-22).

▼ 그림 7-22 subPath 구조

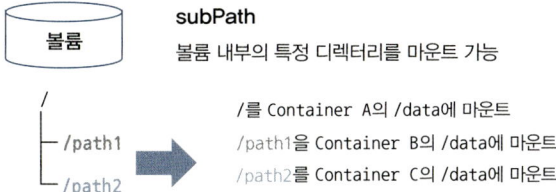

7.10 정리

이 장까지 쿠버네티스 사용자의 기본적인 사용법을 살펴봤다. 하지만 지금까지 학습한 쿠버네티스 지식만으로는 실제 서비스 환경을 운영하기에 충분치 않다. 다음 장부터는 보안과 쿼터 등 관리자 측면에서 본 리소스와 고급 리소스를 설명하겠다.

8장

클러스터 API 카테고리와 메타데이터 API 카테고리

8.1 클러스터 API 카테고리와 메타데이터 API 카테고리의 개요
8.2 노드
8.3 네임스페이스
8.4 정리

8.1 클러스터 API 카테고리와 메타데이터 API 카테고리의 개요

4장에서 쿠버네티스 리소스는 크게 다섯 가지 카테고리로 분류된다고 설명했다(표 8-1). 이 장에서는 그중 하나인 클러스터 API 카테고리와 메타데이터 API 카테고리의 일부를 자세히 설명한다. 그 외 리소스는 편의상 리소스 종류별로 설명하지 않고, 다음 장 이후부터 내용을 기준으로 설명한다.

▼ 표 8-1 쿠버네티스 리소스 카테고리

종류	개요
워크로드 API 카테고리	컨테이너 실행에 관련된 리소스
서비스 API 카테고리	컨테이너를 외부에 공개하는 엔드포인트를 제공하는 리소스
컨피그 & 스토리지 API 카테고리	설정/기밀 정보/영구 볼륨 등에 관련된 리소스
클러스터 API 카테고리	보안이나 쿼터 등에 관련된 리소스
메타데이터 API 카테고리	클러스터 내부의 다른 리소스를 관리하기 위한 리소스

클러스터 API 카테고리로 분류된 리소스는 보안 관련 설정이나 쿼터 설정 등 클러스터 동작을 제어하기 위한 리소스다. 내부적으로 사용하는 리소스를 제외하고 사용자가 직접 이용할 수 있는 리소스는 총 열 가지다.

- 노드
- 네임스페이스
- 영구 볼륨(7장)
- 리소스 쿼터(9장)
- 서비스 어카운트(13장)
- 롤(13장)
- 클러스터롤(13장)
- 롤바인딩(13장)
- 클러스터롤바인딩(13장)
- 네트워크 정책(13장)

메타데이터 API 카테고리로 분류된 리소스는 클러스터에 컨테이너를 기동하는 데 사용하는 리소스다. 내부적으로 사용하는 리소스를 제외하고 사용자가 직접 이용하는 리소스는 총 네 가지다.

- LimitRange(9장)
- HorizontalPodAutoscaler(9장)
- PodDisruptionBudget(11장)
- CustomResourceDefinition(19장)

8.2 노드

노드(Node) 리소스는 지금까지 설명한 리소스와 달리 기본적으로 사용자가 생성하거나 삭제하는 리소스는 아니지만 쿠버네티스에 리소스로 등록되어 있다. 그렇다고 해서 사용자가 의식하지 않는 리소스라는 의미는 아니며, 쿠버네티스를 운영하면서 자주 확인하는 리소스다. 지금까지 리소스에 대해 설명하면서도 여러 번 노드를 확인했다.

```
# 노드 상세 정보 표시
$ kubectl get nodes -o wide
NAME                                STATUS   ROLES    AGE     VERSION
INTERNAL-IP      EXTERNAL-IP    OS-IMAGE                           KERNEL-VERSION
CONTAINER-RUNTIME
gke-k8s-default-pool-be722c17-7ij3  Ready    <none>   5m41s   v1.18.16-gke.2100
10.178.15.210    xx.xx.xxx.xx   Container-Optimized OS from Google  5.4.89+
docker://19.3.14
gke-k8s-default-pool-be722c17-q7hz  Ready    <none>   15m     v1.18.16-gke.2100
10.178.15.208    xx.xx.xxx.xxx  Container-Optimized OS from Google  5.4.89+
docker://19.3.14
gke-k8s-default-pool-be722c17-walf  Ready    <none>   9m52s   v1.18.16-gke.2100
10.178.15.209    xx.xx.xxx.xxx  Container-Optimized OS from Google  5.4.89+
docker://19.3.14
```

여기서는 노드에서 어떤 정보를 가져올 수 있는지를 설명한다. kubectl get nodes -o yaml에서 노드 정보를 출력하면 다양한 정보를 가져올 수 있다.

예를 들어 노드 IP 정보와 호스트명은 status.addresses에 저장되어 있다. 환경에 따라 InternalIP나 ExternalIP 중 하나만 표시되는 경우도 있다.

```
# 특정 노드 정보를 YAML 형식으로 출력
$ kubectl get nodes gke-k8s-default-pool-2fc9916b-gsll -o yaml
...(생략)...
status:
  addresses:
  - address: 10.178.15.210
    type: InternalIP
  - address: xx.xx.xxx.xx
    type: ExternalIP
  - address: gke-k8s-default-pool-be722c17-7ij3.c.psu-satest-20200113.internal
    type: InternalDNS
  - address: gke-k8s-default-pool-be722c17-7ij3.c.psu-satest-20200113.internal
    type: Hostname
...(생략)...
```

노드 리소스는 status.allocatable과 status.capacity에서 확인할 수 있다. Capacity는 해당 노드가 소유하고 있는 CPU나 메모리의 실제 용량이다. Allocatable은 쿠버네티스가 시스템 리소스로 할당한 만큼 뺀, 즉 실제 파드에 할당 가능한 리소스 용량이다.

```
# 특정 노드에 할당된 리소스와 사용 가능한 리소스 확인
$ kubectl get nodes gke-k8s-default-pool-be722c17-7ij3 -o yaml
...(생략)...
status:
...(생략)...
  allocatable:
    attachable-volumes-gce-pd: "127"
    cpu: 3920m
    ephemeral-storage: "47093746742"
    hugepages-2Mi: "0"
    memory: 12670044Ki
    pods: "110"
  capacity:
    attachable-volumes-gce-pd: "127"
    cpu: "4"
    ephemeral-storage: 98868448Ki
    hugepages-2Mi: "0"
    memory: 15369308Ki
```

```
    pods: "110"
...(생략)...
```

할당할 수 있는 남은 리소스 양을 확인하려면 Allocatable에서 현재 리소스 사용량을 빼야 한다. 현재 리소스 사용량을 알아보려면 kubectl describe node에서 확인한다.

```
# 특정 노드의 상세 정보 확인
$ kubectl describe node gke-k8s-default-pool-be722c17-7ij3
...(생략)...
...(생략)...
ProviderID:                gce://psu-satest-20200113/asia-northeast3-a/gke-k8s-
default-pool-be722c17-7ij3
Non-terminated Pods:       (10 in total)
  Namespace                Name                                            CPU
Requests  CPU Limits  Memory Requests  Memory Limits  AGE
---------                ----                                            ------
-----     ----------  ---------------  -------------  ---
  default                  sample-deployment-7c67dd9675-ftgbf             0 (0%)
0 (0%)       0 (0%)       0 (0%)           10m
...(생략)...
Allocated resources:
  (Total limits may be over 100 percent, i.e., overcommitted.)
  Resource                  Requests      Limits
  --------                  --------      ------
  cpu                       693m (17%)    0 (0%)
  memory                    476Mi (3%)    760Mi (6%)
  ephemeral-storage         0 (0%)        0 (0%)
  hugepages-2Mi             0 (0%)        0 (0%)
  attachable-volumes-gce-pd 0             0
...(생략)...
```

쿠버네티스에서는 노드 상태를 다양한 측면에서 확인한다. 그 모니터링 결과는 쿠버네티스 API에 등록된다. 노드 Status가 Ready가 아닌 경우 status.conditions를 보면 그 원인을 확인할 수 있다.

다음은 위에서 설명한 kubectl get nodes -o yaml을 실행한 결과 중 일부분이다.

```
$ kubectl get nodes gke-k8s-default-pool-be722c17-7ij3 -o yaml
...(생략)...
status:
```

```
...(생략)...
conditions:
- lastHeartbeatTime: "2021-04-04T02:35:58Z"
  lastTransitionTime: "2021-04-04T02:25:56Z"
  message: docker overlay2 is functioning properly
  reason: NoCorruptDockerOverlay2
  status: "False"
  type: CorruptDockerOverlay2
- lastHeartbeatTime: "2021-04-04T02:35:58Z"
  lastTransitionTime: "2021-04-04T02:25:56Z"
  message: node is functioning properly
  reason: NoFrequentUnregisterNetDevice
  status: "False"
  type: FrequentUnregisterNetDevice
- lastHeartbeatTime: "2021-04-04T02:35:58Z"
  lastTransitionTime: "2021-04-04T02:25:56Z"
  message: kubelet is functioning properly
  reason: NoFrequentKubeletRestart
  status: "False"
  type: FrequentKubeletRestart
- lastHeartbeatTime: "2021-04-04T02:35:58Z"
  lastTransitionTime: "2021-04-04T02:25:56Z"
  message: docker is functioning properly
  reason: NoFrequentDockerRestart
  status: "False"
  type: FrequentDockerRestart
- lastHeartbeatTime: "2021-04-04T02:35:58Z"
  lastTransitionTime: "2021-04-04T02:25:56Z"
  message: containerd is functioning properly
  reason: NoFrequentContainerdRestart
  status: "False"
  type: FrequentContainerdRestart
- lastHeartbeatTime: "2021-04-04T02:35:58Z"
  lastTransitionTime: "2021-04-04T02:25:56Z"
  message: kernel has no deadlock
  reason: KernelHasNoDeadlock
  status: "False"
  type: KernelDeadlock
- lastHeartbeatTime: "2021-04-04T02:35:58Z"
  lastTransitionTime: "2021-04-04T02:25:56Z"
  message: Filesystem is not read-only
  reason: FilesystemIsNotReadOnly
  status: "False"
```

```
        type: ReadonlyFilesystem
      - lastHeartbeatTime: "2021-04-04T02:26:10Z"
        lastTransitionTime: "2021-04-04T02:26:10Z"
        message: RouteController created a route
        reason: RouteCreated
        status: "False"
        type: NetworkUnavailable
      - lastHeartbeatTime: "2021-04-04T02:37:25Z"
        lastTransitionTime: "2021-04-04T02:25:50Z"
        message: kubelet has sufficient memory available
        reason: KubeletHasSufficientMemory
        status: "False"
        type: MemoryPressure
      - lastHeartbeatTime: "2021-04-04T02:37:25Z"
        lastTransitionTime: "2021-04-04T02:25:50Z"
        message: kubelet has no disk pressure
        reason: KubeletHasNoDiskPressure
        status: "False"
        type: DiskPressure
      - lastHeartbeatTime: "2021-04-04T02:37:25Z"
        lastTransitionTime: "2021-04-04T02:25:50Z"
        message: kubelet has sufficient PID available
        reason: KubeletHasSufficientPID
        status: "False"
        type: PIDPressure
      - lastHeartbeatTime: "2021-04-04T02:37:25Z"
        lastTransitionTime: "2021-04-04T02:26:22Z"
        message: kubelet is posting ready status. AppArmor enabled
        reason: KubeletReady
        status: "True"
        type: Ready
...(생략)...
```

이외에 각 쿠버네티스 노드가 소유하고 있는 도커 이미지도 확인할 수 있다.

```
$ kubectl get nodes gke-k8s-default-pool-be722c17-7ij3 -o yaml
...(생략)...
status:
...(생략)...
  images:
  - names:
    - k8s.gcr.io/ingress-nginx/controller@sha256:3dd0fac48073beaca2d67a78c746c7593f9c5
```

```
      75168a17139a9955a82c63c4b9a
    sizeBytes: 278507478
  - names:
    - gke.gcr.io/calico/node@sha256:ea105837c7d19dd79fee246e867a8edd8cac3d7836450da611
eb3ce4bd52055f
    - gke.gcr.io/calico/node:v3.8.8-1-gke.2-amd64
    sizeBytes: 235753815
  - names:
    - gke.gcr.io/calico/cni@sha256:06ff571b3d08181a8184a621851b5151736e34d2462503518d7
3123ed8a3e547
    - gke.gcr.io/calico/cni:v3.8.8-1-gke.2-amd64
    sizeBytes: 225008534
...(생략)...
```

마지막으로 노드 버전 등의 정보는 status.nodeInfo에서 확인할 수 있다. 이 status.nodeInfo 정보는 kubectl get nodes -o wide를 표시하는 정보의 바탕이 된다.

```
$ kubectl get nodes gke-k8s-default-pool-be722c17-7ij3 -o yaml
...(생략)...
status:
...(생략)...
  nodeInfo:
    architecture: amd64
    bootID: f2b34286-70f9-4941-b6eb-b87bc8439669
    containerRuntimeVersion: docker://19.3.14
    kernelVersion: 5.4.89+
    kubeProxyVersion: v1.18.16-gke.2100
    kubeletVersion: v1.18.16-gke.2100
    machineID: 2d69d332c16f10fa281912c3a5ba2b0d
    operatingSystem: linux
    osImage: Container-Optimized OS from Google
    systemUUID: 2d69d332-c16f-10fa-2819-12c3a5ba2b0d
```

여기서 설명한 정보는 kubectl describe node 명령어로도 대부분 확인할 수 있다. 프로그래밍 내부에서 처리하는 경우에는 kubectl get nodes -o yaml/json으로, 터미널에서 눈으로 직접 확인하는 경우에는 kubectl describe node로 확인하는 것이 좋다.

8.3 네임스페이스

3장에서 kubectl을 설명할 때 언급했지만, 쿠버네티스에는 네임스페이스라는 가상의 쿠버네티스 클러스터 분리 기능이 있다. 초기 상태에서 default/kube-system/kube-public/kube-node-lease와 같이 네 가지 네임스페이스가 생성되며 직접 생성도 가능하다. 네임스페이스는 리소스의 쿼터를 설정하는 리소스 쿼터나 인증을 수행하는 RBAC(Role Based Access Control)에서도 설정 범위를 지정할 때 사용할 수 있다. 그리고 다양한 쿠버네티스 주변 에코시스템을 도입할 때도 시스템마다 네임스페이스를 분리하여 생성하는 방법을 많이 사용한다.

8.3.1 네임스페이스 생성

매니페스트로 생성하는 경우 코드 8-1과 같은 파일로 생성한다. 다른 리소스와 달리 특별한 설정은 없다.

코드 8-1 네임스페이스 예제(sample-namespace.yaml)

```yaml
apiVersion: v1
kind: Namespace
metadata:
  name: sample-namespace
```

kubectl create namespace로 생성할 수도 있다.

```
# CLI로 직접 네임스페이스를 생성
$ kubectl create namespace sample-namespace
namespace/sample-namespace created
```

8.3.2 네임스페이스를 지정한 리소스 획득

네임스페이스를 지정하여 리소스를 가져오는 경우 -n 또는 --namespace 옵션을 사용한다.

```
# sample-namespace 네임스페이스의 파드 목록을 가져옴
$ kubectl get pods -n sample-namespace

# 모든 네임스페이스의 파드 목록을 가져옴
$ kubectl get pods --all-namespaces
또는
$ kubectl get pods -A
```

> **column ≡ 클러스터를 고유하게 식별하는 방법**
>
> 여러 쿠버네티스 클러스터가 존재하는 경우, 쿠버네티스 정보를 바탕으로 클러스터를 고유하게 식별하는 방법으로 kube-system 네임스페이스의 UID를 사용하는 방법이 있다.[1] kube-system 네임스페이스에는 중요한 시스템 구성 요소가 기동하고 있어 클러스터에서 지우는 일이 거의 없기 때문에 네임스페이스 리소스의 UID를 사용하여 대체할 수 있다.
>
> ```
> # kube-system 네임스페이스 UID 확인
> $ kubectl get namespace kube-system -o jsonpath="{.metadata.uid}"
> 4873f09a-07d0-49be-8df8-7def14795efc
> ```

8.4 정리

이 장에서는 클러스터 API 카테고리와 메타데이터 API 카테고리를 소개했다. 기본 지식으로 노드 리소스와 네임스페이스 리소스를 알아 두길 바란다. 다음 장부터는 그 외 클러스터 리소스와 메타데이터 리소스를 내용 중심으로 설명한다.

---

1 https://github.com/kubernetes/kubernetes/issues/77487

9장

리소스 관리와
오토 스케일링

9.1 리소스 제한

9.2 Cluster Autoscaler와 리소스 부족

9.3 LimitRange를 사용한 리소스 제한

9.4 QoS Class

9.5 리소스 쿼터를 사용한 네임스페이스 리소스 쿼터 제한

9.6 HorizontalPodAutoscaler

9.7 VerticalPodAutoscaler

9.8 정리

9.1 리소스 제한

쿠버네티스에서는 컨테이너 단위로 리소스 제한 설정이 가능하다. 서비스에 맞는 성능을 내기 위해서도 리소스 제한 설정은 필요하다. 제한이 가능한 리소스는 CPU, 메모리, Ephemeral 스토리지이지만, Device Plugins를 사용하면 GPU 등의 다른 리소스에 대해서도 제한 설정을 할 수 있다.

9.1.1 CPU/메모리 리소스 제한

CPU는 클럭 수로 지정하지 않고 1vCPU(가상 CPU)를 1,000m(millicores) 단위로 지정한다. 그래서 3GHz CPU라고 해도 1코어 정도를 지정할 경우 3,000m가 아닌 1,000m가 된다(표 9-1).

▼ 표 9-1 쿠버네티스 리소스 유형과 그 단위

리소스 유형	단위
CPU	1 = 1000m = 1 vCPU
메모리	1G = 1000M (1Gi = 1024Mi)

리소스 제한은 파드 정의 내부의 각 컨테이너 정의 부분에 포함되고 `spec.containers[].resources`의 `requests.cpu/requests.memory` 또는 `limits.cpu/limits.memory`를 지정하는 형태로 제한한다.

코드 9-1 CPU/메모리 리소스 지정 예제(sample-resource.yaml)

```
apiVersion: apps/v1
kind: Deployment
metadata:
  name: sample-resource
spec:
  replicas: 3
  selector:
    matchLabels:
      app: sample-app
  template:
    metadata:
```

```
      labels:
        app: sample-app
    spec:
      containers:
      - name: nginx-container
        image: nginx:1.16
        resources:
          requests:
            memory: "1024Mi"
            cpu: "500m"
          limits:
            memory: "2048Mi"
            cpu: "1000m"
```

Requests는 사용하는 리소스 최솟값을 지정한다. 그래서 빈 노드에 Requests로 지정한 양의 리소스가 존재하지 않으면 스케줄링되지 않는다. Limits는 사용할 리소스의 최댓값을 지정한다. Requests와 달리 노드에 Limits로 지정한 리소스가 남아 있지 않아도 스케줄링된다. 그러므로 'Requests 리소스 양 〈 Limits 리소스 양'이지만, Requests와 Limits의 차이가 아주 큰 컨테이너에서 부하가 상승하면 실제로 사용하려는 리소스 양과 차이가 있으므로 주의해야 한다(표 9-1).

▼ 그림 9-1 Requests와 Limits의 차이가 클 경우

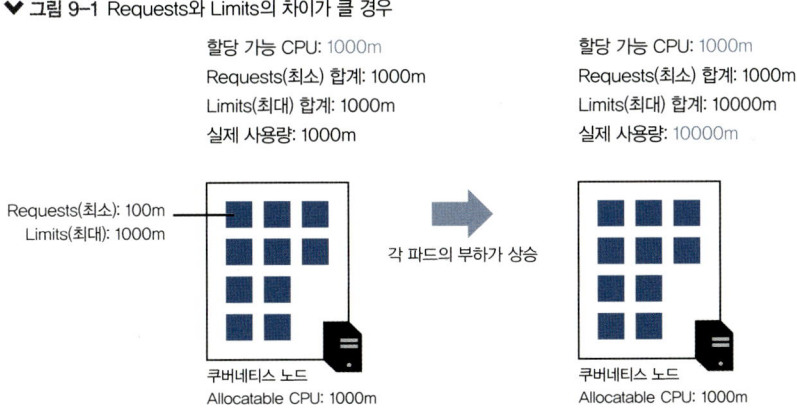

최악의 경우 할당할 수 있는 CPU의 열 배 리소스 사용량

리소스 제한을 설정한 디플로이먼트를 생성한 후 리소스 사용 현황을 확인한다. `kubectl get nodes -o yaml`로 확인할 수 있는 것은 노드의 총 리소스 양(capacity)과 할당 가능한 리소스 양(allocatable)뿐이므로 현재 리소스 사용량을 확인할 때는 `kubectl describe node`를 사용해야 한다.

```
# 노드에 할당된 리소스 현황 확인
$ kubectl describe node gke-k8s-default-pool-c110c2c4-jw9n
...(생략)...
Non-terminated Pods:          (10 in total)
  Namespace                   Name                                              CPU Requests  CPU Limits  Memory Requests  Memory Limits  AGE
  ---------                   ----                                              ------------  ----------  ---------------  -------------  ---
  default                     sample-deployment-7c67dd9675-ftgbf                 0 (0%)        0 (0%)      0 (0%)           0 (0%)         5h15m
  ingress-nginx               ingress-nginx-controller-74fd5565fb-b2xkx          100m (2%)     0 (0%)      90Mi (0%)        0 (0%)         5h15m
...(생략)...
Allocated resources:
  (Total limits may be over 100 percent, i.e., overcommitted.)
  Resource                    Requests     Limits
  --------                    --------     ------
  cpu                         693m (17%)   0 (0%)
  memory                      476Mi (3%)   760Mi (6%)
  ephemeral-storage           0 (0%)       0 (0%)
  hugepages-2Mi               0 (0%)       0 (0%)
  attachable-volumes-gce-pd   0            0
Events:                       <none>
```

Requests만 설정한 경우 Limits는 자동으로 설정되지 않고 호스트 측의 부하가 최대로 상승할 때까지 리소스를 계속 소비하려고 한다. 그 때문에 이런 파드가 많이 기동하는 노드에서 리소스 뺏기가 발생하고, 메모리의 경우 OOM(Out of Memory)으로 인해 프로세스 정지로 이어지게 된다.

코드 9-2 Requests(최소)만 리소스를 설정한 경우(sample-resource-only-requests.yaml)

```yaml
apiVersion: v1
kind: Pod
metadata:
  name: sample-resource-only-requests
spec:
  containers:
  - name: nginx-container
    image: nginx:1.16
    resources:
      requests:
        memory: 256Mi
        cpu: 200m
```

```
# 리소스 설정 확인
$ kubectl get pod sample-resource-only-requests -o json | jq ".spec.containers[].resources"
{
  "requests": {
    "cpu": "200m",
    "memory": "256Mi"
  }
}
```

반대로 Limits만 설정한 경우에는 Limits와 같은 값이 Requests에 설정되게 되어 있다. 오버커밋되는 경우 Limits뿐만 아니라 명시적으로 Requests도 설정하도록 하자.

코드 9-3 Limits(최대)만 리소스를 설정한 경우(sample-resource-only-limits.yaml)

```yaml
apiVersion: v1
kind: Pod
metadata:
  name: sample-resource-only-limits
spec:
  containers:
  - name: nginx-container
    image: nginx:1.16
    resources:
      limits:
        memory: 256Mi
        cpu: 200m
```

```
# 리소스 설정 확인
$ kubectl get pod sample-resource-only-limits -o json | jq ".spec.containers[].resources"
{
  "limits": {
    "cpu": "200m",
    "memory": "256Mi"
  },
  "requests": {
    "cpu": "200m",
    "memory": "256Mi"
  }
}
```

9.1.2 `1.18 Beta` Ephemeral 스토리지 리소스 제어

일반적으로 스토리지는 7장에서 설명한 용량 문제나 영속성 관점에서 영구 볼륨을 사용하여 그곳에 데이터를 쓰는 것이 바람직하지만, 컨테이너 재기동 시 삭제되어도 좋은 데이터의 경우에는 컨테이너 내부의 디스크 영역(간접적으로 노드 디스크 영역)을 사용할 수도 있다. 또 애플리케이션이 로그 데이터를 대량으로 출력하는 경우에도 예상치 못하게 쿠버네티스 노드의 디스크 영역을 많이 차지하는 경우가 있다. 이때 사용하는 것이 Ephemeral 스토리지 리소스 제한이다. 쿠버네티스 노드에서 기동 중인 시스템 구성 요소의 kubelet이 디스크 사용 현황을 정기적으로 모니터링하고 초과한 경우 파드는 축출(Evict)되게 되어 있다. Ephemeral 스토리지 용량으로 계산되는 것은 다음 세 가지다.

- 컨테이너가 출력하는 로그
- emptyDir에 기록된 데이터(medium: 메모리가 아닌 것)
- 컨테이너의 쓰기 가능한 레이어에 기록된 데이터

컨테이너에서 쓰기로 소비되는 양은 emptyDir에 기록된 데이터와 컨테이너의 쓰기 가능한 레이어에 기록된 데이터의 합계다. 쓰기 가능한 레이어의 데이터양은 간단히 말하면 영구 볼륨/hostPath/nfs 등이 마운트된 영역을 제외한 모든 영역에 대한 쓰기와 거의 동등하다고 보면 된다.

또한, 컨테이너 내부에서 쓰기 외에 컨테이너가 출력하는 로그도 `kubectl logs` 명령어로 확인할 수 있게 내부에 저장되어 있다. 이 로그 데이터도 Ephemeral 스토리지에 의해 계산되기 때문에 주의해야 한다.

Ephemeral 스토리지도 CPU나 메모리와 마찬가지로 Requests와 Limits에 의해 제한을 설정할 수 있다.

코드 9-4 Ephemeral 스토리지 제한 설정을 한 파드(sample-ephemeral-storage.yaml)

```yaml
apiVersion: v1
kind: Pod
metadata:
  name: sample-ephemeral-storage
spec:
  containers:
  - name: nginx-container
    image: nginx:1.16
    resources:
      requests:
```

```
        ephemeral-storage: "1024Mi"
      limits:
        ephemeral-storage: "2048Mi"
```

이번 예제에서 최대 2,048Mi를 초과하는 데이터를 쓰면 파드는 자동으로 Evict된다. 기본적으로 설정에 따라 시스템용으로 여분 리소스가 확보되거나 빠듯하게 Evict되지 않게 여분의 리소스가 확보되기도 하지만, ephemeral-storage 사용 제한을 하지 않으면 예상치 못한 데이터 쓰기로 인해 쿠버네티스 노드의 디스크 용량을 초과하여 그 노드의 모든 파드에 영향을 줄 가능성도 있으므로 주의해야 한다.

```
# 컨테이너의 쓰기 가능한 레이어에 2048MB 데이터 쓰기
$ kubectl exec -it sample-ephemeral-storage -- dd if=/dev/zero of=/dummy bs=1M count=2048

# 데이터 기록 후 파드가 Evict된 것을 확인
$ kubectl get pod sample-ephemeral-storage
NAME                       READY   STATUS    RESTARTS   AGE
sample-ephemeral-storage   0/1     Evicted   0          67s
```

또 emptyDir은 파드에서 공유하고 사용할 수 있기 때문에 여러 파드에 설정된 Limits의 합계를 초과한 경우 Evict된다. 예를 들어, 코드 9-5의 파드에는 각 컨테이너의 /cache 디렉터리에 같은 emptyDir이 마운트되어 있다. 또 각각의 컨테이너에 2GiB의 Ephemeral 스토리지 제한(Limits)이 설정되어 있다.

코드 9-5 여러 컨테이너에서 emptyDir을 공유하는 파드(sample-ephemeral-storage-multi.yaml)

```
apiVersion: v1
kind: Pod
metadata:
  name: sample-ephemeral-storage-multi
spec:
  containers:
  - name: container-a
    image: amsy810/tools:v2.0
    resources:
      requests:
        ephemeral-storage: "1024Mi"
      limits:
        ephemeral-storage: "2048Mi"
```

```
      volumeMounts:
      - mountPath: /cache
        name: cache-volume
    - name: container-b
      image: amsy810/tools:v2.0
      resources:
        requests:
          ephemeral-storage: "1024Mi"
        limits:
          ephemeral-storage: "2048Mi"
      volumeMounts:
      - mountPath: /cache
        name: cache-volume
  volumes:
  - name: cache-volume
    emptyDir: {}
```

첫 번째 컨테이너의 쓰기 가능한 레이어에 3GB 데이터를 쓰면 일정 시간 후 파드가 Evict된다.

```
# 파드를 생성한 후 컨테이너의 쓰기 가능한 레이어에 3GB 데이터 쓰기
$ kubectl exec -it sample-ephemeral-storage-multi -c container-a -- dd if=/dev/zero
of=/dummy bs=1M count=3000
3000+0 records in
3000+0 records out
3145728000 bytes (3.1 GB, 2.9 GiB) copied, 3.03353 s, 1.0 GB/s

# 일정 시간 후 파드가 Evict됨
$ kubectl get pod sample-ephemeral-storage-multi
NAME                              READY   STATUS    RESTARTS   AGE
sample-ephemeral-storage-multi    0/2     Evicted   0          75s
```

다음으로 파드를 삭제하고 다시 생성한 후 emptyDir 영역에 같은 처리를 실행한다. 이번에는 첫 번째 컨테이너의 emptyDir 영역에 3GB 데이터를 써도 두 개 파드의 Ephemeral 스토리지 제한(Limits)인 4GiB에 도달하지 않아 파드는 Evict되지 않는다. 4GiB(4,096MiB) 이상의 데이터를 쓸 때 Evict된다.

```
# 파드를 재생성한 후 emptyDir 영역에 3GB 데이터 쓰기
$ kubectl exec -it sample-ephemeral-storage-multi -c container-a -- dd if=/dev/zero
of=/cache/dummy bs=1M count=3000
3000+0 records in
```

```
3000+0 records out
3145728000 bytes (3.1 GB, 2.9 GiB) copied, 2.81332 s, 1.1 GB/s

# 일정 시간 후에도 파드는 Evict되지 않음
$ kubectl get pod sample-ephemeral-storage-multi
NAME                             READY   STATUS    RESTARTS   AGE
sample-ephemeral-storage-multi   2/2     Running   0          51s
```

9.1.3 시스템에 할당된 리소스와 Eviction 매니저

CPU/메모리/Ephemeral 스토리지의 일반적인 리소스는 완전히 고갈되면 쿠버네티스 자체가 동작하지 않거나 그 노드 전체에 영향을 미칠 수 있다. 따라서 각 노드에는 kube-reserved, system-reserved라는 두 가지 리소스가 시스템용으로 확보되어 있다.[1]

▼ 표 9-2 쿠버네티스 노드에 확보된 시스템용 리소스

설정 항목	개요
kube-reserved	쿠버네티스 시스템 구성 요소나 컨테이너 런타임에 확보된 리소스
system-reserved	OS에 깊이 관련된 데몬 등에 확보된 리소스

실제 파드에 할당 가능한 리소스(Allocatable)는 쿠버네티스 노드에 존재하는 리소스 총량에서 kube-reserved, system-reserved를 제외한 양이다(그림 9-2).

▼ 그림 9-2 쿠버네티스 노드의 리소스 할당

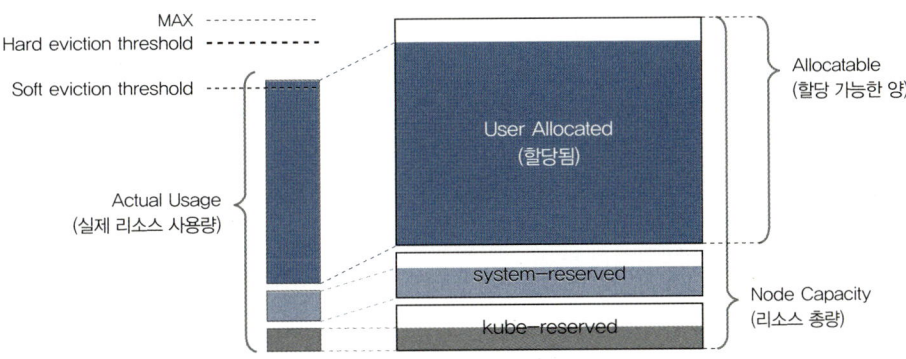

---

1 https://kubernetes.io/docs/tasks/administer-cluster/reserve-compute-resources/

노드의 리소스 양(Capacity)과 할당 가능한 양(Allocatable)은 노드 리소스에서 확인할 수 있다.

```
$ kubectl get nodes -o custom-columns="
NAME:.metadata.name, \
CPU Capacity:.status.capacity.cpu, \
CPU Allocatable:.status.allocatable.cpu, \
Mem Capacity:.status.capacity.memory, \
Mem Allocatable:.status.allocatable.memory"
NAME                                CPU Capacity    CPU Allocatable    Mem Capacity
Mem Allocatable
gke-k8s-default-pool-be722c17-7ij3  4               3920m              15369308Ki
12670044Ki
gke-k8s-default-pool-be722c17-q7hz  4               3920m              15369308Ki
12670044Ki
gke-k8s-default-pool-be722c17-walf  4               3920m              15369308Ki
12670044Ki
```

쿠버네티스 내부에서는 Eviction 매니저라는 구성 요소가 동작하며 시스템 전체가 과부하되지 않도록 관리한다. Eviction 매니저는 Allocatable, system-reserved, kube-reserved에서 실제로 사용되는 리소스 합계가 Eviction Threshold를 초과하지 않는지 정기적으로 확인하고, 초과한 경우 파드를 Evict한다(그림 9-2). 이를 통해 노드의 리소스를 100% 다 쓰지 않도록 되어 있다. 특히 메모리의 경우 100% 빠듯하게 시스템을 가동시키면 OOM이 많이 발생하므로 Eviction Threshold에 의해 OOM 발생을 일정하게 제어하고 있다.

Eviction Threshold는 soft와 hard, 두 가지가 있다. soft 제한에 걸리면 SIGTERM 신호를 보내 파드를 정지하려고 한다. 이때 terminationGracePeriodSeconds는 '파드에 설정되어 있는 값' 또는 kubelet에 지정되어 있는 '--eviction-soft-grace-period 옵션값' 중 짧은 쪽이 선택된다. 그래서 파드에 긴 terminationGracePeriodSeconds 값을 설정했다 하더라도 클러스터 제공자가 최대로 지정한 시간이 더 짧으면 더 빨리 정지되는 경우가 있으므로 주의해야 한다. 한편 hard 제한이 걸리면 바로 SIGKILL이 보내져 파드가 정지된다.

kube-reserved, system-reserved나 Eviction Threshold 설정값은 사용하는 쿠버네티스 환경이나 노드 인스턴스 유형에 따라 다르다.[2,3]

---

[2] https://kubernetes.io/docs/tasks/administer-cluster/out-of-resource/

[3] https://cloud.google.com/kubernetes-engine/docs/concepts/cluster-architecture

또 Eviction 매니저가 Evict하는 파드는 다음 우선순위에 따라 결정된다. PodPriority는 이 장 뒷부분에서 설명한다.

1. Requests에 할당된 양보다 초과하여 리소스를 소비하고 있는 것
2. PodPriority가 더 낮은 것
3. Requests에 할당된 양보다 초과하여 소비하고 있는 리소스 양이 더 많은 것

9.1.4 GPU 등의 리소스 제한

쿠버네티스 1.8 이후 Device Plugins 기능이 지원되어 GPU(NVIDIA/AMD)나 그 외 리소스도 CPU나 메모리와 마찬가지로 Requests/Limits 제한을 설정할 수 있게 되었다. FPGA/VPU(Vision Processing Unit)(머신 비전 액셀러레이터)/QAT(Quick Assist Technology)(암호 관련 워크로드 액셀러레이터)/TPU(Tensor Processing Unit)(기계 학습용 프로세서) 등의 장치도 지원하게 되었다.

엔비디아 GPU

엔비디아(NVIDIA) GPU의 경우에는 requests와 limits에 nvidia.com/gpu 리소스로 지정한다.

```
resources:
  requests:
    nvidia.com/gpu: 2
  limits:
    nvidia.com/gpu: 2
```

엔비디아의 GPU는 requests에 nvidia.com/gpu를 지정해도 GPU를 점유하지 않기 때문에 프로그램에 따라서는 경합을 일으킬 수 있다. 특별한 상황이 아니라면 requests와 limits 값을 함께 설정하여 사용하는 것을 추천한다. 그리고 limits만 지정한 경우 자동으로 같은 값이 requests에 설정되기 때문에 limits만 지정할 수도 있다.

또한, GKE에서 다음과 같이 엔비디아의 GPU를 사용할 수 있는 쿠버네티스를 생성할 수 있다.

```
# 사용할 수 있는 GPU 등의 액셀러레이터 확인
$ gcloud compute accelerator-types list
NAME                     ZONE                    DESCRIPTION
…(생략)…
nvidia-tesla-t4          asia-northeast3-c       NVIDIA Tesla T4
nvidia-tesla-t4-vws      asia-northeast3-c       NVIDIA Tesla T4 Virtual Workstation
…(생략)…

# 액셀러레이터를 지정하여 클러스터 생성(생성이 안 되는 경우 'IAM 및 관리자-할당량'에서 GPU 한도를
4로 조정)
$ gcloud beta container clusters create k8s-gpu \
--zone asia-northeast3-b \ # 존 설정
--cluster-version 1.18.16-gke.2100 \ # validMasterVersions에 있는 쿠버네티스 버전 지정
--accelerator type=nvidia-tesla-t4,count=1 # 사용할 GPU와 수를 지정

# GKE 클러스터에 접속하는 인증 정보를 가져옴
$ gcloud container clusters get-credentials k8s-gpu --zone asia-northeast3-a
```

클러스터 구축 후 쿠버네티스가 GPU를 사용할 수 있도록 자동으로 엔비디아의 드라이버를 설치하는 데몬셋을 배포해야 한다.

```
# 엔디비아의 GPU를 사용하기 위한 장치 드라이버의 인스톨러 배포
$ kubectl apply -f https://raw.githubusercontent.com/GoogleCloudPlatform/container-engine-accelerators/master/nvidia-driver-installer/cos/daemonset-preloaded.yaml
```

9.1.5 오버커밋과 리소스 부족

4장에서 설명한 순서대로 클러스터를 구축한 경우 쿠버네티스 노드에 할당 가능한 리소스를 살펴보면, CPU는 약 4코어 = 4,000m/메모리는 약 12Gi = 12,288Mi이며 세 개의 노드로 클러스터를 구성하고 있다. sample-resource 디플로이먼트는 한 개 파드당 500m CPU/1,024Mi 메모리의 Requests가 설정되어 있다. 오버커밋 동작을 테스트하기 위해 한 개 노드당 약 여덟 개의 파드가 되도록 24개 파드까지 스케일 아웃해보자.

```
# 디플로이먼트 스케일 아웃
$ kubectl scale deployment --replicas 24 sample-resource
deployment.apps/sample-resource scaled
```

```
# pending status 상태의 파드가 존재
$ kubectl get pods
NAME                              READY   STATUS    RESTARTS   AGE
sample-resource-6d8465659f-bcdl5  0/1     Pending   0          57s
sample-resource-6d8465659f-c4gqj  0/1     Pending   0          57s
sample-resource-6d8465659f-dq578  0/1     Pending   0          57s
sample-resource-6d8465659f-h4ls7  0/1     Pending   0          57s
sample-resource-6d8465659f-hzfvd  0/1     Pending   0          57s
sample-resource-6d8465659f-xht2s  0/1     Pending   0          57s

# 디플로이먼트 상태 확인
$ kubectl get deployments
NAME              READY    UP-TO-DATE   AVAILABLE   AGE
sample-resource   18/24    24           18          52s
```

이처럼 Pending 상태인 파드가 확인된다. 디플로이먼트 상태를 보더라도 Available이 18개로 되어 있으며, 여섯 개의 파드가 스케일 아웃이 되지 않는 것을 확인할 수 있다.

여기서 다시 노드의 리소스 현황을 확인해보자.

```
# 노드에 할당된 리소스 상태 확인
$ kubectl describe node gke-k8s-default-pool-c110c2c4-4zf4
...(생략)...
Non-terminated Pods:         (18 in total)
  Namespace                  Name                                                   CPU
Requests  CPU Limits  Memory Requests  Memory Limits  AGE
  ---------                  ----                                                   -------
-----     ----------  ---------------  -------------  ---
  default                    sample-resource-6d8465659f-7fc6q                       500m
(12%)     1 (25%)     1Gi (8%)         2Gi (16%)      3m2s
  default                    sample-resource-6d8465659f-8m5tv                       500m
(12%)     1 (25%)     1Gi (8%)         2Gi (16%)      3m2s
  default                    sample-resource-6d8465659f-rkhwp                       500m
(12%)     1 (25%)     1Gi (8%)         2Gi (16%)      3m2s
  default                    sample-resource-6d8465659f-rmrzd                       500m
(12%)     1 (25%)     1Gi (8%)         2Gi (16%)      3m2s
  default                    sample-resource-6d8465659f-xpbhh                       500m
(12%)     1 (25%)     1Gi (8%)         2Gi (16%)      3m23s
  default                    sample-resource-6d8465659f-zdsd5                       500m
(12%)     1 (25%)     1Gi (8%)         2Gi (16%)      3m2s
...(생략)...
Allocated resources:
```

```
(Total limits may be over 100 percent, i.e., overcommitted.)
  Resource                    Requests        Limits
  --------                    --------        ------
  cpu                         3893m (99%)     6 (153%)
  memory                      6876Mi (55%)    13048Mi (105%)
  ephemeral-storage           2Gi (4%)        4Gi (9%)
  hugepages-2Mi               0 (0%)          0 (0%)
  attachable-volumes-gce-pd   0               0
Events:
  Type     Reason              Age                From           Message
  ----     ------              ----               ----           -------
  Warning  NodeSysctlChange    30m (x2 over 6h30m) sysctl-monitor
```

확인해보면, CPU Requests(최소) 제한이 거의 꽉 찬 상태가 되었고 sample-resource 디플로이먼트가 생성하는 파드의 CPU Requests 값 500m를 허용하는 리소스가 없는 것을 알 수 있다. 그림 9-3에서는 표시하지 않는 시스템 구성 요소 파드도 포함되어 있는 것을 전제로 설명한다.

▼ 그림 9-3 Requests CPU 리소스를 할당할 수 없는 상태

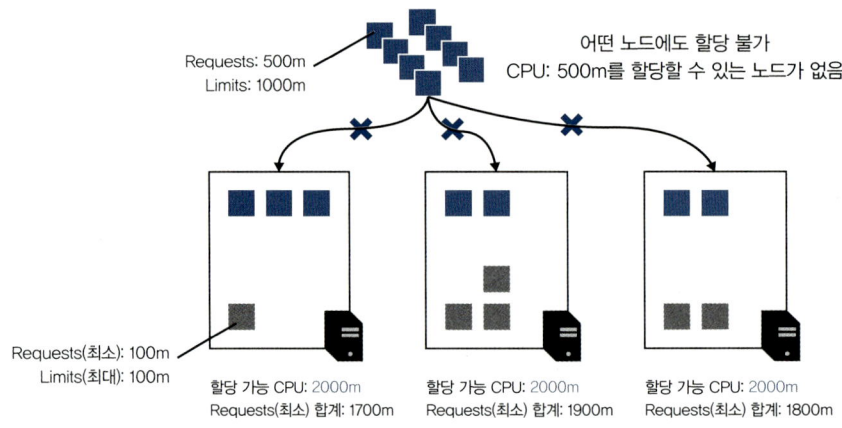

마지막으로 Pending 상태의 파드를 확인해보면 역시 스케줄링이 실패한 것을 확인할 수 있다.

```
# Pending 상태의 파드 확인
$ kubectl describe pod sample-resource-6d8465659f-bcdl5
…(생략)…
Events:
  Type     Reason            Age                  From              Message
  ----     ------            ----                 ----              -------
  Warning  FailedScheduling  32s (x10 over 10m)   default-scheduler 0/3 nodes are available: 3 Insufficient cpu.
```

생성된 파드는 CPU Requests 값 500m와 CPU Limits 값 1,000m처럼 'requests 리소스 양 〈 limits 리소스 양'으로 설정되어 있다. 이 상태에서 파드에 부하가 증가하면 노드 리소스 사용량이 100%를 초과하더라도 오버커밋하여 실행한다.

9.1.6 여러 컨테이너 사용 시 리소스 할당

파드에는 여러 컨테이너와 여러 초기화 컨테이너가 포함되어 있다. 스케줄링될 때는 파드 단위로 수행되어 필요한 리소스는 이러한 여러 컨테이너를 기반으로 계산이 이루어진다. 필요한 리소스 양은 '모든 컨테이너의 리소스 합계' 또는 '모든 초기화 컨테이너의 리소스 최댓값' 중 큰 쪽을 그 파드의 리소스 값으로 사용한다. 수식으로 표현하면 max(sum(containers[*]), max(initContainers[*]))로 나타낼 수 있다.

이번에는 테스트 삼아 sample-resource-containers.yaml을 사용하여 리소스 할당을 확인한다. CPU Requests로 그림 9-4에 있는 리소스 양을 할당하고 CPU Limits로 그 두 배를 지정한다.

▼ 그림 9-4 여러 컨테이너 사용 시 리소스 할당

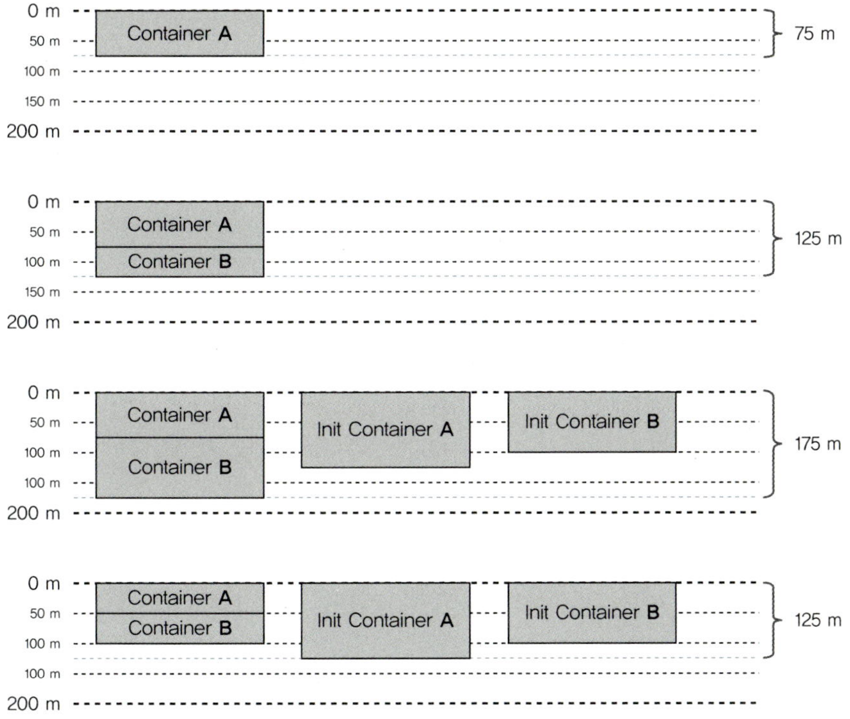

```
# 각 컨테이너와 초기화 컨테이너 할당 리소스 양 확인
$ kubectl get pods -o custom-columns="
NAME:.metadata.name, \
CON_REQ:.spec.containers[*].resources.requests.cpu, \
INITCON_REQ:.spec.initContainers[*].resources.requests.cpu, \
CON_LIM:.spec.containers[*].resources.limits.cpu, \
INITCON_LIM:.spec.initContainers[*].resources.limits.cpu"
NAME                           CON_REQ      INITCON_REQ    CON_LIM       INITCON_LIM
sample-resource-containers-1   75m          <none>         150m          <none>
sample-resource-containers-2   75m,50m      <none>         150m,100m     <none>
sample-resource-containers-3   75m,100m     125m,100m      150m,200m     250m,200m
sample-resource-containers-4   50m,50m      125m,100m      100m,100m     250m,200m
```

실제로 노드에 스케줄링된 파드에 할당된 리소스를 확인하려면 kubectl describe node를 사용하면 된다. 앞에서 설명한 것처럼 '모든 컨테이너의 리소스 합계' 또는 '모든 초기화 컨테이너의 리소스 최댓값' 중 큰 쪽이 그 파드의 리소스 값으로 계산되는 것을 확인할 수 있다. 이것은 Requests(최소)도 Limits(최대)도 모두 같다.

```
# 노드에 할당된 파드의 리소스 양 확인
$ kubectl describe node(일부 발췌)
  Namespace    Name                           CPU Requests   CPU Limits   Memory Requests  Memory Limits
  ---------    ----                           ------------   ----------   ---------------  -------------
  default      sample-resource-containers-1   75m (1%)       150m (3%)    0 (0%)           0 (0%)
  default      sample-resource-containers-2   125m (3%)      250m (6%)    0 (0%)           0 (0%)
  default      sample-resource-containers-3   175m (4%)      350m (8%)    0 (0%)           0 (0%)
  default      sample-resource-containers-4   125m (3%)      250m (6%)    0 (0%)           0 (0%)
```

9.2 Cluster Autoscaler와 리소스 부족

쿠버네티스에는 Cluster Autoscaler가 구현된 환경이 많다. Cluster Autoscaler는 쿠버네티스 클러스터 자체의 오토 스케일링을 의미하며, 수요에 따라 쿠버네티스 노드를 자동으로 추가하는 기능이다(그림 9-5).

▼ 그림 9-5 Cluster Autoscaler 이미지

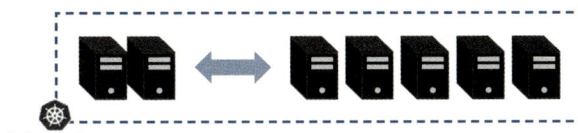

Cluster Autoscaler
쿠버네티스 노드의 오토 스케일링

GKE도 클러스터 오토 스케일링이 가능한 환경 중 하나이며 노드 풀 단위로 기능을 활성화하거나 비활성화할 수 있다. 언뜻 보기에 Cluster Autoscaler는 클러스터 전체나 각 노드의 부하 평균이 높아졌을 때 확장하는 것처럼 보인다. 그러나 실제 동작은 조금 다르다. Pending 상태의 파드가 생기는 타이밍에 처음으로 Cluster Autoscaler가 동작하게 된다. 즉, Requests와 Limits를 적절하게 설정하지 않은 상태에서는 실제 노드의 부하 평균이 낮은 상황에서도 스케일 아웃이 되거나, 부하 평균이 높은 상황임에도 스케일 아웃이 되지 않는 상황이 발생한다.

기본적으로 리소스에 의한 스케줄링은 Requests(최소)를 기준으로 이루어진다. 다시 말해 Requests를 초과하여 할당한 경우에는 최소 리소스 요청만으로 리소스가 꽉 차 버려서 신규 노드를 추가해야만 한다. 이때 실제 컨테이너 프로세스가 사용하는 리소스 사용량은 고려되지 않는다(그림 9-6).

▼ 그림 9-6 실제 부하 평균이 낮은 상황에서 오토 스케일링하는 상황

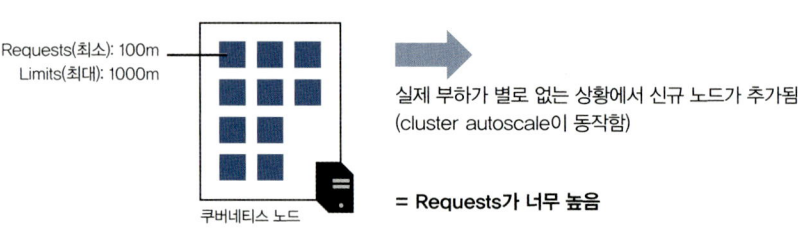

반대로 Requests를 낮게 설정한 상태에서 Limits 차이가 크게 나는 상황을 생각해보자. 각 컨테이너는 Limits로 할당된 리소스를 최대로 사용한다. 그래서 실제 리소스 사용량이 높아졌더라도 Requests 합계로 보면 아직 스케줄링이 가능하기 때문에 클러스터가 스케일 아웃하지 않는 상황이 발생한다(그림 9-7).

▼ 그림 9-7 실제 부하 평균이 높은 상황에서도 스케일 아웃하지 않는 상황

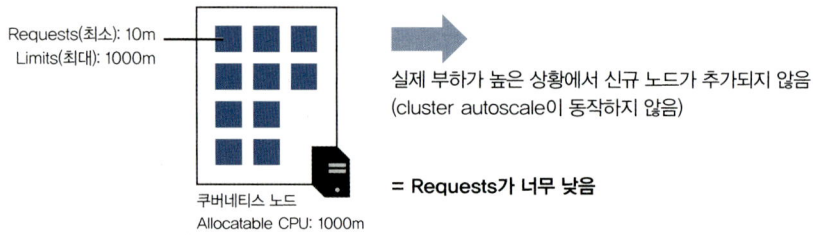

여기서는 CPU 리소스 할당을 예로 설명했지만 메모리의 경우도 마찬가지다. 기본 정책으로 'Requests와 Limits에 너무 큰 차이를 주지 않을 것', 'Requests를 너무 크게 설정하지 않을 것', 이 두 가지를 명심해 둔다. 실제 값을 정할 때 Requests와 Limits를 낮게 설정하고 성능 테스트를 하면서 올려가는 것이 좋다. 메모리의 경우, 낮게 설정하면 부하 테스트에서 OOM으로 프로세스가 kill되기(파드가 정지됨) 때문에 'OOM이 발생하지 않을 정도의 리소스 할당'을 하나의 지표로 생각하면 된다.

9.3 LimitRange를 사용한 리소스 제한

LimitRange를 사용하면 파드 등에 대해 CPU나 메모리 리소스의 최솟값과 최댓값, 기본값 등을 설정할 수 있다. LimitRange가 네임스페이스에 제한을 주려면 네임스페이스마다 설정이 필요하다. 또 LimitRange는 신규로 파드를 생성할 때 사용되므로 기존 파드에는 영향을 주지 않는다.

제한 가능한 항목은 기본 Requests/Limits와 그 비율, 최대/최소 리소스, 이렇게 총 다섯 가지다(표 9-3).

▼ 표 9-3 LimitRange 리소스로 설정 가능한 제한 항목

설정 항목	개요
default	기본 Limits
defaultRequest	기본 Requests
max	최대 리소스
min	최소 리소스
maxLimitRequestRatio	Limits/Requests의 비율

LimitRange를 설정할 수 있는 리소스는 파드/컨테이너/영구 볼륨 클레임 세 가지다. 파드에서는 max/min/maxLimitRequestRatio를, 영구 볼륨 클레임에서는 max/min만 설정 가능하다. 파드의 경우에는 파드 내부에서 사용되는 컨테이너 리소스 합계 제한으로 min과 max를 사용하고, 영구 볼륨 클레임에서는 요청 가능한 스토리지 사이즈를 제한한다. 또한, 여기서는 하나씩 나눠 설명했지만 하나의 LimitRange로 여러 타입에 제한을 설정할 수도 있다(표 9-4).

▼ 표 9-4 LimitRange를 설정할 수 있는 리소스와 설정 항목

타입	사용 가능한 설정 항목
컨테이너	default/defaultRequest/max/min/maxLimitRequestRatio
파드	max/min/maxLimitRequestRatio
영구 볼륨 클레임	max/min

9.3.1 기본으로 생성되는 LimitRange

파드나 컨테이너에 대해 리소스 제한을 전혀 하지 않을 경우 실제 노드 부하와 관계없이 계속 파드를 스케줄링한다. 스케줄러는 Requests에서 지정한 리소스를 확보할 수 있을지에 따라 스케줄링 여부를 판단한다. 그래서 모든 파드에 Requests를 지정하지 않았을 경우 스케줄러는 계속 그 노드에 스케줄링하게 된다. 리소스 소비가 과도하게 많아지면 메모리는 OOM Killer에 의해 프로세스가 정지되지만, CPU는 전체 동작이 느려져 최악의 경우 운영체제가 동작하지 않게 된다.

▼ 그림 9-8 Requests 미지정으로 인한 과도한 스케줄링

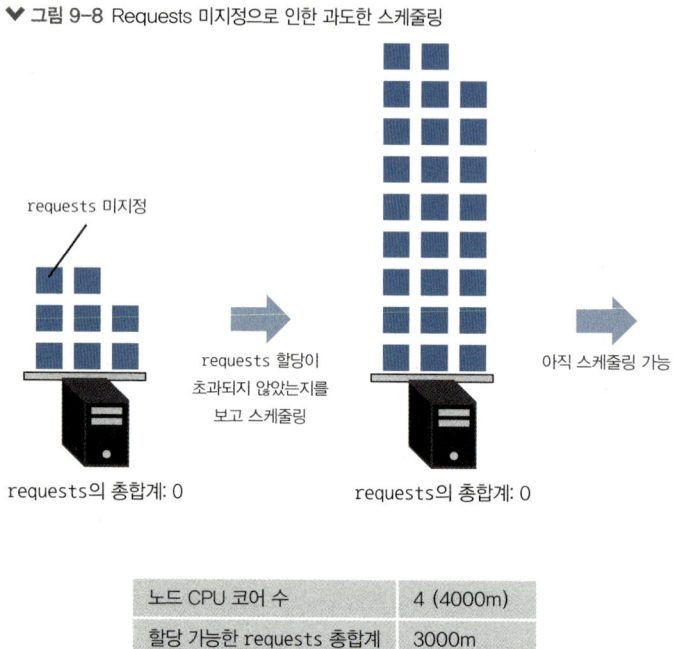

그래서 일부 환경에서는 기본 CPU Requests(최소)를 설정하는 LimitRange가 생성되어 있다. GKE의 경우 네임스페이스는 설정되어 있지만 기본 LimitRange 값은 설정되어 있지 않다.

9.3.2 컨테이너에 대한 LimitRange

컨테이너 리소스를 제한하는 경우 type: Container의 LimitRange로 설정한다. 개별적으로 컨테이너에 대해 리소스 제한을 정의하지 않고 기본 설정을 정의할 수도 있으며, 컨테이너에 허용하는 최대/최소 리소스 제한을 설정할 수도 있다. 또 maxLimitRequestRatio를 설정하면 Requests와 Limits의 차이에 따른 과도한 오버커밋도 피할 수 있다.

코드 9-6 컨테이너에 리소스 제한을 하는 LimitRange 예제(sample-limitrange-container.yaml)

```yaml
apiVersion: v1
kind: LimitRange
metadata:
  name: sample-limitrange-container
  namespace: default
spec:
  limits:
  - type: Container
    default:
      memory: 512Mi
      cpu: 500m
    defaultRequest:
      memory: 256Mi
      cpu: 250m
    max:
      memory: 1024Mi
      cpu: 1000m
    min:
      memory: 128Mi
      cpu: 125m
    maxLimitRequestRatio:
      memory: 2
      cpu: 2
```

이 LimitRange를 설정한 상태에서 5장에서도 사용한 리소스 제한을 하지 않은 파드를 기동해보면 LimitRange 값으로 설정된 것을 확인할 수 있다.

```
# 리소스 제한을 하지 않은 파드 생성
$ kubectl apply -f sample-pod.yaml
pod/sample-pod created

# 리소스 제한 설정을 확인
$ kubectl get pods sample-pod -o json | jq ".spec.containers[].resources"
{
  "limits": {
    "cpu": "500m",
    "memory": "512Mi"
  },
  "requests": {
    "cpu": "250m",
```

```
      "memory": "256Mi"
    }
}
```

이번 예제에서는 최저 CPU Requests가 125m로 되어 있기 때문에 CPU Requests 100m의 컨테이너를 생성하려고 하면 다음과 같이 에러가 발생하여 생성할 수 없다.

```
# 최저 CPU Requests보다 낮은 파드를 생성하려는 경우
$ kubectl apply -f sample-pod-overrequest.yaml
Error from server (Forbidden): error when creating "sample-pod-overrequest.yaml": pods
"sample-pod-overrequest" is forbidden: minimum cpu usage per Container is 125m, but
request is 100m
```

마찬가지로 CPU Requests 125m/CPU Limits 500m의 경우에도 Limits와 Requests 비율이 500/125=4이므로 maxLimitRequestRatio의 제한(2)을 초과하기 때문에 생성할 수 없다.

```
# Requests와 Limits의 차이가 네 배인 파드를 생성하려는 경우
$ kubectl apply -f sample-pod-overratio.yaml
Error from server (Forbidden): error when creating "sample-pod-overratio.yaml": pods
"sample-pod-overratio" is forbidden: cpu max limit to request ratio per Container is 2,
but provided ratio is 4.000000
```

9.3.3 파드에 대한 LimitRange

파드에 대해 리소스를 제한하는 경우에는 type: Pod의 LimitRange로 설정한다. 컨테이너에서 사용하는 리소스 합계로 최대/최소 리소스를 제한한다.

코드 9-7 파드에 대해 리소스를 제한하는 LimitRange 예제(sample-limitrange-pod.yaml)

```
apiVersion: v1
kind: LimitRange
metadata:
  name: sample-limitrange-pod
  namespace: default
spec:
  limits:
  - type: Pod
    max:
```

```
    memory: 2048Mi
    cpu: 2000m
  min:
    memory: 128Mi
    cpu: 125m
  maxLimitRequestRatio:
    memory: 1.5
    cpu: 1.5
```

9.3.4 영구 볼륨 클레임에 대한 LimitRange

영구 볼륨 클레임에 대해 리소스를 제한하는 경우에는 `type: PersistentVolumeClaim`의 LimitRange로 설정한다. GKE 등의 클라우드 환경에서는 DynamicProvisioning으로 간단히 영구 볼륨을 생성할 수 있지만, LimitRange를 설정해 놓으면 일정 용량 이상으로 볼륨을 생성하지 못하게 할 수 있다.

코드 9-8 영구 볼륨에 대해 리소스를 제한하는 LimitRange 예제(sample-limitrange-pvc.yaml)

```
apiVersion: v1
kind: LimitRange
metadata:
  name: sample-limitrange-pvc
  namespace: default
spec:
  limits:
  - type: PersistentVolumeClaim
    max:
      storage: 20Gi
    min:
      storage: 3Gi
```

이 예제에서는 예를 들어 25Gi의 영구 볼륨 클레임을 생성하려고 해도 용량 초과로 생성할 수 없다.

```
$ kubectl apply -f sample-pvc-fail.yaml
Error from server (Forbidden): error when creating "sample-pvc-fail.yaml":
persistentvolumeclaims "sample-pvc-fail" is forbidden: maximum storage usage per
PersistentVolumeClaim is 20Gi, but request is 25Gi
```

9.4 QoS Class

파드에는 Requests/Limits 설정에 따라 자동으로 QoS Class 값이 설정되게 되어 있다. QoS Class는 사용자가 직접 설정하지 않고 표 9-5의 조건을 바탕으로 쿠버네티스의 Status에 자동으로 설정되는 값이다.

▼ 표 9-5 QoS Class와 조건

QoS Class	조건	우선순위
BestEffort	Requests/Limits 모두 미지정	3
Guaranteed	Requests/Limits가 같고 CPU와 메모리 모두 지정되어 있음	1
Burstable	Guaranteed를 충족하지 못하고 한 개 이상의 Requests/Limits가 설정되어 있음	2

이 QoS Class는 쿠버네티스가 컨테이너에 oom score를 설정할 때 사용된다(표 9-6). oom score는 OOM Killer에 의해 프로세스를 정지시킬 때 우선순위 값으로 -1,000(최고 순위)~1,000(최저 순위) 범위에서 설정한다. Burstable의 경우에는 메모리의 Requests가 많은 쪽이 우선순위가 높고 2~999 사이의 값이 설정된다. 이 구조에 의해 메모리 사용량이 노드 최댓값을 넘어 OOM Killer에 의해 컨테이너를 정지시킬 때 BestEffort, Burstable, Guaranteed의 순서로 정지한다. Guaranteed의 경우에는 쿠버네티스 시스템 구성 요소(oom score = -999) 외에 우선순위가 높은 컨테이너가 없어서 좀 더 안정적인 실행이 가능하다.

▼ 표 9-6 QoS Class와 oom score 값

QoS Class	조건
BestEffort	1000
Guaranteed	-998
Burstable	min(max(2, 1000 - (1000 * 메모리의 Requests) / 머신 메모리 용량), 999)

QoS Class는 파드의 `status.qosClass`에서 확인할 수 있다.

```
# 파드 목록과 QoS Class 할당 표시
$ kubectl get pods -o custom-columns="NAME:{.metadata.name},QoS Class:{.status.qosClass}"
NAME                    QoS Class
```

```
sample-qos-besteffort      BestEffort
sample-qos-burstable       Burstable
sample-qos-guaranteed      Guaranteed
```

여기서는 QoS Class 동작 확인을 위해 미리 모든 LimitRange 리소스를 삭제해 두자.

```
# 모든 LimitRange 리소스 삭제
$ kubectl delete limitranges --all
limitrange "limits" deleted
```

9.4.1 BestEffort

BestEffort는 리소스 제한이 전혀 없는 상태다. LimitRange가 설정된 환경에서는 지정되지 않는 경우에도 자동으로 리소스 제한이 설정되므로 BestEffort의 QoS Class는 되지 않는다.

코드 9-9 QoS Class가 BestEffort인 파드 예제(sample-qos-besteffort.yaml)

```yaml
apiVersion: v1
kind: Pod
metadata:
  name: sample-qos-besteffort
spec:
  containers:
  - name: nginx-container
    image: nginx:1.16
```

9.4.2 Guaranteed

Guaranteed는 최소한으로 사용하는 리소스와 최대한으로 사용하는 리소스에 차이가 없는 상태다. 앞에서 설명했지만, Requests와 Limits의 차이가 큰 파드가 있으면 그 파드(노이지 네이버(noisy neighbor))에 노드의 리소스를 많이 소비하게 되어 다른 파드에 영향을 줄 수 있으므로 주의해야 한다. 모든 파드의 QoS Class를 Guaranteed로 한다면, 부하 증가에 따른 다른 파드로의 영향을 피할 수 있는 장점이 있다. 하지만 집약률이 낮아지는 단점도 생긴다.

코드 9-10 QoS Class가 Guaranteed인 파드 예제(sample-qos-guaranteed.yaml)

```yaml
apiVersion: v1
kind: Pod
metadata:
  name: sample-qos-guaranteed
spec:
  containers:
  - name: nginx-container
    image: nginx:1.16
    resources:
      requests:
        memory: "1024Mi"
        cpu: "500m"
      limits:
        memory: "1024Mi"
        cpu: "500m"
```

9.4.3 Burstable

Burstable은 가장 잘 설정된 QoS Class다. 특정 리소스만 제한을 설정하거나 Requests보다 Limits가 큰 경우 Burstable이 할당된다. 이름 그대로 변동 요소가 크기 때문에 최악의 경우 노드가 과부하를 받을 가능성이 있다.

코드 9-11 QoS Class가 Burstable인 파드 예제(sample-qos-burstable.yaml)

```yaml
apiVersion: v1
kind: Pod
metadata:
  name: sample-qos-burstable
spec:
  containers:
  - name: nginx-container
    image: nginx:1.16
    resources:
      requests:
        cpu: "250m"
      limits:
        cpu: "500m"
```

9.5 리소스 쿼터를 사용한 네임스페이스 리소스 쿼터 제한

리소스 쿼터(ResourceQuota)를 사용하여 각 네임스페이스마다, 즉 가상 쿠버네티스 클러스터마다 사용 가능한 리소스를 제한할 수 있다. 리소스 쿼터는 생성이나 변경으로 그 시점에 제한이 걸린 상태가 되어도 이미 생성된 리소스에는 영향을 주지 않기 때문에 주의해야 한다.

리소스 쿼터는 크게 '생성 가능한 리소스 수 제한'과 '리소스 사용량 제한'으로 나눌 수 있다.

코드 9-12 리소스를 제한하는 리소스 쿼터 예제(sample-resourcequota.yaml)

```yaml
apiVersion: v1
kind: ResourceQuota
metadata:
  name: sample-resourcequota
  namespace: default
spec:
  hard:
    # 생성 가능한 리소스 수
    count/configmaps: 10
```

kubectl describe resourcequota 명령어로 현재 사용 현황과 쿼터를 확인할 수 있다.

```
# 현재 사용 현황과 쿼터 확인
$ kubectl describe resourcequota sample-resourcequota
Name:             sample-resourcequota
Namespace:        default
Resource          Used  Hard
--------          ----  ----
count/configmaps  4     10
```

테스트 삼아 열 개로 제한한 상태에서 컨피그맵을 11개 생성해보면(앞에서 이미 네 개를 사용하고 있기 때문에 합쳐서 11개째가 되는 일곱 개째에서는 생성되지 않는다), 리소스 쿼터 값을 초과하여 11개째는 생성할 수 없다. 그리고 이미 열 개가 있는 상태에서 리소스 쿼터 제한을 열 개 미만으로 설정해도 기존 컨피그맵이 삭제되지는 않는다.

```
# 컨피그맵 11개 생성
$ for i in `seq 1 7`; do kubectl create configmap conf-$i --from-literal=key1=val1; done
configmap/conf-1 created
…(생략)…
configmap/conf-6 created
Error from server (Forbidden): configmaps "conf-7" is forbidden: exceeded quota: sample-resourcequota, requested: count/configmaps=1, used: count/configmaps=10, limited: count/configmaps=10
```

9.5.1 생성 가능한 리소스 수 제한

리소스 수 지정은 쿠버네티스 v1.9 이후 count/RESOURCE.GROUP 구문을 사용하게 되었다. 예를 들어 디플로이먼트라면 count/deployments.apps나 count/deployments.extensions로 지정할 수 있으며, 범용적으로 만들어져 있어 여러 리소스에 대한 쿼터 제한을 할 수 있다.

코드 9-13 리소스 수를 제한하는 리소스 쿼터 예제(새로운 방식)(sample-resourcequota-count-new.yaml)

```
apiVersion: v1
kind: ResourceQuota
metadata:
  name: sample-resourcequota-count-new
  namespace: default
spec:
  hard:
    # 생성 가능한 리소스 수(새로운 방식)
    count/persistentvolumeclaims: 10
    count/services: 10
    count/secrets: 10
    count/configmaps: 10
    count/replicationcontrollers: 10
    count/deployments.apps: 10
    count/replicasets.apps: 10
    count/statefulsets.apps: 10
    count/jobs.batch: 10
    count/cronjobs.batch: 10
    count/deployments.extensions: 10
```

한편 이전 방식에도 장점은 있다. 이전 방식에서는 서비스의 type(LoadBalancer나 NodePort 등의 종류)에 따라 쿼터 설정을 하거나 스토리지클래스별로 영구 볼륨 클레임 수를 제한할 수 있다. 이외에 새로운 방식으로 지정할 수 있는 리소스 수를 제한하는 것도 가능하지만, 단순한 리소스 수를 제한하는 경우에는 count/services의 새로운 방식을 사용하는 것이 수의 제한을 직관적으로 볼 수 있어 좋을 것이다.

코드 9-14 리소스 수를 제한하는 리소스 쿼터 예제(이전 방식)(sample-resourcequota-count-old.yaml)

```yaml
apiVersion: v1
kind: ResourceQuota
metadata:
  name: sample-resourcequota-count-old
  namespace: default
spec:
  hard:
    # 생성 가능한 리소스 수(이전 방식)
    # count/*의 새로운 방식으로는 지정 불가
    sample-storageclass.storageclass.storage.k8s.io/persistentvolumeclaims: 10
    services.loadbalancers: 10
    services.nodeports: 10

    # count/*의 새로운 방식으로도 지정 가능
    pods: 10
    persistentvolumeclaims: 10
    replicationcontrollers: 10
    secrets: 10
    configmaps: 10
    services: 10
    resourcequotas: 10
```

9.5.2 리소스 사용량 제한

리소스 사용량도 제한할 수 있다. CPU나 메모리에 대해 컨테이너에 할당 가능한 리소스 양을 제한할 수 있다. 스토리지는 Limits가 존재하지 않고 Requests만 지정 가능하며 스토리지클래스마다 제한을 둘 수 있다. 예를 들어 SSD가 할당되는 스토리지클래스에서는 100GB까지, HDD가 할당되는 스토리지클래스에서는 500GB까지라고 하는 제한도 설정할 수 있다. ephemeralstorage는 이 책을 집필하는 시점에서는 알파 기능이지만 파드가 일시적으로 사용하는 디스크 영역의 용량을 제한할 수 있다. 그 외에 GPU 등의 확장 리소스에 대한 제한도 설정할 수 있다.

코드 9-15 리소스의 사용량을 제한하는 리소스 쿼터 예제(sample-resourcequota-usable.yaml)

```yaml
apiVersion: v1
kind: ResourceQuota
metadata:
  name: sample-resourcequota-usable
  namespace: default
spec:
  hard:
    # Requests로 사용량 제한
    requests.memory: 2Gi
    requests.storage: 5Gi
    sample-storageclass.storageclass.storage.k8s.io/requests.storage: 5Gi
    requests.ephemeral-storage: 5Gi
    requests.nvidia.com/gpu: 2
    # Limits로 사용량 제한
    limits.cpu: 4
    limits.ephemeral-storage: 10Gi
    limits.nvidia.com/gpu: 4
```

또한, 리소스 쿼터가 설정된 경우에는 제한이 걸린 항목 설정이 필수다. 이번 예제에서는 `requests.memory`와 `limits.cpu`에 제한이 설정되어 있기 때문에 이 설정을 하지 않은 파드는 기동되지 않으므로 주의해야 한다. 디플로이먼트나 스테이트풀셋 등도 마찬가지다.

```
# 리소스 지정을 하지 않은 파드를 기동하려고 한 경우
$ kubectl apply -f sample-pod.yaml
Error from server (Forbidden): error when creating "sample-pod.yaml": pods "sample-pod" is forbidden: failed quota: sample-resourcequota-usable: must specify limits.cpu,requests.memory
```

다음 장을 진행하기 전에 위와 같은 문제가 발생한 리소스는 삭제하자.

9.6 HorizontalPodAutoscaler

HorizontalPodAutoscaler(HPA)는 디플로이먼트/레플리카셋/레플리케이션 컨트롤러의 레플리카 수를 CPU 부하 등에 따라 자동으로 스케일하는 리소스다(그림 9-9). 부하가 높아지면 스케일아웃하고, 부하가 낮아지면 스케일 인된다. 또 파드에 Resource Requests가 설정되어 있지 않은 경우에는 동작하지 않는다.

▼ 그림 9-9 HorizontalPodAutoscaler 이미지

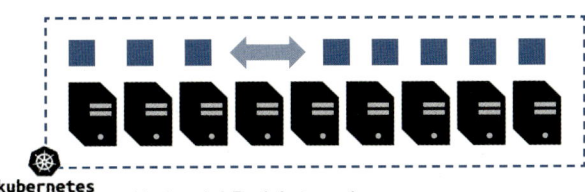

Horizontal Pod Autoscaler
파드(디플로이먼트의 레플리카 수)의 오토 스케일링

HorizontalPodAutoscaler는 30초에 한 번 꼴로 오토 스케일링 여부를 확인한다. 구체적으로는 다음 수식에서 필요한 레플리카 수를 계산한다(ceil 함수는 소수점 첫째 자리에서 올림하여 정수 값을 리턴하는 함수)(그림 9-10).

- 필요한 레플리카 수 = ceil(sum(파드의 현재 CPU 사용률) / targetAverageUtilization)

▼ 그림 9-10 HorizontalPodAutoscaler의 필요한 레플리카 수 계산

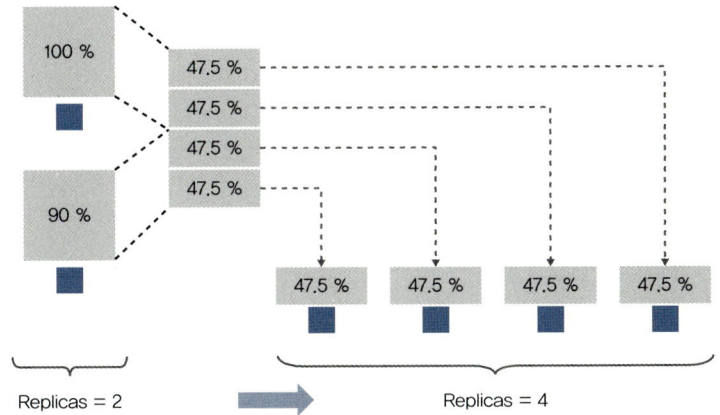

필요한 레플리카 수 = ceil(sum(파드의 현재 CPU 사용률) / targetAverageUtilization)
= ceil((100% + 90%) / 50%) = ceil (190 / 50) = ceil (3.8) = 4

CPU 사용률은 metrics-server(구 Heapster)에서 가져온 각 파드의 1분간 평균값을 사용한다. 최대 3분에 1회 스케일 아웃을 실행하고, 최대 5분에 1회 스케일 인을 실행함으로써 기동 시에만 CPU의 부하가 상승하는 메트릭 노이즈 영향을 최소화할 수 있다. 일반적으로 스케일 아웃은 빨리해야 하지만, 스케일 인은 그렇게까지 중요하지 않아 이런 차이가 있다. 그리고 스케일링의 실행 조건은 다음과 같은 조건식으로 결정된다. 이는 파드 수가 매우 많은 경우 등은 어느 정도 허용되고 세밀한 스케일링이 실행되지 않도록 고려된 조건식이다.

- 스케일 아웃 조건식
    - avg(파드의 현재 CPU 사용률) / targetAverageUtilization > 1.1
- 스케일 인 조건식
    - avg(파드의 현재 CPU 사용률) / targetAverageUtilization < 0.9

HorizontalPodAutoscaler에서는 스케일 조건과 최저 레플리카 수/최고 레플리카 수를 지정한다.

코드 9-16 HorizontalPodAutoscaler 예제(sample-hpa.yaml)

```yaml
apiVersion: autoscaling/v2beta1
kind: HorizontalPodAutoscaler
metadata:
  name: sample-hpa
spec:
  scaleTargetRef:
    apiVersion: apps/v1
    kind: Deployment
    name: sample-hpa-deployment
  minReplicas: 1
  maxReplicas: 10
  metrics:
  - type: Resource
    resource:
      name: cpu
      targetAverageUtilization: 50
```

kubectl로 직접 생성할 수도 있다.

```
# CLI로 HorizontalPodAutoscaler 생성
$ kubectl autoscale deployment sample-deployment --cpu-percent=50 --min=1 --max=10
horizontalpodautoscaler.autoscaling/sample-deployment autoscaled
```

5장에서 사용한 디플로이먼트를 사용하여 HPA 동작을 확인한다. 서비스를 통해 Apache Bench로 부하를 주면서 HorizontalPodAutoscaler의 변화를 확인해보면 50%를 넘는 타이밍에 레플리카 수가 증가하고 있다. 레플리카 수를 증가시킨 결과, CPU 사용률이 63%까지 떨어지는 것을 확인할 수 있다. 이 예제에서는 Apache Bench로 부하를 주고 있으며, 전달되는 요청량이 증가함에 따라 부하도 증가하고 있어서 CPU 사용률이 줄어들지 않았다. 이와 같이 CPU 사용률을 기준으로 파드를 오토 스케일링할 수 있다.

```
# HPA 상태 확인(일부 내용 생략)
$ kubectl get horizontalpodautoscalers --watch
NAME          REFERENCE                          TARGETS    MINPODS   MAXPODS   REPLICAS
AGE
sample-hpa    Deployment/sample-hpa-deployment   1%/50%     1         10        1
28m
sample-hpa    Deployment/sample-hpa-deployment   1%/50%     1         10        1
29m
sample-hpa    Deployment/sample-hpa-deployment   1%/50%     1         10        1
29m
sample-hpa    Deployment/sample-hpa-deployment   101%/50%   1         10        1
29m
sample-hpa    Deployment/sample-hpa-deployment   101%/50%   1         10        3
30m
sample-hpa    Deployment/sample-hpa-deployment   100%/50%   1         10        3
30m
sample-hpa    Deployment/sample-hpa-deployment   63%/50%    1         10        3
30m
sample-hpa    Deployment/sample-hpa-deployment   63%/50%    1         10        4
31m
```

위 예제에서는 기본으로 사용할 수 있는 CPU 사용률을 사용한 HorizontalPodAutoscaler를 사용했다. 이외에도 Custom Metrics를 사용하여 임의의 지표에 따라 오토 스케일링을 할 수 있다. CPU 이외의 리소스를 사용하여 오토 스케일링을 하는 경우에는 프로메테우스(Prometheus)나 그 외의 메트릭 서버와 연계하기 위한 설정이 별도로 필요하다(표 9-7).

▼ 표 9-7 HorizontalPodAutoscaler에서 사용 가능한 메트릭의 종류

종류	내용
Resource	CPU/메모리 리소스
Object	쿠버네티스 Object 메트릭(예: 인그레스 hits/s)
Pods	파드 메트릭(예: 파드 커넥션 수)
External	쿠버네티스 외부의 메트릭(예: LB의 QPS, Cloud Pub/Sub에 쌓여 있는 메시지 수)

그 외 지표에 따른 오토 스케일링에 대해서는 구글이 작성한 블로그[4]를 참고하길 바란다.

9.6.1 `1.18 Beta` HorizontalPodAutoscaler 스케일링 동작 설정

쿠버네티스 1.18부터 도입된 autoscaling/v2beta2의 HorizontalPodAutoscaler에서 spec. behavior 필드가 추가되어 오토 스케일링 빈도나 증감 가능한 레플리카 수 같은 동작을 리소스 단위로 설정할 수 있게 되었다. autoscaling/v2beta1에서는 쿠버네티스 클러스터 관리자가 시스템 구성 요소에 대해 통일되게 설정해야 해서 응용 프로그램마다 조건을 변경할 수 없었다.

코드 9-17 스케일링 동작을 설정한 HorizontalPodAutoscaler 예제(sample-hpa-behavior.yaml)

```yaml
apiVersion: autoscaling/v2beta2
kind: HorizontalPodAutoscaler
metadata:
  name: sample-hpa-behavior
spec:
  scaleTargetRef:
    apiVersion: apps/v1
    kind: Deployment
    name: sample-hpa-deployment
  minReplicas: 1
  maxReplicas: 10
  metrics:
  - type: Resource
    resource:
      name: cpu
      targetAverageUtilization: 50
```

---

4 https://cloud.google.com/blog/products/gcp/beyond-cpu-horizontal-pod-autoscaling-comes-to-google-kubernetes-engine

```yaml
behavior:
  scaleDown:
    stabilizationWindowSeconds: 300
    policies:
    - type: Percent
      value: 100
      periodSeconds: 15
  scaleUp:
    stabilizationWindowSeconds: 0
    policies:
    - type: Percent
      value: 100
      periodSeconds: 15
    - type: Pods
      value: 4
      periodSeconds: 15
    selectPolicy: Max
```

spec.behavior에는 스케일 인(ScaleDown)과 스케일 아웃(ScaleUp) 각각에 대해 여러 정책을 정의한다. 정책에는 일정 기간 증감 가능한 레플리카 수를 제한하는 정의를 기술한다. 증감 가능한 레플리카 수 제한에는 현재 레플리카 수에 대한 백분율(type: Percent) 또는 정숫값(type: Pod)을 지정할 수 있다. 코드 9-17의 예제는 스케일 아웃 정책으로 '15초 동안 100% 증가(레플리카 수가 배가 된다)', '15초 동안 네 개 파드 추가'라는 두 개의 정책이 설정되어 있다. 또 type: Percent에 200%가 지정된 경우는 15초 동안 최대 세 배(100%+200%)의 레플리카 수가 되는 것을 의미한다.

selectPolicy에는 여러 개의 지정된 정책 중 어떤 값을 선택할지 지정한다(표 9-8). 예를 들어 코드 9-17에서는 스케일 아웃 정책으로 '15초 동안 100% 증가(레플리카 수가 배가 된다)', '15초 동안 네 개 파드 추가'라는 두 개의 정책이 정의되어 있지만, 그중 최댓값(selectPolicy: Max)이 선택된다. 즉, 레플리카 수가 두 개 파드 상태에서 12개 파드로 증가해야 하는 경우, 첫 스케일 아웃 시점에서 '100% 추가(두 개 파드)' 또는 '네 개 파드 추가' 중 최댓값인 네 개 파드가 추가되고 총 여섯 개의 파드가 된다. 그리고 나서 15초 후 '100% 추가(여섯 개 파드)' 또는 '네 개 파드 추가' 중 최댓값인 여섯 개 파드가 추가되고 총 12개의 파드가 된다. 반대로 selectPolicy: Min은 여러 개의 정책 중 최솟값을 선택하게 된다.

특수한 값으로 Disabled가 선택된 경우 스케일 아웃 또는 스케일 인이 비활성화된다. 예를 들어 spec.behavior.scaleDown.selectPolicy만을 Disabled로 지정한 경우 스케일 아웃만 실행되고 스케일 인은 실행되지 않게 할 수 있다.

이처럼 지정한 기간 안에 변경 가능한 레플리카 수를 HorizontalPodAutoscaler 단위로 제한할 수 있다.

▼ 표 9-8 selectPolicy 선택 항목

종류	내용
Min	지정한 기간 동안 최소 변화량으로 제한을 설정한다.
Max	지정한 기간 동안 최대 변화량으로 제한을 설정한다.
Disabled	스케일링을 비활성화한다.

stabilizationWindowSeconds는 레플리카 수가 빈번하게 증감하는 것을 방지하고 트래픽 스파이크로 레플리카 수가 급감하거나 급증하는 것을 피하기 위한 설정이다. stabilizationWindowSeconds에서 지정된 기간 동안 추천 레플리카 수를 바탕으로 레플리카 수를 결정한다. 스케일 인의 경우에는 지정한 기간 동안 최댓값이 선택되고, 스케일 아웃인 경우에는 지정한 기간 동안 최솟값을 선택하게 된다. 이 기능은 주로 레플리카 수가 갑자기 감소하는 것을 막기 위해 사용하는 것이 좋다.

stabilizationWindowSeconds가 0인 경우 바로 추천 레플리카 수로 변경한다. 그래서 스케일 아웃인 경우에는 stabilizationWindowSeconds=0으로 지정해 두는 것이 좋다.

9.7 VerticalPodAutoscaler

앞에서 설명했지만, 파드에 할당하는 CPU/메모리의 Requests(할당)는 실제로 성능을 측정하여 적절한 값을 설정해야 하므로 서비스 환경에 배포하지 않으면 조절이 어려울 수 있다. 이 Requests 값은 적절한 범위로 조절해 두지 않으면 실제로 사용되는 리소스 양과 할당된 리소스 양에 차이가 생겨 리소스 부족으로 인해 동작이 불안정해지거나 반대로 리소스 과잉으로 인해 낭비가 생기기도 한다.

이 문제를 해결하는 것이 VerticalPodAutoscaler(VPA)[5]이다. VerticalPodAutoscaler는 컨테이너에 할당하는 CPU/메모리 리소스의 할당을 자동으로 스케일해주는 기능이다. HorizontalPodAutoscaler가 파드를 스케일 아웃했다면 VerticalPodAutoscaler는 파드를 스케일 업한다(그림 9-11).

❤ 그림 9-11 VerticalPodAutoscaler 이미지

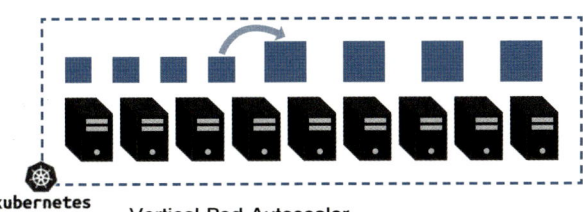

Vertical Pod Autoscaler
파드 리소스 할당을 자동으로 스케일링

이번에는 VerticalPodAutoscaler로 스케일 업하는 디플로이먼트에서 파드에 여러 컨테이너가 포함되어 있어 각각의 리소스에 Requests와 Limits가 설정되어 있다고 가정하자.

코드 9-18 이번 스케일 업 대상인 디플로이먼트 예제(sample-vpa-deployment.yaml)

```yaml
apiVersion: apps/v1
kind: Deployment
metadata:
  name: sample-vpa-deployment
spec:
  replicas: 4
  selector:
    matchLabels:
      app: sample-app
  template:
    metadata:
      labels:
        app: sample-app
    spec:
      containers:
      - name: vpa-container
        image: amsy810/tools:v2.0
        resources:
          requests:
```

---

5 https://github.com/kubernetes/autoscaler/tree/master/vertical-pod-autoscaler

```
          cpu: 300m
          memory: 300Mi
    - name: no-vpa-container
      image: amsy810/tools:v2.0
      resources:
        requests:
          cpu: 100m
          memory: 100Mi
```

VerticalPodAutoscaler 설정은 주로 '대상이 되는 워크로드 리소스', '파드 내부 컨테이너 제한', '업데이트 정책'이라는 세 부분으로 구성되어 있다. 예를 들어 코드 9-19의 예제에서는 HPA와 같이 대상이 되는 디플로이먼트를 지정하고 있다.

코드 9-19 VerticalPodAutoscaler 예제(sample-vpa.yaml)

```
apiVersion: autoscaling.k8s.io/v1
kind: VerticalPodAutoscaler
metadata:
  name: sample-vpa
spec:
  targetRef:
    apiVersion: apps/v1
    kind: Deployment
    name: sample-vpa-deployment
  updatePolicy:
    updateMode: Auto # Requests 업데이트 시 파드를 재생성함
  resourcePolicy:
    containerPolicies:
    - containerName: no-vpa-container
      mode: "Off" # 오토 스케일링 대상 외
    - containerName: "*" # 지정하지 않은 나머지 모든 컨테이너
      mode: Auto # 오토 스케일링 대상
      minAllowed:
        memory: 300Mi
      maxAllowed:
        memory: 1000Mi
      controlledResources: ["cpu", "memory"]
```

VerticalPodAutoscaler에서는 컨테이너 이름(containerName)을 지정하고 각각의 컨테이너에 오토 스케일링 활성화를 지정하면 할당 가능한 리소스 제약(minAllowed/maxAllowed)을 설정할 수 있다. 이번 예제에는 no-vpa-container 컨테이너와 지정하지 않은 나머지 모든 컨테이너 [*]

각각에 지정하고 있다. 또한, vpa-*와 같은 정규 표현식은 사용할 수 없다. 각각의 컨테이너에는 VPA 대상 여부 설정 mode(Off/Auto) 또는 할당 가능한 리소스의 최솟값 minAllowed, 최댓값 maxAllowed를 지정할 수 있다.

(이 책을 집필하는 시점에) Requests를 변경하려면 파드 재기동이 필요하다. 또 Requests 변경으로 성능에 악영향을 미칠 수도 있다. 그래서 추천값을 계산만 하고 참고값으로만 확인할 수 있게 할지, 자동으로 스케일 업까지 할지 선택할 수 있도록 되어 있다. VerticalPodAutoscaler는 Requests의 추천값을 계산한 후의 동작을 표 9-9 중에서 선택할 수 있다. 앞으로 파드 재기동 없이 Requests를 변경하는 InPlace도 선택할 수 있게 될 것이다. 현재 InPlace는 구현되어 있지 않아 추천값이 변경될 때 Requests를 변경하는 Auto는 Recreate와 같다.

❤ 표 9-9 VerticalPodAutoscaler에서 사용 가능한 updateMode

updateMode	내용
Off	Requests의 추천값을 계산만 하고 실제 변경은 없음
Initial	파드가 재생성된 시점에만 추천값을 Requests로 변경
Recreate	추천값이 변경될 때 파드가 재생성되고 Requests를 변경
InPlace (미구현)	추천값이 변경될 때 파드를 기동한 상태로 Requests를 변경
Auto	추천값이 변경될 때 InPlace 또는 Recreate로 Requests를 변경

예를 들어, 이번 예제용 디플로이먼트의 초기 상태는 300m CPU와 500Mi 메모리가 Requests로 지정되어 있다.

```
# 각 컨테이너의 할당 리소스 양 확인
$ kubectl get pods -o custom-columns="
NAME:.metadata.name, \
CPU_REQ:.spec.containers[*].resources.requests.cpu, \
MEM_REQ:.spec.containers[*].resources.requests.memory"
NAME                                      CPU_REQ      MEM_REQ
sample-vpa-deployment-6b75db887-28br8     300m,100m    300Mi,100Mi
sample-vpa-deployment-6b75db887-5npdb     300m,100m    300Mi,100Mi
sample-vpa-deployment-6b75db887-fc8k9     300m,100m    300Mi,100Mi
sample-vpa-deployment-6b75db887-knhpf     300m,100m    300Mi,100Mi
```

VerticalPodAutoscaler는 추천값을 계산하면 각 컨테이너마다 몇 개의 파라미터를 출력한다. 다음 결과는 예제용 디플로이먼트를 일정 시간 동안 아무것도 하지 않고 둔 결과다.

```
# VerticalPodAutoscaler 상태 확인
$ kubectl describe vpa sample-vpa
…(생략)…
  Recommendation:
    Container Recommendations:
      Container Name:  vpa-container
      Lower Bound:
        Cpu:     1m
        Memory:  300Mi
      Target:
        Cpu:     1m
        Memory:  300Mi
      Uncapped Target:
        Cpu:     1m
        Memory:  2097152
      Upper Bound:
        Cpu:     800m
        Memory:  1000Mi
Events:            <none>
```

각각의 파라미터의 의미는 표 9-10과 같다. Lower Bound는 그 컨테이너에 최소한으로 필요한 리소스 양으로, 이 양을 밑도는 경우 성능에 큰 영향을 미칠 수 있다. 반대로 Upper Bound는 그 컨테이너가 사용하는 리소스의 최대량으로, 이 양을 초과하는 경우 리소스가 사용되지 않고 낭비될 수 있다. Target은 그 컨테이너가 가장 효율적으로 리소스를 사용할 수 있는 추천값이다. 컨테이너의 Requests를 변경할 때 이 값이 사용된다. 유사한 항목으로 Uncapped Target이 있지만, 이것은 할당 가능한 리소스 제약(minAllowed/maxAllowed)을 고려하지 않고 실제 리소스 사용량만을 기준으로 계산된 추천값이다. 그래서 참조값으로만 표시하고 Requests 변경에는 사용되지 않는다(그림 9-12).

▼ 표 9-10 VerticalPodAutoscaler에서 계산된 추천값 파라미터

모드	내용
Lower Bound	Requests의 최소 추천값
Upper Bound	Requests의 최대 추천값
Target	Requests의 추천값
Uncapped Target	리소스 제약을 고려하지 않은 Requests의 추천값

▼ 그림 9-12 Target과 Uncapped Target의 관계

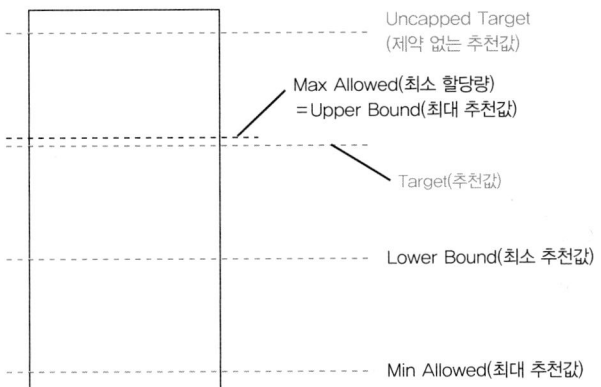

위 결과에서는 리소스를 거의 사용하지 않아 추천값은 CPU가 1m, 메모리가 300Mi로 지정되어 있다. 메모리는 minAllowed에서 300Mi가 지정되어 있어 추천값(Target)도 300Mi이지만, 할당 가능한 리소스 제약을 고려하지 않은 추천값(Uncapped Target)은 메모리가 2,048Mi로 지정되어 있다.

이 디플로이먼트의 모든 컨테이너 내부에서 CPU에 부하를 주기 시작하면 추천값이 초기 상태보다도 높아지는 것을 확인할 수 있다.

```
# 컨테이너 내부에서 CPU에 부하를 줌
$ kubectl exec -it sample-vpa-deployment-6b75db887-7mz26 -- stress --cpu 2

# VerticalPodAutoscaler 상태 확인
$ kubectl describe vpa sample-vpa
…(생략)…
  Recommendation:
    Container Recommendations:
      Container Name:  vpa-container
      Lower Bound:
        Cpu:     4m
        Memory:  300Mi
      Target:
        Cpu:     10m
        Memory:  300Mi
      Uncapped Target:
        Cpu:     10m
        Memory:  2097152
      Upper Bound:
```

```
        Cpu:      1460m
        Memory:   300Mi
Events:           <none>
```

Requests 변경으로 파드 재작성이 빈번하게 실행되는 것을 막기 위해 Target이 변경된 후 바로 파드를 변경하지 않고 Requests를 Lower Bound보다 작거나 Upper Bound보다 크게 설정하면 파드 변경이 이루어진다(그림 9-13). 또 변경할 때는 PodDisruptionBudget을 고려하여 점차적으로 파드를 변경하는데, PodDisruptionBudget이 설정되어 있지 않은 경우에도 한 번에 전부 변경하지 않고 절반씩 변경이 이루어진다.

❤ 그림 9-13 VerticalPodAutoscaler 임계값과 Requests 변경

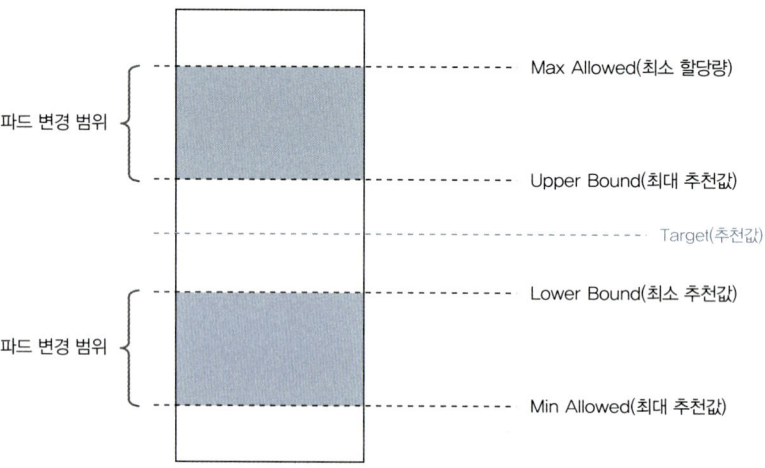

이번에는 updateMode에 Auto가 지정되어 있기 때문에 일정 시간 경과 후 파드가 재생성될 것이다.

```
# 각 컨테이너의 할당 리소스 양 확인
$ kubectl get pods -o custom-columns="
NAME:.metadata.name, \
CPU_REQ:.spec.containers[*].resources.requests.cpu, \
MEM_REQ:.spec.containers[*].resources.requests.memory"
NAME                                      CPU_REQ     MEM_REQ
sample-vpa-deployment-6b75db887-dhthb     10m,100m    300Mi,100Mi
sample-vpa-deployment-6b75db887-f88kl     10m,100m    300Mi,100Mi
sample-vpa-deployment-6b75db887-pbmxc     10m,100m    300Mi,100Mi
sample-vpa-deployment-6b75db887-znhzv     10m,100m    300Mi,100Mi
```

VerticalPodAutoscaler에 의해 파드의 Requests가 변경되었는지는 파드의 어노테이션 (vpaUpdates)에서 이력을 확인하면 알 수 있다.

```
# VerticalPodAutoscaler에 의해 변경된 Requests 확인
$ kubectl get pods -o
custom-columns="NAME:.metadata.name,VPA_UPDATES:.metadata.annotations.vpaUpdates"
NAME                                      VPA_UPDATES
sample-vpa-deployment-6b75db887-dhthb     Pod resources updated by sample-vpa: container
0: cpu request, memory request; container 1:
sample-vpa-deployment-6b75db887-f88kl     Pod resources updated by sample-vpa: container
0: cpu request, memory request; container 1:
sample-vpa-deployment-6b75db887-pbmxc     Pod resources updated by sample-vpa: container
0: memory request, cpu request; container 1:
sample-vpa-deployment-6b75db887-znhzv     Pod resources updated by sample-vpa: container
0: cpu request, memory request; container 1:
```

VerticalPodAutoscaler는 쿠버네티스의 핵심 기능은 아니다. 현재는 쿠버네티스 자체에 포함되어 있지 않아서 VPA용 구성 요소 등을 설치해야 한다. GKE는 애드온으로 제공되어 4장에서 설명한 순서로 클러스터를 구축한 경우 이미 활성화되어 있다. 그 외 환경에서는 깃허브[6]에 있는 설치 스크립트를 사용하자.

9.8 정리

이 장에서는 파드에 할당하는 리소스를 주제로 설명했다. 파드에 리소스 할당은 CPU와 메모리 설정이 일반적이지만, GPU나 그 외의 외부 장치도 할당할 수 있도록 만들어졌다. 또 할당하는 리소스의 양에는 최소 리소스(Requests)와 최고 리소스(Limits)가 있다. 이 두 가지 설정값은 예상치 못한 노드의 과부하를 피하기 위해 가능하면 설정값의 차이가 크지 않도록 설정해야 하는 점에 주의하자. 또한, Requests와 Limits 할당에 따라 파드에 자동으로 QoS Class가 설정된다.

---

[6] https://github.com/kubernetes/autoscaler/tree/master/vertical-pod-autoscaler

리소스 관리에서는 LimitRange와 ResourceQuota라는 편리한 두 가지 기능이 있다. 이러한 기능도 적극적으로 활용하면서 리소스를 관리하자.

- LimitRange: 리소스 할당의 최대, 최소, 최대와 최소가 허용하는 차이의 백분율, 기본값 설정
- ResourceQuota: 리소스 할당 쿼터

오토 스케일링 방식은 세 가지 중 선택할 수 있다. Cluster Autoscaler는 클러스터 자체에 오토 스케일링을 하는 기능이다. HorizontalPodAutoscaler와 VerticalPodAutoscaler는 파드를 오토 스케일링하는 리소스다.

- Cluster Autoscaler: 파드를 기동할 수 있는 노드가 없을 경우 신규 노드 추가
- HorizontalPodAutoscaler: 파드의 레플리카 수를 부하에 따라 자동으로 증감
- VerticalPodAutoscaler: 파드에 할당된 리소스(Requests/Limits)를 부하에 따라 자동으로 증감

리소스를 적절하게 관리하면서 오토 스케일링을 사용하면 부하가 상승했을 때 작업을 줄일 수 있다. 이를 적극적으로 사용해보길 바란다.

10장

헬스 체크와 컨테이너 라이프사이클

10.1 헬스 체크

10.2 컨테이너 라이프사이클과 재기동(restartPolicy)

10.3 초기화 컨테이너

10.4 기동 직후와 종료 직전에 임의의 명령어를 실행(postStart/preStop)

10.5 파드의 안전한 정지와 타이밍

10.6 리소스를 삭제했을 때의 동작

10.7 정리

10.1 헬스 체크

쿠버네티스에는 파드가 정상인지를 판단하기 위한 헬스 체크 기능이 있다. 파드 내부 컨테이너에서 실행 중인 프로세스가 동작하고 있는지에 대한 헬스 체크는 쿠버네티스가 표준으로 하고 있으며, 이상 종료된 경우 파드에 설정된 spec.restartPolicy에 따라 파드를 재시작한다. 이외에도 상세한 조건으로 헬스 체크를 할 수 있다.

10.1.1 세 가지 헬스 체크 방법(Liveness/Readiness/Startup Probe)

쿠버네티스에는 Liveness Probe, Readiness Probe, Startup Probe라는 세 가지 헬스 체크 방법이 있다. 모두 역할이 다를 뿐 설정 가능한 내용은 똑같고 spec.containers에 설정한다(표 10-1).

▼ 표 10-1 헬스 체크 방법 세 가지

Probe 종류	역할	실패 시 동작
Liveness Probe	파드 내부의 컨테이너가 정상 동작 중인지 확인	컨테이너 재기동
Readiness Probe	파드가 요청을 받아들일 수 있는지 확인	트래픽 차단 (파드를 재기동하지 않음)
Startup Probe	파드의 첫 번째 기동이 완료되었는지 확인	다른 Probe 실행을 시작하지 않음

Liveness Probe는 파드 내부의 컨테이너가 정상적으로 동작 중인지 확인하기 위한 헬스 체크다. 프로세스에 버그 등이 있을 경우 장기간 실행하고 있으면 메모리 누수(memory leak) 등에 의해 응답하지 않게 되는 경우가 있다. 이런 경우 컨테이너를 재시작할 수 있도록 Liveness Probe가 준비되어 있다. Readiness Probe와는 달리 헬스 체크에 한번 실패하면 재시작 없이는 복구가 어려운 컨테이너에 사용한다(그림 10-1).

▼ 그림 10-1 Liveness Probe

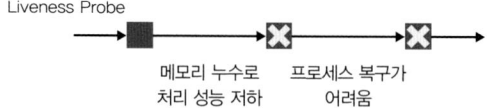

반면에 Readiness Probe는 파드가 요청을 받아들일 수 있는지 확인하기 위한 헬스 체크다. 백엔드 데이터베이스에 정상적으로 접속되는지, 캐시에 로드가 끝났는지, 기동 시간이 오래 걸리는 프로세스가 기동을 완료했는지 등을 체크한다. 파드 기동이 끝난 후에 Readiness Probe가 실패한 경우 서비스를 통한 트래픽이 파드에 전송되지 않게 하며, Liveness Probe와 달리 컨테이너를 재기동하지 않는다(그림 10-2). 정상적으로 요청을 처리하는 수를 제어하기 위해 Readiness Probe를 실패시키는 방법도 사용할 수 있다.

▼ 그림 10-2 Readiness Probe

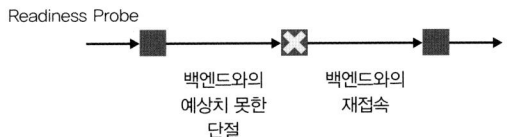

일반적으로 type: LoadBalancer의 서비스로 로드 밸런서를 생성한 경우, 로드 밸런서에서 쿠버네티스 노드의 헬스 체크는 ICMP를 통한 단순한 체크만 하게 된다. 따라서 파드 상태를 체크하여 트래픽을 제어하려면 Readiness Probe 또는 Liveness Probe를 제대로 설정해야 한다(그림 10-3).

▼ 그림 10-3 로드 밸런서의 헬스 체크와 쿠버네티스 헬스 체크

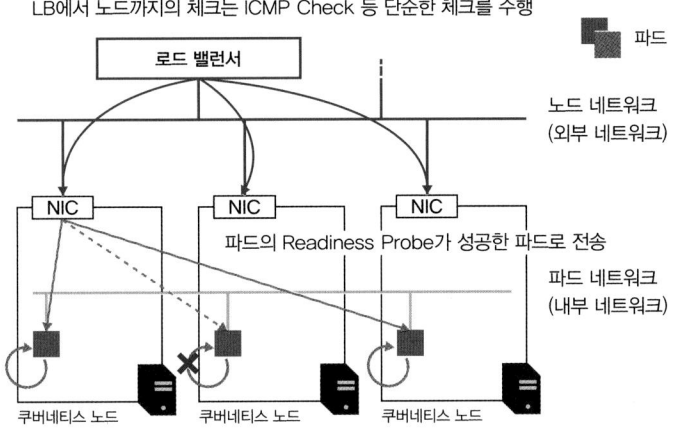

처음 기동하는 데 시간이 걸리는 경우 Liveness Probe를 사용하려면, 첫 번째 체크 시작 시간을 연장하거나 실패라고 판단할 때까지 시간을 연장하여 사용해 왔다. 예를 들어 첫 번째 체크 시작 시간을 60초 후 등으로 설정하면, 최초 기동이 바로 끝나는 경우 60초간 체크가 없는 상태가

되거나 처음 기동에 60초 이상 걸리는 경우에는 체크에 실패하게 된다. 후자의 경우에는 몇 번이든 재기동을 반복하므로 결국 Liveness Probe 때문에 파드가 전혀 기동하지 않는 경우도 있다. 또 실패라고 판단할 때까지 시간을 연장하여 위의 문제는 발생하지 않지만, 그 결과 장애 발생 시 헬스 체크가 바로 실패라고 판단해주지 않는 문제도 발생하게 된다. 따라서 등장한 것이 Startup Probe다.

Startup Probe는 파드가 처음 기동이 완료되었는지 확인하기 위한 헬스 체크다. Startup Probe가 끝날 때까지는 Liveness Probe나 Readiness Probe가 시작되지 않으며, 해당 파드가 서비스되거나 정지되지 않는다.

❤ 그림 10-4 Startup Probe

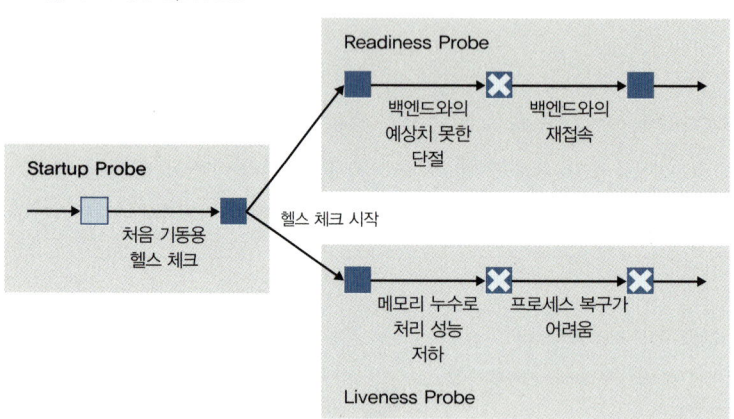

10.1.2 세 가지 헬스 체크 방식

Liveness Probe, Readiness Probe, Startup Probe 모두 표 10-2에 나타낸 세 가지 헬스 체크 방식을 사용할 수 있다. 헬스 체크는 컨테이너별로 이루어지며 어느 하나의 컨테이너라도 실패하면 전체 파드가 실패한 것으로 간주한다(표 10-2).

❤ 표 10-2 세 가지 헬스 체크 방식

헬스 체크 방식	내용
exec	명령어를 실행하고 종료 코드가 0이 아니면 실패
httpGet	HTTP GET 요청을 실행하고 Status Code가 200~399가 아니면 실패
tcpSocket	TCP 세션이 연결되지 않으면 실패

명령어 기반의 체크(exec)

명령어를 실행하고 종료 코드로 확인한다. 세 가지 방식 중 가장 유연성이 높은 체크를 할 수 있다. 명령어는 컨테이너별로 실행되어 명령어에서 사용하는 파일 등도 컨테이너별로 필요하다(표 10-3).

▼ 표 10-3 명령어 기반의 체크(exec) 판단 조건

결과	판단 조건
성공	종료 코드가 0
실패	종료 코드가 0 이외

```
livenessProbe:
  exec:
    command: ["test", "-e", "/ok.txt"]
```

HTTP 기반의 체크(httpGet)

HTTP GET 요청의 Status Code로 확인한다. 설정 항목으로는 path, scheme(http/https), host(httpHeaders로 지정도 가능), httpHeaders 등과 같은 세부 설정이 가능하다(표 10-4). HTTP GET 요청은 kubelet에서 이루어진다. 컨테이너에는 kubelet이 가진 파드용 네트워크 인터페이스 IP 주소로 HTTP GET 요청이 오게 된다. 컨테이너 내부의 애플리케이션 측에서 소스 IP 주소를 제한하는 경우에는 주의해야 한다.

▼ 표 10-4 HTTP 기반의 체크(httpGet) 판단 조건

결과	판단 조건
성공	Status Code가 200~399
실패	Status Code가 200~399 이외

```
livenessProbe:
  httpGet:
    path: /health
    port: 80
    scheme: HTTP
    host: web.example.com
    httpHeaders:
      - name: Authorization
        value: Bearer TOKEN
```

TCP 기반의 체크(tcpSocket)

TCP 세션 활성화를 검증하여 확인한다(표 10-5).

▼ 표 10-5 TCP 기반의 체크(tcpSocket) 판단 조건

결과	판단 조건
성공	TCP 세션 활성화 가능
실패	TCP 세션 활성화 불가능

```
livenessProbe:
  tcpSocket:
    port: 80
```

> **column ≡ gRPC 헬스 체크**
>
> gRPC를 사용한 애플리케이션에서 헬스 체크를 하는 경우 httpGet으로 체크하기 위해 별도 HTTP 엔드포인트를 준비하거나 tcpSocket으로 포트 활성화만 체크할 수도 있는데, 이러한 방법은 헬스 체크의 정확도가 낮다. 해결 방법은 다음과 같다. gRPC에는 원래 gRPC Health Checking Protocol[1]을 사용한 헬스 체크 기능이 있으며, grpc_health_probe[2]를 사용하면 엔드포인트에 대해 헬스 체크를 할 수 있다. exec.command에서 실행하기 위해 사전에 컨테이너 이미지에 grpc_health_probe 바이너리를 추가해 두어야 한다.
>
> ```
> livenessProbe:
>   exec:
>     command: ["/bin/grpc_health_probe", "-addr=:5000"]
> ```

10.1.3 헬스 체크 간격

Liveness Probe, Readiness Probe, Startup Probe 모두 표 10-6에 나타낸 다섯 가지 헬스 체크 간격에 대해 파라미터 설정이 가능하다. Liveness Probe에서는 실패했을 때 파드가 재시작하기 때문에 실패라고 판단하기까지의 체크 횟수(failureThreshold)를 환경에 맞게 설정하도록 한다. successThreshold는 1 이상이어야 하며 Liveness Probe와 Startup Probe의 경우 반드시 1이어야만 한다(표 10-6). 또한, 첫 번째 체크까지 지연(initialDelaySeconds)은 가급적 사용하지 말고 대신 Startup Probe를 병용해서 사용하자.

---

[1] https://github.com/grpc-ecosystem/grpc-health-probe

[2] https://github.com/grpc/grpc/blob/v1.29.x/doc/health-checking.md

▼ 표 10-6 헬스 체크의 체크 간격에 대한 설정 항목

설정 항목	내용
initialDelaySeconds	첫 번째 헬스 체크 시작까지의 지연(최대 failureThreshold만큼 연장)
periodSeconds	헬스 체크 간격 시간(초)
timeoutSeconds	타임아웃까지의 시간(초)
successThreshold	성공이라고 판단하기까지의 체크 횟수
failureThreshold	실패라고 판단하기까지의 체크 횟수

```
livenessProbe:
  initialDelaySeconds: 5
  periodSeconds: 5
  timeoutSeconds: 1
  successThreshold: 1
  failureThreshold: 1
```

10.1.4 헬스 체크 생성

헬스 체크 방법 세 가지와 헬스 체크 방식 세 가지로 총 아홉 가지 패턴의 헬스 체크를 생성할 수 있다. Liveness Probe, Readiness Probe, Startup Probe는 하나만 지정해도 되고, 모두 지정할 수도 있다. 헬스 체크 예제로 코드 10-1과 같은 내용을 생각해볼 수 있다. 이 예제에서는 Liveness Probe로 http://localhost:80/index.html에 HTTP GET 요청을 체크하고 Readiness Probe로 /usr/share/nginx/html/50x.html 파일이 있는지 확인한다.

코드 10-1 헬스 체크 예제(sample-healthcheck.yaml)

```yaml
apiVersion: v1
kind: Pod
metadata:
  name: sample-healthcheck
spec:
  containers:
  - name: nginx-container
    image: nginx:1.16
    livenessProbe:
      httpGet:
        path: /index.html
```

```
          port: 80
          scheme: HTTP
        timeoutSeconds: 1
        successThreshold: 1
        failureThreshold: 2
        initialDelaySeconds: 5
        periodSeconds: 3
      readinessProbe:
        exec:
          command: ["ls", "/usr/share/nginx/html/50x.html"]
        timeoutSeconds: 1
        successThreshold: 2
        failureThreshold: 1
        initialDelaySeconds: 5
        periodSeconds: 3
```

설정은 kubectl describe 등에서 확인할 수 있다.

```
# 파드에 설정된 Probe 확인
$ kubectl describe pod sample-healthcheck | egrep -E "Liveness|Readiness"
    Liveness:       http-get http://:80/index.html delay=5s timeout=1s period=3s #success=1 #failure=2
    Readiness:      exec [ls /usr/share/nginx/html/50x.html] delay=5s timeout=1s period=3s #success=2 #failure=1
```

10.1.5 Liveness Probe 실패

실제로 Liveness Probe 체크를 실패시켜 보자. 다음의 Liveness Probe 예제에서는 http://localhost:80/index.html에 httpGet이 설정되어 있어 HTTP GET 요청에 대해 200~399 Status Code가 반환되는지를 체크한다.

코드 10-2 Liveness Probe 예제(sample-liveness.yaml)

```
apiVersion: v1
kind: Pod
metadata:
  name: sample-liveness
spec:
```

```
      containers:
      - name: nginx-container
        image: nginx:1.16
        livenessProbe:
          httpGet:
            path: /index.html
            port: 80
            scheme: HTTP
          timeoutSeconds: 1
          successThreshold: 1
          failureThreshold: 2
          initialDelaySeconds: 5
          periodSeconds: 3
```

체크가 실패하도록 index.html을 삭제하고 HTTP Status Code가 404(not found)를 반환하게 하여 동작을 확인한다.

```
# Liveness Probe로 감시하고 있는 파일 삭제(Probe가 실패하게 한다)
$ kubectl exec -it sample-liveness -- rm -f /usr/share/nginx/html/index.html
```

파드 상태를 확인하면서 Liveness Probe를 실패시키면 다음과 같은 상태가 된다.

```
# 다른 터미널로 --watch 옵션을 사용하여 파드 상태 변화를 확인
$ kubectl get pods sample-liveness --watch
NAME              READY   STATUS              RESTARTS   AGE
sample-liveness   0/1     ContainerCreating   0          1s
sample-liveness   1/1     Running             0          2s
sample-liveness   1/1     Running             1          17s    # 직전에 Liveness Probe
실패
```

Liveness Probe가 실패한 경우 파드의 restartPolicy(기본값은 Always)에 따라 컨테이너를 재시작한다. 그래서 RESTARTS 카운트가 증가하는 것을 확인할 수 있다. 위 예제에서의 Liveness Probe 동작 과정을 그림으로 표현하면 그림 10-5와 같다. 처음 5s 지연 후 10s에 1회 헬스 체크가 성공하여 파드는 Ready 상태로 바뀐다. 13~16s 사이에 index.html 파일이 삭제된 후 16s와 19s에 2회 헬스 체크가 실패하여 파드가 재시작된다. 8s~10s와 28s~30s 사이는 시스템상의 최초 지연으로 보면 된다.

❤ 그림 10-5 Liveness Probe 동작 과정

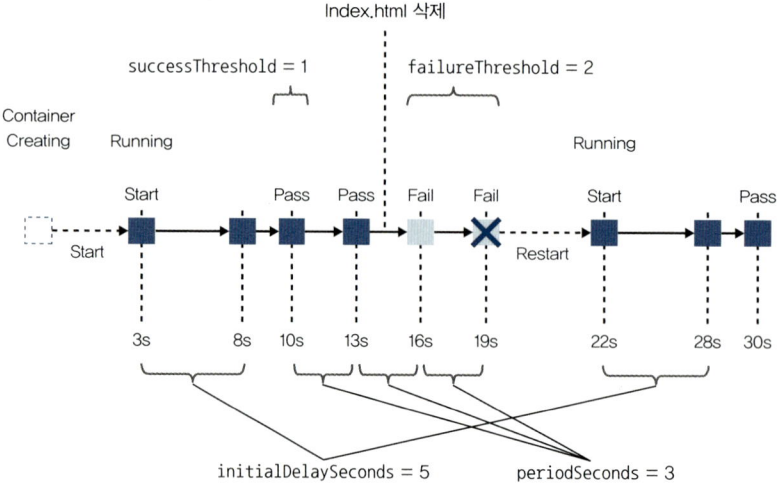

kubectl describe의 Events에서 헬스 체크 상세 이력을 확인할 수 있다.

```
# Liveness Probe 이력 확인
$ kubectl describe pod sample-liveness
…(생략)…
Events:
  Type     Reason     Age                    From                 Message
  ----     ------     ----                   ----                 -------
  Normal   Scheduled  2m31s                  default-scheduler    Successfully assigned
default/sample-liveness to gke-k8s-default-pool-be722c17-q7hz
  Normal   Pulled     2m15s (x2 over 2m30s)  kubelet              Container image
"nginx:1.16" already present on machine
  Normal   Created    2m15s (x2 over 2m30s)  kubelet              Created container
nginx-container
  Normal   Started    2m15s (x2 over 2m30s)  kubelet              Started container
nginx-container
  Warning  Unhealthy  2m15s (x2 over 2m18s)  kubelet              Liveness probe failed:
HTTP probe failed with statuscode: 404
  Normal   Killing    2m15s                  kubelet              Container nginx-
container failed liveness probe, will be restarted
```

10.1.6 Readiness Probe 실패

이번에는 Readiness Probe 체크를 실패시켜 보자. 다음 예제에서는 /usr/share/nginx/html/50x.html 파일이 있는지 명령어 기반으로 체크하고 있다.

코드 10-3 Readiness Probe 예제(sample-readiness.yaml)

```yaml
apiVersion: v1
kind: Pod
metadata:
  name: sample-readiness
spec:
  containers:
  - name: nginx-container
    image: nginx:1.16
    readinessProbe:
      exec:
        command: ["ls", "/usr/share/nginx/html/50x.html"]
      timeoutSeconds: 1
      successThreshold: 2
      failureThreshold: 1
      initialDelaySeconds: 5
      periodSeconds: 3
```

체크가 실패하도록 해당 파일을 삭제하고 다시 생성하여 동작을 확인한다.

```
# Readiness Probe에서 감시하고 있는 파일 삭제(Probe가 실패하도록 한다)
$ kubectl exec -it sample-readiness -- rm -f /usr/share/nginx/html/50x.html

# Readiness Probe에서 감시하고 있는 파일 생성(Probe가 성공하도록 한다)
$ kubectl exec -it sample-readiness -- touch /usr/share/nginx/html/50x.html
```

파드 상태를 확인하면서 Readiness Probe를 실패시키면 다음과 같은 상태가 된다.

```
# Readiness Probe가 실패했을 때의 파드 상태
$ kubectl get pods sample-readiness --watch
NAME               READY   STATUS              RESTARTS   AGE
sample-readiness   0/1     ContainerCreating   0          2s
```

```
sample-readiness    0/1    Running    0    2s
sample-readiness    1/1    Running    0    11s
sample-readiness    0/1    Running    0    17s # 직전에 Readiness Probe
실패
sample-readiness    1/1    Running    0    50s # 직전에 Readiness Probe
성공
```

Readiness Probe가 실패한 경우 READY 상태가 아니므로 서비스에서 트래픽 전송을 차단한다. 또한, Liveness Probe와는 달리 컨테이너가 재시작되지 않는다. 이번 Readiness Probe 동작 과정을 그림으로 표현하면 그림 10-6과 같다. 처음 5s 지연 후 10s와 13s에 2회 헬스 체크가 성공하여 파드가 Ready 상태로 바뀐다. 그후 16~19s 사이에 50x.html을 삭제한 후 1회 헬스 체크가 실패하고 파드는 Not Ready 상태가 된다. 또 25~28s 사이에 50x.html을 생성하면 다시 Ready 상태가 된다.

▼ 그림 10-6 Readiness Probe 동작 과정

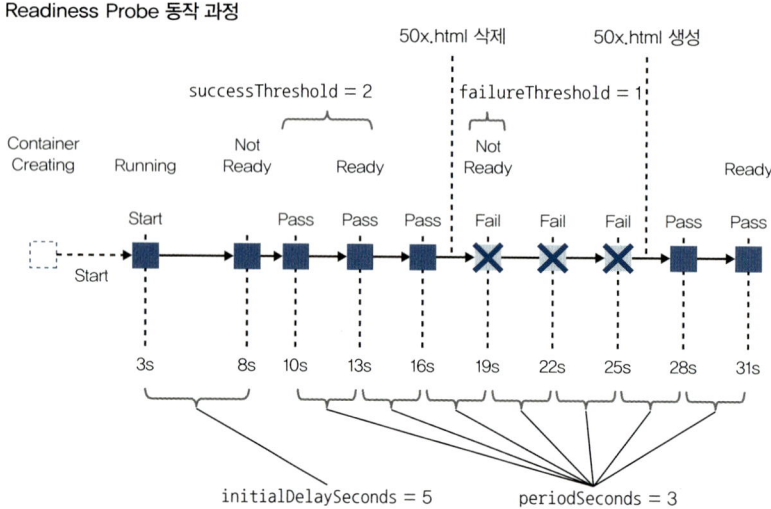

그리고 kubectl describe의 Events에서 헬스 체크 상세 이력을 확인할 수 있다.

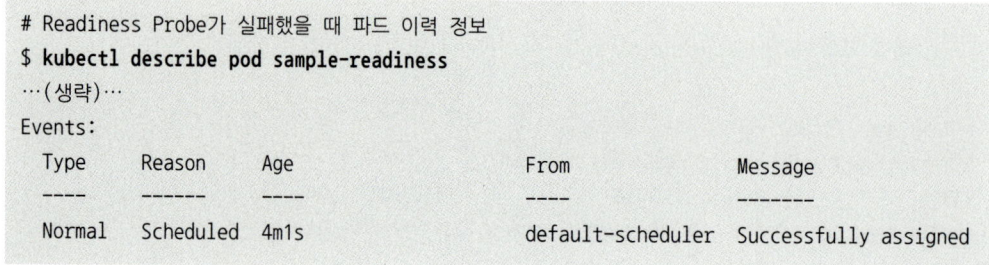

```
default/sample-readiness to gke-k8s-default-pool-be722c17-walf
  Normal   Pulled      4m                kubelet       Container image
"nginx:1.16" already present on machine
  Normal   Created     4m                kubelet       Created container
nginx-container
  Normal   Started     4m                kubelet       Started container
nginx-container
  Warning  Unhealthy   3m17s (x10 over 3m44s)  kubelet  Readiness probe
failed: ls: cannot access '/usr/share/nginx/html/50x.html': No such file or directory
```

추가 Ready 조건을 추가하는 파드 ready++(ReadinessGate)

특정한 경우에 시스템을 전체로 봤을 때 그 파드가 정말 Ready 상태인지를 추가로 체크하고 싶은 때가 있다. 그 기능을 제공하는 것이 '파드 ready++'이다. 이 기능은 클라우드 외부 로드 밸런서와의 연계에 시간이 걸리는 경우나 일반적인 파드의 Ready 판단만으로는 롤링 업데이트 시 기존 파드가 한 번에 사라져 안전하게 업데이트할 수 없는 경우 등에도 사용된다(GKE의 Container-native 로드 밸런서, EKS의 ALB 인그레스 등).

파드 ready++는 그 파드에 대해 ReadinessGate라는 추가 체크 항목(spec.readinessGates)을 설정한다. ReadinessGate를 통과할 때까지 서비스 전송 대상에 추가되지 않고 롤링 업데이트 시 다음 파드 기동으로 이동하지 않는다.

코드 10-4 ReadinessGate 예제(sample-readinessgate.yaml)

```
---
apiVersion: v1
kind: Pod
metadata:
  name: sample-readinessgate
  labels:
    app: sample-readinessgate
spec:
  readinessGates:
  - conditionType: "amsy.dev/sample-condition"
  containers:
  - name: nginx-container
    image: nginx:1.16
---
apiVersion: v1
kind: Service
```

```
metadata:
  name: sample-readinessgate
spec:
  type: ClusterIP
  ports:
  - name: "http-port"
    protocol: "TCP"
    port: 8080
    targetPort: 80
  selector:
    app: sample-readinessgate
```

또 ReadinessGate는 여러 설정을 할 수 있다. 여러 개가 설정된 경우에는 모든 상태가 Ready가 되지 않으면 파드는 Ready 상태가 되지 않는다.

```
spec:
  readinessGates:
  - conditionType: "amsy.dev/sample-condition"
  - conditionType: "amsy.dev/sample-condition2"
```

ReadinessGate가 설정된 파드를 기동하면 READINESS GATES 항목에서 추가 상태가 표시된다. 기동하고 있는 상태에서도 서비스에 전송 대상이 등록되어 있지 않지만, API 서버에 직접 상태 변경을 요청하고 정보를 업데이트하면 서비스에 전송 대상이 등록된 것을 확인할 수 있다.

```
# 파드의 ReadinessGate 상태를 확인
$ kubectl get pod sample-readinessgate -o wide
NAME                     READY   STATUS    RESTARTS   AGE   IP          NODE
NOMINATED NODE   READINESS GATES
sample-readinessgate     1/1     Running   0          52s   10.0.3.40   gke-k8s-default-
pool-be722c17-q7hz   <none>           0/1

# 서비스 전송 대상 확인
$ kubectl describe service sample-readinessgate
…(생략)…
TargetPort:        80/TCP
Endpoints:
Session Affinity:  None
Events:            <none>

# API 서버에 프록시를 로컬로 생성
```

```
$ kubectl proxy
Starting to serve on 127.0.0.1:8001

# ReadinessGate 상태를 업데이트
$ curl -X PATCH -H "Content-Type: application/json-patch+json" \
-d '[{"op": "add", "path": "/status/conditions/-", "value": {"type": "amsy.dev/sample-condition","status": "True"}}]' \
http://localhost:8001/api/v1/namespaces/default/pods/sample-readinessgate/status

# 파드의 ReadinessGate 상태를 확인
$ kubectl get pod sample-readinessgate -o wide
NAME                   READY   STATUS    RESTARTS   AGE     IP          NODE                                  NOMINATED NODE   READINESS GATES
sample-readinessgate   1/1     Running   0          8m37s   10.0.3.40   gke-k8s-default-pool-be722c17-q7hz    <none>           1/1

$ kubectl describe service sample-readinessgate
…(생략)…
TargetPort:        80/TCP
Endpoints:         10.0.3.40:80
Session Affinity:  None
Events:            <none>
```

또 ReadinessGate가 설정된 디플로이먼트 등을 업데이트하는 경우 롤링 업데이트에서는 ReadinessGate가 Ready가 되지 않으면 다음 파드 변경으로 진행하지 않는다.

```
# ReadinessGate가 활성화된 디플로이먼트 생성(Replicas: 2)
$ kubectl apply -f sample-deployment-readinessgate.yaml
deployment.apps/sample-deployment-readinessgate created

# 이미지 업데이트
$ kubectl set image deployment sample-deployment-readinessgate nginx-container=nginx:1.17
deployment.apps/sample-deployment-readinessgate image updated

$ kubectl get pods -o wide
NAME                                              READY   STATUS    AGE   IP          NODE                                   READINESS GATES
sample-deployment-readinessgate-5c5c4756df-cmqgw  1/1     Running   37s   10.0.3.41   gke-k8s-default-pool-be722c17-q7hz     0/1
sample-deployment-readinessgate-5c5c4756df-mt9tv  1/1     Running   37s   10.0.4.35
```

```
gke-k8s-default-pool-be722c17-walf 0/1
sample-deployment-readinessgate-f68cf46fb-db5zt    1/1       Running    10s      10.0.4.36
gke-k8s-default-pool-be722c17-walf 0/1 # 업데이트되고 생성된 파드
```

이 ReadinessGate의 추가 체크는 19장에서 소개하는 커스텀 컨트롤러(Custom Controller) 등을 사용하여 구현하는 것이 일반적이다. 클라우드 환경에서 특정 기능을 사용할 때 자동으로 ReadinessGate가 파드 생성 시 추가되며, 상태 체크 프로그램이 자동으로 상태를 업데이트하도록 하는 경우도 있다.

Readiness Probe를 무시한 서비스 생성

Readiness Probe가 실패하는 경우에는 서비스(엔드포인트)에서 제외된 상태가 된다. 반면 스테이트풀셋에서 Headless 서비스를 사용할 때는 파드가 Ready 상태가 되지 않아도 클러스터를 구성하기 위해 각 파드의 이름 해석이 필요한 경우가 있다. Readiness Probe가 실패한 경우에도 서비스에 연결되게 하려면 spec.publishNotReadyAddresses를 true로 설정한다.

코드 10-5 Readiness Probe를 무시한 서비스 예제(sample-publish-notready.yaml)

```yaml
---
apiVersion: apps/v1
kind: StatefulSet
metadata:
  name: sample-publish-notready
spec:
  serviceName: sample-publish-notready
  replicas: 3
  podManagementPolicy: Parallel
  selector:
    matchLabels:
      app: publish-notready
  template:
    metadata:
      labels:
        app: publish-notready
    spec:
      containers:
      - name: nginx-container
        image: amsy810/echo-nginx:v2.0
        readinessProbe:
          exec:
```

```yaml
        command: ["sh", "-c", "exit 1"]
---
apiVersion: v1
kind: Service
metadata:
  name: sample-publish-notready
spec:
  type: ClusterIP
  publishNotReadyAddresses: true
  ports:
  - name: "http-port"
    protocol: "TCP"
    port: 8080
    targetPort: 80
  selector:
    app: publish-notready
```

spec.publishNotReadyAddresses가 true로 된 경우 파드가 Ready 상태가 아니어도 이름 해석이 가능하다. 이는 로드 밸런서에도 포함되어 버리기 때문에 특별한 경우에만 사용하자. 또 서비스를 생성하고 나서도 중간에 변경할 수 있다.

```
$ kubectl get pods -o wide
NAME                          READY   STATUS    RESTARTS   AGE     IP          NODE

sample-publish-notready-0     0/1     Running   0          4m39s   10.0.5.33   gke-k8s-
default-pool-be722c17-7ij3
sample-publish-notready-1     0/1     Running   0          4m39s   10.0.3.42   gke-k8s-
default-pool-be722c17-q7hz
sample-publish-notready-2     0/1     Running   0          4m39s   10.0.4.37   gke-k8s-
default-pool-be722c17-walf

# 서비스와 연결된 엔드포인트 목록 확인
$ kubectl get endpoints sample-publish-notready
NAME                      ENDPOINTS                                    AGE
sample-publish-notready   10.0.3.42:80,10.0.4.37:80,10.0.5.33:80       5m13s

# 서비스 이름 해석 확인
$ kubectl run --image=amsy810/tools:v2.0 --restart=Never --rm -i testpod \
-- dig sample-publish-notready-0.sample-publish-notready.default.svc.cluster.local
…(생략)…
;; QUESTION SECTION:
```

```
;sample-publish-notready-0.sample-publish-notready.default.svc.cluster.local. IN
A

;; ANSWER SECTION:
sample-publish-notready-0.sample-publish-notready.default.svc.cluster.local. 30
IN A 10.0.5.33
# publishNotReadyAddresses 비활성화
$ kubectl patch service sample-publish-notready --patch '{"spec": {"publishNotReady
Addresses": false}}'
service/sample-publish-notready patched

# 서비스에 연결된 엔드포인트 목록 확인
$ kubectl get endpoints sample-publish-notready
NAME                             ENDPOINTS           AGE
sample-publish-notready                              104s

# 서비스 이름 해석 확인
$ kubectl run --image=amsy810/tools:v2.0 --restart=Never --rm -i testpod \
-- dig sample-publish-notready-0.sample-publish-notready.default.svc.cluster.local
…(생략)…
;; QUESTION SECTION:
;sample-publish-notready-0.sample-publish-notready.default.svc.cluster.local. IN
A
…(생략)…
```

10.1.7 `1.18 Beta` `1.16 Alpha` Startup Probe를 사용한 지연 체크와 실패

이번에는 Startup Probe를 사용하여 Liveness Probe, Readiness Probe에 의한 체크를 지연시켜 보자. 다음 Startup Probe 예제에서는 /root/startup 파일이 존재하는지를 명령어 기반으로 체크하고 있다. 또 명령어 실행 시간과 어느 Probe가 실행되었는지가 /root/log 파일에 기록되어 있다.

코드 10-6 Startup Probe 예제(sample-startup.yaml)

```yaml
apiVersion: v1
kind: Pod
metadata:
  name: sample-startup
spec:
```

```yaml
      containers:
      - name: tools-container
        image: amsy810/tools:v2.0
        livenessProbe:
          exec:
            command: ["sh", "-c", "echo [$(date)] liveness >> /root/log; test ! -e /root/liveness"]
          periodSeconds: 3
        readinessProbe:
          exec:
            command: ["sh", "-c", "echo [$(date)] readiness >> /root/log; test ! -e /root/readiness"]
          periodSeconds: 3
        startupProbe:
          exec:
            command: ["sh", "-c", "echo [$(date)] startup >> /root/log; test -e /root/startup"]
          failureThreshold: 100
          periodSeconds: 3
```

위 파드를 실행한 후 해당 파일을 생성하고 동작을 확인한다.

```
# Startup Probe에서 감시하고 있는 파일 생성(Probe 성공)
$ kubectl exec -it sample-startup -- touch /root/startup
```

파드 상태를 확인하면서 파일을 생성하면 다음과 같은 상태로 바뀐다.

```
# Startup Probe가 성공한 상태
$ kubectl get pod sample-startup --watch
NAME             READY   STATUS              RESTARTS   AGE
sample-startup   0/1     Pending             0          0s
sample-startup   0/1     ContainerCreating   0          0s
sample-startup   0/1     Running             0          3s   # Startup Probe 첫 번째[실패] (기동 완료)
sample-startup   0/1     Running             0          6s   # Startup Probe 두 번째[실패] (표시 안 됨)
sample-startup   0/1     Running             0          9s   # Startup Probe 세 번째[실패] (표시 안 됨)
sample-startup   0/1     Running             0          12s  # Startup Probe 네 번째[성공] (직전에 /root/startup 생성)
sample-startup   1/1     Running             0          14s  # 첫 회 헬스 체크 완료
```

로그 파일을 확인해보면, 다음과 같이 Startup Probe가 성공한 후 Liveness Probe와 Readiness Probe가 실행된 것을 알 수 있다. Startup Probe는 첫 회 체크에만 사용되기 때문에 한 번 성공한 후에는 실행되지 않는다.

```
$ kubectl exec -it sample-startup -- head /root/log
[Tue Apr 6 15:00:00 UTC 2020] startup # Startup Probe 첫 번째
[Tue Apr 6 15:00:03 UTC 2020] startup # Startup Probe 두 번째
[Tue Apr 6 15:00:06 UTC 2020] startup # Startup Probe 세 번째
[Tue Apr 6 15:00:09 UTC 2020] startup # Startup Probe 네 번째 (성공)
[Tue Apr 6 15:00:11 UTC 2020] liveness
[Sun Apr 1 15:00:11 UTC 2020] readiness
[Sun Apr 1 15:00:14 UTC 2020] liveness
[Sun Apr 1 15:00:14 UTC 2020] readiness
```

이번 Startup Probe 동작 과정을 그림으로 표현하면 그림 10-7과 같다. 기동 후 3초 간격으로 Startup Probe가 4회 실행되고 4회째 직전에 파일이 생성되어 헬스 체크가 성공함으로써 파드가 기동되는 과정이다.

❤ 그림 10-7 Startup Probe 동작 과정

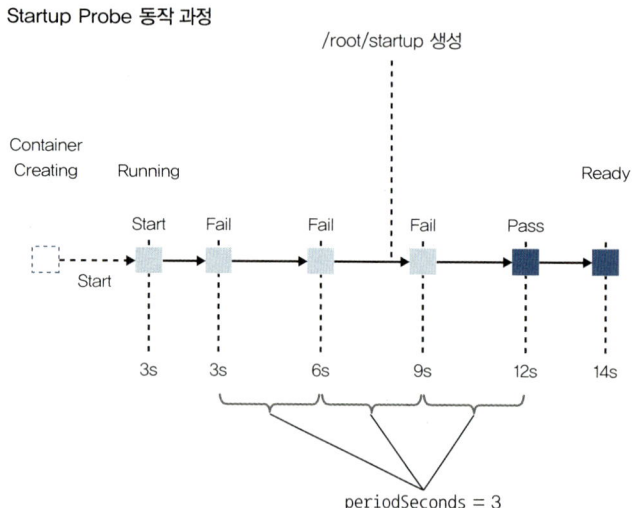

Startup Probe의 경우도 Liveness Probe, Readiness Probe와 마찬가지로 파라미터를 사용할 수 있다.

코드 10-7 Startup Probe 예제(sample-startup-shortfail.yaml)

```yaml
apiVersion: v1
kind: Pod
metadata:
  name: sample-startup-shortfail
spec:
  containers:
  - name: tools-container
    image: amsy810/tools:v2.0
    readinessProbe:
      exec:
        command: ["sh", "-c", "echo [$(date)] readiness >> /root/log; test ! -e /root/readiness"]
      periodSeconds: 3
    startupProbe:
      exec:
        command: ["sh", "-c", "echo [$(date)] startup >> /root/log; test -e /root/startup"]
      failureThreshold: 3
      initialDelaySeconds: 5
      periodSeconds: 3
```

Startup Probe의 경우 failureThreshold 횟수만큼 실패한 경우에는 Liveness Probe와 마찬가지로 파드가 정지되고 restartPolicy에 따라 재기동하게 된다. 그래서 Startup Probe를 사용할 때는 failureThreshold 값을 충분히 크게 두는 것이 좋다. 처음 예제에서는 failureThreshold를 100으로 했지만, 이번에는 아주 작게 3으로 설정하고 3회 체크에 실패하면 파드가 재기동되도록 설정해보자. 동작 과정을 그림으로 표현하면 그림 10-8과 같다.

```
# Startup Probe가 성공한 상태
$ kubectl get pod sample-startup-shortfail --watch
NAME                         READY  STATUS             RESTARTS  AGE
sample-startup-shortfail     0/1    Pending            0         0s
sample-startup-shortfail     0/1    ContainerCreating  0         0s
sample-startup-shortfail     0/1    Running            0         3s  # 기동 완료
sample-startup-shortfail     0/1    Running            0         10s # Startup Probe 첫 번째[실
패] (표시 안 됨)
sample-startup-shortfail     0/1    Running            0         13s # Startup Probe 두 번째[실
패] (표시 안 됨)
sample-startup-shortfail     0/1    Running            0         16s # Startup Probe 세 번째[실
패] (표시 안 됨)
```

```
sample-startup-shortfail   0/1   Running   1   22s # 재기동과 기동 완료
sample-startup-shortfail   0/1   Running   1   29s # Startup Probe 첫 번째[실
패] (표시 안 됨)
sample-startup-shortfail   0/1   Running   1   32s # Startup Probe 두 번째[성
공] (직전에 /root/startup 생성)
sample-startup-shortfail   1/1   Running   1   33s # 첫 회 헬스 체크 완료
```

▼ 그림 10-8 Startup Probe가 실패했을 때의 동작 과정

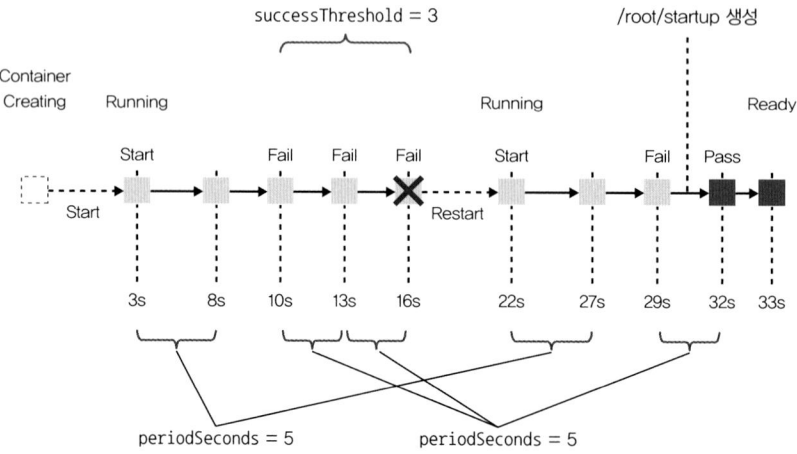

10.2 컨테이너 라이프사이클과 재기동 (restartPolicy)

컨테이너 프로세스 정지 또는 헬스 체크 실패 시 컨테이너를 재기동할지는 spec.restartPolicy로 지정할 수 있다. 단, 워크로드 리소스의 잡은 파드 한 개당 1회 명령어 실행을 성공시키는 것이 목적이므로 Always는 선택할 수 없다(표 10-7).

▼ 표 10-7 컨테이너 정지 시 동작(restartPolicy)

restartPolicy	내용
Always	파드가 정지하면 항상 파드를 재기동
OnFailure	예상치 못하게 파드가 정지한 경우(종료 코드 0 이외) 파드 재기동
Never	파드가 정지해도 파드를 재기동하지 않음

10.2.1 Always

restartPolicy가 Always인 경우 파드에서 실행되는 명령어의 성공/실패에 상관없이 항상 재기동한다.

코드 10-8 restartPolicy가 Always인 파드 예제(sample-restart-always.yaml)

```yaml
apiVersion: v1
kind: Pod
metadata:
  name: sample-restart-always
spec:
  restartPolicy: Always
  containers:
  - name: nginx-container
    image: nginx:1.16
    command: ["sh", "-c", "exit 0"] # 성공의 경우
    # command: ["sh", "-c", "exit 1"] # 실패의 경우
```

실제로 동작을 확인해보면 정상 종료(종료 코드 0)인지, 이상 종료(종료 코드 0 이외)인지에 관계없이 정지 후에는 재기동을 계속 시도한다.

```
# 성공의 경우
$ kubectl get pods sample-restart-always --watch
NAME                    READY   STATUS              RESTARTS   AGE
sample-restart-always   0/1     ContainerCreating   0          2s
sample-restart-always   0/1     Completed           0          2s
sample-restart-always   0/1     Completed           1          3s
sample-restart-always   0/1     CrashLoopBackOff    1          4s
sample-restart-always   0/1     Completed           2          18s
…(생략)…

# 실패의 경우
```

```
$ kubectl get pods sample-restart-always -watch
NAME                    READY   STATUS              RESTARTS   AGE
sample-restart-always   0/1     Pending             0          0s
sample-restart-always   0/1     Pending             0          0s
sample-restart-always   0/1     ContainerCreating   0          0s
sample-restart-always   0/1     Error               0          2s
sample-restart-always   0/1     Error               1          3s
sample-restart-always   0/1     CrashLoopBackOff    1          4s
…(생략)…
```

10.2.2 OnFailure

restartPolicy가 OnFailure인 경우 파드에서 실행되는 명령어가 실패하면 재기동한다.

코드 10-9 restartPolicy가 OnFailure인 파드 예제(sample-restart-onfailure.yaml)

```yaml
apiVersion: v1
kind: Pod
metadata:
  name: sample-restart-onfailure
spec:
  restartPolicy: OnFailure
  containers:
  - name: nginx-container
    image: nginx:1.16
    command: ["sh", "-c", "exit 0"] # 성공의 경우
    # command: ["sh", "-c", "exit 1"] # 실패의 경우
```

실제로 동작을 확인해보면 정상 종료한 경우에는 Completed 상태 그대로 재기동되지 않지만, 이상 종료한 경우에는 Always와 마찬가지로 재기동을 계속 시도한다.

```
# 성공의 경우
$ kubectl get pods sample-restart-onfailure --watch
NAME                       READY   STATUS              RESTARTS   AGE
sample-restart-onfailure   0/1     ContainerCreating   0          1s
sample-restart-onfailure   0/1     Completed           0          1s

# 실패의 경우
$ kubectl get pods sample-restart-onfailure --watch
```

```
NAME                         READY   STATUS              RESTARTS   AGE
sample-restart-onfailure     0/1     ContainerCreating   0          0s
sample-restart-onfailure     0/1     Error               0          2s
sample-restart-onfailure     0/1     Error               1          3s
sample-restart-onfailure     0/1     CrashLoopBackOff    1          4s
…(생략)…
```

10.2.3 Never

restartPolicy가 Never인 경우 파드가 이상 종료를 하더라도 파드를 재기동하지 않는다.

코드 10-10 restartPolicy가 Never인 파드 예제(sample-restart-never.yaml)

```yaml
apiVersion: v1
kind: Pod
metadata:
  name: sample-restart-never
spec:
  restartPolicy: Never
  containers:
  - name: nginx-container
    image: nginx:1.16
    command: ["sh", "-c", "exit 0"] # 성공의 경우
    # command: ["sh", "-c", "exit 1"] # 실패의 경우
```

실제로 동작을 확인해보면 정상 종료한 경우에는 Completed 상태, 이상 종료한 경우에는 Error 상태 그대로 재기동하지 않는다.

```
# 성공의 경우
$ kubectl get pods sample-restart-never --watch
NAME                    READY   STATUS              RESTARTS   AGE
sample-restart-never    0/1     ContainerCreating   0          1s
sample-restart-never    0/1     Completed           0          2s

# 실패의 경우
$ kubectl get pods sample-restart-never --watch
NAME                    READY   STATUS              RESTARTS   AGE
sample-restart-never    0/1     ContainerCreating   0          0s
sample-restart-never    0/1     Error               0          2s
```

10.3 초기화 컨테이너

초기화 컨테이너(Init Container)란 파드 내부에서 메인이 되는 컨테이너를 기동하기 전에 별도의 컨테이너를 기동하기 위한 기능을 말한다. 초기화 컨테이너를 사용하면, 그림 10-9와 같이 설정에 필요한 스크립트 등을 메인 컨테이너에 보관하지 않는 상태를 유지할 수 있다(보안을 유지하고 이미지 용량을 줄이기 위해).

▼ 그림 10-9 초기화 컨테이너

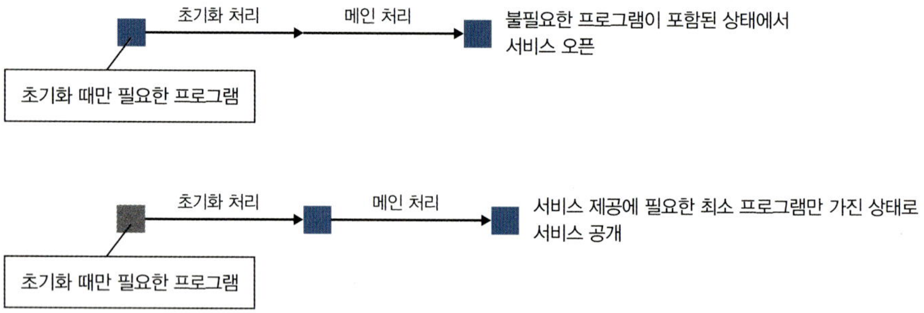

또한, spec.initContainers는 복수로 지정할 수 있으며, 위에서부터 하나씩 컨테이너가 기동되고 spec.initContainers[].command가 실행된다. 그런데 이것이 spec.containers라면 동시에 병렬로 컨테이너가 기동되기 때문에 순서가 필요한 처리 등에는 사용하기 힘들지만, 초기화 컨테이너를 사용하면 해결할 수 있다.

사용 사례로는 저장소에서 파일 등을 가져오는 처리, 컨테이너 기동을 지연시키는 처리, 설정 파일을 동적으로 생성하는 처리, 서비스가 생성되어 있는지 확인하는 작업과 그 외 메인 컨테이너를 기동하기 전의 체크 작업 등이 있다.

리스트 10-11은 두 개의 컨테이너를 사용하여 메인 nginx-container의 index.html을 생성하는 예제다.

코드 10-11 초기화 컨테이너를 사용한 파드 예제(sample-initcontainer.yaml)

```
apiVersion: v1
kind: Pod
metadata:
  name: sample-initcontainer
spec:
```

```
    initContainers:
    - name: output-1
      image: amsy810/tools:v2.0
      command: ['sh', '-c', 'sleep 20; echo 1st > /usr/share/nginx/html/index.html']
      volumeMounts:
      - name: html-volume
        mountPath: /usr/share/nginx/html/
    - name: output-2
      image: amsy810/tools:v2.0
      command: ['sh', '-c', 'sleep 10; echo 2nd >> /usr/share/nginx/html/index.html']
      volumeMounts:
      - name: html-volume
        mountPath: /usr/share/nginx/html/
    containers:
    - name: nginx-container
      image: nginx:1.16
      volumeMounts:
      - name: html-volume
        mountPath: /usr/share/nginx/html/
    volumes:
    - name: html-volume
      emptyDir: {}
```

sample-initcontainer 기동 상태를 확인하면서 생성하면 다음과 같이 기동하게 된다. 초기화 컨테이너 실행 중에는 STATUS 항목의 Init:N/M으로 진행 상황이 표시된다.

```
# 초기화 컨테이너가 실행되고 있을 때 파드의 상태
$ kubectl get pods --watch
NAME                    READY   STATUS            RESTARTS   AGE
sample-initcontainer    0/1     Init:0/2          0          1s
sample-initcontainer    0/1     Init:1/2          0          21s
sample-initcontainer    0/1     PodInitializing   0          31s
sample-initcontainer    1/1     Running           0          32s
```

위 예제에서는 두 개의 초기화 컨테이너가 구성되어 있고 첫 번째는 20초, 두 번째는 10초에 완료한다(그림 10-10).

▼ 그림 10-10 초기화 컨테이너의 동작 과정

초기화 컨테이너 동작 과정

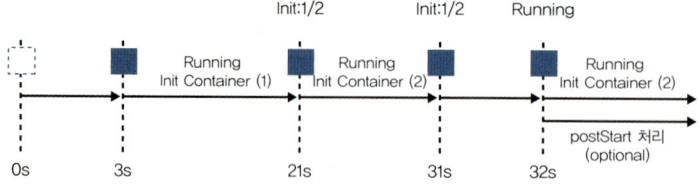

또한, 하나씩 컨테이너가 실행되도록 순서가 지켜지기 때문에 파일 출력도 순서대로 진행된다.

```
# 초기화 컨테이너에서 추가된 파일 확인(순서 확인)
$ kubectl exec -it sample-initcontainer -- cat /usr/share/nginx/html/index.html
1st
2nd
```

10.4 기동 직후와 종료 직전에 임의의 명령어를 실행(postStart/preStop)

쿠버네티스에서는 컨테이너 기동 후와 정지 직전에 임의의 명령어를 실행할 수 있다. 여기서는 리스트 10-12의 예제를 사용하여 설명한다.

코드 10-12 기동 직후와 정지 직전에 임의의 명령어를 실행하는 파드 예제(sample-lifecycle-exec.yaml)

```
apiVersion: v1
kind: Pod
metadata:
  name: sample-lifecycle-exec
spec:
  containers:
  - name: nginx-container
    image: nginx:1.16
    command: ["/bin/sh", "-c", "touch /tmp/started; sleep 3600"]
    lifecycle:
```

```
      postStart:
        exec:
          command: ["/bin/sh", "-c", "sleep 20; touch /tmp/poststart"]
      preStop:
        exec:
          command: ["/bin/sh", "-c", "touch /tmp/prestop; sleep 20"]
```

위 예제에서는 컨테이너 기동 시 /tmp/started 파일을, postStart에서 /tmp/poststart 파일을, preStop에서 /tmp/prestop 파일을 생성하고 있다. 실제 파드를 생성해보면 실행은 다음과 같이 진행된다.

```
# 파드 생성
$ kubectl apply -f sample-lifecycle-exec.yaml
pod/sample-lifecycle created

# 기동 후 바로 확인한 상태
$ kubectl exec -it sample-lifecycle-exec -- ls /tmp
started

# 기동 후 20초 경과 후 확인한 상태
$ kubectl exec -it sample-lifecycle-exec -- ls /tmp
poststart  started

# 파드 정지
$ kubectl delete -f sample-lifecycle-exec.yaml
pod "sample-lifecycle" deleted

# 삭제 요청 후 바로 확인한 상태
$ kubectl exec -it sample-lifecycle -- ls /tmp
poststart  prestop  started
```

postStart는 spec.containers[].command(Entrypoint) 실행과 거의 같은 타이밍에 실행된다. 엄밀히 말하면, 비동기로 실행되기 때문에 Entrypoint가 실행되기 전에 postStart가 실행될 가능성도 있다. 따라서 기동 시에 필요한 파일을 배치하는 등의 작업은 초기화 컨테이너를 사용하거나 Entrypoint 안에서 실행한 후에 기동하길 바란다.

preStop은 종료 요청이 온 후 실행된다. 더 자세한 동작 과정은 이어지는 절인 '파드의 안전한 정지와 타이밍'에서 한다.

또한, postStart와 preStop에는 명령어 실행 외에 httpGet도 사용할 수 있다.

▼ 표 10-8 두 종류의 실행 방식

실행 방식	내용
exec	임의 명령어를 실행
httpGet	HTTP GET 요청을 전송

코드 10-13 기동 직후에 HTTP 요청을 전송하는 파드 예제(sample-lifecycle-httpget.yaml)

```
apiVersion: v1
kind: Pod
metadata:
  name: sample-lifecycle-httpget
spec:
  containers:
  - name: nginx-container
    image: nginx:1.16
    lifecycle:
      postStart:
        httpGet:
          path: /index.html
          port: 80
          scheme: HTTP
```

lifecycle 기능에는 몇 가지 주의 사항이 있다.

먼저 postStart와 preStop은 최소 한 번 실행되는데, 여러 번 실행될 가능성도 있다. 한 번만 실행이 허용되는 처리를 실행할 때는 주의해야 한다.

다음으로 postStart에 타임아웃 설정을 할 수 없다는 점도 주의해야 한다. postStart 실행 중에는 Probe도 실행되지 않아 postStart 실행에 시간이 걸리는 경우에도 LivenessProbe나 StartupProbe로 실패시킬 수 없다. 그 때문에 postStart에서 교착 상태(deadlock)로 끝나지 않는 프로그램 등은 실행하지 않도록 한다. 그런 프로그램을 실행할 경우에는 프로그램 측에 타임아웃 설정을 넣어야 한다.

10.5 파드의 안전한 정지와 타이밍

파드가 삭제될 경우 안전하게 정지하기 위해서는 몇 단계에 걸쳐 처리가 실행된다. 여기서는 다음 예제를 예로 들어 설명한다.

코드 10-14 안전하게 정지시키는 파드 예제(sample-termination.yaml)

```yaml
apiVersion: v1
kind: Pod
metadata:
  name: sample-termination
spec:
  terminationGracePeriodSeconds: 30
  containers:
  - name: nginx-container
    image: nginx:1.16
    lifecycle:
      preStop:
        exec:
          command: ["/bin/sh", "-c", "echo preStop!; sleep 20"]
```

기동 중인 파드의 삭제 요청이 쿠버네티스 API 서버에 도착하면 비동기로 'preStop 처리 + SIGTERM 처리'와 '서비스에서 제외 설정'이 이루어진다(그림 10-11). 이 두 가지 처리는 자율 분산 시스템(Autonomous Decentralized System)이므로, 엄밀히 말하면 동시에 처리되는 것은 아니다. 따라서 '서비스에서 제외 설정'이 끝나기 전에, 다시 말해 요청이 도착하기 전에 'preStop 처리 + SIGTERM 처리'에서 프로세스를 정지해 버리면 일부 요청에서 에러가 발생하기 때문에 주의해야 한다. 이처럼 요청 차단을 막기 위해서는 서비스 제외 처리가 끝나기 전 몇 초간 'preStop 처리 + SIGTERM 처리'에서 대기하거나 'preStop 처리 + SIGTERM 처리'에서 요청을 받으면서 정지 처리를 하는 것이 효과적이다. 후자의 경우에는 애플리케이션 수정이 필요하지만, 전자의 경우에는 애플리케이션 수정이 필요 없다.

▼ 그림 10-11 파트 종료 시 라이프사이클

파드 삭제 동작 과정

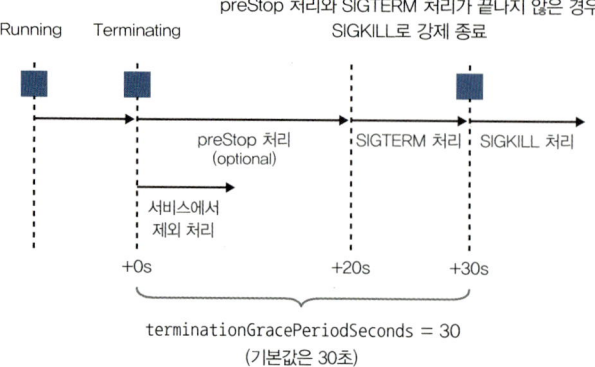

파드에는 spec.terminationGracePeriodSeconds(기본값 30초)라는 설정값이 있으며, 이 시간 안에 'preStop 처리 + SIGTERM 처리'를 끝내야 한다. 만일 이 시간 내에 처리가 끝나지 않는다면 SIGKILL 신호가 컨테이너에 전달되어 강제적으로 종료된다. preStop 처리는 필수가 아니므로 설정이 없는 경우에는 그대로 SIGTERM 처리가 이루어진다.

강제로 종료하는 것은 바람직하지 않기 때문에 terminationGracePeriodSeconds에는 'preStop 처리 + SIGTERM 처리'를 완료하기 위한 시간을 충분히 확보하자. 그리고 preStop 처리만으로 terminationGracePeriodSeconds 시간을 전부 사용한 경우에는 2초만 SIGTERM 처리 시간으로 확보된다. 그림 10-11의 예제에서 preStop 소요 시간은 약 20초였지만, 소요 시간이 30초보다 긴 경우 SIGTERM 처리에 2초가 추가로 할당된다(그림 10-12).

▼ 그림 10-12 preStop 처리가 길어지는 경우의 파드 종료 시 라이프사이클

파드 삭제 동작 과정

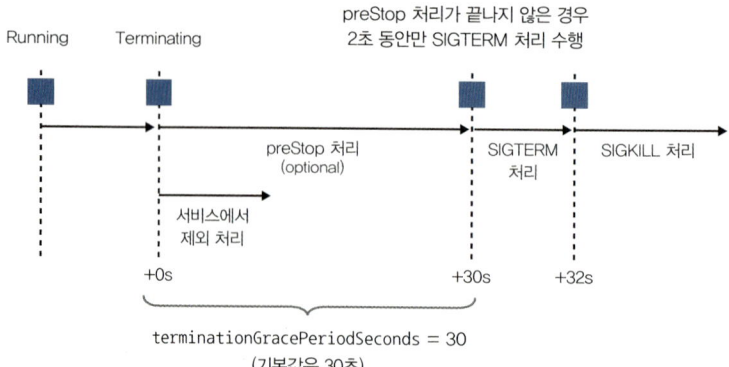

또한, kubectl 명령어로 파드를 삭제하는 경우에는 --grace-period 옵션을 사용하여 이미 생성된 파드에 대해 terminationGracePeriodSeconds를 변경하여 삭제할 수 있다. 4장에서 설명한 --force 옵션과 조합하면 강제적으로 즉시 삭제도 가능하다. (쿠버네티스 1.18 이후부터는 --force 옵션을 지정하면 --grace-period 0 옵션도 자동으로 지정된다.)

```
# terminationGracePeriodSeconds=3으로 삭제
$ kubectl delete pod sample-termination --grace-period 3

# 강제로 즉시 삭제
$ kubectl delete pod sample-termination --grace-period 0 --force
```

10.6 리소스를 삭제했을 때의 동작

여기서는 5장에서 설명한 sample-rs.yaml을 사용하여 설명한다. 쿠버네티스에서는 레플리카셋 등의 상위 리소스가 삭제되면 하위 리소스가 되는 파드 등을 삭제하기 위해 가비지 수집(Garbage Collection)을 수행한다. 레플리카셋 등에서는 파드를 생성하지만, 생성된 파드에는 어떤 레플리카셋으로 생성되었는지를 판별하기 위해 metadata.ownerReferences 아래에 자동으로 정보가 저장된다. 이것은 디플로이먼트와 레플리카셋에서도 마찬가지다.

```
# 파드 정의에 포함된 상위 리소스 정보 확인
$ kubectl get pods sample-rs-l8gqb -o json | jq .metadata.ownerReferences
[
  {
    "apiVersion": "apps/v1",
    "blockOwnerDeletion": true,
    "controller": true,
    "kind": "ReplicaSet",
    "name": "sample-rs",
    "uid": "b14ade75-7ab9-4c61-b0ed-450dfb63d770"
  }
]
```

다음은 레플리카셋을 삭제했을 때의 동작인데, 쿠버네티스에서는 다음과 같이 세 가지 패턴이 있다. Background와 Foreground는 결과적으로 의존하는 파드를 삭제하기 때문에 캐스케이딩 삭제(연쇄적 삭제)라고 불린다. Foreground의 경우 하위 리소스가 삭제될 때까지 상위 리소스를 API로 확인할 수 있다.

- Background(기본값)
    - 레플리카셋을 즉시 삭제하고 파드는 가비지 수집기가 백그라운드에서 비동기로 삭제
- Foreground
    - 레플리카셋을 즉시 삭제하지 않고 `deletionTimestamp, metadata.finalizers = foregroundDeletion`으로 설정
    - 가비지 수집기가 각 파드에서 `blockOwnerDeletion = true`인 것을 삭제
    - (false인 것은 Foreground 삭제라도 Background로 삭제)
    - 모든 삭제가 끝나면 레플리카셋을 삭제
- Orphan
    - 레플리카셋 삭제 시 파드 삭제를 하지 않음

kubectl로 선택할 수 있는 옵션은 `Background`와 `Orphan`뿐이며 Foreground를 사용하려면 API를 조작해야 한다. 기본값으로는 연관된 하위 리소스를 포함하여 삭제하는 캐스케이딩 삭제(Background 삭제)가 선택된다.

```
# 레플리카셋 삭제(Background 삭제)
$ kubectl delete replicaset sample-rs
replicaset.apps "sample-rs" deleted
$ kubectl delete --cascade=true replicaset sample-rs
replicaset.apps "sample-rs" deleted
```

Orphan 정책으로 삭제하는 경우 --cascade=false 옵션을 설정하여 삭제하면 파드는 남긴 채 레플리카셋만 삭제할 수 있다. 그러나 특별한 이유가 없다면 하위 리소스도 함께 삭제하는 것이 바람직하다.

```
# 레플리카셋 삭제(Orphan 삭제)
$ kubectl delete --cascade=false replicaset sample-rs
replicaset.apps "sample-rs" deleted

# 레플리카셋은 삭제됨
```

```
$ kubectl get replicasets
No resources found in default namespace.

# 레플리카셋으로 연결된 파드는 그대로 유지
$ kubectl get pods
NAME              READY   STATUS    RESTARTS   AGE
sample-rs-bbdrv   1/1     Running   0          54s
sample-rs-vwlgw   1/1     Running   0          54s
sample-rs-wr5gh   1/1     Running   0          54s
```

여기서는 레플리카셋을 예제로 설명했기 때문에 파드가 남았지만, Orphan 정책으로 디플로이먼트를 삭제한 경우에는 디플로이먼트에 연결된 레플리카셋과 파드도 모두 남게 된다.

참고로 Foreground 삭제를 할 경우 다음과 같이 API 서버에 요청을 보낸다.

```
# 쿠버네티스 API 서버에 포트 포워딩
$  --port=8080

# 레플리카셋을 삭제(Foreground 삭제)
$ curl -X DELETE localhost:8080/apis/apps/v1/namespaces/default/replicasets/sample-rs \
-H "Content-Type: application/json" \
-d '{"kind":"DeleteOptions","apiVersion":"v1","propagationPolicy":"Foreground"}'
```

10.7 정리

이 장에서는 헬스 체크와 컨테이너 기동 및 종료 시의 동작을 설명했다. 헬스 체크에는 Liveness Probe, Readiness Probe, Startup Probe 세 가지가 있다.

- **Liveness Probe**: 정상인지를 확인하기 위한 체크에 실패한 경우 restartPolicy에 따라 파드를 재기동
- **Readiness Probe**: 준비가 되어 있는지를 확인하기 위한 체크에 실패한 경우 서비스에서 트래픽을 차단

- **Startup Probe**: 첫 번째 기동이 완료되었는지 확인하고 체크가 성공할 때까지 다른 Probe 실행을 시작하지 않음

각각의 헬스 체크에는 명령어 기반, HTTP 기반, TCP 기반이라는 세 가지 체크 방식이 있다(표 10-9).

▼ 표 10-9 세 가지 헬스 체크 방식

헬스 체크 방식	내용
exec	명령어를 실행하고 종료 코드가 0이 아니면 실패
httpGet	HTTP GET 요청을 실행하고 Status Code가 200~399가 아니면 실패
tcpSocket	TCP 세션이 활성화되지 않으면 실패

파드가 정지했을 때는 정상 종료(종료 코드 0), 이상 종료(종료 코드 1), 세 가지의 `restartPolicy`에 따라 파드 재기동을 시도한다.

- **Always**: 정상 종료 때도 이상 종료 때도 재기동
- **OnFailure**: 정상 종료 때는 재기동하지 않고 이상 종료 때는 재기동
- **Never**: 정상 종료 때도 이상 종료 때도 재기동하지 않음

컨테이너 기동 직후와 종료 직전에 임의의 스크립트를 실행하고 싶으면 `postStart`와 `preStop` 설정을 사용하여 구현할 수 있다. 단, `postStart`는 어디까지나 컨테이너가 기동한 직후에 호출되는 스크립트이기 때문에 컨테이너가 기동하기 전에 반드시 사전 처리가 필요한 경우에는 `initContainers`를 사용하자. `initContainers`를 사용하면 메인 컨테이너와 별도의 컨테이너 이미지를 사용하여 사전 처리를 할 수 있다.

컨테이너가 매우 쉽게 기동하기 위해 언제든 재기동할 수 있도록 해두어야 한다. 따라서 종료 시 SIGTERM/SIGKILL 신호를 보내는 타이밍이나 서비스에서 분리되는 타이밍 등을 고려하여 언제든 파드가 정지할 수 있도록 세세한 부분까지 고려해 설정해야 한다.

11장
메인터넌스와 노드 정지

11.1 노드 정지와 파드 정지
11.2 스케줄링 대상에서 제외와 복귀(cordon/uncordon)
11.3 노드 배출 처리로 인한 파드 축출(drain)
11.4 PodDisruptionBudget(PDB)을 사용한 안전한 축출
11.5 정리

11.1 노드 정지와 파드 정지

쿠버네티스 노드를 안전하게 정지할 때는 몇 가지 단계를 거쳐야 한다. 이 책을 집필하는 시점에는 도커 컨테이너의 라이브 마이그레이션에 해당하는 기능이 존재하지 않아 메인터넌스 등으로 노드를 정지하는 경우 파드를 정지해야 한다. 따라서 이전 장에서 설명한 것처럼 SIGTERM, SIGKILL 신호에 동작하는 애플리케이션을 만들고 `terminationGracePeriodSeconds`를 적절하게 설정해야 하는 것에 유의한다.

11.2 스케줄링 대상에서 제외와 복귀 (cordon/uncordon)

쿠버네티스의 노드는 SchedulingEnabled와 SchedulingDisabled 중 하나의 상태를 가진다(그림 11-1). 상태가 SchedulingDisabled가 된 노드는 스케줄링 대상에서 제외되어 노드상에 파드가 신규로 생성되지 않는다. 노드를 SchedulingDisabled 상태로 변경해도 이미 노드에서 실행되는 파드에는 영향을 주지 않는다. 기본 상태는 SchedulingEnabled이다.

▼ 그림 11-1 SchedulingEnabled와 SchedulingDisabled의 동작

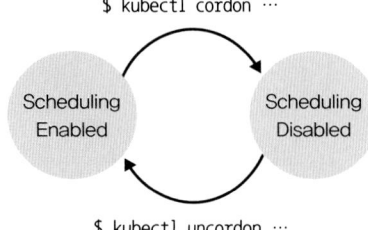

노드를 SchedulingDisabled로 변경하고 스케줄 대상에서 제외하는 경우에 kubectl cordon 명령어를 사용한다.

```
# 현재 노드 상태 확인
$ kubectl get nodes
NAME                                  STATUS   ROLES    AGE   VERSION
gke-k8s-default-pool-be722c17-7ij3    Ready    <none>   2d2h  v1.18.16-gke.2100
gke-k8s-default-pool-be722c17-q7hz    Ready    <none>   2d2h  v1.18.16-gke.2100
gke-k8s-default-pool-be722c17-walf    Ready    <none>   2d2h  v1.18.16-gke.2100

# 노드 중 하나를 SchedulingDisabled 상태로 변경
$ kubectl cordon gke-k8s-default-pool-be722c17-7ij3
node/gke-k8s-default-pool-be722c17-7ij3 cordoned

# 노드 상태가 SchedulingDisabled로 변경됨
$ kubectl get nodes
NAME                                  STATUS                     ROLES    AGE   VERSION
gke-k8s-default-pool-be722c17-7ij3    Ready,SchedulingDisabled   <none>   2d2h  v1.18.16-gke.2100
gke-k8s-default-pool-be722c17-q7hz    Ready                      <none>   2d2h  v1.18.16-gke.2100
gke-k8s-default-pool-be722c17-walf    Ready                      <none>   2d2h  v1.18.16-gke.2100
```

마찬가지로 SchedulingEnabled로 변경하고 스케줄링 대상으로 돌아가려면 kubectl uncordon 명령어를 사용한다.

```
# 노드 중 하나를 SchedulingEnabled 상태로 변경
$ kubectl uncordon gke-k8s-default-pool-be722c17-7ij3
node/gke-k8s-default-pool-be722c17-7ij3 uncordoned
```

11.3 노드 배출 처리로 인한 파드 축출 (drain)

상태를 SchedulingDisabled로 변경해도 이후의 스케줄링 대상에서 제외될 뿐이며, 노드에서 이미 실행 중인 파드는 정지되지 않는다. 노드상에 실행 중인 모든 파드를 축출시키는 배출 처리(drain)를 하려면 kubectl drain 명령어를 사용한다. 노드가 배출 처리를 시작하면 노드를 SchedulingDisabled 상태로 변경하고 나서 각 파드에 SIGTERM 신호를 보내어 파드를 축출한다(그림 11-2). 배출 처리에는 이후의 스케줄링 대상에서 제외하는 처리도 포함되어 있어 미리 kubectl cordon을 실행할 필요가 없다. 또 파드 정지 순서는 일반적인 파드 삭제와 동일하다.

▼ 그림 11-2 파드의 배출 처리

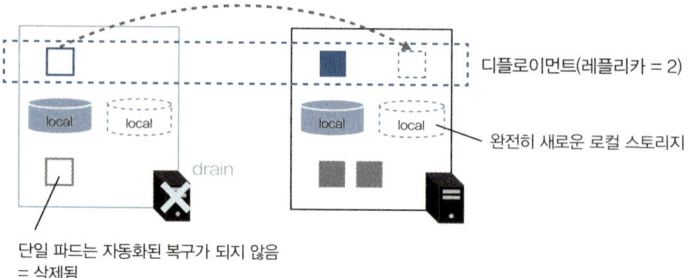

```
# 노드에서 실행 중인 파드를 모두 축출(데몬셋 이외)
$ kubectl drain gke-k8s-default-pool-be722c17-7ij3 --force --ignore-daemonsets
node/gke-k8s-default-pool-be722c17-7ij3 cordoned
evicting pod kube-system/kube-dns-autoscaler-7f89fb6b79-pl57z
evicting pod default/sample-qos-guaranteed
evicting pod default/sample-publish-notready-2
evicting pod ingress-nginx/ingress-nginx-controller-74fd5565fb-b2xkx
evicting pod kube-system/kube-dns-6465f78586-4bc9s
pod/kube-dns-autoscaler-7f89fb6b79-pl57z evicted
pod/sample-qos-guaranteed evicted
```

```
pod/ingress-nginx-controller-74fd5565fb-b2xkx evicted
pod/kube-dns-6465f78586-4bc9s evicted
pod/sample-publish-notready-2 evicted
node/gke-k8s-default-pool-be722c17-7ij3 evicted
```

배출 처리를 실행하면 정지 가능한 파드는 축출 처리(eviction)가 이루어진다. kubectl drain 명령어 실행은 다음과 같은 경우에서 에러가 발생한다. 이 세 가지 경고에 대해서는 삭제해도 문제가 없는지 제대로 확인한 후에 처리해야 한다.

- `pod not managed by ReplicationController, ReplicaSet, Job, DaemonSet or StatefulSet (use --force to override): sample-pod`
  - **에러 발생 상황**: 디플로이먼트 등으로 관리되지 않은 파드를 삭제하려고 할 때
  - **이유**: 단일 파드가 있으면 파드 삭제 후에 재생성이 되지 않기 때문에
  - **해결책**: --force 옵션을 사용하여 삭제
- `pod with local storage (use --delete-local-data to override): sample-pod`
  - **에러 발생 상황**: 로컬 스토리지를 사용하고 있는 파드를 삭제하려고 할 때
  - **이유**: 로컬 스토리지를 사용하고 있는 경우 데이터가 삭제되기 때문에
  - **해결책**: --delete-local-data 옵션을 사용하여 삭제
- `DaemonSet-managed pod (use --ignore-daemonsets to ignore): fluentd-gcp-v2.0.10-bwlcp`
  - **에러 발생 상황**: 데몬셋이 관리하는 파드를 삭제하려고 할 때
  - **이유**: 데몬셋이 관리하는 파드는 축출되지 않기 때문에
  - **해결책**: --ignore-daemonsets 옵션을 사용하여 삭제

노드 정지와 마찬가지로 노드 메인터넌스를 쉽게 할 수 있도록 각 파드에 정지 처리가 실행될 때 안전하게 정지하도록 preStop 설정/gracefulPeriod 설정/애플리케이션 측에서의 SIGTERM 신호 핸들링 등과 같은 적절한 준비를 해두어야 한다.

11.4 PodDisruptionBudget(PDB)을 사용한 안전한 축출

PodDisruptionBudget은 노드가 배출 처리를 할 때 파드를 정지할 수 있는 최대 수를 제한하는 리소스다. 파드가 축출될 때 특정 디플로이먼트 관리하에 있는 레플리카가 동시에 모두 정지되면 다운타임이 발생할 수 있다. 또한, 여러 노드에서 동시에 배출 처리를 한 경우에는 이 현상이 발생할 확률이 더욱 높아진다. 따라서 PodDisruptionBudget을 설정해 두면 조건에 일치하는 파드의 최소 기동 개수(spec.minAvailable)와 최대 정지 개수(spec.maxUnavailable)를 보면서 노드상에서 파드를 축출할 수 있다.

코드 11-1 PodDisruptionBudget 예제(sample-pod-disruption-budget.yaml)

```yaml
apiVersion: policy/v1beta1
kind: PodDisruptionBudget
metadata:
  name: sample-pod-disruption-budget
spec:
  minAvailable: 1
  # 또는
  # maxUnavailable: 1
  selector:
    matchLabels:
      app: sample-app
```

먼저 한 대의 노드에 파드가 몰려 있는 경우 PodDisruptionBudget을 사용한 예를 그림 11-3으로 설명한다. 노드 수나 파드 수가 적은 경우에는 같은 노드에 같은 종류의 파드가 기동하여 노드 배출 처리가 실행되었을 때 많은 파드가 정지되기도 한다. 이런 경우 PodDisruptionBudget을 사용하면 서비스에 영향을 받지 않고 제약 조건을 지키면서 순서대로 노드에서 파드를 축출할 수 있다. 이번에는 PodDisruptionBudget 제약 조건으로 app: sample-app 레이블을 가진 파드를 적어도 한 개는 기동해야 한다. 노드상의 파드를 모두 배출하면 제약 조건을 만족할 수 없기 때문에 app: sample-app 레이블을 가진 파드 중 하나는 첫 번째 파드의 이동이 완료될 때까지 대기한다. 그러나 조건에 일치하지 않는 app: great-app 레이블을 가진 파드는 동시에 배출되어 서비스가 중단된다.

▼ 그림 11-3 노드에 파드가 편중된 경우 PodDisruptionBudget의 동작

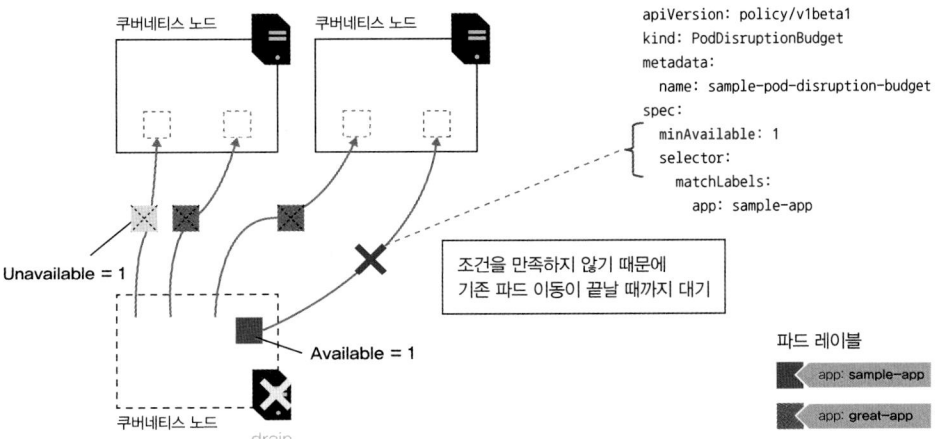

그 외에도 PodDisruptionBudget은 메인터넌스에서 동시에 여러 노드를 배출 처리하는 경우에도 효과적이다. 여러 노드에 대해 서비스가 계속 가능하도록 파드 수를 조절하면서 배출하는 것이 어려우므로 한 대 노드씩 배출 처리해 버리기 쉽다. 적은 수의 노드일 경우는 문제가 없지만, 대규모 클러스터의 경우 PodDisruptionBudget 없이 효과적으로 진행하기가 어렵다. 그림 11-4의 예제는 동시에 두 대 노드에서 배출 처리를 하고 있다. 이번에는 PodDisruptionBudget 제약 조건으로 app: sample-app 레이블을 가진 파드는 적어도 한 개는 기동해야 한다. 두 대 노드에서 파드를 모두 배출시키면 제약 조건을 만족할 수 없기 때문에 어느 한쪽 노드에서 app: sample-app 레이블을 가진 파드는 첫 번째 파드 이동이 완료될 때까지 대기한다. 그러나 조건에 일치하지 않는 app: great-app 레이블을 가진 파드는 동시에 배출되어 서비스가 중단된다.

▼ 그림 11-4 여러 노드를 drain했을 때 PodDisruptionBudget의 동작

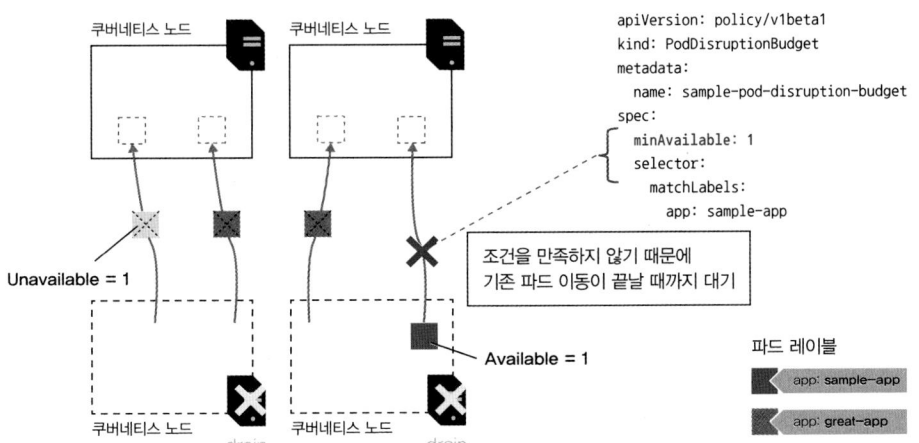

또한, `minAvailable`과 `maxUnavailable`은 백분율(%)로 설정할 수도 있다. HorizontalPod Autoscaler에 의해 파드 수가 변화하는 환경에서는 백분율로 지정하는 것을 추천한다.

코드 11-2 백분율로 지정하는 PodDisruptionBudget의 예제(sample-pod-disruption-budget-percentage.yaml)

```yaml
apiVersion: policy/v1beta1
kind: PodDisruptionBudget
metadata:
  name: sample-pod-disruption-budget-percentage
spec:
  minAvailable: 90%
  # 또는
  # maxUnavailable: 10%
  selector:
    matchLabels:
      app: sample-app
```

그림 11-3과 그림 11-4에서는 minAvailable=1로 설명했지만, maxUnavailable=1의 경우에도 같은 처리를 한다. minAvailable과 maxUnavailable은 둘 중 하나만 설정할 수 있으며, 서비스를 유지하기 위해 필요한 파드 수에 대해 예측하기 편한 방법을 사용하면 된다.

```
# minAvailable과 maxUnavailable 모두 지정되어 있는 경우
$ kubectl apply -f sample-pod-disruption-budget-fail.yaml
The PodDisruptionBudget "sample-pod-disruption-budget-fail" is invalid: spec: Invalid
value: policy.PodDisruptionBudgetSpec{MinAvailable:(*intstr.IntOrString)(0xc01bbfbc40),
Selector:(*v1.LabelSelector)(0xc01bbfbc60), MaxUnavailable:(*intstr.IntOrString)
(0xc01bbfbc20)}: minAvailable and maxUnavailable cannot be both set
```

파드에 여러 PodDisruptionBudget이 연결된 경우에는 축출 처리가 되지 않고 실패하기 때문에 주의해야 한다.

```
# 파드에 여러 PodDisruptionBudget이 연결된 경우
$ kubectl describe pod sample-deployment-7bf986f9cf-pzcnn
Events:
  Type     Reason                        Age    From              Message
  ----     ------                        ----   ----              -------
  Warning  MultiplePodDisruptionBudgets  10m    controllermanager  Pod
"default"/"sample-deployment-7bf986f9cf-pzcnn" matches multiple PodDisruptionBudgets.
Chose "sample-pod-disruption-budget" arbitrarily.
```

11.5 정리

10장에서 파드는 언제든지 재기동할 수 있도록 세세한 부분까지 고려하여 생성해야 한다고 설명했다. 파드가 언제든 재기동 가능하게 만들어 두면, 노드상에 있는 파드를 다른 노드로 쉽게 축출할 수 있기 때문에 메인터넌스 대응이 쉬워진다. 그리고 descheduler[1] 등을 사용하면 파드 배치를 재조정할 수 있으며, 파드를 모아 노드의 스케일 인도 할 수 있다. 또 PodDisruptionBudget을 설정하면 노드상의 파드를 축출할 때 같은 종류의 파드가 동시에 정지하지 않도록 보장할 수도 있다. 쿠버네티스에서는 빠른 개발을 위해 기존 인프라에서 우려되는 메인터넌스나 마이그레이션 등을 좀 더 간소화하는 데 도움이 되는 많은 기능을 제공하고 있다. 이런 기능들을 활용하면 좀 더 자동화된 인프라 환경을 만들 수 있다.

---

1 https://github.com/kubernetes-sigs/descheduler

12장 유연한 고급 스케줄링

12.1 필터링과 스코어링

12.2 매니페스트에서 지정하는 스케줄링

12.3 빌트인 노드 레이블과 레이블 추가

12.4 nodeSelector(가장 단순한 노드 어피니티)

12.5 노드 어피니티

12.6 matchExpressions 오퍼레이터와 집합성 기준 조건

12.7 노드 안티어피니티

12.8 인터파드 어피니티

12.9 인터파드 안티어피니티

12.10 여러 조건을 조합한 파드 스케줄링

12.11 `1.18 Beta` TopologySpreadConstraints를 사용한 토폴로지 균형

12.12 테인트와 톨러레이션

12.13 PriorityClass를 이용한 파드 우선순위와 축출

12.14 기타 스케줄링

12.15 정리

12.1 필터링과 스코어링

쿠버네티스 스케줄링에는 '필터링' 과정과 '스코어링' 과정이 있다.[1]

필터링(단정(Predicates))에서는 스케줄링하는 파드가 할당 가능한 노드를 계산한다. 예를 들어, 파드를 스케줄링하는 데 충분한 리소스가 있는지 또는 필수 조건으로 지정한 레이블을 가진 노드인지 등을 체크한다.

스코어링(우선순위(Priority))에서는 필터링된 후 노드 목록에 순위를 매겨 가장 적합한 노드를 계산한다. 예를 들어, 디플로이먼트를 최대한 분산하여 노드에 배치하거나 이미 사용하는 컨테이너 이미지가 다운로드(Pull)되어 있는 노드를 우선적으로 처리하거나 우선순위 조건으로 지정한 레이블을 가진 노드를 우선적으로 처리한다.

필터링과 스코어링 후 우선순위가 같은 스케줄링 대상 노드가 여러 개 있으면 무작위로 선택된다.

12.2 매니페스트에서 지정하는 스케줄링

필터링이나 스코어링은 특별히 아무것도 지정하지 않아도 쿠버네티스에서 계산되어 스케줄링에 사용된다. 일부 설정은 매니페스트에 추가로 지정하면 스케줄링에 영향을 줄 수 있다.

매니페스트에서 지정할 수 있는 스케줄링에는 크게 '쿠버네티스 사용자가 배치하고 싶은 노드를 선택하는 방법'과 '쿠버네티스 관리자가 배치하고 싶지 않은 노드를 지정하는 방법' 두 가지가 있다(그림 12-1).

---

1 https://kubernetes.io/ko/docs/reference/scheduling/policies/

▼ 그림 12-1 쿠버네티스의 스케줄링 분류

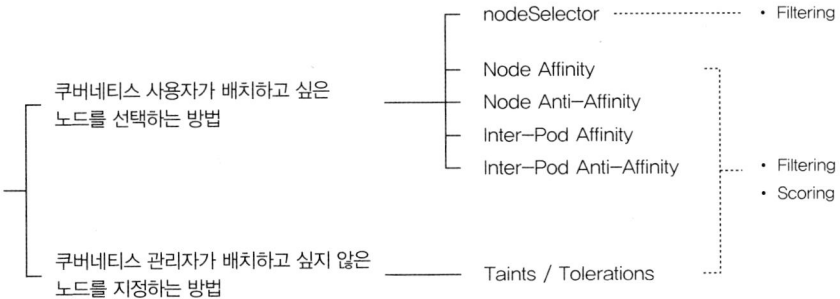

쿠버네티스 사용자가 배치하고 싶은 노드를 선택하는 방법은 표 12-1에 나타낸 다섯 가지로 나눌 수 있다. 스케줄링에는 어피니티와 안티어피니티라는 개념을 자주 사용한다. 어피니티는 특정 조건과 일치하는 곳에 스케줄링하고, 안티어피니티는 특정 조건과 일치하지 않는 곳에 스케줄링한다. 쿠버네티스에서는 어피니티/안티어피니티뿐만 아니라 그 대상이 노드인지 파드인지로도 분류할 수 있다(표 12-1).

▼ 표 12-1 쿠버네티스 사용자가 배치하고 싶은 노드를 선택하는 방법

종류	개요
nodeSelector(가장 단순한 노드 어피니티)	단순한 노드 어피니티 기능
노드 어피니티	특정 노드상에서만 실행
노드 안티어피니티	특정 노드 이외에서 실행
인터파드 어피니티	특정 파드가 존재하는 도메인(노드, 존 등)에서 실행
인터파드 안티어피니티	특정 파드가 존재하지 않는 도메인(노드, 존 등)에서 실행

이 장에서는 노드 어피니티에 대한 설명과 함께 쿠버네티스 스케줄링의 기본적인 개념을 설명하고, 노드 안티어피니티에 대한 설명과 함께 matchExpressions에 사용 가능한 오퍼레이터를 설명한다. 그래서 되도록이면 인터파드 어피니티까지는 건너뛰지 말고 끝까지 읽어 보길 바란다.

12.3 빌트인 노드 레이블과 레이블 추가

스케줄링을 설명하기 전에 노드에 미리 지정되어 있는 빌트인 노드 레이블을 설명한다. 쿠버네티스 사양에서는 빌트인 노드 레이블에 최소한 호스트명/OS/아키텍처/인스턴스 타입/리전/존과 같은 정보를 부여하게 되어 있다. 쿠버네티스 1.16 이전은 beta.나 failure-domain.beta. 등의 접두사가 부여되기 때문에 주의해야 한다. 또한, 환경에 따라 조금 차이는 있지만 쿠버네티스 플랫폼이나 분산 환경 자체의 레이블도 부여된다. 예를 들어, GKE의 경우에는 노드 풀 정보에 관한 레이블도 부여된다.

```
# 노드에 할당된 레이블 정보
$ kubectl get nodes -o json | jq ".items[] | .metadata.labels"
{
  "beta.kubernetes.io/arch": "amd64",
  "beta.kubernetes.io/instance-type": "n1-standard-4",
  "beta.kubernetes.io/os": "linux",
  "cloud.google.com/gke-boot-disk": "pd-standard",
  "cloud.google.com/gke-nodepool": "default-pool",
  "cloud.google.com/gke-os-distribution": "cos",
  "cloud.google.com/machine-family": "n1",
  "failure-domain.beta.kubernetes.io/region": "asia-northeast3",
  "failure-domain.beta.kubernetes.io/zone": "asia-northeast3-a",
  "kubernetes.io/arch": "amd64",
  "kubernetes.io/hostname": "gke-k8s-default-pool-be722c17-7ij3",
  "kubernetes.io/os": "linux",
  "node.kubernetes.io/instance-type": "n1-standard-4",
  "node.kubernetes.io/masq-agent-ds-ready": "true",
  "projectcalico.org/ds-ready": "true",
  "topology.gke.io/zone": "asia-northeast3-a",
  "topology.kubernetes.io/region": "asia-northeast3",
  "topology.kubernetes.io/zone": "asia-northeast3-a"
}
{
  "beta.kubernetes.io/arch": "amd64",
  "beta.kubernetes.io/instance-type": "n1-standard-4",
  "beta.kubernetes.io/os": "linux",
  "cloud.google.com/gke-boot-disk": "pd-standard",
  "cloud.google.com/gke-nodepool": "default-pool",
  "cloud.google.com/gke-os-distribution": "cos",
```

```
    "cloud.google.com/machine-family": "n1",
    "failure-domain.beta.kubernetes.io/region": "asia-northeast3",
    "failure-domain.beta.kubernetes.io/zone": "asia-northeast3-a",
    "kubernetes.io/arch": "amd64",
    "kubernetes.io/hostname": "gke-k8s-default-pool-be722c17-q7hz",
    "kubernetes.io/os": "linux",
    "node.kubernetes.io/instance-type": "n1-standard-4",
    "node.kubernetes.io/masq-agent-ds-ready": "true",
    "projectcalico.org/ds-ready": "true",
    "topology.gke.io/zone": "asia-northeast3-a",
    "topology.kubernetes.io/region": "asia-northeast3",
    "topology.kubernetes.io/zone": "asia-northeast3-a"
}
{
    "beta.kubernetes.io/arch": "amd64",
    "beta.kubernetes.io/instance-type": "n1-standard-4",
    "beta.kubernetes.io/os": "linux",
    "cloud.google.com/gke-boot-disk": "pd-standard",
    "cloud.google.com/gke-nodepool": "default-pool",
    "cloud.google.com/gke-os-distribution": "cos",
    "cloud.google.com/machine-family": "n1",
    "failure-domain.beta.kubernetes.io/region": "asia-northeast3",
    "failure-domain.beta.kubernetes.io/zone": "asia-northeast3-a",
    "kubernetes.io/arch": "amd64",
    "kubernetes.io/hostname": "gke-k8s-default-pool-be722c17-walf",
    "kubernetes.io/os": "linux",
    "node.kubernetes.io/instance-type": "n1-standard-4",
    "node.kubernetes.io/masq-agent-ds-ready": "true",
    "projectcalico.org/ds-ready": "true",
    "topology.gke.io/zone": "asia-northeast3-a",
    "topology.kubernetes.io/region": "asia-northeast3",
    "topology.kubernetes.io/zone": "asia-northeast3-a"
}
```

또한, 수동으로 노드에 레이블을 부여할 수도 있다. 여기서는 설명을 위해 디스크 종류(ssd, hdd), CPU 속도(low, high), CPU 세대(2, 3, 4)를 가정하여 노드에 부여해보도록 하겠다(그림 12-2). 여기서 부여한 레이블은 뒤에 설명할 다양한 스케줄링 설정 예제에서도 사용한다. 이외에도 컨테이너의 워크로드에 따라 레이블을 부여해도 좋고, 환경(프로덕션/스테이징/개발) 등에 레이블을 부여해도 좋다.

kubernetes.io의 네임스페이스를 가진 레이블을 노드에 부여할 때 몇 가지 제한이 있다는 점에 주의하자. 구체적으로 kubelet.kubernetes.io 또는 node.kubernetes.io와 앞에서 설명한 topology.kubernetes.io/region이나 topology.kubernetes.io/zone 등의 미리 허가된 레이블 이외에는 앞으로 부여하지 못할 수 있다. 또한, 이런 레이블도 쿠버네티스 노드에서 기동하는 kubelet이라는 시스템 구성 요소 등이 자동으로 부여하기 때문에 실수로 변경하지 않는 것이 좋다. 상세한 내용은 kubelet 명령어 help에서 --node-labels를 참조하자.

```
# kubectl get nodes에서 확인한 노드명을 지정하여 레이블을 부여
$ kubectl label node gke-k8s-default-pool-be722c17-7ij3 disktype=hdd cpuspec=low
cpugen=3
node/gke-k8s-default-pool-be722c17-7ij3 labeled

$ kubectl label node gke-k8s-default-pool-be722c17-q7hz disktype=ssd cpuspec=low
cpugen=2
node/gke-k8s-default-pool-be722c17-q7hz labeled

$ kubectl label node gke-k8s-default-pool-be722c17-walf disktype=hdd cpuspec=high
cpugen=4
node/gke-k8s-default-pool-be722c17-walf labeled
```

▼ 그림 12-2 노드에 레이블 부여

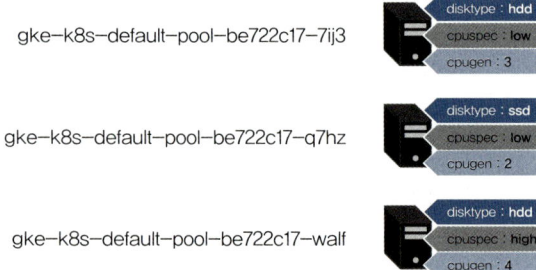

다시 한 번 레이블을 확인해보면 disktype/cpuspec/cpugen이 지정되어 있는 것을 볼 수 있다.

```
# 노드 목록과 disktype 레이블 표시
$ kubectl -L=disktype,cpuspec,cpugen get node
NAME                                    STATUS    ROLES     AGE     VERSION
DISKTYPE   CPUSPEC   CPUGEN
gke-k8s-default-pool-be722c17-7ij3      Ready     <none>    2d3h    v1.18.16-gke.2100
hdd        low       3
```

```
gke-k8s-default-pool-be722c17-q7hz    Ready    <none>    2d4h    v1.18.16-gke.2100
ssd         low       2
gke-k8s-default-pool-be722c17-walf    Ready    <none>    2d4h    v1.18.16-gke.2100
hdd         high      4
```

여기서는 노드에 레이블을 추가했지만 파드나 서비스에 레이블을 추가할 때도 같은 순서로 할 수 있다.

12.4 nodeSelector (가장 단순한 노드 어피니티)

단순한 노드 어피니티만을 실행하는 경우에는 nodeSelector를 사용할 수 있다. 예를 들어, 높은 디스크 IO 성능이 필요한 파드를 배치하고 싶은 경우 disktype=ssd 레이블을 가진 특정 노드에 배치하는 스케줄링이 가능하다(그림 12-3). 5장에서도 설명한 equality-based는 다중 조건으로 지정할 수 없어 유연한 조건을 지정할 수 없으며, 단일 조건만 지정할 수 있다.

▼ 그림 12-3 nodeSelector를 사용한 스케줄링

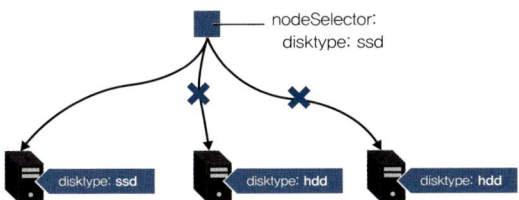

코드 12-1 nodeSelector 예제(sample-nodeselector.yaml)

```
apiVersion: v1
kind: Pod
metadata:
  name: sample-nodeselector
spec:
  containers:
  - name: nginx-container
```

```
    image: nginx:1.16
  nodeSelector:
    disktype: ssd
```

실제로 위 매니페스트를 실행한 뒤 파드가 배포된 노드를 확인해보면 disktype=ssd 레이블이 부여된 노드임을 확인할 수 있다.

```
# 반드시 disktype=ssd 레이블을 가진 노드에서 기동
$ kubectl get pods sample-nodeselector -o wide
NAME                    READY   STATUS    RESTARTS   AGE   IP          NODE
sample-nodeselector     1/1     Running   0          17s   10.0.3.60   gke-k8s-default-
pool-be722c17-q7hz
```

12.5 노드 어피니티

노드 어피니티(Node Affinity)는 파드를 특정 노드에 스케줄링하는 정책이다. 파드 정의의 spec.affinity.nodeAffinity에 작성하여 노드 어피니티를 설정한다. 일단 매니페스트 예제를 확인해보자.

코드 12-2 노드 어피니티 예제(sample-node-affinity.yaml)

```
apiVersion: v1
kind: Pod
metadata:
  name: sample-node-affinity
spec:
  affinity:
    nodeAffinity:
      requiredDuringSchedulingIgnoredDuringExecution:
        nodeSelectorTerms:
        - matchExpressions:
          - key: disktype
            operator: In
            values:
```

```
          - hdd
      preferredDuringSchedulingIgnoredDuringExecution:
      - weight: 1
        preference:
          matchExpressions:
          - key: kubernetes.io/hostname
            operator: In
            values:
            - gke-k8s-default-pool-be722c17-7ij3
  containers:
  - name: nginx-container
    image: nginx:1.16
```

노드 어피니티는 표 12-2에 나타낸 것처럼 크게 두 가지 파트로 나눌 수 있다.

▼ 표 12-2 노드 어피니티의 필수 스케줄링 정책과 우선 스케줄링 정책

설정 항목	개요
requiredDuringSchedulingIgnoredDuringExecution	필수 스케줄링 정책
preferredDuringSchedulingIgnoredDuringExecution	우선적으로 고려되는 스케줄링 정책

예제에서는 필수 조건으로 disktype이 hdd일 것, 우선 조건으로 kubernetes.io/hostname이 gke-k8s-default-pool-be722c17-7ij3일 것을 지정하고 있다.

▼ 그림 12-4 노드 어피니티에 의한 스케줄링

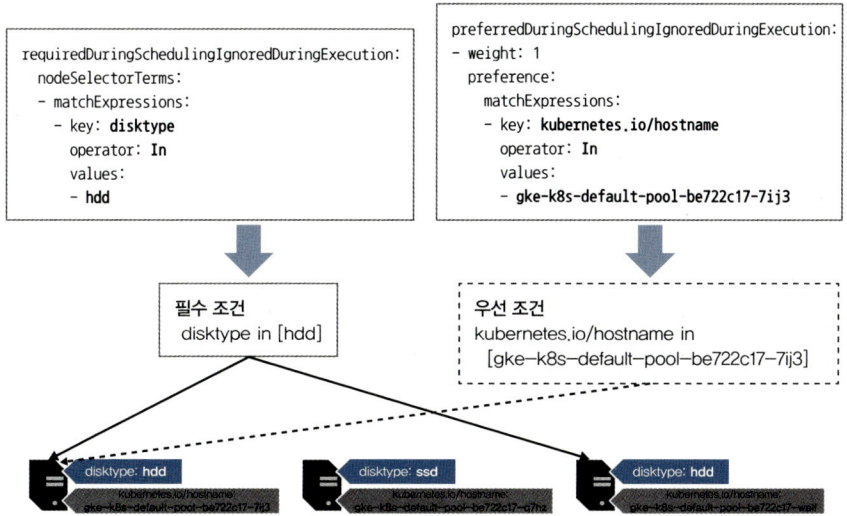

실제로 위 매니페스트를 실행한 뒤 파드가 배포된 노드를 확인해보면 disktype=hdd 레이블이 부여된 노드임을 확인할 수 있다. 또 우선 정책도 고려된 것을 확인할 수 있다.

```
# 노드 어피니티가 지정된 파드가 기동되어 있는 노드를 확인
$ kubectl get pods sample-node-affinity -o wide
NAME                   READY   STATUS    RESTARTS   AGE   IP          NODE
sample-node-affinity   1/1     Running   0          5s    10.0.5.39   gke-k8s-default-
pool-be722c17-7ij3
```

일단 파드를 삭제하고 우선 조건 preferredDuringSchedulingIgnoredDuringExecution에서 지정한 gke-k8s-default-pool-be722c17-7ij3 노드를 Unschedulable 상태로 변경해본다.

```
# 파드 삭제
$ kubectl delete pod sample-node-affinity
pod "sample-node-affinity" deleted

# 우선 조건으로 되어 있는 노드를 Unschedulable 상태로 변경(에러가 발생하는 경우 --ignore-
daemonsets 옵션 지정)
$ kubectl drain gke-k8s-default-pool-be722c17-7ij3
node/gke-k8s-default-pool-be722c17-7ij3 cordoned
node/gke-k8s-default-pool-be722c17-7ij3 drained
```

그리고 다시 같은 조건으로 파드를 생성한다.

```
# 같은 조건으로 파드 생성
$ kubectl apply -f sample-node-affinity.yaml
pod/sample-node-affinity created

# 우선 조건을 만족하지 않는 상태에서 노드 어피니티가 지정된 파드가 기동 중인 노드 확인
$ kubectl get pod sample-node-affinity -o wide
NAME                   READY   STATUS    RESTARTS   AGE   IP          NODE
sample-node-affinity   1/1     Running   0          23s   10.0.4.48   gke-k8s-default-
pool-be722c17-walf
```

preferredDuringSchedulingIgnoredDuringExecution은 어디까지나 우선적으로 스케줄링을 한다는 것이며, 노드가 정지 상태인 경우에는 requiredDuringSchedulingIgnoredDuringExecution 조건이 만족되면 스케줄링된다(그림 12-5).

▼ 그림 12-5 노드 어피니티 우선 조건에 불일치

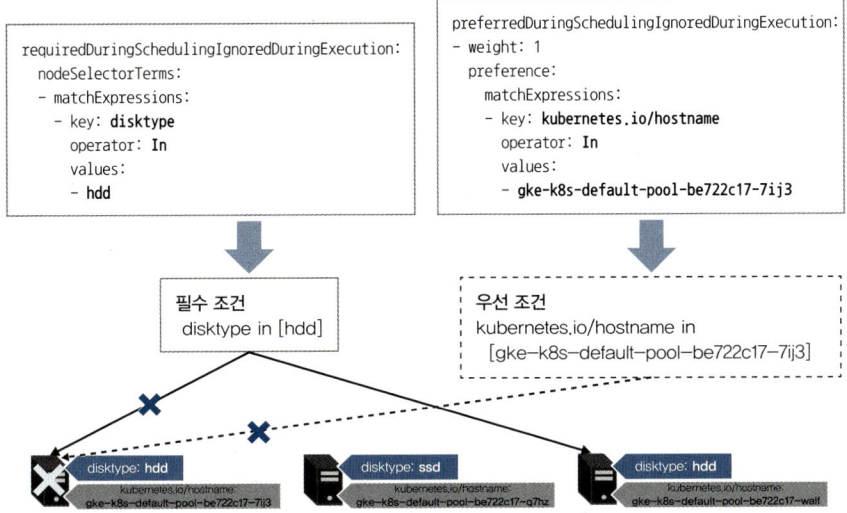

필수 조건이 만족되면 스케줄링된다.

확인했다면 노드를 Schedulable 상태로 변경한다.

```
# 노드를 스케줄링 대상으로 복귀
$ kubectl uncordon gke-k8s-default-pool-be722c17-7ij3
node/gke-k8s-default-pool-be722c17-7ij3 uncordoned
```

그리고 코드 12-3과 같은 필수 조건 requiredDuringSchedulingIgnoredDuringExecution이 만족되지 않은 스케줄링을 수행하면 어떻게 되는지 확인해보자.

코드 12-3 필수 조건을 만족하지 않는 노드 어피니티 예제(sample-node-affinity-fail.yaml)

```
apiVersion: v1
kind: Pod
metadata:
  name: sample-node-affinity-fail
spec:
  affinity:
    nodeAffinity:
      requiredDuringSchedulingIgnoredDuringExecution:
        nodeSelectorTerms:
          - matchExpressions:
            - key: disktype
              operator: In
```

```
            values:
            - nvme
      preferredDuringSchedulingIgnoredDuringExecution:
      - weight: 1
        preference:
          matchExpressions:
          - key: kubernetes.io/hostname
            operator: In
            values:
            - gke-k8s-default-pool-be722c17-7ij3
  containers:
  - name: nginx-container
    image: nginx:1.16
```

리소스가 부족할 때와 마찬가지로 파드 Status는 Pending이고, 조건에 일치하는 노드를 찾을 수 없어 스케줄링에 실패한다(그림 12-6).

❤ 그림 12-6 노드 어피니티 필수 조건 불일치

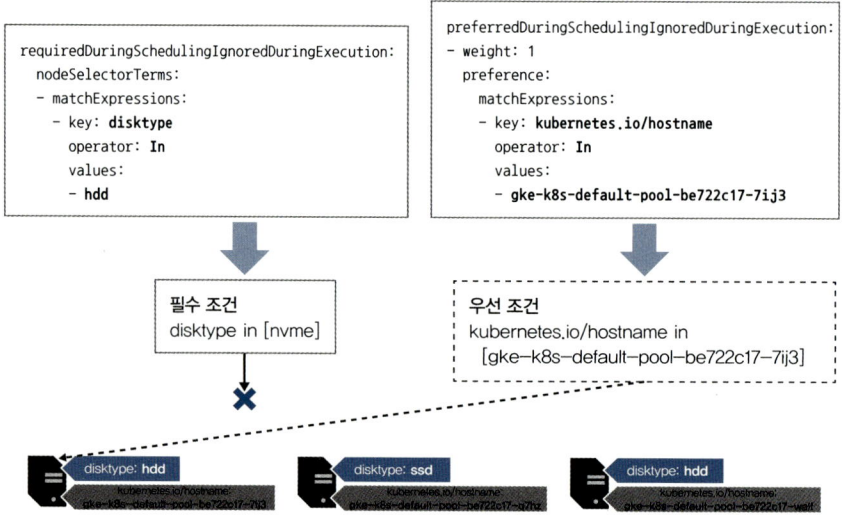

disktype=nvme인 노드가 존재하지 않아 스케줄링되지 않는다.

```
# 파드 상세 표시(스케줄링 조건에 맞지 않는 파드)
$ kubectl get pods sample-node-affinity-fail -o wide
NAME                        READY   STATUS    RESTARTS   AGE   IP       NODE
sample-node-affinity-fail   0/1     Pending   0          6s    <none>   <none>

# 스케줄링에 실패한 파드 이력 확인
$ kubectl describe pod sample-node-affinity-fail
…(생략)…
Events:
  Type      Reason             Age                    From               Message
  ----      ------             ----                   ----               -------
  Warning   FailedScheduling   34s (x2 over 34s)      default-scheduler  0/3 nodes are available: 3 node(s) didn't match node selector.
```

필수 조건의 스케줄링 정책에는 nodeSelectorTerms 배열이 존재한다. nodeSelectorTerms는 어떤 조건의 노드가 스케줄링 가능한 노드인지를 정의하고 있다. 배열이기 때문에 복수 지정이 가능하고, 어느 하나의 nodeSelectorTerms에 스케줄링한다. 즉, OR 조건에서 선택되는 형태로 되어 있다. 또한, nodeSelectorTerms에는 matchExpressions 배열이 존재한다. 이것은 AND 조건이 되도록 여러 조건을 지정할 수 있다.

즉, 다음과 같이 정의한 경우 (A and B) or (C and D) 노드에 스케줄링된다.

```
nodeSelectorTerms:
- matchExpressions:
  - A
  - B
- matchExpressions:
  - C
  - D
```

실제로 구체적인 예제를 생각해보자. 만약 (disktype=hdd and cputype=high) or (disktype=ssd and cputype=low)로 지정하여 최소한의 성능을 가진 어느 하나의 노드에 파드를 스케줄링하는 경우를 생각해보자. (실제 환경에서는 이런 경우가 별로 없다.) 이런 제어를 하는 경우 그림 12-7과 같은 매니페스트가 된다.

▼ 그림 12-7 복잡한 노드 어피니티 필수 조건을 사용한 스케줄링

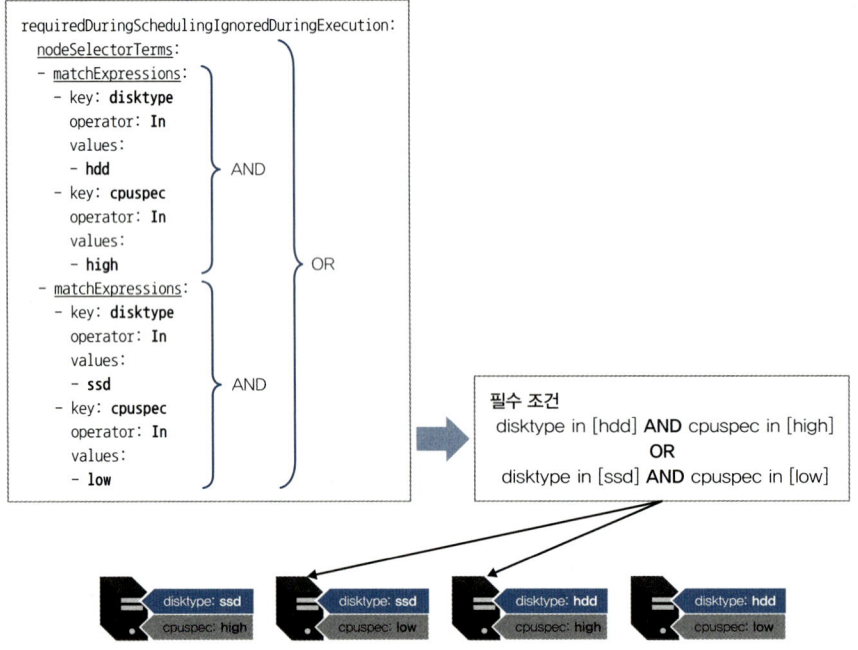

또한, 우선 조건의 스케줄링 정책에서도 복수 조건을 지정할 수 있게 되어 있다. 우선 조건은 preferredDuringSchedulingIgnoredDuringExecution이 배열로 되어 있고 우선순위의 가중치(weight)와 조건 쌍을 여러 개 가질 수 있다. 배열의 각 요소에서 지정하는 조건은 matchExpressions가 사용되므로 조건이 여러 개 있을 경우 AND 조건이 된다. 즉, 다음과 같이 정의한 경우 (A and B)가 가중치 X, (C and D)가 가중치 Y의 우선순위로 스케줄링을 실시한다.

```
preferredDuringSchedulingIgnoredDuringExecution:
- weight: X
  preference:
    matchExpressions:
      - A
      - B
- weight: Y
  preference:
    matchExpressions:
      - C
      - D
```

예를 들어 disktype은 hdd가 좋다는 우선 조건에, 더 가능하면 gke-k8s-default-pool-be722c17-walf 노드에 배포하고 싶다는 요구에 맞출 수 있다(그림 12-8).

▼ 그림 12-8 복잡한 노드 어피니티 우선 조건을 사용한 스케줄링

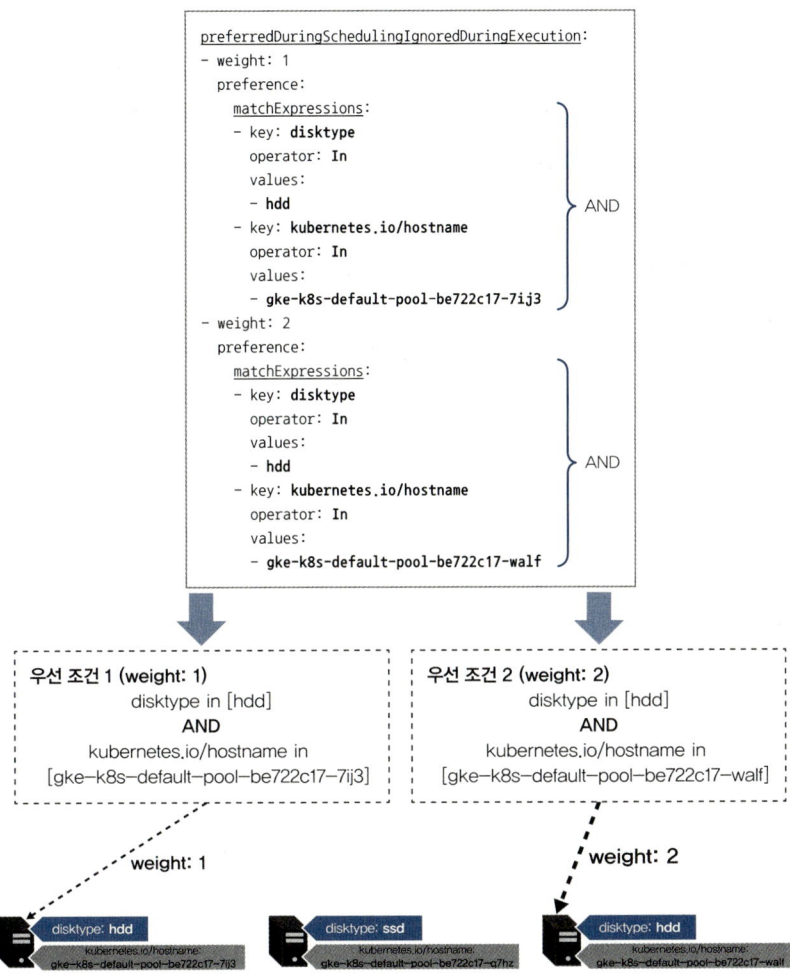

12.6 matchExpressions 오퍼레이터와 집합성 기준 조건

노드 안티어피니티를 설명하기 전에 matchExpressions에서 사용 가능한 연산자를 설명한다. 방금 노드 어피니티에서도 사용한 matchExpressions는 5장에서도 설명한 집합성 기준(set-based) 조건을 사용하고 있다.

앞의 예제에서 사용한 matchExpressions 정의를 살펴보자. 참고로 matchExpressions를 한 줄로 정의한 경우도 기술해 두었다.

```
# 예제 중 일부 발췌
- matchExpressions:
  - key: disktype
    operator: In
    values:
    - ssd
    - hdd

# 한 줄로 정의한 경우
- matchExpressions:
   - {key: disktype, operator: In, values: [ssd, hdd]}
```

사용 가능한 오퍼레이터는 표 12-3에 나타낸 여섯 가지다. 부정형 오퍼레이터는 NotIn과 DoesNotExist이며, 경우에 따라서는 Gt와 Lt가 된다.

▼ 표 12-3 matchExpressions에서 사용 가능한 오퍼레이터

오퍼레이터 종류	사용 방법	의미
In	A In [B,...]	레이블 A의 값이 [B,...] 중 어느 하나 이상과 일치
NotIn	A NotIn [B,...]	레이블 A의 값이 [B,...] 중 어느 것에도 일치하지 않음
Exists	A Exists []	레이블 A가 존재
DoesNotExist	A DoesNotExist []	레이블 A가 존재하지 않음
Gt	A Gt [B]	레이블 A의 값이 B보다 큼
Lt	A Lt [B]	레이블 A의 값이 B보다 작음

matchExpressions는 key 레이블, 오퍼레이터, values 레이블이라는 세 가지 요소로 구성되며 values 레이블은 배열로 취급한다.

12.6.1 In/NotIn 오퍼레이터

In 오퍼레이터는 values 레이블에 하나 이상의 값을 지정하고 key 레이블 값이 values 중 어느 하나에 일치하는 것이 조건이다(그림 12-9). 부정형 NotIn 오퍼레이터는 key 레이블 값이 values 레이블 중 어느 하나에도 일치하지 않는 것이 조건이다.

❤ 그림 12-9 matchExpressions의 In 오퍼레이터 예제

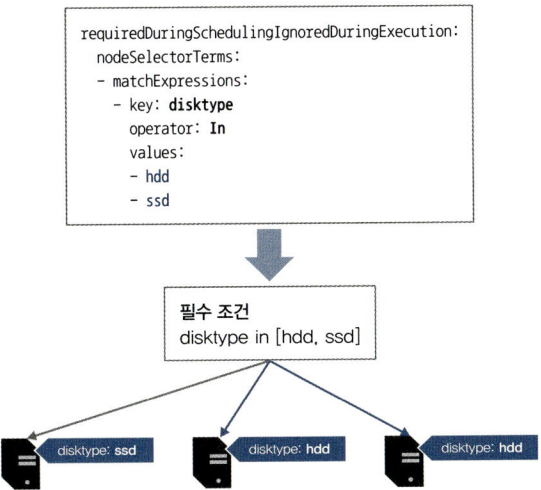

12.6.2 Exits/DoesNotExit 오퍼레이터

Exists 오퍼레이터는 values 레이블을 지정할 수 없다. Key 레이블이 존재하는지 여부만이 조건이다(그림 12-10). 부정형의 DoesNotExist 오퍼레이터는 key 레이블이 존재하지 않는 것이 조건이다.

▼ 그림 12-10 matchExpressions의 Exists 오퍼레이터 예제

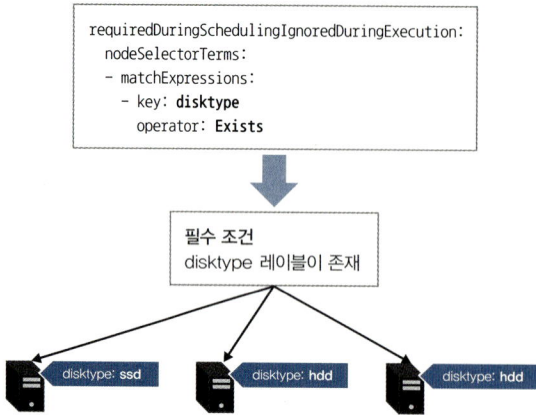

12.6.3 Gt/Lt 오퍼레이터

Gt/Lt 오퍼레이터는 values 레이블에 하나의 정수 값만 지정한다. Gt 오퍼레이터의 경우 key 레이블 값이 values 레이블로 지정된 값보다 큰 것이 조건이다(그림 12-11). 정반대인 Lt 오퍼레이터의 경우는 key 레이블 값이 values로 지정된 값보다 작은 것이 조건이다.

▼ 그림 12-11 matchExpressions의 Gt 오퍼레이터 예제

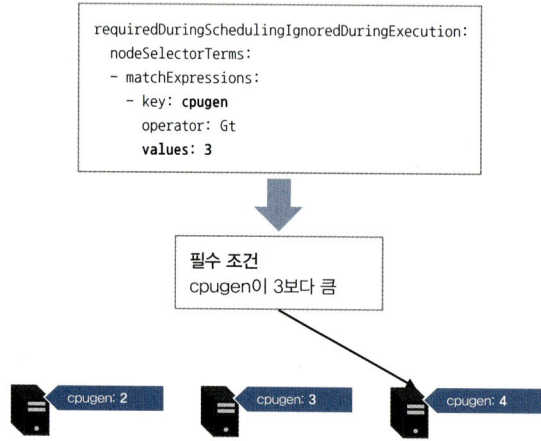

이 matchExpressions는 레플리카셋/디플로이먼트/데몬셋/스테이트풀셋/잡의 셀렉터에서 사용할 수 있다. 이러한 리소스에 레이블을 조합하여 사용하면 파드에 대한 고도의 관리가 가능해진다.

코드 12-4 matchExpressions 셀렉터를 사용한 디플로이먼트 예제(sample-matchexpressions-deployment.yaml)

```yaml
apiVersion: apps/v1
kind: Deployment
metadata:
  name: sample-matchexpressions-deployment
spec:
  replicas: 3
  selector:
    matchExpressions:
    - key: app
      operator: In
      values:
      - sample-app
      - sample-application
  template:
    metadata:
      labels:
        app: sample-app
    spec:
      containers:
      - name: nginx-container
        image: nginx:1.16
```

12.7 노드 안티어피니티

노드 안티어피니티(Node Anti-Affinity)는 파드를 특정 노드 이외의 다른 노드에 스케줄링하는 정책이다. 엄밀히 말하면 노드 안티어피니티는 존재하지 않고, 노드 어피니티의 spec.affinity. nodeAffinity 조건 부분에 부정형 오퍼레이터를 지정하여 구현한다. 예를 들어, 디스크 종류는 HDD가 아니고(그림 12-12), 고장 레이블이 부여되어 있지 않으며, CPU 세대가 3보다 작지 않은(= 3 이상) 노드에 스케줄링하는 조건을 만들 수 있다.

▼ 그림 12-12 노드 안티어피니티에 의한 스케줄링

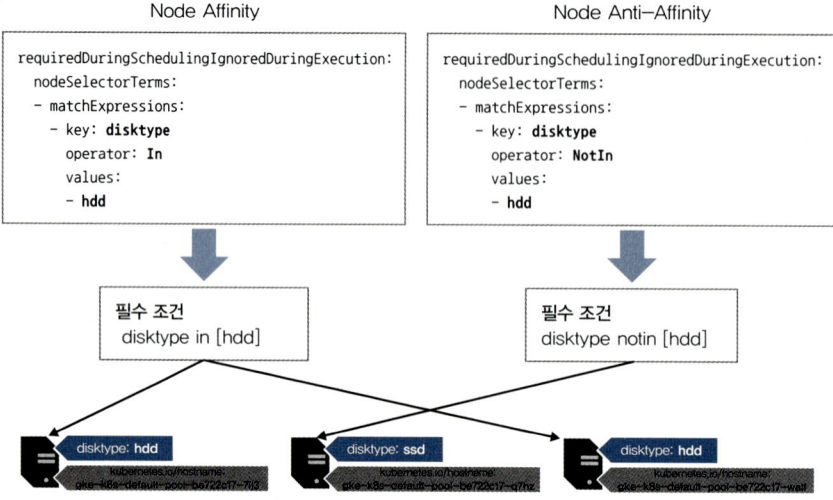

12.8 인터파드 어피니티

인터파드 어피니티(Inter-Pod Affinity)는 특정 파드가 실행되는 도메인(노드, 존 등)에 파드를 스케줄링하는 정책이다. 파드 정의 안의 spec.affinity.podAffinity에 조건을 지정하여 파드 어피니티를 설정하고, 파드끼리는 가까이 배치할 수 있으므로 파드 간의 통신 레이턴시를 낮출 수 있다. 또한, 노드들의 기능 차이가 적을 경우에는 노드를 의식하지 않고 파드 기반의 스케줄링만으로 전체를 제어할 수 있다. 일단 매니페스트 예제를 확인해보자.

코드 12-5 인터파드 어피니티 예제(sample-pod-affinity-host.yaml)

```
apiVersion: v1
kind: Pod
metadata:
  name: sample-pod-affinity-host
spec:
  affinity:
    podAffinity:
      requiredDuringSchedulingIgnoredDuringExecution:
```

```
      - labelSelector:
          matchExpressions:
            - key: app
              operator: In
              values:
                - sample-app
          topologyKey: kubernetes.io/hostname
  containers:
    - name: nginx-container
      image: nginx:1.16
```

기본적으로 노드 어피니티와 구조가 비슷하다. 한 가지 크게 다른 점은 topologyKey가 추가된 부분이다. topologyKey는 어느 범위(도메인)를 스케줄링 대상으로 할지를 지정한다. 그림 12-13의 예제는 'app=sample-app 레이블을 가진 파드가 실행되는 노드의 kubernetes.io/hostname과 같은 값을 가진 노드에 스케줄링한다'는 의미다. 좀 더 쉽게 설명하면 'app=sample-app 레이블을 가진 파드와 같은 노드에 스케줄링한다'는 뜻이다.

♥ 그림 12-13 topologyKey가 노드인 경우 인터파드 어피니티 스케줄링

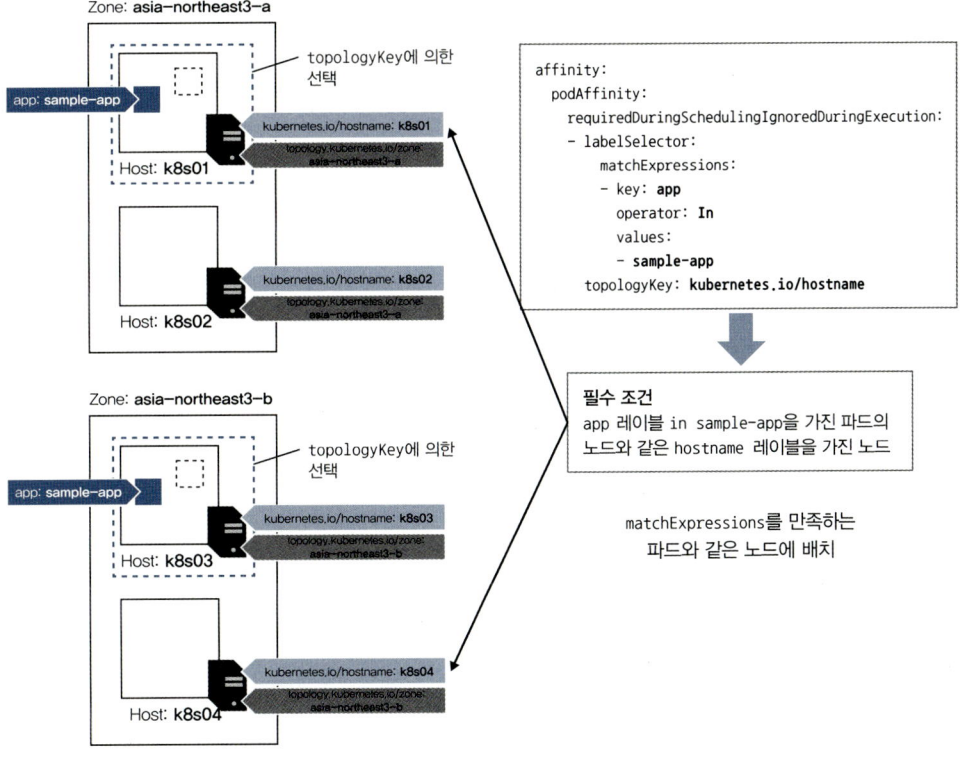

또 topologyKey를 topology.kubernetes.io/zone으로 한 경우 app=sample-app 레이블을 가진 파드와 같은 존에 스케줄링한다(그림 12-14).

▼ 그림 12-14 topologyKey가 존인 경우 인터파드 어피니티 스케줄링

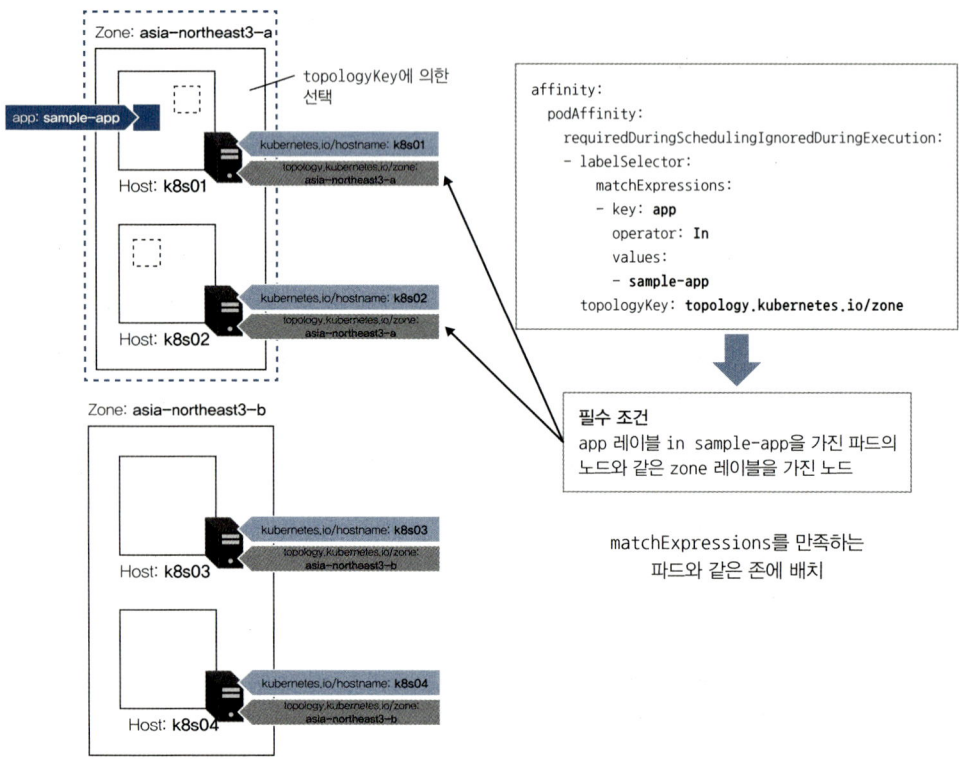

노드 어피니티와 마찬가지로 requiredDuringSchedulingIgnoredDuringExecution과 preferredDuringSchedulingIgnoredDuringExecution이 각각 존재한다. 코드 12-6의 예제에서 app=sample-app 레이블을 가진 파드와 같은 존에 스케줄링하는 것은 필수 조건이고, 같은 호스트에 스케줄링하는 것은 우선 조건이다. 레이턴시 등의 문제로 여러 파드를 되도록 가까운 노드에 실행해야 하는 경우에는 이런 스케줄링이 유용하다(표 12-4).

▼ 표 12-4 인터파드 어피니티의 필수 스케줄링 정책과 우선 스케줄링 정책

설정 항목	개요
requiredDuringSchedulingIgnoredDuringExecution	필수 스케줄링 정책
preferredDuringSchedulingIgnoredDuringExecution	우선적으로 고려되는 스케줄링 정책

필수 조건과 우선 조건 모두를 지정한 매니페스트를 만들면 코드 12-6과 같다.

코드 12-6 필수 조건과 우선 조건 모두를 지정한 인터파드 어피니티 예제(sample-pod-affinity-zone-host.yaml)

```yaml
apiVersion: v1
kind: Pod
metadata:
  name: sample-pod-affinity-zone-host
spec:
  affinity:
    podAffinity:
      requiredDuringSchedulingIgnoredDuringExecution:
      - labelSelector:
          matchExpressions:
          - key: app
            operator: In
            values:
            - sample-app
        topologyKey: failure-domain.beta.kubernetes.io/zone
      preferredDuringSchedulingIgnoredDuringExecution:
      - weight: 1
        podAffinityTerm:
          labelSelector:
            matchExpressions:
            - key: app
              operator: In
              values:
              - sample-app
          topologyKey: kubernetes.io/hostname
  containers:
  - name: nginx-container
    image: nginx:1.16
```

이 매니페스트는 반드시 app=sample-app 레이블을 가진 파드와 같은 존에 스케줄링하는 것을 보증하고, 가능하다면 같은 호스트에 스케줄링한다(그림 12-15).

▼ 그림 12-15 필수 조건과 우선 조건을 가진 인터파드 어피니티로 스케줄링

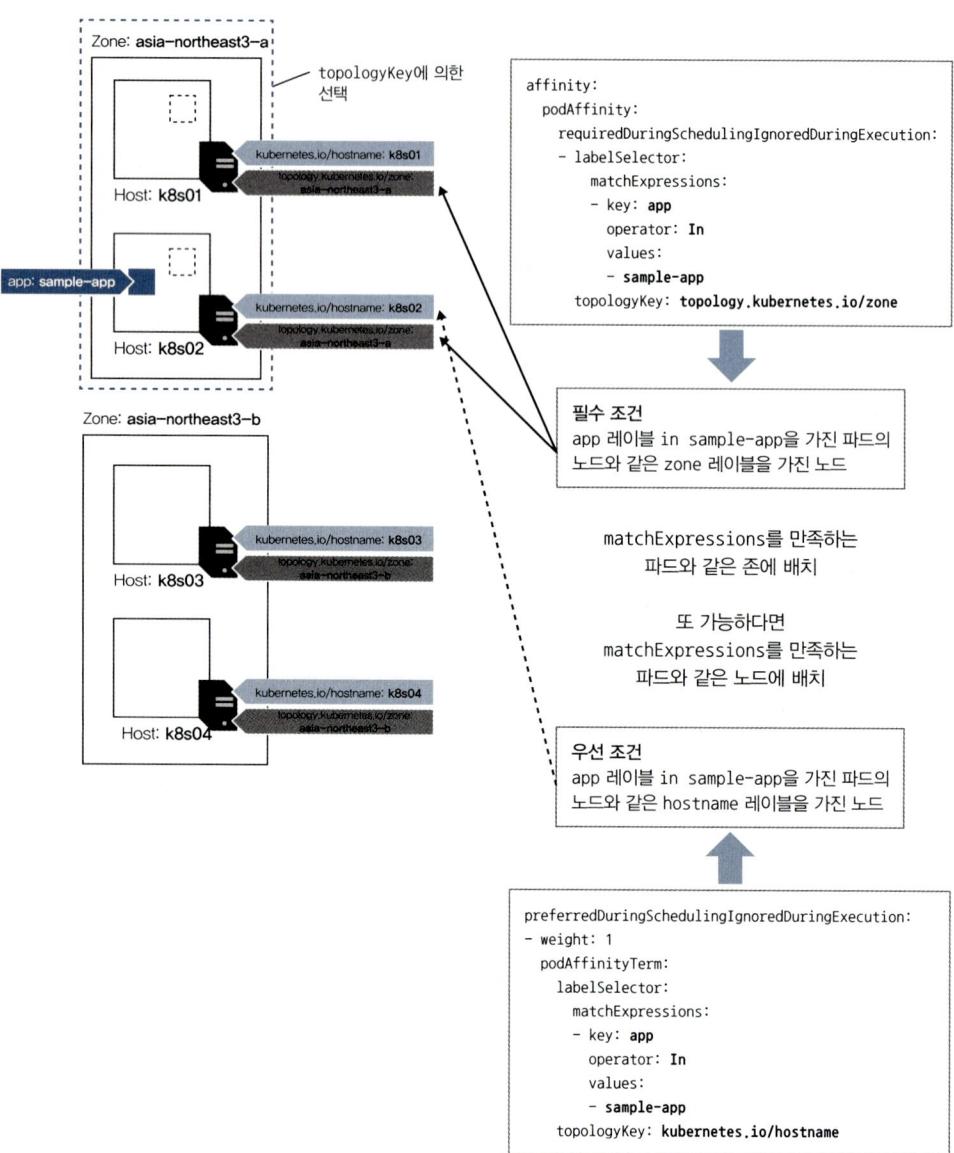

그 밖에도 복잡한 필수 조건을 가진 인터파드 어피니티를 설정할 수 있다. requiredDuringSchedulingIgnoredDuringExecution은 배열로 여러 조건을 지정할 수 있다.

즉, 다음과 같이 정의한 경우 (A and B)의 파드와 같은 X에 있는 노드 or (C and D)의 파드와 같은 Y에 있는 노드에 스케줄링한다.

```
requiredDuringSchedulingIgnoredDuringExecution:
- labelSelector:
    matchExpressions:
    - A
    - B
  topologyKey: X
- labelSelector:
    matchExpressions:
    - C
    - D
  topologyKey: Y
```

더 구체적으로 예를 들면 그림 12-16과 같다. 이 예제에서는 다른 조건의 파드와 다른 topologyKey를 지정하고 있다. 앞부분에는 app: sample-app 레이블과 env: prd 레이블을 가진 파드와 같은 노드에 배치하도록 지정되어 있고, 뒷부분에는 app: sample-app2 레이블을 가진 파드와 같은 존에 배치하도록 지정되어 있다.

▼ 그림 12-16 복잡한 인터파드 어피니티 필수 조건을 사용한 스케줄링

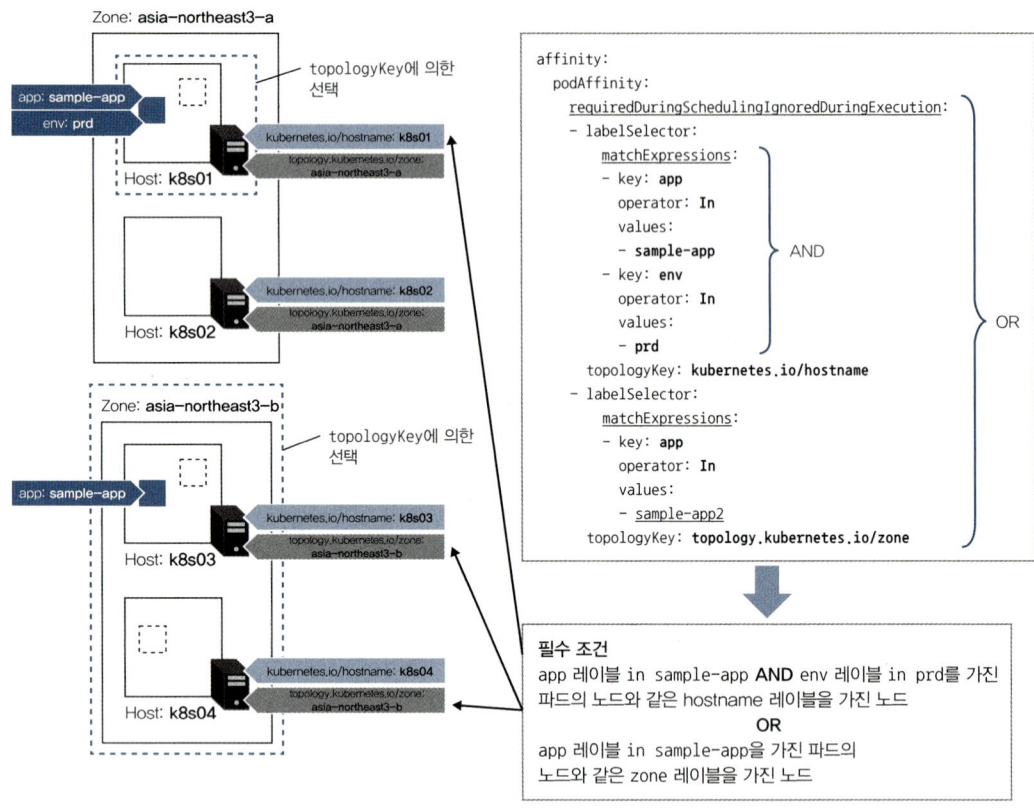

matchExpressions(1)를 만족하는
파드와 같은 노드에 배치
OR
matchExpressions(2)를 만족하는
파드와 같은 존에 배치

실제로 5장에서도 사용한 sample-pod에 레이블을 부여하고 두 가지 인터파드 어피니티를 설정한 파드를 기동해보자.

코드 12-7 이 장에서 사용한 파드 예제(sample-pod.yaml)

```
apiVersion: v1
kind: Pod
metadata:
  name: sample-pod
  labels:
    app: sample-app
```

```
spec:
  containers:
  - name: nginx-container
    image: nginx:1.16
```

12.8.1 특정 파드와 반드시 동일한 노드에서 기동

먼저 sample-pod를 기동하고 파드가 기동 중인 노드를 확인한다. 이번에는 gke-k8s-default-pool-be722c17-7ij3 노드에 기동되었다.

```
# 파드가 기동 중인 노드 확인
$ kubectl get pods -o wide
NAME         READY   STATUS    RESTARTS   AGE   IP          NODE
sample-pod   1/1     Running   0          19m   10.0.5.40   gke-k8s-default-pool-
be722c17-7ij3
```

다음은 코드 12-5의 sample-pod-affinity-host.yaml을 사용해보자. app: sample-app 레이블을 가진 파드(sample-pod)와 같은 노드에서 기동되는 것이 필수이므로 sample-pod-affinity-host 파드는 sample-pod와 같은 노드에 배포되어 있다.

```
# 인터파드 어피니티를 지정한 파드가 기동된 노드 확인
$ kubectl get pods -o wide
NAME                         READY   STATUS    RESTARTS   AGE   IP          NODE
sample-pod                   1/1     Running   0          21m   10.0.5.40   gke-k8s-
default-pool-be722c17-7ij3
sample-pod-affinity-host     1/1     Running   0          3s    10.0.5.41   gke-k8s-
default-pool-be722c17-7ij3
```

또 app: sample-app 레이블을 가진 파드(sample-pod)가 존재하지 않은 상태에서 sample-pod-affinity-host 파드를 기동하려고 하면 스케줄링되지 않고 Pending Status가 유지된다. 그러나 일단 스케줄링되어 기동한 후에 조건이었던 app: sample-app 레이블을 가진 파드(sample-pod)가 존재하지 않으면 sample-pod-affinity-host 파드는 기동한 상태를 유지한다. 이런 동작의 이유는 쿠버네티스 스케줄러는 기본적으로 스케줄링할 때 배포를 제어할 뿐이기 때문이다. 파드 배포 후 상황에 따라 재배포하려면, 이 책에서 자세히 다루지는 않지만 descheduler[2]의 사용을 검토해보길 바란다.

```
# sample-pod 삭제
$ kubectl delete pod sample-pod
pod "sample-pod" deleted

# 원래대로라면 스케줄링할 수 없는 파드지만 기동되었기 때문에 종료(Terminate)되지 않는다
$ kubectl get pods -o wide
NAME                       READY   STATUS    RESTARTS   AGE    IP          NODE
sample-pod-affinity-host   1/1     Running   0          3m5s   10.0.5.41   gke-k8s-
default-pool-be722c17-7ij3
```

12.8.2 특정 파드와 반드시 같은 존에 기동하고 가능하다면 같은 노드에 기동

코드 12-6의 sample-pod-affinity-zone-host.yaml을 사용해보자. sample-pod-affinity-zone-host 파드를 기동하면 예상대로 같은 노드상에 기동된다. 여기까지는 예상했던 동작이다.

```
# sample-pod 파드 생성
$ kubectl apply -f sample-pod.yaml
pod/sample-pod created

$ kubectl get pods -o wide
NAME          READY   STATUS    RESTARTS   AGE   IP          NODE
sample-pod    1/1     Running   0          44s   10.0.5.42   gke-k8s-default-pool-
be722c17-7ij3

# sample-pod-affinity-zone-host 파드 생성
$ kubectl apply -f sample-pod-affinity-zone-host.yaml
pod/sample-pod-affinity-zone-host created

# 같은 노드, 같은 존의 노드에서 기동
$ kubectl get pods -o wide
NAME          READY   STATUS    RESTARTS   AGE   IP          NODE
sample-pod    1/1     Running   0          78s   10.0.5.42   gke-
```

---

2 https://github.com/kubernetes-sigs/descheduler

```
k8s-default-pool-be722c17-7ij3
sample-pod-affinity-zone-host    1/1    Running   0    10s    10.0.5.43   gke-
k8s-default-pool-be722c17-7ij3
```

다음으로는 우선 조건이 제외되도록 sample-pod가 기동 중인 노드를 Unschedulable 상태로 변경하고 다시 파드를 생성해보자. 우선 조건을 충족하지 않아도 스케줄링이 가능하기 때문에 이번에는 다른 노드에 기동된 것을 확인할 수 있다.

```
# 파드 삭제
$ kubectl delete pod sample-pod-affinity-zone-host
pod "sample-pod-affinity-zone-host" deleted

# sample-pod가 기동 중인 노드를 일시적으로 Unschedulable 상태로 변경
$ kubectl cordon gke-k8s-default-pool-be722c17-7ij3
node/gke-k8s-default-pool-be722c17-7ij3 cordoned

# 다시 sample-pod-affinity-zone-host 파드 생성
$ kubectl apply -f sample-pod-affinity-zone-host.yaml
pod/sample-pod-affinity-zone-host created

# sample-pod와 같은 노드는 더 이상 스케줄링을 할 수 없어 같은 존의 다른 노드에서 기동
$ kubectl get pods -o wide
NAME                              READY   STATUS    RESTARTS   AGE   IP          NODE
sample-pod                        1/1     Running   0          3m    10.0.5.42   gke-
k8s-default-pool-be722c17-7ij3
sample-pod-affinity-zone-host     1/1     Running   0          2s    10.0.4.49   gke-
k8s-default-pool-be722c17-walf
```

12.9 인터파드 안티어피니티

인터파드 안티어피니티(Inter-Pod Anti-Affinity)는 특정 파드가 없는 도메인(노드, 존 등)에서 동작시키는 정책이다. 노드 안티어피니티와 다르게 인터파드 안티어피니티의 경우에는 `spec.affinity.podAntiAffinity`를 지정할 수 있게 되어 있다. 또 `spec.affinity.podAffinity`와 `spec.affinity.podAntiAffinity`는 같은 설정 항목을 설정할 수 있다.

코드 12-8 인터파드 안티어피니티 예제(sample-pod-antiaffinity-host.yaml)

```yaml
apiVersion: v1
kind: Pod
metadata:
  name: sample-pod-antiaffinity-host
spec:
  affinity:
    podAntiAffinity:
      requiredDuringSchedulingIgnoredDuringExecution:
      - labelSelector:
          matchExpressions:
          - key: app
            operator: In
            values:
            - sample-app
        topologyKey: kubernetes.io/hostname
  containers:
  - name: nginx-container
    image: nginx:1.16
```

이 예제는 app=sample-app 레이블을 가진 파드가 실행되는 노드의 kubernetes.io/hostname과 동일한 값을 가진 노드 이외의 노드에 스케줄링한다는 의미다. 좀 더 쉽게 말하면 app=sample-app 레이블을 가진 파드와 같은 노드에는 스케줄링하지 않는다(그림 12-17).

▼ 그림 12-17 topologyKey가 노드인 경우의 인터파드 안티어피니티 스케줄링

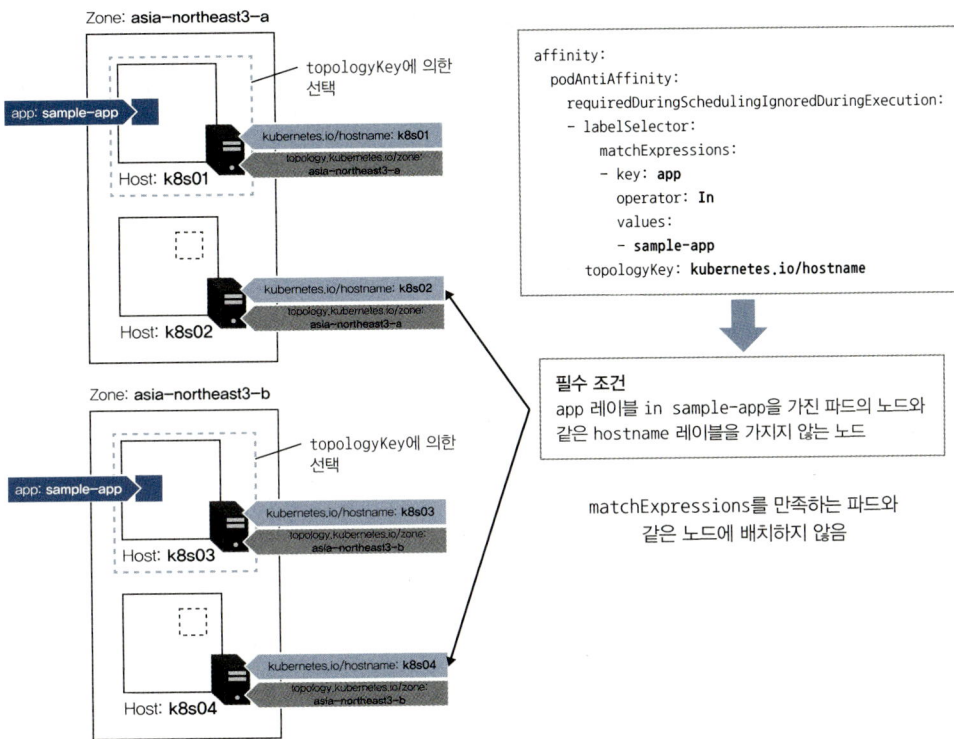

또한, topologyKey를 topology.kubernetes.io/zone으로 한 경우 app=sample-app 레이블을 가진 파드와 같은 존에 스케줄링하지 않는다. 그 때문에 각 존에 하나씩 파드를 배포하는 정책이 된다 (그림 12-18).

▼ 그림 12-18 topologyKey가 존인 경우 인터파드 안티어피니티로 스케줄링

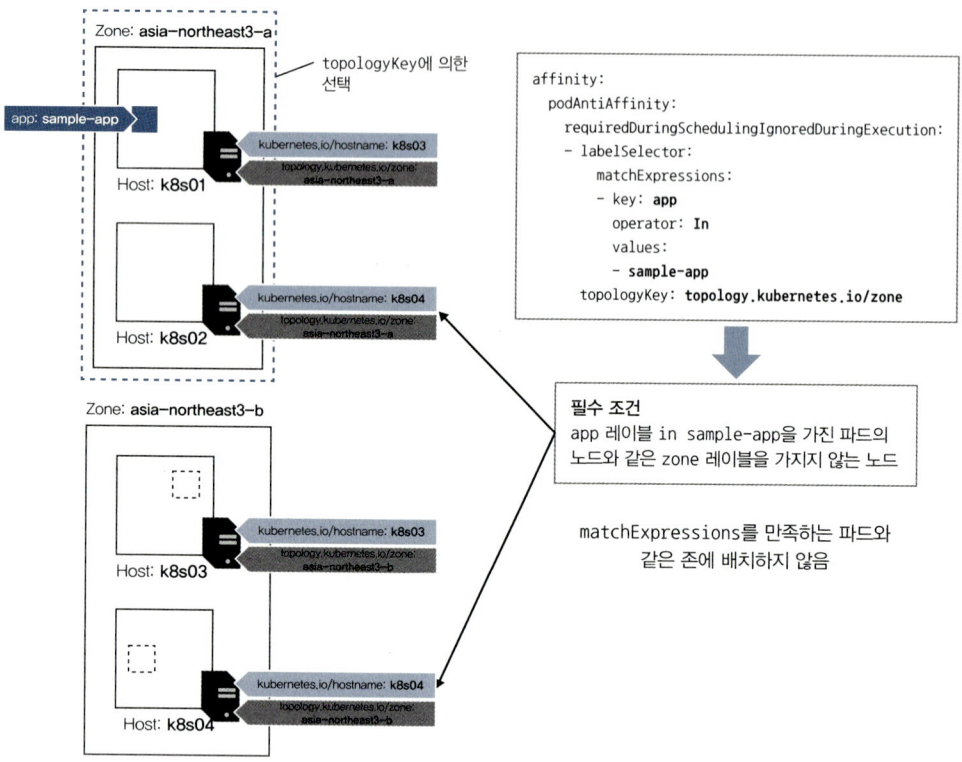

12.10 여러 조건을 조합한 파드 스케줄링

KUBERNETES PERFECT GUIDE

지금까지 설명한 노드 어피니티/노드 안티어피니티/인터파드 어피니티/인터파드 안티어피니티를 조합하여 사용할 수도 있다. 예를 들어 코드 12-9의 매니페스트 예제에서는 다음과 같은 조건으로 스케줄링한다.

- 필수: 디스크 타입이 ssd 또는 nvme 노드
- 우선: CPU 세대가 2보다 큰 노드
- 필수: 특정 파드와 같은 존
- 필수: 특정 파드와 같은 노드 외

코드 12-9 여러 조건을 조합한 파드 스케줄링 예제(sample-pod-complex-scheduling.yaml)

```yaml
apiVersion: v1
kind: Pod
metadata:
  name: sample-pod-complex-scheduling
spec:
  affinity:
    nodeAffinity:
      requiredDuringSchedulingIgnoredDuringExecution:
        nodeSelectorTerms:
        - matchExpressions:
          - key: disktype
            operator: In
            values:
            - ssd
            - nvme
      preferredDuringSchedulingIgnoredDuringExecution:
      - weight: 1
        preference:
          matchExpressions:
          - key: disksize
            operator: Gt
            values:
            - "150"
    podAffinity:
      requiredDuringSchedulingIgnoredDuringExecution:
      - labelSelector:
          matchExpressions:
          - key: app
            operator: In
            values:
            - sample-app
        topologyKey: failure-domain.beta.kubernetes.io/zone
    podAntiAffinity:
      requiredDuringSchedulingIgnoredDuringExecution:
      - labelSelector:
          matchExpressions:
          - key: app
            operator: In
            values:
            - sample-app
        topologyKey: kubernetes.io/hostname
  containers:
```

```
- name: nginx-container
  image: nginx:1.16
```

좀 더 구체적으로 몇 개의 노드가 존재하는 환경을 가정하여 그림으로 표현했다(그림 12-19). 멀티 존(Availability Zone)에 쿠버네티스 노드가 배포된 환경이라고 가정하자. 존이란 데이터센터에서 전원, 기계들이 분리되어 있고 기본적으로 동시에 장애가 발생하지 않도록 물리적으로 분리되어 있는 영역을 말한다. 멀티 존으로 구성하게 되면 하나의 존 전체에 장애가 발생해도 서비스에 미치는 영향이 최소화된다는 장점이 있다.

그림에서 기동 중인 파드는 app: sample-app 레이블을 지정하고 있다고 하자. 먼저, 인터파드 어피니티에서 해당 파드가 있는 존을 선택해야 하기 때문에 asia-northeast3-a 또는 asia-northeast3-c가 선택 대상이 된다. 다음으로, 인터파드 안티어피니티에서 이미 app: sample-app 레이블이 지정된 파드가 기동하고 있는 노드는 제외 대상이 된다. 마지막으로, 노드 어피니티로 disktype이 ssd 또는 nvme 노드를 선택하고 CPU 세대가 2보다 큰 새로운 세대에 우선으로 스케줄링한다. 여기서는 존/CPU/디스크를 예를 들어 설명했지만, 리전이나 OS 등의 정보를 바탕으로 좀 더 상세한 스케줄링을 할 수 있다.

▼ 그림 12-19 여러 조건을 조합한 복잡한 스케줄링

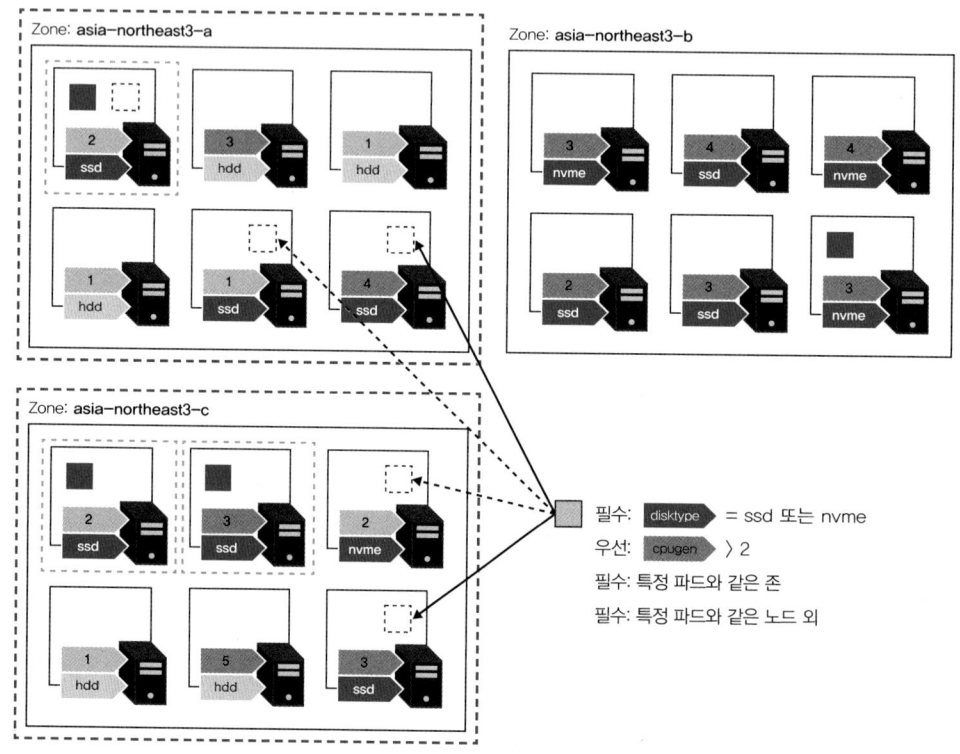

12.11 | 1.18 Beta
TopologySpreadConstraints를 사용한 토폴로지 균형

쿠버네티스 클러스터는 여러 호스트/리전/존 등의 토폴로지에 걸쳐 클러스터가 구축된다. 앞에서 설명한 인터파드 안티어피니티의 우선순위 스케줄링을 사용하면 이러한 토폴로지에 대해 최대한 균등하게 스케줄링하도록 설정할 수 있지만, 그리 유연한 설정은 할 수 없다. 그래서 토폴로지를 의식하고 균등하게 분산 배치하는 스케줄링을 구현하기 위해 TopologySpreadConstraints라는 기능이 도입되었다.

TopologySpreadConstraints는 지정한 레이블을 가진 파드가 특정 토폴로지에 대해 어느 정도의 편차 허용 범위를 가지도록 설정함으로써 스케줄링 제약을 한다. 먼저 간단한 예로 같은 존에 한 개 파드보다 많은 편차를 허용하지 않는 스케줄링의 예를 설명한다(그림 12-20). 초기 상태로 asia-northeast3-a 존에 두 개 파드, asia-northeast3-b 존에 한 개 파드가 기동하고 있다. 이때 레플리카 수의 증가 등으로 제약을 가진 새로운 파드를 배포하려고 하는 경우 asia-northeast3-a에 파드를 스케줄링하면 존마다 파드의 총합계 차이(skew)가 2가 되어 제약을 만족하지 않게 된다. 한편 asia-northeast3-b에 스케줄링한 경우 차이는 0이 되어 균형 상태를 유지할 수 있다. 이때 k8s03, k8s04 중 어떤 노드에 스케줄링할지는 그 외 스케줄링 정책에 따라 우선순위가 결정되지만, 이 제약만 있는 경우는 어느 노드에나 스케줄링된다.

▼ 그림 12-20 같은 존에 한 개 파드보다 많은 편차를 허용하지 않는 스케줄링 예제

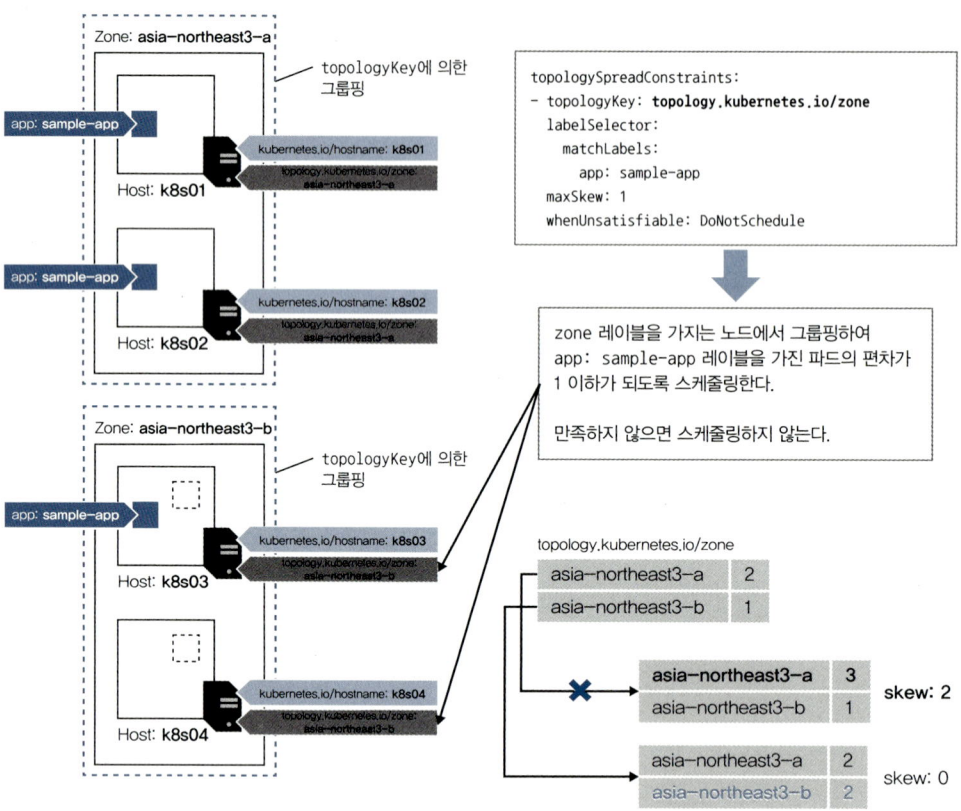

단일 제약뿐만 아니라 여러 제약도 지정할 수 있다. 그림 12-21의 예제에서는 '같은 호스트에 세 개 파드까지 편차를 허용한다', '같은 존에 한 개 파드까지 편차를 허용한다'라는 두 가지 제약을 지정했다. 첫 번째는 '호스트 간 파드 수의 편차 제약=3'에 의해 k8s02, k8s03이 대상이 된다. 두 번 째는 '존 간 파드 수의 허용 편차 제약=1'에 의해 asia-northeast3-a(k8s02/k8s03)이 대상이 된다. 이 두 가지 제약에서 파드가 스케줄링된 것은 k8s02 노드다.

▼ 그림 12-21 같은 존에 한 개 파드/같은 호스트에 두 개 파드의 편차를 허용하는 스케줄링 예제

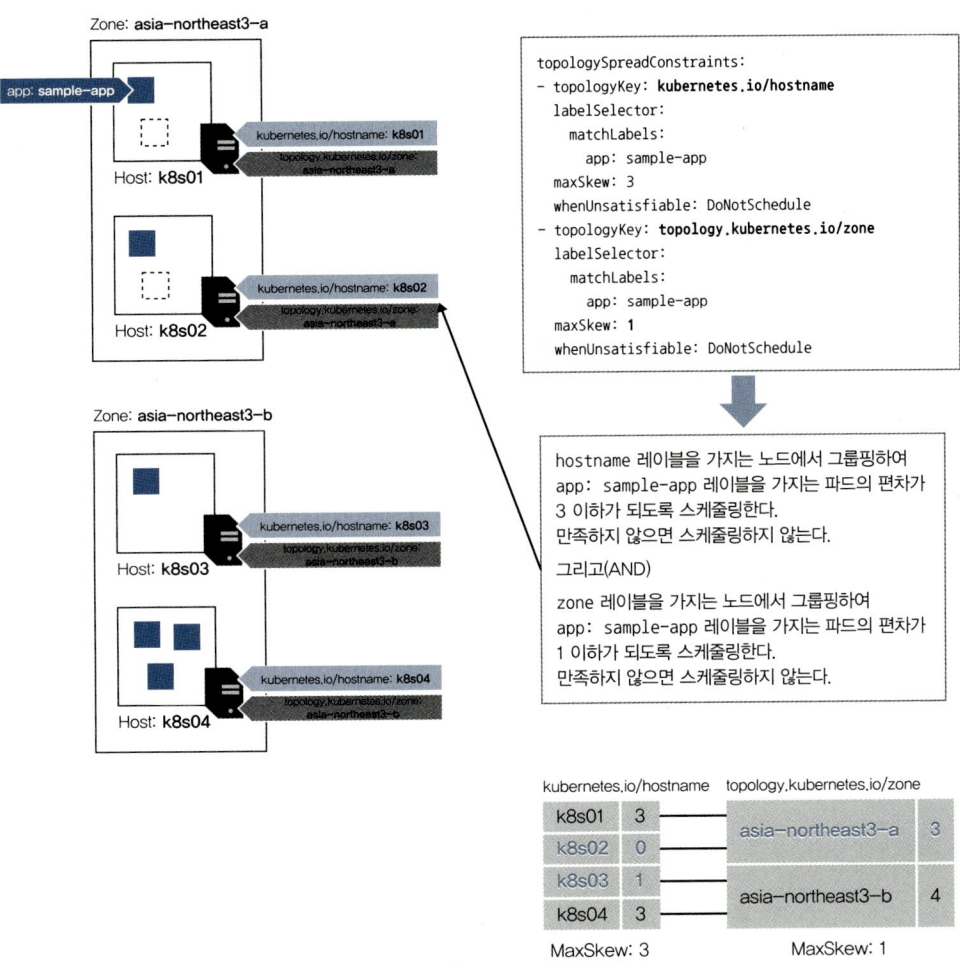

▼ 코드 12-10 TopologySpreadConstraints를 사용한 토폴로지 균형 설정 예제(sample-topology-spread-constraints.yaml)

```
apiVersion: apps/v1
kind: Deployment
metadata:
  name: sample-topology-spread-constraints
spec:
  replicas: 3
  selector:
    matchLabels:
      app: sample-app
  template:
    metadata:
```

```
      labels:
        app: sample-app
    spec:
      topologySpreadConstraints:
      - topologyKey: kubernetes.io/hostname
        labelSelector:
          matchLabels:
            app: sample-app
        maxSkew: 2
        whenUnsatisfiable: DoNotSchedule
      - topologyKey: topology.kubernetes.io/zone
        labelSelector:
          matchLabels:
            app: sample-app
        maxSkew: 1
        whenUnsatisfiable: DoNotSchedule
      containers:
      - name: nginx-container
        image: nginx:1.16
```

이번에는 대수가 적은 예로 설명했기 때문에 호스트에 대해 스케줄링 편차를 크게 허용했지만, 일반적으로 호스트에 대해 편차는 적게 설정하고 존/리전 편차는 조금 크게 허용한다. 대수가 많은 경우 이러한 설정으로 존을 균형 있게 스케줄링할 수 있어 효율적으로 가용성을 향상시킬 수 있다.

또한, 설정에 whenUnsatisfiable을 지정할 수 있고 각각의 조건에 대해 만족하지 않을 경우의 동작을 설정할 수 있다(표 12-5).

▼ 표 12-5 whenUnsatisfiable 설정값

설정 항목	개요
DoNotSchedule(기본값)	조건을 만족하지 않으면 스케줄링하지 않는다.
ScheduleAnyway	조건을 만족하지 않아도 우선순위를 부여하여 스케줄링한다.

12.12 테인트와 톨러레이션

지금까지 설명한 NodeSelector나 노드/인터파드 어피니티는 파드를 스케줄링할 때 쿠버네티스 사용자가 특정 노드를 선택하는 스케줄링 정책이었다. 반면 테인트(Taints)/톨러레이션(Tolerations) 은 반대 개념으로 쿠버네티스 관리자가 배치하고 싶지 않은 노드를 지정하는 방법이다. 노드에 대한 오염(taint)을 설정해 두고 그것을 허용(toleration)할 수 있는 파드만 스케줄링을 허가하는 정책이다(그림 12-22). 기존 방식은 파드가 요청하고 노드가 응답을 반환하는 형태였지만, 이번에는 반대로 파드가 제시하고 노드가 허가하는 형태로 스케줄링한다. 노드 어피니티 등에서는 지정하지 않을 경우 어느 노드에나 스케줄링된다. 반대로 테인트/톨러레이션의 경우에는 지정하지 않는 한 노드에 스케줄링되지 않는다.

또한, 노드 어피니티 등은 스케줄링 때만 고려되고 이후 스케줄링 정책에 맞지 않는 상태가 되어도 노드상에 계속 남아 있었다. 그러나 테인트/톨러레이션은 조건에 맞지 않는 파드를 그 노드상에서 축출할 수도 있다.

▼ 그림 12-22 노드 어피니티와 테인트/톨러레이션의 차이

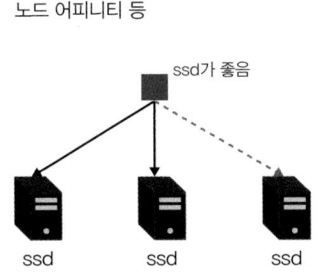
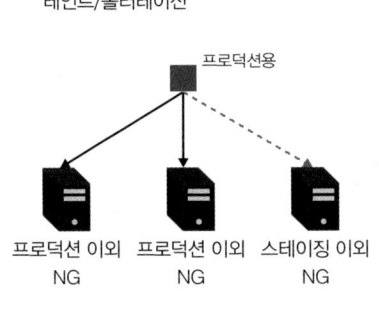

사용 가능한 경우는 대상 노드를 특정 용도를 위한 전용 노드로 사용하는 경우다. 예를 들어, 프로덕션용 노드에는 다른 워크로드를 배치하고 싶지 않으며 GPU나 FPGA 같은 특수한 디바이스를 가진 노드에 일반적인 파드는 스케줄링하지 않을 때 등에 유용하다.

12.12.1 테인트 부여

테인트는 세 가지 파라미터를 사용한 Key=Value:Effect 형식으로 구성된다. 노드에 테인트를 부여하려면 kubectl taint 명령어를 사용한다. 테인트는 여러 방법으로 추가하고 삭제할 수 있다. 또한, 일괄적으로 여러 대의 노드에 부여할 수도 있다.

```
# 특정한 한 대의 노드에 env=prd:NoSchedule 테인트 부여
$ kubectl taint node gke-k8s-default-pool-be722c17-7ij3 env=prd:NoSchedule
node/gke-k8s-default-pool-be722c17-7ij3 tainted

# 특정 레이블을 가진 모든 노드(리눅스 노드)에 env=prd:NoSchedule 테인트 부여
$ kubectl taint node -l kubernetes.io/os=linux env=prd:NoSchedule
node/gke-k8s-default-pool-be722c17-q7hz tainted
node/gke-k8s-default-pool-be722c17-walf tainted
error: node gke-k8s-default-pool-be722c17-7ij3 already has env taint(s) with same
effect(s) and --overwrite is false

# env를 키로 하는 테인트 삭제
$ kubectl taint node gke-k8s-default-pool-be722c17-7ij3 env-
node/gke-k8s-default-pool-be722c17-7ij3 untainted

# env를 키로 하는 NoSchedule 테인트 삭제
$ kubectl taint node gke-k8s-default-pool-be722c17-7ij3 env:NoSchedule-
node/gke-k8s-default-pool-be722c17-7ij3 untainted
```

부여된 테인트를 확인하려면 kubectl describe 명령어를 사용하면 좋다. 그럼 레이블과 같은 형식으로 출력된 결과를 확인할 수 있다.

```
# 부여된 테인트 확인
$ kubectl describe node gke-k8s-default-pool-be722c17-q7hz
…(생략)…
Taints:              env=prd:NoSchedule
…(생략)…
```

Key와 Value는 임의의 값으로 env=production이나 accelerator=gpu 등과 같이 지정하고 노드 어피니티와 동일하게 일치 여부를 조건으로 사용한다. Effect는 테인트와 톨러레이션이 일치하지 않을 경우의 동작이다. Effect는 총 세 종류가 있으며 PreferNoSchedule/NoSchedule/NoExecute 순서로 조건이 엄격해진다(표 12-6).

▼ 표 12-6 테인트와 톨러레이션에서 사용 가능한 Effect

Effect 종류	개요
PreferNoSchedule	가능한 한 스케줄링하지 않음
NoSchedule	스케줄링하지 않음(이미 스케줄링된 파드는 그대로 유지)
NoExecute	실행을 허가하지 않음(이미 스케줄링된 파드는 정지됨)

뒤에서 설명하겠지만 톨러레이션은 파드의 spec.tolerations로 지정한다.

세 가지 Effect를 자세히 살펴보자.

PreferNoSchedule

PreferNoSchedule Effect는 가능한 한 스케줄링을 하지 않는 테인트 Effect이다. 파드에 톨러레이션 설정이 없는 경우나 테인트에 일치하지 않을 경우에도 스케줄링 대상 노드가 된다(그림 12-23).

▼ 그림 12-23 PreferNoSchedule Effect

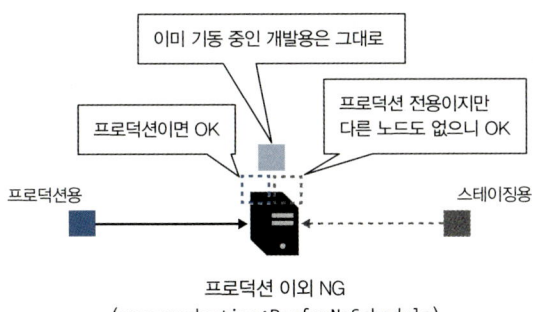

NoSchedule

NoSchedule Effect는 반드시 스케줄링하지 않는 테인트 Effect이다. 파드에 톨러레이션 설정이 없을 경우나 톨러레이션에 일치하지 않을 경우에는 스케줄링을 허가하지 않는다. 이미 파드가 존재하는 노드에는 나중에 테인트를 추가한 결과 조건에 맞지 않게 된 파드가 있어도 그 파드에 영향을 미치지 않는다. 노드 어피니티와 마찬가지로 스케줄링 때만 고려되고 스케줄링 후에는 영향을 주지 않는다(그림 12-24).

❤ 그림 12-24 NoSchedule Effect

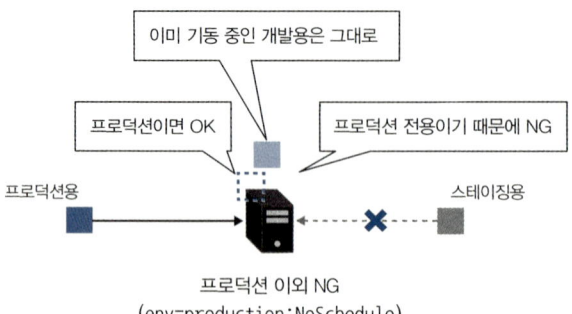

NoExecute

NoExecute Effect는 노드상에서 조건이 일치하지 않는 파드는 절대로 동작시키지 않는 테인트 Effect이다. NoSchedule과 마찬가지로 스케줄링 때 조건을 만족하지 않을 경우 스케줄링을 허가하지 않는다. 또한, 이미 파드가 기동 중인 상태에서 테인트와 톨러레이션이 일치하지 않는 경우에도 바로 파드를 정지한다(그림 12-25). 그러나 일반적인 파드 정지처럼 terminationGracePeriodSeconds로 유예 기간을 설정한다.

❤ 그림 12-25 NoExecute Effect

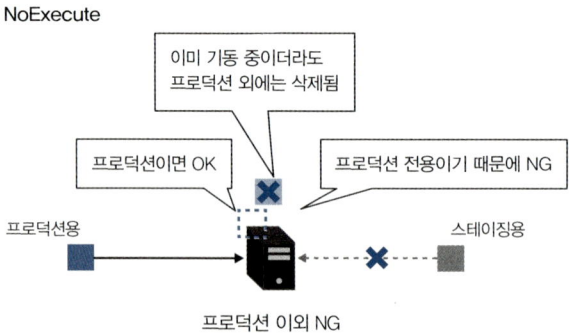

12.12.2 톨러레이션을 지정한 파드 기동

톨러레이션(허용)은 Key/Value/Effect를 지정하고 테인트(오염)에서 부여된 Key/Value/Effect가 같은 경우에 조건이 일치한다고 판단하고 허용한다. 이러한 값은 완전 일치뿐만 아니라 Key/Value/Effect 중 하나를 미지정한 경우 와일드카드로 처리된다.

파드의 톨러레이션은 spec.tolerations로 지정한다.

코드 12-11 톨러레이션을 지정한 파드 예제(sample-tolerations.yaml)

```yaml
apiVersion: v1
kind: Pod
metadata:
  name: sample-tolerations
spec:
  containers:
  - name: nginx-container
    image: nginx:1.16
    tolerations:
    - key: "env"
      operator: "Equal"
      value: "prd"
      effect: "NoSchedule"
```

Key 조건식에 사용 가능한 오퍼레이터는 Exists 또는 Equal 중에서 선택할 수 있다(표 12-7).

▼ **표 12-7** 톨러레이션에서 사용 가능한 오퍼레이터

오퍼레이터 종류	개요
Equal	Key와 Value가 같다.
Exists	Key가 존재한다.

테인트와 톨러레이션에서 스케줄링되는 조합은 표 12-8에 나타냈다. NoSchedule과 NoExecute의 경우 조건과 Effect 모두 일치할 경우에 스케줄링된다(표 12-9, 표 12-10). PreferNoSchedule의 경우는 조건이 일치하지 않아도 스케줄링되지만 우선순위가 내려간다. 조건에 일치하는 경우는 테인트가 없는 것과 동등하게 평가된다(표 12-8). 또한, Effect를 지정하지 않을 경우에는 모든 Effect를 허용하기 때문에 조건이 일치한다면 스케줄링된다.

▼ 표 12-8 env=prd:PreferNoSchedule 테인트가 부여된 노드에 스케줄링되는 톨러레이션의 조합

	(key=env, value=prd, operator=Equal)	(key=env, operator=Exists)
preferNoSchedule	○	○
NoSchedule	○	○
NoExecute	○	○
미지정	○	○

▼ 표 12-9 [env=prd:NoSchedule] 테인트가 부여된 노드에 스케줄링되는 톨러레이션의 조합

	(key=env, value=prd, operator=Equal)	(key=env, operator=Exists)
preferNoSchedule	×	×
NoSchedule	○	○
NoExecute	×	×
미지정	○	○

▼ 표 12-10 [env=prd: NoExecute] 테인트가 부여된 노드에 스케줄링되는 톨러레이션의 조합

	(key=env, value=prd, operator=Equal)	(key=env, operator=Exists)
preferNoSchedule	×	×
NoSchedule	×	×
NoExecute	○	○
미지정	○	○

어떤 테인트가 부여되든 관계없이 스케줄링하는 경우에는 Exists 오퍼레이터만 지정하면 모든 조건에 일치시킬 수 있다.

```
tolerations:
  - operator: "Exists"
```

12.12.3 NoExecute 일정 시간 허용

기본적으로 NoExecute의 테인트/톨러레이션은 '조건이 일치하지 않는 파드는 즉시 정지' 또는 '조건이 일치하는 파드는 계속 정지되지 않고 가동' 중 하나다. 그러나 조건이 일치하는 파드는 일정

기간만 가동을 허용하는 스케줄링을 하고 싶을 경우가 있다. 예를 들어, 노드 메모리 사용량이 현저하게 줄어든 경우 45초만 허용하는 스케줄링을 할 수도 있다.

테스트로 코드 12-12와 같은 파드 스케줄링을 실행해보자.

코드 12-12 일정 기간만 실행을 허용하는 톨러레이션을 지정한 파드 예제(sample-tolerations-second.yaml)

```yaml
apiVersion: v1
kind: Pod
metadata:
  name: sample-tolerations-second
spec:
  containers:
  - name: nginx-container
    image: nginx:1.16
  tolerations:
  - key: "env"
    operator: "Equal"
    value: "prd"
    effect: "NoExecute"
    tolerationSeconds: 45
```

사전에 한 대 노드를 빼놓고 Unschedulable로 설정하고, 빼놓은 한 대 노드에 NoExecute의 테인트를 부여한다.

```
# 모든 노드를 스케줄링 대상에서 제외
$ kubectl cordon -l kubernetes.io/os=linux
node/gke-k8s-default-pool-be722c17-7ij3 cordoned
node/gke-k8s-default-pool-be722c17-q7hz cordoned
node/gke-k8s-default-pool-be722c17-walf cordoned

# 한 대 노드만 스케줄링 대상으로 설정
$ kubectl uncordon gke-k8s-default-pool-be722c17-7ij3
node/gke-k8s-default-pool-be722c17-7ij3 uncordoned

# 유일하게 스케줄링 대상 노드에 테인트를 부여
$ kubectl taint node gke-k8s-default-pool-be722c17-7ij3 env=prd:NoExecute
node/gke-k8s-default-pool-be722c17-7ij3 tainted
```

그다음 파드 상태를 확인하면서 위의 파드를 생성한다. 그러면 스케줄링은 되지만 3분 41초에서 정지되는 것을 확인할 수 있다.

```
# tolerationSeconds에서 지정한 시간만큼 실행되는 파드 확인
$ kubectl get pods sample-tolerations-second --watch
NAME                          READY   STATUS        RESTARTS   AGE
sample-tolerations-second     1/1     Running       0          37s
sample-tolerations-second     1/1     Terminating   0          3m41s
```

12.12.4 여러 개의 테인트와 톨러레이션

노드에는 여러 개의 테인트를 부여할 수 있다. 노드에 여러 테인트가 부여된 경우 파드의 톨러레이션은 모든 테인트 조건을 만족하지 않으면 해당 노드는 스케줄이 안 된다는 점에 주의해야 한다. 파드의 톨러레이션은 허용 가능한 조건 목록을 가지고 있으며, 노드의 테인트는 허용받아야 하는 조건 목록을 가지고 있는 구조로 되어 있다(그림 12-26).

▼ 그림 12-26 여러 테인트가 부여된 경우

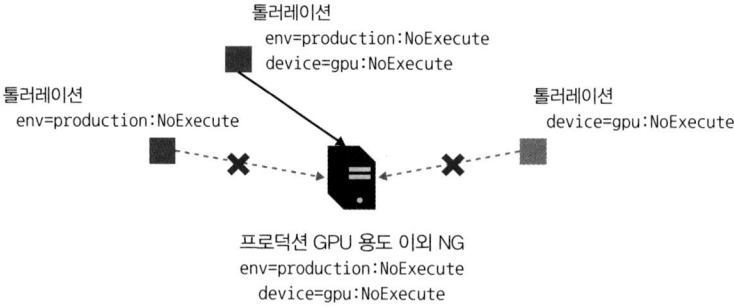

12.12.5 `1.18 GA` `1.13 Beta` 장애 시 부여되는 테인트와 축출

쿠버네티스 노드에 장애가 발생한 경우 자동으로 NoExecute의 테인트를 부여하여 노드 장애 시 자동으로 파드를 축출하는 기능이 있다. 노드에 장애가 발생할 때 표 12-11과 같은 테인트가 부여된다.

▼ 표 12-11 쿠버네티스 노드 장애 시 부여되는 테인트

Effect	Key	개요
NoSchedule	node.kubernetes.io/not-ready	노드 상태가 Ready가 아닌 상태(NotReady)
NoSchedule	node.kubernetes.io/unreachable	노드와의 네트워크 접속이 되지 않는 경우(Unknown)

노드에 장애가 발생해도 파드를 계속 기동하고 싶은 경우에는 표 12-11의 테인트에 대응하는 톨러레이션을 설정해 두어야 한다. 또한, 톨러레이션과 조합하면 노드에 문제가 발생했을 때 특정 시간 안에 복구하지 않는 경우는 파드를 Evict(축출)하는 동작을 시킬 수도 있다. 기본적으로 파드에는 다음과 같이 node.kubernetes.io/not-ready, node.kubernetes.io/unreachable의 톨러레이션이 tolerationSeconds=300 설정으로 부여되며, 300초(5분) 이내에 노드 문제를 해결하지 않으면 Evict되게 된다. 이 기간을 연장하고 싶다면 명시적으로 설정해야 하며, tolerationSeconds를 설정하지 않으면 노드에서 Evict되지 않는다.

```
tolerations:
- effect: NoExecute
  key: node.kubernetes.io/not-ready
  operator: Exists
  tolerationSeconds: 300
- effect: NoExecute
  key: node.kubernetes.io/unreachable
  operator: Exists
  tolerationSeconds: 300
```

12.12.6 쿠버네티스가 부여하는 그 외 테인트

쿠버네티스 노드에 문제가 발생했을 때는 표 12-12와 같은 테인트가 부여된다. 이런 문제가 발생해도 스케줄링하고 실행해야 하는 중요도가 높은 파드의 경우는 톨러레이션을 설정하도록 한다.

▼ 표 12-12 쿠버네티스 노드에 문제 발생 시 부여되는 테인트

Effect	Key	개요
NoSchedule	node.kubernetes.io/memory-pressure	노드에 메모리 부족
NoSchedule	node.kubernetes.io/disk-pressure	노드에 디스크 부족
NoSchedule	node.kubernetes.io/pid-pressure	노드에 PID 고갈
NoSchedule	node.kubernetes.io/network-unavailable	노드의 네트워크가 연결되지 않음
NoSchedule	node.kubernetes.io/unschedulable	kubectl cordon에 의해 스케줄링에서 제외됨

그 외에 클라우드 환경에서 노드가 생성되고 삭제될 때 부여되는 테인트도 있다(표 12-13).

▼ 표 12-13 클라우드 프로바이더에 의해 부여되는 테인트

Effect	Key	개요
NoSchedule	node.cloudprovider.kubernetes.io/uninitialized	클라우드 프로바이더에 의해 노드를 처음 기동할 때 초기화되는 것을 대기
NoSchedule	node.cloudprovider.kubernetes.io/shutdown	클라우드 프로바이더에 의해 노드를 정지할 때 전처리

12.13 PriorityClass를 이용한 파드 우선순위와 축출

지금까지 설명한 스케줄링에서는 이미 스케줄링된 파드에 영향을 주는 스케줄링을 할 수 없었다. 그러나 PriorityClass를 사용하면 파드가 이미 리소스의 한계까지 스케줄링된 상태에서 우선순위가 더 높은 파드를 생성하려는 경우 기존 파드를 축출시킬 수 있다.

그 외에도 여러 파드가 스케줄링 대기 상태일 경우 스케줄링 순서는 수시로 정렬되어 우선순위가 높은 파드부터 스케줄링하도록 되어 있다.

12.13.1 PriorityClass 생성

파드에 우선순위를 부여하려면 먼저 PriorityClass를 생성한다. system-로 시작하는 이름은 시스템 예약어로 등록되어 있어 붙일 수 없다. PriorityClass는 일반적으로 우선순위(value)와 설명(description)으로 구성되며, 우선순위는 값이 높을수록 먼저 기동 상태가 유지된다.

또 하나 globalDefault 설정값을 true로 설정하면 PriorityClass가 지정되지 않은 파드에 기본 우선순위 설정으로 PriorityClass가 부여된다. 따라서 기본값으로 설정할 경우에만 true로 설정한다. 또한, globalDefault: true의 PriorityClass가 여러 개 존재할 경우 가장 우선순위가 낮은 PriorityClass가 기본 우선순위 설정으로 부여된다. 그리고 PriorityClass가 전혀 연결되어 있지 않은 경우 priority는 0이다.

코드 12-13 우선순위를 정의한 PriorityClass 예제(sample-priority-class.yaml)

```
apiVersion: scheduling.k8s.io/v1
kind: PriorityClass
metadata:
  name: sample-priority-class
value: 100
globalDefault: false
description: "used for serviceA only"
```

PriorityClass는 파드 정의의 `spec.podPriorityClass`에 지정한다. 쿠버네티스는 이 podPriorityClass를 가지고 `spec.Priority`를 자동으로 업데이트한다. 수동으로 `spec.Priority` 필드를 설정한 경우 파드를 생성할 수 없으므로 주의하길 바란다.

코드 12-14 PriorityClass를 지정하여 우선순위를 변경하는 파드 예제(sample-high-priority.yaml)

```
apiVersion: v1
kind: Pod
metadata:
  name: sample-high-priority
spec:
  containers:
  - name: nginx-container
    image: nginx:1.16
  priorityClassName: sample-priority-class
```

실제로 파드를 생성하면 파드 정의의 우선순위(`spec.priority`)가 업데이트된 것을 확인할 수 있다.

```
# 파드에 지정된 우선순위 확인
$ kubectl get pods sample-high-priority -o jsonpath='{.spec.priority}'
100
```

우선순위를 사용할 수 있는 환경에서는 파드 스케줄링 시 우선순위가 높은 순서대로 Pending 상태의 파드를 정렬한 후 스케줄링을 진행한다. 그래서 우선순위가 높은 파드부터 기동시킬 수 있다. 스케줄링이 가능한 공간이 없는 상태에서는 해당 파드보다 우선순위가 낮은 파드가 있을 경우 그 파드를 축출시키고 우선순위가 높은 파드를 기동한다(그림 12-27).

▼ 그림 12-27 높은 우선순위의 파드에 의해 낮은 우선순위 파드를 축출

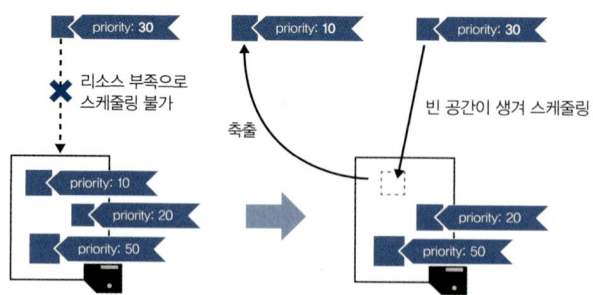

축출시킬 때는 노드상에 우선순위가 낮은 파드를 제외한 상태에서 어피니티 등의 스케줄링 조건을 만족하는지 여부를 판단한다. 그러고 나서 스케줄링이 가능한 경우에 우선순위가 낮은 파드를 축출시킨 후 스케줄링을 수행한다. 그 때문에 우선순위가 낮은 파드에 인터파드 어피니티를 설정했을 경우 스케줄링이 수행되지 않는 경우가 있다(그림 12-28). 인터파드 어피니티는 같은 우선순위 또는 높은 우선순위 파드에 스케줄링해야 한다.

▼ 그림 12-28 인터파드 어피니티와 우선순위 조합에 따른 문제

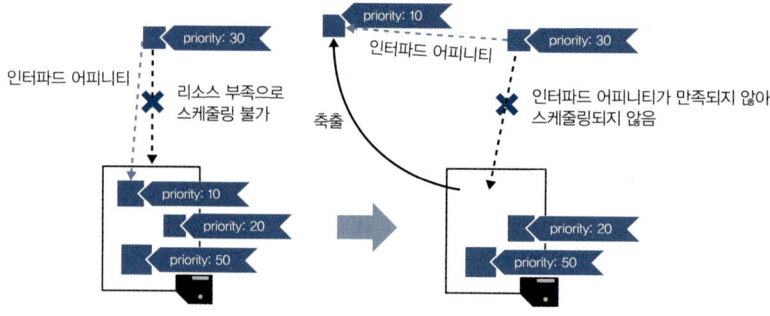

12.13.2 1.15 Alpha 우선순위 축출 비활성화

CI 파이프라인이나 기계 학습(Machine Learning)의 잡 실행 등에서 우선순위를 설정하고 싶지만 우선순위가 높은 파드가 있다고 해도 도중에 우선순위가 낮은 파드를 축출하고 싶지 않은 경우도 있다. 이런 경우에는 PriorityClass를 생성할 때 축출을 비활성화한다. 축출을 비활성화해도 스케줄 순서는 수시로 정렬되어 우선순위가 높은 파드부터 스케줄링하도록 되어 있기 때문에 스케줄링이 가능해졌을 때 우선순위가 가장 높은 파드부터 스케줄링된다.

▼ 그림 12-29 선점(preemption)이 비활성일 때의 동작

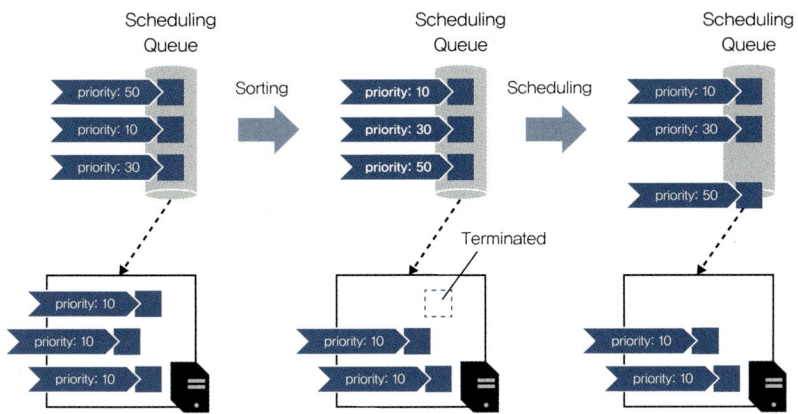

우선순위 축출을 비활성화하려면 `preemptionPolicy`를 `Never`로 설정한다. 기본값은 PreemptLowerPriority에서 우선순위가 낮은 파드를 축출하게 되어 있다.

코드 12-15 PriorityClass를 지정하여 우선순위를 변경하는 파드 예제(sample-priority-class-preemption-policy.yaml)

```
apiVersion: scheduling.k8s.io/v1
kind: PriorityClass
metadata:
  name: sample-priority-class-preemption-policy
value: 100
globalDefault: false
description: "used for serviceA only"
preemptionPolicy: Never
```

12.13.3 PriorityClass와 PodDisruptionBudget의 경합

PriorityClass에 의한 축출 처리는 PodDisruptionBudget을 고려하여 스케줄링한다. 그러나 노드상의 스케줄링되고 있는 파드를 강제로 축출하여 우선순위가 높은 파드를 기동하는 구조를 감안하면, 엄밀하게는 보장되지 않기 때문에 주의해야 한다.

12.14 기타 스케줄링

이외에 커스텀 스케줄러를 생성할 수도 있다. 쿠버네티스 스케줄러는 할당되지 않은 파드를 확인하고 어떤 노드에 할당할지를 결정하면 API를 통해 노드를 지정하는 구조로 되어 있다. 그래서 정기적으로 쿠버네티스 마스터 API 서버를 통해 확인하고 할당하는 커스텀 스케줄러 프로그램을 구현하면 기존 스케줄러를 대체할 수 있다. 커스텀 스케줄러를 사용하는 경우 기존 쿠버네티스 스케줄러에 할당되지 않도록 파드에 spec.schedulerName을 지정해야 한다. 스케줄러를 구현하지 않은 상태로는 파드가 어떤 스케줄러에도 할당되지 않아 Pending 상태를 유지한다. 이처럼 여러 스케줄러를 파드에 따라 구분하여 사용할 수 있다.

코드 12-16 커스텀 스케줄러를 사용하는 파드 예제(sample-custom-scheduler.yaml)

```yaml
apiVersion: v1
kind: Pod
metadata:
  name: sample-custom-scheduler
spec:
  schedulerName: custom-scheduler
  containers:
  - name: nginx-container
    image: nginx:1.16
```

또한, 일반적인 방법은 아니지만 노드를 지정하여 파드를 기동시킬 수도 있다. 쿠버네티스에서는 특정 노드를 지정하여 스케줄링하는 것을 추천하지 않으므로, 레이블 등을 사용해 간접적으로 스케줄링하자.

코드 12-17 특정 노드를 지정하여 스케줄링하는 노드 예제(sample-nodespecific-scheduling.yaml)

```yaml
apiVersion: v1
kind: Pod
metadata:
  name: sample-nodespecific-scheduling
spec:
  nodeName: gke-k8s-default-pool-be722c17-7ij3
  containers:
  - name: nginx-container
    image: nginx:1.16
```

12.15 정리

이 장에서는 스케줄링을 설명했다. 스케줄링에는 크게 '쿠버네티스 사용자가 배치하고 싶은 노드를 선택하는 방법'과 '쿠버네티스 관리자가 배치하고 싶지 않은 노드를 지정하는 방법' 두 가지가 있다. '쿠버네티스 사용자가 배치하고 싶은 노드를 선택하는 방법'의 경우 표 12-14에 나타낸 다섯 가지 방법으로 스케줄링이 가능하다.

▼ 표 12-14 파드 스케줄링 시 특정 노드를 선택하는 방법

종류	개요
nodeSelector(가장 단순한 노드 어피니티)	단순한 노드 어피니티 기능
노드 어피니티	특정 노드상에서만 실행
노드 안티어피니티	특정 노드 이외에서 실행
인터파드 어피니티	특정 파드가 존재하는 도메인(노드, 존 등)에서 실행
인터파드 안티어피니티	특정 파드가 존재하지 않는 도메인(노드, 존 등)에서 실행

'쿠버네티스 사용자가 배치하고 싶은 노드를 선택하는 방법'의 경우는 스케줄링 때만 고려되어 이미 스케줄링된 파드에는 영향을 줄 수 없다. '쿠버네티스 관리자가 배치하고 싶지 않은 노드를 지정하는 방법'의 경우 이미 스케줄링된 파드에도 영향을 줄 수 있다. 이외에도 PriorityClass를 사용하여 우선순위를 설정하면, 이미 스케줄링되어 있는 낮은 우선순위의 파드를 정지하고 우선순위가 높은 파드를 기동시킬 수 있다.

쿠버네티스 스케줄링은 성능이 매우 우수하기 때문에 기본적인 표준 스케줄러만으로 충분하다. 혹 기능적으로 부족한 경우에도 커스텀 스케줄러를 비교적 쉽게 도입할 수 있다.

13장

보안

13.1 서비스 어카운트
13.2 RBAC
13.3 보안 컨텍스트
13.4 파드 보안 컨텍스트
13.5 `1.18 Beta` 파드 보안 정책
13.6 네트워크 정책
13.7 인증/인가와 어드미션 컨트롤
13.8 `1.18 Alpha` 파드 프리셋
13.9 시크릿 리소스 암호화
13.10 정리

13.1 서비스 어카운트

쿠버네티스에는 사용자와 비슷한 개념으로 사용자 어카운트(UserAccount)와 서비스 어카운트(ServiceAccount)가 있다. 사용자 어카운트는 GKE에서는 구글 계정과 연결되어 있거나 EKS에서는 IAM과 연결되어 있어 쿠버네티스 관리 대상이 아니다. 그리고 사용자 어카운트는 특성상 클러스터 수준의 존재로, 네임스페이스의 영향을 받지 않는다. 반면 서비스 어카운트는 쿠버네티스에서만 사용되는 것으로, 파드에서 실행되는 프로세스를 위해 할당된다. 또한, 서비스 어카운트는 네임스페이스와 연결된 리소스다. 파드 기동 시 반드시 서비스 어카운트 한 개를 할당해야 하며, 서비스 어카운트 기반 인증/인가를 하고 있다. 지정하지 않으면 기본 서비스 어카운트가 할당된다.

13.1.1 서비스 어카운트 생성

kubectl create serviceaccount 명령어로 생성할 수 있다.

```
# 서비스 어카운트 생성
$ kubectl create serviceaccount sample-serviceaccount
serviceaccount/sample-serviceaccount created
```

인증이 필요한 개인 저장소에 저장된 이미지를 가져오기 위해 시크릿인 imagePullSecrets를 설정하는 경우 kubectl patch 명령어를 사용하거나 생성할 때 매니페스트를 사용하여 서비스 어카운트를 생성한다.

```
# 생성 후 kubectl patch 명령어로 적용
$ kubectl patch serviceaccount sample-serviceaccount \
-p '{"imagePullSecrets": [{"name": "myregistrykey"}]}'
serviceaccount/sample-serviceaccount patched
```

매니페스트로 지정할 수도 있다.

코드 13-1 서비스 어카운트 예제(sample-serviceaccount.yaml)

```
apiVersion: v1
kind: ServiceAccount
metadata:
  name: sample-serviceaccount
  namespace: default
imagePullSecrets:
- name: myregistrykey
```

13.1.2 서비스 어카운트와 토큰

앞에서 추가한 서비스 어카운트 정보를 확인해보면 생성할 때는 지정하지 않은 시크릿 항목이 존재한다.

```
# 서비스 어카운트 정보 확인
$ kubectl get serviceaccounts sample-serviceaccount -o yaml
apiVersion: v1
imagePullSecrets:
- name: myregistrykey
kind: ServiceAccount
metadata:
  creationTimestamp: "2021-04-06T22:54:48Z"
  name: sample-serviceaccount
  namespace: default
  resourceVersion: "7335052"
  selfLink: /api/v1/namespaces/default/serviceaccounts/sample-serviceaccount
  uid: 654822a3-001c-4528-8dbc-211316011915
secrets:
- name: sample-serviceaccount-token-b76nf
```

이 시크릿은 7장에서 수동으로는 만들지 않는다고 설명했던 kubernetes.io/service-account-token 타입의 시크릿으로 쿠버네티스가 자동으로 생성한다. 물론 사용자가 생성한 서비스 어카운트에 명시적으로 지정할 수도 있다. 또한, 토큰을 변경하고 싶을 때는 해당 시크릿을 삭제하면 자동으로 재생성된다. 이 시크릿은 토큰과 인증서로 구성되어 있다.

```
# 서비스 어카운트에 연결된 시크릿
$ kubectl get secrets sample-serviceaccount-token-csggg -o yaml
```

```
apiVersion: v1
data:
  ca.crt: LS0tLS1CRUdJTiBDRVJUSUZJQ0FURS0tLS
  ...(생략)...
  namespace: ZGVmYXVsdA==
  ...(생략)...
kind: Secret
metadata:
  annotations:
    kubernetes.io/service-account.name: sample-serviceaccount
    kubernetes.io/service-account.uid: 654822a3-001c-4528-8dbc-211316011915
  creationTimestamp: "2021-04-06T22:54:48Z"
...(생략)...
    manager: kube-controller-manager
    operation: Update
    time: "2021-04-06T22:54:48Z"
  name: sample-serviceaccount-token-b76nf
  namespace: default
  resourceVersion: "7334367"
  selfLink: /api/v1/namespaces/default/secrets/sample-serviceaccount-token-b76nf
  uid: 641540a9-0d3d-420d-984e-32644fa0b44c
type: kubernetes.io/service-account-token
```

서비스 어카운트는 이 토큰으로 쿠버네티스 API에 대한 인증 정보로 사용할 수 있다. 따라서 파드에 할당된 서비스 어카운트의 할당된 권한이 그대로 파드에 할당되는 권한이 된다(그림 13-1).

▼ 그림 13-1 할당된 서비스 어카운트로 쿠버네티스 API에 요청

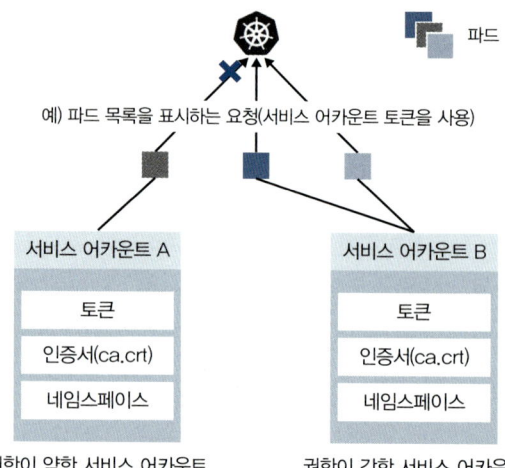

파드의 서비스 어카운트를 명시적으로 지정하려면 spec.serviceAccountName을 지정한다.

코드 13-2 서비스 어카운트를 지정한 파드 예제(sample-serviceaccount-pod.yaml)

```yaml
apiVersion: v1
kind: Pod
metadata:
  name: sample-serviceaccount-pod
  namespace: default
spec:
  serviceAccountName: sample-serviceaccount
  containers:
  - name: nginx-container
    image: nginx:1.16
```

서비스 어카운트를 지정한 컨테이너를 생성한 후 기동된 파드 정보를 확인하면 토큰이 볼륨으로 자동으로 포함되어 있는 것을 알 수 있다.

```yaml
# 토큰이 볼륨으로 마운트된 것을 확인
$ kubectl get pods sample-serviceaccount-pod -o yaml
apiVersion: v1
...(생략)...
spec:
  containers:
  - image: nginx:1.16
...(생략)...
    volumeMounts:
    - mountPath: /var/run/secrets/kubernetes.io/serviceaccount
      name: sample-serviceaccount-token-b76nf
      readOnly: true
...(생략)...
  volumes:
  - name: sample-serviceaccount-token-b76nf
    secret:
      defaultMode: 420
      secretName: sample-serviceaccount-token-b76nf
...(생략)...
```

마운트된 볼륨에는 토큰과 인증서 등이 배치되어 있고, 파드의 애플리케이션은 이것을 사용하여 지정된 서비스 어카운트 권한으로 애플리케이션을 실행할 수 있다.

```
# API 서버 인증에 사용되는 토큰과 인증서 등의 파일 확인
$ kubectl exec -it sample-serviceaccount-pod -- ls /var/run/secrets/kubernetes.io/serviceaccount/
ca.crt   namespace   token
```

서비스 어카운트에 적절한 RBAC 설정을 한 후 컨테이너에서 다음과 같이 실행하면 API 접근을 위한 인증/인가가 성공하고 기본 네임스페이스로 동작하고 있는 파드 목록이 보일 것이다.

```
# 컨테이너에서 bash 실행
$ kubectl exec -it sample-serviceaccount-pod -- bash
root@sample-serviceaccount-pod:/#

# curl 명령어 설치(컨테이너에서 실행)
root@sample-serviceaccount-pod:/# apt update && apt -y install curl

# 토큰을 환경 변수로 정의(컨테이너에서 실행)
root@sample-serviceaccount-pod:/# TOKEN=`cat /var/run/secrets/kubernetes.io/serviceaccount/token`

# 쿠버네티스 API 서버에서 파드 목록 확인(컨테이너에서 실행)
root@sample-serviceaccount-pod:/# curl -H "Authorization: Bearer ${TOKEN}" \
--cacert /var/run/secrets/kubernetes.io/serviceaccount/ca.crt \
https://kubernetes/api/v1/namespaces/default/pods
{
  "kind": "Status",
  "apiVersion": "v1",
…(생략)…
```

13.1.3 토큰 자동 마운트

위 예제에서는 자동으로 토큰이 마운트된다고 설명했지만, 이 자동 마운트 기능을 비활성화할 수도 있다. 설정을 비활성화하려면 automountServiceAccountToken을 false로 설정한다(기본값은 true로 설정).

코드 13-3 토큰 자동 마운트 기능을 비활성화한 서비스 어카운트 예제(sample-serviceaccount-noautomount.yaml)

```yaml
apiVersion: v1
kind: ServiceAccount
metadata:
  name: sample-serviceaccount-noautomount
  namespace: default
automountServiceAccountToken: false
```

이 서비스 어카운트로 기동하는 파드는 기본값으로 토큰을 볼륨으로 마운트하지 않는다. 토큰을 사용할 때는 명시적으로 spec.automountServiceAccountToken을 true로 설정하면 마운트가 가능하다.

코드 13-4 명시적으로 서비스 어카운트 토큰을 마운트하는 파드 예제(sample-serviceaccount-noautomount-pod.yaml)

```yaml
apiVersion: v1
kind: Pod
metadata:
  name: sample-serviceaccount-noautomount-pod
  namespace: default
spec:
  serviceAccountName: sample-serviceaccount-noautomount
  automountServiceAccountToken: true
  containers:
  - name: nginx-container
    image: nginx:1.16
```

서비스 어카운트와 파드 정의 모두 자동 마운트 설정이 가능하지만, 둘 다 설정한 경우에는 파드 설정이 우선시된다. 따라서 서비스 어카운트 측에서 false로 설정한 경우에는 화이트리스트 방식으로, true로 설정한 경우에는 블랙리스트 방식으로 운영된다.

13.1.4 클라이언트 라이브러리와 인증

예를 들어 쿠버네티스 시스템 구성 요소도 쿠버네티스 API와 통신하는 애플리케이션 중 하나다. 쿠버네티스 시스템 구성 요소는 클라이언트 라이브러리로 kubernetes/client-go를 사용하고 API와 통신한다. kubernetes/client-go에서는 API에 대한 인증 정보에 사용할 수 있는 두 가지 방식을 제공하고 있다.

서비스 어카운트 토큰을 사용하는 경우(In-Cluster Config)

쿠버네티스에서 동작하는 애플리케이션의 경우 In-Cluster Config를 사용하여 설정을 간소화할 수 있다. In-Cluster Config에서는 기동된 파드가 자신의 쿠버네티스 클러스터에 대해 자신의 파드에 할당된 서비스 어카운트 토큰을 사용하여 쿠버네티스 API와 통신하기 때문에 명시적으로 인증 정보를 지정할 필요가 없다. 또한, 파드에 할당된 서비스 어카운트에서 인증/인가를 하기 위해 파드 생성 환경에 따라 동적으로 권한을 변경할 수 있다.

In-Cluster Config를 사용한 Golang 프로그램은 다음과 같은 형태로 클라이언트 라이브러리를 초기화한다.[1]

```
config, err:= rest.InClusterConfig()
clientset, err:= kubernetes.NewForConfig(config)
```

kubeconfig 인증 정보를 지정하는 경우

명시적으로 인증 정보를 지정하는 경우에는 kubeconfig로도 생성할 수 있다. 클러스터 외부에서 쿠버네티스 API에 접속하고 싶은 경우 이 방법을 사용하면 된다.

Kubeconfig를 사용한 Golang 프로그램에서는 다음과 같은 형태로 클라이언트 라이브러리를 초기화한다.[2]

```
config, err:= clientcmd.BuildConfigFromFlags("", *kubeconfig)
clientset, err:= kubernetes.NewForConfig(config)
```

13.1.5 도커 레지스트리 인증 정보 자동 설정

7장에서는 파드에 명시적으로 도커 이미지를 가져올 때 인증 정보를 지정했지만, imagePullSecrets가 지정된 서비스 어카운트를 할당한 파드가 기동한 경우 자동으로 파드의 imagePullSecrets로 사용한다.

---

1 https://github.com/kubernetes/client-go/tree/master/examples/in-cluster-client-configuration
2 https://github.com/kubernetes/client-go/tree/master/examples/out-of-cluster-client-configuration

코드 13-5 도커 레지스트리 인증 정보를 자동 설정하는 서비스 어카운트 예제(sample-serviceaccount-pullsecret.yaml)

```yaml
apiVersion: v1
kind: ServiceAccount
metadata:
  name: sample-serviceaccount-pullsecret
imagePullSecrets:
  - name: sample-registry-auth
```

위의 서비스 어카운트를 지정하고 코드 13-6과 같은 파드를 기동시켜 보자.

코드 13-6 도커 레지스트리 인증 정보가 자동으로 포함되는 파드 예제(sample-serviceaccount-pullsecret-pod.yaml)

```yaml
apiVersion: v1
kind: Pod
metadata:
  name: sample-serviceaccount-noautomount-pod
  namespace: default
spec:
  serviceAccountName: sample-serviceaccount-noautomount
  automountServiceAccountToken: true
  containers:
  - name: nginx-container
    image: nginx:1.16
```

생성한 파드를 확인해보면 spec.imagePullSecrets는 지정하지 않아도 자동으로 포함된 것을 알 수 있다.

```
# spec.imagePullSecrets가 자동으로 포함된 것을 확인
$ kubectl get pods sample-serviceaccount-pullsecret-pod -o yaml
...(생략)...
spec:
  containers:
  - image: nginx:1.16
...(생략)...
  imagePullSecrets:
  - name: sample-registry-auth
...(생략)...
```

물론 spec.imagePullSecrets는 서비스 어카운트에 복수로 지정이 가능하므로 자동으로 여러 인증 정보를 설정할 수 있다.

13.2 RBAC

RBAC(Role Based Access Control)는 어떤 조작을 허용하는지를 결정하는 롤(Role)을 생성하고 서비스 어카운트 등의 사용자에게 롤을 연결하여(롤바인딩(RoleBinding)) 권한을 부여한다. 또 AggregationRule을 사용하여 여러 롤을 집약한 롤을 생성할 수 있어 롤 관리성을 향상시킬 수 있다(그림 13-2).

롤과 롤바인딩에는 네임스페이스 수준의 리소스와 클러스터 수준의 리소스, 이렇게 두 가지가 있다. 구체적으로 네임스페이스 수준의 리소스로는 롤과 롤바인딩이 있으며, 클러스터 수준의 리소스로는 클러스터롤과 클러스터롤바인딩이 있다.

▼ 그림 13-2 롤/롤바인딩/사용자 관계

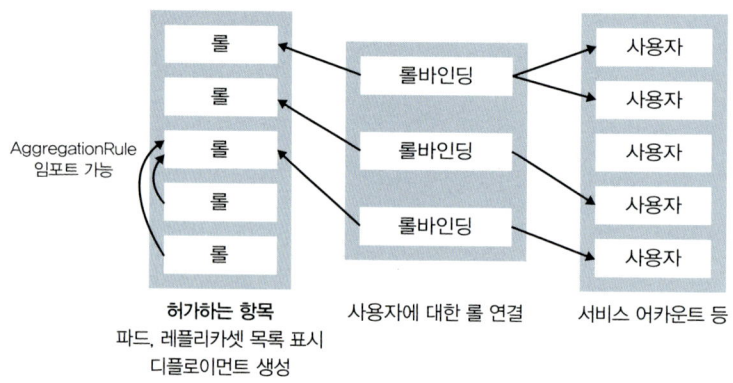

기존에는 ABAC(Attribute Based Access Control)도 있었지만, 지금은 RBAC를 사용하는 것을 권장한다.

13.2.1 롤과 클러스터롤

롤(Role)과 클러스터롤(ClusterRole)은 모두 네임스페이스 범위의 리소스를 대상으로 인가 설정을 할 수 있다. 예를 들어 디플로이먼트 리소스 삭제 및 변경을 인가하는 설정이 있다. 클러스터롤의 경우는 그 외에도 노드/네임스페이스/영구 볼륨과 같은 클러스터 범위의 리소스나 /version 또는 /healthz와 같은 쿠버네티스 API 정보를 가져오는 nonResourceURL에 대한 권한도 설정할 수 있다.

롤과 클러스터롤을 생성할 때는 주로 apiGroups, resources, verbs 세 가지를 지정하고, apiGroups 와 resources로 지정된 리소스에 대해 verbs 권한을 인가한다. 사용할 수 있는 주요 verbs는 표 13-1과 같다. 특별한 리소스인 경우에는 impersonate/deletecollection/proxy 등도 준비되어 있 지만, 기본적인 API 리소스 권한을 관리하는 데 표 13-1에 나타낸 여덟 가지를 사용할 수 있다면 문제는 없다.

▼ 표 13-1 롤에 지정할 수 있는 실행 가능한 조작(verbs)

종류	개요
*	모두 처리
create	생성
delete	삭제
get	조회
list	목록 조회
patch	일부 업데이트
update	업데이트
watch	변경 감시

더 자세한 API 사양은 공식 문서[3, 4]에서도 확인할 수 있다.

롤과 클러스터롤을 생성할 때는 두 가지 사항을 주의해야 한다.

첫 번째는 디플로이먼트 리소스에 대해 롤을 기술할 경우에 여러 apiGroups가 있다는 점이다. 디플로이먼트 리소스는 extensions/v1beta1, extensions/v1beta2, apps/v1으로 apiGroups 가 변경되어 왔다. 그 때문에 모든 디플로이먼트 리소스를 대상으로 롤을 생성하는 경우에는 apiGroups에 주의해야 한다.

두 번째는 deployment 리소스와 deployment/scale 서브 리소스는 개별적으로 지정해야 한다는 점이다. deployment/scale이 지정되어 있지 않으면 레플리카 수를 변경하는 스케일 처리를 할 수 없다.

---

3 https://(쿠버네티스 버전).docs.kubernetes.io/docs/concepts/overview/kubernetes-api/
4 v1.18의 경우 https://v1-18.docs.kubernetes.io/docs/concepts/overview/kubernetes-api/

롤 생성

롤은 코드 13-7과 같은 매니페스트로 생성할 수 있다. `rules`는 여러 개를 설정할 수 있으며, 롤은 클러스터롤과 달리 네임스페이스를 지정하여 생성한다.

여기서는 예제로 레플리카셋/디플로이먼트/디플로이먼트의 스케일에 대해 모든 권한을 사용할 수 있는 롤을 기본 네임스페이스로 생성한다.

코드 13-7 롤 예제(sample-role.yaml)

```yaml
apiVersion: rbac.authorization.k8s.io/v1
kind: Role
metadata:
  name: sample-role
  namespace: default
rules:
- apiGroups:
  - apps
  - extensions
  resources:
  - replicasets
  - deployments
  - deployments/scale
  verbs:
  - "*"
```

클러스터롤 생성

클러스터롤은 기본적으로 롤과 설정 항목이 다르지 않다. 차이가 있다면, 클러스터롤은 `rules`에 `nonResourceURLs`를 지정할 수 있다는 점과 `metadata.namespace`를 지정할 수 없다는 점이다. `nonResourceURLs`는 지금까지 소개한 쿠버네티스 리소스에 대한 API가 아닌 헬스 체크용 엔드포인트나 버전 정보 표시용 엔드포인트의 URL이다.

여기서는 예제로 모든 네임스페이스의 레플리카셋과 디플로이먼트에 대해 `get`을 할 수 있는 권한과 /healthz와 /version의 Get 요청을 할 수 있는 클러스터롤을 생성한다.

코드 13-8 클러스터롤 예제(sample-clusterrole.yaml)

```yaml
apiVersion: rbac.authorization.k8s.io/v1
kind: ClusterRole
metadata:
```

```
  name: sample-clusterrole
rules:
- apiGroups:
  - apps
  - extensions
  resources:
  - replicasets
  - deployments
  verbs:
  - get
  - list
  - watch
- nonResourceURLs:
  - /healthz
  - /healthz/*
  - /version
  verbs:
  - get
```

클러스터롤의 Aggregation

클러스터롤에만 여러 클러스터롤의 정의를 읽어오는 Aggregation 기능이 있다. Aggregation은 클러스터롤에 정의된 레이블을 기반으로 이루어지며, 집계되는 쪽 클러스터롤에 정의된 룰은 반영되지 않는다.

코드 13-9 Aggregation을 수행하는 클러스터롤 예제(sample-aggregated-clusterrole.yaml)

```
---
apiVersion: rbac.authorization.k8s.io/v1
kind: ClusterRole
metadata:
  name: sub-clusterrole1
  labels:
    app: sample-rbac
rules:
- apiGroups: ["apps"]
  resources: ["deployments"]
  verbs: ["get"]
---
apiVersion: rbac.authorization.k8s.io/v1
kind: ClusterRole
```

```
metadata:
  name: sub-clusterrole2
  labels:
    app: sample-rbac
rules:
- apiGroups: [""]
  resources: ["services"]
  verbs: ["get"]
---
apiVersion: rbac.authorization.k8s.io/v1
kind: ClusterRole
metadata:
  name: sample-aggregated-clusterrole
aggregationRule:
  clusterRoleSelectors:
  - matchLabels:
      app: sample-rbac
rules:
- apiGroups: [""]
  resources: ["pods"]
  verbs: ["get"]
```

예를 들어, 위와 같은 매니페스트로 클러스터롤을 생성하면 sub-clusterrole1과 sub-clusterrole2 설정값이 sample-aggregated-clusterrole에 로드된 것을 확인할 수 있다.

```
# 집계된 클러스터롤 확인
$ kubectl get clusterroles sample-aggregated-clusterrole -o yaml
...(생략)...
rules:
- apiGroups:
  - apps
  resources:
  - deployments
  verbs:
  - get
- apiGroups:
  - ""
  resources:
  - services
  verbs:
  - get
```

알기 쉽게 그림으로 설명하면 그림 13-3과 같다.

❖ 그림 13-3 클러스터롤 Aggregation으로 클러스터롤 집계

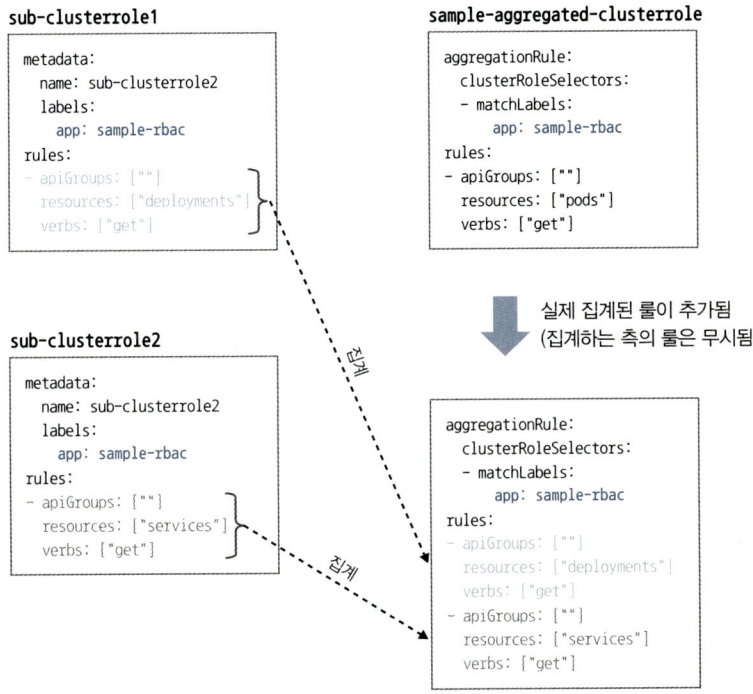

나중에 집계되는 측의 클러스터롤 등을 변경한 경우에도 집계하는 측의 클러스터롤에 자동으로 반영하게 된다. 여기서는 sub-clusterrole1 룰을 삭제하고 sample-aggregated-role이 변경되는 것을 확인한다.

```
# sub-clusterrole1 룰을 삭제
$ kubectl patch clusterrole sub-clusterrole1 --patch '{"rules": []}'
clusterrole.rbac.authorization.k8s.io/sub-clusterrole1 patched

# 집계되는 쪽의 sub-clusterrole1 클러스터롤을 삭제한 상태에서 집계된 클러스터롤 확인
$ kubectl get clusterroles sample-aggregated-clusterrole -o yaml
…(생략)…
rules:
- apiGroups:
  - ""
  resources:
  - services
```

```
    verbs:
    - get
```

알기 쉽게 그림으로 설명하면 그림 13-4와 같다.

▼ 그림 13-4 클러스터롤 Aggregation의 변경 감지

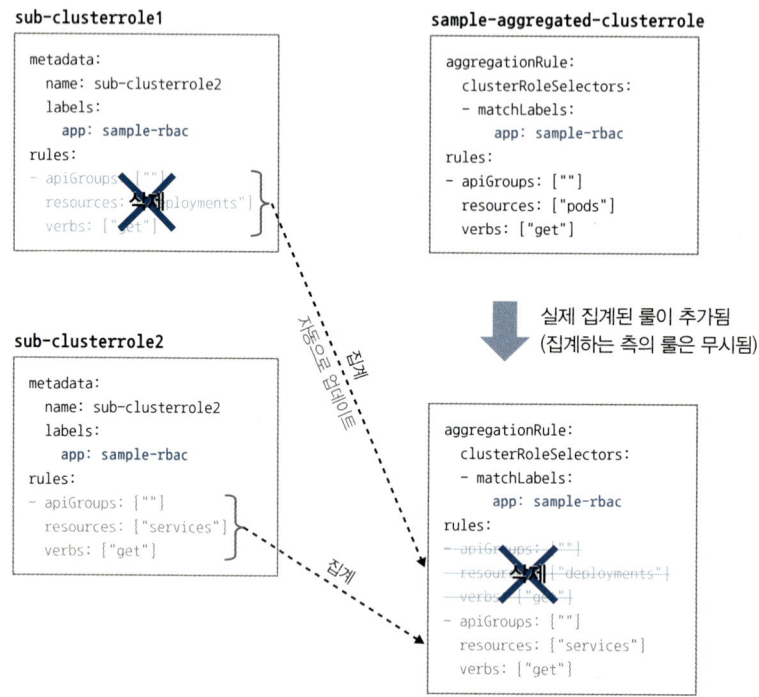

쿠버네티스가 생성하는 클러스터롤

클러스터롤은 몇 가지 프리셋을 가지고 있다. 단순한 권한을 사용하는 경우에는 신규로 롤이나 클러스터롤을 생성하지 않고 프리셋을 사용할 수도 있다(표 13-2).

▼ 표 13-2 프리셋으로 준비된 클러스터롤

클러스터롤명	내용
cluster-admin	모든 리소스 관리 가능
admin	클러스터롤 편집 + 네임스페이스 수준의 RBAC
edit	읽기 쓰기
view	읽기 전용

쿠버네티스의 시스템 구성 요소도 RBAC를 사용하고 있으므로 system:으로 시작하는 다양한 클러스터롤이 생성되어 있다(표 13-3).

▼ 표 13-3 시스템 구성 요소가 사용하고 있는 클러스터롤 예제

클러스터롤
system:controller:attachdetach-controller
system:controller:certificate-controller
system:controller:clusterrole-aggregation-controller
system:controller:cronjob-controller
system:controller:daemon-set-controller
system:controller:deployment-controller

13.2.2 롤바인딩과 클러스터롤바인딩

롤바인딩(RoleBinding)과 클러스터롤바인딩(ClusterRoleBinding)도 구성은 거의 동일하다. roleRef에서 연결하는 롤과 subjects에 연결하는 사용자나 서비스 어카운트를 지정한다. 하나의 롤바인딩당 하나의 롤만 가능하지만, subjects에는 여러 사용자나 서비스 어카운트를 지정할 수 있다.

롤바인딩의 경우에는 롤 또는 클러스터롤과 사용자를 연결할 수 있고, 클러스터롤바인딩의 경우에는 클러스터롤과 사용자를 연결할 수 있다. 롤바인딩은 특정 네임스페이스에 롤 또는 클러스터롤에서 정의된 권한을 부여하고, 클러스터롤바인딩은 모든 네임스페이스에 클러스터롤에서 정의된 권한을 부여한다. 네임스페이스를 새로 생성하면 그 네임스페이스에도 같은 롤바인딩을 추가해야 하지만, 클러스터롤바인딩을 사용하면 네임스페이스 간에 같은 권한을 부여할 수 있다. 롤바인딩을 사용하는 경우에도 클러스터에서 공통 권한으로 정의한 클러스터롤을 사용하면 같은 롤의 난립을 방지할 수 있다.

롤바인딩 생성

롤바인딩은 네임스페이스에 연결되는 리소스다. 사용자에 대해 특정 네임스페이스에서 롤 또는 클러스터롤에 정의한 권한을 부여한다.

코드 13-10 롤바인딩 예제(sample-rolebinding.yaml)

```yaml
apiVersion: rbac.authorization.k8s.io/v1
kind: RoleBinding
metadata:
  name: sample-rolebinding
  namespace: default
roleRef:
  apiGroup: rbac.authorization.k8s.io
  kind: Role
  name: sample-role
subjects:
- kind: ServiceAccount
  name: sample-serviceaccount
  namespace: default
```

클러스터롤바인딩 생성

클러스터롤바인딩은 네임스페이스에 연결되지 않은 클러스터 수준의 리소스다. 사용자에 대해 모든 네임스페이스에서 클러스터롤로 정의된 권한을 부여한다.

코드 13-11 클러스터롤바인딩 예제(sample-clusterrolebinding.yaml)

```yaml
apiVersion: rbac.authorization.k8s.io/v1
kind: ClusterRoleBinding
metadata:
  name: sample-clusterrolebinding
roleRef:
  apiGroup: rbac.authorization.k8s.io
  kind: ClusterRole
  name: sample-clusterrole
subjects:
- kind: ServiceAccount
  name: sample-serviceaccount
  namespace: default
```

13.2.3 RBAC 테스트

여기까지 설명한 롤/롤바인딩/클러스터롤/클러스터롤바인딩을 사용하여 RBAC 테스트를 실시한다. sample-serviceaccount 서비스 어카운트에는 다음과 같은 권한이 부여되었다.

- 기본 네임스페이스 전용 권한
    - 레플리카셋 리소스(읽기/쓰기 권한)
    - 디플로이먼트 리소스(읽기/쓰기 권한)
    - 디플로이먼트의 스케일(읽기/쓰기 권한)
- 모든 네임스페이스에 대한 권한
    - 레플리카셋 리소스(읽기 권한만)
    - 디플로이먼트 리소스(읽기 권한만)

RBAC 테스트는 kubectl을 사용하는 것이 가장 편하다. 여기서는 코드 13-12와 같이 kubectl 컨테이너를 통해 서비스 어카운트를 사용하여 확인한다.

코드 13-12 RBAC 테스트에 사용할 파드 예제(sample-kubectl.yaml)

```yaml
apiVersion: v1
kind: Pod
metadata:
  name: sample-kubectl
spec:
  serviceAccountName: sample-serviceaccount
  containers:
  - name: kubectl-container
    image: lachlanevenson/k8s-kubectl:v1.18.2
    command: ["sleep", "86400"]
```

매번 kubectl exec 명령어를 입력하는 것은 힘들기 때문에 alias를 일시적으로 생성한다. 이제 inkubectl 명령어를 실행하면 파드에서 kubectl을 사용하는 것을 의미하므로, sample-serviceaccount 권한으로 kubectl을 사용할 수 있다.

```
# 이후부터는 inkubectl 명령어로 컨테이너 내부에서 kubectl을 사용할 수 있다
$ alias inkubectl='kubectl exec -it sample-kubectl -- kubectl'
```

먼저 이번 롤(sample-role)에서는 기본 네임스페이스에서 디플로이먼트 생성 권한을 가지고 있으므로 테스트를 위해 생성해보겠다. 예상대로 생성되었다.

```
# 디플로이먼트 생성(성공)
$ inkubectl create deployment nginx --image=nginx:1.16
deployment.apps "nginx" created
```

다음은 스케일링을 테스트해보자. 레플리카셋은 디플로이먼트 하위 리소스지만 레플리카셋에 스케일 권한을 부여하지 않았기 때문에 스케일되지 않는다. 마찬가지로 파드 표시도 불가능하다.

```
# 레플리카셋 스케일링(실패)
$ inkubectl scale replicaset nginx-7ff78f74b9 --replicas 2
Error from server (Forbidden): replicasets.apps "nginx-7ff78f74b9" is forbidden:
User "system:serviceaccount:default:sample-serviceaccount" cannot patch resource
"replicasets/scale" in API group "apps" in the namespace "default"
command terminated with exit code 1

# 디플로이먼트 스케일링(성공)
$ inkubectl scale deployment nginx --replicas 2
deployment.apps/nginx scaled
```

마지막으로, 클러스터롤의 권한을 확인하기 위해 다른 네임스페이스에서 디플로이먼트를 생성해보겠다. 디플로이먼트 생성 권한은 기본 네임스페이스의 롤에 부여되어 있으므로 생성이 불가능하게 되어 있다. 반면 클러스터롤에서는 디플로이먼트의 읽기 권한이 부여되어 있기 때문에 디플로이먼트 목록을 표시할 수 있다.

```
# 네임스페이스 생성
$ kubectl create namespace sample-rbac
namespace/rbac created

# 디플로이먼트 생성(실패)
$ inkubectl --namespace sample-rbac create deployment nginx --image=nginx:1.16
Error from server (Forbidden): deployments.apps is forbidden: User "system:serviceacc
ount:default:sample-serviceaccount" cannot create resource "deployments" in API group
"apps" in the namespace "sample-rbac"
command terminated with exit code 1
```

```
# 디플로이먼트 표시(성공)
$ inkubectl --namespace sample-rbac get deployments
No resources found in sample-rbac namespace.
```

이번에는 실제로 리소스를 생성하고 권한 테스트를 했지만, kubectl의 실행 사용자가 특정 권한을 가졌는지는 kubectl auth can-i 명령어로도 확인할 수 있다.

```
# 컨테이너에서 sample-serviceaccount 권한으로 '기본 네임스페이스에서 디플로이먼트 생성'을 확인
$ inkubectl auth can-i create deployment
yes

# 컨테이너에서 sample-serviceaccount 권한으로 'sample-rbac 네임스페이스에서 디플로이먼트
생성'을 확인
$ inkubectl auth can-i create deployment --namespace sample-rbac
no

# 로컬 머신의 현재 권한으로 'sample-rbac 네임스페이스에서 디플로이먼트 생성' 권한을 확인
$ kubectl auth can-i create deployment --namespace sample-rbac
yes
```

--as 옵션을 사용하여 지정된 어카운트 권한으로 명령어를 실행할 수도 있다.

```
# 로컬 머신에서 sample-serviceaccount 권한으로 sample-rbac 네임스페이스에서 디플로이먼트를 생성
$ kubectl --namespace sample-rbac create deployment nginx --image=nginx:1.16 \
--as system:serviceaccount:default:sample-serviceaccount
Error from server (Forbidden): deployments.apps is forbidden: User "system:serviceacc
ount:default:sample-serviceaccount" cannot create resource "deployments" in API group
"apps" in the namespace "sample-rbac"

# 로컬 머신에서 sample-serviceaccount 권한으로 'sample-rbac 네임스페이스에서 디플로이먼트
생성'을 확인
$ kubectl auth can-i create deployment --namespace sample-rbac \
--as system:serviceaccount:default:sample-serviceaccount
no
```

13.3 보안 컨텍스트

보안 컨텍스트(SecurityContext)는 각 컨테이너에 대한 보안 설정(보안 컨텍스트)이다. 설정 가능한 항목은 표 13-4와 같다.

▼ 표 13-4 보안 컨텍스트에 설정 가능한 항목

종류	개요
privileged	특수 권한을 가진 컨테이너로 실행
capabilities	Capabilities의 추가와 삭제
allowPrivilegeEscalation	컨테이너 실행 시 상위 프로세스보다 많은 권한을 부여할지 여부
readOnlyRootFilesystem	root 파일 시스템을 읽기 전용으로 할지 여부
runAsUser	실행 사용자
runAsGroup	실행 그룹
runAsNonRoot	root에서 실행을 거부
seLinuxOptions	SELinux 옵션

13.3.1 특수 권한 컨테이너 생성

파드 내에 특수 권한 컨테이너를 생성하는 경우에는 `spec.containers[].securityContext.privileged`를 true로 설정한다. 특수 권한 컨테이너로 설정하면 컨테이너 내부에서 기동하는 프로세스의 리눅스 Capabilities가 호스트와 동등한 권한을 가지게 된다.

코드 13-13 특수 권한 컨테이너를 사용하는 파드 예제(sample-privileged.yaml)

```
apiVersion: v1
kind: Pod
metadata:
  name: sample-privileged
spec:
  containers:
  - name: nginx-container
    image: nginx:1.16
```

```
    securityContext:
      privileged: true
```

13.3.2 Capabilities 부여

특수 권한 컨테이너는 호스트와 동등한 Capabilities가 추가되지만, 더 세분화된 특정 Capabilities만을 컨테이너에 부여/제거할 수도 있다.

코드 13-14 Capabilities를 추가한 파드 예제(sample-capabilities.yaml)

```yaml
apiVersion: v1
kind: Pod
metadata:
  name: sample-capabilities
spec:
  containers:
  - name: tools-container
    image: amsy810/tools:v2.0
    securityContext:
      capabilities:
        add: ["SYS_ADMIN"]
        drop: ["AUDIT_WRITE"]
```

위 매니페스트를 적용하여 컨테이너의 Capabilities를 확인해보면, 일반적으로 부여되지 않은 SYS_ADMIN이 부여되어 있고 일반적으로 부여되는 AUDIT_WRITE가 부여되어 있지 않은 것을 알 수 있다.

```
# Capabilities 확인
$ kubectl exec -it sample-capabilities -- capsh --print | grep Current
Current: = cap_chown,cap_dac_override,cap_fowner,cap_fsetid,cap_kill,cap_setgid,cap_
setuid,cap_setpcap,cap_net_bind_service,cap_net_raw,cap_sys_chroot,cap_sys_admin,cap_
mknod,cap_setfcap+eip
```

13.3.3 root 파일 시스템의 읽기 전용 설정

컨테이너 이미지에 포함된 파일 등을 읽기 전용으로 설정할 수 있다. root 파일 시스템을 읽기 전용으로 설정하면 커널 관련 파일 등을 변경할 수 없어 보안성이 향상된다.

코드 13-15 root 파일 시스템을 읽기 전용으로 설정한 파드 예제(sample-rootfile-readonly.yaml)

```yaml
apiVersion: v1
kind: Pod
metadata:
  name: sample-rootfile-readonly
spec:
  containers:
  - name: tools-container
    image: amsy810/tools:v2.0
    securityContext:
      readOnlyRootFilesystem: true
```

위 매니페스트를 적용해보면 컨테이너 파일을 변경할 수 없는 것을 확인할 수 있다.

```
# 파일 시스템을 읽기 전용으로 마운트
# kubectl exec -it sample-rootfile-readonly -- touch /etc/os-release
touch: cannot touch '/etc/os-release': Read-only file system
command terminated with exit code 1
```

13.4 파드 보안 컨텍스트

파드 보안 컨텍스트(PodSecurityContext)는 파드(전체 컨테이너)에 대한 보안 설정(보안 컨텍스트)이다. 설정 가능한 항목은 표 13-5와 같다.

▼ 표 13-5 파드 보안 컨텍스트에 설정 가능한 항목

설정 항목	내용
runAsUser	실행 사용자
runAsGroup	실행 그룹
runAsNonRoot	root에서 실행을 거부
supplementalGroups	프라이머리 GUI에 추가로 부여할 GID 목록을 지정
fsGroup	파일 시스템 그룹 지정
sysctls	덮어 쓸 커널 파라미터 지정(쿠버네티스 v1.11 이후)
seLinuxOptions	SELinux 옵션 지정

13.4.1 실행 사용자 변경

컨테이너가 실행하는 Entrypoint 실행 사용자를 변경할 수 있다. 보안을 위해서도 기본적으로 root 사용자 이외의 사용자로 실행하는 것이 좋다. 이번에는 코드 13-16의 매니페스트처럼 nobody(UID: 65534) 사용자로 실행한다. 또 서브 그룹으로 1001과 1002를 추가한다.

코드 13-16 실행 사용자를 변경하는 파드 예제(sample-runuser.yaml)

```yaml
apiVersion: v1
kind: Pod
metadata:
  name: sample-runuser
spec:
  securityContext:
    runAsUser: 65534
    runAsGroup: 65534
    supplementalGroups:
    - 1001
    - 1002
  containers:
  - name: tools-container
    image: amsy810/tools:v2.0
```

기동한 컨테이너의 명령어 실행 사용자를 확인해보면 nobody(UID: 65534) 사용자 및 nogroup(GID: 65534) 그룹으로 실행되는 것을 확인할 수 있다. 또한, 실행 권한에 서브 그룹으로 1001과 1002가 포함된 것도 확인할 수 있다.

```
# 실행 사용자 정보를 확인
$ kubectl exec -it sample-runuser -- id
uid=65534(nobody) gid=65534(nogroup) groups=65534(nogroup),1001,1002

# sleep 명령어를 실행하고 있는 사용자와 그룹 확인
$ kubectl exec -it sample-runuser -- ps -axo uid,user,gid,group,pid,comm
   UID USER        GID GROUP       PID COMMAND
 65534 nobody    65534 nogroup       1 tini
 65534 nobody    65534 nogroup       7 sleep
 65534 nobody    65534 nogroup      13 ps
```

13.4.2 root 사용자로 실행 제한

실행 사용자를 변경하지 않고 단순히 root 사용자로 실행을 거부하도록 체크할 수도 있다.

코드 13-17 root로 실행을 제한한 파드 예제(sample-nonroot.yaml)

```yaml
apiVersion: v1
kind: Pod
metadata:
  name: sample-nonroot
spec:
  securityContext:
    runAsNonRoot: true
  containers:
  - name: nginx-container
    image: nginx:1.16
```

nginx 이미지는 기본으로 root 사용자로 기동하도록 되어 있다. 따라서 runAsNonRoot를 지정한 경우에는 기동에 실패한다.

```
# 기본으로 root 사용자로 기동하는 nginx 컨테이너의 기동 실패
$ kubectl describe pod sample-nonroot
…(생략)…
Events:
…(생략)…
  Warning  Failed     10s (x9 over 91s)  kubelet            Error: container has
runAsNonRoot and image will run as root
```

13.4.3 파일 시스템 그룹 지정

일반적으로 마운트한 볼륨의 소유자와 그룹은 root:root로 되어 있다. 즉, 실행 사용자를 변경한 경우에는 마운트한 볼륨에 권한이 없는 경우가 있다. 따라서 마운트하는 볼륨의 그룹을 변경할 수 있도록 되어 있다(setgid도 설정된다). 코드 13-18의 예제에서는 emptyDir로 테스트를 하지만 영구 볼륨 등의 volumeMounts도 동일하다.

코드 13-18 파일 시스템 그룹을 지정한 파드 예제(sample-fsgroup.yaml)

```yaml
apiVersion: v1
kind: Pod
metadata:
  name: sample-fsgroup
spec:
  securityContext:
    fsGroup: 1001
  containers:
  - image: nginx:1.16
    name: nginx-container
    volumeMounts:
    - mountPath: /cache
      name: cache-volume
  volumes:
  - name: cache-volume
    emptyDir: {}
```

실제로 마운트된 볼륨의 그룹을 확인해보면 GID가 1001로 되어 있는 것을 확인할 수 있다.

```
# 디렉터리 퍼미션 확인
$ kubectl exec -it sample-fsgroup -- ls -ld /cache
drwxrwsrwx 2 root 1001 4096 Apr  7 14:05 /cache
```

13.4.4 sysctl을 사용한 커널 파라미터 설정

커널 파라미터는 성능에 영향을 미치기 때문에 가상 머신의 경우와 마찬가지로 컨테이너에서도 설정해야 한다. 또 커널 파라미터는 파드 내부의 컨테이너 간에 공유된다.

커널 파라미터는 안전한 것(safe)과 안전하지 않은 것(unsafe)으로 분류된다. 여기서 말하는 '안전'이란 호스트의 커널과 적절하게 분리되어 있으며 다른 파드에 영향이 없는 것과 파드가 예상치 못한 리소스를 소비하지 않는 것을 의미한다. 대부분의 파라미터는 unsafe로 분류되어 있다.

파드의 커널 파라미터 변경은 securityContext를 사용한다. unsafe한 파라미터를 설정한 경우, 쿠버네티스 클러스터 제공자가 명시적으로 허용하지 않으면 파드 기동에 실패한다. 또 unsafe한 파라미터를 추가로 허가하는 경우 쿠버네티스 노드 측에 있는 시스템 구성 요소(kubelet)의 기동 옵션에서 명시적으로 지정해야 하므로 관리형 서비스의 경우에는 변경이 어렵다.

코드 13-19 커널 파라미터를 변경하는 파드 예제(sample-sysctl.yaml)

```yaml
apiVersion: v1
kind: Pod
metadata:
  name: sample-sysctl
spec:
  securityContext:
    sysctls:
    - name: net.core.somaxconn
      value: "12345"
  containers:
  - name: tools-container
    image: amsy810/tools:v2.0
```

```
$ kubectl apply -f sample-sysctl.yaml
pod/sample-sysctl created

$ kubectl get pod sample-sysctl
NAME            READY   STATUS            RESTARTS   AGE
sample-sysctl   0/1     SysctlForbidden   0          41s

$ kubectl describe pod sample-sysctl
...생략...
Events:
  Type     Reason           Age   From               Message
  ----     ------           ----  ----               -------
  Normal   Scheduled        72s   default-scheduler  Successfully assigned default/sample-sysctl to gke-k8s-default-pool-be722c17-walf
  Warning  SysctlForbidden  72s   kubelet            forbidden sysctl: "net.core.somaxconn" not whitelisted
```

unsafe한 커널 파라미터를 강제적으로 변경하는 데는 초기화 컨테이너를 사용할 수도 있다. 이 경우 변경할 커널 파라미터에 따라 특수 권한 컨테이너 설정이 필요하다.

코드 13-20 커널 파라미터를 초기화 컨테이너에서 변경하는 파드 예제(sample-sysctl-initcontainer.yaml)

```yaml
apiVersion: v1
kind: Pod
metadata:
  name: sample-sysctl-initcontainer
spec:
  initContainers:
  - name: initialize-sysctl
    image: busybox:1.27
    command:
    - /bin/sh
    - -c
    - |
      sysctl -w net.core.somaxconn=12345
    securityContext:
      privileged: true
  containers:
  - name: tools-container
    image: amsy810/tools:v2.0
```

위 매니페스트 중 하나로 기동한 컨테이너의 커널 파라미터를 확인해보면 변경된 것을 확인할 수 있다.

```
# 설정된 커널 파라미터 확인
$ kubectl exec -it sample-sysctl-initcontainer -- sysctl -a | grep net.core.somaxconn
net.core.somaxconn = 12345
```

13.5 `1.18 Beta` 파드 보안 정책

파드 보안 정책(PodSecurityPolicy)은 쿠버네티스 클러스터를 보안 정책으로 제한하는 기능이다. 예를 들어, 생성 가능한 파드 제한이나 보안 컨텍스트에서 설정한 항목의 기본값을 설정할 수 있다 (표 13-6).

▼ 표 13-6 파드 보안 정책에 설정 가능한 항목

설정 항목	내용
allowPrivilegeEscalation	allowPrivilegeEscalation을 허가할지 여부
allowedCapabilities	허가할 Capabilities
allowedHostPaths	hostPath에서 사용 가능한 경로의 화이트리스트
allowedUnsafeSysctls	사용을 허가할 unsafe한 sysctl(사전에 kubelet에 등록 필요)
defaultAddCapabilities	기본값으로 추가할 Capabilities
defaultAllowPrivilegeEscalation	기본값으로 allowPrivilegeEscalation을 설정할지 여부
forbiddenSysctls	사용을 거부할 sysctl
fsGroup	fsGroup에서 사용 가능한 GID 범위
hostIPC	hostIPC 사용 허가 여부
hostNetwork	hostNetwork 사용 허가 여부
hostPID	hostPID 사용 허가 여부
hostPorts	hostPort에서 사용 가능한 포트 번호의 범위
Privileged	특수 권한 컨테이너 사용 여부
readOnlyRootFilesystem	readOnlyRootFilesystem을 강제할지 여부
requiredDropCapabilities	Drop해야 할 Capabilities
runAsUser	실행 가능한 사용자 UID
runAsGroup	실행 가능한 프라이머리 그룹 GID
seLinux	설정 가능한 seLinux 레이블
supplementalGroups	supplementalGroups에 설정 가능한 GID
volumes	사용 가능한 볼륨 플러그인
RuntimeClass	실행 가능한 RuntimeClass

13.5.1 파드 보안 정책 활성화

GKE의 경우 파드 보안 정책은 기본값으로 비활성화되어 있다. 활성화하면 GKE의 시스템 구성 요소용으로 초기 상태에서 일부 파드 보안 정책이 생성된다.

```
# 파드 보안 정책 활성화
$ gcloud beta container clusters update k8s --enable-pod-security-policy --zone asia-northeast3-a
Updating k8s...done.
```

13.5.2 파드 보안 정책으로 파드 생성 권한 부여

파드 보안 정책은 화이트리스트 방식이기 때문에 단순히 활성화만된 환경에서는 파드를 생성할 수 없다. 그래서 파드를 생성하려면 하나 이상의 파드 보안 정책을 생성해야 한다. 여러 파드 보안 정책이 사용 가능한 경우에는 그중 하나의 파드 보안 정책 룰에 일치하여 허가된 파드라면 생성할 수 있다. 그리고 GKE에서는 기본으로 파드 보안 정책 리소스가 일부 생성되어 있으므로 사용자에 따라서는 다른 설정 작업 없이 그대로 파드를 생성할 수 있다.

예를 들어 특수 권한 컨테이너나 hostPath는 호스트 측에 영향을 주는 조작들을 할 수 있어 필요에 따라 파드 보안 정책을 사용하여 제한할 수 있다. 코드 13-21과 같은 매니페스트로 제한할 수 있다.

코드 13-21 파드 보안 정책 예제(sample-podsecuritypolicy.yaml)

```
apiVersion: policy/v1beta1
kind: PodSecurityPolicy
metadata:
  name: sample-podsecuritypolicy
spec:
  privileged: false
  runAsUser:
    rule: RunAsAny
  allowPrivilegeEscalation: true
  allowedCapabilities:
  - '*'
  allowedHostPaths:
  - pathPrefix: "/etc"
```

```
      fsGroup:
        rule: RunAsAny
      supplementalGroups:
        rule: RunAsAny
      seLinux:
        rule: RunAsAny
      volumes:
      - '*'
```

여기서는 서비스 어카운트를 생성하여 동작을 확인해보자. 파드를 생성하기 위한 권한(edit)을 부여한다. 이때 더 높은 권한을 부여하면 모든 파드 보안 정책을 사용할 수 있게 되어 파드 생성이 가능해지므로 주의해야 한다.

```
# 서비스 어카운트 생성
$ kubectl create serviceaccount psp-test
serviceaccount/psp-test created

# 생성한 서비스 어카운트에 파드 생성 권한 부여
$ kubectl create --save-config clusterrolebinding psp-test \
--serviceaccount default:psp-test --clusterrole edit
clusterrolebinding.rbac.authorization.k8s.io/psp-test created
```

편집 권한이 부여된 기본 서비스 어카운트를 지정하고 파드를 생성해보면 일치하는 파드 보안 정책이 없어 파드 생성에 실패한다.

```
# 파드 생성
$ kubectl --as=system:serviceaccount:default:psp-test apply -f sample-pod.yaml
Error from server (Forbidden): error when creating "sample-pod.yaml": pods "sample-pod" is forbidden: unable to validate against any pod security policy: []
```

파드 보안 정책을 생성하고 서비스 어카운트와 연결한다.

```
# 파드 보안 정책 생성
$ kubectl apply -f sample-podsecuritypolicy.yaml
podsecuritypolicy.extensions/sample-podsecuritypolicy created

# 파드 보안 정책을 클러스터롤에 연결
$ kubectl create --save-config clusterrole psp-test-clusterrole \
```

```
--verb=use \
--resource=podsecuritypolicy \
--resource-name=sample-podsecuritypolicy
clusterrole.rbac.authorization.k8s.io/psp-test-clusterrole created

# 클러스터롤을 서비스 어카운트에 연결
$ kubectl create --save-config clusterrolebinding psp-test-clusterrolebinding \
--clusterrole=psp-test-clusterrole \
--serviceaccount=default:psp-test
clusterrolebinding.rbac.authorization.k8s.io/psp-test-clusterrolebinding created
```

파드 보안 정책과 연결된 서비스 어카운트를 지정하고 파드를 생성해보자. 일반 파드는 생성할 수 있게 되어 있지만, 특수 권한 컨테이너를 포함한 파드는 정책에 위반되어 생성할 수 없다. 이때 파드를 생성하는 서비스 어카운트는 지정만 하고 있는 상태로, 파드에 할당되는 서비스 어카운트는 덮어 쓰지 않는다.

```
# 파드 생성
$ kubectl --as=system:serviceaccount:default:psp-test apply -f sample-pod.yaml
pod/sample-pod created

# 파드 생성(특수 권한 컨테이너 포함)
$ kubectl --as=system:serviceaccount:default:psp-test apply -f sample-privileged.yaml
Error from server (Forbidden): error when creating "sample-privileged.yaml": pods
"sample-privileged" is forbidden: unable to validate against any pod security policy:
[spec.containers[0].securityContext.privileged: Invalid value: true: Privileged
containers are not allowed]

# 파드와 그 파드에 할당된 서비스 어카운트 목록
$ kubectl get pods -o custom-columns='NAME:.metadata.name,ServiceAccount:.spec.
serviceAccountName'
NAME              ServiceAccount
sample-pod        default
```

이번에는 설명을 위해 kubectl 명령어에서 클러스터롤이나 클러스터롤바인딩을 직접 생성했지만, 원래는 매니페스트로 관리해야 한다.

13.5.3 파드 보안 정책과 레플리카셋 실행

개발자가 파드를 생성할 때는 kubectl에서 서비스 어카운트 권한을 사용하여 파드를 생성했다. 반면에 레플리카셋을 사용하여 파드를 생성하는 경우에는 레플리카셋 컨트롤러라는 시스템 구성 요소가 파드를 생성하기 때문에 레플리카셋 리소스를 생성한 권한은 파드 생성 때 사용할 수 없다(레플리카셋 컨트롤러는 kube-controller-manager 일부로 동작한다. 자세한 내용은 19장에서 설명한다). 즉, 다음과 같이 레플리카셋 리소스를 생성할 때 권한을 지정해도 파드를 생성할 수 없다.

```
# 레플리카셋 생성
$ kubectl --as=system:serviceaccount:default:psp-test apply -f sample-rs.yaml
replicaset.apps/sample-rs created

# 레플리카셋 상세 정보를 확인
$ kubectl describe replicaset sample-rs
…(생략)…
Events:
  Type     Reason        Age                  From                   Message
  ----     ------        ----                 ----                   -------
  Warning  FailedCreate  3s (x11 over 8s)     replicaset-controller  Error creating: pods
"sample-rs-" is forbidden: unable to validate against any pod security policy: []
```

레플리카셋 컨트롤러는 kube-system에 있는 replicaset-controller 서비스 어카운트 권한으로 동작한다. 이 서비스 어카운트에는 system:controller:replicaset-controller 클러스터롤 권한이 부여되어 있지만, 여기에 파드 보안 정책을 사용하는 권한은 설정되지 않기 때문에 레플리카셋 컨트롤러는 파드를 생성할 수 없다.

```
# 서비스 어카운트 목록 표시
$ kubectl -n kube-system get serviceaccount replicaset-controller
NAME                    SECRETS   AGE
replicaset-controller   1         4d3h

# 클러스터롤 확인
$ kubectl -n kube-system get clusterrole system:controller:replicaset-controller
NAME                                      CREATED AT
system:controller:replicaset-controller   2021-04-03T11:26:05Z
```

이 서비스 어카운트에 파드 보안 정책을 사용할 수 있는 권한을 부여해도 되지만, 레플리카셋뿐만 아니라 데몬셋, 스테이트풀셋, 잡에 대해서도 같은 설정을 해야 한다. 또한, 서비스 어카운트 단위(네임스페이스 단위)로 파드 보안 정책 권한을 구분해서 사용할 수 없으므로 그다지 추천하지 않는다. 이 문제를 해결하기 위해 파드 보안 정책에서는 파드에 부여된 서비스 어카운트가 그 파드 보안 정책을 사용할 수 있는 권한을 가지고 있다면(코드 13-22) 레플리카셋 컨트롤러 등의 파드 생성자가 파드 보안 정책을 사용할 수 있는 권한을 가지고 있지 않더라도 파드를 생성할 수 있다.

코드 13-22 파드 보안 정책을 사용할 수 있는 서비스 어카운트를 지정하여 기동하는 레플리카셋 예제(sample-rs-podsecuritypolicy.yaml)

```yaml
apiVersion: apps/v1
kind: ReplicaSet
metadata:
  name: sample-rs-podsecuritypolicy
spec:
  replicas: 3
  selector:
    matchLabels:
      app: sample-app
  template:
    metadata:
      labels:
        app: sample-app
    spec:
      serviceAccountName: psp-test # 파드 보안 정책이 이용 가능한 서비스 어카운트
      containers:
      - name: nginx-container
        image: nginx:1.16
```

그래서 레플리카셋을 생성하는 권한과 그 파드 보안 정책을 사용할 수 있는 서비스 어카운트가 있으면 파드를 생성할 수 있게 된다. 또 sample-app을 생성했을 때와 다르게 파드에 할당된 서비스 어카운트가 변경된다.

```
# 레플리카셋을 사용할 수 있는 권한으로 레플리카셋 생성
$ kubectl apply -f sample-rs.yaml
replicaset.apps/sample-rs created

# 파드 목록 표시
$ kubectl get pods
NAME                              READY   STATUS    RESTARTS   AGE
sample-rs-podsecuritypolicy-ntsfw 1/1     Running   0          26s
```

```
sample-rs-podsecuritypolicy-qwvgb    1/1    Running    0    26s
sample-rs-podsecuritypolicy-xcmt8    1/1    Running    0    26s

# 파드와 그 파드에 할당된 서비스 어카운트 목록
$ kubectl get pods -o custom-columns='NAME:.metadata.name,SERVICEACCOUNT:.spec.
serviceAccountName'
NAME                                 SERVICEACCOUNT
sample-rs-podsecuritypolicy-ntsfw    psp-test
sample-rs-podsecuritypolicy-qwvgb    psp-test
sample-rs-podsecuritypolicy-xcmt8    psp-test
```

13.5.4 파드 보안 정책 비활성화

파드 보안 정책을 제대로 설정하지 않으면 많은 파드를 생성할 수 없다. 따라서 다음 설명으로 가기 전에 파드 보안 정책을 비활성화해 두자.

```
# 파드 보안 정책 비활성화
$ gcloud beta container clusters update k8s --no-enable-pod-security-policy --zone
asia-northeast3-a
Updating k8s...done.
```

13.6 네트워크 정책

네트워크 정책(NetworkPolicy)은 쿠버네티스 클러스터 내부에서 파드 간에 통신할 경우 트래픽 룰을 규정하는 것이다. 네트워크 정책을 사용하지 않을 경우 클러스터 내부의 모든 파드는 서로 통신이 가능하다. 그러나 네트워크 정책을 사용할 수 있다면, 네임스페이스별로 트래픽을 전송하지 못하게 하거나 기본적으로 모든 파드 간 통신을 차단하고 특정 파드 간 통신만 허용하는 화이트리스트 방식을 사용할 수 있다(그림 13-5).

▼ 그림 13-5 네트워크 정책에 의한 통신 차단

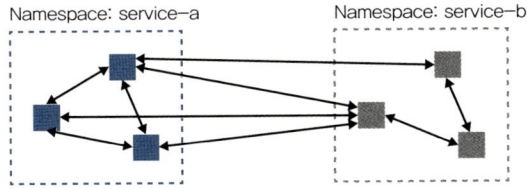

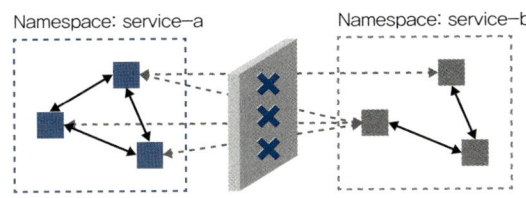

13.6.1 네트워크 정책 활성화

모든 쿠버네티스 환경에서 네트워크 정책을 사용할 수 있는 것은 아니다. 온프레미스 환경의 경우에는 캘리코(Calico) 등의 네트워크 정책을 지원하는 네트워크 플러그인(CNI 플러그인)을 사용하여 클러스터가 구축되어 있어야 한다. GKE의 경우 생성 시 명시적으로 활성화하면 캘리코가 배포되어 네트워크 정책을 사용할 수 있다. 4장에서 설명한 순서대로 GKE를 생성한 경우는 이미 활성화되어 있다. 또한, 네트워크 정책을 지원하지 않는 경우에도 리소스 자체를 등록하는 것은 가능하다(동작은 하지 않는다).

13.6.2 네트워크 정책 생성

네트워크 정책은 인그레스(Ingress)(수신)와 이그레스(Egress)(송신)로 구성되어 있다. 인그레스는 인바운드 방향의 트래픽 룰을 설정하고, 이그레스는 아웃바운드 방향의 트래픽 룰을 설정한다. 또 설정 범위를 podSelector로 지정한다. 네트워크 정책은 네임스페이스별로 생성해야 한다.

코드 13-23 네트워크 정책 예제(sample-networkpolicy.yaml)

```yaml
apiVersion: networking.k8s.io/v1
kind: NetworkPolicy
metadata:
  name: sample-networkpolicy
  namespace: default # 네트워크 정책을 생성할 네임스페이스 지정
spec:
  podSelector:
    # 설정할 대상 파드를 여기에 기입
    # 레이블 셀렉터이므로 여러 파드를 대상으로 할 수 있음
  policyTypes:
  - Ingress # 인그레스 룰을 생성할 경우 명시
  - Egress # 이그레스 룰을 생성할 경우 명시
  ingress:
  - from:
      # 인그레스 룰을 여기에 기입(이그레스 룰과 형식은 동일)
    ports:
      # 이 인그레스 룰로 허가할 수신 포트 번호와 프로토콜 기입
  egress:
  - to:
      # 이그레스 룰을 여기에 기입(인그레스 룰과 형식은 동일)
    ports:
      # 이 이그레스 룰로 허가할 목적지 포트 번호와 프로토콜 기입
```

인그레스 룰과 이그레스 룰의 지정 방법은 동일하다. 정책 지정 방법은 표 13-7과 같이 세 가지가 있다.

▼ **표 13-7** 네트워크 정책 종류와 통신 제한 범위

정책 종류	인그레스 룰의 경우	이그레스 룰의 경우
podSelector	특정 파드에서 들어오는 통신 허가	특정 파드로 나가는 통신 허가
namespaceSelector	특정 네임스페이스상에 있는 파드에서 들어오는 통신 허가	특정 네임스페이스상에 있는 파드로 나가는 통신 허가
ipBlock	특정 CIDR(IP 주소)에서 들어오는 통신 허용	특정 CIDR(IP 주소)로 나가는 통신 허용

podSelector는 특정 파드에서의 통신을 제어하는 정책이다. namespaceSelector는 특정 네임스페이스상에 있는 파드에서의 통신을 제어하는 정책이다. namespaceSelector는 podSelector에 비해 제한 범위가 넓기 때문에 podSelector와 namespaceSelector는 네트워크 제한 범위에 따라 선택하면 된다. 마지막으로 ipBlock은 특정 CIDR(ClasslessInter-Domain Routing)에서의 통

신을 제한하는 정책이다. 쿠버네티스 클러스터 내부에서 사용되는 통신 제어는 `podSelector`와 `namespaceSelector`를 사용하는 것이 좋지만, 클러스터 외부 네트워크 제어는 `ipBlock`을 사용하는 것이 좋다(표 13-7).

화이트리스트 방식과 블랙리스트 방식

네트워크 정책뿐만 아니라 다양한 접근 제어를 할 때는 화이트리스트 방식이나 블랙리스트 방식 중에서 하나를 선택하는 것이 일반적이다. 이번 네트워크 정책과 연관지어 설명하면, 화이트리스트 방식은 미리 모든 트래픽을 차단해 두고 특정 트래픽만 허가하는 형식이다. 블랙리스트 방식은 그 반대로 미리 모든 트래픽을 허가해 두고 특정 트래픽만 차단하는 형식이다. 두 가지 방식 모두 장단점이 있지만, 좀 더 견고한 시스템을 만들기 위해서는 화이트리스트 방식이 더 적합하다.

모든 인바운드/아웃바운드 트래픽을 차단하는 경우에는 코드 13-24의 네트워크 정책을 사용한다.

코드 13-24 모든 트래픽을 차단하는 네트워크 정책(deny-all-networkpolicy.yaml)

```yaml
apiVersion: networking.k8s.io/v1
kind: NetworkPolicy
metadata:
  name: deny-all-networkpolicy
spec:
  podSelector: {}
  policyTypes:
  - Ingress
  - Egress
```

반대로 모든 인바운드/아웃바운드 트래픽을 허가하는 경우에는 코드 13-25의 네트워크 정책을 사용한다.

코드 13-25 모든 트래픽을 허가하는 네트워크 정책(allow-all-networkpolicy.yaml)

```yaml
apiVersion: networking.k8s.io/v1
kind: NetworkPolicy
metadata:
  name: allow-all-networkpolicy
spec:
  podSelector: {}
  egress:
  - {}
```

```yaml
  ingress:
  - {}
  policyTypes:
  - Ingress
  - Egress
```

클라우드의 네트워크 기본 설정에서 인바운드는 전체를 차단하고 아웃바운드는 전체를 허용하는 것이 일반적이다. 아웃바운드까지 모두 차단하는 경우에는 목적지마다 설정해야만 한다. 모든 경우에서 인바운드/아웃바운드를 모두 차단해야 하는 것은 아니므로 아웃바운드는 허가하는 것을 검토해보길 바란다.

코드 13-26 클라우드에 적합한 네트워크 정책 예제(cloud-networkpolicy.yaml)

```yaml
apiVersion: networking.k8s.io/v1
kind: NetworkPolicy
metadata:
  name: cloud-networkpolicy
spec:
  podSelector: {}
  egress:
  - {}
  policyTypes:
  - Ingress
  - Egress
```

13.6.3 네트워크 정책 사례

여기서는 사례별 테스트를 위해 코드 13-27의 네 가지 파드를 생성한다. 기본 네임스페이스에 두 개의 파드를, nptest 네임스페이스에 두 개의 파드를 각각 기동한다. 각각의 파드에는 레이블 app: np1, app: np2, app: np3, app: np4를 지정한다.

코드 13-27 네트워크 정책 사례별 테스트에 사용할 매니페스트(networkpolicy-playground.yaml)

```yaml
---
apiVersion: v1
kind: Pod
metadata:
  name: sample-pod-np1
```

```yaml
  namespace: default
  labels:
    app: np1
spec:
  containers:
  - name: nginx-container
    image: amsy810/echo-nginx:v2.0
---
apiVersion: v1
kind: Pod
metadata:
  name: sample-pod-np2
  namespace: default
  labels:
    app: np2
spec:
  containers:
  - name: nginx-container
    image: amsy810/echo-nginx:v2.0
---
apiVersion: v1
kind: Namespace
metadata:
  name: nptest
---
apiVersion: v1
kind: Pod
metadata:
  name: sample-pod-np3
  namespace: nptest
  labels:
    app: np3
spec:
  containers:
  - name: nginx-container
    image: amsy810/echo-nginx:v2.0
---
apiVersion: v1
kind: Pod
metadata:
  name: sample-pod-np4
  namespace: nptest
  labels:
```

```
    app: np4
spec:
  containers:
  - name: nginx-container
    image: amsy810/echo-nginx:v2.0
```

생성한 파드의 IP 주소를 확인해 두자.

```
# 네트워크 정책 검증을 위해 생성한 파드 IP 주소 확인
$ kubectl -n default get pods -o wide
NAME              READY   STATUS    RESTARTS   AGE     IP
sample-pod-np1    1/1     Running   0          5m29s   10.0.5.51
sample-pod-np2    1/1     Running   0          5m29s   10.0.3.64

$ kubectl -n nptest get pods -o wide
NAME              READY   STATUS    RESTARTS   AGE     IP
sample-pod-np3    1/1     Running   0          6m27s   10.0.4.57
sample-pod-np4    1/1     Running   0          6m27s   10.0.3.65
```

그리고 나중에 사용할 기본 네임스페이스에 레이블을 지정해 두자.

```
# 기본 네임스페이스에 ns=default 레이블 지정
$ kubectl label namespace default ns=default
namespace/default labeled
```

지금까지의 환경을 정리해보면 그림 13-6과 같은 상태가 된다. IP 주소는 사용자의 환경에 따라 다르기 때문에 해당 주소를 사용하길 바란다.

▼ 그림 13-6 네트워크 정책 사례별 테스트에 사용할 환경

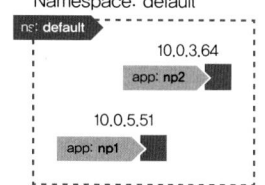
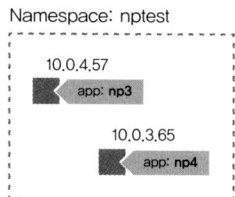

먼저 cloud-networkpolicy.yaml을 적용한 초기 상태를 확인한다. 인바운드는 완전히 차단되고 아웃바운드는 개방된 상태다(그림 13-7).

▼ 그림 13-7 인바운드 트래픽이 완전히 차단된 상태

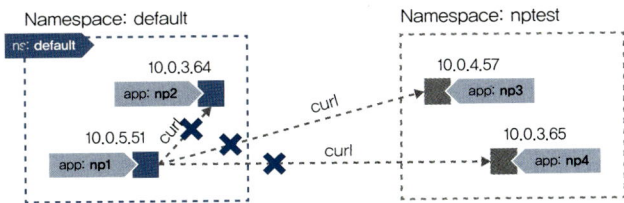

이 상태에서 각 파드에 타임아웃을 3초로 설정한 wget 명령어를 실행하면 다음과 같이 통신이 되지 않는 것을 확인할 수 있다.

```
# 모든 네임스페이스에 인바운드 통신을 거부하는 네트워크 정책 생성
$ kubectl apply -f cloud-networkpolicy.yaml
networkpolicy.networking.k8s.io/cloud-networkpolicy created
$ kubectl apply -n nptest -f cloud-networkpolicy.yaml
networkpolicy.networking.k8s.io/cloud-networkpolicy created

# 네임스페이스 내부의 통신도 차단
$ kubectl exec -it sample-pod-np1 -- curl --connect-timeout 3 http://10.0.3.64
curl: (28) Connection timed out after 3000 milliseconds
command terminated with exit code 28

# 네임스페이스 외부로의 통신도 차단
$ kubectl exec -it sample-pod-np1 -- curl --connect-timeout 3 http://10.0.4.57
curl: (28) Connection timed out after 3001 milliseconds
command terminated with exit code 28

$ kubectl exec -it sample-pod-np1 -- curl --connect-timeout 3 http://10.0.3.65
curl: (28) Connection timed out after 3000 milliseconds
command terminated with exit code 28
```

특정 레이블을 가진 파드에서 들어오는 통신을 허가

먼저 특정 레이블을 가진 파드에서 들어오는 통신을 허가하는 podSelector를 사용하여 sample-pod-np2의 통신을 허가해보자. 인바운드 트래픽이 제한되어 있어 sample-pod-np2에 app: np1 레이블을 가진 파드에서 들어오는 통신을 허가하도록 한다. 또 80/TCP 포트만 개방한다.

코드 13-28 podSelector를 사용한 네트워크 정책 예제(sample-podselector-ingress-networkpolicy.yaml)

```yaml
apiVersion: networking.k8s.io/v1
kind: NetworkPolicy
metadata:
  name: sample-podselector-ingress-networkpolicy
spec:
  podSelector:
    matchLabels:
      app: np2
  policyTypes:
  - Ingress
  ingress:
  - from:
    - podSelector:
        matchLabels:
          app: np1
    ports:
    - protocol: TCP
      port: 80
```

다시 한 번 해당 파드(app: np2)에 접속해보면 정상적으로 통신이 되는 것을 확인할 수 있다(그림 13-8).

```
# 통신 가능
$ kubectl exec -it sample-pod-np1 -- curl --connect-timeout 3 http://10.0.3.64
Host=10.0.3.64  Path=/  From=sample-pod-np2  ClientIP=10.0.5.51  XFF=
```

▼ 그림 13-8 특정 레이블을 가진 파드에서 들어오는 통신을 허가하는 네트워크 정책

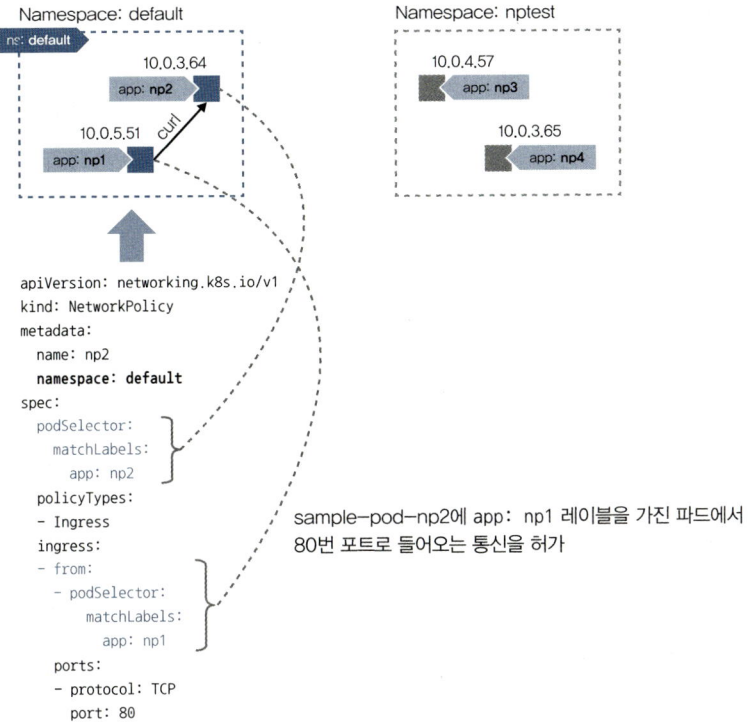

특정 네임스페이스에서 들어오는 통신을 허가

다음으로는 특정 레이블을 가진 네임스페이스에서 들어오는 통신을 허가하는 namespaceSelector를 사용하여 sample-pod-np3의 통신을 허가해보자. np3는 nptest 네임스페이스에서 기동하고 있으므로 네트워크 정책도 nptest에 생성해야 한다. 지정 방법을 살펴보면 파드와 마찬가지로 레이블로 지정한다.

코드 13-29 namespaceSelector를 사용한 네트워크 정책 예제(sample-namespaceselector-ingress-networkpolicy.yaml)

```
apiVersion: networking.k8s.io/v1
kind: NetworkPolicy
metadata:
  name: sample-namespaceselector-ingress-networkpolicy
  namespace: nptest
spec:
  podSelector:
    matchLabels:
      app: np3
```

```
policyTypes:
- Ingress
ingress:
- from:
  - namespaceSelector:
      matchLabels:
        ns: default
  ports:
  - protocol: TCP
    port: 80
```

다시 한 번 해당 파드(app: np3)에 접속해보면 정상적으로 통신이 되는 것을 확인할 수 있다(그림 13-9).

```
# 통신 가능
$ kubectl exec -it sample-pod-np1 -- curl --connect-timeout 3 http://10.0.4.57
Host=10.0.4.57  Path=/  From=sample-pod-np3  ClientIP=10.0.5.51  XFF=
```

❖ 그림 13-9 특정 네임스페이스에서 들어오는 통신을 허가하는 네트워크 정책

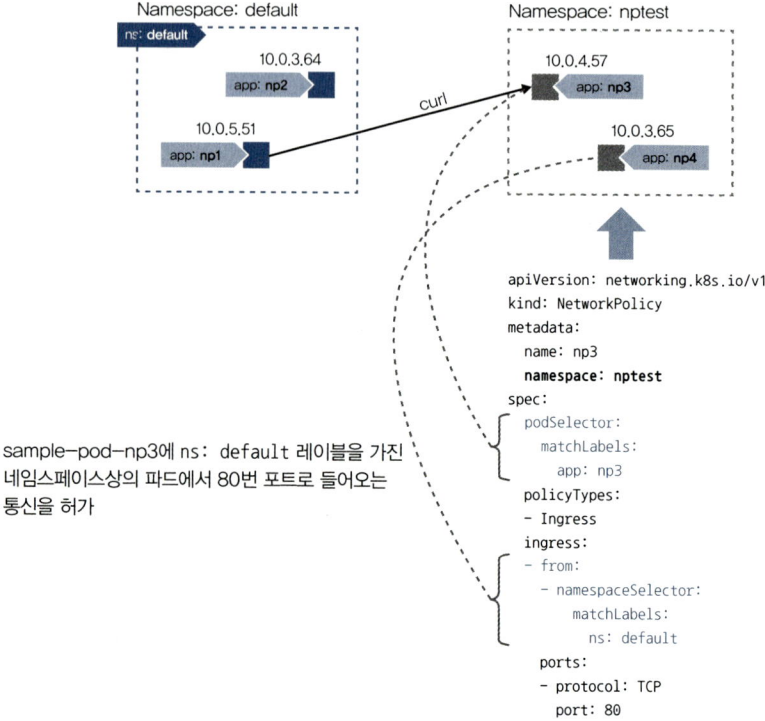

특정 IP 블록에서 들어오는 통신을 허가

마지막으로 특정 네트워크에서 들어오는 통신을 허가하는 `ipBlock`을 사용하여 sample-pod-np4의 통신을 허가해보자. np4도 np3와 마찬가지로 nptest 네임스페이스상에 기동하고 있으며, 지금까지 레이블로 지정한 것과는 달리 CIDR로 지정한다. 여기서는 /32로 특정 IP 주소에서 들어오는 통신을 허가하는 지정 방법을 사용했지만, /24 등으로 네트워크 세그먼트 단위로 지정할 수도 있다. 여기서는 이와 같은 예제로 설명했지만, 쿠버네티스 클러스터 내에서는 IP 주소를 의식하지 않도록 하기 위해 클러스터 내부 통신을 제어하는 경우에는 `podSelector`와 `namespaceSelector`를 사용하는 것을 추천한다. `ipBlock`은 클러스터 외부 네트워크에 대한 제어에 사용하자.

코드 13-30 ipBlock을 사용한 네트워크 정책 예제(sample-ipblock-ingress-networkpolicy.yaml)

```yaml
apiVersion: networking.k8s.io/v1
kind: NetworkPolicy
metadata:
  name: sample-ipblock-ingress-networkpolicy
  namespace: nptest
spec:
  podSelector:
    matchLabels:
      app: np4
  policyTypes:
  - Ingress
  ingress:
  - from:
    - ipBlock:
        cidr: 10.0.5.51/32 # sample-pod-np1의 파드 IP 주소로 변경한다
    ports:
    - protocol: TCP
      port: 80
```

다시 한 번 해당 파드(app: np4)에 접속해보면 정상적으로 통신이 되는 것을 확인할 수 있다(그림 13-10).

```
# 통신 가능
$ kubectl exec -it sample-pod-np1 -- curl --connect-timeout 3 http://10.0.3.65
Host=10.0.3.65  Path=/  From=sample-pod-np4  ClientIP=10.0.5.51  XFF=
```

▼ 그림 13-10 특정 IP 블록에서 들어오는 통신을 허가하는 네트워크 정책

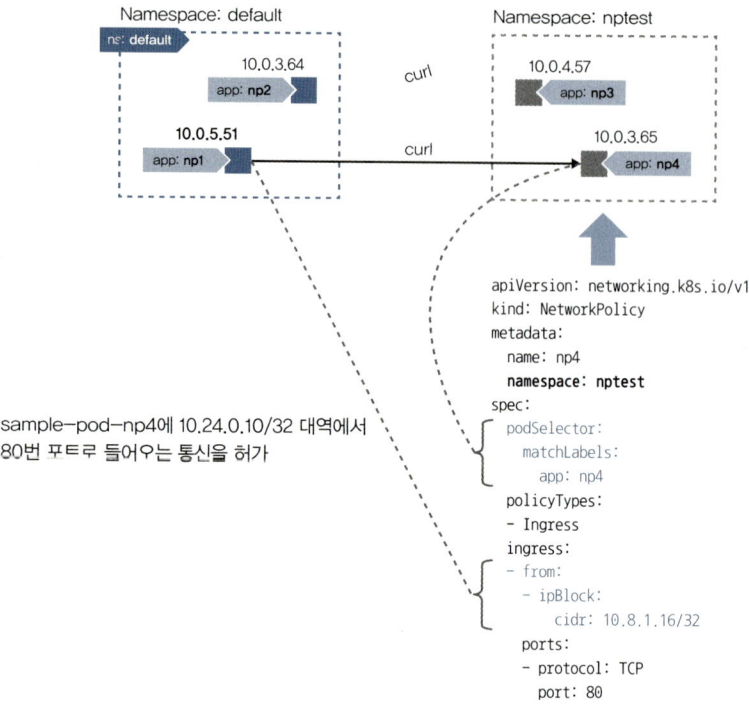

아웃바운드 통신(이그레스)

이그레스의 경우에도 인그레스와 마찬가지로 세 가지 정책을 사용할 수 있다. 사용 방법에서도 ingress[].from에서 egress[].to로 변경될 뿐 그 이하의 구성은 모두 동일하다.

13.7 인증/인가와 어드미션 컨트롤

어드미션 컨트롤(Admission Control)은 쿠버네티스 API 서버에 요청 제어를 추가로 실시하는 구조다. 쿠버네티스에서는 Authentication/Authorization/Admission Control이라는 세 단계를 통해 리소스가 등록된다(그림 13-11). Authentication/AuthN(인증)에서는 사용자명과 패스워드, 토큰으로 정상 사용자인지 확인한다. Authorization/AuthZ(인가)에서는 그 사용자가 하고자 하는 요청에 대해 실행 가능한 권한이 있는지를 제어한다.

❤ 그림 13-11 쿠버네티스 인증/인가 단계 흐름

쿠버네티스 인증/인가 단계 흐름

Authentication → Authorization → Admission Controll
인증   인가   어드미션 컨트롤에 의해
- 리소스 변경
- 유연한 체크
- 기타 처리 전반

어드미션 컨트롤 단계에서는 별도로 그 요청을 허가할지 판단하거나 요청받은 리소스를 변경하여 등록할 수 있다. 따라서 쿠버네티스 클러스터 관리자가 임의의 상태로 수정할 수 있으므로, 리소스의 limit가 등록되어 있지 않을 경우 등록하거나 리소스 쿼터 체크 처리를 이 단계에서 수행할 수 있다.

또한, 어드미션 컨트롤은 플러그인 형태로 되어 있어 다음을 제공하고 있다.

- NamespaceLifecycle
- LimitRanger
- ServiceAccount
- DefaultStorageClass
- DefaultTolerationSeconds
- MutatingAdmissionWebhook
- ValidatingAdmissionWebhook
- ResourceQuota
- PodPreset
- PersistentVolumeClaimResize
- PodSecurityPolicy

어드미션 컨트롤러(Admission Controller)는 이외에도 많은 종류가 있으며, API 요청의 기본적인 제어/수정이 이루어진다.[5]

---

5 https://kubernetes.io/docs/reference/access-authn-authz/admission-controllers/

13.8 1.18 Alpha 파드 프리셋

파드 프리셋(PodPreset)은 어드미션 컨트롤러의 하나로, 파드를 생성할 때 기본 설정을 추가하는 리소스다. LimitRange가 파드의 리소스 주변의 기본값을 추가하는 반면, 파드 프리셋은 7장에서 설명한 컨피그 & 스토리지 리소스의 기본값을 추가하는 것이라고 할 수 있다. 예를 들어 다음과 같은 상황에서 기본 설정값을 추가할 수 있다.

- 특정 레이블이 지정된 파드에 자동으로 환경 변수 추가
- 특정 레이블이 지정된 파드에 대해 /var/log/ 영역에 영구 볼륨 할당

이를 통해 쿠버네티스 클러스터 관리자가 생각하는 설정과 사용자가 사용하는 매니페스트를 느슨한 연결로 유지할 수 있다.

다음 네 가지 값을 파드에 추가할 수 있다.

- env
- envFrom
- volumes
- volumeMounts

파드 프리셋은 기본으로 비활성화되어 있다. GKE에서 파드 프리셋을 사용하는 경우는 4장에서 설명한 alpha 클러스터를 사용해야 한다.

13.8.1 파드 프리셋 생성

파드 프리셋은 코드 13-31과 같은 형태로 등록한다. `spec.volumes`를 지정할 수 있다는 것은 컨피그맵이나 시크릿 값을 참조해서 볼륨으로 전달할 수 있다는 것이다.

코드 13-31 파드 프리셋 예제(sample-podpreset.yaml)

```
apiVersion: settings.k8s.io/v1alpha1
kind: PodPreset
metadata:
```

```yaml
  name: sample-podpreset
  namespace: default
spec:
  selector:
    matchLabels:
      app: podpreset
  env:
  - name: SAMPLE_ENV
    value: "SAMPLE_VALUE"
  volumeMounts:
  - mountPath: /cache
    name: cache-volume
  volumes:
  - name: cache-volume
    emptyDir: {}
```

파드 프리셋 등록 후에 app: podpreset 레이블을 가진 파드를 기동한다. 디플로이먼트가 생성하는 파드에서도 레이블이 일치하면 수정이 이루어진다.

코드 13-32 파드 프리셋 등록 후에 기동할 파드 예제(sample-preset-pod.yaml)

```yaml
apiVersion: v1
kind: Pod
metadata:
  name: sample-preset-pod
#  annotations:
#    podpreset.admission.kubernetes.io/exclude: "true"
  labels:
    app: podpreset
spec:
  containers:
  - name: nginx-container
    image: nginx:1.16
```

생성한 파드를 확인하면, 설정하지 않았는데도 env와 volumes가 수정된 것을 알 수 있다(그림 13-12).

```
# 파드 프리셋에 의해 정의가 수정된 것을 확인
$ kubectl get pods sample-preset-pod -o yaml
apiVersion: v1
kind: Pod
```

```
...(생략)...
    podpreset.admission.kubernetes.io/podpreset-sample-podpreset: "2576023"
...(생략)...
  labels:
    app: podpreset
...(생략)...
spec:
  containers:
  - env:
    - name: SAMPLE_ENV
      value: SAMPLE_VALUE
    image: nginx:1.16
    imagePullPolicy: IfNotPresent
    name: nginx-container
    resources: {}
    terminationMessagePath: /dev/termination-log
    terminationMessagePolicy: File
    volumeMounts:
    - mountPath: /cache
      name: cache-volume
    - mountPath: /var/run/secrets/kubernetes.io/serviceaccount
      name: kube-api-access-87zlt
      readOnly: true
...(생략)...
```

❤ 그림 13-12 파드 프리셋에 의한 설정 추가

파드 프리셋에 의해 env, volumes 설정을 자동으로 추가

```
apiVersion: v1
kind: Pod
metadata:
  name: sample-preset-pod
  labels:
    app: podpreset
spec:
  containers:
  - name: nginx-container
    image: nginx:1.16
```

```
apiVersion: settings.k8s.io/v1alpha1
kind: PodPreset
metadata:
  name: sample-podpreset
  namespace: default
spec:
  selector:
    matchLabels:
      app: podpreset
  env:
  - name: SAMPLE_ENV
    value: "SAMPLE_VALUE"
  volumeMounts:
  - mountPath: /cache
    name: cache-volume
  volumes:
  - name: cache-volume
    emptyDir: {}
```

```
apiVersion: v1
kind: Pod
metadata:
  name: sample-preset-pod
  annotations:
    ...(생략)...
  labels:
    app: podpreset
spec:
  containers:
  - env:
    - name: SAMPLE_ENV
      value: SAMPLE_VALUE
    volumeMounts:
    - mountPath: /cache
      name: cache-volume
    ...(생략)...
  volumes:
  - emptyDir:
    name: cache-volume
  ...(생략)...
```

13.8.2 파드 프리셋 충돌

파드 정의와 파드 프리셋으로 추가된 정의가 어느 하나라도 충돌할 경우, 파드 프리셋에 의한 수정은 전혀 이루어지지 않는다는 점에 주의해야 한다. 예를 들어, 코드 13-33과 같이 충돌하는 env(SAMPLE_ENV)가 이미 등록되어 있는 파드에는 volumes 수정도 이루어지지 않는다. 위 예제에서는 한 번에 추가했지만, 파드 프리셋은 가능하면 분리하여 적용 범위를 축소함으로써 예상치 못하게 설정이 수정되지 않는 것을 방지할 수 있다.

코드 13-33 파드 프리셋과 정의가 충돌하는 파드 예제(sample-preset-fail-pod.yaml)

```yaml
apiVersion: v1
kind: Pod
metadata:
  name: sample-preset-fail-pod
  labels:
    app: podpreset
spec:
  containers:
  - name: nginx-container
    image: nginx:1.16
    env:
    - name: SAMPLE_ENV
      value: CONFLICT_VALUE
```

13.8.3 파드 프리셋 제외

파드 프리셋 대상에서 제외할 파드로 기동하는 경우 podpreset.admission.kubernetes.io/exclude:true 어노테이션을 지정하여 제외할 수 있다.

> **Note** ≡ sample-preset-exclude-pod.yaml 파일은 리스트 13-32의 sample-preset-pod.yaml 파일에 다음 부분을 추가하고 sample-preset-exclude-pod.yaml 파일을 생성하여 사용하면 된다.
>
> ```yaml
> annotations:
>   podpreset.admission.kubernetes.io/exclude: "true"
> ```

코드 13-34 파드 프리셋 적용 대상에서 제외하는 파드 예제(sample-preset-exclude-pod.yaml)

```yaml
apiVersion: v1
kind: Pod
metadata:
  name: sample-preset-pod
  annotations:
    podpreset.admission.kubernetes.io/exclude: "true"
  labels:
    app: podpreset
spec:
  containers:
  - name: nginx-container
    image: nginx:1.16
```

13.9 시크릿 리소스 암호화

17장에서 설명하는 깃옵스(GitOps)에서는 매니페스트를 깃 저장소에 배치한다. 그 외 CI/CD 방법을 사용하거나, 대부분은 어떠한 데이터 저장소에 매니페스트를 배치할 것이다. 시크릿 리소스는 Base64로 인코드되어 있을 뿐이므로, 그대로 깃 저장소 등에 업로드하는 것을 정책적으로 금지하는 기업도 많아 별도로 암호화해야 한다. 여기서는 kubesec, SealedSecret, ExternalSecret 세 가지를 설명한다.

13.9.1 kubesec

kubesec은 쿠버네티스 시크릿을 안전하게 관리하기 위한 오픈 소스 소프트웨어다.[6] GnuPG/Google Cloud KMS/AWS KMS를 사용하여 시크릿을 암호화할 수 있으며, 파일 전체를 암호화하는 것이 아니라 시크릿 구조(data.*)를 유지한 채 값만 암호화하기 때문에 가독성이 높다. 또한, 시크릿 매니페스트를 암호화하기 때문에 깃 저장소에도 업로드할 수 있다(그림 13-13).

---

6 https://github.com/shyiko/kubesec

▼ 그림 13-13 kubesec을 사용한 시크릿 암호화와 복호화

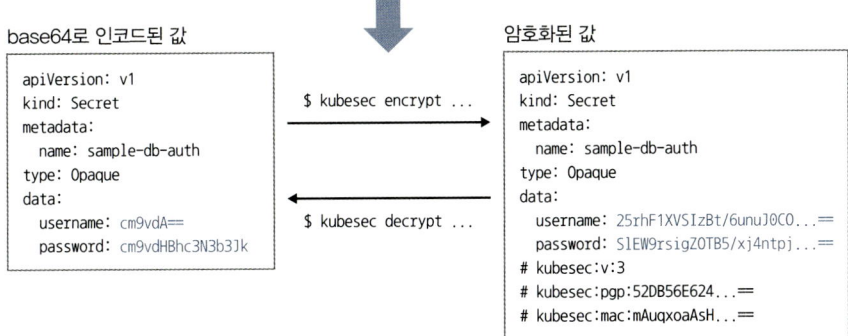

kubesec 설치

kubesec은 단일 바이너리로 동작하기 때문에 깃허브에서 버전과 OS를 지정하여 다운로드한다.

```
# 맥 운영체제의 경우
$ OS_TYPE=darwin
# 리눅스의 경우
$ OS_TYPE=linux
# kubesec 버전
$ VERSION=0.9.2

# kubesec 설치
$ sudo curl -o /usr/local/bin/kubesec -sL \
https://github.com/shyiko/kubesec/releases/download/${VERSION}/kubesec-${VERSION}-${OS_TYPE}-amd64
$ sudo chmod +x /usr/local/bin/kubesec
```

또한, bash와 zsh에 대해 자동 완성 기능을 제공한다.

```
# 자동 완성 기능 활성화
$ source <(kubesec completion bash)
```

여기서는 7장의 예제에서도 사용한 코드 13-35의 시크릿을 사용하여 설명한다.

코드 13-35 시크릿 예제(sample-db-auth.yaml)

```
apiVersion: v1
kind: Secret
metadata:
  name: sample-db-auth
type: Opaque
data:
  username: cm9vdA== # root
  password: cm9vdHBhc3N3b3Jk # rootpassword
```

Google Cloud KMS를 사용하는 경우

Google Cloud KMS(Key Management Service)는 GCP에서 제공하는 관리형 서비스의 하나로, 클라우드에서 호스팅되는 암호화 키 관리 서비스다. 기본적으로는 비활성화되어 있으므로, 사전에 GCP 콘솔의 **API 및 서비스** > **라이브러리**에서 Google Cloud KMS를 검색하고 활성화해야 한다. 그리고 Kubesec을 사용하기 전에 gcloud 인증을 해야 한다. ~/.config/gcloud/ 아래에 인증 정보가 저장되어 kubesec에서도 이 인증 정보를 가지고 암호화/복호화를 실시한다.

```
# gcloud 인증
$ gcloud auth application-default login
```

Google Cloud KMS를 사용하여 암호화하기 위해 Keyring과 암호화 키를 생성한다.

```
# keyrings 생성(에러가 발생하는 경우 에러 메시지에 따라 https://console.developers.google.
com/apis/api/cloudkms.googleapis.com/overview?project=프로젝트번호로 접속하여 기능을 활성화
한다)
$ gcloud kms keyrings create sample-keyring --location global

# 키 생성
$ gcloud kms keys create --purpose encryption \
--keyring sample-keyring --location global kubesec-key

# 키 확인
$ gcloud kms keys list --keyring sample-keyring --location global
NAME
PURPOSE           PRIMARY_ID  PRIMARY_STATE
projects/프로젝트명/locations/global/keyRings/sample-keyring/cryptoKeys/kubesec-key
ENCRYPT_DECRYPT   1           ENABLED
```

생성한 암호 키를 사용하여 시크릿을 암호화한다. projects/PROJECT/locations/LOCATION/keyRings/KEYRING/cryptoKeys/KEY 형식으로 암호화 키를 지정한다. -i 옵션을 사용한 경우에는 원본 파일이 직접 변경되고, -i 옵션을 사용하지 않을 경우에는 표준 출력으로 결과가 출력된다.

```
# Google Cloud KMS를 사용한 암호화
$ kubesec encrypt -i \
--key=projects/프로젝트명/locations/global/keyRings/sample-keyring/cryptoKeys/kubesec-key \
sample-db-auth.yaml
```

암호화된 시크릿 내용을 확인하면 data.username과 data.password 등의 구조는 그대로 암호화된 것을 확인할 수 있다. 파일별로 암호화하는 소프트웨어의 경우라면 시크릿 구조를 알아보기 힘든 단점이 있지만, kubesec에서는 암호화된 후 파일의 가독성도 우수하다.

코드 13-36 kubesec과 Google Cloud KMS로 암호화된 시크릿 예제(sample-db-auth.yaml)

```
apiVersion: v1
data:
  password: Asjb0Zx89X704v…==
  username: 0wQ0SAYs7jx6R…==
kind: Secret
metadata:
  name: sample-db-auth
type: Opaque
# kubesec:v:3
# kubesec:gcp:projects/프로젝트명/locations/global/keyRings/sample-keyring/cryptoKeys/kubesec-key:CiQAQ0igqS1NTRxtvFEpC8SvSG…=
# kubesec:mac:zzgqlnx7vZm1zMM…==
```

또한, 암호화된 시크릿 정보에 사용한 키 등의 정보가 저장되어 있어 복호화 작업 시 키를 지정할 필요가 없다.

```
# Google Cloud KMS를 사용한 복호화
$ kubesec decrypt -i sample-db-auth.yaml
```

GunPG를 사용하는 경우

GunPG의 gpg 명령어로 암호화하기 위해 Keyring과 암호화 키를 생성한다.

```
# gpg 명령어 설치(맥 운영체제)
$ brew install gpg

# Keyring 생성
$ gpg --gen-key
…(생략)…
Real name: sanguk
Email address: someuser@example.com
You selected this USER-ID:
    "sanguk <someuser@example.com>"

Change (N)ame, (E)mail, or (O)kay/(Q)uit? O
…(생략)…
pub   rsa3072 2021-04-08 [SC] [expires: 2023-04-08]
      C522D4A927602AD0AB8195FE44D6727B384CA445
uid                     sanguk <someuser@example.com>
sub   rsa3072 2021-04-08 [E] [expires: 2023-04-08]
```

생성한 암호화 키를 사용하여 시크릿을 암호화한다.

```
# gpg를 사용한 암호화
$ kubesec encrypt -i \
--key=pgp:C522D4A927602AD0AB8195FE44D6727B384CA445 \
sample-db-auth.yaml
```

Google Cloud KMS를 사용한 경우와 마찬가지로 구성은 그대로 유지된 채 암호화된다.

코드 13-37 kubesec과 GunPG로 암호화된 시크릿 예제(sample-db-auth.yaml)

```
apiVersion: v1
kind: Secret
metadata:
  name: sample-db-auth
type: Opaque
data:
  password: lKHk82px1KY1rna7FW+3rhzGP2XTltozzGGBilHFwEmEMu…==
  username: zC/Se4N+pFmWsO0JFhDuOv+PNB/LFvgtgvbE6pyQopLc…==
```

```
# kubesec:v:3
# kubesec:pgp:13026EB95BFBC49B6B81837C7DC7ACFD855411D…==
# kubesec:mac:IuDNpuL7VEONp1ej.tVEqu8V6hz043523N8ehvQ==
```

GunPG의 경우도 복호화할 때는 키를 지정할 필요가 없다.

```
# gpg를 사용한 복호화
$ kubesec decrypt -i sample-db-auth.yaml
```

여러 키를 사용하는 경우

지금까지 Google Cloud KMS와 GunPG를 사용한 예제를 설명했으며, 이러한 여러 키를 사용하여 암호화할 수 있다. 또 그중 하나의 키라도 사용할 수 있다면, 복호화가 가능하다는 것을 활용해 키 배포 장소를 고려함으로써 권한 분리에 사용할 수 있다.

```
# 여러 키를 사용한 kubesec 암호화
$ kubesec encrypt -i \
--key=pgp:C522D4A927602AD0AB8195FE44D6727B384CA445 \
--key=:gcp:projects/프로젝트명/locations/global/keyRings/sample-keyring/cryptoKeys/kubesec-key \
sample-db-auth.yaml
```

13.9.2 SealedSecret

SealedSecret은 쿠버네티스 시크릿을 안전하게 관리하기 위한 오픈 소스 소프트웨어다.[7] kubesec과 달리 암호화된 SealedSecret이라는 커스텀 리소스를 생성해 두고 클러스터에 등록하면, 클러스터 내부에서 SealedSecret에서 시크릿 리소스로 변환되는 구조다(그림 13-14).

---

7   https://github.com/bitnami-labs/sealed-secrets

▼ 그림 13-14 SealedSecret 아키텍처

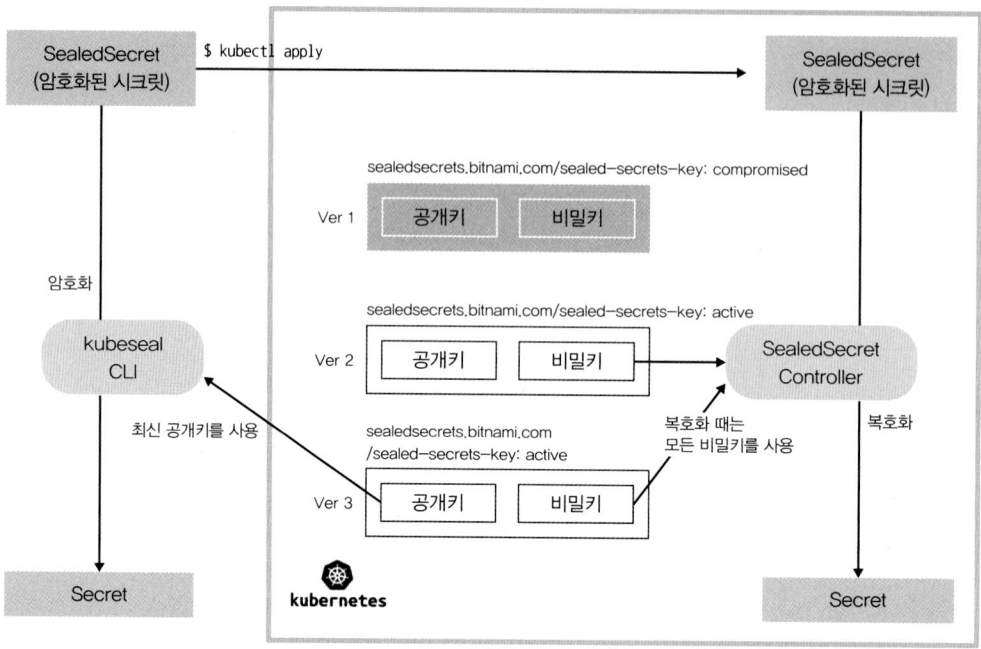

SealedSecret은 쿠버네티스 클러스터 내부 시크릿 리소스로 공개키와 비밀키를 쌍으로 생성한다. 시크릿 리소스를 SealedSecret 리소스로 암호화할 때는 클러스터에 있는 가장 최신 공개키를 사용하여 kubeseal 명령어로 실행한다. 생성된 SealedSecret 리소스는 암호화되어 있기 때문에 깃 저장소에 배치할 수 있다.

그다음으로, SealedSecret 리소스를 쿠버네티스에 등록하면 SealedSecret 컨트롤러가 비밀키를 사용하여 시크릿 리소스로 복호화한다. SealedSecret 컨트롤러는 모든 비밀키를 사용하여 복호화를 시도하기 위해 kubeseal 명령어로 암호화하는 키를 로테이션할 수 있게 되어 있다. 또한, 복호화에 사용하는 비밀키는 클러스터의 외부에 공개되지 않는 점도 보안을 높이는 요인이다.

SealedSecret을 사용하려면 kubeseal CLI 다운로드와 SealedSecret 컨트롤러 설치가 필요하다.

```
# kubeseal CLI 설치(맥 운영체제)
$ brew install kubeseal

# kubeseal CLI 설치(리눅스)
$ curl -L
https://github.com/bitnami-labs/sealed-secrets/releases/download/v0.12.4/kubeseal-
```

```
linux-amd64 -o
/usr/local/bin/kubeseal
$ sudo chmod 755 /usr/local/bin/kubeseal

# SealedSecret (v0.12.4) 설치
$ kubectl apply -f
https://github.com/bitnami-labs/sealed-secrets/releases/download/v0.12.4/controller.yaml
```

설치 후에는 비밀키와 공개키가 쌍으로 생성된다.

```
# SealedSecret에서 사용하는 공개키와 비밀키 쌍을 확인
$ kubectl get secret -n kube-system \
 -L sealedsecrets.bitnami.com/sealed-secrets-key \
 -l sealedsecrets.bitnami.com/sealed-secrets-key
NAME                      TYPE               DATA   AGE   SEALED-SECRETS-KEY
sealed-secrets-key9nqr9   kubernetes.io/tls  2      10s   active
```

코드 13-38의 시크릿 리소스에서 SealedSecret 리소스를 생성하려면 kubeseal 명령어를 사용한다.

```
# Secret 리소스에서 SealedSecret 리소스 생성
$ kubeseal -o yaml < sample-db-auth.yaml > sealed-sample-db-auth.yaml
```

코드 13-38 암호화하는 시크릿 리소스 예제(sample-db-auth.yaml)

```
apiVersion: v1
kind: Secret
metadata:
  name: sample-db-auth
type: Opaque
data:
  username: cm9vdA== # root
  password: cm9vdHBhc3N3b3Jk # rootpassword
```

생성된 SealedSecret 리소스는 코드 13-39와 같은 형식이다. 기본적인 구조는 시크릿 리소스와 같은 형태로 되어 있다. 시크릿 리소스의 metadata를 변경하는 경우에는 spec.template 아래에 기재한다.

코드 13-39 SealedSecret 리소스 예제(sealed-sample-db-auth.yaml)

```yaml
apiVersion: bitnami.com/v1alpha1
kind: SealedSecret
metadata:
  creationTimestamp: null
  name: sample-db-auth
  namespace: default
spec:
  encryptedData:
    password: AgByCMaVzsfMSaVK+…=
    username: AgByVPBN/0A2x+I/60D…
  template:
    metadata:
      creationTimestamp: null
      name: sample-db-auth
      namespace: default
    type: Opaque
```

마지막으로 이 SealedSecret 리소스를 쿠버네티스에 등록한다. 등록 후에는 자동으로 시크릿 리소스가 생성되어 있을 것이다.

```
# SealedSecret 리소스와 시크릿 리소스 확인
$ kubectl get sealedsecret/sample-db-auth secret/sample-db-auth
Error from server (NotFound): sealedsecrets.bitnami.com "sample-db-auth" not found
Error from server (NotFound): secrets "sample-db-auth" not found

# SealedSecret 리소스 생성
$ kubectl apply -f sealed-sample-db-auth.yaml
sealedsecret.bitnami.com/sample-db-auth created

# SealedSecret 리소스와 시크릿 리소스 확인
$ kubectl get sealedsecret/sample-db-auth secret/sample-db-auth
NAME                                            AGE
sealedsecret.bitnami.com/sample-db-auth         14s

NAME                        TYPE     DATA   AGE
secret/sample-db-auth       Opaque   2      14s
```

키 로테이션

만약 복호화하는 비밀키가 유출된 경우라면 SealedSecret에서는 다시 비밀키가 유출되지 않도록 처리한 후 키 로테이션을 실시한다.

```
# 새로운 키 생성(파드명은 kubectl get pods -n kube-system으로 확인한다)
$ kubectl -n kube-system exec -it sealed-secrets-controller-699854fbd9-vrpsz \
-- controller --key-cutoff-time "$(LANG=C date '+%a, %d %b %Y %T %z')"

# SealedSecret에서 사용하는 공개키와 비밀키 쌍을 확인
$ kubectl get secret -n kube-system \
-L sealedsecrets.bitnami.com/sealed-secrets-key \
-l sealedsecrets.bitnami.com/sealed-secrets-key
NAME                      TYPE                DATA    AGE     SEALED-SECRETS-KEY
sealed-secrets-key2mwgz   kubernetes.io/tls   2       2m8s    active
sealed-secrets-key9nqr9   kubernetes.io/tls   2       31m     active
```

로테이션 후 시크릿 리소스에 기록된 패스워드 등의 기밀 정보를 변경하고 새로운 공개키를 사용하여 다시 암호화한다. 키 로테이션을 했다 하더라도 기밀 정보는 이미 유출되었을 가능성이 있기 때문에 기밀 정보를 안전한 것으로 변경해야 한다.

클러스터 내부에 등록된 공개키와 비밀키는 삭제할 필요가 없다. 로테이션 전에 생성된 이전 공개키는 사용되지 않기 때문에 그 시점에서 유출된 비밀키로는 복호화할 수 없다. 비밀키를 삭제한 경우 기존 기밀 정보를 복호화할 수 없기 때문에 유출한 기밀 정보를 확인하기 어려우므로 더욱 대응하기가 어려워진다. SealedSecret에서는 비밀키가 유출되었을 때 수동으로 로테이션을 할 수도 있지만, 일정 기간(기본값은 30일)마다 자동으로 로테이션되도록 되어 있다. 이것으로 비밀키가 유출되더라도 일정한 영향 범위에 둘 수 있다.

또 kubeseal의 --re-enctypt 옵션을 사용하여 기밀 정보를 복호화하지 않고 다시 암호화할 수 있다. 그러나 이 방법은 암호화에 사용하는 공개키를 새로 생성한 것뿐이다. 비밀키가 유출된 경우 기밀 정보를 변경해야 하므로 주의해야 한다.

```
# 새로운 공개키로 SealedSecret를 다시 암호화
$ kubeseal --re-encrypt < sealed-sample-db-auth.yaml > resealed-sample-db-auth.yaml
```

13.9.3 ExternalSecret

ExternalSecret은 쿠버네티스 시크릿을 안전하게 관리하기 위한 오픈 소스 소프트웨어다.[8] kubesec과 달리 ExternalSecret이라는 커스텀 리소스를 생성해 두고 클러스터에 등록하면, 클러스터 내부에서 ExternalSecret에서 시크릿 리소스로 변환되는 구조다(그림 13-15). ExternalSecret 리소스에는 시크릿 리소스로 등록할 때 키 이름과 외부 시크릿 매니저에 등록된 데이터의 참조 정보만 기술하기 때문에 기밀 정보는 기재되지 않는다. 이 매니페스트를 바탕으로 외부 시크릿 매니저에 저장된 인증 정보를 읽어 시크릿 리소스를 생성한다.

❤ 그림 13-15 ExternalSecret 아키텍처

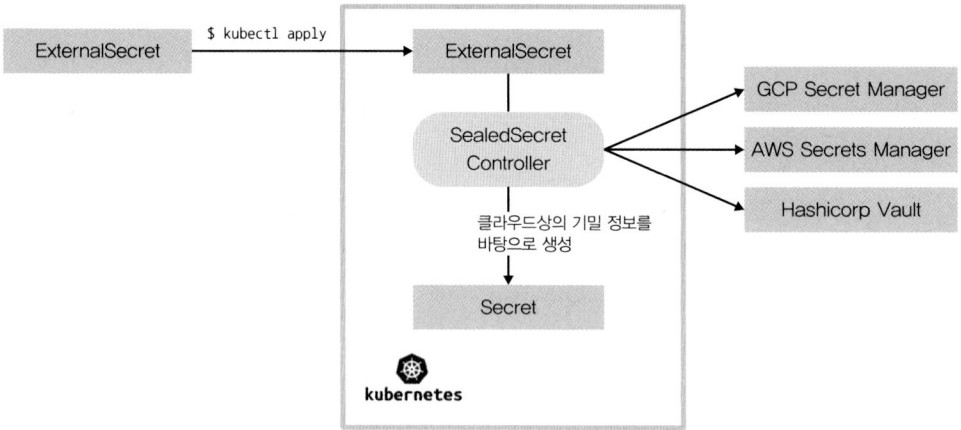

이 책을 집필하는 시점에는 다음 프로바이더에 대응하고 있다.

- Alibaba Cloud KMS Secret Manager
- AWS Secrets Manager
- Azure Key Vault
- GCP Secret Manager
- Hashicorp Vault

ExternalSecret을 GKE에서 사용하는 경우, 4장에서 설명한 Workload Identity를 활성화한 클러스터를 사용한다. GCP의 서비스 어카운트를 생성하고 ExternalSecret에서 사용하는 쿠버네티스의 서비스 어카운트 리소스(default/sample-es-kubernetes-external-secrets)와 연계하도록 설정해야 한다.

---

[8] https://github.com/external-secrets/kubernetes-external-secrets

```
# GCP 프로젝트명 지정
$ export PROJECT=$(gcloud config get-value core/project)

# GSA와 KSA 연계
$ gcloud iam service-accounts create external-secret-gsa
$ gcloud iam service-accounts add-iam-policy-binding \
--role roles/iam.workloadIdentityUser \
--member "serviceAccount:${PROJECT}.svc.id.goog[default/sample-es-kubernetes-external-secrets]" \ external-secret-gsa@${PROJECT}.iam.gserviceaccount.com
```

ExternalSecret 컨트롤러를 배포하는 데는 14장에서 소개하는 헬름을 사용한다. 또 values.yaml의 GCP 프로젝트 이름을 바꾸고 실행한다.

```
# ExternalSecret (4.0.0) 설치
$ helm repo add external-secrets https://external-secrets.github.io/kubernetes-external-secrets/
$ helm repo update
$ cd externalsecret
$ sed -i -e "s|_PROJECT_|$PROJECT|g" values.yaml
$ helm install sample-es \
external-secrets/kubernetes-external-secrets \
--version 4.0.0 \
-f values.yaml
```

여기서부터는 실제로 ExternalSecret을 사용해보겠다. 먼저 실제 기밀 정보를 GCP 시크릿 매니저에 등록한다. 이번에는 data.txt 파일 내용을 sample-gsm-key 키 이름으로 등록한다.

```
# 저장하는 기밀 데이터 확인
$ cat ./data.txt
This is ExternalSecret test data.

# GCP 시크릿 매니저에 기밀 정보 등록. 처음 시크릿 매니저를 사용하는 경우 콘솔에 접속한 후
'사용' 버튼을 클릭하여 활성화 설정을 한다
$ gcloud secrets create sample-gsm-key \
 --replication-policy automatic \
 --data-file ./data.txt
```

위에서 생성한 GCP 서비스 어카운트에 해당 키로 접근할 수 있는 권한을 부여한다.

```
# GCP 시크릿 매니저의 sample-gsm-key로 접근 권한 부여
$ gcloud beta secrets add-iam-policy-binding --project ${PROJECT} \
--role roles/secretmanager.secretAccessor \
--member serviceAccount:external-secret-gsa@${PROJECT}.iam.gserviceaccount.com \
sample-gsm-key
```

코드 13-40 GCP 시크릿 매니저와 연계하는 ExternalSecret 예제(sample-external-secret.yaml)

```yaml
apiVersion: kubernetes-client.io/v1
kind: ExternalSecret
metadata:
  name: sample-external-secret
spec:
  backendType: gcpSecretsManager
  projectId: _PROJECT_
  data:
  - key: sample-gsm-key
    name: sample-k8s-key
    version: latest
```

마지막으로 ExternalSecret 리소스를 생성한다. spec.projectId는 GCP 프로젝트 ID로 바꾼다.

```
# 프로젝트 ID 변경
$ sed -i -e "s|_PROJECT_|$PROJECT|g" sample-external-secret.yaml

# ExternalSecret 리소스 생성
$ kubectl apply -f sample-external-secret.yaml

# ExternalSecret 리소스에서 생성된 시크릿 확인
$ kubectl get externalsecrets sample-external-secret -o yaml
…(생략)…
spec:
  backendType: gcpSecretsManager
  data:
  - key: sample-gsm-key
    name: sample-k8s-key
    version: latest
  projectId: 프로젝트명
status:
  lastSync: "2021-04-10T07:52:00.231Z"
  observedGeneration: 1
  status: SUCCESS
```

```
...(생략)...

$ kubectl get secret sample-external-secret -o jsonpath="{.data.sample-k8s-key}" | base64 -d
This is ExternalSecret test data.
```

13.10 정리

이 장에서는 보안 관련 내용을 설명했다. 컨테이너는 일반적으로 root로 실행했다 하더라도 제한된 Capabilities가 부여된 상태이기 때문에 제한된 root 권한으로 실행된다. 그러나 securityContext.privileged를 설정하면 특수 권한 컨테이너를 기동할 수 있으므로 그 컨테이너는 호스트와 같은 Capabilities를 가질 수 있다.

쿠버네티스에는 사용자 어카운트와 서비스 어카운트라는 두 종류의 사용자가 있다.

- **사용자 어카운트**: 쿠버네티스 클러스터 외부에서 관리되는 사용자(GCP 계정, AWS IAM 등)
- **서비스 어카운트**: 쿠버네티스 클러스터 내부에서 관리되는 사용자

사용자에 대한 인가를 실시할 때는 RBAC(Role-Based Access Control)를 사용할 것을 권한다. RBAC에서는 어떤 처리를 허가할 것인지 정책(롤)을 생성하고 사용자와 연결(롤바인딩)하여 인가 정책을 관리하고 있다. 롤과 롤바인딩은 네임스페이스 수준에서 허가하는 정책이지만, 클러스터 수준에서 허가하는 정책으로 클러스터롤과 클러스터롤바인딩도 있다.

네트워크 보안을 보장하는 방법도 준비되어 있고, 네트워크 정책을 사용하면 일반적으로 모두 허가된 클러스터 내부의 파드 간 통신을 제한할 수 있다.

그리고 쿠버네티스에서는 인증/인가 이후에 어드미션 컨트롤이라고 불리는 단계가 있으므로 여러 가지 처리에 대해 유연하게 추가 처리를 할 수 있다. 이 장에서는 예제로 파드 프리셋 어드미션 컨트롤러를 설명했다. 파드 프리셋을 사용하면 파드에 설정되어 있지 않은 환경 변수나 볼륨 설정을 자동으로 추가하는 처리를 할 수 있다. 이처럼 어드미션 컨트롤러를 생성하면 여러 가지 확장 기능을 추가할 수 있는 것도 쿠버네티스의 매력 중 하나다.

14장

매니페스트 범용화 오픈 소스 소프트웨어

14.1 매니페스트 범용화

14.2 헬름

14.3 Kustomize

14.4 Ksonnet

14.5 그 외 매니페스트 관련 도구

14.6 정리

14.1 매니페스트 범용화

가장 쉬운 쿠버네티스 배포 방법은 YAML 형식으로 쓰여진 매니페스트를 작성하고 kubectl을 사용하여 적용하는 것이다. 그러나 시스템이 대규모로 바뀌면서 비슷한 매니페스트를 대량으로 만들어야 하므로 재사용이나 일괄 변경 작업이 어려워졌다. 그래서 필요한 것이 매니페스트 범용화라는 개념이다. 이 장에서는 대규모 환경에서 매니페스트를 범용화하고 관리하는 방법을 설명하겠다.

14.2 헬름

헬름(Helm)은 쿠버네티스의 패키지 관리자다(그림 14-1). 쿠버네티스와 헬름의 관계는 레드헷 계열 리눅스에서의 Yum이나 데비안 계열 리눅스에서의 APT에 해당하는 관계라고 할 수 있다. 헬름은 오픈 소스 소프트웨어로 공개되어 있으며, 이미 많은 패키지(Chart)가 있다. 예를 들어, 레디스 클러스터나 워드프레스 환경 등의 소프트웨어를 하나의 명령어로 쿠버네티스 클러스터에 배포할 수 있다. 또한, 롤링 업데이트 등에도 지원하는 것들이 많아 쿠버네티스에서 최적화된 설정으로 사용할 수 있는 장점도 있다.

▼ 그림 14-1 헬름

> **column ≡ 헬름 v2와 v3에 대해**
>
> 헬름은 v3로 버전 업데이트되면서 크게 변경되었다. 이전 v2에서는 쿠버네티스 클러스터 내부에 Tiller라는 강한 권한을 가진 시스템 구성 요소가 배포되어 있어야 하므로 보안상의 문제가 우려되었다. v3로 업데이트되고 나서는 클라이언트 측에서 보안 대책으로 처리가 이루어지면서 이 문제가 해결되었고, 이전보다 쉽게 사용할 수 있게 되었다.
>
> 헬름 v2는 2020년 11월에 지원이 중단되었다. 이후 v2에서 v3로의 마이그레이션 툴[1] 등이 제공되고 있다.

14.2.1 헬름 설치

헬름을 사용할 때 필요한 것은 헬름 클라이언트 바이너리뿐이다. 환경에 맞게 바이너리를 배포하면 준비 작업은 끝난다.

```
# 맥 운영체제의 경우
$ OS_TYPE=darwin
# 리눅스의 경우
$ OS_TYPE=linux
# 헬름 버전
$ VERSION=3.2.0

$ cd /tmp
$ curl -sL https://get.helm.sh/helm-v${VERSION}-${OS_TYPE}-amd64.tar.gz -o /tmp/helm.tar.gz
$ tar -xvf /tmp/helm.tar.gz
$ mv ${OS_TYPE}-amd64/helm /usr/local/bin/
$ chmod 755 /usr/local/bin/helm
```

또한, 헬름은 bash와 zsh 자동 완성 기능을 제공한다.

```
# 자동 완성 기능 활성화
$ source <(helm completion bash)
$ source <(helm completion zsh)
```

---

1 https://github.com/helm/helm-2to3

헬름은 클라이언트 측에서 처리하기 때문에 kubectl과 같은 인증 정보를 사용한다. 기본적으로 ~/.kube/config를 사용하지만, 필요에 따라 kubectl과 마찬가지로 --kubeconfig나 --kube-context 등을 사용한다.

헬름에 관한 설정은 helm help 명령어로 확인할 수 있으며, OS에 따라 디렉터리가 다르다.

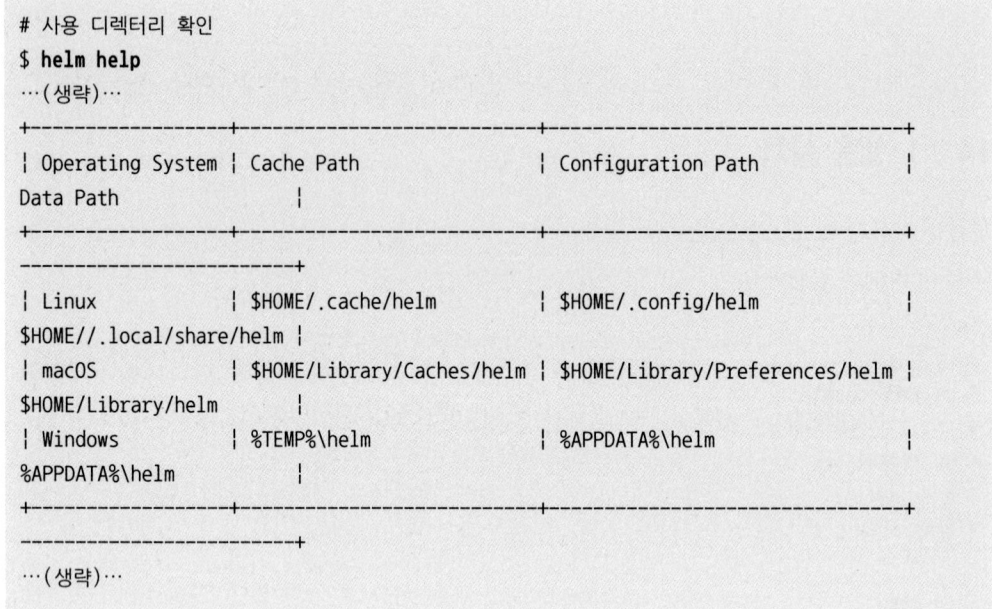

14.2.2 제공되는 차트

헬름에는 이미 많은 차트(Chart)가 제공되고 있다. 헬름이 관리하는 공식 차트는 각각의 성숙도에 맞춰 stable과 incubator로 나눠져 있으며, 각 차트는 깃허브[2]에서 관리되고 있다. 2020년 6월 기준으로 stable 차트는 281개, incubator 차트는 59개가 있다(2020년 10월 기준으로 아티팩트 허브(Artifact Hub)로 변경되었다).

stable로 승격하려면 Technical Requirement[3]의 여러 조건을 충족해야 하며 그 조건은 다음과 같다.

---

2 https://github.com/helm/charts
3 https://github.com/helm/charts/blob/master/CONTRIBUTING.md#technical-requirements

- 업데이트 가능
- 데이터 영속성 가능
- 보안
- 적절한 기본값이 설정됨
- 쿠버네티스 모범 사례에 따라 설정됨
- 등등

이러한 차트는 stable/incubator로 각각 정리되어 헬름 저장소에서 제공된다. 그 외에 각 OSS에서 자체 헬름 저장소를 제공하는 경우도 있다.

14.2.3 헬름 저장소 추가

기본적으로는 참조하는 저장소가 등록되어 있지 않다. 저장소를 추가하려면 helm repo add 명령어를 사용한다.

```
# Stable 저장소 추가
$ helm repo add stable https://charts.helm.sh/stable
"stable" has been added to your repositories

# Bitnami가 제공하는 헬름 저장소 추가
$ helm repo add bitnami https://charts.bitnami.com/bitnami
"bitnami" has been added to your repositories

# 등록된 저장소 표시
$ helm repo list
NAME        URL
stable      https://charts.helm.sh/stable
bitnami     https://charts.bitnami.com/bitnami

# 헬름 저장소 변경
$ helm repo update
Hang tight while we grab the latest from your chart repositories...
...Successfully got an update from the "stable" chart repository
...Successfully got an update from the "bitnami" chart repository
Update Complete. ✽ Happy Helming!✽
```

14.2.4 차트 검색

여기서는 테스트로 워드프레스 차트를 검색해보겠다. 차트를 찾으려면 helm search 명령어를 사용한다. 검색어를 지정하지 않으면 모든 차트가 출력되고, 검색어를 지정하면 차트 이름과 설명(Description)을 대상으로 부분 일치로 검색된다.

```
# 헬름 저장소에서 차트 검색
$ helm search repo wordpress
NAME                  CHART VERSION    APP VERSION    DESCRIPTION
bitnami/wordpress     10.9.1           5.7.0          Web publishing platform for
building blogs and ...
stable/wordpress      9.0.3            5.3.2          DEPRECATED Web publishing
platform for building...
```

위 결과에서 Chart Version 10.9.1은 이 차트 자체 버전을 나타내며 템플릿 내용이나 초기 설정값이 변경될 때 업데이트된다. 그리고 App Version이 실제 애플리케이션 버전이다. App Version 5.7.0이 워드프레스 버전을 의미한다.

14.2.5 아티팩트 허브

아티팩트 허브는 여러 헬름 저장소를 통합 검색할 수 있는 서비스다. 헬름 커뮤니티가 관리하는 저장소는 물론, 다양한 OSS가 제공하는 헬름 저장소도 등록되어 있다. 2021년 5월 현재 아티팩트 허브에는 총 3,618개의 패키지가 등록되어 있다.

▼ 그림 14-2 아티팩트 허브

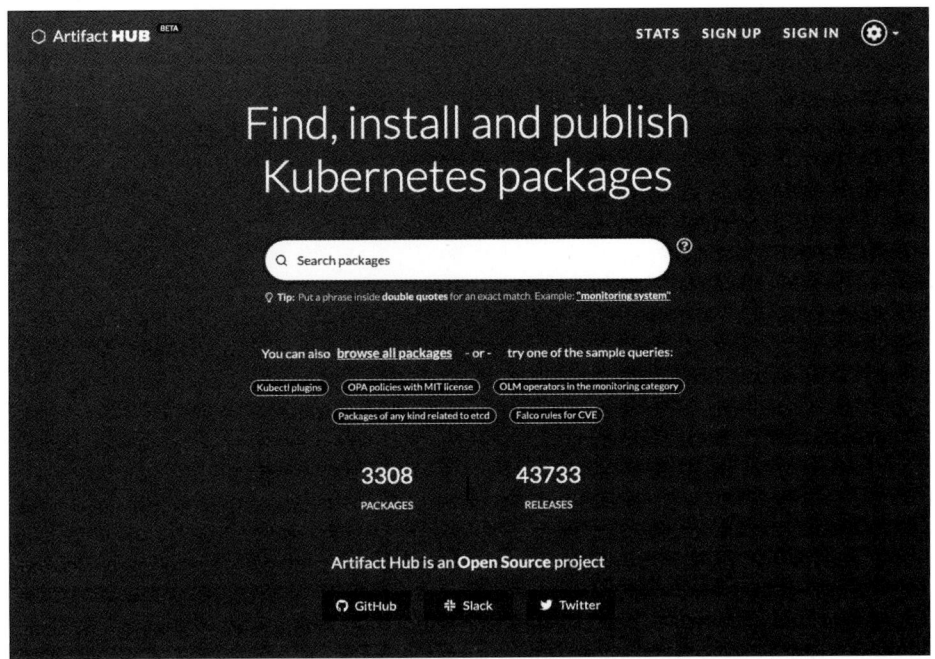

헬름 저장소에서 검색했던 것처럼 아티팩트 허브에서도 차트를 검색할 수 있다.

```
# 헬름 허브에서 차트 검색
$ helm search hub wordpress
URL                                                CHART VERSION   APP VERSION
DESCRIPTION
https://hub.helm.sh/charts/bitnami/wordpress       10.9.1          5.7.0
Web publishing platform for building blogs and ...
https://hub.helm.sh/charts/groundhog2k/wordpress   0.3.0           5.7.0-apache
A Helm chart for Wordpress on Kubernetes
https://hub.helm.sh/charts/seccurecodebox/old-w... 2.5.2           4.0
Insecure & Outdated Wordpress Instance: Never e...
https://hub.helm.sh/charts/presslabs/wordpress-... 0.11.0-alpha.1  0.11.0-alpha.1
Presslabs WordPress Operator Helm Chart
https://hub.helm.sh/charts/presslabs/wordpress-... 0.11.0-rc.1     v0.11.0-rc.1
A Helm chart for deploying a WordPress site on ...
```

14.2.6 차트 설치

버전 이외에 설정 가능한 파라미터나 상세한 정보를 확인하려면 helm show 명령어를 사용한다.

```
# 설정 가능한 파라미터 표시
$ helm show values bitnami/wordpress
wordpressUsername: user
## @param wordpressPassword WordPress user password
…(생략)…
wordpressBlogName: User's Blog!
## @param wordpressTablePrefix Prefix to use for WordPress database tables
##

# README 표시
$ helm show readme bitnami/wordpress
# WordPress

[WordPress](https://wordpress.org/) is one of the most versatile open source content
management systems on the market. A publishing platform for building blogs and
websites.

## TL;DR

```console
$ helm repo add bitnami https://charts.bitnami.com/bitnami
$ helm install my-release bitnami/wordpress
```
…(생략)…
```

여기서는 워드프레스 설정 정보(wordpressUsername/wordpressPassword/wordpressBlogName)를 변경하고 워드프레스 차트를 배포한다. 파라미터를 덮어 쓰고 설치하는 방법은 두 가지다.

설치 명령어에 파라미터를 지정하여 설치하는 경우

파라미터가 적은 경우 설치 명령어 안에 파라미터를 지정할 수 있다. 헬름 차트에서 덮어 쓰는 파라미터에 대해 --set 옵션을 사용한다.

```
# 차트 버전 10.9.1에서 일부 워드프레스 관련 파라미터를 덮어 쓰고 설치
$ helm install sample-wordpress bitnami/wordpress --version 10.9.1 \
--set wordpressUsername=sample-user \
--set wordpressPassword=sample-pass \
--set wordpressBlogName="Sample BLOG" \
--set persistence.size=5Gi
```

values 파일을 생성하여 설치하는 경우

파라미터가 많은 경우나 코드화하여 진행하는 경우에는 values 파일을 생성하여 읽어들이는 방법이 있다. 먼저 코드 14-1과 같은 YAML 파일을 미리 작성한다.

코드 14-1 values 파일 예제(values.yaml)

```
wordpressUsername: sample-user
wordpressPassword: sample-pass
wordpressBlogName: "Sample BLOG"
persistence:
  size: 5Gi
```

그리고 values 파일을 사용하도록 --values 옵션을 지정하여 설치한다.

```
# Chart 버전 10.9.1에서 일부 워드프레스 관련 파라미터를 덮어 쓰고 설치
$ helm install sample-wordpress bitnami/wordpress --version 10.9.1 \
--values values.yaml
```

14.2.7 설치한 차트 테스트

설치한 차트가 제대로 동작하는지 확인하려면 `helm test` 명령어를 사용한다. 각 데이터베이스에 정상적으로 접속되는지, 각 엔드포인트가 제대로 요청을 반환하는지, 사용자명과 패스워드를 지정하여 제대로 로그인할 수 있는지 등을 확인할 수 있다. 또 차트에 따라서는 제공되지 않는 것도 있다.

bitnami/wordpress의 경우에는 워드프레스 데이터베이스에 접속되는지를 확인한다.

```
# 설치한 차트 테스트 실행
$ helm test sample-wordpress
Pod sample-wordpress-credentials-test pending
Pod sample-wordpress-credentials-test pending
Pod sample-wordpress-credentials-test succeeded
NAME: sample-wordpress
LAST DEPLOYED: Fri Apr  9 06:53:03 2021
NAMESPACE: default
STATUS: deployed
REVISION: 1
TEST SUITE:     sample-wordpress-credentials-test
Last Started:   Fri Apr  9 07:04:03 2021
Last Completed: Fri Apr  9 07:04:06 2021
Phase:          Succeeded
NOTES:
** Please be patient while the chart is being deployed **

Your WordPress site can be accessed through the following DNS name from within your cluster:

    sample-wordpress.default.svc.cluster.local (port 80)

To access your WordPress site from outside the cluster follow the steps below:

1. Get the WordPress URL by running these commands:

  NOTE: It may take a few minutes for the LoadBalancer IP to be available.
        Watch the status with: 'kubectl get svc --namespace default -w sample-wordpress'

   export SERVICE_IP=$(kubectl get svc --namespace default sample-wordpress --template "{{ range (index .status.loadBalancer.ingress 0) }}{{.}}{{ end }}")
   echo "WordPress URL: http://$SERVICE_IP/"
   echo "WordPress Admin URL: http://$SERVICE_IP/admin"

2. Open a browser and access WordPress using the obtained URL.

3. Login with the following credentials below to see your blog:

  echo Username: sample-user
  echo Password: $(kubectl get secret --namespace default sample-wordpress -o jsonpath="{.data.wordpress-password}" | base64 --decode)
```

14.2.8 템플릿으로 매니페스트 생성

헬름 템플릿 파일은 If 구문이나 Range 구문 등도 사용할 수 있어 복잡해지기 쉽고 실제로 적용되는 매니페스트를 예측하기 어려운 경우도 있다. 그래서 `helm install` 명령어로 애플리케이션을 배포하면 실제로 적용되는 매니페스트가 예상치 못한 방향으로 적용되는 경우도 있다.

헬름에는 `helm template`이라는 명령어가 있다. 이 명령어를 사용하면 생성된 매니페스트를 출력만 하고 쿠버네티스 클러스터에 적용하지는 않는다. 생성된 매니페스트를 확인한 후 별도 `kubectl apply` 명령어로 적용한다.

그래서 CI/CD 파이프라인을 깃옵스로 구성하면, 애플리케이션을 직접 설치하지 않고 템플릿 엔진으로 헬름을 사용하는 경우도 있다(그림 14-3). 깃옵스는 17장에서 설명한다.

❖ 그림 14-3 헬름을 사용하여 템플릿과 설정값으로 매니페스트가 생성되는 과정

클라이언트에서 매니페스트를 출력하는 `helm tamplate` 명령어는 `helm install`과 동일한 옵션을 사용할 수 있다.

```
# --set 옵션으로 템플릿에서 매니페스트를 생성
$ helm template sample-wordpress bitnami/wordpress --version 10.9.1 \
--set wordpressUsername=sample-user \
--set wordpressPassword=sample-pass \
--set wordpressBlogName="Sample BLOG" \
--set persistence.size=5Gi
---
# Source: wordpress/charts/mariadb/templates/serviceaccount.yaml
apiVersion: v1
kind: ServiceAccount
metadata:
  name: sample-wordpress-mariadb

# values 파일로 템플릿에서 매니페스트를 생성
$ helm template sample-wordpress bitnami/wordpress --version 10.9.1 \
--values values.yaml
…(생략)…
```

14.2.9 헬름 아키텍처

헬름 클라이언트는 헬름 저장소에서 다운로드한 차트와 values의 조합을 릴리스(Release)로 관리하고 쿠버네티스의 시크릿으로 데이터를 저장한다. 그래서 별도 데이터베이스가 필요 없다는 것도 한 가지 장점이다.

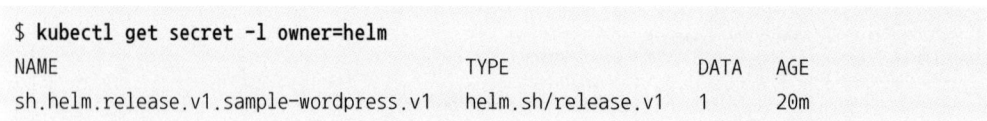

```
$ kubectl get secret -l owner=helm
NAME                                    TYPE                DATA   AGE
sh.helm.release.v1.sample-wordpress.v1  helm.sh/release.v1  1      20m
```

▼ 그림 14-4 헬름 클라이언트와 릴리스의 관계

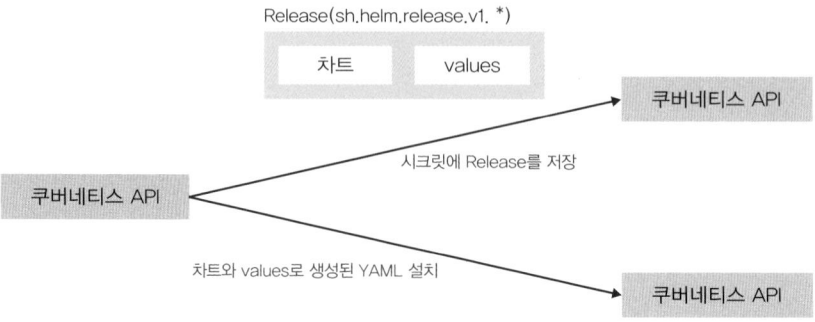

14.2.10 릴리스 확인

차트는 설치 후 릴리스로 관리된다. 릴리스 목록을 확인하면 헬름에 설치된 시스템을 확인할 수 있다.

```
# 설치 후 릴리스 확인
$ helm list
NAME                 NAMESPACE      REVISION         UPDATED
STATUS               CHART          APP VERSION
sample-wordpressdefault             1                2021-04-09 06:53:03.01017 +0900 KST
deployed             wordpress-10.9.1  5.7.0
```

14.2.11 릴리스 삭제

설치한 차트를 삭제하려면 릴리스를 지정하여 삭제한다.

```
# 릴리스 삭제
$ helm uninstall sample-wordpress
release "sample-wordpress" uninstalled
```

14.2.12 커스텀 차트 생성

헬름에서는 차트라는 단위로 시스템을 패키징한다. 차트 내용은 쿠버네티스의 매니페스트 템플릿과 변수가 메인이다. 커스텀 시스템을 패키징하려면 신규로 차트를 생성한다. 이 생성은 프로그래밍에서 말하는 프레임워크라는 프로젝트를 생성하는 처리다.

```
# 신규 커스텀 차트 양식 생성
$ helm create sample-charts
Creating sample-charts

$ cd sample-charts
$ tree
.
├── Chart.yaml
```

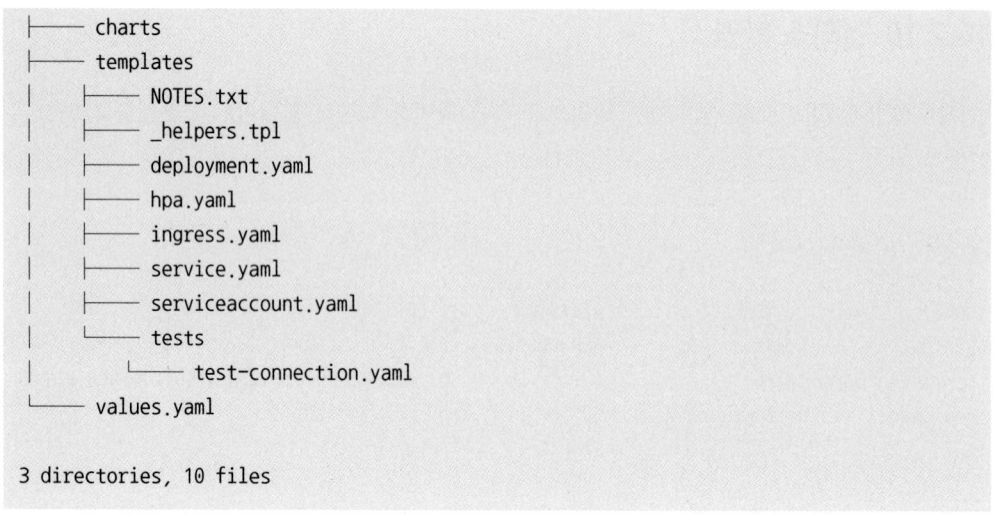

```
3 directories, 10 files
```

차트를 신규로 생성하면 디플로이먼트/서비스/인그레스/HPA/ServiceAccount 리소스 템플릿이 자동으로 생성된다. 기본적으로 롤링 업데이트가 가능하도록 디플로이먼트를 사용하여 생성하는 것을 추천하지만, 파드 및 레플리카셋에서도 패키지 생성은 가능하다. 차트는 모두 직접 생성해도 좋지만, 쿠버네티스 버전 업그레이드에 따라 이전에는 어노테이션 아래에 지정했던 것이 spec 아래로 변경되는 등 매니페스트 문법이 변경되기도 하기 때문에 기본적으로 helm create를 사용한 양식으로 생성하는 것을 추천한다. 그리고 한번 차트를 생성한 매니페스트도 계속해서 쿠버네티스 버전에 맞춰야 하는데, 헬름에는 자동으로 맞춰주는 기능이 없으므로 매니페스트 유지 보수를 별도로 해야 한다.

파일 구성은 표 14-1과 같이 여섯 가지가 있다.

▼ 표 14-1 헬름 차트 패키지 구성

파일명	용도
templates/*.yaml	설치하는 매니페스트 템플릿
templates/tests/*.yaml	설치한 차트가 정상적으로 동작하는지 테스트하는 매니페스트 템플릿
values.yaml	사용자가 나중에 덮어 쓸 수 있는 기본값 정의 리소스 제한, 사용 이미지, 포트 번호 등을 다양하게 제공
templates/NOTES.txt	helm install 시 출력되는 메시지
requirements.yaml	의존하는 차트와 해당 버전 기록
templates/_helpers.tpl	릴리스 이름으로 변수를 정의하는 등의 헬퍼 변수 정의
Chart.yaml	차트 메타데이터

구체적으로 템플릿의 내용을 확인해보면 코드 14-2와 같은 형태로 되어 있다.

코드 14-2 자동 생성된 서비스 템플릿(sample-charts/templates/service.yaml)

```yaml
apiVersion: v1
kind: Service
metadata:
  name: {{ include "sample-charts.fullname" . }}
  labels:
    {{- include "sample-charts.labels" . | nindent 4 }}
spec:
  type: {{ .Values.service.type }}
  ports:
    - port: {{ .Values.service.port }}
      targetPort: http
      protocol: TCP
      name: http
  selector:
    {{- include "sample-charts.selectorLabels" . | nindent 4 }}
```

또 템플릿에 추가되는 값은 values.yaml로 지정되어 있다.

코드 14-3 자동 생성된 기본값 values.yaml(sample-charts/values.yaml)

```yaml
# Default values for sample-charts.
# This is a YAML-formatted file.
# Declare variables to be passed into your templates.

replicaCount: 1

image:
  repository: nginx
  pullPolicy: IfNotPresent
  # Overrides the image tag whose default is the chart version.
  tag: ""

imagePullSecrets: []
nameOverride: ""
fullnameOverride: ""
... (생략) ...
```

templates/NOTES.txt는 `helm install` 시 출력되는 NOTE 부분의 템플릿이다. 차트마다 사용법이 달라 설치 후에 사용 방법이 출력되도록 설정할 수 있다.

```
# 생성한 차트 설치
$ helm install sample-helm sample-charts
NAME: sample-helm
LAST DEPLOYED: Fri Apr  9 07:30:34 2021
NAMESPACE: default
STATUS: deployed
REVISION: 1
NOTES:
1. Get the application URL by running these commands:
  export POD_NAME=$(kubectl get pods --namespace default -l "app.kubernetes.io/
name=sample-charts,app.kubernetes.io/instance=sample-helm" -o jsonpath="{.items[0].
metadata.name}")
  echo "Visit http://127.0.0.1:8080 to use your application"
  kubectl --namespace default port-forward $POD_NAME 8080:80
```

헬름은 차트에서 다른 차트를 사용할 수 있는 구조로 되어 있다. 예를 들어 워드프레스 차트는 MariaDB 차트를 불러오도록 되어 있으며, 코드 14-4와 같은 requirements.yaml이 정의되어 있다. 이 의존성 기능이 있으므로 워드프레스를 생성할 때 MariaDB에 관한 템플릿을 재생성할 필요가 없다.

```
# 차트 다운로드(다운로드 시점에 따라 버전은 다를 수 있다)
$ helm pull bitnami/wordpress
$ tar zxvf wordpress-10.9.1.tgz
```

코드 14-4 워드프레스 차트가 의존하는 다른 차트(wordpress/Chart.yaml)

```
annotations:
  category: CMS
apiVersion: v2
appVersion: 5.7.0
dependencies:
- condition: mariadb.enabled
  name: mariadb
  repository: https://charts.bitnami.com/bitnami
  version: 9.x.x
- condition: memcached.enabled
  name: memcached
  repository: https://charts.bitnami.com/bitnami
  version: 5.x.x
- name: common
  repository: https://charts.bitnami.com/bitnami
```

```
  tags:
  - bitnami-common
    version: 1.x.x
description: Web publishing platform for building blogs and websites.
home: https://github.com/bitnami/charts/tree/master/bitnami/wordpress
icon: https://bitnami.com/assets/stacks/wordpress/img/wordpress-stack-220x234.png
keywords:
- application
- blog
- cms
- http
- php
- web
- wordpress
maintainers:
- email: containers@bitnami.com
  name: Bitnami
name: wordpress
sources:
- https://github.com/bitnami/bitnami-docker-wordpress
- http://www.wordpress.com/
version: 10.9.1
```

14.2.13 차트 패키지화와 헬름 저장소 공개

헬름 저장소에서 차트를 제공할 때는 tgz 형식으로 패키지화해 두어야 한다. 패키지화하는 경우 다음 명령어를 실행한다. --dependency-update 옵션은 requirements.yaml을 사용하여 최신 차트를 포함하는 옵션이다.

```
# 생성한 차트 패키지화
$ helm package --dependency-update ./sample-charts/
Successfully packaged chart and saved it to: ./sample-charts-0.1.0.tgz
```

tgz 형식으로 아카이브한 파일을 생성한 후에 저장소에 공개하는 작업이 필요하다. 헬름 저장소를 생성하는 경우, 공개하는 웹 서버 디렉터리에 아카이브한 파일을 배치하고 다음 명령어를 실행하면 헬름 저장소의 index를 생성할 수 있다. 저장소를 생성한 후에는 해당 저장소에 URL을 helm repo add로 등록하여 사용할 수 있다.

```
# 헬름 저장소의 index 생성
$ helm repo index .

# 생성된 index 내용
$ cat index.yaml
apiVersion: v1
entries:
  sample-charts:
  - apiVersion: v2
    appVersion: 1.16.0
    created: "2021-04-09T08:11:01.993463+09:00"
    description: A Helm chart for Kubernetes
    digest: 55db7a3c58f4d854a6b667ebccf6aba568029b7df355cb92ab8853d3022cd7fa
    name: sample-charts
    type: application
    urls:
    - sample-charts-0.1.0.tgz
    version: 0.1.0
generated: "2021-04-09T08:11:01.989981+09:00"
```

14.3 Kustomize

Kustomize는 쿠버네티스 커뮤니티 sig-cli가 제공하는 매니페스트 템플레이팅(Templating) 툴이다. 환경마다 매니페스트를 생성하거나 특정 필드를 덮어 쓰는 기능이 있어 효율적으로 매니페스트를 생성할 수 있다. 헬름은 설정을 채워가는 방식이었는데, Kustomize는 기본값을 덮어 쓰는 형태로 설정할 수 있는 것이 특징이다. 예전에는 kustomize라는 별도의 명령어가 있었지만, 현재는 kubectl의 하위 명령어 kubectl kustomize에서도 사용할 수 있게 되었다.

❤ 그림 14-5 Kustomize

Kustomize 설정은 kustomization.yaml이라는 파일을 사용한다. 이 장에서는 각각의 설정 항목을 설명한다.[4]

> **column** ≡ **kubectl에서 사용할 수 있는 Kustomize 버전에 대해**
>
> Kustomize는 크게 나눠 v2와 v3가 있다. 이 두 버전의 기본적인 콘셉트는 같지만, kustomization.yaml 작성 방식이 약간 다르다. Kustomize는 2019년 7월에 3.0.0이 출시되었고, 이 책을 집필하는 시점에 최신 버전은 3.10.0이다. v3가 출시된 지 1년이 넘었지만 kubectl에 통합된 Kustomize 버전은 아직 v2 그대로다. kubectl에 통합된 Kustomize 버전이 v3가 되기까지는 시간이 좀 더 걸릴 것으로 보인다.[4]

14.3.1 여러 매니페스트 결합

우선 기본이 되는 것은 resources 설정이다. 여기에는 Kustomize가 대상으로 하는 매니페스트를 지정한다. 이번에는 5장과 6장에서 사용한 매니페스트를 지정한다.

코드 14-5 여러 리소스를 결합하는 예제(resources-sample/kustomization.yaml)

```
resources:
- sample-deployment.yaml
- sample-lb.yaml
```

이 두 가지를 지정한 후 실제로 매니페스트를 생성해보겠다. 매니페스트를 생성하려면 kubectl kustomize 명령어로 kustomization.yaml이 저장된 디렉터리를 지정한다. 이번 경우는 sample-deployment.yaml과 sample-lb.yaml이 결합한 결과가 출력될 것이다.

```
$ kubectl kustomize resources-sample/
apiVersion: v1
kind: Service
metadata:
  name: sample-lb
spec:
  ports:
  - name: http-port
    nodePort: 30082
```

---

4 https://github.com/kubernetes/kubernetes/issues/82905

```
    port: 8080
    protocol: TCP
    targetPort: 80
  selector:
    app: sample-app
  type: LoadBalancer
---
apiVersion: apps/v1
kind: Deployment
metadata:
  name: sample-deployment
spec:
  replicas: 3
  selector:
    matchLabels:
      app: sample-app
  template:
    metadata:
      labels:
        app: sample-app
    spec:
      containers:
      - image: nginx:1.16
        name: nginx-container
```

14.3.2 네임스페이스 덮어 쓰기

네임스페이스를 지정하려면 namespace로 설정한다. 특정 시스템 배포를 지정한 네임스페이스로 변경해서 실행할 수 있다.

코드 14-6 네임스페이스를 덮어 쓰는 예제(namespace-sample/kustomization.yaml)

```
namespace: sample-namespace
resources:
- sample-deployment.yaml
- sample-lb.yaml
```

네임스페이스 설정을 하는 경우 매니페스트의 metadata.namespace가 지정된 상태로 생성된다.

```
$ kubectl kustomize namespace-sample/
apiVersion: v1
kind: Service
metadata:
  name: sample-lb
  namespace: sample-namespace # 네임스페이스가 지정됨
spec:
…(생략)…
---
apiVersion: apps/v1
kind: Deployment
metadata:
  name: sample-deployment
  namespace: sample-namespace # 네임스페이스가 지정됨
spec:
…(생략)…
```

`metadata.namespace` 이외에 롤바인딩 등에서는 서비스 어카운트의 네임스페이스 부분도 변경해 준다. 이 부분의 쿠버네티스 특유의 구조를 의식하지 않아도 자동으로 바꾸어주는 것이 헬름과 다르다.

```
$ kubectl kustomize role-sample/
…(생략)…
---
apiVersion: rbac.authorization.k8s.io/v1
kind: Role
metadata:
  name: sample-role
  namespace: sample-namespace # 네임스페이스가 지정됨
…(생략)…
---
apiVersion: rbac.authorization.k8s.io/v1
kind: RoleBinding
metadata:
  name: sample-rolebinding
  namespace: sample-namespace # 네임스페이스가 지정됨
…(생략)…
```

14.3.3 Prefix와 Suffix 부여

네임스페이스뿐만 아니라 이름에 관해서도 특정 규칙에 따라 변경할 수 있다. namePrefix와 nameSuffix를 지정하면 그 규칙에 따라 이름이 변경된다.

코드 14-7 이름을 변경하는 예제(name-sample/kustomization.yaml)

```yaml
namePrefix: prefix-
nameSuffix: -suffix
resources:
- sample-deployment.yaml
- sample-lb.yaml
```

이번에는 prefix-NAME-suffix로 각각 바뀐다. 접두사로 prd, stg 등의 이름을 붙이거나 접미사로 001, 002 등을 붙여 환경을 분리할 때 자주 사용된다.

```
$ kubectl kustomize name-sample/
apiVersion: v1
kind: Service
metadata:
  name: prefix-sample-lb-suffix # 규칙에 따라 치환됨
…(생략)…
---
apiVersion: apps/v1
kind: Deployment
metadata:
  name: prefix-sample-deployment-suffix # 규칙에 따라 치환됨
spec:
…(생략)…
```

14.3.4 공통 메타데이터(레이블/어노테이션) 부여

commonLabels와 commonAnnotations를 사용하면 모든 리소스에 공통 레이블이나 어노테이션을 부여할 수도 있다. 예를 들어, 여러 클러스터를 사용하는 경우 클러스터 이름에 레이블이나 어노테이션을 부여하거나, 사용하는 에코시스템에서 특정 어노테이션이 필요한 경우에 모두 일괄적으로 부여할 때 사용한다.

코드 14-8 공통 메타데이터를 부여하는 예제(commonmeta-sample/kustomization.yaml)

```yaml
commonLabels:
  label1: label1-val
commonAnnotations:
  annotation1: annotation1-val
resources:
- sample-deployment.yaml
- sample-lb.yaml
```

실제로 매니페스트를 생성해보면 레이블과 어노테이션이 부여된 것을 확인할 수 있다. 또한, 서비스의 셀렉터나 디플로이먼트의 파드 템플릿의 어노테이션 등도 자동으로 바뀐다. 특정 리소스에만 부여하고 싶은 경우 나중에 설명하는 오버레이 방식을 사용한다.

```
$ kubectl kustomize commonmeta-sample/
apiVersion: v1
kind: Service
metadata:
  annotations:
    annotation1: annotation1-val # 어노테이션이 추가됨
  labels:
    label1: label1-val # 레이블이 추가됨
…(생략)…
---
apiVersion: apps/v1
kind: Deployment
metadata:
  annotations:
    annotation1: annotation1-val # 어노테이션이 추가됨
  labels:
    label1: label1-val
  name: sample-deployment
spec:
  replicas: 3
  selector:
    matchLabels:
      app: sample-app
      label1: label1-val # 레이블이 추가됨
  template:
    metadata:
      annotations:
        annotation1: annotation1-val # 어노테이션이 추가됨
```

```
    labels:
       app: sample-app
       label1: label1-val  # 레이블이 추가됨
…(생략)…
```

14.3.5 images로 이미지 덮어 쓰기

images 기능을 사용하면 리소스에 사용되는 이미지를 바꿀 수 있다. 이름에 일치하는 이미지는 모두 바뀌기 때문에 여러 디플로이먼트 등이 있는 경우 모두에 영향을 주기도 한다. 특정 리소스만 업데이트하는 경우에는 나중에 설명하는 오버레이 구조를 사용한다. 또 newName과 newTag는 어느 쪽이든 하나만 지정해도 상관없다.

코드 14-9 이미지를 변경하는 예제(image-sample/kustomization.yaml)

```
images:
- name: nginx
  newName: amsy810/echo-nginx
  newTag: v2.0
resources:
- sample-deployment.yaml
- sample-lb.yaml
```

생성된 매니페스트 이미지는 새로 지정된 이름과 태그가 사용된다.

```
$ kubectl kustomize image-sample
apiVersion: v1
kind: Service
…(생략)…
---
apiVersion: apps/v1
kind: Deployment
metadata:
  name: sample-deployment
…(생략)…
    containers:
    - image: amsy810/echo-nginx:v2.0  # 이미지 지정이 덮어 쓰기됨
      name: nginx-container
```

14.3.6 오버레이로 값 덮어 쓰기

메타데이터 계열의 필드는 지금까지 소개한 방법으로 업데이트할 수 있다. 그 외 세부적인 설정은 오버레이 기능을 사용하여 리소스에 대해 패치하여 변경할 수 있다. 이것으로 서비스 환경이나 스테이징마다 레플리카 수나 CPU/메모리의 리소스 변경을 간결하게 구현할 수 있다.

예를 들어, 가장 먼저 설명한 resources-sample/처럼 디렉터리 아래에 기본 매니페스트를 등록해 두고 bases로 지정한다. 이때 bases에 지정한 디렉터리에는 kustomization.yaml이 있어야 한다.

그런 다음, 서비스 환경이나 스테이징 또는 시스템 등의 환경에 따라 설정을 덮어 쓰기하는 매니페스트를 patchesStrategicMerge로 지정한다.

코드 14-10 서비스 환경용으로 패치하는 예제(production/kustomization.yaml)

```yaml
bases:
- ../resources-sample/
patchesStrategicMerge:
- ./patch-replicas.yaml
images:
- name: nginx
  newTag: production
```

이번 예제에서는 디플로이먼트의 레플리카 수를 서비스 환경과 스테이징으로 각각 덮어 쓰기하고 지정했다. 덮어 쓰기하는 패치 매니페스트에서는 kind나 name으로 리소스를 판별하고 있어 기본적인 내용을 설정해 두어야 한다. spec 아래에는 덮어 쓰기를 하는 항목만 기재해 두면 된다.

코드 14-11 레플리카 수를 패치하는 매니페스트 예제(production/patch-replicas.yaml)

```yaml
apiVersion: apps/v1
kind: Deployment
metadata:
  name: sample-deployment
spec:
  replicas: 100
```

이 production/kustomization.yaml이나 staging/kustomization.yaml에는 앞에서 설명한 images, namespace, commonLabels 등의 설정도 사용할 수 있다. Kustomize는 이런 값을 하나씩 덮어 쓰기하여 최종 설정을 생성하게 되어 있다.

```
$ kubectl kustomize production
apiVersion: v1
kind: Service
metadata:
  name: sample-lb
spec:
  …(생략)…
---
apiVersion: apps/v1
kind: Deployment
metadata:
  name: sample-deployment
spec:
  replicas: 100 # 오버레이로 변경됨
  selector:
    matchLabels:
      app: sample-app
  template:
    metadata:
      labels:
        app: sample-app
    spec:
      containers:
      - image: nginx:production # 이미지 변경
        name: nginx-container
```

이 기능을 사용하면 덮어 쓰기로 패치가 되기 때문에 디렉터리 구조는 다음과 같이 간단하다. 게다가 중첩 구조로 하면 마이크로서비스별로 kustomization.yaml을 작성하고, 환경마다 kustomization.yaml에서 호출하고, 또 클러스터마다 kustomization.yaml에서 호출하는 구조로 만들 수도 있다.

```
.
├── production
│   ├── kustomization.yaml
│   └── patch-replicas.yaml
├── resources-sample
│   ├── kustomization.yaml
│   ├── sample-deployment.yaml
│   └── sample-lb.yaml
└── staging
```

```
├── kustomization.yaml
└── patch-replicas.yaml
```

또한, Kustomize에는 Strategic Merge Patch 이외에도 RFC 6902의 JSON Patch를 실시하는 patchesJson6902도 있다.

14.3.7 컨피그맵과 시크릿 동적 생성

Kustomize는 컨피그맵이나 시크릿을 파일 등에서 동적으로 생성할 수 있다.

코드 14-12 컨피그맵을 생성하는 예제(generate-sample/kustomization.yaml)

```yaml
resources:
- sample-deployment.yaml
configMapGenerator:
- name: generated-configmap
  literals:
  - KEY1=VAL1
  files:
  - ./sample.txt
```

생성된 컨피그맵 이름은 데이터 구조에서 계산된 해시값(-bmh5mmc665)이 접미사로 부여된다. 컨피그맵 데이터가 변경된 경우에는 새로운 이름으로 컨피그맵이 생성된다. 또 이전 컨피그맵도 쿠버네티스에 계속 남는다.

디플로이먼트 등에서 컨피그맵을 참조하는 경우에는 참조되는 이름도 자동으로 접미사가 부여된 것으로 변경된다. 기존에는 컨피그맵을 환경 변수로 참조하면 컨피그맵을 변경할 때 업데이트되지 않았다. 그러나 이 기능으로 컨피그맵이 업데이트되면 PodTemplate이 변경되어 파드가 재기동하기 때문에 정상적으로 업데이트된다.

```
$ kubectl kustomize generate-sample
apiVersion: v1
data:
  KEY1: VAL1
  sample.txt: |
    This is testfile.
kind: ConfigMap
```

```yaml
metadata:
  name: generated-configmap-bmh5mmc665 # 컨피그맵이 데이터에 따라 랜덤으로 이름 부여 가능
---
apiVersion: apps/v1
kind: Deployment
metadata:
  name: sample-deployment
spec:
  replicas: 3
  selector:
    matchLabels:
      app: sample-app
  template:
    metadata:
      labels:
        app: sample-app
    spec:
      containers:
      - envFrom:
        - configMapRef:
            name: generated-configmap-bmh5mmc665 # 생성된 컨피그맵으로 치환
        image: nginx:1.16
        name: nginx-container
```

마찬가지로 secretGenerator를 사용하여 시크릿을 생성할 수도 있다.

14.3.8 Kustomize 관련 kubectl 하위 명령

지금까지는 매니페스트를 생성하는 kubectl kustomize 명령어[5]를 사용했다. 그 외에도 다양한 하위 명령어에서 -k 명령어를 넣어 Kustomize를 사용할 수 있다.

```
$ kubectl apply -k resources-sample/
$ kubectl get -k resources-sample/
$ kubectl describe -k resources-sample/
$ kubectl diff -k resources-sample/
```

---

[5] kustomize CLI을 사용하는 경우 kustomize build에 해당하는 명령어

14.4 Ksonnet

이전에는 Ksonnet이라는 프레임워크도 있었지만, 현재는 개발이 중지되었으므로 사용하지 않는 것이 좋다.

14.5 그 외 매니페스트 관련 도구

그 외에 다음과 같은 도구도 있다.

- GoogleContainerTools/kpt
- bitnami/kubecfg
- deepmind/kapitan
- grafana/tanka
- awslabs/cdk8s

14.6 정리

이 장에서는 매니페스트를 범용화하는 오픈 소스 소프트웨어를 설명했다. 시스템이 대형화되면서 비슷한 매니페스트를 대량으로 만들어야 하고, 이 때문에 재사용이나 일괄 변경 작업이 어려워졌다. 헬름이나 Kustomize를 사용하면 템플릿을 활용하여 매니페스트를 생성할 수 있으므로 이 문제를 해결할 수 있다. 그 밖에도 매니페스트의 특정 부분을 수정할 때 템플릿에서 해당하는 변수만을 수정하면 작업이 끝나기 때문에 sed 등을 사용한 매니페스트 수정 작업에 비해 실수를 방지하기가 더 유리하다. 대규모 시스템에서는 헬름이나 Kustomize 등의 사용을 고려해보길 바란다.

15장
모니터링

15.1 쿠버네티스에서의 모니터링
15.2 데이터독
15.3 프로메테우스
15.4 정리

15.1 쿠버네티스에서의 모니터링

쿠버네티스는 여러 노드에 걸쳐 대량의 컨테이너가 기동한다. 4장에서 설명한 kubectl top 명령어를 사용하여 메트릭을 볼 수 있지만, 그것만으로 실제 쿠버네티스 클러스터를 운영하기에는 부족하다. 그래서 이 장에서는 모니터링 도구로 SaaS(Software as a Service) 데이터독과 오픈 소스 소프트웨어 프로메테우스를 소개한다. 일반적으로 모니터링 도구는 호스트 중심으로 모니터링하도록 설계되는 경우가 많고 컨테이너 모니터링 시에도 호스트처럼 취급되므로 복잡한 컨테이너의 동작을 추적하기에는 어려움이 있다. 그런 점에서 데이터독과 프로메테우스는 각각 레이블과 태그를 사용해 자유롭게 세분화함으로써 모니터링 대상을 쿼리할 수 있으므로 컨테이너 확장성에 따른 복잡성과 운영 부하를 줄일 수 있다.

프로메테우스의 경우 직접 구축해야 하지만 무료다. 그러나 도구 자체는 무료지만, 데이터를 저장하는 서버가 많고 CPU나 메모리 등 모니터링에 필요한 리소스를 사용하는 데 비용이 발생하는 점은 고려해야 한다. 반면 데이터독은 모니터링에 관련된 모든 데이터와 자원을 데이터독이 관리해주기 때문에 메트릭을 관리하는 리소스나 운영 비용은 적다. 그러나 데이터독에서는 호스트나 컨테이너별로 과금이 발생하여 프로메테우스보다 상대적으로 많은 비용이 발생할 수 있다. 모니터링 도구는 규모나 비용, 장단점을 고루 확인하고 선택하자.

15.2 데이터독

데이터독(Datadog)은 다양한 미들웨어, SaaS, 퍼블릭 클라우드와의 연동 기능을 제공하며 시계열(time series)로 다양한 메트릭 수집/시각화/모니터링을 할 수 있다.

15.2.1 데이터독 아키텍처

일반적으로 데이터독을 쿠버네티스에 배포할 때는 데몬셋을 사용하여 데이터독 에이전트를 각 노드에서 기동시킨다(환경에 따라 사이드카 패턴으로 배포하는 경우도 있다). 배포된 에이전트는 각 호스트의 CPU 사용률이나 디스크 사용률 같은 메트릭과 각 노드상에 동작 중인 컨테이너의 CPU 사용률 등과 같은 메트릭도 가져온다(그림 15-1).

❤ 그림 15-1 데이터독 에이전트

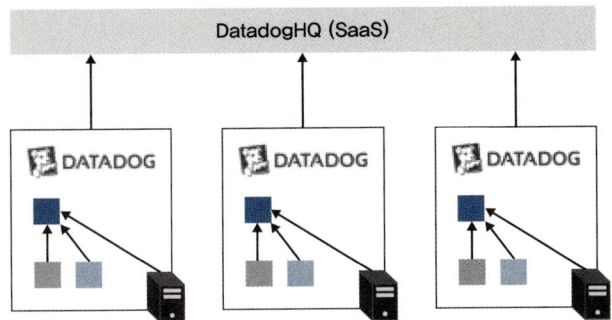

데이터독을 쿠버네티스와 연계하여 기동하려면 컨테이너에 몇 가지 환경 변수를 전달해야 한다. 또한, 클러스터 수준의 메트릭을 수집하는 구성 요소(kube-state-metrics)를 추가로 설치하여 연계하는 것을 추천한다.

kube-state-metrics와 연계하면 디플로이먼트에서 기동하는 파드의 개수나 요청 기동 횟수 등의 메트릭을 처리할 수 있다. 그 밖에도 잡의 성공 횟수와 실패 횟수, 롤링 업데이트 시 파드 기동 횟수 등의 상태를 모니터링할 수 있다.

15.2.2 데이터독 설치

데이터독을 쿠버네티스에 배포하는 매니페스트를 처음부터 작성해도 되지만, 고정된 설정값이 많아 헬름을 사용하여 데이터독을 설치한다. 사용하는 values 파일은 코드 15-1과 같다. 기본적으로 사용자가 변경하는 부분은 datadog.apiKey/datadog.appKey/datadog.tags 세 곳이다. datadog.apiKey/datadog.appKey는 데이터독의 SaaS 측 서버에 메트릭을 통신할 때 사용하는 인증 정보로 사용한다. datadog.tags에는 여러 쿠버네티스 클러스터나 가상 머신 등에서 데이터독을 사용하는 경우에 메트릭을 분류하기 위해 사용하는 태그를 추가로 부여한다. 예를 들어 샘플 프로젝트용 쿠버네티스 클러스터라면 project:sample, 개발 환경용이면 env:dev 등의 태그를 부여한다. 그 외의 설정값은 데이터독에서 활성화하는 모니터링 기능 관련 사항이기 때문에 특별한 경우가 아니라면 그대로 사용한다.

코드 15-1 데이터독 차트에 사용하는 values 파일(datadog_values.yaml)

```yaml
datadog:
  apiKey: XXXXXXXXXXXXXXXXXXXXXXXX
  appKey: YYYYYYYYYYYYYYYYYYYYYYYY
  tags: "project:sample,env:dev"
  clusterAgent:
    enabled: true
    metricsProvider:
      enabled: true
  processAgent:
    enabled: true
    processCollection: true
  collectEvents: true
  leaderElection: true
```

values 파일로 데이터독 에이전트를 배포한다.

```
# 헬름을 사용한 데이터독 설치
$ helm install sample-datadog stable/datadog \
--version 2.3.0 \
-f datadog_values.yaml
```

15.2.3 데이터독 대시보드

대시보드는 각 메트릭을 수집하여 확인할 수 있는 기능이다. 데이터독에서는 여러 미들웨어용 플러그인이 미리 준비되어 있으므로 플러그인만 활성화하면 각 미들웨어에 특화된 메트릭을 수집하여 만들어진 대시보드로 확인할 수 있다. 쿠버네티스도 마찬가지로 데이터독에서 대시보드를 제공하고 있어 특별한 설정 없이 그림 15-2처럼 대시보드를 사용할 수 있다. 또한, 대시보드의 그래프 배치나 표시되는 메트릭 내용 등을 자유롭게 커스터마이즈하여 나만의 대시보드를 만들 수도 있다.

▼ 그림 15-2 데이터독의 쿠버네티스용 대시보드

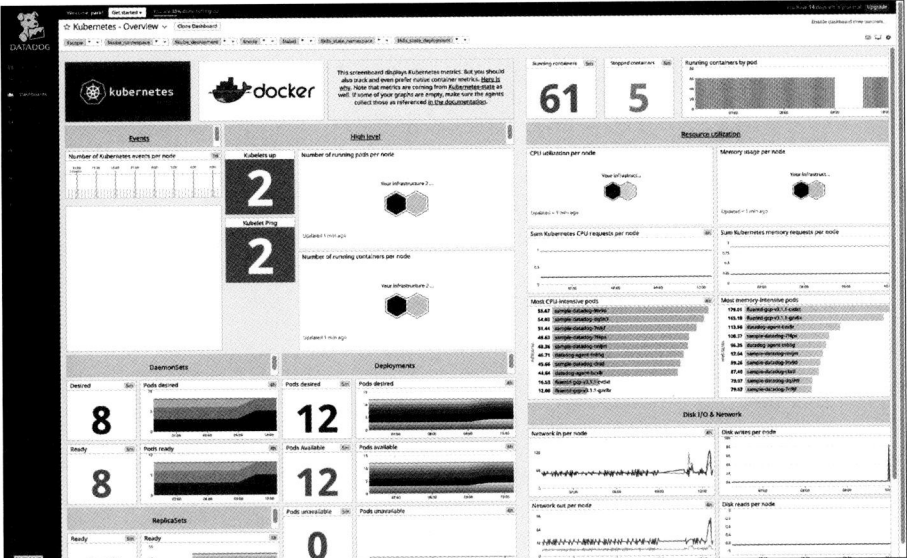

데이터독에서는 htop이나 ctop에서 영감을 얻은 라이브 컨테이너 모니터링도 가능하다(그림 15-3). 각 컨테이너의 CPU 사용률/메모리 소비량/기동 시간 등을 2초 간격으로 수집하고 메트릭을 실시간으로 시각화하여 사용할 수 있다. 또 컨테이너의 라이프 사이클이 짧지만 필터링과 피봇으로 특정 조건과 일치하는 컨테이너를 모니터링할 수 있다.

▼ 그림 15-3 데이터독 라이브 컨테이너 모니터링

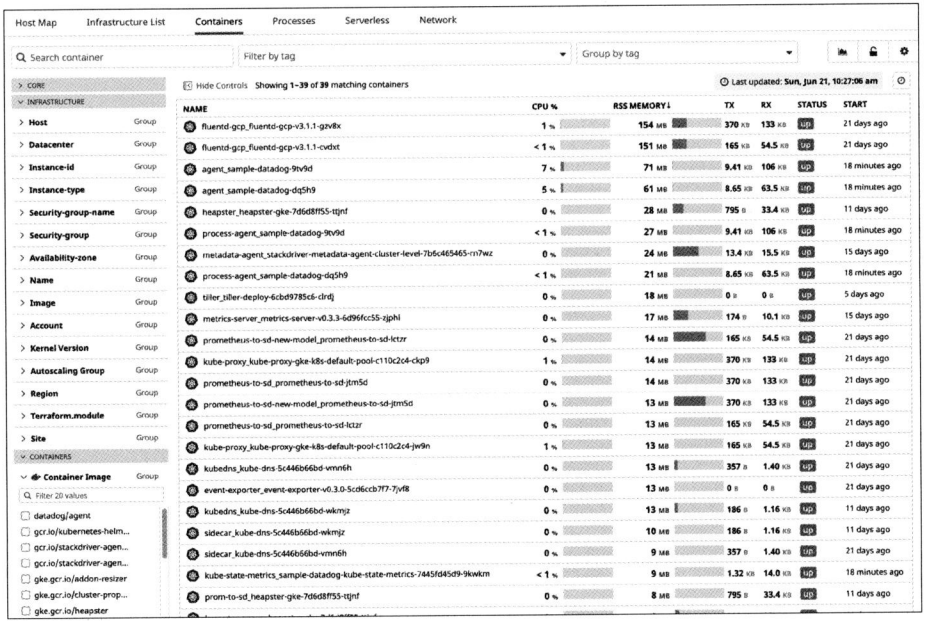

데이터독은 그 밖에도 전체 컨테이너를 그룹핑하여 시각화하고 메트릭을 색으로 표현하는 컨테이너 맵 기능도 제공하고 있다(그림 15-4). 쿠버네티스에서 배포되는 컨테이너 수가 많아지면 파악하기가 어렵지만, 컨테이너 맵을 사용하여 뒤에서 설명할 태그로 그룹핑하거나 필터링하면 각 컨테이너의 CPU 사용률 등을 색으로 분류하고 시각화할 수 있어 컨테이너 전체 상황을 쉽게 파악할 수 있다.

❤ 그림 15-4 데이터독 컨테이너 맵

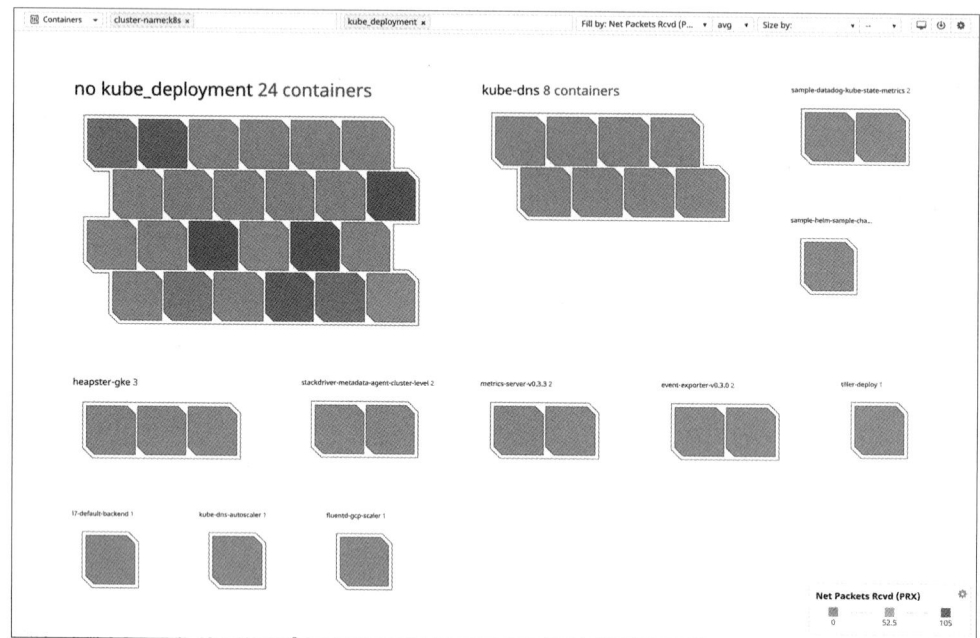

15.2.4 데이터독 메트릭

컨테이너에 대한 메트릭은 docker.*, kubernetes.*, kubernetes_state.* 세 가지가 있다(표 15-1).

❤ 표 15-1 데이터독에서 수집되는 메트릭의 종류

메트릭 키	개요
docker.*	도커 컨테이너 관련 메트릭
kubernetes.*	쿠버네티스 관련 메트릭
kubernetes_state.*	쿠버네티스 클러스터 수준의 메트릭

kubernetes_state.* 하위 메트릭은 kube-state-metrics와 연계되어 있고 클러스터 전체에서 집계된 메트릭 등이 저장되어 있다. kubernetes.* 하위 메트릭의 예로는 kubernetes.cpu.requests(파드 요청 CPU), kubernetes_state.* 하위 메트릭의 예로는 kubernetes_state.deployment.replicas_unavailable(디플로이먼트의 Ready 상태가 아닌 파드의 수) 등이 있다.

또한, 자동으로 여러 태그가 메트릭에 부여되어 있어 메트릭 범위 압축을 디플로이먼트명/서비스명/도커 이미지 등과 같은 여러 정보로 할 수 있다. 자동으로 부여되는 태그의 예는 다음과 같다.

- image_name: nginx
- image_tag: 1.16
- kube_service: service-sample
- kube_deployment: sample-deployment
- kube_replica_set: sample-deployment-fc447dcc
- kube_namespace: default
- kube_pod: sample-deployment-fc447dcc-np8ps
- kube_pod_ip: 10.8.0.19
- kube_master_version: 1.18.2
- kubelet_version: 1.18.2

15.2.5 실무 모니터링 사례

실무에서 활용되는 모니터링 사례를 소개한다. 비즈니스 로직을 전환할 때는 자주 A/B 테스트를 실시한다. A/B 테스트란 새로운 알고리즘이나 정책을 도입할 때 기존 그룹에 일부 새로운 내용을 반영하여 효과를 측정하는 테스트 방법을 말한다. 컨테이너에서 구현한다고 생각해보면, 롤백이나 관리 문제에서 알고리즘별로 컨테이너 이미지 자체가 별도로 구성되는 것이 바람직하다. 즉, 컨테이너 이미지가 다르기 때문에 디플로이먼트는 두 가지를 준비해야 한다.

디플로이먼트의 롤링 업데이트를 잘 활용하면 디플로이먼트가 하나라도 여러 이미지를 같이 사용하는 형태로 할 수 있지만, A/B 테스트와 롤링 업데이트는 그 목적이 달라 그다지 추천하는 방법은 아니다. 또한, 관리가 복잡해지거나 세 개 이상의 이미지를 같이 사용하는 경우 관리가 어렵기 때문에 디플로이먼트를 여러 개 준비하는 것이 좋다.

예를 들어, 태그를 잘 활용하여 여러 디플로이먼트에 전송하는 서비스를 생성한 경우 서비스명으로 범위를 압축할 수 있다. 구체적으로 설명하면, 디플로이먼트 dp1과 dp2에 app: abtest 레이블이 부여되어 있고 서비스 ab-endpoint 셀렉터가 app: abtest로 배포된 경우 서비스는 dp1과 dp2 모두에게 전송한다. 서비스에 여러 디플로이먼트를 연결하면 A/B 테스트의 엔드포인트를 준비할 수 있다.

이 상태에서 기동하고 있는 파드 개수의 모니터링을 설정하는 경우 각각의 디플로이먼트에 연결되는 파드 개수를 모니터링하지 않고, kubernetes_service 태그로 대상 범위를 압축하면 서비스에 연결되어 있는 파드 개수를 한눈에 모니터링할 수 있다.

좀 더 구체적인 예를 들어 확인해보자. 먼저 초기 시점에 코드 15-2와 같은 디플로이먼트 한 개(레플리카: 3), 서비스 한 개 상태로 기동되어 있다고 가정한다.

코드 15-2 A/B 테스트에 사용할 매니페스트 A(datadog-a.yaml)

```yaml
---
apiVersion: apps/v1
kind: Deployment
metadata:
  name: dp1
spec:
  replicas: 3
  selector:
    matchLabels:
      app: abtest
  template:
    metadata:
      labels:
        app: abtest
    spec:
      containers:
      - name: nginx-container
        image: nginx:1.16
---
apiVersion: v1
kind: Service
metadata:
  name: ab-endpoint
spec:
  type: LoadBalancer
  ports:
  - name: "http-port"
```

```
      protocol: "TCP"
      port: 80
      targetPort: 80
  selector:
    app: abtest
```

다음은 다른 알고리즘을 사용한 디플로이먼트를 생성한다. 이때 이미 존재하는 알고리즘보다 영향 범위를 줄이기 위해 컨테이너 수를 조정한다.

코드 15-3 A/B 테스트에 사용할 매니페스트 B(datadog-b.yaml)

```
apiVersion: apps/v1
kind: Deployment
metadata:
  name: dp2
spec:
  replicas: 2
  selector:
    matchLabels:
      app: abtest
  template:
    metadata:
      labels:
        app: abtest
    spec:
      containers:
      - name: nginx-container
        image: nginx:1.17
```

이 시점에서 두 종류의 디플로이먼트가 생성하는 파드 레이블을 확인해보자.

```
# dp1과 dp2의 디플로이먼트가 생성한 파드 레이블 확인
$ kubectl get pods --show-labels
NAME                     READY   STATUS    RESTARTS   AGE   LABELS
dp1-74746bb69c-d76kp     1/1     Running   0          34s   app=abtest,pod-template-
hash=74746bb69c
dp1-74746bb69c-qdfkx     1/1     Running   0          34s   app=abtest,pod-template-
hash=74746bb69c
dp1-74746bb69c-rcwb7     1/1     Running   0          34s   app=abtest,pod-template-
hash=74746bb69c
```

```
dp2-86cd995694-nhz4v   1/1   Running   0   25s   app=abtest,pod-template-
hash=86cd995694
dp2-86cd995694-zfgcr   1/1   Running   0   25s   app=abtest,pod-template-
hash=86cd995694
```

디플로이먼트 dp1과 dp2 파드는 각각 다음과 같은 레이블을 가지고 있다.

- 디플로이먼트 dp1의 파드
    - app=abtest
    - pod-template-hash=74746bb69c
- 디플로이먼트 dp2의 파드
    - app=abtest
    - pod-template-hash=86cd995694

또 서비스 ab-endpoint는 app: abtest 레이블을 가진 파드에 대해 트래픽을 전송하기 때문에 A/B 양쪽 모두의 알고리즘에 대해 트래픽이 할당된다.

이 상태에서 시스템을 모니터링할 경우 디플로이먼트 dp1/dp2 각각의 파드 개수를 합해도 되지만, 이대로라면 디플로이먼트 dp3를 추가하거나 디플로이먼트 명칭이 변경되는 경우 변경 범위가 커져 버린다. 그러나 kubernetes_service 태그로 모니터링 대상의 파드 범위를 압축하면 서비스에 연결되는 파드 개수의 합계를 모니터링할 수 있다.

이 방법으로 A/B 테스트뿐만 아니라 카나리(Canary) 배포 등에서도 같은 방법으로 모니터링을 할 수 있다.

15.2.6 데이터독을 사용한 컨테이너 모니터링과 알림 설정

데이터독에서는 위와 같은 다양한 메트릭을 기반으로 모니터링 설정과 알림(Alert) 설정을 할 수 있다. 단순히 메트릭 임계치를 초과했을 때 알림을 실행시킬 수도 있지만, 좀 더 상세한 알림 설정이 가능하다. 예를 들어 과거 상태와 비교하여 이상을 감지하는 이상 행위(Anomaly) 모니터링, 미래 메트릭이 임계치를 넘는 것을 예측하는 예측(Forecast) 모니터링, 그룹 안에 있는 모니터링 대상들과 다른 행동을 감지하는 이상치(Outlier) 모니터링이 있다.

이상 행위 모니터링은 요일이나 시간 패턴을 고려하여 메트릭이 이전과는 다른 값으로 되었는지 감지한다(그림 15-5). 감지할 때 알고리즘은 선택할 수 있다.

▼ 그림 15-5 이상 행위 모니터링

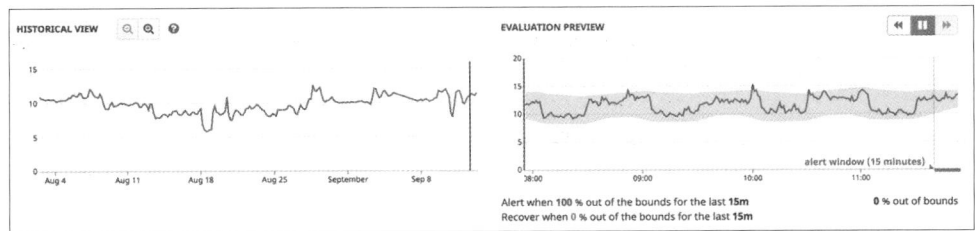

예측 모니터링은 메트릭이 앞으로 어떻게 움직일지 예측한다(그림 15-6). 이 기능을 통해 임계치가 초과하기 전에 알림을 실행시킬 수 있으므로 문제가 발생하기 전에 감지하고 대응할 수 있는 시간을 벌 수 있다. 예를 들어 디스크 사용량이 임계치를 초과하기 전에 알림을 실행시킬 수 있다.

▼ 그림 15-6 예측 모니터링

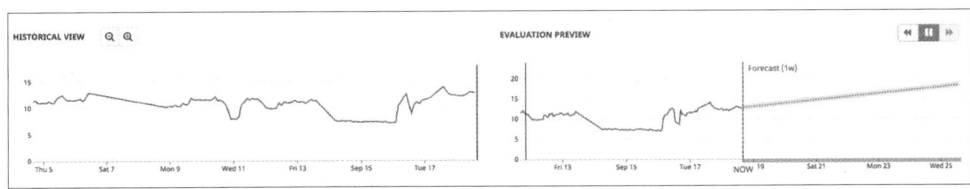

이상치 모니터링은 특정 그룹 안에서 다른 멤버와 메트릭 추이가 다른 대상을 감지한다(그림 15-7). 디플로이먼트에서 배포된 컨테이너 중 특정 컨테이너만 성능이 좋지 않은 것을 감지할 수 있다. 쿠버네티스에서는 다양한 컨테이너가 노드에서 기동되기 때문에 노이지 네이버(noisy neighbor)에 의한 성능 저하가 발생할 수 있는데, 이상치 모니터링을 사용하면 이러한 컨테이너를 감지할 수 있다.

▼ 그림 15-7 이상치 모니터링

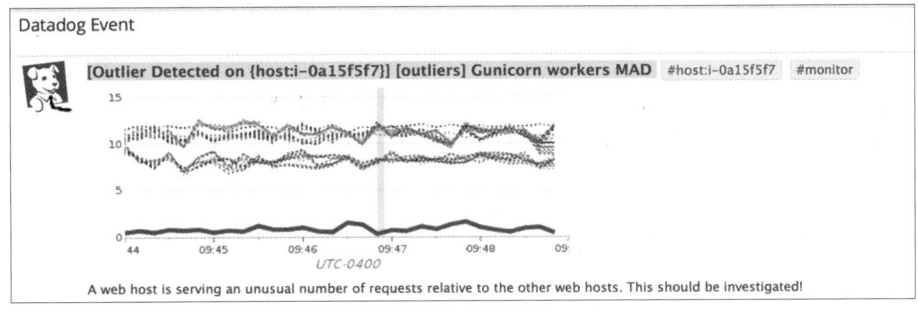

15.3 프로메테우스

프로메테우스(Prometheus)는 CNCF가 호스트하는 오픈 소스 소프트웨어 모니터링 도구다. 데이터독과 달리 사용하는 데 과금은 없지만, 운영 비용이나 서버 측 머신 리소스가 필요하다. 데이터독과 마찬가지로 시계열로 여러 가지 메트릭을 수집/그래프화/모니터링할 수 있다.

15.3.1 프로메테우스 아키텍처

프로메테우스는 프로메테우스 서버를 중심으로 알림 매니저(Alert Manager)/익스포터(Exporter)/푸시 게이트웨이(Push Gateway)로 구성되어 있다. 프로메테우스 서버는 메트릭을 수집하고 저장하는 구성 요소다. 프로메테우스 서버가 수집하는 메트릭은 데이터 소스에서 수집하는 풀(Pull) 방식 아키텍처를 채용하고 있으므로 프로메테우스 서버가 데이터를 수집하러 가는 형태가 된다. 데이터를 가져오는 데이터 소스에는 익스포터, 애플리케이션에서 구현된 엔드포인트, 푸시 게이트웨이 등이 있다.

익스포터는 각종 미들웨어 등에서 모니터링 항목 데이터를 추출하고 프로메테우스 서버에서 요청을 받으면 프로메테우스 서버가 이해할 수 있는 형식으로 응답을 반환한다. 익스포터에는 여러 가지가 준비되어 있으며, 프로메테우스가 공식 지원하는 MySQL 익스포터나 서드파티 Apache 익스포터 등 이미 많은 익스포터[1]가 공개되어 있다. 미들웨어용 익스포터의 경우 5장에서 소개한 어댑터 패턴(파드 디자인 패턴 중 하나)을 사용하여 파드에 익스포터용 컨테이너를 포함시키는 경우가 많다. 또한, 일반적인 설치 순서로 프로메테우스를 설치한 경우에는 동시에 노드 익스포터도 설치되기 때문에 노드의 일반적인 시스템 메트릭이 수집되게 되어 있다.

익스포터를 사용하지 않고 프로메테우스 클라이언트 라이브러리를 사용하여 애플리케이션에서 프로메테우스에 대응한 엔드포인트를 구현하는 경우도 있다.

또 배치형 시스템 메트릭은 풀 방식과 맞지 않아 푸시(push) 방식으로 메트릭을 송신해야 할 경우가 있다. 푸시 게이트웨이는 이름 그대로 푸시 방식 아키텍처이며, 프로메테우스에 메트릭을 보내기 위한 구조다. 실제 각 프로그램에서는 푸시 게이트웨이로 메트릭을 송신(푸시)하고 프로메테우스가 푸시 게이트웨이에서 메트릭을 수집(풀)하는 형태로 구현된다.

---

1 https://prometheus.io/docs/instrumenting/exporters/

프로메테우스 서버가 모니터링 임계치를 초과했다고 판단되면 알림 매니저에게 발송 요청을 보낸다. 알림 매니저는 그 정보를 가지고 메일(Mail) 통지/슬랙(Slack) 통지/페이저듀티(PagerDuty) 통지(전화 통지 SaaS) 등 다양한 구조를 사용하여 통지하게 되어 있다. 또한, 알림 매니저에서 알람의 비활성화나 비슷한 알람이 연속적으로 발생했을 때 중복 제거 등이 가능하다.

덧붙여 프로메테우스 데이터의 시각화에는 일반적으로 그라파나(Grafana)를 사용한다.

15.3.2 프로메테우스 설치

프로메테우스도 헬름을 사용하여 설치할 수 있지만, 이번에는 프로메테우스 오퍼레이터를 사용하여 설치해보자. 프로메테우스 오퍼레이터는 ServiceMonitor, PodMonitor, PrometheusRule, Alertmanager 등의 CustomResource를 사용하여 설정할 수 있다. 다양한 설정이 포함된 매니페스트가 깃허브에 공개[2]되어 있기 때문에 깃허브를 사용하겠다.

```
# Prometheus Operator v0.39.0 해당
$ git clone https://github.com/coreos/kube-prometheus.git -b v0.5.0

# 오퍼레이터 및 설정 설치
$ kubectl apply -f kube-prometheus/manifests/setup/
$ kubectl apply -f kube-prometheus/manifests/
```

생성한 후에는 `kubectl port-forward` 명령어로 접속해서 확인해보자.

```
# 그라파나에 포트 포워딩(http://localhost:3000에서 접속 가능)
# admin:admin으로 로그인 가능
$ kubectl -n monitoring port-forward service/grafana 3000

# Prometheus Server에 포트 포워딩(http://localhost:9090에서 접속 가능)
$ kubectl -n monitoring port-forward service/prometheus-k8s 9090

# Alert Manager에 포트 포워딩(http://localhost:9093에서 접속 가능)
$ kubectl -n monitoring port-forward service/alertmanager-main 9093
```

---

[2] https://github.com/prometheus-operator/kube-prometheus

프로메테우스 서버는 PromQL[3]을 사용하여 쿼리를 작성하면 메트릭을 참조할 수 있다(그림 15-8). 예를 들어, 기본 네임스페이스에서 기동 중인 컨테이너의 메모리 사용률을 검색하려면 `container_memory_usage_bytes{namespace="default"}` 쿼리를 발행한다. 그라파나는 이 쿼리를 사용하여 어떤 그래프를 그릴지 정의하고, 알림 매니저는 이 쿼리를 사용하여 언제 알림을 실행할지 여부를 정의한다.

▼ 그림 15-8 프로메테우스로 쿼리 발행 및 그래프화

기본적으로 사용자는 그라파나를 통해 프로메테우스를 사용하게 될 것이다(그림 15-9). kube-prometheus를 사용하는 경우에는 프리셋에 다양한 그래프가 등록되어 있다.

---

[3] https://prometheus.io/docs/prometheus/latest/querying/basics/

▼ 그림 15-9 그라파나로 그래프 그리기

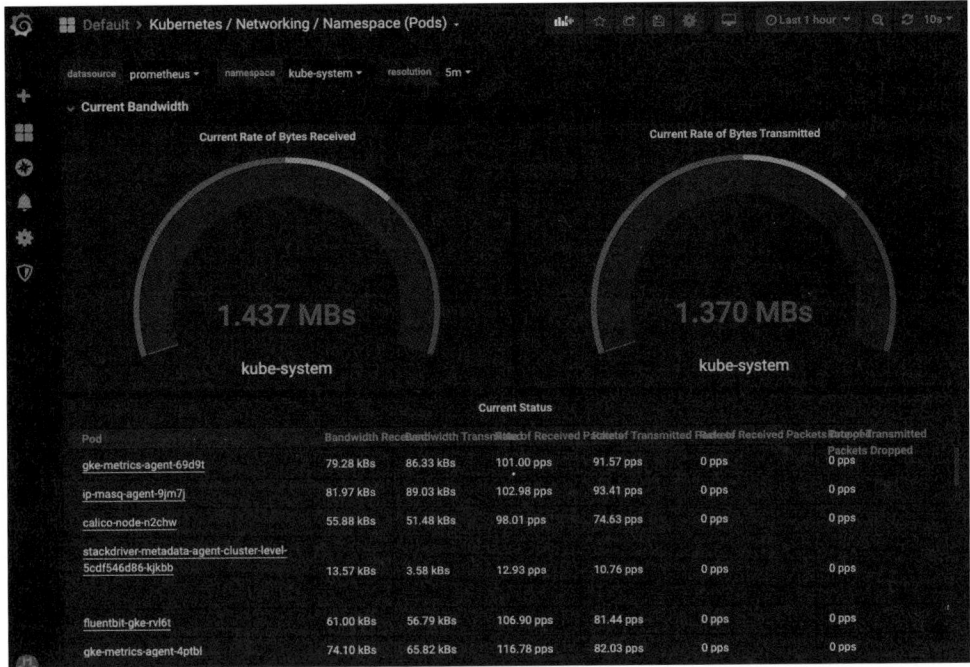

15.3.3 대규모 프로메테우스 운용을 지원하는 에코시스템

프로메테우스에 축적되는 메트릭 데이터양의 증가에 따라 확장성을 확보하고, 멀티 클러스터에 대응하기 위해 VictoriaMetrics[4], Cortex[5], Thanos[6]와 같은 제품도 등장했다. 대규모 환경에서 제품을 사용하는 경우에는 이런 프로메테우스 에코시스템도 검토해보길 바란다.

---

4 https://github.com/VictoriaMetrics/VictoriaMetrics
5 https://github.com/cortexproject/cortex
6 https://github.com/thanos-io/thanos

15.4 정리

쿠버네티스 모니터링 솔루션으로 SaaS인 데이터독과 오픈 소스 소프트웨어인 프로메테우스를 소개했다. 둘 다 장단점이 있지만, 모두 다양한 미들웨어를 지원하고 데이터독 플러그인이나 프로메테우스 익스포터는 플러그인으로 확장 가능한 구조로 되어 있어 커스텀 기능도 비교적 쉽게 추가할 수 있다. 이외에도 쿠버네티스의 폭발적인 보급으로 인해 웨이브 스코프(Weave Scope)/시스디그(Sysdig)/넷실(Netsil)/뉴렐릭(New Relic) 등 쿠버네티스를 지원하는 모니터링 솔루션은 많다. 기타 모니터링 솔루션에 대해서는 클라우드 네이티브 랜드스케이프(Cloud Native Landscape)[7] 등을 참고하여 요건에 맞는 모니터링 도구를 검토해보길 바란다.

---

[7] https://landscape.cncf.io/

16장
컨테이너 로그 집계

16.1 컨테이너에서 애플리케이션 로그 출력
16.2 플루언트디를 사용한 로그 집계
16.3 데이터독 로그를 사용한 로그 집계
16.4 그라파나 로키를 사용한 로그 집계
16.5 정리

16.1 컨테이너에서 애플리케이션 로그 출력

컨테이너에서 기동하는 애플리케이션은 기본적으로 표준 출력과 표준 에러 출력으로 로그를 출력하도록 해야 한다. 쿠버네티스는 표준 출력과 표준 에러 출력으로 출력된 로그를 kubectl logs 명령어로 표시할 수 있는 구조로 되어 있기 때문이다. 또한, 이 장에서 설명할, 클러스터에서 기동하고 있는 모든 컨테이너 로그를 클러스터 외부 서비스로 전송하는 구조를 사용할 수도 있다. 중장기적으로 로그를 안정적으로 저장하려면 로그를 집계하고 클러스터 외부로 전송하여 나중에 언제든지 사용할 수 있게 하는 것이 일반적이다.

다른 방법으로는 다음 두 가지를 생각해볼 수 있다.

- 애플리케이션이 특정 파일에 로그를 남긴다.
- 애플리케이션에서 라이브러리를 사용하여 직접 외부로 전송한다.

이 방법들은 각 애플리케이션별로 전송하는 구조를 도입하기 때문에 설정에 대한 유연성이 증가하지만 관리 비용이 높아진다. 그리고 kubectl logs 명령어로 로그를 확인할 수 없는 단점도 있다.

애플리케이션이 특정 파일에 로그를 출력하는 경우 출력된 파일을 읽어 전송하는 사이드카 컨테이너나 데몬셋도 생성해야 한다. 또 파일 저장 장소도 주의해야 한다. 예를 들어 파드 로컬 영역에 로그 파일을 출력한 경우에는 파드가 정지하면 파일도 삭제된다. 로그를 파일로 출력하는 경우에는 영구 볼륨 등을 사용하여 클러스터 외부의 영속성 영역에 저장함으로써 로그 유실을 방지하는 방법을 고려해야 한다. 다시 말해, 파일 저장 장소로 강력한 스토리지를 사용하면 좀 더 로그 유실이 적은 방법으로 만들 수도 있다.

또 애플리케이션에서 라이브러리를 사용하여 외부에 직접 전송하는 경우에는 전송할 목적지가 변경되면 애플리케이션 측의 수정이 필요해진다. 그 밖에도 로그 전송에 대한 설정이 애플리케이션과 긴밀하게 연관되는 단점이 있다.

16.2 플루언트디를 사용한 로그 집계

쿠버네티스에서 기동하고 있는 컨테이너 로그를 중장기적으로 안정적으로 저장하려면 플루언트디(Fluentd)를 사용하여 클러스터 외부로 로그를 전송하는 것을 추천한다. 플루언트디도 쿠버네티스와 마찬가지로 CNCF가 호스트하는 프로젝트 중 하나다(그림 16-1).

▼ 그림 16-1 플루언트디

플루언트디를 쿠버네티스에 통합하여 사용할 때는 데몬셋을 사용하여 각 노드에 플루언트디 파드를 한 대씩 기동하는 방법으로 구현한다. 데몬셋이 생성할 각 노드의 플루언트디 파드는 같은 노드에 실행 중인 모든 컨테이너의 로그를 수집하여 전송한다. 그림 16-2에서는 파드가 직접 플루언트디 파드에 전송하는 것처럼 보이지만, 실제로는 도커 컨테이너 표준 출력으로 출력된 로그가 노드의 /var/log/containers/ 아래에 저장되고, 그 로그 파일을 플루언트디 파드가 tail 플러그인을 사용하여 읽어들여서 전송한다. 그래서 로그를 전송할 컨테이너에 대해 특별한 설정이 필요 없고 플루언트디를 데몬셋으로 기동만 하면 쿠버네티스에서 기동 중인 컨테이너의 로그를 수집할 수 있게 된다. 당연하지만, kubectl logs로 확인하거나 플루언트디로 로그를 전송할 수 있도록 컨테이너에서 동작하는 애플리케이션 로그는 표준 출력과 표준 에러 출력으로 출력되도록 해야 한다.

▼ 그림 16-2 플루언트디를 사용한 로그 집계

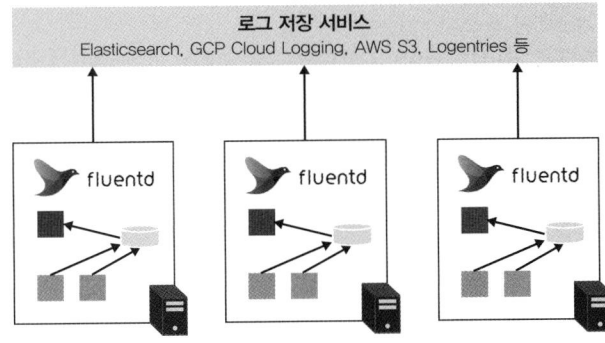

16.2.1 로그 저장소 선택

노드에서 실행되는 컨테이너 로그를 플루언트디로 집계한 후에는 영구적으로 저장하기 위해 외부 로그 저장 서비스 등으로 로그를 전송해야 한다. 플루언트디를 경유하여 전송하는 것에 대해서는 플루언트디가 공식적[1]으로 몇 가지 목적지용 도커 이미지를 제공하고 있다. 또한, 엘라스틱서치(Elasticsearch)나 구글 클라우드 스토리지(Google Cloud Storage) 등 몇 가지 목적지에 대해 쿠버네티스용 매니페스트 예제가 깃허브에 공개되어 있다. 공식 이미지는 다음과 같다.

- CloudWatch
- Elasticsearch
- Google Cloud Storage(GCS)
- Graylog
- Kafka
- Kinesis
- Logentries
- Loggly
- Logz.io
- Papertrail
- Amazon S3
- Stackdriver
- Syslog

16.2.2 GKE의 경우: 클라우드 로깅

GKE에서 쿠버네티스 클러스터를 구축하면, 자동으로 fluentd-gcp 데몬셋이 기동하고 각 노드에 있는 모든 컨테이너 로그를 클라우드 로깅(Cloud Logging)(구 스택드라이버 로깅(Stackdriver Logging))에 전송한다. GKE에 배포된 데몬셋은 플루언트디가 공식적으로 제공하는 컨테이너와는 다르지만, 이 컨테이너도 마찬가지로 플루언트디로 로그를 수집하여 클라우드 로깅에 전송하는 아키텍처를 채택하고 있다.

---

[1] https://github.com/fluent/fluentd-kubernetes-daemonset

```
# GKE에서 기동 중인 시스템 구성 요소를 확인
$ kubectl get pods -n kube-system
NAME                    READY   STATUS    RESTARTS   AGE
fluentbit-gke-cz84t     2/2     Running   0          17h
fluentbit-gke-nqd9m     2/2     Running   0          17h
fluentbit-gke-rvl6t     2/2     Running   0          17h
```

클라우드 로깅에 로그를 전송한 후에는 검색도 가능하고 클러스터나 컨테이너로 필터링해서 표시할 수도 있다(그림 16-3). 또한, 클라우드 로깅에는 구글 빅쿼리(Google BigQuery), 구글 클라우드 스토리지, 구글 클라우드 Pub/Sub(Google Cloud Pub/Sub)에 익스포트하는 기능도 있다. 이 기능으로 빅쿼리를 통한 대규모 분석, 클라우드 스토리지에 장기간 저장, 클라우드 Pub/Sub로 보내어 다시 애플리케이션에서 사용하는 등의 연계도 가능하다.

❖ 그림 16-3 클라우드 로깅을 사용한 로그 확인

또한, 클라우드 로깅은 과금 대상 로그를 필터링/샘플링하는 기능이 있다. 일반적으로 쿠버네티스상에서 동작하는 로그는 점차 많아지는 경향이 있는데, 불필요한 로그가 출력되는 경우도 많다. 불필요한 로그를 저장하는 것은 당연히 디스크 용량 증가로 인한 비용 증가와 연결된다. 애플리케이션이 출력하는 로그를 잘 설정할 수 있으면 가장 좋지만, 현실에서는 많은 로그가 출력되는 경우가 흔하다. 그래서 실제 운영에 들어간 이후 특정 로그를 예외 처리하는 필터링이나 로그의 일부를 샘플링하여 대상 로그를 줄이고 싶다는 요구가 많다.

이러한 요청은 쿠버네티스상에 배포된 플루언트디 설정을 변경하여 설정할 수도 있다. 한편 플루언트디 설정으로 대응하는 것은 '플루언트디 파드 재생성 필요', '쿠버네티스 노드 리소스 소비' 등과 같은 단점이 있다. 파드 재생성이 필요해서 일시적으로 다운타임이 발생하기 때문에 자주 하는 것은 바람직하지 않다. 또한, 플루언트디 측의 설정을 변경하는 것은 쿠버네티스 클러스터 전체 로그 전송에 영향을 줄 수 있는 작업이다. 게다가 로그에 대해 복잡한 필터링이나 샘플링을 하게 되면, 그것만으로도 쿠버네티스 노드 리소스를 많이 소비하므로 좋은 방법은 아니다.

그래서 수집 측 서버(클라우드 로깅 관리형 서비스 측)에서 로그 필터링이나 샘플링이 가능한 것은 장점이 될 수 있다. 클라우드 로깅의 필터링 조건을 로그 메시지에 대한 문자열 일치 조건이나 컨테이너명 등으로 유연하게 설정할 수 있다. 전송된 로그에 대한 샘플링은 필터링 조건을 기준으로 1%만 로그를 저장할 수도 있다. 또한, 클라우드 로깅에서 일부 로그에 대해 설정할 수 있기 때문에 모든 로그에 영향을 줄 가능성을 줄일 수 있다.

16.2.3 플루언트디와 플루언트 비트

플루언트디와 비슷한 제품으로 플루언트 비트(Fluent Bit)라는 것이 있다(그림 16-4). 심플하고 가벼운 플루언트디로 새롭게 개발된 이 제품은 주로 IoT 분야에서 사용할 목적으로 만들어졌지만, 쿠버네티스에서 각 노드나 컨테이너에서의 로그 전송과 같은 기능성보다 심플하고 경량을 요구하는 영역에서 사용하는 것도 권장한다.

플루언트디가 주로 루비(Ruby)로 만들어진 반면, 플루언트 비트는 C 언어로 만들어져 CPU 사용률과 메모리 사용률이 낮은 것이 특징이다. 그러나 C 언어로 완전히 새롭게 구현되었기 때문에 플루언트디의 기존 플러그인을 사용할 수 없다. 플루언트디는 많은 플러그인을 제공하고 있지만 플루언트 비트가 제공하는 플러그인은 약 70개 정도다. 앞으로 많은 플러그인이 나오겠지만, 플루언트디를 완전히 대체하는 것은 아니므로 주의해야 한다.

❤ 그림 16-4 플루언트 비트

16.3 데이터독 로그를 사용한 로그 집계

데이터독 로그(Datadog Logs)는 데이터독이 제공하는 로그 수집 및 모니터링 서비스다. 데이터독 로그는 플루언트디를 통해 로그를 전송하지 않으며, 데이터독 에이전트가 직접 컨테이너의 표준 출력으로 출력된 로그를 수집하고 데이터독 SaaS(Software as a Service) 서버에 전송한다. 15장에서 소개한 것과 같이 데이터독 에이전트도 일반적으로 데몬셋으로 배포되어 있어 각 노드에서 기동 중인 모든 컨테이너 로그를 수집할 수 있다(그림 16-5). 또한, 데이터독에서 과금 대상 로그를 필터링하는 기능도 있으므로 필터링한 로그나 일정 기간이 지난 로그를 아카이브하는 기능이 있다.

▼ 그림 16-5 데이터독을 사용한 로그 집계

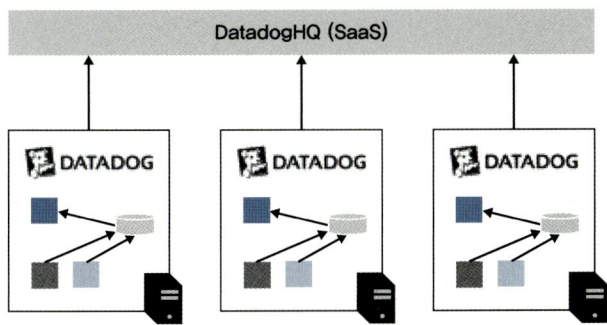

데이터독 로그를 사용할 때는 명시적으로 데이터독 에이전트에 로그 수집을 활성화하는 설정을 해야 한다. 15장에서 설명한 것과 같이 헬름으로 설치하는 경우에는 코드 16-1과 같은 values. yaml을 사용한다. 로그 수집을 활성화하려면, 15장에서 설명한 values.yaml 파일에 datadog. logs 아래의 설정 부분을 추가한다. 이번에는 테스트용으로 모든 컨테이너 로그를 수집하도록 설정하여 과금이 발생하므로 주의해야 한다.

코드 16-1 데이터독 로그를 활성화하는 values 파일(datadog_with_logs_values.yaml)

```
datadog:
  apiKey: XXXXXXXXXXXXXXXXXXXXXXXX
  appKey: YYYYYYYYYYYYYYYYYYYYYYYY
  tags: "project:sample,env:dev"
  clusterAgent:
    enabled: true
    metricsProvider:
      enabled: true
```

```
processAgent:
  enabled: true
  processCollection: true
collectEvents: true
leaderElection: true
logs: # 추가
  enabled: true # 추가
  containerCollectAll: true # 추가
  configContainerCollectAll: true # 추가
```

values 파일로 데이터독 에이전트를 배포한다.

```
# 헬름을 사용한 데이터독 설치
$ helm install sample-datadog stable/datadog \
--version 2.3.0 \
-f datadog_with_logs_values.yaml
```

데이터독 로그에서 수집한 로그는 웹 UI로도 확인할 수 있다. 로그에 출력된 메시지로 검색도 가능하며 네임스페이스, 파드명, 도커 이미지명, 컨테이너명 등으로 필터링할 수도 있다(그림 16-6).

▼ 그림 16-6 데이터독 로그에서 수집한 로그 표시

각 로그에는 파드명과 도커 이미지 정보 외에 디플로이먼트나 레플리카셋 이름 등과 같은 여러 태그가 부여되어 있으므로 로그 추적도 쉽게 할 수 있다. 또한, 로그를 분석한 결과를 이용하여 필터링하고 그 로그를 개별적으로 확인할 수도 있다(그림 16-7).

▼ 그림 16-7 데이터독 로그에서 수집한 개별 로그 표시

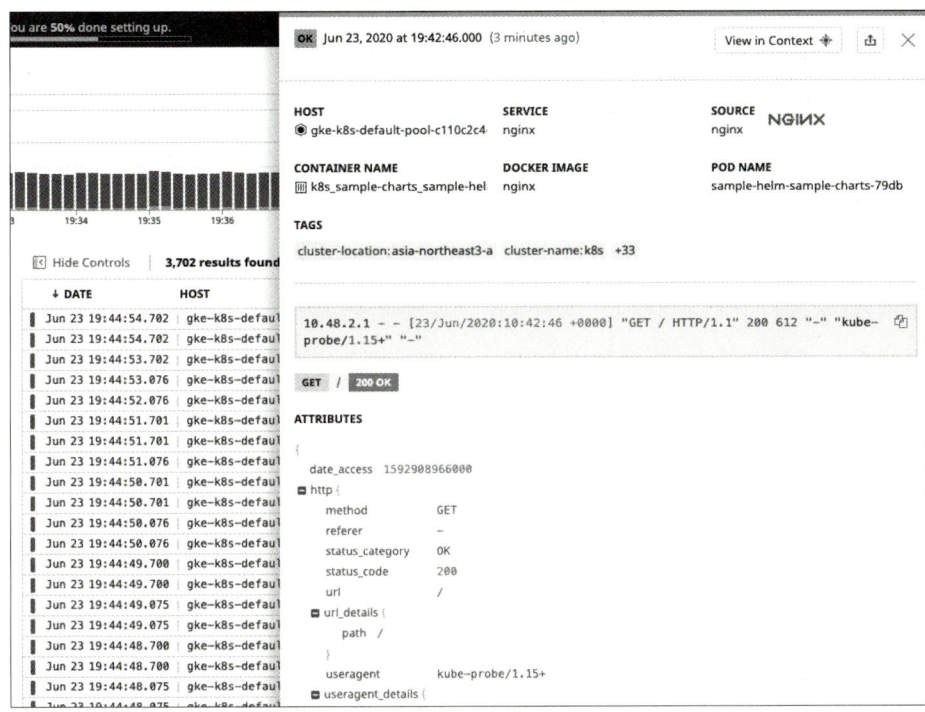

16.4 그라파나 로키를 사용한 로그 집계

그라파나 로키(Grafana Loki)는 프로메테우스처럼 로그를 집계하는 OSS다. 지금까지 소개한 것과 같이 데몬셋으로 배포되어 promtail이라는 에이전트가 로그를 수집하고 디플로이먼트로 배포된 로키에 데이터를 집계하는 구조다. 로키는 데이터 집계 외에 쿼리 실행도 담당한다. 로키에 집계된 로그 데이터는 그라파나를 통해 시각화할 수 있으며 프로메테우스와도 잘 맞는다.

16.5 정리

쿠버네티스를 사용하여 시스템을 개발했을 경우의 로그 관리를 소개했다. 컨테이너는 쿠버네티스에 분산 배치되어 있으므로 각 컨테이너의 로그를 집계하여 편의성을 높일 수 있다. 일반적으로 플루언트나 데이터독 에이전트 등을 데몬셋으로 배포하고 각 쿠버네티스 노드에서 출력된 컨테이너 로그를 외부로 전송하는 아키텍처가 채택되고 있다.

그 외 애플리케이션에서 fluent-logger 라이브러리를 사용하여 직접 플루언트나 외부 서버로 전송할 수도 있다. fluent-logger 라이브러리는 대부분의 주요 언어를 지원하고 있다.

쿠버네티스에서 로그를 집계할 경우에는 로그 중요도나 용량을 고려하면서 적절한 로그 전송 경로를 검토해보자. 경우에 따라서는 애그리게이션(aggregation)하는 역할을 중간에 넣어 집계 측 서버의 부하를 줄이는 것도 고려해보자.

17장 쿠버네티스 환경에서의 CI/CD

17.1 쿠버네티스 환경에서의 CI/CD

17.2 깃옵스

17.3 깃옵스에 적합한 CI 도구

17.4 CI 시 쿠버네티스 매니페스트 체크 실시

17.5 깃옵스에 적합한 CD 도구

17.6 개발 환경을 정비하는 도구

17.7 스피네이커

17.8 젠킨스 X

17.9 정리

17.1 쿠버네티스 환경에서의 CI/CD

지금까지 리소스를 등록할 때는 수동으로 kubectl 명령어를 실행했다. 그러나 실제 운영 환경에서 수동으로 kubectl 명령어를 실행하는 것은 가능하면 피해야 한다. 휴먼 에러가 발생하거나 관리 가능한 규모가 확장되지 않는 문제가 있기 때문이다. 그래서 일반적으로는 자동으로 CI/CD를 수행하는 파이프라인을 구축하는 방법을 추천한다.

애플리케이션의 소스 코드나 앤서블(Ansible), 셰프(Chef) 등의 인프라 구성 코드(Infrastructure as Code)는 깃 저장소에서 관리하는 것이 일반적이다. 기본 방침으로 쿠버네티스의 매니페스트 파일이나 14장에서 소개한 헬름 또는 Kustomize 등의 코드도 깃 저장소에서 관리하도록 한다.

즉, 쿠버네티스에서 지속적인 배포(CD)를 실시하는 경우 깃 저장소에 저장된 매니페스트 파일을 kubectl 등으로 자동 배포하는 구조를 만들어야 한다.

17.2 깃옵스

깃옵스(GitOps)는 깃(Git)을 사용한 CI/CD 방법 중 하나다. 깃옵스는 애플리케이션 업데이트, 즉 디플로이먼트 등의 리소스를 사용하는 도커 이미지 변경 같은 쿠버네티스 클러스터 조작을 깃 저장소를 통해 실시하므로 수동으로 매니페스트를 변경하거나 수동으로 kubectl apply 명령어를 실행할 필요가 없다.

쿠버네티스에서는 kubectl을 사용하여 디플로이먼트 이미지 업데이트 등을 할 수 있었다. 쿠버네티스에 배포할 애플리케이션을 개발할 때는 다음과 같은 흐름으로 진행된다.

(1) 애플리케이션 소스 코드 변경

(2) 애플리케이션 테스트 실시

(3) 컨테이너 이미지 생성(애플리케이션 컴파일 포함)

(4) 컨테이너 이미지를 컨테이너 레지스트리에 푸시

(5) 디플로이먼트 등의 매니페스트를 변경(이미지 태그)

(6) `kubectl apply`와 같은 처리를 실행하여 클러스터에 반영

깃옵스에서는 그림 17-1과 같이 애플리케이션의 소스 코드용 저장소와 쿠버네티스 매니페스트 관리용 저장소라는 두 개의 깃 저장소가 제공된다. 애플리케이션 개발자가 애플리케이션 소스 코드가 저장된 깃 저장소에 변경을 커밋하면, 자동으로 애플리케이션 테스트/컨테이너 이미지 생성/컨테이너 레지스트리로 이미지 푸시 등의 지속적 통합(CI)이 이루어진다. 이후 매니페스트 관리용 깃 저장소에 자동으로 이미지 태그를 변경하는 PR(Pull Request)이 보내지고, 애플리케이션 개발자는 보내진 PR을 기반으로 쿠버네티스 매니페스트의 변경점을 확인하고 문제가 없다면 병합한다. 매니페스트 변경 내용이 병합되면, 쿠버네티스에서 동작하고 있는 배포 에이전트(Deploy Agent)라고 불리는 에이전트와 같은 구성 요소가 저장소의 매니페스트를 가져와 적용한다.

❤ 그림 17-1 깃옵스의 동작 흐름

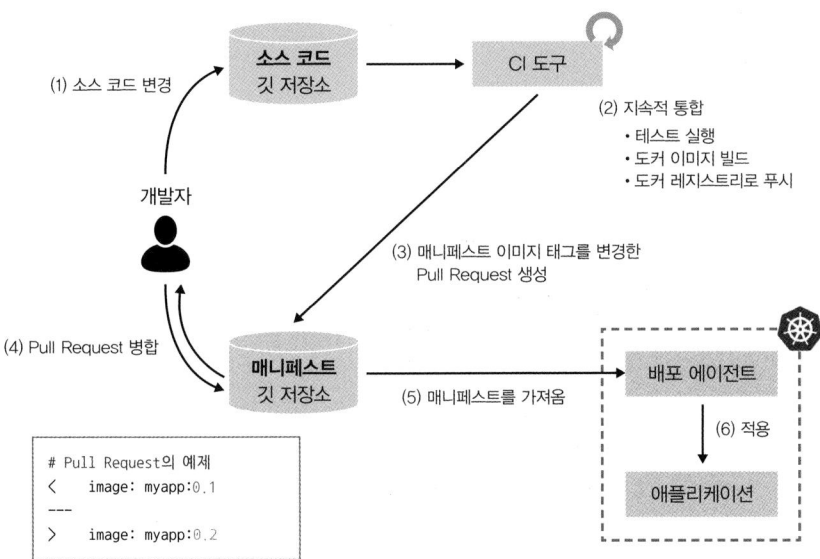

이러한 일련의 과정에서 애플리케이션 개발자가 해야 하는 것은 '소스 코드 변경을 소스 코드용 깃 저장소에 커밋하는 것'과 '매니페스트 변경점의 PR을 확인하고 병합하는 것', 두 가지뿐이다. PR에서 변경점을 쉽게 확인할 수 있으므로 실제 클러스터에 적용되는 매니페스트 변경 상황을 파악하기 쉬운 장점이 있으며, 매니페스트용 깃 저장소에 있는 매니페스트는 실제 그 당시 클러스터에 적용된 리소스 상태와 동일하기 때문에 클러스터 상태를 코드로 관리(Infrastructure as Code)할 수 있는 장점도 있다. 그래서 매니페스트용 깃 저장소를 사용하여 클러스터를 복원할 수도 있다.

> column ≡ **매니페스트 저장소 배치에 대해**
>
> 매니페스트 자체도 해당 애플리케이션 저장소에 디렉터리를 나눠 배치하면 동일한 것을 구현할 수 있다. 그러나 매니페스트 저장소가 여러 개로 나뉘어 있으면 원래대로 되돌리고자 할 때 각 매니페스트 변경 순서나 타이밍 등을 여러 저장소에서 판단해야 한다. 이 때문에 매니페스트 저장소는 단일 저장소에 배치하도록 한다. 인프라 변경이 모두 단일 저장소에서 끝나면 그 저장소 상태가 클러스터 상태와 같기 때문에 그 저장소의 커밋을 복구(Revert)하면 환경을 원래대로 되돌릴 수 있다.

깃옵스는 KubeCon+CloudNativeCon에서도 자주 발표되어 많은 기업이 주목하고 있다. 실제 젠킨스 X도 깃옵스 사상을 담은 도구 중 하나다. 실제 운영 환경을 고려해보면, 수동으로 매니페스트를 수정하거나 `kubectl apply` 명령어를 실행하면 휴먼 에러가 발생하기 쉽기 때문에 깃옵스 등으로 자동으로 배포하는 구조를 도입하자.

- GitOps - Operations by Pull Request[1]
- GitOps: High velocity CICD for Kubernetes[2]

> column ≡ **깃옵스와 CI옵스**
>
> 깃옵스와 유사한 CI옵스(CIOps)라는 방법이 있다. 깃옵스는 쿠버네티스에 배포할 때 배포 오퍼레이터가 매니페스트 저장소에서 데이터를 가져와 자신의 클러스터(kubernetes.default.svc.cluster.local)에 매니페스트를 적용했다. 반면 CI옵스는 쿠버네티스에 배포할 때 CI 도구가 kubectl 명령 등을 사용하여 외부에서 쿠버네티스 클러스터에 매니페스트를 적용한다.
>
> 그래서 CI 도구에 쿠버네티스 클러스터에 대한 강한 권한 인증 정보가 있어야 하므로 보안 약점이 생길 수 있다. 또 여러 클러스터가 존재하는 경우에는 각 쿠버네티스 클러스터에 대한 인증 정보를 CI 도구 측에서 관리해야 하며 예상치 못한 클러스터에 적용될 가능성도 있다. 깃옵스는 쿠버네티스 클러스터에 대한 권한이 클러스터 외부에 저장되지 않고 각 클러스터가 저장소를 참조하는 형태이기 때문에 이러한 문제를 줄일 수 있다.
>
> CI옵스는 기존 배포 사상과 비슷하기 때문에 처음 도입하는 경우 CI옵스가 쉬울 것이다. 위와 같은 단점을 고려한 후 깃옵스와 CI옵스를 선택하도록 하자.

---

1   https://www.weave.works/blog/gitops-operations-by-pull-request
2   https://www.weave.works/blog/gitops-high-velocity-cicd-for-kubernetes

17.3 깃옵스에 적합한 CI 도구

깃옵스를 구현하는 CI 도구는 애플리케이션 테스트, 도커 이미지 빌드, 매니페스트 저장소 업데이트 등과 같은 기본적인 처리를 할 수 있는 것이면 무엇이든 상관없다. 쿠버네티스와의 호환성이 높은 도구로는 쿠버네티스의 CustomResource로 CI 파이프라인을 정의 가능한 Tekton[3]이나 쿠버네티스에서 컨테이너를 빌드하는 Kaniko[4]를 선택할 수 있다.

17.4 CI 시 쿠버네티스 매니페스트 체크 실시

쿠버네티스 매니페스트를 CI 시 체크하는 몇 가지 오픈 소스 소프트웨어를 소개한다. 이 소프트웨어를 사용하면 매니페스트 저장소에 잘못된 값이나 구조를 가진 매니페스트, 회사 정책을 위반하는 매니페스트가 포함되는 것을 CI 타이밍에 제거할 수 있다.

17.4.1 큐비발

큐비발(Kubeval)[5]은 매니페스트 파일의 YAML 구조가 특정 API 버전을 준수하는지 검증할 수 있는 OSS이며, 체크 가능한 리소스는 쿠버네티스 표준으로 사용되는 리소스로 한정한다.

예를 들어, 자주 하는 실수로 Annotations 값에는 문자열이나 Null 값이 필수임에도 숫자를 지정하는 경우를 들 수 있다. 이런 실수는 kubeval로 자료형을 체크해서 사전에 검출할 수 있다.

---

3   https://github.com/tektoncd/pipeline
4   https://github.com/GoogleContainerTools/kaniko
5   https://github.com/instrumenta/kubeval

```
# 설치 및 버전 확인
# 맥 운영체제
$ wget https://github.com/instrumenta/kubeval/releases/latest/download/kubeval-darwin-amd64.tar.gz
$ tar xf kubeval-darwin-amd64.tar.gz

# 리눅스
$ wget https://github.com/instrumenta/kubeval/releases/latest/download/kubeval-linux-amd64.tar.gz
$ tar xf kubeval-linux-amd64.tar.gz

$ sudo cp kubeval /usr/local/bin
$ kubeval --version

# 특정 버전을 지정하여 매니페스트 밸리데이션을 실시(이 책을 집필하는 시점에 1.18.16용 스키마가
kubeval에 존재하지 않으므로 1.18.1을 지정)
$ cd kubeval
$ kubeval ./*.yaml --kubernetes-version 1.18.1
WARN - ./fail-deployment.yaml contains an invalid Deployment (fail-deployment) -
metadata.annotations: Invalid type. Expected: [string,null], given: integer

# Annotations 값에는 문자열 또는 Null 값만 허용되기 때문에 오류가 반환됨
$ cat fail-deployment.yaml
apiVersion: apps/v1
kind: Deployment
metadata:
  name: fail-deployment
  annotations:
    max-replicas: 100
spec:
…(생략)…
```

단일 바이너리로 테스트를 할 수 있기 때문에 쉽게 CI에 도입할 수 있는 것도 좋다. 또한, 도커 허브 컨테이너 이미지도 공개되어 있어[6] 컨테이너 이미지를 사용하는 CI에도 쉽게 통합할 수 있다.

---

6 https://hub.docker.com/r/garethr/kubeval

17.4.2 Conftest

Conftest[7]는 매니페스트 파일을 유닛 테스트하는 OSS다. OpenPolicyAgent에서 사용되는 Rego 언어로 정책을 기술하고 다음과 같은 테스트를 CI 도구에 통합할 수 있다.

- 특수 권한 컨테이너가 사용되고 있지 않은가?
- 리소스에 부여하는 레이블 룰을 정한 경우 필요한 레이블이 누락되지 않았는가?
- 이미지 태그가 latest 등은 아닌가?
- 리소스 제어에 관한 설정을 정의하고 있는가?

간단한 예로, 디플로이먼트의 파드 템플릿과 셀렉터의 레이블에는 app 레이블이 포함되어 있으며 같은 app 레이블이 부여되는지를 강제하는 정책으로 코드 17-1과 같은 형태가 있다.

코드 17-1 Conftest 예제(policy/sample.rego)

```
package main

deny[msg] {
  input.kind == "Deployment"
  not (input.spec.selector.matchLabels.app == input.spec.template.metadata.labels.app)
  msg = sprintf("Pod Template와 Selector에는 같은 app 레이블을 부여해 주세요: %s", [input.metadata.name])
}}
```

이 정책에 맞지 않는 리소스를 체크해보면 fail-deployment는 정책에 맞지 않아 테스트에 실패하는 것을 확인할 수 있다. 이것도 단일 바이너리로 테스트하고 있으므로 간단히 CI에 도입할 수 있다. 또한, 도커 허브에 컨테이너 이미지도 공개되어 있으므로[8] 컨테이너 이미지를 사용하는 CI에도 쉽게 통합할 수 있다.

---

7 https://github.com/open-policy-agent/conftest
8 https://hub.docker.com/r/instrumenta/conftest

```
# 맥 운영체제
$ brew tap instrumenta/instrumenta
$ brew install conftest

# 리눅스
$ wget https://github.com/open-policy-agent/conftest/releases/download/v0.23.0/conftest_0.23.0_Linux_x86_64.tar.gz
$ tar xzf conftest_0.23.0_Linux_x86_64.tar.gz
$ sudo mv conftest /usr/local/bin

$ conftest --version
Version: 0.23.0
Commit: 6190ded
Date: 2021-01-09T10:26:15Z

# Conftest 실행
$ conftest test ./*.yaml
FAIL - ./fail-deployment.yaml - main - Pod Template와 Selector에는 같은 app 레이블을
부여해 주세요: fail-deployment

# 정책에 일치하지 않는 디플로이먼트 예제
$ cat fail-deployment.yaml
apiVersion: apps/v1
kind: Deployment
metadata:
  name: fail-deployment
spec:
  replicas: 3
  selector:
    matchLabels:
      role: fail-app
…(생략)… [9] [10]
```

> **column** ≡ **Rego 언어 테스트 환경**
>
> OpenPolicyAgent에서 사용 가능한 Rego 언어의 문법은 공식 사이트[9]에서 샘플과 함께 제공되며, 브라우저에서 일부를 변경하여 샘플을 실행할 수도 있다. 좀 더 상세한 Rego 언어 테스트를 할 경우에는 Rego 플레이그라운드[10] 를 사용하면 된다.

---

[9] https://www.openpolicyagent.org/docs/latest/policy-language/
[10] https://play.openpolicyagent.org/

17.4.3 OpenPolicyAgent/Gatekeeper

OpenPolicyAgent[11]는 범용 정책을 체크하는 오픈 소스 프로젝트로, 쿠버네티스와 연계하는 Gatekeeper와 결합하여 매니페스트가 적용될 때 정책을 체크할 수 있다. CNCF의 Incubating 프로젝트로 호스트되어 있다(그림 17-2).

❤ 그림 17-2 OpenPolicyAgent

앞에서 소개한 Conftest를 사용하고도 CI/CD를 거치지 않고 직접 매니페스트를 쿠버네티스에 등록한 경우 정책을 위반하더라도 등록할 수 있다. OpenPolicyAgent/Gatekeeper는 쿠버네티스의 Admission Controller로 동작하기 때문에 쿠버네티스 API에 등록된 타이밍에 체크하는 것도 가능하다. 또 Gatekeeper는 클러스터에 등록된 리소스도 참조할 수 있기 때문에 인그레스 리소스의 호스트명 충돌 여부나 리소스 간 레이블명 충돌 여부 등을 확인할 수 있다. 좀 더 강력한 정책을 적용하는 경우에는 Conftest와 Gatekeeper를 모두 사용하게 하고 사전 체크와 직전의 체크를 모두 활성화한다.

Gatekeeper의 매니페스트와 샘플 파일은 저장소에 공개되어 있다. 이 책에서는 공개된 샘플 파일을 일부 변경하여 예제로 설명한다. Rego 언어의 상세한 문법이나 내용은 설명하지 않으므로, 17.4.2절에서 소개한 Rego 언어 공식 사이트를 참고하길 바란다.

```
# Gatekeeper(Version: v3.3) 설치
$ kubectl apply -f https://raw.githubusercontent.com/open-policy-agent/gatekeeper/release-3.3/deploy/gatekeeper.yaml
```

OpenPolicyAgent는 ConstraintTemplate 리소스를 기준으로 제약을 커스텀으로 구현할 수 있다. ConstraintTemplate은 'Rego로 기술된 정책'과 '그 정책을 사용할 때 파라미터나 리소스명의 정의(CustomResourceDefinition)'를 설정한다.

---

11 https://www.openpolicyagent.org/

코드 17-2 특정 리소스에 대해 특정 레이블을 강제하는 ConstraintTemplate 예제(requiredlabels/template.yaml)

```yaml
apiVersion: templates.gatekeeper.sh/v1beta1
kind: ConstraintTemplate
metadata:
  name: k8srequiredlabels
spec:
  crd:
    spec:
      names:
        kind: K8sRequiredLabels
      validation:
        # Schema for the `parameters` field
        openAPIV3Schema:
          properties:
            message:
              type: string
            labels:
              type: array
              items:
                type: object
                properties:
                  key:
                    type: string
                  allowedRegex:
                    type: string
  targets:
  - target: admission.k8s.gatekeeper.sh
    rego: |
      package k8srequiredlabels

      get_message(parameters, _default) = msg {
        not parameters.message
        msg:= _default
      }

      get_message(parameters, _default) = msg {
        msg:= parameters.message
      }

      violation[{"msg": msg, "details": {"missing_labels": missing}}] {
        provided:= {label | input.review.object.metadata.labels[label]}
        required:= {label | label:= input.parameters.labels[_].key}
        missing:= required - provided
```

```
          count(missing) > 0
          def_msg:= sprintf("you must provide labels: %v", [missing])
          msg:= get_message(input.parameters, def_msg)
        }

        violation[{"msg": msg}] {
          value:= input.review.object.metadata.labels[key]
          expected:= input.parameters.labels[_]
          expected.key == key
          # do not match if allowedRegex is not defined, or is an empty string
          expected.allowedRegex != ""
          not re_match(expected.allowedRegex, value)
          def_msg:= sprintf("Label <%v: %v> does not satisfy allowed regex: %v", [key,
value, expected.allowedRegex])
          msg:= get_message(input.parameters, def_msg)
        }
```

실제로 제약을 설정하려면 파라미터를 지정하고 ConstraintTemplate에서 정의한 리소스를 생성한다. 코드 17-3에서는 K8sRequiredLabels 리소스를 생성할 때 파라미터로 구체적인 제약 조건을 사용하는 labels를 지정하고 있다. ConstraintTemplate 정책에서는 여기서 지정된 파라미터 레이블을 가졌는지 체크한다.

코드 17-3 파드 리소스에 대해 app 레이블을 강제하는 K8sRequiredLabels 예제(requiredlabels/constraint.yaml)

```yaml
apiVersion: constraints.gatekeeper.sh/v1beta1
kind: K8sRequiredLabels
metadata:
  name: pod-has-app-label
spec:
  match:
    kinds:
      - apiGroups: [""]
        kinds: ["Pod"]
  parameters:
    message: "All namespaces must have an `app` label"
    labels:
      - key: app
        allowedRegex: "^[a-zA-Z]+$"
```

실제 파드 리소스에 app 레이블 부여를 강제하는 매니페스트를 적용하면 생성할 수 없는 것을 확인할 수 있다.

```
$ kubectl apply -f requiredlabels/template.yaml
constrainttemplate.templates.gatekeeper.sh/k8srequiredlabels created

$ kubectl apply -f requiredlabels/constraint.yaml
k8srequiredlabels.constraints.gatekeeper.sh/pod-has-app-label created

$ kubectl apply -f requiredlabels/example.yaml
Error from server ([denied by pod-has-app-label] All namespaces must have an `app`
label): error when creating "requiredlabels/example.yaml": admission webhook
"validation.gatekeeper.sh" denied the request: [denied by pod-has-app-label] All
namespaces must have an `app` label

$ kubectl get k8srequiredlabels pod-has-app-label -o yaml
…(생략)…
status:
  auditTimestamp: "2021-04-09T16:46:09Z"
  byPod:
  - constraintUID: 5c3ce460-5928-46f6-97e0-47cc82636244
    enforced: true
    id: gatekeeper-audit-84964f86f-lwmkp
    observedGeneration: 1
…(생략)…

  - enforcementAction: deny
    kind: Pod
    message: All namespaces must have an `app` label
    name: gatekeeper-audit-84964f86f-lwmkp
    namespace: gatekeeper-system
…(생략)…
  - enforcementAction: deny
    kind: Pod
    message: All namespaces must have an `app` label
    name: fluentbit-gke-cz84t
    namespace: kube-system
```

다음으로는 이미 쿠버네티스에 등록된 데이터를 참조하여 기존 데이터와 중복되지 않도록 제약을 설정하는 예제를 소개한다. 예를 들어, 서비스 리소스의 셀렉터가 충돌하는 경우 비슷한 서비스가 생성되어 있거나 지정하고 있는 셀렉터가 잘못되어 있을 수 있다. 이때 쿠버네티스에 이미 등록된 리소스의 데이터는 data.inventory에서 참조할 수 있기 때문에 이 데이터를 바탕으로 정책을 기술하면 충돌을 판단할 수 있다.

코드 17-4 서비스 셀렉터가 중복되지 않도록 강제하는 K8sUniqueServiceSelector 예제(uniqueserviceselector/template.yaml)

```yaml
apiVersion: templates.gatekeeper.sh/v1beta1
kind: ConstraintTemplate
metadata:
  name: k8suniqueserviceselector
spec:
  crd:
    spec:
      names:
        kind: K8sUniqueServiceSelector
  targets:
  - target: admission.k8s.gatekeeper.sh
    rego: |
      package k8suniqueserviceselector

      make_apiversion(kind) = apiVersion {
        g:= kind.group
        v:= kind.version
        g != ""
        apiVersion = sprintf("%v/%v", [g, v])
      }

      make_apiversion(kind) = apiVersion {
        kind.group == ""
        apiVersion = kind.version
      }

      identical(obj, review) {
        obj.metadata.namespace == review.namespace
        obj.metadata.name == review.name
        obj.kind == review.kind.kind
        obj.apiVersion == make_apiversion(review.kind)
      }

      flatten_selector(obj) = flattened {
        selectors:= [s | s = concat(":", [key, val]); val = obj.spec.selector[key]]
        flattened:= concat(",", sort(selectors))
      }

      violation[{"msg": msg}] {
        input.review.kind.kind == "Service"
        input.review.kind.version == "v1"
        input.review.kind.group == ""
```

```
            input_selector:= flatten_selector(input.review.object)
            other:= data.inventory.namespace[namespace][_][_][name]
            not identical(other, input.review)
            other_selector:= flatten_selector(other)
            input_selector == other_selector
            msg:= sprintf("same selector as service <%v> in namespace <%v>", [name, namespace])
        } }
```

Gatekeeper가 쿠버네티스에 이미 등록된 리소스를 참조할 수 있도록 하려면 쿠버네티스에서 Gatekeeper로 데이터를 동기화하는 설정을 컨피그 리소스로 해야 한다. 명시적으로 리소스 동기화를 설정하지 않으면 참조할 수 없기 때문에 주의해야 한다.

코드 17-5 서비스 리소스 정보를 Gatekeeper와 동기화하는 컨피그 리소스 예제(uniqueserviceselector/sync-service.yaml)

```yaml
apiVersion: config.gatekeeper.sh/v1alpha1
kind: Config
metadata:
  name: config
  namespace: gatekeeper-system
spec:
  sync:
    syncOnly:
    - group: ""
      version: v1
      kind: Service
```

실제로 서비스 리소스의 셀렉터 충돌을 허용하지 않는 매니페스트를 적용하면 같은 셀렉터를 가진 두 번째 서비스를 생성할 수 없는 것을 확인할 수 있다.

```
$ kubectl apply -f uniqueserviceselector/template.yaml
constrainttemplate.templates.gatekeeper.sh/k8suniqueserviceselector created

$ kubectl apply -f uniqueserviceselector/constraint.yaml
k8suniqueserviceselector.constraints.gatekeeper.sh/unique-service-selector created

$ kubectl apply -f uniqueserviceselector/sync-service.yaml
config.config.gatekeeper.sh/config created

$ kubectl apply -f uniqueserviceselector/example1.yaml
```

```
service/test-service1 created

$ kubectl apply -f uniqueserviceselector/example2.yaml
Error from server ([denied by unique-service-selector] same selector as service <test-
service1> in namespace <default>): error when creating "uniqueserviceselector/example2.
yaml": admission webhook "validation.gatekeeper.sh" denied the request: [denied by
unique-service-selector] same selector as service <test-service1> in namespace
<default>
```

이후 작업에 영향을 주지 않도록 Gatekeeper 사용이 끝나면 ConstraintTemplate을 삭제하고 모든 제약을 비활성화한다.

```
# 모든 제약을 삭제
$ kubectl delete constrainttemplates --all
```

17.5 깃옵스에 적합한 CD 도구

깃옵스를 구현하려면 CI 도구가 아니라 깃옵스에 적합한 CD 도구를 사용하는 것이 좋다. 이 책에서는 ArgoCD를 소개한다.

17.5.1 ArgoCD

ArgoCD는 깃옵스를 구현하기 위한 CD 도구이며(그림 17-3), 지정한 저장소를 모니터링하고 쿠버네티스 클러스터에 매니페스트를 적용한다. 이 장 첫 부분에서 설명한 깃옵스 그림에서(그림 17-1) 배포 에이전트에 해당한다.

▼ 그림 17-3 ArgoCD

ArgoCD를 설치하는 매니페스트가 공식적으로 제공되고 있기 때문에 도입하기도 쉽다.

```
# ArgoCD(Version: v2.0.0 ) 설치
$ kubectl create namespace argocd
$ kubectl apply -n argocd -f https://raw.githubusercontent.com/argoproj/argo-cd/stable/manifests/install.yaml
```

ArgoCD는 애플리케이션 리소스를 생성하여 특정 저장소의 특정 경로에 있는 파일을 쿠버네티스 클러스터에 적용하는 구조로 되어 있다. 기본적으로는 자동으로 동기화되도록 설정하는 것을 권장하지만 수동으로 관리할 수도 있다. 매니페스트 차이점을 표시할 수 있어 수동으로 관리하는 경우에는 차이점을 확인하고 적용할 수 있다. ArgoCD는 그 밖에도 저장소에서 삭제된 리소스를 자동으로 삭제하는 prune 옵션과 자동 복구시키는 selfHeal 옵션 등도 있다.

이번에는 소개하지 않지만, ArgoCD에는 기본 매니페스트 이외에 Kustomize나 헬름 등의 매니페스트도 사용할 수 있으므로 (이 책을 집필하는 시점에서) 깃옵스를 도입하기 위한 가장 좋은 제품은 ArgoCD라고 말할 수 있다.

코드 17-6 깃 저장소 매니페스트를 동기화하는 예제(sample-cd.yaml)

```
apiVersion: argoproj.io/v1alpha1
kind: Application
metadata:
  name: sample-cd
  namespace: argocd
spec:
  project: default
  # 적용할 매니페스트
  source:
    repoURL: https://github.com/MasayaAoyama/kubernetes-perfect-guide.git
    targetRevision: 2nd-edition
    path: samples/chapter17/argocd/manifests
    directory:
      recurse: true
  # 적용 대상(기본은 자신의 클러스터)
```

```
    destination:
      server: https://kubernetes.default.svc
      namespace: default
  # 동기 설정
  syncPolicy:
    automated:
      prune: true
      selfHeal: true
```

위 리소스를 등록하면 잠시 후 해당 저장소 디렉터리 아래에 있는 매니페스트가 적용되고 리소스가 생성되었을 것이다.

```
$ kubectl -n default get deployments,services
NAME                                    READY   UP-TO-DATE   AVAILABLE   AGE
deployment.apps/sample-cd-deployment    3/3     3            3           10s

NAME                             TYPE        CLUSTER-IP      EXTERNAL-IP   PORT(S)    AGE
service/sample-cd-clusterip      ClusterIP   10.71.241.135   <none>        8080/TCP   10s
```

동기화 상태는 애플리케이션 리소스의 상태에서 확인할 수 있지만 알아보기가 쉽지 않다.

```
$ kubectl -n argocd describe applications sample-cd
…(생략)…
Status:
  Health:
    Status:  Healthy
…(생략)…
```

ArgoCD는 웹 UI도 제공되므로 동기화 상태는 UI에서 확인하는 것이 좋다. 기본 설치에는 ClusterIP 서비스가 사용되기 때문에 포트 포워딩하고 확인한다.

```
# ArgoCD 서버에 포트 포워딩(localhost:8080에서 접속 가능)
$ kubectl -n argocd port-forward service/argocd-server 8080:80
```

ArgoCD의 웹 UI에서 사용자명은 'admin'이고, 패스워드는 다음 방법으로 확인한다.

```
# 패스워드 확인
$ kubectl -n argocd get secret argocd-initial-admin-secret -o jsonpath="{.data.
password}" | base64 -d
rcuRooXEUqylqDhS
```

웹 UI에서 이번에 생성한 애플리케이션 정보를 확인해보면, 이 애플리케이션 리소스가 관리하는 리소스가 그래프화되어 알아보기 쉽다(그림 17-4). 배포에 문제가 발생하는 경우에는 그 부분이 에러로서 적색으로 표시되므로 트러블 슈팅 때도 장애 부분을 쉽게 판단할 수 있다.

▼ 그림 17-4 웹 UI에서 애플리케이션 동기화 상태 확인

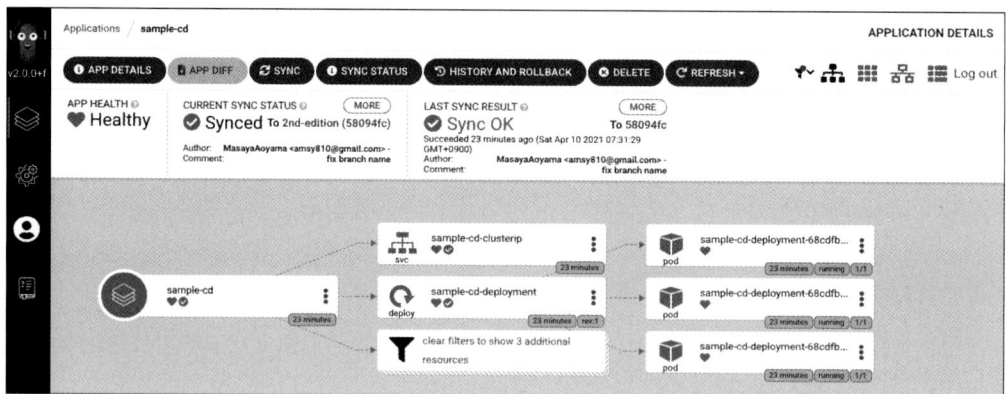

이번에는 간단한 예시였지만, ArgoCD에는 동기화 전후로 리소스를 생성하고 삭제하는 리소스 훅(Hook) 기능도 있다.[12] 동기화가 완료되거나 실패했을 때 슬랙(Slack) 통지를 하거나 동기화 전에 데이터베이스 마이그레이션을 실행하는 것도 잡 리소스와 리소스 훅 기능을 사용하면 ArgoCD에서 가능하다.[13]

> column ≡ **ArgoCD + Weave Flux = GitOps Engine**
>
> ArgoCD 외에 깃옵스를 구현하는 도구로 Weave Flux라는 것도 있다. 이 두 개는 현재 통합이 진행되고 있으며, 향후 깃옵스 엔진(GitOps Engine)[13]으로 탄생할 예정이다.

---

12 https://argoproj.github.io/argo-cd/user-guide/resource_hooks/
13 https://github.com/argoproj/gitops-engine

17.5.2 시크릿 리소스의 매니페스트 암호화

시크릿 리소스 매니페스트는 base64로 인코드되어 있을 뿐이며 암호화되어 있지 않아 깃 저장소에 저장할 수 없다. 따라서 다양한 방법으로 시크릿 리소스의 매니페스트를 암호화하는 방법이 제안되고 있다. 자세한 내용은 13장의 '시크릿 리소스 암호화' 절을 참조하자.

17.6 개발 환경을 정비하는 도구

도커나 쿠버네티스를 사용한 환경에서 개발을 지원하는 도구도 많다. 그중에서 원격 쿠버네티스 클러스터를 사용하여 로컬 개발을 구현하는 텔레프레전스와 컨테이너 이미지 빌드와 배포를 자동화하는 스캐폴드를 소개한다.

17.6.1 텔레프레전스

텔레프레전스(Telepresence)[14]는 원격 쿠버네티스 클러스터를 사용하여 로컬 개발을 구현하는 것으로 CNCF의 Sandbox 프로젝트로 호스트되어 있다(그림 17-5).

▼ 그림 17-5 텔레프레전스

---

14 https://www.telepresence.io/

대규모 시스템 개발에서 모든 구성 요소를 로컬 머신에서 실행하는 것은 어렵다. 텔레프레젠스는 이 문제를 해결하기 위해 원격에 있는 쿠버네티스 클러스터에서 전체 구성 요소를 동작시키고 그 중 일부만 로컬에서 동작시키는 구조다. 원격에 있는 쿠버네티스 클러스터와 로컬 머신은 네트워크로 통신할 수 있는 상태로 만들었기 때문에 로컬 머신에서 기동한 컨테이너에서 원격 쿠버네티스 파드 네트워크로 접속할 수 있다(그림 17-6).

❤ 그림 17-6 텔레프레젠스 아키텍처

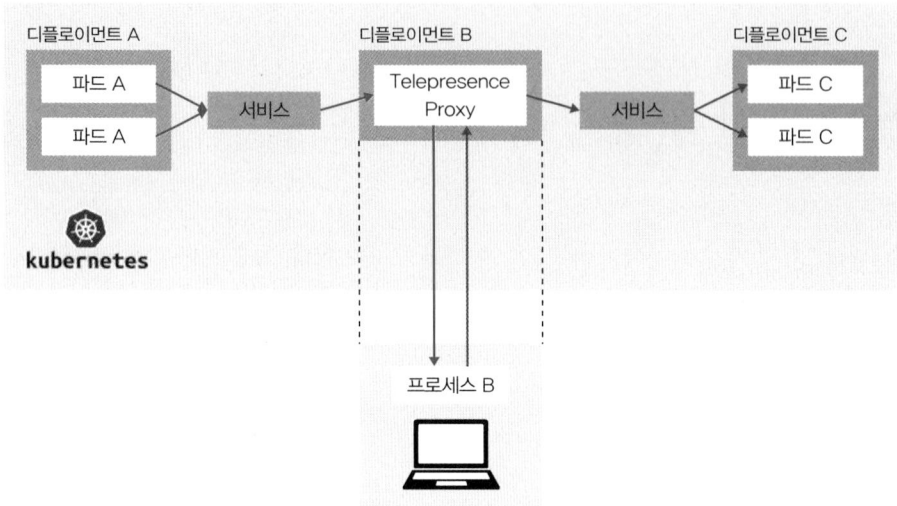

텔레프레젠스 설치

텔레프레젠스는 각 운영체제용 패키지가 제공된다. 맥 운영체제의 경우 다음 절차로 설치할 수 있다. 그 외의 운영체제는 공식 사이트[15]를 확인하자.

```
# 맥 운영체제의 경우
$ brew cask install osxfuse 또는 brew install osxfuse --cask
$ brew install datawire/blackbird/telepresence
$ export SCOUT_DISABLE=1
```

---

15 https://www.telepresence.io/reference/install

텔레프레전스 사용

먼저 원격 쿠버네티스 클러스터에 디플로이먼트, 서비스와 대체용 디플로이먼트라는 세 가지 리소스를 생성한다.

```
# 디플로이먼트와 서비스 생성
$ cd telepresence
$ kubectl apply -f sample-deployment.yaml
$ kubectl apply -f sample-clusterip.yaml
$ kubectl apply -f replace-deployment.yaml

# 기동 중인 파드 확인
$ kubectl get pods
NAME                                        READY   STATUS
replace-deployment-7599b45769-2bnj4         1/1     Running
replace-deployment-7599b45769-vhzrb         1/1     Running
sample-deployment-7c67dd9675-4b45q          1/1     Running
sample-deployment-7c67dd9675-7w8dv          1/1     Running
```

그 후 로컬에서 새롭게 기동하는 컨테이너를 대체용 디플로이먼트(replace-deployment)로 교체한다.

```
# 원격에 있는 replace-deployment로 로컬 컨테이너를 기동
$ telepresence \
--swap-deployment replace-deployment \
--docker-run --rm -it amsy810/tools:v2.0
```

명령어를 실행한 후 다른 터미널에서 파드 상태를 확인하면 replace-deployment가 텔레프레전스로 대체된다.

```
# replace-deployment가 telepresence용으로 대체되었다
$ kubectl get pods
NAME                                                              READY   STATUS
replace-deployment-159cc3037f5b48acba4870ac297f34e0-5587c54plnzh  1/1     Running
sample-deployment-7c67dd9675-4b45q                                1/1     Running
sample-deployment-7c67dd9675-7w8dv                                1/1     Running
```

```
# 사용된 이미지 확인
$ kubectl get pods replace-deploymen-159cc3037f5b48acba4870ac297f34e0-5587c54plnzh -o
jsonpath="{.spec.containers[].image}"
datawire/telepresence-k8s:0.105
```

마지막으로 새로운 로컬에서 기동한 컨테이너가 원격 쿠버네티스 클러스터에 있는 것처럼 사용 가능한지 확인한다. 다음 명령어를 실행하면, 컨테이너에서 원격 쿠버네티스에서 기동하고 있는 클러스터 내부의 DNS를 사용하여 이름 해석을 하고 서비스를 통해 원격 쿠버네티스의 파드에 요청을 보낼 수 있는지 확인할 수 있다.

```
# 로컬에서 기동 중인 컨테이너 확인
$ docker ps
CONTAINER ID    IMAGE                              COMMAND              STATUS
PORTS                          NAMES
aa8ef4e4a8a2    amsy810/tools:v2.0                 "/tini -- /bin/sleep…"  Up 2 minutes
                               telepresence-…
cc415cf8f87f    datawire/telepresence-local:0.109  "/sbin/tini -v -- py…"  Up 2 minutes
127.0.0.1:55737->38022/tcp     telepresence-…

# 로컬 머신에서 기동 중인 컨테이너에서 원격 쿠버네티스에 접속
$ docker exec -it aa8ef4e4a8a2 curl sample-clusterip.default.svc.cluster.local:8080
Host=sample-clusterip.default.svc.cluster.local Path=/ From=sample-deployment-
7c67dd9675-7w8dv ClientIP=172.17.0.19 XFF=
```

텔레프레전스 버전 2.1.4의 설치와 테스트

맥 운영체제의 경우 다음과 같이 설치할 수 있다. 그 외의 운영체제는 공식 사이트를 확인하자 (https://www.getambassador.io/docs/telepresence/latest/install/).

```
# 텔레프레전스 버전 2 설치(설치 시점에 따라 버전은 달라질 수 있다)
$ sudo curl -fL https://app.getambassador.io/download/tel2/darwin/amd64/latest/
telepresence -o /usr/local/bin/telepresence
$ sudo chmod a+x /usr/local/bin/telepresence
$ export SCOUT_DISABLE=1
```

다음은 데모용 클러스터를 설치한다.

```
# 데모용 클러스터 설치
$ cd ambassador-demo-cluster
$ ./install.sh # node.js 필요
```

설치된 데모 서비스를 확인한다.

```
# 배포된 서비스 확인
$ kubectl get services
NAME                    TYPE        CLUSTER-IP      EXTERNAL-IP   PORT(S)    AGE
kubernetes              ClusterIP   10.43.0.1       <none>        443/TCP    4d2h
dataprocessingservice   ClusterIP   10.43.126.92    <none>        3000/TCP   4d2h
verylargejavaservice    ClusterIP   10.43.3.109     <none>        8080/TCP   4d2h
verylargedatastore      ClusterIP   10.43.193.11    <none>        8080/TCP   4d2h
```

다음은 텔레프레전스 CLI 상태를 확인한다. 클러스터에 연결하기 전이므로 Not running 상태다.

```
# 상태 확인
$ telepresence status
Root Daemon: Not running
User Daemon: Not running
```

이제 쿠버네티스 클러스터에 텔레프레전스를 연결한다.

```
# 클러스터에 연결
$ telepresence connect
Launching Telepresence Daemon v2.1.4 (api v3)
Connecting to traffic manager...
Connected to context telepresence-demo (https://xx.xxx.xxx.xxx)

# 상태 확인
$ telepresence status
Root Daemon: Running
  Version        : v2.1.4 (api 3)
  Primary DNS: ""
  Fallback DNS: ""
User Daemon: Running
  Version          : v2.1.4 (api 3)
  Ambassador Cloud : Logged out
  Status           : Connected
```

```
Kubernetes server: https://xx.xxx.xxx.xxx
Kubernetes context: telepresence-demo
Telepresence proxy: ON (networking to the cluster is enabled)
Intercepts        : 0 total

# 쿠버네티스 API 서버 연결 확인
$ curl -ik https://kubernetes.default
HTTP/1.1 401 Unauthorized
Cache-Control: no-cache, private
Content-Type: application/json
Date: Sat, 10 Apr 2021 01:21:25 GMT
Content-Length: 165
...(생략)...
```

다음은 데모 애플리케이션을 확인한다.

```
# 파드 확인
$ kubectl get pods
NAME                                      READY   STATUS    RESTARTS   AGE
dataprocessingservice-685cb9d6f6-sqhdt    1/1     Running   6          4d2h
verylargejavaservice-689dbc854b-nl7vh     1/1     Running   6          4d2h
verylargedatastore-98d78d474-hdpfn        1/1     Running   6          4d2h

# 웹 브라우저에서 서비스 확인(녹색 제목과 녹색 파트가 표시되는 것을 확인한다)
http://verylargejavaservice.default:8080
```

이제 로컬 환경에서 서비스를 실행해보자.

```
# 로컬에서 DataProcessingService 서비스 실행(다른 터미널에서 실행)
$ cd edgey-corp-nodejs/DataProcessingService
$ npm start
...(생략)...
Welcome to the DataProcessingNodeService!
{ _: [] }
Server running on port 3000

# 다른 터미널에서 로컬에서 실행 중인 서비스 확인(blue로 표시되는 것을 확인)
$ curl localhost:3000/color
"blue"
```

이제 로컬에서 실행 중인 DataProcessingService로 트래픽을 보내도록 설정한다.

```
# 로컬에서 DataProcessingService 서비스 실행(다른 터미널에서 실행)
$ telepresence intercept dataprocessingservice --port 3000
Using Deployment dataprocessingservice
intercepted
    Intercept name   : dataprocessingservice
    State            : ACTIVE
    Workload kind    : Deployment
    Destination      : 127.0.0.1:3000
    Volume Mount Error: macFUSE 4.0.5 or higher is required on your local machine
    Intercepting     : all TCP connections

# 웹 브라우저에서 서비스 확인(파란색으로 수정된 것을 확인)
http://verylargejavaservice.default:8080
```

마지막으로, 로컬 소스 코드를 수정하고 서비스에 반영되는 것을 확인한다.

```
# 6행 blue를 orange로 변경
$ vi edgey-corp-nodejs/DataProcessingService/app.js

# 웹 브라우저에서 접속 확인(오렌지색 확인)
http://verylargejavaservice.default:8080
```

위와 같이 서버가 자동 업데이트되는 것을 확인할 수 있다. 일반적으로 이런 작업은 컨테이너 빌드, 이미지 푸시 등의 작업이 필요하지만, 텔레프레전스를 활용하면 로컬에서 손쉽게 개발할 수 있는 환경을 만들 수 있다. 더 자세한 내용은 다음 링크에서 확인할 수 있다.

- https://www.getambassador.io/docs/telepresence/latest/quick-start/

17.6.2 스캐폴드

스캐폴드(Skaffold)[16]는 구글이 개발한 오픈 소스 소프트웨어로, 도커 및 쿠버네티스용 빌드와 배포를 자동화하는 도구다(그림 17-7).

---

[16] https://github.com/GoogleContainerTools/skaffold

❤ 그림 17-7 스캐폴드

일반적으로 애플리케이션 소스 코드에 변경이 발생하면 '컨테이너 이미지 빌드(때에 따라서는 소스 코드 컴파일을 포함)', '컨테이너 이미지 푸시', '쿠버네티스로의 배포'를 해야 하는 이런 과정의 CI/CD 파이프라인을 구성해야 한다.

스캐폴드는 애플리케이션 소스 코드가 변경된 것을 감지하면 도커 이미지 빌드, 도커 레지스트리로 푸시, 쿠버네티스 클러스터로의 배포를 모두 일원화하여 관리할 수 있다. 또 개발이 활발히 진행되는 단계에서는 소스 코드 변경 횟수가 많아지고 그 소스 코드로 만들어진 도커 이미지도 늘어나기 때문에 불필요한 도커 이미지가 도커 레지스트리에 쌓이는 문제도 있다. 스캐폴드에서는 빌드한 도커 이미지를 레지스트리에 푸시하지 않고 쿠버네티스 클러스터로 배포할 수 있으며, 어느 정도 정해진 타이밍에 도커 이미지를 레지스트리에 푸시할 수 있다.

스캐폴드 설치

스캐폴드 설치는 바이너리 파일을 다운로드하는 것으로 끝난다. 맥 운영체제의 경우 brew를 사용하여 설치할 수 있다.

```
# 맥 운영체제의 경우
$ brew install skaffold

# 리눅스의 경우
$ curl -L https://storage.googleapis.com/skaffold/releases/latest/skaffold-linux-amd64 -o skaffold
$ chmod +x skaffold
$ sudo mv skaffold /usr/local/bin

# 버전 확인
$ skaffold version
v1.12.0
```

또한, 스캐폴드를 실행하는 머신에서 도커 이미지를 로컬 빌드할 경우에는 도커를 실행시켜야 한다. 이 책에서는 로컬 빌드를 하기 때문에 Docker Desktop for Mac/Windows 등을 실행시킨다.

스캐폴드 사전 준비

실제 스캐폴드를 사용해보자. 스캐폴드를 사용하기 전에 사전 준비로 애플리케이션 소스 코드, 도커 파일, 쿠버네티스 매니페스트를 준비해야 한다.

준비한 애플리케이션 소스 코드는 코드 17-7과 같이 Go로 작성된 것이며, /로 온 요청에 대해 Hello, Skaffold로 응답만 해주는 웹 애플리케이션 서버다.

코드 17-7 애플리케이션 소스 코드(skaffold/main.go)

```go
package main

import (
  "fmt"
  "net/http"
)

func handler(w http.ResponseWriter, r *http.Request) {
  fmt.Fprintf(w, "Hello, Skaffold")
}

func main() {
  http.HandleFunc("/", handler)
  http.ListenAndServe(":8080", nil)
}
```

도커 파일도 코드 17-8과 같이 준비한다.

코드 17-8 도커 파일(skaffold/Dockerfile)

```dockerfile
# Stage 1
FROM golang:1.14.1-alpine3.11 as builder
COPY ./main.go ./
RUN go build -o /go-app ./main.go

# Stage 2
FROM alpine:3.11
EXPOSE 8080
COPY --from=builder /go-app .
ENTRYPOINT ["./go-app"]
```

소스 코드 컴파일은 1장에서도 소개한 도커 멀티 스테이지 빌드를 사용한다. 위 도커 파일의 멀티 스테이지 빌드에서는 1단계에서 golang 도커 이미지를 사용하여 Go 언어로 작성된 애플리케이션을 컴파일한다. 그 후 2단계에서는 다른 도커 이미지를 사용하여 빌드하고 컴파일된 애플리케이션 바이너리를 1단계의 컨테이너 이미지에서 복사한다(그림 17-8).

▼ 그림 17-8 도커 멀티 스테이지 빌드

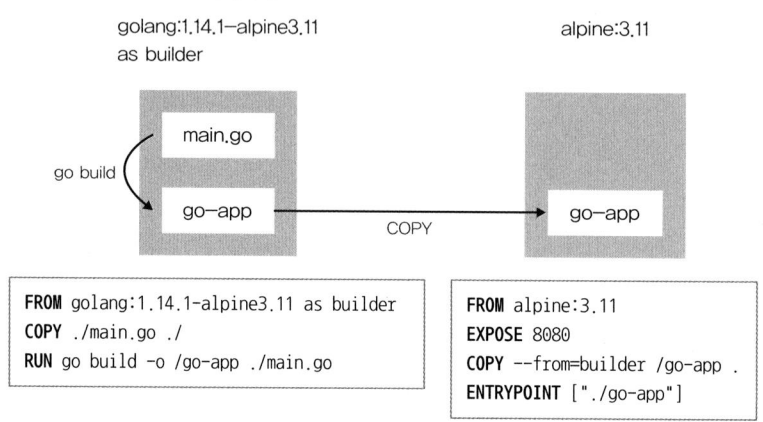

마지막으로 쿠버네티스 매니페스트를 준비한다. 여기서는 일반적인 매니페스트와 같은 형식으로 파일을 준비했다. 스캐폴드에서 사용할 매니페스트를 설정할 때는 매니페스트 파일 이름과 일치해야 하므로 접두사에 skaffold-를 붙여 파일을 생성한다.

코드 17-9 스캐폴드에서 사용할 디플로이먼트 리소스 매니페스트 예제(skaffold/skaffold-deployment.yaml)

```yaml
apiVersion: apps/v1
kind: Deployment
metadata:
  name: skaffold-deployment
spec:
  replicas: 3
  selector:
    matchLabels:
      app: sample-skaffold
  template:
    metadata:
      labels:
        app: sample-skaffold
    spec:
      containers:
      - name: nginx-container
        image: DOCKERHUB_USER/sample-skaffold
```

코드 17-10 스캐폴드에서 사용할 서비스 리소스 매니페스트 예제(skaffold/skaffold-service.yaml)

```yaml
apiVersion: v1
kind: Service
metadata:
  name: skaffold-service
spec:
  type: LoadBalancer
  ports:
  - name: "http-port"
    protocol: "TCP"
    port: 80
    targetPort: 8080
  selector:
    app: sample-skaffold
```

그리고 빌드한 이미지를 푸시할 도커 레지스트리가 필요하므로 1장에서 소개한 도커 허브를 사용한다. 여기서는 그림 17-9와 같이 DOCKERHUB_USER/sample-skaffold 저장소를 생성한 것으로 가정한다(DOCKERHUB_USER는 도커 허브 사용자명).

❤ 그림 17-9 도커 허브 저장소 생성

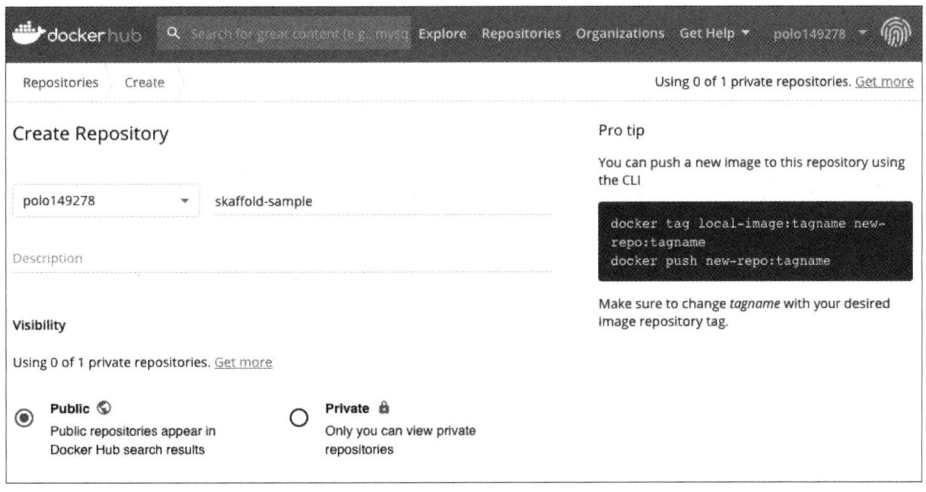

저장소를 생성하면 스캐폴드를 실행하는 호스트에서 docker login 명령어를 사용하여 도커 레지스트리에 로그인한다. 이렇게 하면 스캐폴드가 빌드한 도커 이미지를 도커 허브에 푸시할 수 있게 된다.

```
# 도커 허브 로그인
$ docker login
Login with your Docker ID to push and pull images from Docker Hub. If you don't have a
Docker ID, head over to https://hub.docker.com to create one.
Username: DOCKERHUB_USER
Password: **************
Login Succeeded
```

스캐폴드 시작

스캐폴드 설정 파일은 쿠버네티스와 마찬가지로 코드 17-11과 같은 YAML 형식의 매니페스트다. 주로 설정하는 항목은 build와 deploy 항목이다.

코드 17-11 스캐폴드 설정 파일 예제(skaffold/skaffold.yaml)

```yaml
apiVersion: skaffold/v2alpha3
kind: Config
build:
  # 빌드한 도커 이미지 저장소와 이미지명
  artifacts:
  - image: DOCKERHUB_USER/sample-skaffold
    docker:
      dockerfile: ./Dockerfile
  tagPolicy:
    dateTime: {}
  local:
    push: true
deploy:
  kubectl:
    manifests:
    # 적용할 매니페스트 파일명
    - skaffold-*
```

빌드 부분은 '빌드하는 환경'과 '빌드 도구'를 지정할 수 있다. 빌드 환경으로는 기본값으로 스캐폴드를 실행하고 있는 호스트에서 로컬 빌드가 실행되지만, 이외에도 구글 클라우드 빌드(Google Cloud Build)[17]나 카니코(Kaniko)[18] 환경에서 빌드를 할 수 있다. 또 빌드 도구로는 도커뿐 아니라

---

[17] https://cloud.google.com/cloud-build/
[18] https://github.com/GoogleContainerTools/kaniko

Jib, Bazel, Cloud Native Buildpacks 중에서 하나를 선택할 수도 있다. 빌드하는 환경에 따라 사용 가능한 빌드 도구가 한정되어 있는 것에 주의해야 한다.

배포 부분에서는 배포 방법을 설정한다. 이 책에서 사용하는 kubectl을 사용하여 배포하기 위해 적용할 매니페스트 파일명을 지정한다. 그 밖에도 헬름, Kustomize와 연계할 수 있다.

skaffold.yaml을 생성한 후 파일이 저장된 디렉터리에서 skaffold dev 명령어를 실행하여 개발 모드로 스캐폴드를 기동한다. 파일명을 지정하여 실행하는 경우 -f 옵션을 사용하여 skaffold dev -f skaffold-other.yaml과 같이 실행한다.

```
# skaffold.yaml과 필요한 파일이 있는지 확인
$ cd skaffold
$ ls
Dockerfile                  main.go                    skaffold-service.yaml
dev-skaffold-deployment.yaml profiles-skaffold.yaml    skaffold.yaml
dev-skaffold-service.yaml   skaffold-deployment.yaml   skip-push-skaffold.yaml

# 스캐폴드를 개발 모드로 기동
$ skaffold dev
Listing files to watch...
 - polo149278/sample-skaffold
Generating tags...
 - polo149278/sample-skaffold -> polo149278/sample-skaffold:2021-04-10_13-05-17.226_KST
Checking cache...
 - polo149278/sample-skaffold: Found. Tagging
Tags used in deployment:
 - polo149278/sample-skaffold -> polo149278/sample-skaffold:2021-04-10_13-05-17.226_
KST@sha256:73a81ca2720505fc9339cf058dfa9cad8ee7b0864bf2d1ff15252f7dee92e1fa
Starting deploy...
 - deployment.apps/skaffold-deployment configured
 - service/skaffold-service configured
Waiting for deployments to stabilize...
 - deployment/skaffold-deployment: waiting for rollout to finish: 1 out of 3 new
replicas have been updated...
 - deployment/skaffold-deployment: waiting for rollout to finish: 2 out of 3 new
replicas have been updated...
 - deployment/skaffold-deployment: waiting for rollout to finish: 1 old replicas are
pending termination...
    - pod/skaffold-deployment-868487665-p4vpd: creating container nginx-container
 - deployment/skaffold-deployment is ready.
Deployments stabilized in 18.8708132s
```

```
Press Ctrl+C to exit
Watching for changes...
```

skaffold dev 명령어를 실행하면 도커 이미지 빌드, 도커 허브로의 이미지 푸시, 쿠버네티스로의 배포가 실행된다. 실제 도커 허브 이미지 태그 부분을 확인해보면 하나의 이미지가 등록된 것을 알 수 있다(그림 17-10).

▼ 그림 17-10 도커 허브에 푸시된 최초의 도커 이미지

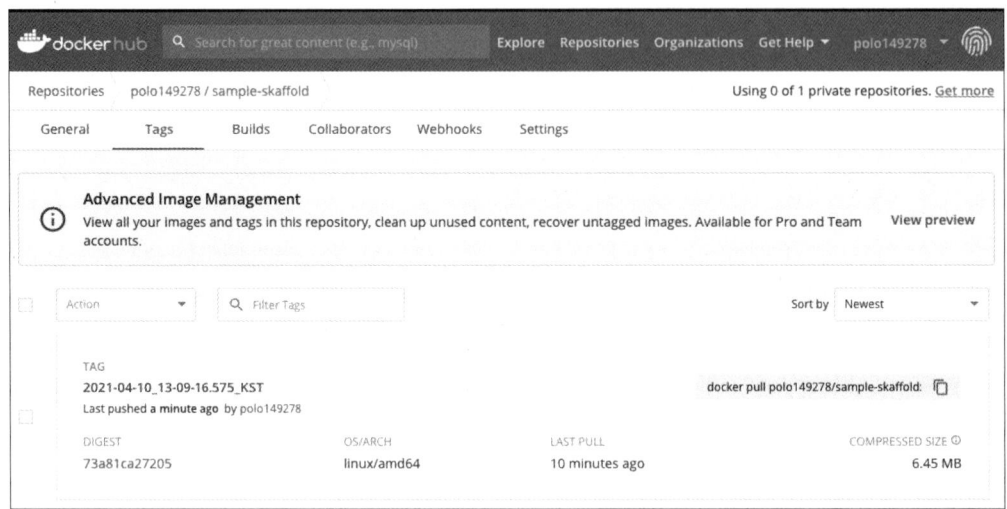

다른 터미널에서 쿠버네티스에 배포된 skaffold-deployment 디플로이먼트에 사용되고 있는 도커 이미지를 확인해보면, 도커 허브에 등록된 첫 번째 도커 이미지가 사용되고 있는 것을 알 수 있다.

```
# skaffold-deployment 디플로이먼트가 사용하고 있는 컨테이너 이미지 확인
$ kubectl get deployments skaffold-deployment -o jsonpath="{.spec.template.spec.containers[].image}"
polo149278/sample-skaffold:2021-04-10_13-09-16.575_KST@sha256:73a81ca2720505fc9339cf058dfa9cad8ee7b0864bf2d1ff15252f7dee92e1fa
```

실제 배포된 애플리케이션에 요청을 보내면 Hello, Skaffold라고 표시된다.

```
# 샘플 애플리케이션 동작 확인
$ LB_IP=$(kubectl get services skaffold-service -o jsonpath='{.status.loadBalancer.ingress[0].ip}')
```

```
$ curl http://${LB_IP}
Hello, Skaffold
```

skaffold dev 명령어를 실행하고 일련의 처리가 끝나면 Watching for changes...라고 표시된다. 테스트로 skaffold dev 명령어를 실행해 둔 상태로 애플리케이션 소스 코드를 일부 변경해보자.

```
# 응답 문구를 Hello, Skaffold에서 Hello, Kubernetes로 변경
$ sed -i -e 's|Hello, Skaffold|Hello, Kubernetes|' main.go
```

개발 모드에서는 애플리케이션 소스 코드가 변경되면 파일 변경을 감지하고 다시 도커 파일 빌드부터 처리한다.

```
# 위에서 실행한 skaffold dev 명령어를 실행해 둔 상태(명령어 재실행 불필요)
$ skaffold dev
…(생략)…
Watching for changes...
Generating tags...
 - polo149278/sample-skaffold -> polo149278/sample-skaffold:2021-04-10_13-15-43.429_KST
Checking cache...
 - polo149278/sample-skaffold: Not found. Building
Building [polo149278/sample-skaffold]...
Sending build context to Docker daemon  3.072kB
Step 1/7: FROM golang:1.14.1-alpine3.11 as builder
 ---> 760fdda71c8f
Step 2/7: COPY ./main.go ./
 ---> f68b49192676
Step 3/7: RUN go build -o /go-app ./main.go
 ---> Running in 2e994ef8841d
 ---> d76e68aef02a
Step 4/7: FROM alpine:3.11
 ---> 4666da2f166f
Step 5/7: EXPOSE 8080
 ---> Using cache
 ---> 25ab465f6d0a
Step 6/7: COPY --from=builder /go-app .
 ---> 8d1651e93162
Step 7/7: ENTRYPOINT ["./go-app"]
 ---> Running in 4e7d8da0f620
 ---> 27cb417f46a0
Successfully built 27cb417f46a0
```

```
Successfully tagged polo149278/sample-skaffold:2021-04-10_13-15-43.429_KST
The push refers to repository [docker.io/polo149278/sample-skaffold]
facd9f668c0d: Pushed
6169bf830ae6: Layer already exists
2021-04-10_13-15-43.429_KST: digest: sha256:2e8bff82fa91ca85b1af0fb1a92bcc965dfd9f1e33
e8c47f7cb3891f7545a665 size: 739
Tags used in deployment:
 - polo149278/sample-skaffold -> polo149278/sample-skaffold:2021-04-10_13-15-43.429_
KST@sha256:2e8bff82fa91ca85b1af0fb1a92bcc965dfd9f1e33e8c47f7cb3891f7545a665
Starting deploy...
 - deployment.apps/skaffold-deployment configured
Waiting for deployments to stabilize...
 - deployment/skaffold-deployment: waiting for rollout to finish: 1 out of 3 new
replicas have been updated...
  …(생략)…
Deployments stabilized in 19.936550885s
Watching for changes...
```

도커 허브 이미지를 확인해보면 두 번째 이미지가 등록된 것을 알 수 있다(그림 17-11).

▼ 그림 17-11 도커 허브에 푸시된 애플리케이션 변경 후의 도커 이미지

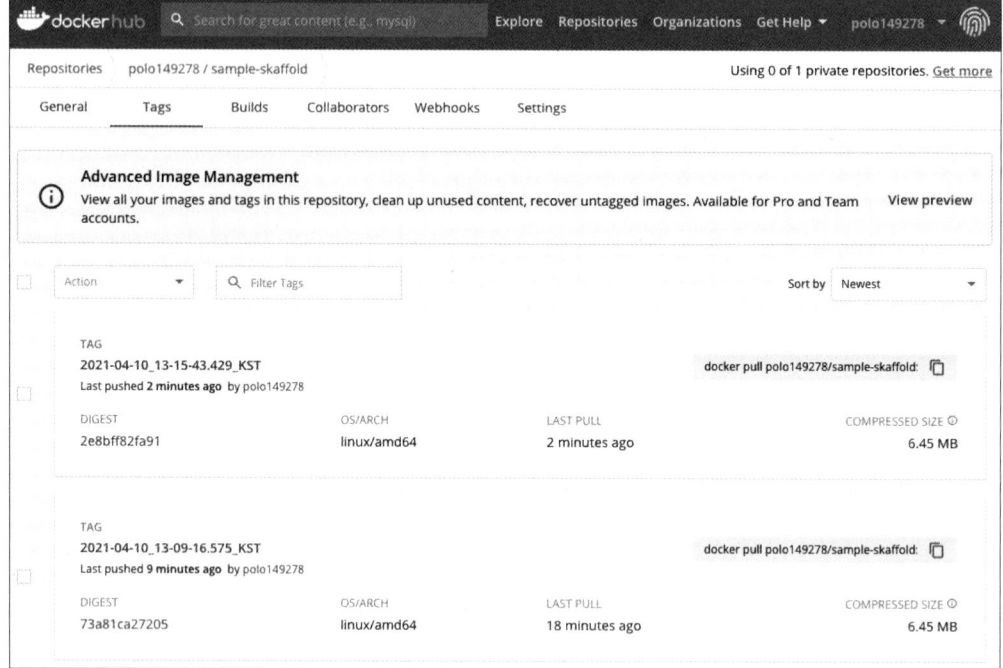

또한, 쿠버네티스의 디플로이먼트에 사용되는 이미지도 두 번째 이미지로 대체되었다. 이처럼 스캐폴드는 소스 코드 변경을 감지하여 자동으로 쿠버네티스 배포까지 한 번에 실행할 수 있다.

```
# 디플로이먼트에서 사용되는 컨테이너 이미지 확인
$ kubectl get deployments skaffold-deployment -o jsonpath="{.spec.template.spec.
containers[].image}"
polo149278/sample-skaffold:2021-04-10_13-15-43.429_KST@sha256:2e8bff82fa91ca85b1af0fb1
a92bcc965dfd9f1e33e8c47f7cb3891f7545a665
```

실제 동작을 확인해 봐도 애플리케이션이 변경된 것을 알 수 있다.

```
# 샘플 애플리케이션 동작 확인
$ LB_IP=$(kubectl get services skaffold-service -o jsonpath='{.status.loadBalancer.
ingress[0].ip}')
$ curl http://${LB_IP}
Hello, Kubernetes
```

그런데 파일 변경이 있을 때마다 도커 이미지가 도커 레지스트리에 푸시되면 이미지 수가 방대해진다. 따라서 스캐폴드에는 로컬 빌드를 사용할 때만 '이미지 빌드', '이미지 푸시', '배포' 순서 중에서 '이미지 푸시'는 제외하고 빌드한 이미지를 직접 쿠버네티스에 배포할 수 있는 기능을 제공한다. 이 기능을 사용하려면 Docker Desktop 등 로컬 머신상의 도커 이미지를 참조할 수 있는 환경에서 쿠버네티스를 사용해야 한다. 로컬 빌드한 이미지를 레지스트리에 푸시하지 않도록 하려면 build.local.skipPush=true로 설정한다.

코드 17-12 도커 레지스트리에 이미지 푸시를 하지 않는 스캐폴드 설정 파일 예제(skaffold/skip-push-skaffold.yaml)

```
apiVersion: skaffold/v2alpha3
kind: Config
build:
  # 빌드한 도커 이미지 저장소와 이미지명
  artifacts:
  - image: DOCKERHUB_USER/sample-skaffold
    docker:
      dockerfile: ./Dockerfile
  tagPolicy:
    dateTime: {}
  local:
    push: false # 이미지 푸시를 하지 않는다
deploy:
```

```
kubectl:
  manifests:
  # 적용할 매니페스트 파일명
  - skaffold-*
```

위 매니페스트를 실행하면 도커 허브에는 푸시되지 않고 로컬 머신의 쿠버네티스에 배포하여 확인할 수 있다.

```
# skaffold.yaml과 필요한 파일이 있는지 확인
$ ls
Dockerfile                      main.go-e                   skaffold.yaml
dev-skaffold-deployment.yaml    profiles-skaffold.yaml      skip-push-skaffold.yaml
dev-skaffold-service.yaml       skaffold-deployment.yaml
main.go                         skaffold-service.yaml

# 사용할 스캐폴드 설정 파일을 지정하고 실행(로컬 환경으로 컨텍스트 변경 이후 실행)
$ skaffold dev -f skip-push-skaffold.yaml
```

스캐폴드에는 특정한 추가 설정을 하나로 정의할 수 있는 프로파일이라는 기능이 있다. 예를 들어, 지금까지 소개한 설정의 경우 skaffold/skaffold.yaml에서는 도커 레지스트리에 푸시한 후 GKE에 배포하며, skaffold/skip-push-skaffold.yaml에서는 도커 레지스트리에 푸시하지 않고 Docker Desktop에 배포했다. 이를 하나의 스캐폴드에 통합하는 경우, 코드 17-13과 같은 설정으로 프로파일을 정의하여 구현할 수 있다.

코드 17-13 프로파일을 사용한 스캐폴드 설정 파일 예제(skaffold/profiles-skaffold.yaml)

```
apiVersion: skaffold/v2alpha3
kind: Config
build:
  # 빌드한 도커 이미지 저장소와 이미지명
  artifacts:
  - image: DOCKERHUB_USER/sample-skaffold
    docker:
      dockerfile: ./Dockerfile
  tagPolicy:
    dateTime: {}
profiles:
# GKE 환경에 서비스용 매니페스트를 사용할 프로파일
- name: prdProfile
  build:
```

```
      local:
        push: true # 이미지 푸시를 한다
    deploy:
      kubeContext: gke_PROJECT_asia-northeast1-a_k8s
      kubectl:
        manifests:
        # 적용할 매니페스트 파일명
        - skaffold-*
# Docker for Mac 환경에 개발용 매니페스트를 사용할 프로파일
- name: devProfile
  build:
    local:
      push: false # 이미지 푸시를 하지 않는다
  deploy:
    kubeContext: docker-desktop
    kubectl:
      manifests:
      # 적용할 매니페스트 파일명
      - dev-skaffold-*
```

이 프로파일을 사용하는 경우 --profile 옵션을 사용하여 선택한다. 공통 설정은 최상위 수준으로 설정할 수 있다.

```
# 레지스트리에 푸시하고 GKE 환경에 서비스 환경용 매니페스트를 적용한다
$ skaffold dev -f profiles-skaffold.yaml --profile prdProfile
# 레지스트리에 푸시하지 않고 Docker Desktop 환경에 개발 환경용 매니페스트를 적용한다
$ skaffold dev -f profiles-skaffold.yaml --profile devProfile
```

skaffold dev 명령어는 소스 코드 변경을 감지하여 자동으로 파이프라인(빌드~배포)을 계속 실행했다. skaffold dev 명령어는 기본적으로 개발 용도로 사용하는 명령어이므로 실제 프로젝트에서는 skaffold run 명령어를 사용하자. skaffold run 명령어는 파이프라인을 한 번만 실행하기 위해 CI 도구 등과 통합할 수 있다.

```
# 한 번만 파이프라인을 실행
$ skaffold run

# prdProfile 프로파일에 한 번만 파이프라인을 실행
$ skaffold run -f profiles-skaffold.yaml --profile prdProfile
```

17.7 스피네이커

▼ 그림 17-12 스피네이커

17.7.1 스피네이커 설치

스피네이커(Spinnaker) 자체는 여러 가지 요소로 구성되어 있어 수동으로 설치하려면 조금 번거롭다. 그래서 스피네이커의 관리 도구로 헬리야드(Halyard)라는 도구를 제공하고 있다. 스피네이커는 헬리야드를 이용한 관리를 권장한다. 헬리야드에서 스피네이커의 여러 가지 구성 요소에 대한 관리나 스피네이커 자체의 배포를 해주기 때문이다.

맥 운영체제 및 우분투/데비안 환경과 도커 환경에서 헬리야드를 설치하는 방법이 공식적으로 제공된다. 여기서는 맥 운영체제에 헬리야드를 설치한다. 설치 스크립트 일부가 동작하지 않을 경우가 있으므로 사전에 사용자 권한으로 읽기 쓰기가 가능한 디렉터리를 생성한다(자바가 필요하다).

```
# 필요한 디렉터리 생성
$ for DIR in /opt/spinnaker /opt/halyard /var/log/spinnaker/halyard; do
    sudo mkdir -p ${DIR}
    sudo chown `whoami`: ${DIR}
done

# 헬리야드 설치
$ curl -O \
https://raw.githubusercontent.com/spinnaker/halyard/master/install/macos/InstallHalyard.sh
$ sudo bash InstallHalyard.sh
```

여기서는 1.36.0 버전의 헬리야드를 이용한다. 헬리야드 버전에 따라 이용 가능한 스피네이커 버전이 다르기 때문에 설치 후에 헬리야드 버전을 확인하도록 한다.

```
# 헬리야드 버전 확인
$ hal --version
1.36.0-20200616230018
```

먼저 스피네이커 구성 요소를 배포할 네임스페이스와 스피네이커가 이용할 쿠버네티스 서비스 어카운트를 생성한다. 여기서는 cluster-admin의 클러스터롤을 부여했지만, 환경에 맞는 권한을 설정하여 사용하도록 한다.

```
# 스피네이커 네임스페이스 생성
$ kubectl create namespace spinnaker
namespace/spinnaker created

# spinnaker-k8s-sa 서비스 어카운트 생성
$ kubectl -n spinnaker create serviceaccount spinnaker-k8s-sa
serviceaccount/spinnaker-k8s-sa created

# spinnaker-k8s-sa 서비스 어카운트에 cluster-admin 클러스터롤 부여
$ kubectl create --save-config clusterrolebinding spinnaker-cluster-admin-binding \
--clusterrole=cluster-admin \
--serviceaccount=spinnaker:spinnaker-k8s-sa
clusterrolebinding.rbac.authorization.k8s.io/spinnaker-cluster-admin-binding created
```

생성한 서비스 어카운트와 현재 사용하고 있는 클러스터로 kubeconfig에 컨텍스트를 등록한다. 또한, 스피네이커를 배포할 스피네이커 네임스페이스도 포함하여 컨텍스트에 등록하도록 한다.

```
# 생성한 서비스 어카운트 토큰으로 사용자 생성
$ SECRET_NAME=$(kubectl -n spinnaker get serviceaccounts spinnaker-k8s-sa \
-o jsonpath='{.secrets[0].name}')
$ TOKEN=$(kubectl -n spinnaker get secrets ${SECRET_NAME} \
-o jsonpath='{.data.token}' | base64 --decode)
$ kubectl config set-credentials spinnaker-user --token ${TOKEN}
User "spinnaker-user" set.

# 현재 사용하고 있는 컨텍스트 클러스터명을 환경 변수에 저장
$ CURRENT_CLUSTER=$(kubectl config get-contexts | egrep "^\*" | awk -F ' ' '{print $3}')
```

```
# 생성한 서비스 어카운트와 현재 클러스터에서 스피네이커가 이용할 컨텍스트 생성
$ kubectl config set-context spinnaker-system \
--user spinnaker-user \
--cluster ${CURRENT_CLUSTER} \
--namespace spinnaker
Context "spinnaker-system" created.
```

헬리야드에서는 여러 버전의 스피네이커를 설치할 수 있다. 여기서부터는 hal config 명령어를 이용하여 배포할 스피네이커를 설정한다. 먼저 사용 가능한 스피네이커 버전을 확인한다.

```
# 스피네이커 버전 확인
$ hal version list
…(생략)…
+ You are on version "", and the following are available:
 - 1.18.12 (Longmire):
   Changelog: https://gist.github.com/spinnaker-release/306d7e241272980642e918f64ed91fe3
   Published: Tue May 26 22:00:23 KST 2020
   (Requires Halyard >= 1.29)
 - 1.19.11 (Gilmore Girls A Year in the Life):
   Changelog: https://gist.github.com/spinnaker-release/cc4410d674679c5765246a40f28e3cad
   Published: Mon Jun 01 23:38:08 KST 2020
   (Requires Halyard >= 1.32)
 - 1.20.5 (Drive to Survive):
   Changelog: https://gist.github.com/spinnaker-release/75d50c7b931f1089e710a0e9d1acf8c4
   Published: Tue Jun 09 00:10:44 KST 2020
   (Requires Halyard >= 1.32)
```

배포할 스피네이커 버전을 지정한다.

```
# 배포할 스피네이커 버전 지정
$ hal config version edit --version 1.20.5
…(생략)…
+ Spinnaker has been configured to update/install version "1.20.5".
  Deploy this version of Spinnaker with `hal deploy apply`.
```

스피네이커에서는 파일 등을 저장할 수 있는 오브젝트 스토리지 GCS(Google Cloud Storage)와 연계하여 파이프라인 데이터를 신뢰성 높은 GCS에 저장함으로써 가용성을 높일 수 있다. GCS 이외에도 AWS S3/애저 스토리지(Azure Storage)/레디스(Redis)/미니오(Minio)와 같은 스토리지 백엔드를 이용할 수 있다. 관리형 서비스를 이용하지 않을 경우 S3와 호환되는 미니오를 사용해보길 바란다.

여기서는 GCS와 연계하며, 연계하기 위한 사전 준비가 필요하다. 먼저 스피네이커가 GCS와 연계할 때 사용할 GCP 클라우드 IAM의 서비스 어카운트를 생성한다. 스피네이커에는 GCS 권한만 가진 IAM 서비스 계정을 이용하여 불필요한 권한을 주지 않도록 한다.

```
# GCP 클라우드 IAM 서비스 어카운트 생성
$ gcloud iam service-accounts create spinnaker-sa
Created service account [spinnaker-sa].

# 생성한 서비스 어카운트 정보와 프로젝트명 등을 환경 변수로 불러오기
$ export EMAIL=$(gcloud iam service-accounts list \
--filter="name:spinnaker-sa" \
--format='value(email)')
$ export PROJECT=$(gcloud info --format='value(config.project)')

# GCS를 사용할 수 있도록 서비스 어카운트에 storage.admin 롤 부여
$ gcloud projects add-iam-policy-binding ${PROJECT} \
--role roles/storage.admin \
--member serviceAccount:${EMAIL}

# 서비스 어카운트 인증에 사용할 키 생성
$ gcloud iam service-accounts keys create ./spinnaker-sa.json \
--iam-account ${EMAIL}
created key [15ff2e7026c221c6a3071aff647dfb231251bd96] of type [json] as [./spinnaker-sa.json] for [spinnaker-sa@GCP-PROJECT.iam.gserviceaccount.com]
```

GCS에서는 버킷이라고 불리는 데이터를 저장하는 저장소를 만들고 거기에 데이터를 저장한다. 스피네이커와 GCS를 연계시킬 때는 GCS 버킷을 생성할 리전과 사용할 IAM 서비스 어카운트 정보를 지정한다.

```
# GCS 버킷 로케이션과 사용할 IAM 서비스 어카운트 지정
$ hal config storage gcs edit --project ${PROJECT} \
--bucket-location asia-northeast1 \
--json-path `pwd`/spinnaker-sa.json
…(생략)…
Generated bucket name: spin-xxxxxxxx-xxxx-xxxx-xxxx-xxxxxxxxxxxx
…(생략)…
Validation in default.persistentStorage:
- WARNING Your deployment will most likely fail until you configure
  and enable a persistent store.
```

```
+ Successfully edited persistent store "gcs".

# 스피네이커 데이터 저장 위치를 GCS로 설정
$ hal config storage edit --type gcs
…(생략)…
+ Successfully edited persistent storage.
```

스피네이커는 도커 레지스트리와 연계하여 이미지를 관리한다. 여기서는 도커 허브(index.docker.io)와의 연계 설정을 한다. --repositories 옵션에는 사용할 저장소를 지정한다. 1장의 도커 이미지를 빌드하여 도커 허브에 DOCKERHUB_USER/sample-image:0.1로 푸시해 둔다.

```
# 도커 레지스트리용 계정 생성(도커 허브를 이용)
$ hal config provider docker-registry account add my-registry \
--address index.docker.io \
--repositories DOCKERHUB_USER/sample-image \
--username DOCKERHUB_USER \
--password
Your docker registry password: (도커 허브 패스워드 입력)
…(생략)…
+ Successfully added account my-registry for provider
  dockerRegistry.

# 도커 레지스트리 연계 활성화
$ hal config provider docker-registry enable
…(생략)…
+ Successfully enabled dockerRegistry
```

스피네이커는 AWS나 구글 앱 엔진(Google App Engine) 등과 같은 여러 프로바이더와 연계할 수 있게 되어 있다. 여기서는 쿠버네티스와 연계하기 위해 쿠버네티스 프로바이더 기능을 활성화한다. 쿠버네티스 프로바이더를 사용할 때는 kubeconfig의 컨텍스트와 위에서 생성한 도커 레지스트리 연계 계정(my-registry)을 지정해야 한다. 다음 예제에서는 매니페스트를 사용하는 Version 2 프로바이더를 이용하지만, UI를 사용할 수 있는 Version 1도 준비되어 있다. Version 1을 사용하려면 --provider-version을 v1으로 변경하여 생성한다.

```
# 쿠버네티스 연계용 계정 생성
$ hal config provider kubernetes account add my-k8s-v2-account \
--provider-version v2 \
--docker-registries my-registry \
```

```
--context spinnaker-system
…(생략)…
+ Successfully added account my-k8s-v2-account for provider
  kubernetes.

# 쿠버네티스 연계 활성화
$ hal config provider kubernetes enable
…(생략)…
+ Successfully enabled kubernetes
```

또한, 쿠버네티스에 배포하기 위해 마이크로 서비스로 구성된 스피네이커 구성 요소를 분산 배치하는 설정과 사용할 계정을 지정한다. 이 계정은 앞에서 kubeconfig에 등록한 spinnaker-system 컨텍스트와 연결된 스피네이커 계정(my-k8s-v2-account)이다.

```
# 분산 방식으로 스피네이커를 배포하도록 설정
$ hal config deploy edit --type distributed --account-name my-k8s-v2-account
…(생략)…
+ Successfully updated your deployment environment.
```

마지막으로 실제 쿠버네티스에 스피네이커를 배포한다. 이는 약 5분 정도 소요된다. 이번에는 최소한의 설정만으로 진행했지만, 필요에 따라 스피네이커 UI 인증 설정이나 SSL 설정 등도 해보자.

```
# 스피네이커 배포
$ hal deploy apply
…(생략)…
Validation in default.security:
- WARNING Your UI or API domain does not have override base URLs
  set even though your Spinnaker deployment is a Distributed deployment on a
  remote cloud provider. As a result, you will need to open SSH tunnels against
  that deployment to access Spinnaker.
? We recommend that you instead configure an authentication
  mechanism (OAuth2, SAML2, or x509) to make it easier to access Spinnaker
  securely, and then register the intended Domain and IP addresses that your
  publicly facing services will be using.

+ Preparation complete... deploying Spinnaker
…(생략)…
+ Run `hal deploy connect` to connect to Spinnaker.
```

스피네이커 배포가 끝나면 스피네이커 UI를 사용하여 실제 사용해본다. 스피네이커 UI(deck)는 외부 접속이 불가능하므로 kubectl port-forward 명령어를 내부적으로 이용하는 hal deploy connect 명령어를 이용하여 http://localhost:9000으로 접속하면 된다.

```
# 스피네이커 UI 접속(kubectl port-forward 실행)
$ hal deploy connect
...(생략)...
+ Connect to Spinnaker deployment.
  Success
Forwarding from 127.0.0.1:8084 -> 8084
Forwarding from [::1]:8084 -> 8084
Forwarding from 127.0.0.1:9000 -> 9000
Forwarding from [::1]:9000 -> 9000
```

17.7.2 스피네이커 시작

브라우저에서 http://localhost:9000에 접속한다.

먼저 스피네이커 애플리케이션을 생성한다. Application 탭을 선택하고 오른쪽 위의 Actions > Create Application을 선택한다(그림 17-13).

❤ 그림 17-13 스피네이커 애플리케이션 생성 시작

애플리케이션 등록 폼이 나오면 정보를 등록한다(표 17-1).

❤ 표 17-1 스피네이커 애플리케이션 생성 시 설정 항목

설정 항목	설정값
Name	myapp
Owner Email	myapp-owner@example.com

여기서는 **Name**에 myapp을 입력한다. **Owner Email**에는 어떤 메일 주소를 입력해도 상관없다. 실제 환경에서는 파이프라인 결과 등을 메일 주소로 통보받을 수 있다(그림 17-14).

▼ 그림 17-14 스피네이커 애플리케이션 생성

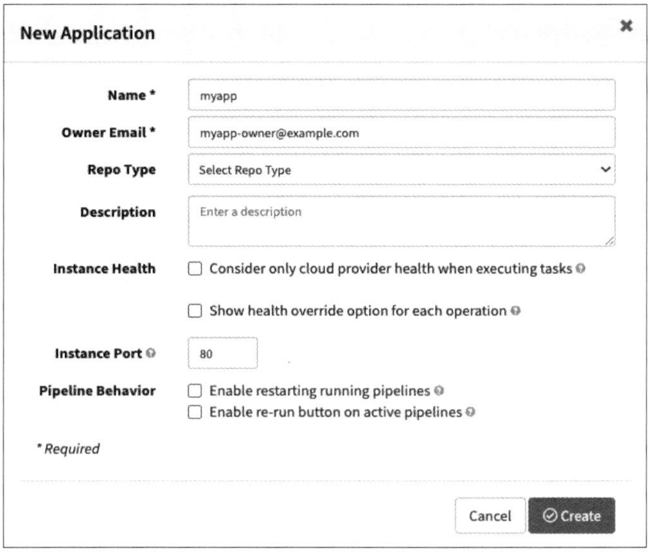

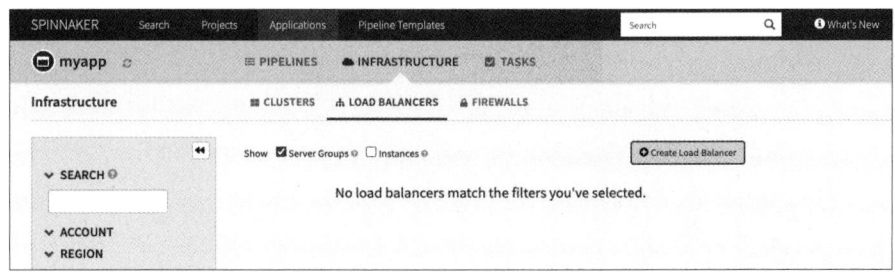

다음으로는 이 스피네이커 애플리케이션에서 이용할 로드 밸런서를 생성한다. myapp 스피네이커 애플리케이션이 열려 있는 상태에서 **INFRASTRUCTURE 〉 LOAD BALANCERS**를 선택하고 **Create Load Balancer**에서 로드 밸런서 생성 화면을 표시한다(그림 17-15).

▼ 그림 17-15 로드 밸런서 생성 시작

여기서 말하는 로드 밸런서는 쿠버네티스의 서비스 리소스를 의미한다. 설정 항목은 표 17-2와 그림 17-16과 같이 지정한다.

▼ 표 17-2 로드 밸런서 생성 시 설정 항목

설정 항목	설정값
Stack	myservice
Port	80
Target Port	8080
Type	LoadBalancer

▼ 그림 17-16 로드 밸런서 생성(version 1과 version 2)

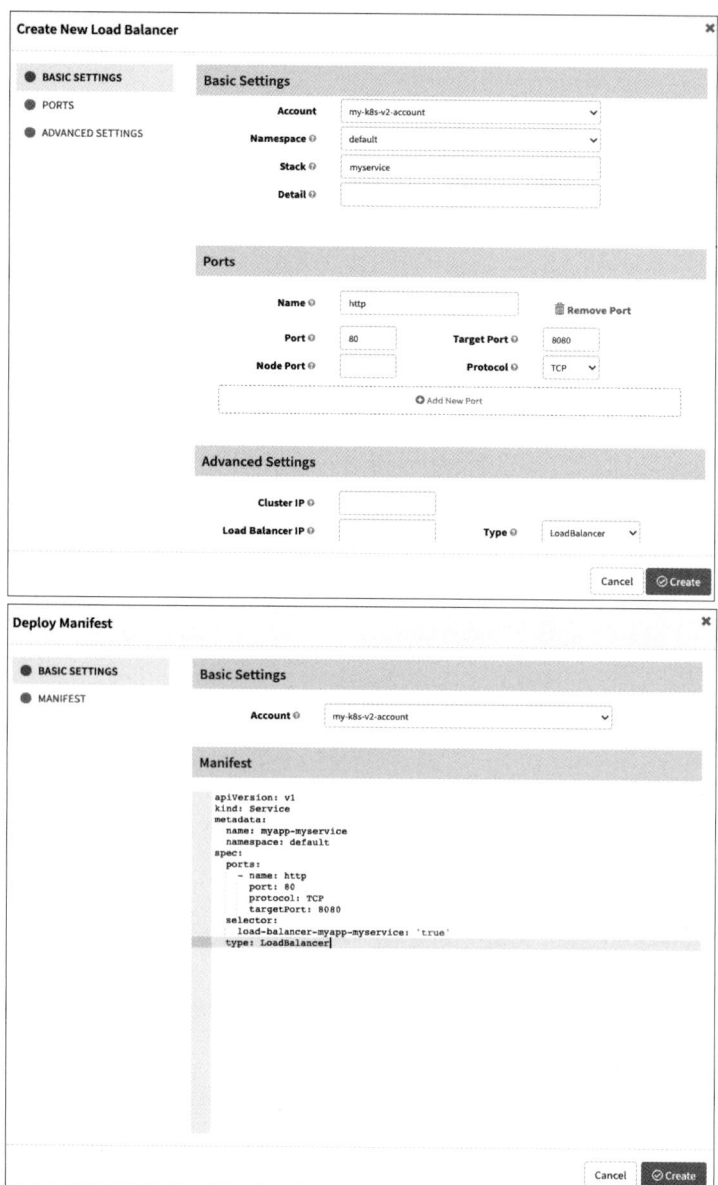

```yaml
# version 2의 경우
apiVersion: v1
kind: Service
metadata:
  name: myapp-myservice
  namespace: default
spec:
  ports:
    - name: http
      port: 80
      protocol: TCP
      targetPort: 8080
  selector:
    load-balancer-myapp-myservice: 'true'
  type: LoadBalancer
```

다음은 서버 그룹(Server Group)을 생성한다. myapp 스피네이커 애플리케이션이 열려 있는 상태에서 INFRASTRUCTURE > CLUSTERS를 선택하고 Create Server Group에서 서버 그룹 생성 화면을 표시한다(그림 17-17).

▼ 그림 17-17 서버 그룹 생성 시작

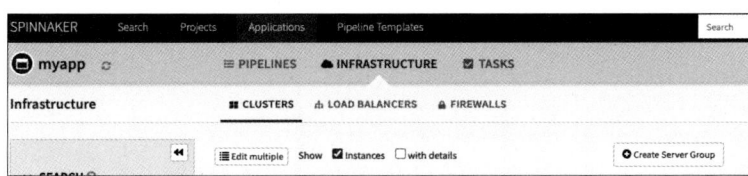

여기서 말하는 서버 그룹은 쿠버네티스의 디플로이먼트 리소스를 의미한다. 설정 항목은 표 17-3, 그림 17-18과 같이 지정한다.

▼ 표 17-3 서버 그룹 생성 시 설정 항목

설정 항목	설정값
Stack	Mydeployment
Containers	index.docker.io/DOCKERHUB_USER/sample-image:0.1
Deployment	True
Load Balancers	myapp-myservice
Capacity	3

❖ 그림 17-18 서버 그룹 생성(version 1과 version 2)

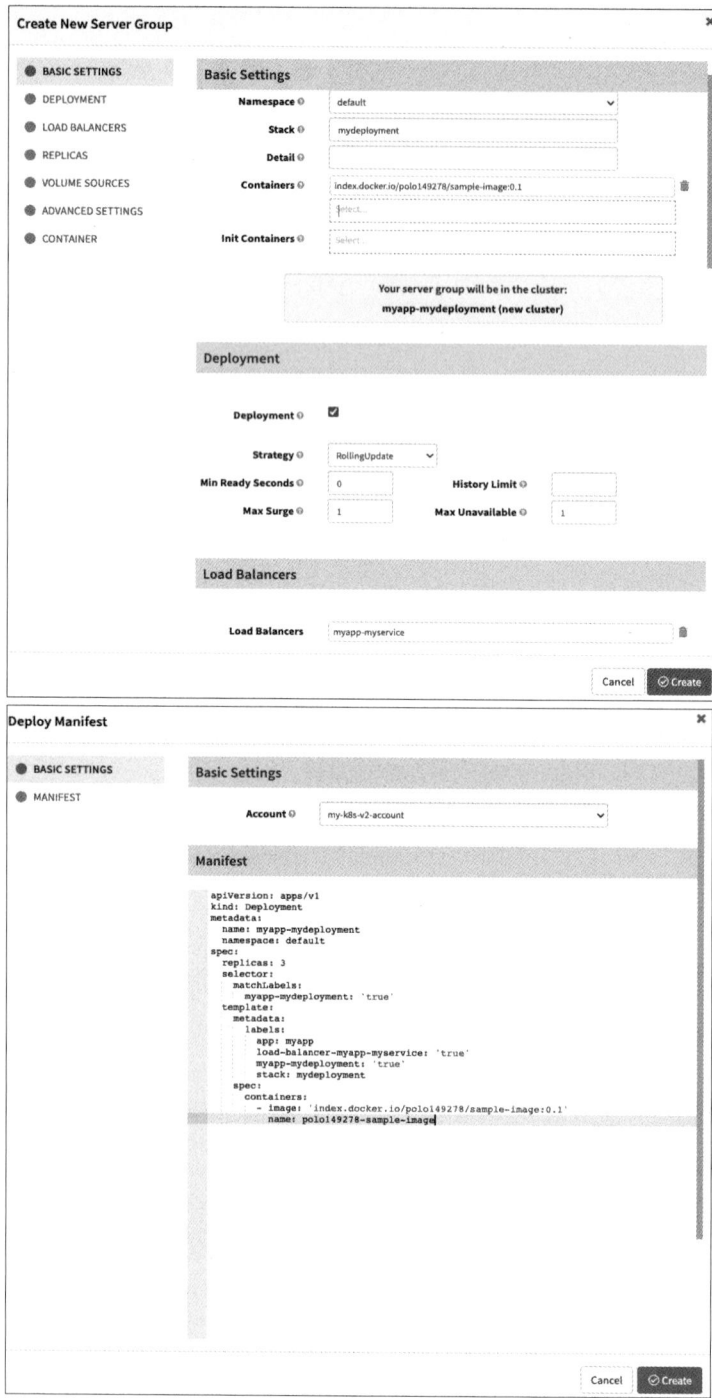

```yaml
# version 2의 경우
apiVersion: apps/v1
kind: Deployment
metadata:
  name: myapp-mydeployment
  namespace: default
spec:
  replicas: 3
  selector:
    matchLabels:
      myapp-mydeployment: 'true'
  template:
    metadata:
      labels:
        app: myapp
        load-balancer-myapp-myservice: 'true'
        myapp-mydeployment: 'true'
        stack: mydeployment
    spec:
      containers:
      - image: 'index.docker.io/DOCKERHUB_USER/sample-image:0.1'
        name: DOCKERHUB_USER-sample-image
```

서버 그룹을 생성하기 시작하고 약 1분 정도가 지나면 쿠버네티스에 첫 배포가 완료된다. 실제 파드 상태를 보면 세 레플리카의 파드를 확인할 수 있다. 또한, 생성한 로드 밸런서를 통해 애플리케이션이 정상 동작하는 것도 확인할 수 있다.

```
# 배포된 서버 그룹(디플로이먼트) 확인
$ kubectl get pods
NAME                                      READY   STATUS    RESTARTS   AGE
myapp-mydeployment-6b4b5d6c79-rd9xd       1/1     Running   0          62m
myapp-mydeployment-6b4b5d6c79-tdctp       1/1     Running   0          62m
myapp-mydeployment-6b4b5d6c79-ts6qb       1/1     Running   0          62m

# 컨테이너가 사용하고 있는 이미지 확인
$ kubectl get deployments myapp-mydeployment -o \
jsonpath='{.spec.template.spec.containers[].image}'
index.docker.io/polo149278/sample-image:0.1

# 로드 밸런서 IP를 환경 변수에 등록
$ LB_IP=$(kubectl get services myapp-myservice -o \
```

```
cmdsubst> jsonpath='{.status.loadBalancer.ingress[0].ip}')

# 애플리케이션(sample-image:0.1) 동작 확인
$ curl http://${LB_IP}
Hello, Kubernetes
```

다음은 CD 파이프라인을 구성한다.

myapp 스피네이커 애플리케이션이 열려 있는 상태에서 PIPELINES를 선택하고 Create에서 파이프라인 생성 화면을 표시한다(그림 17-19).

▼ 그림 17-19 파이프라인 생성 시작

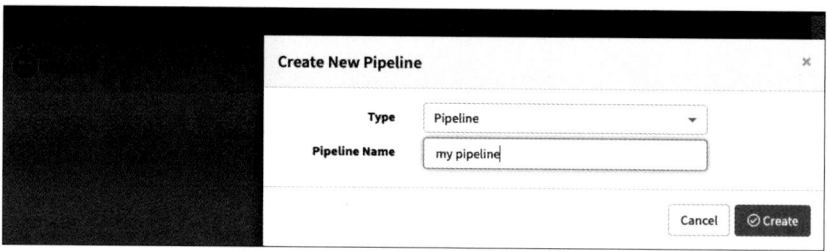

처음 할 일은 파이프라인을 호출하기 위한 트리거를 결정하는 것이다. CD를 실행할지를 결정하는 트리거 조건으로 이미지 태그가 0.* 정규 표현식과 일치하는지를 확인한다. 그래서 0.1이나 0.0.1 등 여러 가지 태그가 조건과 일치하게 된다. 여기서는 도커 허브 이미지를 업데이트했을 때 sample-image:0.*를 배포하는 것으로 가정한다(표 17-4, 그림 17-20).

▼ 표 17-4 파이프라인 트리거 조건 설정 항목

설정 항목	설정값
Type	Docker Registry
Registry Name	my-registry
Organization	DOCKERHUB_USER
Image	DOCKERHUB_USER/sample-image
Tag	0.*
Trigger Enabled	True

▼ 그림 17-20 도커 허브와의 트리거 설정

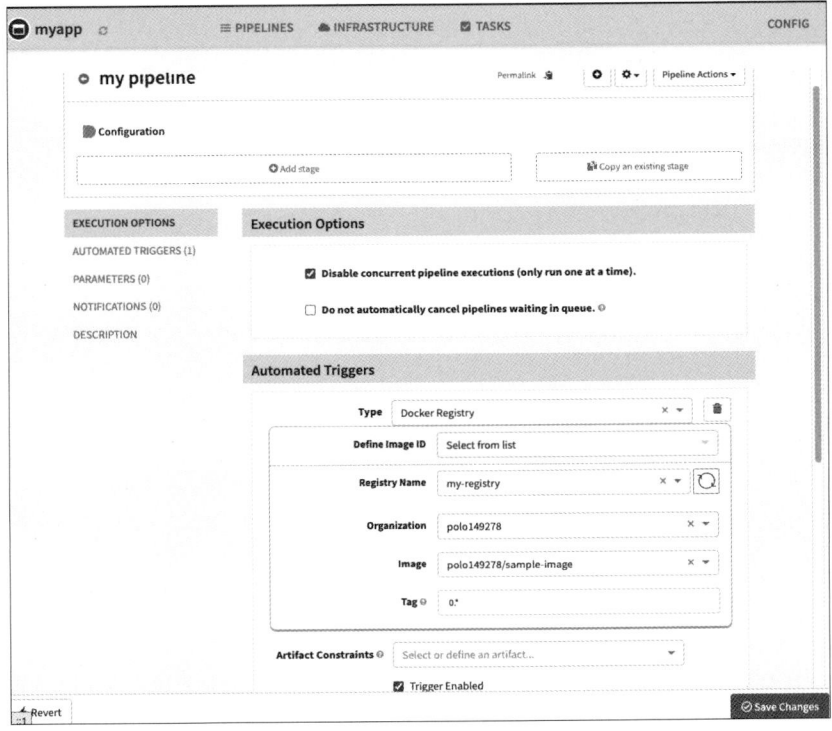

다음으로는 이 파이프라인이 호출되었을 때 배포할 디플로이먼트 리소스를 정의한다. 기존 디플로이먼트에서 설정을 클론하여 만들 수도 있다(그림 17-21).

▼ 그림 17-21 기존 디플로이먼트에서 설정 클론

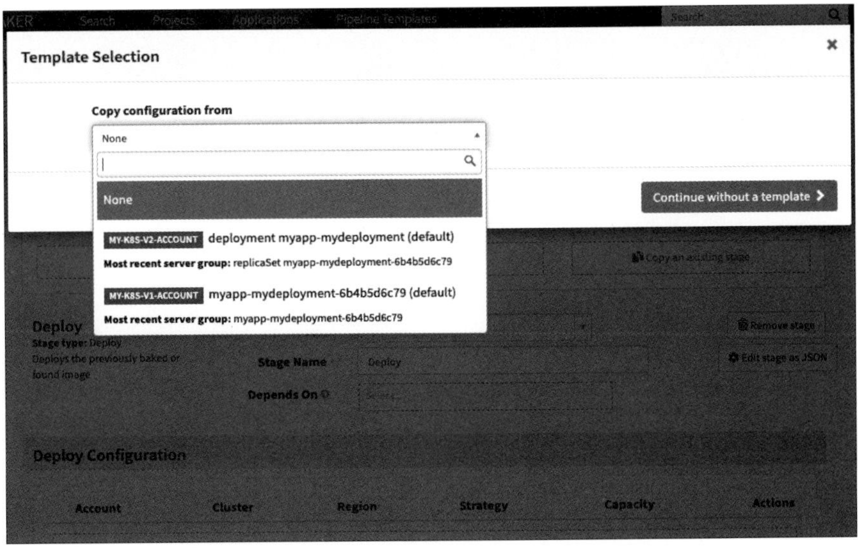

디플로이먼트 이미지 태그에는 Image from Triggers라는 항목이 있어 도커 허브에서 업데이트된 태그가 들어간다(그림 17-22). 그 이외의 설정은 위에서 생성한 디플로이먼트와 같다.

▼ 그림 17-22 파이프라인 생성(version 1과 version 2)

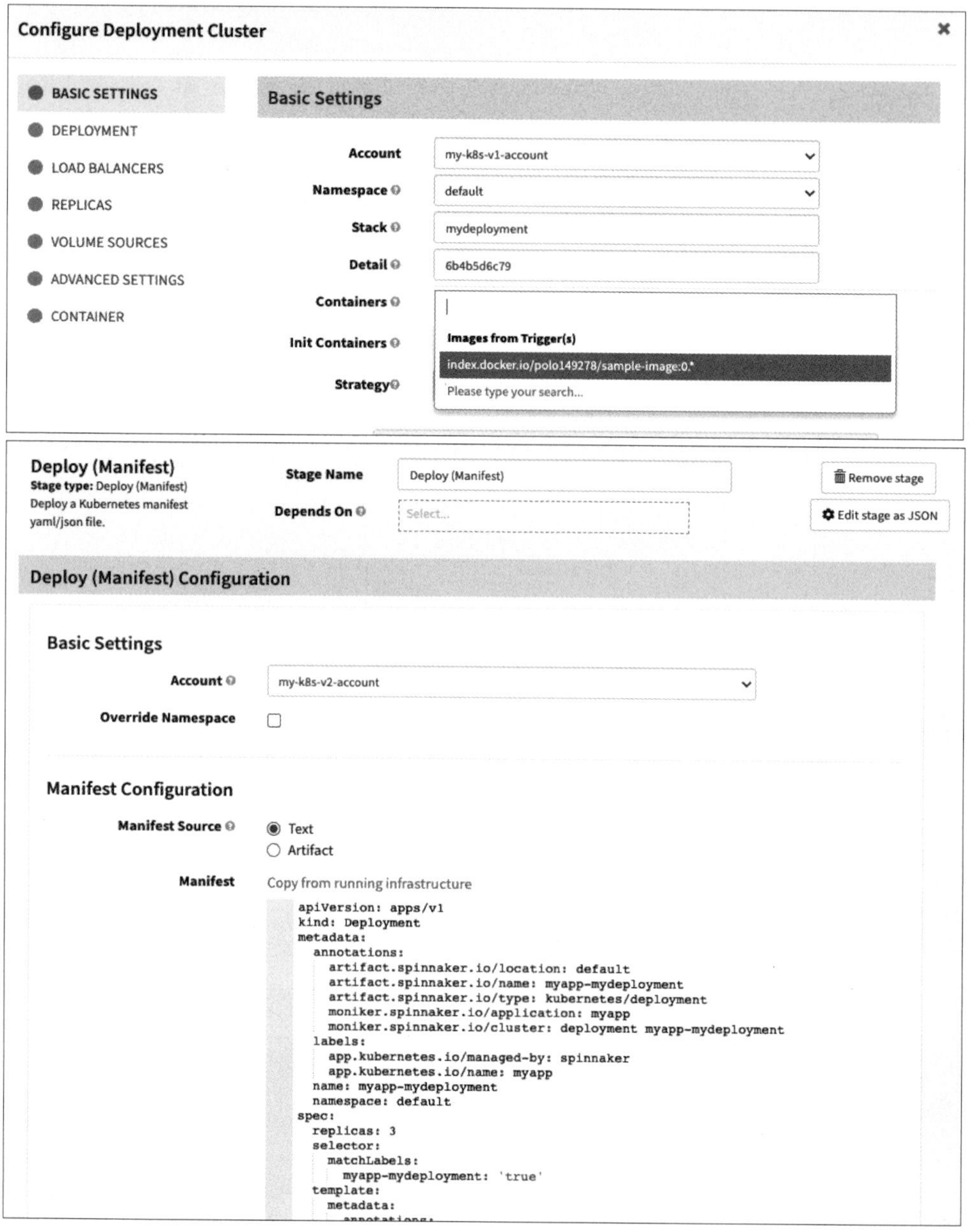

```yaml
# version 2의 경우(트리거에서 태그 정보를 받아 오는 부분만 주의하길 바란다)
apiVersion: apps/v1
kind: Deployment
metadata:
  annotations:
    artifact.spinnaker.io/location: default
    artifact.spinnaker.io/name: myapp-mydeployment
    artifact.spinnaker.io/type: kubernetes/deployment
    moniker.spinnaker.io/application: myapp
    moniker.spinnaker.io/cluster: deployment myapp-mydeployment
  labels:
    app.kubernetes.io/managed-by: spinnaker
    app.kubernetes.io/name: myapp
  name: myapp-mydeployment
  namespace: default
spec:
  replicas: 3
  selector:
    matchLabels:
      myapp-mydeployment: 'true'
  template:
    metadata:
      annotations:
        artifact.spinnaker.io/location: default
        artifact.spinnaker.io/name: myapp-mydeployment
        artifact.spinnaker.io/type: kubernetes/deployment
        moniker.spinnaker.io/application: myapp
        moniker.spinnaker.io/cluster: deployment myapp-mydeployment
      labels:
        app: myapp
        app.kubernetes.io/managed-by: spinnaker
        app.kubernetes.io/name: myapp
        load-balancer-myapp-myservice: 'true'
        myapp-mydeployment: 'true'
        stack: mydeployment
    spec:
      containers:
        - image: 'index.docker.io/polo149278/sample-image:${trigger[tag]}'
          name: sample-image
```

다음으로는 파이프라인 트리거를 동작시키기 위해 도커 허브에 sample-image:0.76 이미지를 빌드하여 푸시한다.

```
# 도커 허브 로그인
$ docker login
Username: DOCKERHUB_USER
Password: ************
Login Succeeded

# 현재 디렉터리 확인
$ pwd
/somedir/kubernetes-perfect-guide-master/samples/chapter17/spinnaker

# 스피네이커용으로 준비한 샘플 애플리케이션 빌드
$ docker build -t polo149278/sampleimage:0.76 .

# 도커 허브로 이미지 푸시
$ docker push polo149278/sample-image:0.76
```

도커 허브에 푸시되면 바로 스피네이커 파이프라인이 동작한다. 웹 UI에서도 상태를 확인할 수 있다.

▼ 그림 17-23 실행 중인 파이프라인

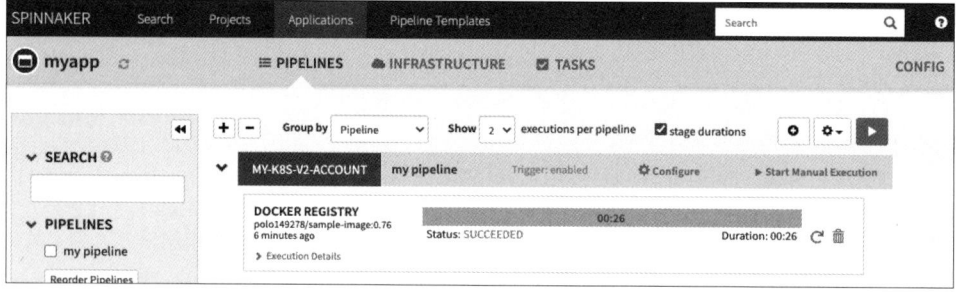

파이프라인 실행이 끝나면 제대로 디플로이먼트 업데이트가 되었는지 확인할 수 있다.

```
# 도커 허브가 업데이트되면 자동으로 디플로이먼트가 업데이트된다
$ kubectl get pods
NAME                                  READY   STATUS    RESTARTS   AGE
myapp-mydeployment-796d6dc6cd-4qf6w   1/1     Running   0          35s
myapp-mydeployment-796d6dc6cd-7wxvw   1/1     Running   0          41s
myapp-mydeployment-796d6dc6cd-hmlz7   1/1     Running   0          30s

# 컨테이너가 사용하고 있는 이미지 확인
$ kubectl get deployments myapp-mydeployment -o \
jsonpath='{.spec.template.spec.containers[].image}'
```

```
index.docker.io/polo149278/sample-image:0.76

# 애플리케이션(sample-image:0.76) 동작 확인
$ curl http://${LB_IP}
Hello, Spinnaker
```

이처럼 스피네이커는 CI 도구에서 트리거를 받아 여러 가지 처리가 가능하다. 이외에도 스피네이커에서는 수동 확인 단계를 설정하는 기능 등과 같은 많은 기능[19]을 제공하고 있다.

17.8 젠킨스 X

젠킨스 X(Jenkins X)[20]는 쿠버네티스 + 도커 + 깃 환경을 전제로 한 젠킨스 파생 프로젝트의 오픈 소스 소프트웨어다(그림 17-24). 젠킨스 X는 젠킨스를 이용하면서도 지속적 배포(CD)에 관한 설정 대부분을 자동화할 수 있다. 내부적으로는 스캐폴드, 차트 뮤지엄(Chart Museum), 카니코, 텍톤(Tekton) 등을 이용하고 있으며 깃옵스 콘셉트도 수용하고 있다.

▼ 그림 17-24 젠킨스 X

17.8.1 젠킨스 X 설치

젠킨스 X의 설치는 jx 명령어를 이용한다. jx 명령어 바이너리 파일은 다운로드할 수 있지만, 맥 운영체제의 경우 brew를 이용하여 설치할 수 있다.

---

[19] https://spinnaker.io/setup/
[20] https://jenkins-x.io/

```
# 맥 운영체제의 경우
$ brew tap jenkins-x/jx
$ brew install jx

# 리눅스의 경우
$ curl -L https://github.com/jenkins-x/jx/releases/download/v2.1.88/jx-linux-amd64.tar.gz | tar xzv
$ chmod +x jx
$ sudo mv jx /usr/local/bin
```

기존 클러스터에 젠킨스 X를 설치할 때는 jx install 명령어를 이용한다. GKE에서 클러스터를 생성하고 젠킨스 X를 설치할 때는 jx create cluster 명령어를 이용한다. 인터랙티브 형식으로 설정할 수 있어 간단히 도입할 수 있다. Yes 또는 No에 대한 질문에 엔터 키로 기본 설정을 선택하고, 깃허브와의 연계 설정은 자신의 계정에 맞게 설정하면 된다. 명령어를 실행하면 gcloud CLI/kubectl 설치/헬름 배포/GKE 클러스터 생성/깃허브 연계(저장소 생성 포함) 등을 수행하고 젠킨스 X를 배포한다. f 명령어를 실행하면 RBAC 설정/헬름 Tiller 배포/깃허브 연계(저장소 생성 포함) 등을 수행하고 헬름을 이용하여 젠킨스 X를 배포한다. 이미 헬름 Tiller가 배포되어 있다면, 젠킨스 X가 이용할 헬름 클라이언트와의 버전 충돌 문제가 일어나는 경우가 있으므로 일단 삭제하는 것을 추천한다.

```
# 헬름 Tiller가 기동 상태인 경우 충돌 문제가 있을 수 있으므로 삭제한다
$ kubectl -n kube-system delete deployment tiller-deploy
deployment.extensions "tiller-deploy" deleted

$ kubectl delete clusterrolebinding tiller
clusterrolebinding.rbac.authorization.k8s.io "tiller" deleted

$ kubectl -n kube-system delete serviceaccount tiller
serviceaccount "tiller" deleted

# GKE 클러스터 설치와 젠킨스 X 설치
$ jx create cluster gke
Your browser has been opened to visit:
…(생략)…
? Google Cloud Project: psu-satest-20200113
Updated property [core/project].
? No cluster name provided so using a generated one: ridergossamer
? Defaulting to cluster type: Zonal
? Google Cloud Zone: asia-northeast3-a
? Defaulting to machine type: n1-standard-2
```

```
? Defaulting to minimum number of nodes: 3
? Defaulting to maximum number of nodes: 5
…(생략)…
You can now configure a wildcard DNS pointing to the new Load Balancer address XX.XX.
XXX.XX
If you don't have a wildcard DNS setup then create a DNS (A) record and point it at:
XX.XX.XXX.XX, then use the DNS domain in the next input...

If you do not have a custom domain setup yet, Ingress rules will be set for magic DNS
nip.io.
Once you have a custom domain ready, you can update with the command jx upgrade ingress
--cluster
? Domain XX.XX.XXX.XX.nip.io
nginx ingress controller installed and configured
…(생략)…
Set up a Git username and API token to be able to perform CI/CD
Creating a local Git user for github.com server
? github.com username: polo149278
To be able to create a repository on github.com we need an API Token
Please click this URL and generate a token
https://github.com/settings/tokens/new?scopes=repo,read:user,read:org,user:email,write
:repo_hook,delete_repo

Then COPY the token and enter it below:

? API Token: ****************************************
Select the CI/CD pipelines Git server and user
? Do you wish to use github.com as the pipelines Git server: Yes
Creating a pipelines Git user for github.com server
To be able to create a repository on github.com we need an API Token
Please click this URL and generate a token
https://github.com/settings/tokens/new?scopes=repo,read:user,read:org,user:email,write
:repo_hook,delete_repo

Then COPY the token and enter it below:

? API Token: ****************************************
Setting the pipelines Git server https://github.com and user name polo149278.
Enumerating objects: 1440, done.
Total 1440 (delta 0), reused 0 (delta 0), pack-reused 1440
? Defaulting workload build pack: Kubernetes Workloads: Automated CI+CD with GitOps
Promotion
Setting the team build pack to kubernetes-workloads repo: https://github.com/jenkins-
x-buildpacks/jenkins-x-kubernetes.git ref: master
```

```
Installing jx into namespace jx
Installing jenkins-x-platform version: 2.0.2316
…(생략)…
Creating repository polo149278/environment-ridergossamer-staging
Creating Git repository polo149278/environment-ridergossamer-staging
Pushed Git repository to https://github.com/polo149278/environment-ridergossamer-
staging

Creating staging Environment in namespace jx
Created environment staging
Namespace jx-staging created
Created Jenkins Project: http://jenkins.jx.XX.XX.XXX.XX.nip.io/job/polo149278/job/
environment-ridergossamer-staging/

Note that your first pipeline may take a few minutes to start while the necessary
images get downloaded!

Triggered Jenkins job:  http://jenkins.jx.XX.XX.XXX.XX.nip.io/job/polo149278/job/
environment-ridergossamer-staging/
Creating GitHub webhook for polo149278/environment-ridergossamer-staging for url
http://jenkins.jx.XX.XX.XXX.XX.nip.io/github-webhook/
Using Git provider github.com at https://github.com
? Using Git user name: polo149278
? Using organisation: polo149278
Creating repository polo149278/environment-ridergossamer-production
Creating Git repository polo149278/environment-ridergossamer-production
Pushed Git repository to https://github.com/polo149278/environment-ridergossamer-
production

Creating production Environment in namespace jx
Created environment production
Namespace jx-production created
Created Jenkins Project: http://jenkins.jx.XX.XX.XXX.XX.nip.io/job/polo149278/job/
environment-ridergossamer-production/

Note that your first pipeline may take a few minutes to start while the necessary
images get downloaded!

Triggered Jenkins job:  http://jenkins.jx.XX.XX.XXX.XX.nip.io/job/polo149278/job/
environment-ridergossamer-production/
Creating GitHub webhook for polo149278/environment-ridergossamer-production for url
http://jenkins.jx.XX.XX.XXX.XX.nip.io/github-webhook/
```

```
Jenkins X installation completed successfully


        *********************************************************

                NOTE: Your admin password is: XXXXXXXXXXXXXXXXXX


        *********************************************************


Your Kubernetes context is now set to the namespace: jx
To switch back to your original namespace use: jx namespace default
Or to use this context/namespace in just one terminal use: jx shell
For help on switching contexts see: https://jenkins-x.io/developing/kube-context/
To import existing projects into Jenkins X:       jx import
To create a new Spring Boot microservice:         jx create spring -d web -d actuator
To create a new microservice from a quickstart: jx create quickstart
Fetching cluster endpoint and auth data.
kubeconfig entry generated for ridergossamer.
Context "gke_psu-satest-20200113_asia-northeast3-a_ridergossamer" modified.
NAME              HOSTS                                    ADDRESS         PORTS    AGE
chartmuseum       chartmuseum.jx.XX.XX.XXX.XX.nip.io       XX.XX.XXX.XX    80       4m9s
docker-registry   docker-registry.jx.XX.XX.XXX.XX.nip.io   XX.XX.XXX.XX    80       4m9s
jenkins           jenkins.jx.XX.XX.XXX.XX.nip.io           XX.XX.XXX.XX    80       4m9s
nexus             nexus.jx.XX.XX.XXX.XX.nip.io             XX.XX.XXX.XX    80       4m9s
```

깃허브에 스테이징용과 프로덕션용 저장소가 생성된다. 저장소명은 environment-XXXXXXXXXXX-staging과 environment-XXXXXXXXXXX-production처럼 되어 있고 XXXXXXXXXXX 부분은 랜덤으로 결정된다. 또 배포가 정상적으로 완료되면, 사용자명 admin과 생성된 패스워드가 표시되어 웹 UI로도 로그인이 가능하다.

17.8.2 젠킨스 X 시작

젠킨스 X를 이용하여 애플리케이션을 개발해보자. 젠킨스 X의 퀵 스타트(Quick Start)라는 기능을 사용해 샘플 애플리케이션으로 개발을 시작할 수 있다. 기본적으로 여러 가지 샘플[21]이 준비되어 있으며, 여기서는 Go로 작성된 웹 애플리케이션 서버 샘플을 테스트한다.

---

21 https://github.com/jenkins-x-quickstarts

jx create quickstart 명령어를 이용해 샘플로 애플리케이션을 생성한다. 명령어를 실행하면 깃허브 저장소가 생성된다. 애플리케이션 소스 코드/도커 파일/젠킨스 파일/skaffold.yaml 등이 포함되어 있으며, 개발자는 이 저장소의 소스 코드를 변경하면서 개발하게 된다.

```
# Go 언어로 작성된 sample-golang-http 애플리케이션 샘플을 생성
$ jx create quickstart
jx create quickstart
? select the quickstart you wish to create node-http
Using Git provider github.com at https://github.com
? Do you wish to use polo149278 as the Git user name? Yes
? Who should be the owner of the repository? polo149278
? Enter the new repository name:  sample-node-http
Creating repository polo149278/sample-node-http
Generated quickstart at /Users/mz-park/kubernetes-perfect-guide/samples/chapter17/sample-node-http
Created project at /Users/mz-park/kubernetes-perfect-guide/samples/chapter17/sample-node-http
The directory /Users/mz-park/kubernetes-perfect-guide/samples/chapter17/sample-node-http is not yet using git
? Would you like to initialise git now? Yes
? Commit message:  node test

Git repository created
performing pack detection in folder /Users/mz-park/kubernetes-perfect-guide/samples/chapter17/sample-node-http
--> Draft detected SVG (55.716377%)
--> Could not find a pack for SVG. Trying to find the next likely language match...
--> Draft detected JavaScript (14.262482%)
selected pack: /Users/mz-park/.jx/draft/packs/github.com/jenkins-x-buildpacks/jenkins-x-kubernetes/packs/javascript
replacing placeholders in directory /Users/mz-park/kubernetes-perfect-guide/samples/chapter17/sample-node-http
app name: sample-node-http, git server: github.com, org: polo149278, Docker registry org: psu-satest-20200113
skipping directory "/Users/mz-park/kubernetes-perfect-guide/samples/chapter17/sample-node-http/.git"
Draft pack javascript added
? Would you like to define a different preview namespace? Yes
? Enter the name for the preview namespace:  jx-previews
Pushed Git repository to https://github.com/polo149278/sample-node-http
Created Jenkins Project: http://jenkins.jx.XX.XX.XXX.XX.nip.io/job/polo149278/job/sample-node-http/
```

```
Watch pipeline activity via:    jx get activity -f sample-node-http -w
Browse the pipeline log via:    jx get build logs polo149278/sample-node-http/master
You can list the pipelines via: jx get pipelines
When the pipeline is complete:  jx get applications

For more help on available commands see: https://jenkins-x.io/developing/browsing/

Note that your first pipeline may take a few minutes to start while the necessary
images get downloaded!

Triggered Jenkins job:  http://jenkins.jx.XX.XX.XXX.XX.nip.io/job/polo149278/job/
sample-node-http/
Creating GitHub webhook for polo149278/sample-node-http for url http://jenkins.jx.XX.
XX.XXX.XX.nip.io/github-webhook/
```

애플리케이션 생성 후 자동으로 CI가 수행되고 스테이징 환경에 배포가 이루어진다. CI/CD 파이프라인 상태는 `jx get activity -w` 명령어를 이용하여 확인할 수 있다.

```
# CI/CD 파이프라인 상황 확인
$ jx get activity -f sample-node-http -w
STEP                                    STARTED AGO DURATION STATUS
polo149278/sample-node-http/master #1      31s               Running
polo149278/sample-node-http/master #1      59s               Running
  Checkout Source                          1s                Pending
polo149278/sample-node-http/master #1      1m8s              Running
  Checkout Source                          10s           9s Succeeded
  CI Build and push snapshot               1s                NotExecuted
  Build Release                            1s                Pending
polo149278/sample-node-http/master #1      2m8s              Running
  Checkout Source                          1m10s         9s Succeeded
  CI Build and push snapshot               1m1s              NotExecuted
  Build Release                            1m1s         59s Succeeded
  Promote to Environments                  2s                Pending
polo149278/sample-node-http/master #1      2m12s             Running Version: 0.0.1
  Checkout Source                          1m14s         9s Succeeded
  CI Build and push snapshot               1m5s              NotExecuted
  Build Release                            1m5s         59s Succeeded
  Promote to Environments                  6s                Pending
polo149278/sample-node-http/master #1      2m36s             Running Version: 0.0.1
  Checkout Source                          1m38s         9s Succeeded
  CI Build and push snapshot               1m29s             NotExecuted
  Build Release                            1m29s        59s Succeeded
```

```
    Promote to Environments              30s           Pending
    Promote: staging                     1s            Running
     PullRequest                         1s            Running  PullRequest:
https://github.com/polo149278/environment-ridergossamer-staging/pull/2
polo149278/sample-node-http/master #1    4m45s         Running Version: 0.0.1
    Checkout Source                      3m47s         9s Succeeded
    CI Build and push snapshot           3m38s         NotExecuted
    Build Release                        3m38s         59s Succeeded
    Promote to Environments              2m39s         Pending
    Promote: staging                     2m10s         Running
     PullRequest                         2m10s         2m10s Succeeded  PullRequest:
https://github.com/polo149278/environment-ridergossamer-staging/pull/2 Merge SHA: 7f7d
b05efed7e2a5f1ebcc37ae69423d420f664d
polo149278/sample-node-http/master #1    4m45s         Running Version: 0.0.1
    Checkout Source                      3m47s         9s Succeeded
    CI Build and push snapshot           3m38s         NotExecuted
    Build Release                        3m38s         59s Succeeded
    Promote to Environments              2m39s         Pending
    Promote: staging                     2m10s         Running
     PullRequest                         2m10s         2m10s Succeeded  PullRequest:
https://github.com/polo149278/environment-ridergossamer-staging/pull/2 Merge SHA: 7f7d
b05efed7e2a5f1ebcc37ae69423d420f664d
      Update                             0s            Running
polo149278/sample-node-http/master #1    5m6s          Running Version: 0.0.1
    Checkout Source                      4m8s          9s Succeeded
    CI Build and push snapshot           3m59s         NotExecuted
    Build Release                        3m59s         59s Succeeded
    Promote to Environments              3m0s          Pending
    Promote: staging                     2m31s         Running
     PullRequest                         2m31s         2m10s Succeeded  PullRequest:
https://github.com/polo149278/environment-ridergossamer-staging/pull/2 Merge SHA: 7f7d
b05efed7e2a5f1ebcc37ae69423d420f664d
      Update                             21s           Running  Status: Pending at:
http://jenkins.jx.XX.XX.XXX.XX.nip.io/job/polo149278/job/environment-ridergossamer-
staging/job/master/3/display/redirect
polo149278/sample-node-http/master #1    7m32s         Running Version: 0.0.1
    Checkout Source                      6m34s         9s Succeeded
    CI Build and push snapshot           6m25s         NotExecuted
    Build Release                        6m25s         59s Succeeded
    Promote to Environments              5m26s         Pending
…(생략)…
polo149278/sample-node-http/master #1    7m48s         7m46s Succeeded Version: 0.0.1
    Checkout Source                      6m50s         9s Succeeded
```

```
    CI Build and push snapshot       6m41s            NotExecuted
    Build Release                    6m41s      59s   Succeeded
    Promote to Environments          5m42s      5m40s Succeeded
    Promote: staging                 5m13s      4m57s Succeeded
      PullRequest                    5m13s      2m10s Succeeded  PullRequest:
https://github.com/polo149278/environment-ridergossamer-staging/pull/2 Merge SHA: 7f7d
b05efed7e2a5f1ebcc37ae69423d420f664d
      Update                         3m3s       2m47s Succeeded  Status:
Success at: http://jenkins.jx.XX.XX.XXX.XX.nip.io/job/polo149278/job/environment-
ridergossamer-staging/job/master/3/display/redirect
      Promoted                       3m3s       2m47s Succeeded  Application is
at: http://sample-node-http.jx-staging.XX.XX.XXX.XX.nip.io
    Clean up                         2s         0s    Succeeded
```

CI/CD 파이프라인이 정상적으로 종료되면 스테이징 환경에서는 디플로이먼트와 서비스가 배포된다.

```
# 스테이징 환경의 네임스페이스에 생성된 리소스 확인
$ kubectl -n jx-staging get deployments,services
NAME                                        READY   UP-TO-DATE   AVAILABLE   AGE
deployment.extensions/jx-sample-node-http   1/1     1            1           4m51s

NAME                          TYPE        CLUSTER-IP      EXTERNAL-IP   PORT(S)   AGE
service/sample-node-http      ClusterIP   10.35.243.187   <none>        80/TCP    4m51s
```

그러나 프로덕션 환경에는 자동으로 배포되지 않는다.

```
# 프로덕션 환경의 네임스페이스에 생성된 리소스 확인
$ kubectl -n jx-production get deployments,services
No resources found in jx-production namespace.
```

기본 설정에서는 프로덕션 환경 배포를 수동으로 해야 한다. 먼저 스테이징 환경에서 동작 중인 애플리케이션 버전을 확인한다. 동작하고 있는 애플리케이션 환경은 jx get applications 명령어를 이용한다. 초기 상태이기 때문에 버전은 0.0.1이다.

```
# 애플리케이션 정보 확인
$ jx get applications
APPLICATION        STAGING PODS URL
sample-node-http   0.0.1   1/1  http://sample-node-http.jx-staging.XX.XX.XXX.XX.nip.io
```

애플리케이션을 수동으로 배포하려면 jx promote 명령어를 사용한다. 명령어를 실행할 때는 애플리케이션의 종류와 버전, 배포 대상 환경을 지정해야 한다. 여기서는 프로덕션 환경에 sample-node-http 애플리케이션 버전 0.0.1을 배포해본다.

```
# 프로덕션 환경에 버전 0.0.1 sample-node-http 애플리케이션 배포
$ jx promote sample-node-http --env production --version 0.0.1
Promoting app sample-node-http version 0.0.1 to namespace jx-production
…(생략)…
Pull Request https://github.com/polo149278/environment-ridergossamer-production/pull/2
is merged at sha 518094cd64809d48de41e565e7137f086c77e458
Merge commit has not yet any statuses on repo polo149278/environment-ridergossamer-production merge sha 518094cd64809d48de41e565e7137f086c77e458
merge status: pending for URL https://api.github.com/repos/polo149278/environment-ridergossamer-production/statuses/518094cd64809d48de41e565e7137f086c77e458 with target:
http://jenkins.jx.xx.xx.xxx.xx.nip.io/job/polo149278/job/environment-ridergossamer-production/job/master/3/display/redirect description: This commit is being built
merge status: success for URL https://api.github.com/repos/polo149278/environment-ridergossamer-production/statuses/518094cd64809d48de41e565e7137f086c77e458 with target:
http://jenkins.jx.34.64.246.21.nip.io/job/polo149278/job/environment-ridergossamer-production/job/master/3/display/redirect description: This commit looks good
Merge status checks all passed so the promotion worked!
? Do you wish to use polo149278 as the user name to comment on issues Yes
```

jx promote 명령어를 이용하여 수동으로 애플리케이션을 배포하면 프로덕션 환경 네임스페이스에 디플로이먼트와 서비스가 생성된다.

```
# 프로덕션 환경의 네임스페이스에 생성된 리소스 확인
$ kubectl -n jx-production get deployments,services
NAME                                       READY   UP-TO-DATE   AVAILABLE   AGE
deployment.extensions/jx-sample-node-http  1/1     1            1           2m51s

NAME                         TYPE        CLUSTER-IP     EXTERNAL-IP   PORT(S)   AGE
service/sample-node-http     ClusterIP   10.35.243.53   <none>        80/TCP    2m50s
```

생성한 애플리케이션의 동작 확인은 jx get applications 명령어로 확인할 수 있는 스테이징 환경과 프로덕션 환경 각각의 URL을 이용한다.

```
# 애플리케이션 정보 확인
$ jx get applications
```

```
APPLICATION           STAGING PODS URL
PRODUCTION PODS URL
sample-node-http 0.0.1    1/1   http://sample-node-http.jx-staging.XX.XX.XXX.XX.nip.io
0.0.1       1/1   http://sample-node-http.jx-production.XX.XX.XXX.XX.nip.io

# URL은 숨김으로 하여 표시
$ jx get applications -u
APPLICATION           STAGING PODS PRODUCTION PODS
sample-node-http 0.0.1    1/1     0.0.1       1/1
```

이 두 개의 엔드포인트로 요청을 보내면 모두 샘플 애플리케이션 동작을 확인할 수 있다.

```
# 스테이징 환경에 배포된 버전 0.0.1(초기 상태) node 애플리케이션 상태
$ curl http://sample-node-http.jx-staging.xx.xx.xxx.xx.nip.io
<!doctype html>
<html class="no-js" lang="">

<head>
    <meta charset="utf-8">
    <title>Hello World : Jenkins X</title>
    <meta name="description" content="Jenkins X">
    <meta name="viewport" content="width=device-width, initial-scale=1">
    <link rel="stylesheet" media="all" href="style.css" />
</head>

<body>
    <div class="cover">
        <div class="feature">
            <h1>Hello Node</h1>
            <div class="brand">
                Jenkins <strong>X</strong>
            </div>
        </div>
    </div>
</body>

</html>

# 프로덕션 환경에 배포된 버전 0.0.1(초기 상태) node 애플리케이션 상태
$ curl http://sample-node-http.jx-production.xx.xx.xxx.xx.nip.io
<!doctype html>
<html class="no-js" lang="">
```

```
<head>
    <meta charset="utf-8">
    <title>Hello World : Jenkins X</title>
    <meta name="description" content="Jenkins X">
    <meta name="viewport" content="width=device-width, initial-scale=1">
    <link rel="stylesheet" media="all" href="style.css" />
</head>

<body>
    <div class="cover">
        <div class="feature">
            <h1>Hello Node</h1>
            <div class="brand">
                Jenkins <strong>X</strong>
            </div>
        </div>
    </div>
</body>

</html>
```

실제 샘플 애플리케이션의 출력 결과를 변경해보자. 애플리케이션 개발자는 깃허브 애플리케이션의 소스 코드를 변경만 하면 쿠버네티스 클러스터에 반영할 수 있기 때문에 인프라를 의식하지 않아도 된다.

```
# 애플리케이션 깃 저장소 생성
$ git clone https://github.com/polo149278/sample-node-http.git
$ cd sample-node-http

# 샘플 애플리케이션 메시지 수정
$ sed -i -e 's|Hello Node|Hello Node 2.0|' index.html

# 깃허브 변경 내용 반영
$ git add index.html
$ git commit -m "v2.0"
$ git push origin master
```

젠킨스 X의 CI/CD 파이프라인 처리가 끝날 때까지 몇 분 정도 기다린다. 배포가 끝나면, 조금 전과 같이 스테이징 환경에 요청을 보내면 애플리케이션 변경 내용이 반영된 것을 확인할 수 있다.

```
# 스테이징 환경에 배포된 버전 0.0.2 node 애플리케이션 상태
$ curl http://sample-node-http.jx-staging.xx.xx.xxx.xx.nip.io
<!doctype html>
<html class="no-js" lang="">

<head>
    <meta charset="utf-8">
    <title>Hello World : Jenkins X</title>
    <meta name="description" content="Jenkins X">
    <meta name="viewport" content="width=device-width, initial-scale=1">
    <link rel="stylesheet" media="all" href="style.css" />
</head>


<body>
    <div class="cover">
        <div class="feature">
            <h1>Hello Node 2.0</h1>
            <div class="brand">
                Jenkins <strong>X</strong>
            </div>
        </div>
    </div>
</body>


</html>

# 프로덕션 환경에 배포된 버전 0.0.1(초기 상태) node 애플리케이션 상태
$ curl http://sample-node-http.jx-production.xx.xx.xxx.xx.nip.io
<!doctype html>
<html class="no-js" lang="">


<head>
    <meta charset="utf-8">
    <title>Hello World : Jenkins X</title>
    <meta name="description" content="Jenkins X">
    <meta name="viewport" content="width=device-width, initial-scale=1">
    <link rel="stylesheet" media="all" href="style.css" />
</head>


<body>
    <div class="cover">
        <div class="feature">
            <h1>Hello Node</h1>
```

```
            <div class="brand">
                Jenkins <strong>X</strong>
            </div>
        </div>
    </div>
</body>

</html>
```

앞에서 프로덕션 환경 적용은 수동으로 이루어진다고 설명했다. 젠킨스 X가 프로덕션 및 스테이징용 Environment를 기본값으로 설정하여 생성했기 때문이다. 젠킨스 X로 생성된 Environment를 확인하려면 jx get environment 명령어를 이용한다. 기본 설정 상태의 프로덕션용 Environment는 PROMOTE가 Manual로 설정되어 있어 수동으로 배포해야만 했다.

```
# 젠킨스 X에서 생성된 Environment 확인
$ jx get environment
NAME        LABEL        KIND         PROMOTE NAMESPACE     ORDER CLUSTER SOURCE
REF PR
dev         Development  Development  Never   jx            0
staging     Staging      Permanent    Auto    jx-staging    100           https://github.
com/polo149278/environment-ridergossamer-staging.git
production  Production   Permanent    Manual  jx-production 200           https://github.
com/polo149278/environment-ridergossamer-production.git
```

Environment 설정 변경은 jx edit environment 명령어를 이용하여 인터랙티브 형식으로 설정할 수 있다. 예를 들어 Promotion Strategy를 Auto로 변경하면 스테이징 환경과 같은 애플리케이션을 자동으로 적용할 수 있다. 또한, jx create environment 명령어를 이용하여 스테이징 환경과 프로덕션 이외의 새로운 Environment를 생성할 수도 있다.

```
# 환경 설정 변경
$ jx edit env
? Pick environment: production
? Label: Production
? Namespace: jx-production
? Domain: XX.XX.XXX.XX.nip.io
? Environment in separate cluster to Dev Environment: No

? Promotion Strategy: Auto
? Git URL for the Environment source code: https://github.com/polo149278/environment-
```

```
ridergossamer-production.git
? Git branch for the Environment source code: master
Updated environment production
? Do you wish to use polo149278 as the user name to create the Git repository Yes
```

지금까지 설명한 것과 같이 기본적으로 jx 명령어를 사용하여 여러 가지 처리를 할 수 있지만, 젠킨스 웹 UI에서 확인할 수도 있다(아래 jenkins의 URL을 이용). 그리고 젠킨스 서버를 포함한 모든 시스템 구성 요소 URL은 jx open 명령어를 이용하여 확인할 수 있다.

```
# 젠킨스 X 시스템 구성 요소 URL 표시
$ jx open
NAME                        URL
jenkins                     http://jenkins.jx.XX.XX.XXX.XX.nip.io
jenkins-x-chartmuseum       http://chartmuseum.jx.XX.XX.XXX.XX.nip.io
jenkins-x-docker-registry   http://docker-registry.jx.XX.XX.XXX.XX.nip.io
nexus                       http://nexus.jx.XX.XX.XXX.XX.nip.io
```

17.9 정리

이 장에서는 CI/CD 관련 도구를 소개했다. 소개한 내용은 이 도구들의 기능 중 일부에 불과하다. 쿠버네티스 주변의 에코시스템은 지금도 빠르게 개발되고 있으며, 여러 기능이 추가되고 있다. 상세한 내용은 웹 사이트의 문서에서 확인하길 바란다.

또 이 책에서는 대부분을 kubectl 명령어를 사용하여 설명했다. 실제 환경(개발/스테이징/프로덕션)에서 운영하는 경우에는 가능하면 깃옵스를 사용하고 수동 오퍼레이션은 사용하지 말자.

# 18장

마이크로서비스 아키텍처와 서비스 매시

18.1 마이크로서비스 아키텍처란?
18.2 서비스 매시란?
18.3 이스티오
18.4 정리

18.1 마이크로서비스 아키텍처란?

마이크로서비스 아키텍처는 시스템의 개별 기능을 서비스 단위로 잘라 서비스끼리 gRPC나 RESTful API 등으로 연계하여 시스템 전체를 구성하는 느슨한 결합(loose coupling) 아키텍처다 (그림 18-1). 이에 반해 시스템 전체를 하나의 서비스로 만든 구성은 모놀리식(monolithic)(한 덩어리) 아키텍처라고 한다.

▼ 그림 18-1 마이크로서비스 이미지

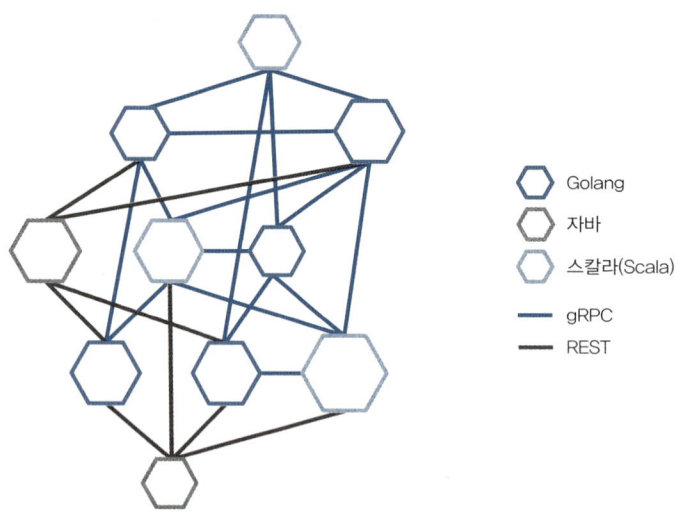

마이크로서비스 아키텍처로 개발하면 장점이 많다. 먼저 서비스끼리 연결하는 gRPC나 RESTful API의 인터페이스 사양이 결정되어 있다면, 사양을 맞추는 것 외에는 각 서비스 프로그래밍 언어나 프레임워크 등의 기술을 자유롭게 선정할 수 있다. 시스템 개발이 대규모로 이루어진 경우에도 서비스 간 느슨한 결합을 유지하고 있다면 서비스별로 개발 규모나 성능을 확장시킬 수 있다. 또한, 서비스별로 독립적으로 업데이트가 가능하여 릴리스 사이클을 단축할 수 있고 장애 영향 범위를 해당 서비스에 한정시킬 수 있다는 장점도 있다.

지금까지의 쿠버네티스 내용을 이해했다면 쿠버네티스와 마이크로서비스 아키텍처가 궁합이 좋다는 것을 예상할 수 있다. 쿠버네티스에 마이크로서비스 아키텍처로 구성된 시스템을 배포하는 경우, 한 개의 마이크로서비스를 한 개의 컨테이너 이미지로 개발하여 한 개의 디플로이먼트로 배포한다. 각 마이크로서비스 개발자는 마이크로서비스 애플리케이션을 포함한 컨테이너 이미지를 생성하게 되어 독립적인 개발이 가능해진다. 또한, 마이크로서비스 업데이트는 디플로이먼트의 컨테이너 이미지를 변경하면 되고 확장도 개별 마이크로서비스마다 할 수 있다. 마이크로서비스 아키텍처에서는 필요한 처리에 따라 마이크로서비스 간에 gRPC나 RESTful API로 통신하기 때문에 파드를 포함한 트래픽을 그림으로 표현하면 그림 18-2와 같은 형태가 된다.

▼ 그림 18-2 디플로이먼트 단위로 본 마이크로서비스 간의 트래픽

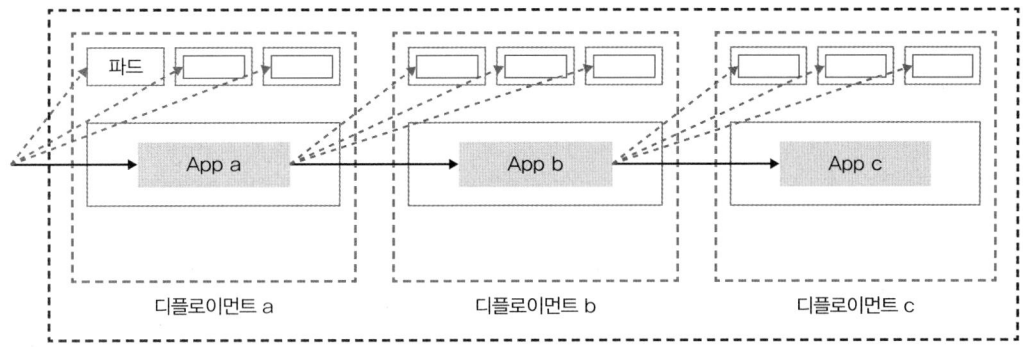

그러나 마이크로서비스 아키텍처도 장점만 있는 것은 아니다. 먼저 큰 문제점 중의 하나는 시스템을 여러 마이크로서비스로 적절하게 분리하기가 어렵다는 것이다. 지금까지 모놀리식 아키텍처를 구성했던 팀이 무리하게 마이크로서비스 아키텍처를 구현하려고 하면 서비스 간의 느슨한 결합이 잘되지 않고 모놀리식 아키텍처 상태로 남아 복잡해질 수 있다. 그렇게 되지 않으려면 고도의 설계가 요구되므로 구현 난이도도 높아질 것이다.

또 하나의 큰 문제점은 시스템 전체 모니터링이 어렵다는 것이다. 이를 흔히 관측 가능성(Observability)이라 부르는데, 많은 마이크로서비스로 하나의 서비스를 구성하고 있기 때문에 마이크로서비스 간의 의존 관계 등을 파악하는 것과 마이크로서비스 간의 트래픽 레이턴시나 에러율을 모니터링하는 것이 어렵다. 모니터링이 부족한 상태에서 시스템에 문제가 발생하면 원인과 병목 구간이 되는 마이크로서비스를 찾는 데 시간이 걸린다. 이러한 마이크로서비스 간 문제에 대해 해결책을 제공하는 것이 '서비스 매시'라는 개념이다.

18.2 서비스 매시란?

서비스 매시(Service Mesh)는 마이크로서비스 간에 매시 형태의 통신이나 그 경로를 제어하는 개념이다. 서비스 매시를 구현하는 오픈 소스 소프트웨어로는 이스티오(Istio)나 링커드(Linkerd) 등이 유명하다. 그 외에도 최근에는 Kuma, App Mesh, Maesh 같은 제품이 출시되었으며 Service Mesh Landscape에서 목록[1] 등도 만들어져 있다.

이스티오나 링커드의 기본적인 구조는 파드 간 통신 경로에 프록시를 놓고 트래픽 모니터링이나 트래픽 컨트롤을 하는 것이다. 그래서 기존 애플리케이션 코드에 수정 없이 서비스 매시를 구성할 수 있다. 각각 사용할 수 있는 모니터링과 트래픽 컨트롤 기능에 차이가 있지만 모니터링 기능을 공통으로 가지고 있다.

모니터링은 상세한 요청의 에러율/레이턴시/커넥션 개수/요청 개수와 같은 메트릭을 가져올 수 있다. 물론 특정 서비스 간이나 특정 요청 경로별로 필터링도 할 수 있으므로 장애 원인을 파악하기에 유리할 뿐 아니라 병목 구간도 쉽게 찾을 수 있다.

서비스 매시 대부분은 트래픽 컨트롤 기능이 있으며, 트래픽 컨트롤이라 해도 다양한 처리를 할 수 있다. 먼저 가장 기본적인 것은 디플로이먼트에서 디플로이먼트로 트래픽을 전달할 때 유연하게 목적지를 제어하는 트래픽 시프팅(Traffic shifting)이라는 기능이다. 예를 들어, 트래픽의 99%를 이전 이미지로 기동하고 있는 디플로이먼트에 전송하고 1%를 신규 디플로이먼트에 전송하여 서비스 환경에 단계적으로 적용하는 카나리 배포를 할 수 있다. 또한, 쿠키 등 특정 조건에 맞는 트래픽만 신규 디플로이먼트에 전송할 수 있으므로 테스트용 단말기나 특정 사용자만 새로운 환경을 사용하게 할 수도 있다(그림 18-3).

---

[1] https://layer5.io/landscape

▼ 그림 18-3 서비스 매시의 트래픽 시프팅

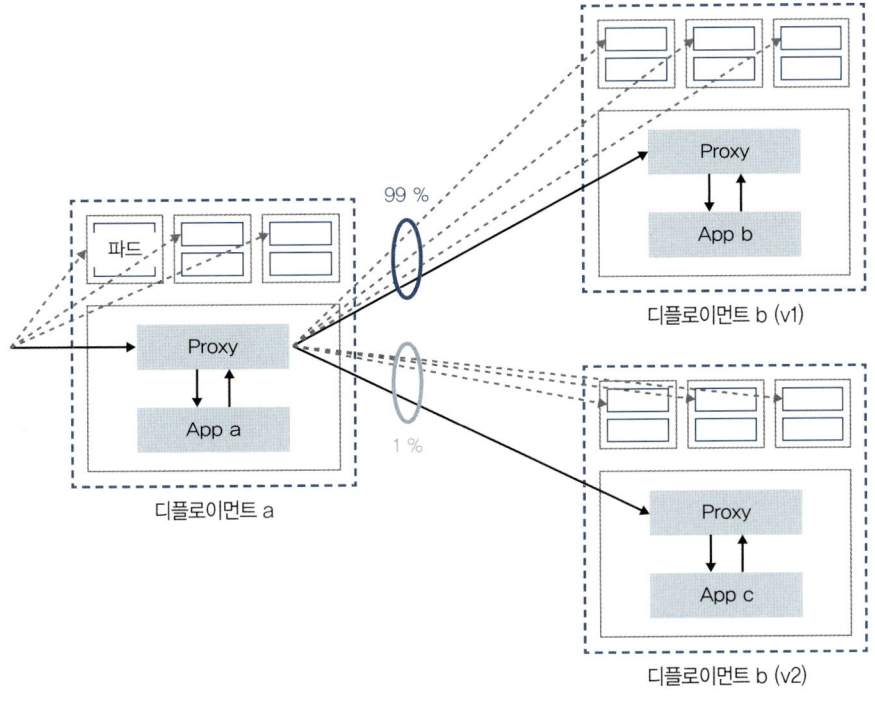

목적지의 마이크로서비스가 어떤 장애로 정지되었을 때 그 마이크로서비스에 요청을 보내면 요청이 타임아웃될 때까지 응답을 반환할 수 없게 된다. 또 타임아웃 대기 커넥션이 늘어나게 되면 부하가 늘어나고 결과적으로 장애가 연쇄적으로 일어나 시스템 전체에 장애가 발생하게 된다. 이 문제를 해결하는 것이 서킷 브레이커(Circuit Breaker)다. 서킷 브레이커는 목적지 마이크로서비스에 문제가 있을 경우에는 접속을 차단하여 바로 출발지 마이크로서비스에 요청 에러를 반환한다(그림 18-4).

▼ 그림 18-4 서비스 매시의 서킷 브레이커

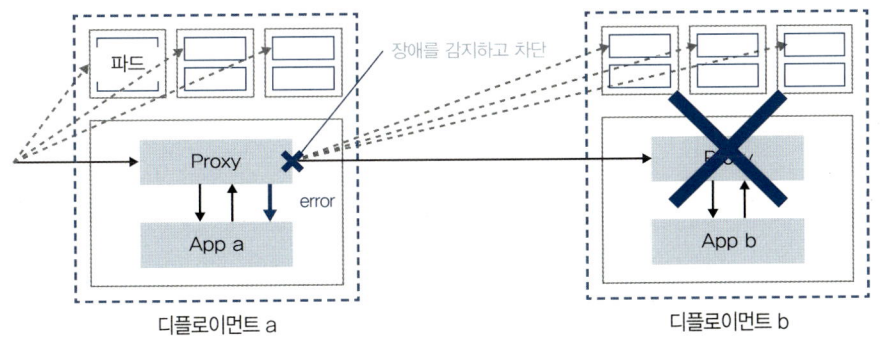

의도적으로 요청을 지연시키거나 실패시키는 폴트 인젝션(Fault Injection) 기능이 있는 소프트웨어도 있다. 폴트 인젝션을 통해 여러 마이크로서비스로 구성된 시스템에서 문제가 발생해도 정상 동작하는지를 확인할 수 있다(그림 18-5).

▼ 그림 18-5 서비스 매시의 폴트 인젝션

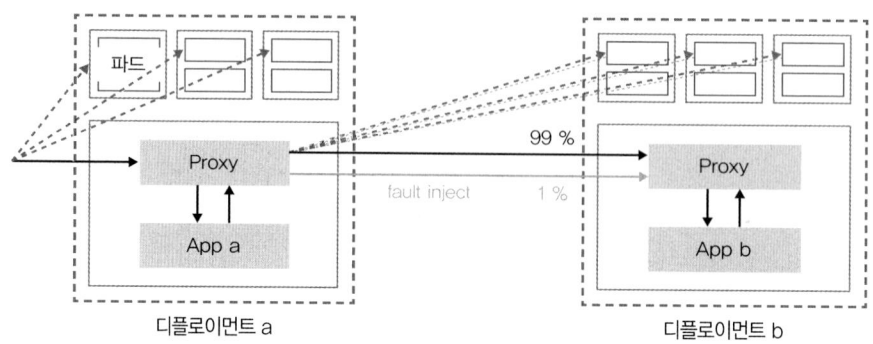

이외에도 요청 개수를 제한하는 속도 제한(Rate Limit) 기능을 사용하면 API 서버에 대한 요청 제한도 서비스 매시에서 할 수 있다(그림 18-6).

▼ 그림 18-6 서비스 매시의 속도 제한

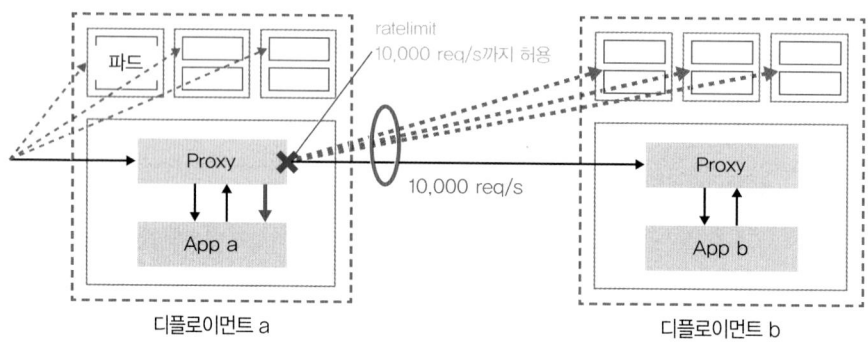

요청이 실패했을 때의 재시도(retry) 처리 기능 등은 일반적으로 애플리케이션에서 재전송 제어 등을 구현하는 경우도 많지만, 이런 기능도 서비스 매시에서 구현할 수 있다(그림 18-7).

▼ 그림 18-7 서비스 매시의 재시도

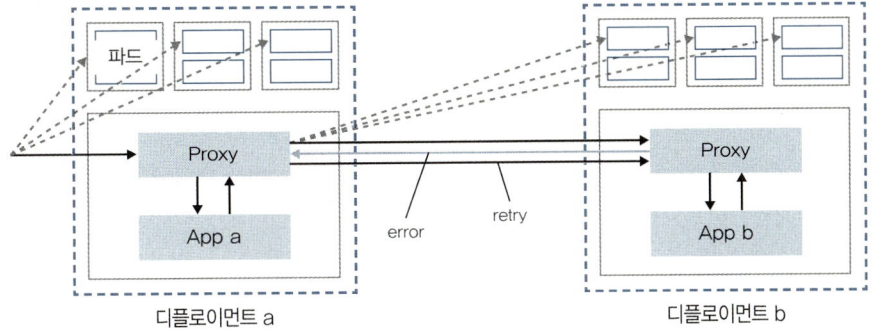

계속해서 서비스 매시의 OSS로 가장 유명한 이스티오를 설명한다.

18.3 이스티오

이스티오(Istio)[2]는 구글/IBM/리프트(Lyft)가 중심이 되어 개발하고 있는 오픈 소스 소프트웨어(그림 18-8)이며, C++로 만들어진 엔보이(Envoy)를 사용하여 서비스 매시를 구성한다. 서비스 매시를 구현하는 OSS로는 이스티오가 가장 유명하다.

▼ 그림 18-8 이스티오

18.3.1 이스티오 아키텍처

App a, App b, App c라는 세 가지 마이크로서비스(디플로이먼트)가 배포된 것으로 가정한다. 또한, 이때 마이크로서비스 관계는 App a에서 App b, App b에서 App c로 트래픽이 전송되고 있다. 위 내용을 그림으로 표현하면 그림 18-9와 같다.

---

2 https://istio.io/

▼ 그림 18-9 디플로이먼트 단위로 본 마이크로서비스 간의 트래픽(그림 18-2와 동일)

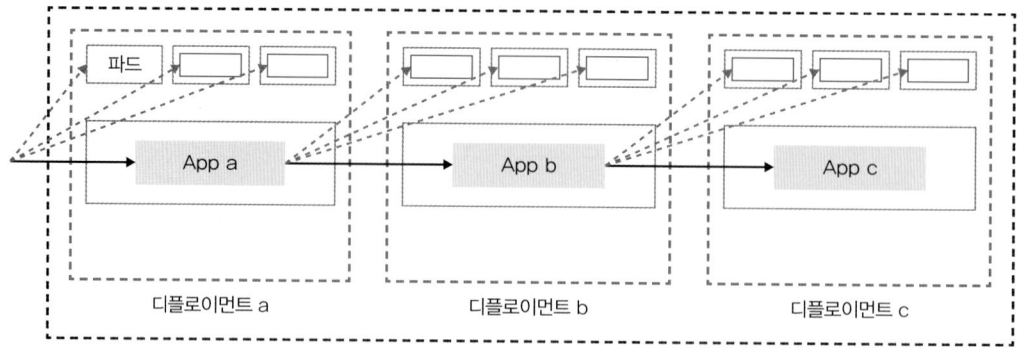

이스티오는 각 파드 안에 사이드카로 엔보이 프록시가 들어가 있는 형태로 되어 있다. 그래서 App a에 트래픽이 전송될 때 같은 파드에 포함된 엔보이 프록시가 일단 트래픽을 받은 후 App a로 트래픽을 전송한다. 또 App a에서 App b로 트래픽을 전송할 때도 App a와 같은 파드에 포함된 엔보이 프록시와 App b와 같은 파드에 포함된 엔보이 프록시를 통해 App b로 전송된다(그림 18-10).

▼ 그림 18-10 이스티오 엔보이 프록시 동작

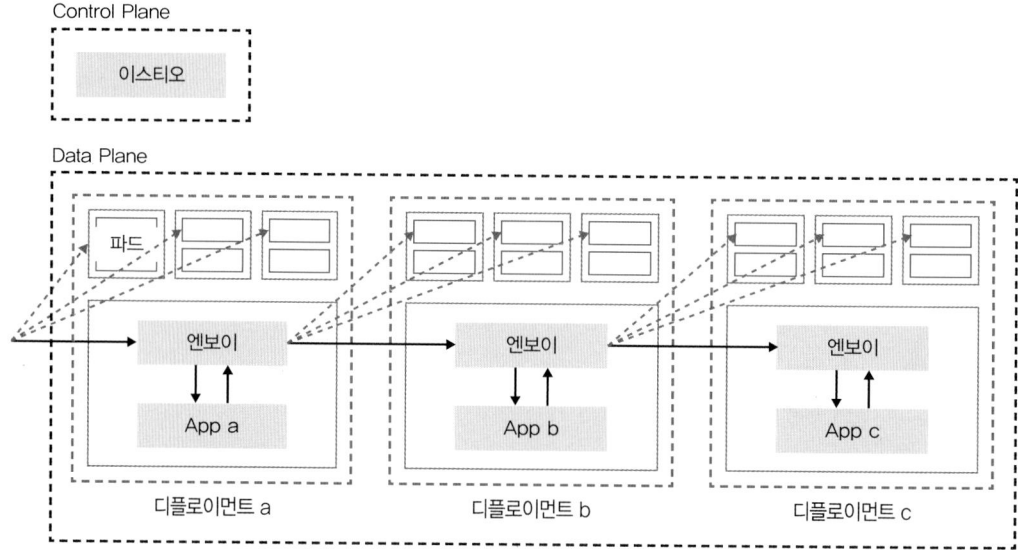

따라서 App c에 도달하기까지는 다음과 같은 경로를 통과하게 된다. 이와 같이 마이크로서비스 간의 통신은 엔보이를 반드시 통과하게 되어 있으므로 메트릭을 수집하거나 트래픽 컨트롤을 할 수 있다.

```
클라이언트
    ->Envoy (App a와 같은 파드)
    ->App a
    ->Envoy (App a와 같은 파드)
    ->Envoy (App b와 같은 파드)
    ->App b
    ->Envoy (App b와 같은 파드)
    ->Envoy (App c와 같은 파드)
    ->App c
```

트래픽 컨트롤을 하려면 엔보이 프록시에 전송 룰을 설정해야 한다. 이스티오에서는 컨트롤 플레인(Control Plane)의 이스티오가 쿠버네티스 리소스로 정의된 정보를 기반으로 엔보이 설정을 하게 된다(그림 18-11).

▼ 그림 18-11 이스티오에 의한 엔보이 설정 업데이트

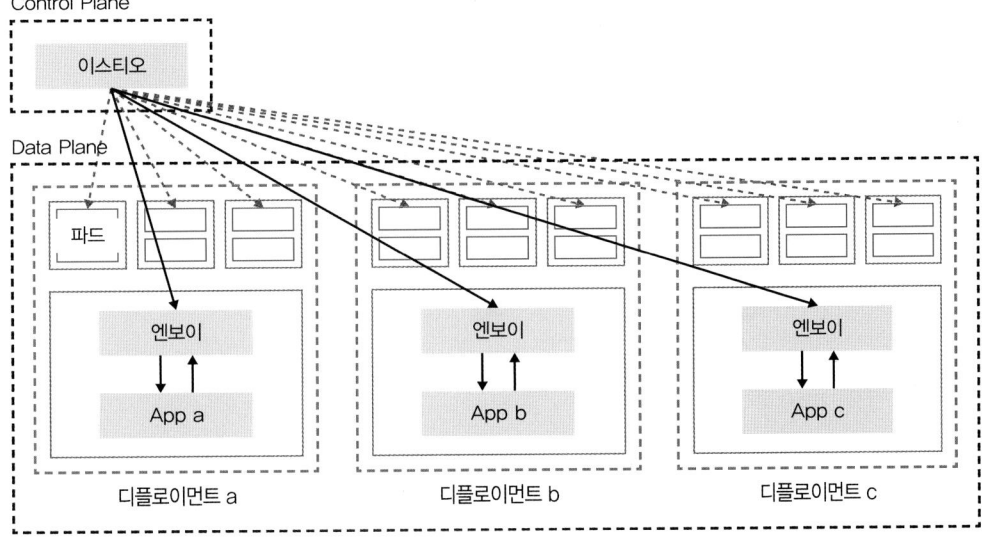

또 이스티오에서는 마이크로서비스 간의 통신을 mutual TLS 인증(mTLS)으로 서로 TLS 인증하여 암호화할 수 있다. 실제 애플리케이션 사이에 있는 엔보이 프록시끼리 mTLS로 연결되어 각 애플리케이션은 파드 내의 엔보이 프록시에 접속하기 위해 localhost에 TCP 접속을 하게 된다.

이스티오는 쿠버네티스 클러스터에 서비스 매시를 구현하지만, 이 서비스 매시를 쿠버네티스 클러스터 외부에 있는 VM이나 물리 서버로 확장하는 기능도 있다. 이 기능을 사용하면, 물리 서버에서 동작하고 있는 데이터베이스 서버 등을 포함하여 서비스 매시 기능을 사용할 수도 있다(그림 18-12).

▼ 그림 18-12 쿠버네티스 클러스터에서 이스티오 서비스 매시 확장

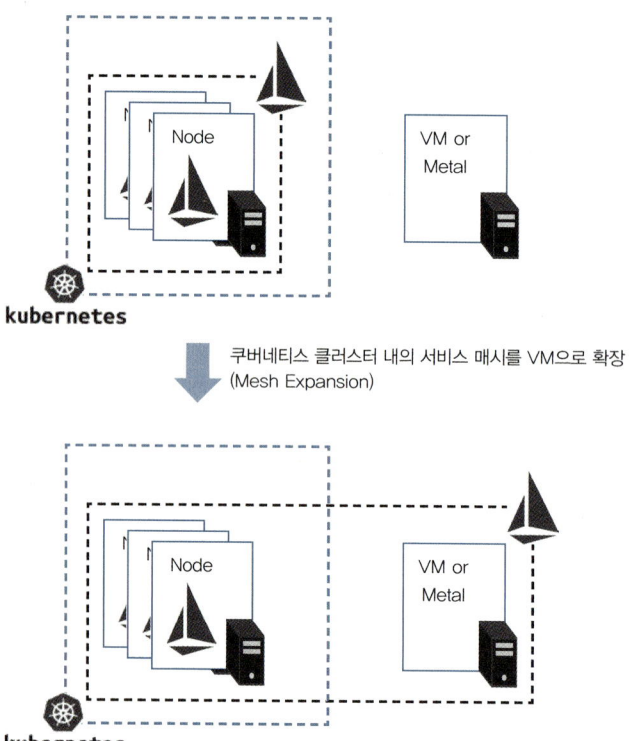

또한, 여러 쿠버네티스 클러스터를 이스티오를 사용해 연계함으로써 서비스 매시를 구성한 멀티 클러스터 환경을 구현할 수도 있다(그림 18-13).

▼ 그림 18-13 멀티 클러스터에서 이스티오 서비스 매시 구성

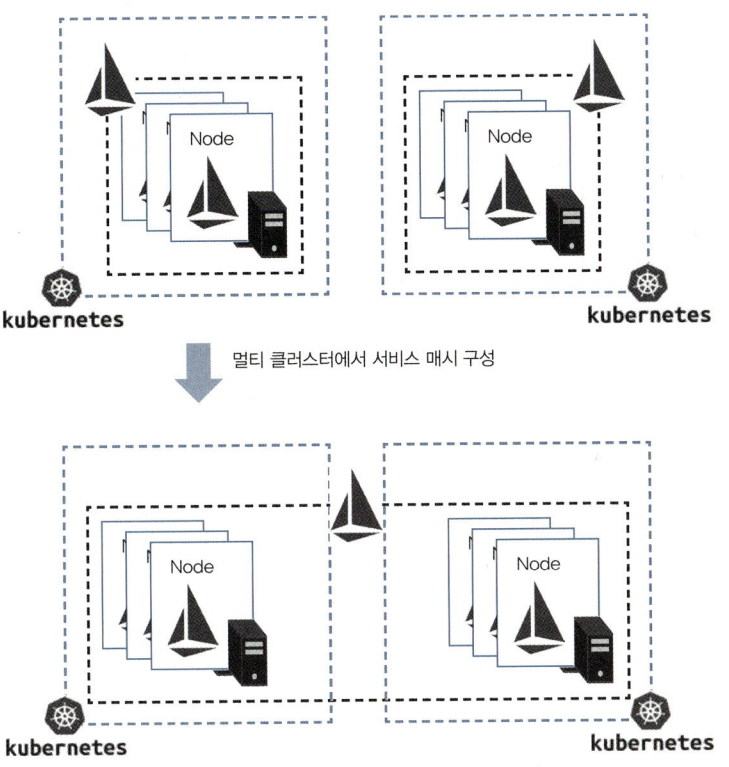

18.3.2 이스티오 샘플 애플리케이션

이스티오는 아주 쉽게 기능을 테스트할 수 있는 퀵 스타트(Quick Start)[3]가 준비되어 있다. 이스티오를 테스트해보고 싶다면 이 내용을 참고하길 바란다. 이스티오 샘플로, 리뷰나 평가 기능을 가지고 있는 도서 정보를 표시하는 BookInfo 애플리케이션이 준비되어 있다.

18.3.3 이스티오 시작

이스티오에서는 쿠버네티스 리소스를 사용하여 트래픽 컨트롤을 할 수 있기 때문에 디플로이먼트나 서비스와 같이 매니페스트를 생성하여 적용한다.

---

3 https://istio.io/latest/docs/setup/getting-started/

이스티오 관리는 istioctl 바이너리를 사용한다.

```
# 바이너리와 매니페스트 다운로드(1.6.0 지정)
$ curl -L https://istio.io/downloadIstio | ISTIO_VERSION=1.6.0 sh -

# 바이너리 배포
$ sudo mv istio-1.6.0/bin/istioctl /usr/local/bin/istioctl
```

컨트롤 플레인을 배포할 때는 프로파일(default, demo, minimal, preview 등)을 선택할 수 있다. 데모 프로파일에서는 수많은 모니터링 시스템 구성 요소를 통합한 이스티오를 배포한다.

```
# 이스티오의 컨트롤 플레인 배포
$ istioctl manifest apply --set profile=demo
✓ Istio core installed
✓ Istiod installed
✓ Egress gateways installed
✓ Ingress gateways installed
✓ Addons installed
✓ Installation complete
```

이스티오의 컨트롤 플레인 배포가 완료되면 실제 사용할 준비가 끝난 것이다. 이스티오는 각 파드에 엔보이 프록시를 포함하여 서비스 매시를 구성하는데, 파드에 엔보이 프록시를 포함하는 방법은 두 가지가 있다.

- istioctl kube-inject 명령어 사용
- mutating webhook admission controller를 사용하여 자동으로 배치

첫 번째는 istioctl kube-inject 명령어를 사용하는 방법이다. 이 명령어는 기존 매니페스트를 사용하여 엔보이 프록시를 추가하는 매니페스트를 자동으로 생성한다. 생성한 매니페스트는 -o 옵션을 사용하면 파일에 출력되지만, 지정하지 않으면 표준 출력으로 출력된다. 표준 출력을 kubectl apply -f 명령어로 전달하여 새로운 파일을 생성하지 않고 그대로 매니페스트를 적용할 수 있다. 엔보이 프록시를 추가한 매니페스트 자동 생성에서 사용할 수 있는 리소스는 디플로이먼트, 스테이트풀, 데몬셋 등이 있다.

```
# 초기 상태 매니페스트
$ grep "image: " sample-deployment.yaml
        image: nginx:1.16

# 엔보이 프록시를 포함한 경우의 매니페스트
$ istioctl kube-inject -f sample-deployment.yaml | grep -A 2 "image: "
      - image: nginx:1.16
        name: nginx-container
        resources: {}
--
        image: docker.io/istio/proxyv2:1.6.0
        imagePullPolicy: Always
        name: istio-proxy
--
        image: docker.io/istio/proxyv2:1.6.0
        imagePullPolicy: Always
        name: istio-init
```

두 번째는 mutating webhook admission controller를 사용하여 사이드카의 엔보이 프록시를 자동으로 주입(inject)하는 방법이다. 한 개의 컨테이너를 포함하는 파드를 생성해도 자동으로 두 개의 컨테이너를 포함한 파드가 기동된다. 개발자가 생성하는 매니페스트나 애플리케이션은 전혀 변경이 필요 없기 때문에 쉽게 도입할 수 있다.

이 엔보이 프록시의 자동 주입은 네임스페이스 단위로 활성화하거나 비활성화할 수 있다. 활성화와 비활성화 제어는 네임스페이스에 부여된 istio-injection 레이블에 따라 결정된다. 기본으로 모두 비활성화되어 있기 때문에 레이블을 부여하고 활성화한다.

```
# 기본 네임스페이스의 엔보이 프록시에 대한 자동 배치 활성화
$ kubectl label namespace default istio-injection=enabled

# istio-injection 레이블 확인
$ kubectl get namespaces -L istio-injection
NAME              STATUS   AGE     ISTIO-INJECTION
default           Active   31h     enabled
istio-system      Active   7m25s   disabled
kube-node-lease   Active   31h
kube-public       Active   31h
kube-system       Active   31h
```

설정 후 매니페스트를 적용하면 자동으로 엔보이 프록시가 배치된다. 따라서 애플리케이션이나 매니페스트를 변경하지 않아도 이스티오를 사용할 수 있다(일부 특수한 애플리케이션은 제외).

```
# 각종 리소스 생성
$ kubectl apply -f sample-deployment.yaml

# 엔보이 프록시를 자동 배치(READY 항목이 1/1에서 2/2로 변경됨)
$ kubectl get pods
NAME                                    READY   STATUS    RESTARTS   AGE
sample-deployment-7bf986f9cf-2j62z      2/2     Running   0          20s
sample-deployment-7bf986f9cf-bhc2z      2/2     Running   0          20s
sample-deployment-7bf986f9cf-rxwj9      2/2     Running   0          20s
```

배포된 데모 프로파일 이스티오를 삭제할 때는 다음 명령어를 사용한다.

```
$ kubectl delete -f <(istioctl manifest generate --set profile=demo)
```

이스티오 샘플 애플리케이션 배포

이스티오 예제 애플리케이션인 BookInfo를 사용해 동작을 확인한다. 여기서는 엔보이 프록시가 자동으로 배치되도록 네임스페이스에 istio-injection=enabled 레이블을 부여해 놓았다.

```
# Bookinfo 애플리케이션 배포
$ kubectl apply -f istio-1.6.0/samples/bookinfo/platform/kube/bookinfo.yaml
service/details created
serviceaccount/bookinfo-details created
deployment.apps/details-v1 created
service/ratings created
serviceaccount/bookinfo-ratings created
deployment.apps/ratings-v1 created
service/reviews created
serviceaccount/bookinfo-reviews created
deployment.apps/reviews-v1 created
deployment.apps/reviews-v2 created
deployment.apps/reviews-v3 created
service/productpage created
serviceaccount/bookinfo-productpage created
deployment.apps/productpage-v1 created
```

Bookinfo 애플리케이션은 그림 18-14와 같이 productpage, reviews, ratings, details라는 네 개의 마이크로서비스로 구성되어 있다. ProductPage 페이지에서 요청을 받으면 도서 리뷰를 보여주는 Reviews 서비스와 도서 상세 정보를 보여주는 Details 서비스에 접속하고, ProductPage는 Reviews와 Details 결과를 사용자에게 응답하도록 되어 있다. 또 Reviews 서비스에는 v1, v2, v3라는 세 개의 버전이 있고 v2, v3 버전의 경우 Ratings 서비스에 접속하여 도서에 대한 5단계 평가를 가져오게 되어 있다. Reviews 서비스의 버전 간 차이를 살펴보면, v1은 Rating이 없고, v2는 검은색 별로 Ratings가 표시되며, v3는 색깔이 있는 별로 Ratings가 표시된다.

▼ 그림 18-14 Bookinfo 애플리케이션 구성

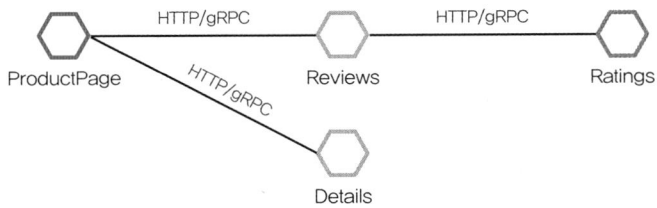

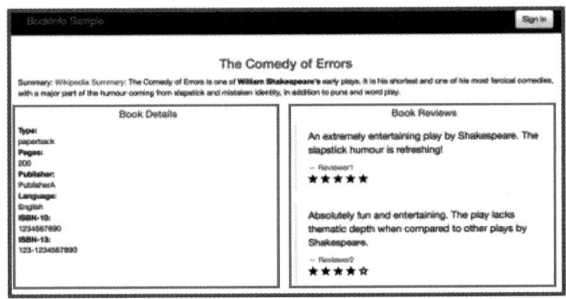

다음은 실제 요청을 받기 위해 Gateway와 VirtualService를 생성한다.

```
# Gateway와 VirtualService 생성
$ kubectl apply -f istio-1.6.0/samples/bookinfo/networking/bookinfo-gateway.yaml
gateway.networking.istio.io/bookinfo-gateway created
virtualservice.networking.istio.io/bookinfo created
```

Gateway와 VirtualService를 사용하면 트래픽을 Bookinfo 애플리케이션에 전송할 수 있다.

코드 18-1 이스티오 예제 애플리케이션 Gateway 설정(istio-1.6.0/samples/bookinfo/networking/bookinfo-gateway.yaml)

```
apiVersion: networking.istio.io/v1alpha3
kind: Gateway
metadata:
```

```yaml
  name: bookinfo-gateway
spec:
  selector:
    istio: ingressgateway # use istio default controller
  servers:
  - port:
      number: 80
      name: http
      protocol: HTTP
    hosts:
    - "*"
---
apiVersion: networking.istio.io/v1alpha3
kind: VirtualService
metadata:
  name: bookinfo
spec:
  hosts:
  - "*"
  gateways:
  - bookinfo-gateway
  http:
  - match:
    - uri:
        exact: /productpage
    - uri:
        prefix: /static
    - uri:
        exact: /login
    - uri:
        exact: /logout
    - uri:
        prefix: /api/v1/products
    route:
    - destination:
        host: productpage
        port:
          number: 9080
```

트래픽은 istio-ingressgateway 서비스로 전송하면 되기 때문에 서비스의 IP 주소를 확인한다. 또한, 다음 절에서 사용하기 위해 GATEWAY 환경 변수를 등록해 둔다.

```
# Gateway IP 주소(xxx.xxx.xxx.xxx) 확인
$ kubectl -n istio-system get services istio-ingressgateway
NAME                   TYPE           CLUSTER-IP      EXTERNAL-IP      PORT(S)
AGE
istio-ingressgateway   LoadBalancer   10.71.250.101   xxx.xxx.xxx.xxx   15020:30050/
TCP,80:32654/TCP,443:30832/TCP,31400:30470/TCP,15443:32725/TCP        37m

# Gateway IP 주소(xxx.xxx.xxx.xxx)를 환경 변수에 등록
$ GATEWAY=$(kubectl -n istio-system get services istio-ingressgateway -o \
jsonpath='{.status.loadBalancer.ingress[0].ip}')
```

여기까지 진행했을 경우, 브라우저에서 http://xxx.xxx.xxx.xxx/productpage에 접속하면 Bookinfo 애플리케이션이 배포된 것을 확인할 수 있다.

```
# Bookinfo 애플리케이션 확인
$ curl -I http://${GATEWAY}/productpage
HTTP/1.1 200 OK
content-type: text/html; charset=utf-8
content-length: 5183
server: istio-envoy
date: Sat, 10 Apr 2021 05:46:50 GMT
x-envoy-upstream-service-time: 1528
```

트래픽 컨트롤

트래픽 컨트롤 기능 대부분은 VirtualService와 DestinationRule을 사용한다. DestinationRule은 쿠버네티스 서비스와 1:1로 연결되어 서비스에 대한 서킷 브레이커, 로드 밸런싱, TLS 관련 설정을 한다. 또 서브셋을 정의할 수 있어 마이크로서비스 버전별로 라우팅할 때 사용한다. 예를 들어 Review 마이크로서비스의 DestinationRule 매니페스트는 코드 18-2와 같이 설정되어 있다. DestinationRule에는 서비스를 지정하고 서비스 목적지 파드가 가진 레이블을 사용하여 서브셋으로 그룹화할 수 있다.

코드 18-2 Review 서비스의 DestinationRule(istio-1.6.0/samples/bookinfo/networking/destination-rule-all.yaml)

```
apiVersion: networking.istio.io/v1alpha3
kind: DestinationRule
metadata:
  name: productpage
spec:
```

```yaml
  host: productpage
  subsets:
  - name: v1
    labels:
      version: v1
---
apiVersion: networking.istio.io/v1alpha3
kind: DestinationRule
metadata:
  name: reviews
spec:
  host: reviews
  subsets:
  - name: v1
    labels:
      version: v1
  - name: v2
    labels:
      version: v2
  - name: v3
    labels:
      version: v3
---
apiVersion: networking.istio.io/v1alpha3
kind: DestinationRule
metadata:
  name: ratings
spec:
  host: ratings
  subsets:
  - name: v1
    labels:
      version: v1
  - name: v2
    labels:
      version: v2
  - name: v2-mysql
    labels:
      version: v2-mysql
  - name: v2-mysql-vm
    labels:
      version: v2-mysql-vm
---
```

```yaml
apiVersion: networking.istio.io/v1alpha3
kind: DestinationRule
metadata:
  name: details
spec:
  host: details
  subsets:
  - name: v1
    labels:
      version: v1
  - name: v2
    labels:
      version: v2
---
```

VirtualService는 DestinationRule에서 설정된 서브셋을 사용하여 트래픽 컨트롤을 할 수 있다. 모두 v1의 서브셋에 전송하는 경우에는 코드 18-3과 같이 설정한다.

코드 18-3 v1에 모든 트래픽을 보내는 Review 서비스의 VirtualService(istio-1.6.0/samples/bookinfo/networking/virtual-service-all-v1.yaml)

```yaml
apiVersion: networking.istio.io/v1alpha3
kind: VirtualService
metadata:
  name: productpage
spec:
  hosts:
  - productpage
  http:
  - route:
    - destination:
        host: productpage
        subset: v1
---
apiVersion: networking.istio.io/v1alpha3
kind: VirtualService
metadata:
  name: reviews
spec:
  hosts:
  - reviews
  http:
  - route:
    - destination:
```

```yaml
      host: reviews
      subset: v1
---
apiVersion: networking.istio.io/v1alpha3
kind: VirtualService
metadata:
  name: ratings
spec:
  hosts:
  - ratings
  http:
  - route:
    - destination:
        host: ratings
        subset: v1
---
apiVersion: networking.istio.io/v1alpha3
kind: VirtualService
metadata:
  name: details
spec:
  hosts:
  - details
  http:
  - route:
    - destination:
        host: details
        subset: v1
---
```

예를 들어 v1 버전으로 80%의 트래픽을, v2 버전으로 20%의 트래픽을 보내는 경우 코드 18-4와 같이 설정한다.

코드 18-4 v1과 v2로 트래픽을 보내는 Review 서비스의 VirtualService(istio-1.6.0/samples/bookinfo/networking/virtual-service-reviews-80-20.yaml)

```yaml
apiVersion: networking.istio.io/v1alpha3
kind: VirtualService
metadata:
  name: reviews
spec:
  hosts:
    - reviews
  http:
```

```
      - route:
        - destination:
            host: reviews
            subset: v1
          weight: 80
        - destination:
            host: reviews
            subset: v2
          weight: 20
```

먼저 각 마이크로서비스에 DestinationRule을 생성하고, 다음으로는 VirtualService를 사용한 몇 가지 기능을 소개한다.

```
# 각 마이크로서비스의 서비스에 서브셋을 생성(DestinationRule)
$ kubectl apply -f istio-1.6.0/samples/bookinfo/networking/destination-rule-all.yaml
destinationrule.networking.istio.io/productpage created
destinationrule.networking.istio.io/reviews created
destinationrule.networking.istio.io/ratings created
destinationrule.networking.istio.io/details created
```

트래픽 시프팅

트래픽 시프팅(Traffic shifting)은 기존 버전에서 신규 버전으로 조금씩 트래픽을 전환하는 방법이다. DestinationRule을 생성만 한 경우에는 일반 서비스처럼 동작한다. 예를 들어 Review 서비스는 v1에서 v3까지 모두에 랜덤으로 요청을 전송한다. 일단 모든 마이크로서비스에 대해 v1 서브셋에 전송되게 각 DestinationRule에 대응하는 VirtualService를 생성한다.

```
# 모든 트래픽을 DestinationRule의 v1 서브셋에 전송하는 설정(VirtualService)
$ kubectl apply -f istio-1.6.0/samples/bookinfo/networking/virtual-service-all-v1.yaml
virtualservice.networking.istio.io/productpage created
virtualservice.networking.istio.io/reviews created
virtualservice.networking.istio.io/ratings created
virtualservice.networking.istio.io/details created

# VirtualService 리소스 확인
$ kubectl get virtualservices
NAME       GATEWAYS             HOSTS   AGE
bookinfo   [bookinfo-gateway]   [*]     12m
```

```
details                    [details]      16s
productpage                [productpage]  17s
ratings                    [ratings]      17s
reviews                    [reviews]      17s
```

브라우저에서 http://xxx.xxx.xxx.xxx/productpage에 요청을 보내면 v1에만 할당되는 상태를 확인할 수 있을 것이다.

VirtualService는 spec.hosts마다(마이크로서비스마다) 같은 이름(metadata.name)으로 매니페스트를 생성하고 kubectl apply 명령어를 실행하여 룰을 업데이트해 나가면 좋다. 이 트래픽 전송 비율을 잘 이용하면 v1에서 v2로의 업데이트를 유연하게 할 수 있으며 카나리 릴리스나 A/B 테스트 등을 구현할 수 있다. VirtualService에는 HTTP용 설정(spec.http)과 TCP용 설정(spec.tcp)이 있다.

이스티오는 몇 가지 패턴으로 VirtualService 리소스 샘플을 제공한다. 다음 매니페스트를 적용한 후 브라우저에서 http://xxx.xxx.xxx.xxx/productpage에 요청을 보내면 review 서비스에 대해 전자의 경우 'v1 버전에 80% + v2 버전에 20% 비율', 후자의 경우 'v3 버전에 100% 비율'로 트래픽이 할당되는 상태를 확인할 수 있을 것이다.

```
# v1 버전에 80%, v2 버전에 20% 비율로 트래픽을 보내는 설정
$ kubectl apply -f istio-1.6.0/samples/bookinfo/networking/virtual-service-
reviews-80-20.yaml

# v3 버전에 100% 비율로 트래픽을 보내는 설정
$ kubectl apply -f istio-1.6.0/samples/bookinfo/networking/virtual-service-reviews-v3.
yaml
```

HTTP 결함 주입

HTTP 결함 주입(Fault Injection)은 의도적으로 레이턴시를 발생시키거나 중단하는 기능이다. HTTP 트래픽만 적용 가능하며 spec.http로 설정한다.

우선 의도적으로 HTTP 요청에 대해 레이턴시를 발생시켜 보자. 코드 18-5의 매니페스트를 적용하면, Reviews 서비스에 대한 요청은 50% 확률로 2초의 레이턴시를 발생시킨다.

코드 18-5 지연 결함 주입을 하는 이스티오 예제(sample-istio-fault-injection-delay.yaml)

```yaml
apiVersion: networking.istio.io/v1alpha3
kind: VirtualService
metadata:
  name: reviews
spec:
  hosts:
  - reviews
  http:
  - route:
    - destination:
        host: reviews
        subset: v1
    fault:
      delay:
        percentage:
          value: 50
        fixedDelay: 2.000s
```

ProductPage 서비스는 Reviews 서비스로부터 응답을 기다리게 되어 결과적으로 ProductPage에 접속했을 때도 화면 표시까지 2초 정도 지연이 발생한다.

```
# 50% 확률로 2.000초 지연이 발생
$ time curl -I http://${GATEWAY}/productpage
HTTP/1.1 200 OK
content-type: text/html; charset=utf-8
content-length: 4183
server: istio-envoy
date: Sat, 10 Apr 2021 05:59:13 GMT
x-envoy-upstream-service-time: 2073

curl -I http://${GATEWAY}/productpage    0.01s user 0.01s system 0% cpu 2.368 total
```

이어서 HTTP 요청을 정지시켜 보자. 코드 18-6의 매니페스트를 적용하면, Reviews 서비스에 대한 요청은 50% 확률로 HTTP 상태 코드 500을 반환한다.

코드 18-6 정지 결함 주입을 하는 이스티오 설정 예제(sample-istio-fault-injection-abort.yaml)

```yaml
apiVersion: networking.istio.io/v1alpha3
kind: VirtualService
metadata:
  name: reviews
spec:
  hosts:
  - reviews
  http:
  - route:
    - destination:
        host: reviews
        subset: v1
    fault:
      abort:
        percentage:
          value: 50
        httpStatus: 500
```

실제 매니페스트를 적용한 상태로 브라우저에서 확인해보면 50% 확률로 Reviews 서비스가 정지된 것을 확인할 수 있다(그림 18-15).

▼ 그림 18-15 Reviews 서비스가 정지된 상태

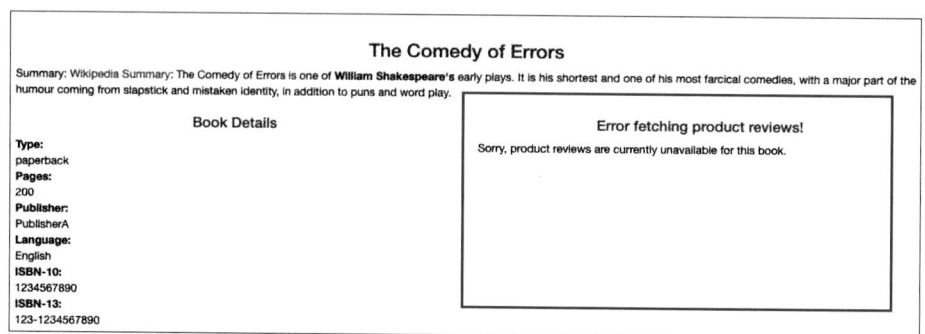

특정 요청에 대해서만 적용

URI/HTTP 메서드/HTTP 헤더 등과 같은 상세 정보로 트래픽을 제어할 수 있다. 이 기능을 잘 활용하면, 예를 들어 특정 단말이나 특정 사용자의 요청만 새 버전 디플로이먼트에 트래픽을 전송할 수 있다. 또한, 일부를 제외한 조건에는 완전 일치(exact)/전방 일치(prefix)/정규 표현(regex)이라는 세 가지 패턴을 선택할 수 있다.

예를 들어 코드 18-7과 같은 VirtualService 매니페스트를 적용하면 쿠키에 end-user=test가 포함된 요청에 대해서는 Reviews v2가 표시되고, 그 외의 요청에 대해서는 Reviews v1이 표시된다. Bookinfo 애플리케이션에서는 오른쪽 위의 **Sign in**에서 입력한 사용자명이 쿠키(Cookie)에 end-user=test 형식으로 저장되므로 브라우저에서 확인할 수 있다.

코드 18-7 특정 쿠키만 트래픽 시프팅하는 이스티오 설정 예제(sample-istio-specific-request.yaml)

```yaml
apiVersion: networking.istio.io/v1alpha3
kind: VirtualService
metadata:
  name: reviews
spec:
  hosts:
  - reviews
  http:
  - route:
    - destination:
        host: reviews
        subset: v2
    match:
    - headers:
        end-user:
          exact: test
  - route:
    - destination:
        host: reviews
        subset: v1
```

매니페스트에서 route 정의는 위에서부터 순서대로 해석되므로 기본 정의는 가장 아래쪽에 기술하도록 하자.

그 외 기능

여기서 소개한 기능 외에도 이스티오에는 여러 가지 기능이 있다.

- 타임아웃 제어
- 재시도 제어
- 요청 헤더 추가
- 응답 헤더 삭제

- 리다이렉트(Redirect)
- 재작성(Rewrite)
- 트래픽 미러링

18.3.4 각종 서비스로 시각화

그라파나 서비스에 포트 포워딩을 설정하고 브라우저에서 http://localhost:3000에 접속하면 프로메테우스에서 가져온 데이터를 바탕으로 모니터링 상황을 표시할 수 있다.

```
# 그라파나에 포트 포워딩
$ kubectl -n istio-system port-forward service/grafana 3000
```

▼ 그림 18-16 그라파나로 모니터링하는 화면

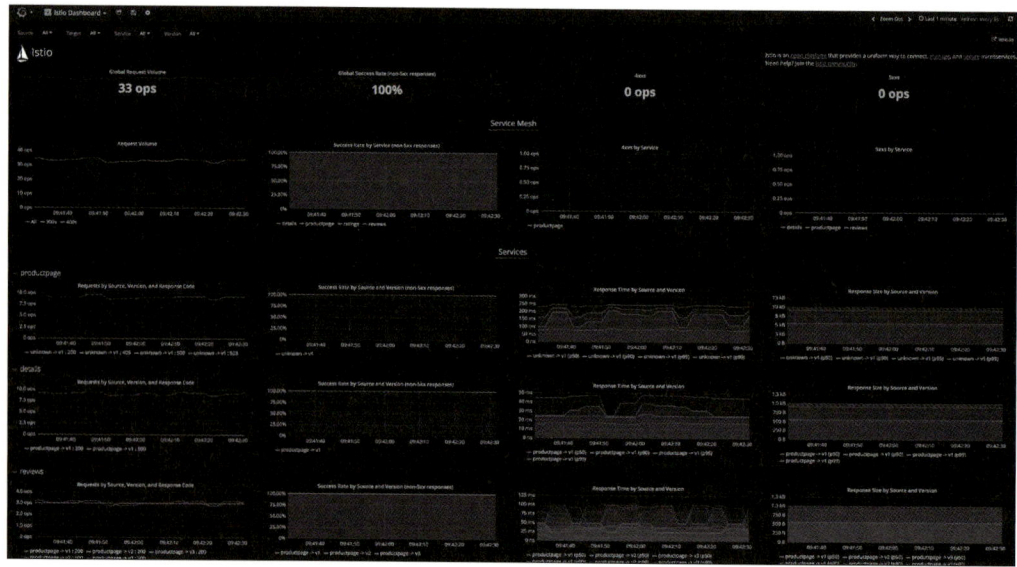

키알리(kiali) 서비스에 포트 포워딩을 설정하고 브라우저에서 http://localhost:20001에 접속하여 admin:admin으로 로그인하면, 키알리에 의한 서비스 매시의 시각화가 가능하다. 또한, 키알리에서는 이스티오 설정 정보 확인이나 쿠버네티스 디플로이먼트/서비스 리소스 확인 등도 할 수 있다(그림 18-17).

```
# 키알리에 포트 포워딩
$ kubectl -n istio-system port-forward service/kiali 20001
```

▼ 그림 18-17 키알리를 사용한 서비스 매시의 시각화

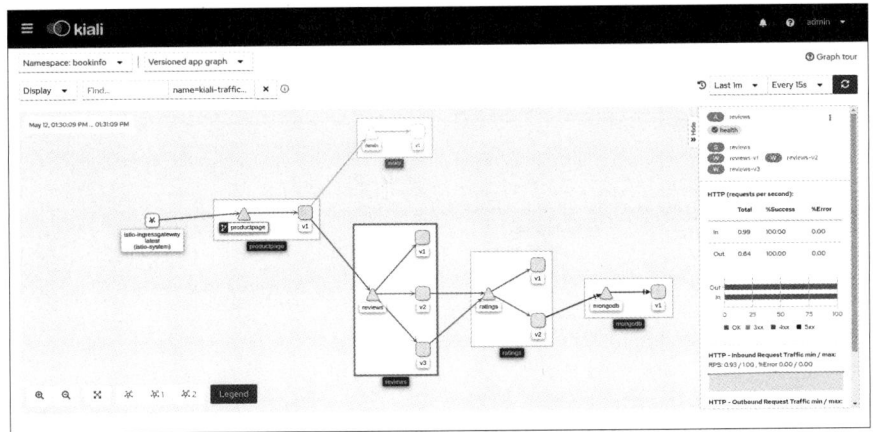

트레이싱(tracing) 서비스에 포트 포워딩을 설정하고 브라우저에서 http://localhost:8080에 접속하면, 예거(Jaeger)에서 추적 데이터를 확인할 수 있다(그림 18-18). 요청 처리 시간은 각 마이크로 서비스마다 처리 시간과 함께 추적할 수 있다(그림 18-19). 또한, 경로로 범위를 좁힐 수 있으므로 개발할 때 디버깅하거나 장애 발생 원인을 찾기 쉽다.

```
# 예거에 포트 포워딩
$ kubectl -n istio-system port-forward service/tracing 8080:80
```

▼ 그림 18-18 예거 추적 화면

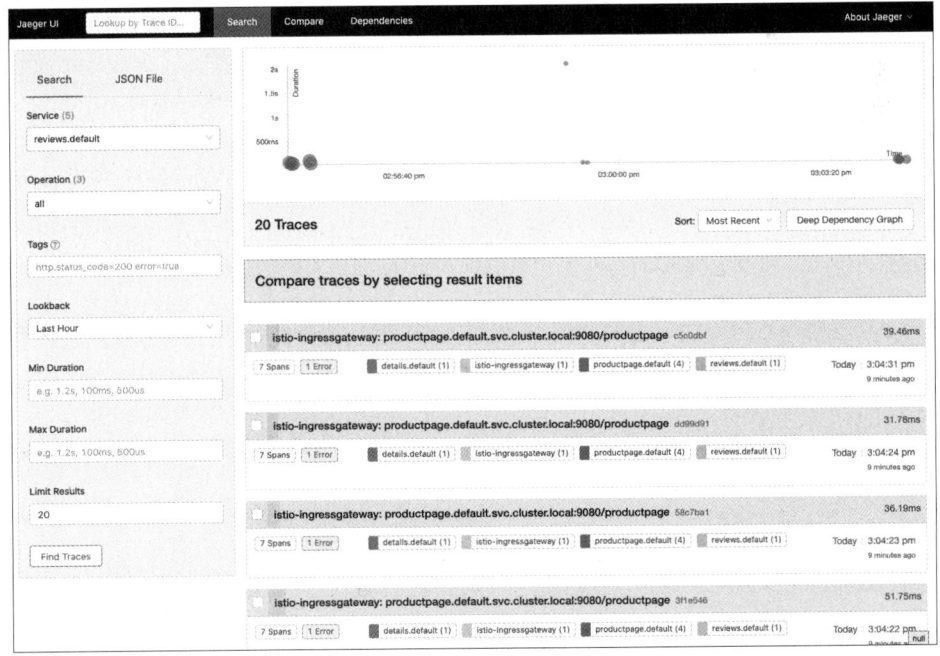

▼ 그림 18-19 예거 추적 상세 화면

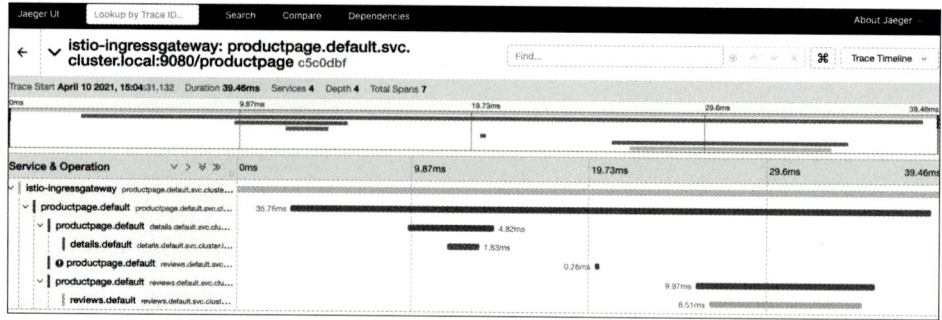

18.4 정리

이 장에서는 쿠버네티스와 잘 맞는 마이크로서비스 아키텍처와 이를 지원하는 서비스 매시를 설명했다. 서비스 매시를 구성하는 대표적인 소프트웨어로는 이스티오와 링커드를 들 수 있다.

마이크로서비스 아키텍처는 장점도 있지만 단점도 있고, 또 반드시 현재 문제를 해결해주지 않을 수도 있다. 개발 규모가 작은 경우에는 무리하게 마이크로서비스 아키텍처를 도입하지 말고, 처음에는 모놀리식 아키텍처로 시작하고 나서 규모가 커지면 마이크로서비스 아키텍처를 검토하는 것도 좋다. 만약 처음부터 마이크로서비스 아키텍처를 도입해야 한다면, 설계가 가장 중요하기 때문에 앞으로의 개발 계획을 생각하면서 설계하자.

서비스 매시는 모든 소프트웨어가 파드 간의 통신 경로에 프록시를 배치하여 구현한다. 따라서 애플리케이션을 수정하지 않고도 마이크로서비스 간의 모니터링이나 트래픽 컨트롤 등이 가능하다. 이스티오와 링커드는 각 파드에 사이드카로 기동하는 아키텍처다.

서비스 매시를 구현하는 OSS는 다양한 것이 나와 있다. 간편함, 기능성, 오버헤드 등을 감안하여 구현하려는 작업에 따라 적절한 제품을 선택하길 바란다.

19장

쿠버네티스 아키텍처의 이해

19.1 쿠버네티스 아키텍처 개요
19.2 etcd
19.3 kube-apiserver
19.4 kube-scheduler
19.5 kube-controller-manager
19.6 kubelet
19.7 kube-proxy
19.8 CNI 플러그인
19.9 kube-dns(CoreDNS)
19.10 cloud-controller-manager
19.11 기타 구성 요소와 클러스터 체크
19.12 커스텀 리소스 데피니션과 오퍼레이터
19.13 정리

19.1 쿠버네티스 아키텍처 개요

쿠버네티스 클러스터는 다음과 같은 여덟 가지 요소(그리고 한 가지 옵션)로 구성되며 kube-apiserver를 중심으로 분산 시스템으로 되어 있다(그림 19-1).

- etcd
- kube-apiserver
- kube-scheduler
- kube-controller-manager
- kubelet(+컨테이너 런타임)
- kube-proxy
- CNI 플러그인
- kube-dns(CoreDNS)
- [옵션] cloud-controller-manager

❤ 그림 19-1 쿠버네티스 아키텍처

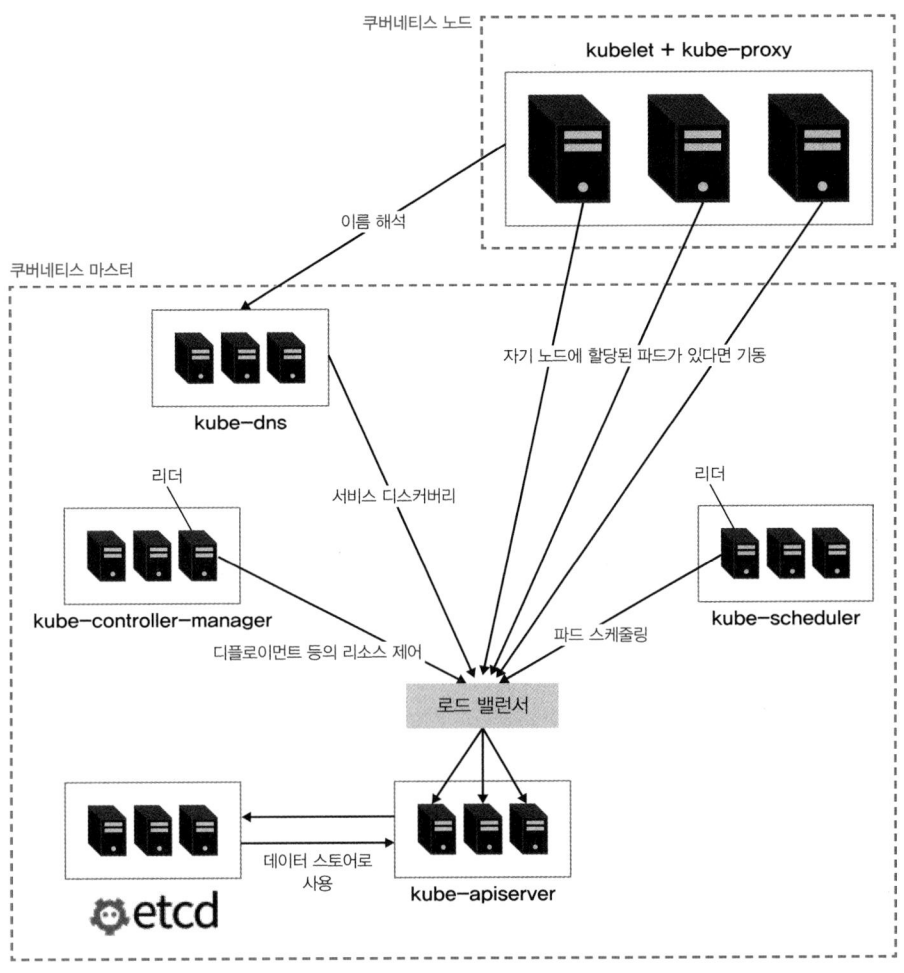

각 구성 요소를 살펴보자.

19.2 etcd

etcd는 코어OS(CoreOS)사가 주체가 되어 개발하고 있는 오픈 소스 소프트웨어의 분산 KVS(Key-Value Store)다. etcd는 가용성을 확보하기 위해 클러스터 구성이 가능하고, 클러스터를 구성할 때 분산 합의 알고리즘(래프트(Raft))을 사용한다. etcd 클러스터는 단일 리더(leader)가 있고, 리더가 어떤 이유에서 동작하지 않으면 자동으로 새로운 리더가 선출되어 서비스를 지속한다.

etcd에는 쿠버네티스 클러스터에 등록된 모든 정보가 저장되어 있어 etcd의 데이터를 보호하는 것이 가장 중요하다. 따라서 단일 장애점(SPoF)이 되지 않도록 etcd는 클러스터를 구성하여 가용성을 확보해야 한다. 클러스터링 알고리즘 래프트[1]의 특성상 etcd 클러스터 구성은 세 대/다섯 대/일곱 대와 같이 홀수로 구성하는 것을 추천한다.

또 `etcdctl snapshot` 명령어 등을 사용하여 etcd 클러스터 상태를 정기적으로 백업해 두면 좋을 것이다.

19.3 kube-apiserver

kube-apiserver는 쿠버네티스 API를 제공하는 구성 요소다. kubectl은 kube-apiserver에 요청을 보내어 디플로이먼트나 서비스와 같은 리소스 생성/삭제 등의 작업을 한다. 또 kube-scheduler/kube-controller-manager/kubelet 등의 구성 요소도 kube-apiserver에 요청을 보내 처리하게 된다. kube-apiserver는 요청을 받는 API 서버로, 로드 밸런스 아래에 여러 대를 나열함으로써 이중화할 수 있다.

예를 들어, kubectl 등을 사용하여 파드 리소스를 등록할 때 kube-apiserver는 파드 리소스 정보를 etcd에 저장한다. 그때까지는 아직 기동할 노드가 결정되지 않기 때문에 노드 정보(spec.nodeName)는 등록되지 않고 파드는 노드가 할당되지 않은 상태다(그림 19-2).

---

1 https://raft.github.io/

❤ 그림 19-2 kube-apiserver의 동작

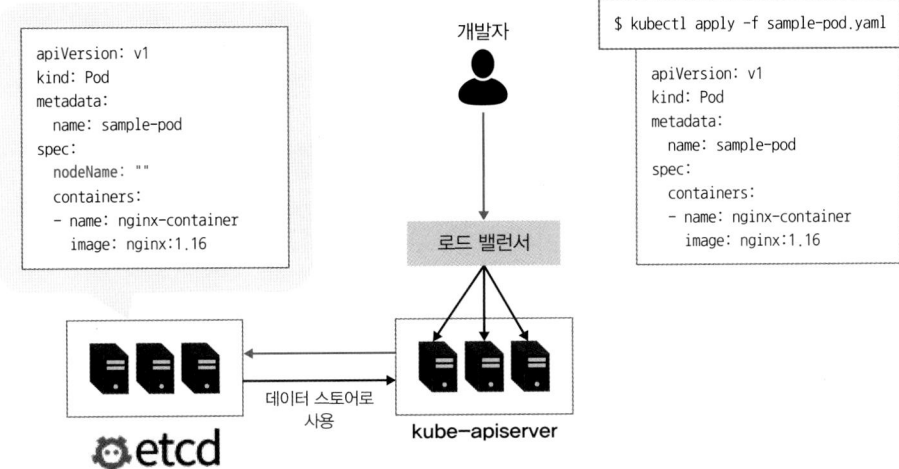

kube-scheduler는 이 kube-apiserver에 등록된 파드 리소스를 기동하는 노드 정보(spec.nodeName) 부분을 kube-apiserver에 요청을 보내 수정함으로써 스케줄링한다(그림 19-3). kube-scheduler가 실행하는 것은 여기까지이고, 실제 노드에 파드를 기동하는 처리는 kubelet이 하게 된다.

❤ 그림 19-3 kube-scheduler의 동작

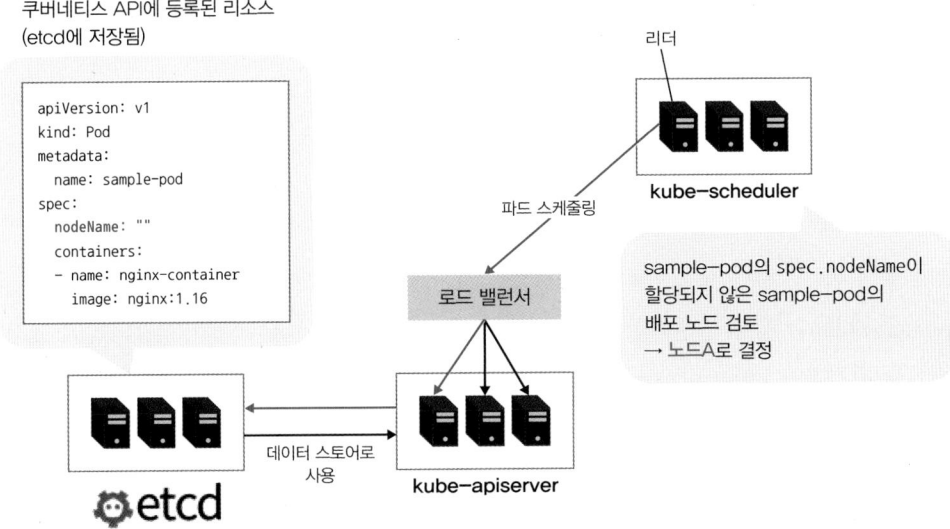

Kubelet은 노드 정보(spec.nodeName)가 할당되었으나 아직 기동하지 않은 파드가 있다면 기동시킨다(그림 19-4).

▼ 그림 19-4 kubelet의 동작

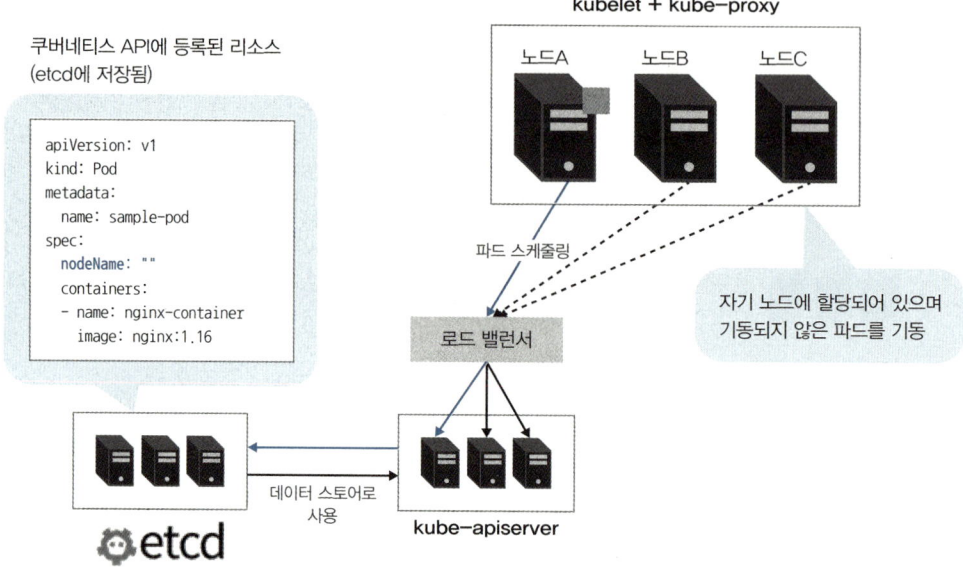

이처럼 쿠버네티스는 etcd와 kube-apiserver 이외의 모든 구성 요소가 kube-apiserver를 중심으로 분산 시스템으로 동작한다.

19.4 kube-scheduler

kube-scheduler는 앞에서 설명한 대로 기동할 노드 정보(spec.nodeName)가 할당되어 있지 않은 파드를 감지하여 kube-apiserver에 요청을 보내고 업데이트함으로써 스케줄링한다. 이때 kube-scheduler는 각 쿠버네티스 노드 상태, 노드 어피니티나 인터파드 어피니티 등의 조건에 부합하는지를 판단하여 기동할 노드를 결정한다.

kube-scheduler는 리더 선출 방식으로 한 대만 리더가 되어 기록함으로써 이중화를 할 수 있다.

19.5 kube-controller-manager

kube-controller-manager는 다양한 컨트롤러를 실행하는 구성 요소다. 디플로이먼트 컨트롤러나 레플리카셋 컨트롤러에서는 디플로이먼트나 레플리카셋 상태를 모니터링하면서 필요에 따라 레플리카셋이나 파드를 생성한다. 예를 들어, 레플리카셋 요구 파드 수(Desired)가 3, 현재 기동 중인 파드 수(Running)가 1인 경우에는 부족한 두 개의 파드를 PodTemplate을 사용하여 생성한다. 이때 kube-controller-manager는 kubectl 명령어로 등록할 때와 마찬가지로 파드만 등록하고, 실제 스케줄링은 kube-scheduler가 한다. 이외에도 노드 상태를 모니터링하는 노드 컨트롤러(Node Controller)나 서비스 어카운트 토큰을 생성하는 서비스 어카운트와 토큰 컨트롤러 등의 다양한 컨트롤러가 하나의 바이너리로 합쳐져 동작하고 있다. 각종 컨트롤러는 옵션에 따라 활성화/비활성화하는 것이 가능하다.

kube-controller-manager도 리더 선출 구조를 가지고 있어 한 대만 리더가 되어 기록함으로써 이중화를 할 수 있다.

19.6 kubelet

kubelet은 각 쿠버네티스 노드에서 동작하는 구성 요소다. 도커 등의 컨테이너 런타임과 연계하여 실제 컨테이너에 대한 기동과 정지 등을 관리한다. kube-apiserver를 통해 파드가 등록된 후 kube-scheduler에 의해 해당 파드가 기동되는 노드가 결정되면 kubelet은 그것을 감지하고 자신의 노드에서 기동해야 하는 컨테이너를 기동한다.

기본적으로는 이런 순서로 컨테이너를 기동시키지만, 자신의 노드에 정적으로 기동시키고 싶은 컨테이너가 있다면 노드의 특정 경로에 매니페스트를 배치하여 kube-scheduler에 의존하지 않고 항상 자신의 노드에 기동시키는 것도 가능하다(스태틱 파드(Static Pod)[2]). 예를 들어 kube-

---

[2] https://kubernetes.io/ko/docs/tasks/configure-pod-container/static-pod/

apiserver 등의 시스템 구성 요소 자체를 쿠버네티스에서 기동시키는 경우 노드에 배치한 매니페스트 파일을 사용하여 정적으로 기동시키는 방법을 생각해볼 수 있다.

또 kubelet에서는 도커(docker-shim) 외에도 표 19-1에 나타낸 다양한 컨테이너 런타임을 사용할 수 있다.

▼ 표 19-1 kubelet에서 사용할 수 있는 컨테이너 런타임

컨테이너 런타임	개요
도커	애플리케이션 컨테이너 유행에 기여한 가장 유명한 컨테이너 런타임
containerd	도커 내부에서도 사용되는 커뮤니티에 기증된 컨테이너 런타임
CRI-O	쿠버네티스 커뮤니티에서 개발한 전용 심플 컨테이너 런타임
Frakti	하이퍼바이저 기반 컨테이너를 기동하는 컨테이너 런타임

이러한 containerd 등의 컨테이너 런타임(고수준(high-level) 컨테이너 런타임이라고도 함)은 runc, runv, runsc(gVisor), kata-runtime(Kata Containers) 등의 저수준(low-level) 컨테이너 런타임을 사용하여 컨테이너를 기동한다(그림 19-5). runc에 의해 기동된 컨테이너는 호스트 커널을 공유하고 있으므로 분리성이 그렇게 좋지는 않다. 예를 들어, 불특정 다수의 멀티테넌트 환경에서 쿠버네티스 클러스터를 사용해야 하는 경우에는 보안 측면의 리스크를 고려해야 한다. 반면 runv, runsc, kata-runtime 등은 호스트 커널 분리성을 높여 좀 더 안전하게 컨테이너를 실행할 수 있으므로 멀티테넌트 환경에 적합할 것으로 생각된다.

▼ 그림 19-5 고수준 컨테이너 런타임과 저수준 컨테이너 런타임의 관계

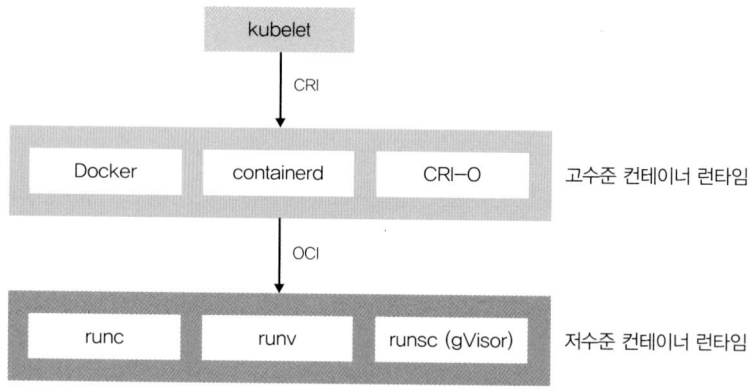

이처럼 컨테이너 런타임을 자유롭게 변경할 수 있는 것은 배경에서 OCI(Open Container Initiative)나 CRI(Container Runtime Interface) 등으로 대표되는 다양한 컨테이너 환경 표준화가 진행되고 있

기 때문이다. kubelet에서는 CRI에 의해 고수준 컨테이너 런타임에 명령을 보내고 고수준 컨테이너 런타임에서 저수준 컨테이너 런타임에는 OCI의 Runtime Specification에 준거한 형식으로 명령을 보내기 때문에 CRI와 OCI에 준거한 것이면 쿠버네티스에서 사용할 수 있다(그림 19-5). OCI와 CRI는 20장에서 설명한다.

19.7 kube-proxy

kube-proxy도 각 쿠버네티스 노드에서 동작하는 구성 요소다. 서비스 리소스가 생성되었을 때 ClusterIP나 NodePort로 가는 트래픽이 파드에 정상적으로 전송되도록 한다. 전송 방식은 현재 세 가지가 있으며 --proxy-mode 옵션으로 설정할 수 있다.

- 사용자 공간에서 처리(userspace 모드)
- Iptables에서 처리(iptables 모드)
- IPVS에서 처리(ipvs 모드)

userspace 모드는 수신한 트래픽을 사용자 공간에서 프로세스가 처리하여 전송하기 때문에 커널에서 처리할 수 없으므로 높은 성능을 내기 어렵다. 반면 iptables 모드는 수신한 트래픽을 커널 공간의 iptables에서 처리하기 때문에 userspace 모드와 비교해서 높은 성능을 낼 수 있다. 전송 방식의 기본값은 iptables 모드이지만, 원래 iptables는 로드 밸런싱용으로 만들어진 것이 아니므로 클러스터를 확장했을 때 대규모 환경에서 성능 저하가 발생하는 등 해결해야 할 몇 가지 과제가 있다. 그래서 등장한 것이 IPVS(IP Virtual Server)를 사용한 ipvs 모드다. iptables 대신 IPVS를 사용하면 성능 향상과 함께 로드 밸런싱 알고리즘도 라운드 로빈 이외에 최소 접속 방식(least connection)이나 출발지 IP 주소 기반으로 분배하는 방식(소스 해싱(source hashing)) 등을 사용할 수 있다. 쿠버네티스 버전 v1.11부터 IPVS를 사용한 전송 방식이 GA가 되었는데, 이 책을 집필하는 시점에도 iptables 모드로 동작하는 환경이 대부분이다. 하지만 앞으로 성능을 생각하면 IPVS를 사용한 전송 방식이 많이 늘어날 것이다.

kube-proxy도 kube-apiserver와 연계되어 있으므로 서비스 등이 생성되거나 목적지 파드에 변경이 있으면 iptables나 IPVS를 실시하게 되어 있다.

19.8 CNI 플러그인

쿠버네티스는 별도 오버레이 네트워크를 구축하는 소프트웨어와 사용해야 한다. 쿠버네티스 클러스터는 여러 쿠버네티스 노드로 구성되어 있다. 여러 쿠버네티스 노드는 파드 간 통신을 확보하기 위해 클러스터 내에 분산 배치된 파드가 서로 통신이 가능하도록 네트워크를 구성해야 한다. 이 부분을 담당하는 것이 CNI(Container Network Interface) 플러그인이다.

3장에서 소개한 kubeadm 설치에도 사용했지만, 대표적인 CNI 플러그인인 플라넬(Flannel)은 VXLAN이나 HostGW(IP 라우팅)를 사용하여 가상 오버레이 네트워크를 구축한다. 다만 플라넬에서는 네트워크 정책 리소스를 사용할 수 없다는 제약이 있다. 그러므로 네트워크 정책 리소스가 필요한 환경에서는 플라넬 이외의 CNI 플러그인을 검토하길 바란다.

쿠버네티스가 표준으로 지원하는 CNI 플러그인의 예는 다음과 같다. 각 소프트웨어마다 상세한 특징은 공식 문서[3]에서 확인할 수 있다.

- Flannel
- Open vSwitch
- Project Calico
- Cilium
- Contiv
- Romana
- Weave Net

---

[3] https://kubernetes.io/ko/docs/concepts/cluster-administration/networking/

19.9 kube-dns(CoreDNS)

kube-dns는 쿠버네티스 클러스터 내부의 이름 해석이나 서비스 디스커버리에 사용되는 클러스터 내부의 DNS 서버다. 예를 들어 sample-service라는 서비스를 생성한 후에 클러스터의 파드에서 그 서비스에 접속할 때는 목적지로 sample-service.default.svc.cluster.local과 같이 지정할 수 있다. 파드에서 목적지 이름 해석이 이루어지는데, 이때 kube-dns가 응답하여 이름 해석이 가능해진다. 또 kube-dns는 kube-apiserver와 연계하고 있어 서비스가 생성되었을 때나 서비스에 연결된 파드에 변경이 있을 때는 연계된 DNS 설정을 변경하도록 되어 있다. 그래서 kube-dns를 사용한 서비스 디스커버리가 가능하다.

kube-dns는 내부에서 CoreDNS를 사용한다. CoreDNS는 CNCF가 호스트하는 프로젝트 중 하나로, 단일 Go 바이너리로 동작하는 가볍고 빠른 DNS 서버다. 쿠버네티스 버전 v1.11부터 DNS 애드온으로의 이용이 GA되었다.

19.10 cloud-controller-manager

cloud-controller-manager는 쿠버네티스 클러스터가 각종 클라우드 프로바이더와 연계하기 위한 구성 요소다. 예를 들어, 로드 밸런서 서비스를 생성할 때 클라우드 로드 밸런서 서비스와 연계하거나 노드가 생성될 때 해당 노드에 리전이나 존 정보의 레이블을 부여하거나 클라우드 경로 정보를 제어하는 등의 처리를 한다. 기존에 클라우드 프로바이더와 연계하는 코드는 kube-controller-manager에 하드 코딩되었지만, 이들은 쿠버네티스 자체와 배포 라이프 사이클이 달라 현재는 구성 요소로 나눠진 형태로 구현되게 되었다.

관리형 쿠버네티스 서비스의 경우는 의식할 필요가 없지만, OpenStack을 포함한 각종 클라우드 환경에서 자체 구축한 경우에는 환경에 맞는 cloud-controller-manager를 사용해야 한다.

19.11 기타 구성 요소와 클러스터 체크

이 밖에도 필수는 아니지만 쿠버네티스 클러스터를 구성하는 몇 가지 구성 요소가 더 있다. 예를 들어 인그레스 컨트롤러(Ingress controller)는 인그레스가 생성될 때 L7 로드 밸런서를 생성하는 구성 요소다. GKE에서는 GCLB용 인그레스 컨트롤러가 동작하고 있다. 이외에도 Nginx 인그레스 컨트롤러나 ALB 인그레스 컨트롤러 등과 같은 다양한 구현의 인그레스 컨트롤러가 공개되어 있다.

그 밖에도 노드의 이상을 감지하는 node-problem-detector[4]나 파드를 삭제하면 다시 스케줄링하는 descheduler[5] 등의 구성 요소도 있다.

구축된 쿠버네티스 클러스터가 제대로 동작하는지를 테스트하려면 헵티오(Heptio)가 개발한 소노부이(Sonobuoy)[6]라는 도구를 사용하여 확인할 수 있다. 3장에서도 소개했지만, CNCF는 쿠버네티스 적합성 인증 프로그램(Certified Kubernetes Conformance Program)이라는 인증 프로그램을 제공하고 있다. 소노부이는 이 인증 프로그램에서도 사용되며 쿠버네티스의 동작과 설정이 정상인지를 대략 테스트한다. 테스트는 다양한 리소스를 실제 생성하여 동작을 확인하기 때문에 1시간 정도 걸린다. 또 설정은 이식성을 높이기 위해 표준 설정을 준수하는지도 확인한다. 예를 들어 클러스터 내부 DNS에서 서비스 엔드포인트의 이름을 해석할 때는 .cluster.local이라는 도메인을 사용하지만, 이 도메인은 설정에서 변경할 수 있다. 그러나 이 설정을 변경하면 다른 쿠버네티스 환경으로 이전할 때 매니페스트를 변경해야만 한다. 이러한 쿠버네티스의 전체적인 동작에 대한 설정이 각 환경에서 통일되어 있는지를 테스트하게 된다.

---

4 https://github.com/kubernetes/node-problem-detector
5 https://github.com/kubernetes-sigs/descheduler
6 https://github.com/heptio/sonobuoy

19.12 커스텀 리소스 데피니션과 오퍼레이터

쿠버네티스는 커스텀 리소스를 간단하게 추가하여 쿠버네티스를 확장할 수 있도록 만들어져 있다. 18장에서 소개한 이스티오(Istio)의 VirtualService 리소스도 쿠버네티스에 원래 존재하지 않는 리소스다. 이스티오 등의 리소스를 추가할 때는 모두 커스텀 리소스를 생성하는 커스텀 리소스 데피니션(CustomResourceDefinition, CRD) 리소스와 오퍼레이터를 사용하고 있다.

예를 들어, 아래는 데이터베이스를 생성하는 데이터베이스 리소스를 정의한 커스텀 리소스 데피니션의 매니페스트 예제다.

코드 19-1 커스텀 리소스 데피니션 예제(sample-crd.yaml)

```yaml
apiVersion: apiextensions.k8s.io/v1
kind: CustomResourceDefinition
metadata:
name: databases.stable.example.com
spec:
group: stable.example.com
# 네임스페이스별 리소스 또는 클러스터 간 리소스
apiVersion: apiextensions.k8s.io/v1
kind: CustomResourceDefinition
metadata:
  name: databases.stable.example.com
spec:
  group: stable.example.com
  # 네임스페이스별 리소스 또는 클러스터 간 리소스
  scope: Namespaced
  names:
    plural: databases
    singular: database
    kind: Database
    shortNames:
    - db
  versions:
  - name: v1
    served: true
    storage: true
```

```
      # 각 필드의 유효성 검사 설정
      schema:
        openAPIV3Schema:
          type: object
          properties:
            spec:
              type: object
              properties:
                dbType:
                  type: string
                  pattern: '^(mysql|mariadb|postgresql)$'
                  default: mysql
                diskSize:
                  type: integer
                  minimum: 10
                  maximum: 1000
                  default: 20
      # kubectl get 실행 때 표시하는 컬럼 설정
      additionalPrinterColumns:
      - name: Type
        type: string
        description: Database type (mysql|mariadb|postgresql)
        jsonPath: .spec.dbType
      - name: DiskSize
        type: integer
        description: Database disk size
        jsonPath: .spec.diskSize
      - name: Age
        type: date
        jsonPath: .metadata.creationTimestamp
```

커스텀 리소스 데피니션 리소스를 등록한 후에는 코드 19-2와 같이 kind: Database 리소스를 사용할 수 있다.

코드 19-2 커스텀 리소스 데피니션으로 정의된 리소스 예제(sample-c.yaml)

```
apiVersion: stable.example.com/v1
kind: Database
metadata:
  name: my-mysql
spec:
  dbType: mysql
  diskSize: 100
```

위의 kind: Database 리소스를 생성한 후에 kubectl get databases 명령어를 실행하면 리소스가 등록된 것을 확인할 수 있다.

```
# 커스텀으로 생성한 데이터베이스 리소스의 생성 및 확인
$ kubectl apply -f sample-crd.yaml
customresourcedefinition.apiextensions.k8s.io/databases.stable.example.com created

$ kubectl apply -f sample-cr.yaml
database.stable.example.com/my-mysql created

$ kubectl get databases
NAME       TYPE    DISKSIZE   AGE
my-mysql   mysql   100        33s
```

커스텀 리소스 데피니션은 간단히 쿠버네티스상에 리소스를 생성하기만 하면 정의할 수 있다. 실제로는 리소스가 등록되었을 때 어떤 처리를 하는 오퍼레이터(커스텀 컨트롤러)를 구현해야 한다. 쿠버네티스에 구현되는 레플리카셋/디플로이먼트/인그레서 등의 리소스도 레플리카셋 컨트롤러/디플로이먼트 컨트롤러/인그레스 컨트롤러 등이 처리한다. 예를 들어, 데이터베이스 컨트롤러는 kube-apiserver와 연계하여 이 커스텀 리소스가 등록될 때 적절한 스테이트풀 또는 서비스를 생성하거나 파드가 정지할 때 데이터베이스 마스터 승격 등을 하는 기능이 필요하다.

오퍼레이터를 생성할 때는 기존 커스텀 컨트롤러의 소스 코드를 참고하거나 Kubebuilder[7] 또는 오퍼레이터 프레임워크[8]를 사용하면서 생성하는 것이 좋다. Kubebuilder나 오퍼레이터 프레임워크를 사용하면 기존에 처음부터 생성했던 컨트롤러 기능을 프레임워크로 생성할 수 있으므로 로직 이외의 부분은 거의 손댈 필요가 없다.

---

7 https://github.com/kubernetes-sigs/kubebuilder
8 https://github.com/operator-framework

19.13 정리

쿠버네티스 클러스터는 kube-apiserver를 중심으로 한 분산 시스템이다. 그래서 개별 구성 요소는 구성 변경이 쉽게 되어 있고, 클러스터 내부 DNS 구성 요소를 CoreDNS로 변경하거나 12장에서 소개한 것과 같이 커스텀 스케줄러를 통합할 수도 있다.

또한, 커스텀 리소스 데피니션으로 데이터베이스와 같은 커스텀 리소스를 생성하고 kube-scheduler나 kube-controller-manager와 같은 다양한 처리를 하는 프로그램을 작성하면 쿠버네티스를 확장하여 사용할 수 있다. 얼마 전까지는 커스텀 리소스 데피니션을 조작하는 오퍼레이터를 작성하기가 쉽지 않았지만, 현재는 Kubebuilder나 오퍼레이터 프레임워크(Operator Framework)도 있으므로 비교적 쉽게 만들 수 있게 되었다. 뭔가 복잡한 처리를 하고 싶은 경우에는 커스텀 스크립트로 구현하지 말고, 쿠버네티스에 커스텀 리소스로 효율적으로 구현하는 방법도 검토해보길 바란다.

20장
쿠버네티스와 미래

20.1 쿠버네티스와 관련된 표준화

20.2 쿠버네티스와 에코시스템

20.3 정리

20.1 쿠버네티스와 관련된 표준화

쿠버네티스는 CNCF에 의해 오픈 소스 개발이 이루어지고 있으며 동시에 표준화도 진행되고 있다. 현재는 주로 컨테이너 이미지 형식/컨테이너 런타임/컨테이너 스토리지/컨테이너 네트워크에 대한 표준화가 진행되고 있으며, 각각 OCI v1.0/CRI/CSI/CNI 프로젝트로 나눠져 있다.

20.1.1 OCI와 OCI v1.0

OCI(Open Container Initiative)는 2015년 6월 컨테이너 표준 사양을 책정하기 위해 설립된 단체이며 도커, 구글, 코어OS(CoreOS), AWS, 레드햇, 리눅스 재단을 포함한 다수의 멤버로 구성되어 있다. OCI는 2017년 7월 컨테이너에 관한 사양을 'OCI v1.0'으로 책정했다. OCI v1.0은 컨테이너 런타임 표준 사양에 대한 'Runtime Specification v1.0', 컨테이너 이미지 형식 표준 사양에 대한 'FormatSpecification v1.0', 컨테이너 이미지 배포 표준 사양에 대한 'Distribution Specification v1.0' 세 가지로 구성되어 있다. 또 앞 장에서 runc/runv/runsc(gVisor)/kata-runtime(Kata Containers) 등과 같은 컨테이너 런타임을 설명했는데, 이 컨테이너 런타임(저수준 컨테이너 런타임)은 모두 OCI를 준수하고 있기 때문에 같은 컨테이너 이미지를 사용할 수 있다.

20.1.2 CRI

CRI(Container Runtime Interface)는 쿠버네티스(kubelet)와 컨테이너 런타임 사이를 연결하는 인터페이스다. 즉, CRI를 준수하는 컨테이너 런타임이라면 쿠버네티스에서 사용하는 컨테이너 런타임으로 자유롭게 선택할 수 있다. 앞 장에서 도커/containerd/CRI-O/Frakti 등의 컨테이너 런타임을 언급했는데, 이 컨테이너 런타임(고수준 컨테이너 런타임)은 모두 CRI를 준수하고 있어 쿠버네티스에서 사용할 수 있다.

20.1.3 CSI

CSI(Container Storage Interface)는 쿠버네티스/도커 스웜(Docker Swarm)/메소스(Mesos) 등의 컨테이너 오케스트레이션 엔진과 스토리지를 연결하기 위한 공통 인터페이스다. 현재는 쿠버네티스 커뮤니티가 아닌 CNCF가 중심이 되어 각 컨테이너 오케스트레이션 엔진 커뮤니티가 협력하고 있으며, CSI에 의한 스토리지 공통 사양 책정을 위해 움직이고 있다. 각 스토리지는 CSI 인터페이스를 구현하는 것만으로 다양한 컨테이너 오케스트레이션 엔진과 연계할 수 있다. 또 각 컨테이너 오케스트레이션 엔진 쪽에서 보면, CSI 인터페이스를 구현해 두면 외부 스토리지와의 연계뿐만 아니라 컨테이너 오케스트레이션 엔진 쪽에 각 스토리지용 인터페이스를 개별적으로 구현할 필요가 없게 되어 유지 보수 비용도 줄일 수 있다.

20.1.4 CNI

CNI(Container Network Interface)는 컨테이너 네트워크 인터페이스에 관한 공통 인터페이스다. CNCF가 열 번째로 호스트한 프로젝트로, 쿠버네티스 이외의 커뮤니티와 함께 공통 사양을 책정하고 있다. CNI를 사용하면 쿠버네티스 등의 컨테이너 오케스트레이션 엔진이 사용하는 네트워크 구성을 유연하게 선택할 수 있다.

CNI에 준거하는 대표적인 소프트웨어는 표 20-1과 같다.

▼ 표 20-1 CNI에 준거하는 대표적인 소프트웨어

소프트웨어	개요
Project Calico	BGP를 사용하여 파드 네트워크를 클러스터 외부에 광고함으로써 클러스터 외부에서 파드로 직접 접속 가능
Cilium	BPF를 사용하여 HTTP/gRPC/카프카(Kafka) 요청에 대한 정책 기반의 필터링 가능

이외에도 많은 CNI 플러그인[1]이 구현되어 있다.

---

1 https://github.com/containernetworking/cni

20.2 쿠버네티스와 에코시스템

쿠버네티스의 폭발적인 보급에 따라 기존 미들웨어의 쿠버네티스 지원이나 다양한 새로운 쿠버네티스 에코시스템이 등장했다. 전부는 아니지만, CNCF Landscape와 CNCF Landscape interactive[2]에서 쿠버네티스를 지원하는 클라우드 네이티브(Cloud Native) 소프트웨어를 확인할 수 있다.

20.2.1 쿠버네티스 클러스터를 배포하는 XaaS

XaaS(X as a Service)에는 표 20-2과 같은 소프트웨어가 있다.

▼ 표 20-2 쿠버네티스 클러스터에 XaaS를 배포하는 소프트웨어

소프트웨어	개요
Vitess(MySQL as a Service)	쿠버네티스 클러스터에 MySQL 환경을 배포
NATS(Queue as a Service)	쿠버네티스 클러스터에 메시지 큐 환경을 배포
Rook(Ceph as a Service)	쿠버네티스 클러스터에 Ceph 등의 분산 스토리지 환경을 배포
Kubeflow(ML as a Service)	쿠버네티스 클러스터에 기계 학습 환경을 배포

이 소프트웨어들은 모두 커스텀 리소스 데피니션(CustomResourceDefinition)을 사용하여 쿠버네티스 클러스터에 XaaS를 배포하는 것이다. 쿠버네티스 클러스터를 실행하는 환경이 있다면 비교적 쉽게 관리형 서비스와 같은 기능을 제공할 수 있다. 반면 스토리지를 가진 스테이트풀 서비스를 쿠버네티스에서 동작시키는 것은 스테이트리스 서비스를 동작시키는 것보다 어렵고 많은 시간과 준비가 필요하다.

---

2 https://landscape.cncf.io/

20.2.2 쿠버네티스 클러스터를 배포하는 서버리스

요즘은 쿠버네티스 클러스터에 서버리스(Serverless)적인 사용법을 구현하는 소프트웨어들도 개발되고 있다. 그중 K네이티브(Knative)[3]/오픈FaaS(OpenFaaS)[4]/Kubeless[5]/피션(Fission)[6] 등의 오픈 소스 소프트웨어가 유명하다.

특히 K네이티브는 구글, 피보탈, IBM, 레드햇 등이 개발하고 있으며, 쿠버네티스 클러스터에서 서버리스를 구현하는 제품이다. 2018년 7월 구글 클라우드 넥스트 '18(Google CloudNext '18)에서 발표된 이후 가장 많이 사용되는 쿠버네티스 환경 기반의 서버리스(Serverless on Kubernetes)제품이다.

20.2.3 Kubernetes-native Testbed를 사용한 에코시스템 동작 확인

쿠버네티스의 커스텀 리소스 데피니션과 오퍼레이터, 그리고 CNCF의 클라우드 네이티브 제품을 최대한 활용한 Kubernetes-native Testbed[7]가 OSS로 공개되었다. 이 OSS는 이 책을 집필하는 시점에서 총 11개의 마이크로서비스와 Block 스토리지/Shared 스토리지/Object 스토리지, 다양한 데이터베이스(Database)/메시지 큐(Message Queue)/KVS(Key-Value Store) 등이 모두 단일 쿠버네티스에서 동작하도록 설계되었다. 또 CI/CD 도구나 레지스트리 같은 인프라 주변의 구조도 포함되어 있어 깃옵스 등의 동작도 확인할 수 있다. 이 환경은 간단히 배포할 수 있기 때문에 다양한 Kubernetes-native OSS의 설정 예/사용 예를 확인하거나 운영 형태를 미리 확인할 수 있다.

▼ 그림 20-1 Kubernetes-native Testbed

---

3 https://github.com/knative/docs
4 https://github.com/openfaas/faas
5 https://github.com/kubeless/kubeless
6 https://github.com/fission/fission
7 https://github.com/kubernetes-native-testbed/kubernetes-native-testbed

20.2.4 구성 커넥터를 이용한 GCP 리소스 생성 및 관리

구성 커넥터(Config Connector)[8]는 쿠버네티스에서 GCP 리소스들을 관리할 수 있는 애드온이다. 구성 커넥터를 이용하면 GCP 관리형 서비스들을 쿠버네티스 리소스와 같은 형태로 생성하거나 관리하고 커스텀 리소스 데피니션(CRD)으로 관리형 서비스를 정의하여 이용한다. 구성 커넥터를 이용하면 쿠버네티스에서 다음과 같은 작업이 가능하다(그림 20-2).

- RBAC 액세스 컨트롤
- 이벤트 가시화
- 복잡성을 줄이기 위한 구성 관리 소스 및 상태 관리 일원화
- 느슨한 연결을 유지하여 일관성 확보

위에서 복잡하게 설명했지만, 쉽게 말하면 쿠버네티스에서 매니페스트를 이용하여 GCP 서비스를 관리할 수 있다는 것이다.

▼ 그림 20-2 쿠버네티스와 구성 커넥터

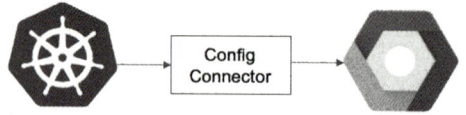

설정 커넥터를 설치하는 방법은 다음과 같이 네 가지가 있다.

- 워크로드 아이덴티티와 설정 커넥터 애드온(베타)
- GKE 워크로드 아이덴티티
- GCP 아이덴티티
- 네임스페이스 모드(여러 GCP 아이덴티티를 이용하는 경우에 사용)

설정 커넥터 설치

여기서는 GCP 아이덴티티를 이용하여 설정 커넥터를 설치한다.

설정 커넥터를 설치하기 전에 서비스 어카운트 생성 및 권한 설정 등을 한다.

---

8 https://cloud.google.com/config-connector

```
# 생성 권한 확인
$ kubectl auth can-i create roles
Yes

# 클러스터롤바인딩(ClusterRoleBinding)
$ kubectl create clusterrolebinding cluster-admin-binding \
--clusterrole cluster-admin \
--user [GCP_ACCOUNT_EMAIL]

# cnrm-system 서비스 어카운트 생성
$ gcloud iam service-accounts create cnrm-system
Created service account [cnrm-system].

# 프로젝트 ID 환경 변수로 지정
$ GCP_PROJECT_ID=$(gcloud config get-value project)

# 서비스 어카운트에 roles/owner 추가
$ gcloud projects add-iam-policy-binding ${GCP_PROJECT_ID} \
--member serviceAccount:cnrm-system@${GCP_PROJECT_ID}.iam.gserviceaccount.com \
--role roles/owner
Updated IAM policy for project [GCP_PROJECT_ID].
bindings:
- members:
...(생략)...
version: 1

# 서비스 어카운트 키 생성
$ gcloud iam service-accounts keys create --iam-account \
cnrm-system@${GCP_PROJECT_ID}.iam.gserviceaccount.com key.json
created key [bb388b761f199d309a35be47197ec53e4897c014] of type [json] as [key.json]
for [cnrm-system@GCP_PROJECT_ID.iam.gserviceaccount.com]

# 컨피그 커넥터(Config Connector)가 사용할 네임스페이스 생성
$ kubectl create namespace cnrm-system
namespace/cnrm-system created

# 서비스 어카운트 키로 시크릿 생성
$ kubectl create secret generic gcp-key --from-file key.json --namespace cnrm-system
secret/gcp-key created
```

바이너리를 다운로드하고 컨피그 커넥터를 설치한다.

```
# 컨피그 커넥터(Config Connector) 바이너리 다운로드
$ gsutil cp gs://cnrm/latest/release-bundle.tar.gz release-bundle.tar.gz
Copying gs://cnrm/latest/release-bundle.tar.gz...
- [1 files][327.4 KiB/327.4 KiB]
Operation completed over 1 objects/327.4 KiB.

$ tar zxvf release-bundle.tar.gz
x ./
x ./install-bundle-workload-identity/
x ./install-bundle-workload-identity/crds.yaml
x ./install-bundle-workload-identity/0-cnrm-system.yaml
...(생략)...

# 설치 및 확인
$ kubectl apply -f install-bundle-gcp-identity/
Warning: kubectl apply should be used on resource created by either kubectl create
--save-config or kubectl apply
namespace/cnrm-system configured
serviceaccount/cnrm-controller-manager created
serviceaccount/cnrm-deletiondefender created
serviceaccount/cnrm-resource-stats-recorder created
serviceaccount/cnrm-webhook-manager created
...(생략)...

$ kubectl wait -n cnrm-system \
--for=condition=Initialized pod \
cnrm-controller-manager-0
pod/cnrm-controller-manager-0 condition met
```

GCP 관리형 서비스 설치 및 관리

여기서는 스패너(Spanner)와 클라우드SQL(CloudSQL)을 매니페스트 파일로 설치한다.

```
# 스패너 API 활성화
$ gcloud services enable spanner.googleapis.com
Operation "operations/acf.f66cba21-c3a7-41f9-a2f5-1be2115d1ab0" finished successfully.

# 프로젝트 ID로 네임스페이스 생성(지정한 프로젝트 ID에 리소스가 생성됨)
$ kubectl create namespace ${GCP_PROJECT_ID}
namespace/GCP_PROJECT_ID created
```

코드 20-1 스패너 인스턴스, 데이터베이스 생성 예제(sample-spanner.yaml)

```yaml
apiVersion: spanner.cnrm.cloud.google.com/v1beta1
kind: SpannerInstance
metadata:
  labels:
    label-one: spannerinstance-sample
  name: spannerinstance-sample
spec:
  config: regional-asia-northeast3
  displayName: My Spanner Instance
  numNodes: 1
---
apiVersion: spanner.cnrm.cloud.google.com/v1beta1
kind: SpannerDatabase
metadata:
  name: spannerdatabase-sample
spec:
  instanceRef:
    name: spannerinstance-sample
  ddl:
  - "CREATE TABLE t1 (t1 INT64 NOT NULL,) PRIMARY KEY(t1)"
```

위의 매니페스트를 적용하면 스패너 인스턴스와 데이터베이스가 생성된다.

```
# kubectl 명령어로 생성
$ kubectl apply -f sample-spanner.yaml -n ${GCP_PROJECT_ID}
spannerinstance.spanner.cnrm.cloud.google.com/spannerinstance-sample created
spannerdatabase.spanner.cnrm.cloud.google.com/spannerdatabase-sample created

# 생성된 리소스 확인(kubectl 이용)
$ kubectl --namespace ${GCP_PROJECT_ID} get spannerinstances
NAME                      AGE
spannerinstance-sample    31m

$ kubectl --namespace ${GCP_PROJECT_ID} get spannerdatabases
NAME                      AGE
spannerdatabase-sample    31m

# 스패너 인스턴스 확인
$ kubectl describe spannerinstances.spanner.cnrm.cloud.google.com -n ${GCP_PROJECT_ID} spannerinstance-sample
Name:           spannerinstance-sample
```

```
Namespace:    GCP_PROJECT_ID
Labels:       label-one=value-one
Annotations:  cnrm.cloud.google.com/management-conflict-prevention-policy: resource
              cnrm.cloud.google.com/project-id: GCP_PROJECT_ID
              kubectl.kubernetes.io/last-applied-configuration:
                {"apiVersion":"spanner.cnrm.cloud.google.com/v1beta1","kind":"SpannerI
nstance","metadata":{"annotations":{"cnrm.cloud.google.com/project-i...
API Version:  spanner.cnrm.cloud.google.com/v1beta1
Kind:         SpannerInstance
Metadata:
  Creation Timestamp:  2020-07-03T12:25:08Z
  Finalizers:
    cnrm.cloud.google.com/finalizer
    cnrm.cloud.google.com/deletion-defender
  Generation:        3
  Resource Version:  273886
  Self Link:         /apis/spanner.cnrm.cloud.google.com/v1beta1/namespaces/GCP_
PROJECT_ID/spannerinstances/spannerinstance-sample
  UID:               92a6af75-882a-4fbd-92f1-891f679e6d80
Spec:
  Config:        regional-asia-northeast3
  Display Name:  My Spanner Instance
  Num Nodes:     1
Status:
  Conditions:
    Last Transition Time:  2020-07-03T12:25:26Z
    Message:               The resource is up to date
    Reason:                UpToDate
    Status:                True
    Type:                  Ready
  State:                   READY
Events:
  Type    Reason    Age   From                      Message
  ----    ------    ----  ----                      -------
  Normal  Updating  27s   spannerinstance-controller  Update in progress
  Normal  UpToDate  10s   spannerinstance-controller  The resource is up to date
```

스패너 데이터베이스 확인
```
$ kubectl describe spannerdatabases.spanner.cnrm.cloud.google.com -n ${GCP_PROJECT_ID}
spannerdatabase-sample
Name:         spannerdatabase-sample
Namespace:    GCP_PROJECT_ID
Labels:       <none>
```

```
Annotations:    cnrm.cloud.google.com/management-conflict-prevention-policy: none
                cnrm.cloud.google.com/project-id: GCP_PROJECT_ID
                kubectl.kubernetes.io/last-applied-configuration:
                  {"apiVersion":"spanner.cnrm.cloud.google.com/v1beta1","kind":"SpannerD
atabase","metadata":{"annotations":{},"name":"spannerdatabase-sample...
API Version:    spanner.cnrm.cloud.google.com/v1beta1
Kind:           SpannerDatabase
Metadata:
  Creation Timestamp:  2020-07-04T01:17:11Z
  Finalizers:
    cnrm.cloud.google.com/finalizer
    cnrm.cloud.google.com/deletion-defender
  Generation:       3
  Resource Version: 456143
  Self Link:        /apis/spanner.cnrm.cloud.google.com/v1beta1/namespaces/GCP_
PROJECT_ID/spannerdatabases/spannerdatabase-sample
  UID:              5ff27bd2-b80a-41dd-8d98-a144103b11ae
Spec:
  Ddl:
    CREATE TABLE t1 (t1 INT64 NOT NULL,) PRIMARY KEY(t1)
  Instance Ref:
    Name:  spannerinstance-sample
Status:
  Conditions:
    Last Transition Time:  2020-07-04T01:17:19Z
    Message:               The resource is up to date
    Reason:                UpToDate
    Status:                True
    Type:                  Ready
  State:                   READY
Events:
  Type    Reason    Age   From                       Message
  ----    ------    ---   ----                       -------
  Normal  Updating  51s   spannerdatabase-controller  Update in progress
  Normal  UpToDate  44s   spannerdatabase-controller  The resource is up to date
```

생성된 리소스를 gcloud 명령어로도 확인할 수 있다.

```
# gcloud 명령어로 확인
$ gcloud spanner instances list
NAME                   DISPLAY_NAME          CONFIG                NODE_COUNT
STATE
```

```
spannerinstance-sample  My Spanner Instance  regional-asia-northeast3  1
READY
```

또한, 생성된 리소스는 GCP 웹 UI에서도 확인할 수 있다(그림 20-3).

▼ 그림 20-3 스패너 인스턴스와 데이터베이스 생성 확인

다음은 위와 같은 방법으로 클라우드SQL(CloudSQL)을 생성한다.

```
# 클라우드SQL API 활성화
$ gcloud services enable sqladmin.googleapis.com
Operation "operations/acf.c220f1d9-1928-4a6f-986d-573881e5c08b" finished successfully.
```

코드 20-2 클라우드SQL 인스턴스, 사용자, 데이터베이스 생성 예제(sample-cloudsql.yaml)

```
---
apiVersion: sql.cnrm.cloud.google.com/v1beta1
kind: SQLInstance
metadata:
  name: config-connector-cloudsql-instance
spec:
  region: asia-northeast3
  databaseVersion: MYSQL_5_7
  settings:
    tier: db-n1-standard-1
---
apiVersion: sql.cnrm.cloud.google.com/v1beta1
kind: SQLUser
metadata:
```

```yaml
    name: config-connector-cloudsql-user
spec:
  instanceRef:
    name: config-connector-cloudsql-instance
  host: "%"
  password:
    value: "Password1234"
---
apiVersion: sql.cnrm.cloud.google.com/v1beta1
kind: SQLDatabase
metadata:
  labels:
    label-one: config-connector-cloudsql-database
  name: config-connector-cloudsql-database
spec:
  charset: utf8mb4
  collation: utf8mb4_bin
  instanceRef:
    name: config-connector-cloudsql-instance
```

위와 같은 매니페스트를 적용하면 클라우드SQL 인스턴스, 사용자, 데이터베이스가 생성된다.

```
# kubectl 명령어로 생성
$ kubectl apply -f sample-cloudsql.yaml --namespace=${GCP_PROJECT_ID}
sqlinstance.sql.cnrm.cloud.google.com/config-connector-cloudsql-instance created
sqluser.sql.cnrm.cloud.google.com/config-connector-cloudsql-user created
sqldatabase.sql.cnrm.cloud.google.com/config-connector-cloudsql-database created

# 생성된 리소스 확인(kubectl 이용)
$ kubectl --namespace ${GCP_PROJECT_ID} get sqlinstance
NAME                                  AGE
config-connector-cloudsql-instance    10h

$ kubectl --namespace ${GCP_PROJECT_ID} get sqlusers
NAME                              AGE
config-connector-cloudsql-user    10h

$ kubectl --namespace ${GCP_PROJECT_ID} get sqldatabase
NAME                                  AGE
config-connector-cloudsql-database    21s

# 클라우드SQL 인스턴스 확인
```

```
$ kubectl describe sqlinstances.sql.cnrm.cloud.google.com -n ${GCP_PROJECT_ID} config-
connector-cloudsql-instance
Name:         config-connector-cloudsql-instance
Namespace:    GCP_PROJECT_ID
Labels:       <none>
Annotations:  cnrm.cloud.google.com/management-conflict-prevention-policy: resource
              cnrm.cloud.google.com/project-id: GCP_PROJECT_ID
              kubectl.kubernetes.io/last-applied-configuration:
                {"apiVersion":"sql.cnrm.cloud.google.com/v1beta1","kind":"SQLInstance"
,"metadata":{"annotations":{},"name":"config-connector-cloudsql-inst...
API Version:  sql.cnrm.cloud.google.com/v1beta1
Kind:         SQLInstance
Metadata:
  Creation Timestamp:  2020-07-03T12:39:07Z
  Finalizers:
    cnrm.cloud.google.com/finalizer
    cnrm.cloud.google.com/deletion-defender
  Generation:        3
  Resource Version:  278342
  Self Link:         /apis/sql.cnrm.cloud.google.com/v1beta1/namespaces/GCP_PROJECT_
ID/sqlinstances/config-connector-cloudsql-instance
  UID:               4f386d45-a807-400b-b266-bce41ab97f96
Spec:
  Database Version:  MYSQL_5_7
  Region:            asia-northeast3
  Settings:
    Activation Policy:  ALWAYS
    Backup Configuration:
      Start Time:    16:00
    Disk Autoresize:  true
    Disk Size:        10
    Disk Type:        PD_SSD
    Ip Configuration:
      ipv4Enabled:  true
    Location Preference:
      Zone:             asia-northeast3-c
    Pricing Plan:     PER_USE
    Replication Type:  SYNCHRONOUS
    Tier:             db-n1-standard-1
Status:
  Conditions:
    Last Transition Time:  2020-07-03T12:44:09Z
    Message:               The resource is up to date
```

```
    Reason:                 UpToDate
    Status:                 True
    Type:                   Ready
  Connection Name:          GCP_PROJECT_ID:asia-northeast3:config-connector-cloudsql-
instance
  First Ip Address:         34.64.245.223
  Ip Address:
    Ip Address:             34.64.245.223
    Type:                   PRIMARY
  Public Ip Address:        34.64.245.223
  Self Link:                https://sqladmin.googleapis.com/sql/v1beta4/projects/GCP_PROJECT_
ID/instances/config-connector-cloudsql-instance
  Server Ca Cert:
    Cert:     -----BEGIN CERTIFICATE-----
MIIDfzCCAmegAwIBAgIBADANBgkqhkiG9w0BAQsFADB3MS0wKwYDVQQuEyRiMWUw
YTk3NC1lYmUwLTQ0Y2EtYTk5OC00OGNmZGNlMTQ1Y2MxIzAhBgNVBAMTGkdvb2ds
ZSBDbG91ZCBTUUwgU2VydmVyIENBMRQwEgYDVQQKEwtHb29nbGUsIEluYzELMAkG
A1UEBhMCVVMwHhcNMjAwNzAzMTIzOTI4WhcNMzAwNzAxMTI0MDI4WjB3MS0wKwYD
VQQuEyRiMWUwYTk3NC1lYmUwLTQ0Y2EtYTk5OC00OGNmZGNlMTQ1Y2MxIzAhBgNV
BAMTGkdvb2dsZSBDbG91ZCBTUUwgU2VydmVyIENBMRQwEgYDVQQKEwtHb29nbGUs
IEluYzELMAkGA1UEBhMCVVMwggEiMA0GCSqGSIb3DQEBAQUAA4IBDwAwggEKAoIB
AQC6vDM9bHhgrU0PbCsJaFJiVy4QyFCT5uWMvknjVjea7Dyhkhvehk/9ZVxqNvze
8JXmX/Bp6KIdm4mWY4+WkNkuWYbpMAyI5u34JUTd2RyC4Inh8nkdZsIejAoUyL5Z
8qswuH3l7+nDbjDeKPmcirY0MrBf2hz6qcCSqHwKL1Tc5LtAx8XRtdJ5jMX1v1Lv
RN7us/xDPPBEl3pC5C1p9j4vpEYq6ylPJ4jHCUP9iPEIiUbuToxbohzMEhIPS35g
ccZ/m0jJJeqsZ8Qb/cy5YM4Xs0kTN/Ylq5S5CFz0ARAMIic30aynstCj2UgdjMdY
7sdXznG6Yu8JGoRca46uEtWXAgMBAAGjFjAUMBIGA1UdEwEB/wQIMAYBAf8CAQAw
DQYJKoZIhvcNAQELBQADggEBAFNAUq4tCsdRgpPa0KSkddmLWUVEH1KH0WNJM8yz
c7E7Zrct38aXgRfG+jZTa+RN8VrQAiXUKpzr2tK22mt4KtDn7qBekDNsIqk3X6fw
j6zRJq+sB4XyiAUxKVn4Gs0QmsnGCAvRIsr13Uz43UheNRbEb8jaCLmyMAyu7pwW
UceYTEZjvt90I1C3tUvwRLM1UB1UaXwx19CUJeWykvt3U+rycxhN5i7hWwCe1kQ6
RIg0RLzVCR07LpbWd7a6Cm77//iHoN6z5GxvJRxKudW55hnk7K+B3J//G+8FGX2k
4Tmgb2CxYoaEkPh27BdE7+EBRZwb1npaa+7ho+YQJxkj0g4=
    -----END CERTIFICATE-----
    Common Name:            C=US,O=Google\, Inc,CN=Google Cloud SQL Server
CA,dnQualifier=b1e0a974-ebe0-44ca-a998-48cfdce145cc
    Create Time:            2020-07-03T12:39:28.677Z
    Expiration Time:        2030-07-01T12:40:28.677Z
    sha1Fingerprint:        b745f7c65088cdfac2050695eb40ed0be43cee88
  Service Account Email Address:  p655162267609-efeowe@gcp-sa-cloud-sql.iam.
gserviceaccount.com
Events:
  Type    Reason    Age    From              Message
```

```
  ----    ------    ----   ----                    -------
  Normal  Updating  12m    sqlinstance-controller  Update in progress
  Normal  UpToDate  7m43s  sqlinstance-controller  The resource is up to date
```

클라우드SQL 사용자 확인
```
$ kubectl describe sqlusers.sql.cnrm.cloud.google.com -n ${GCP_PROJECT_ID} config-
connector-cloudsql-user
Name:         config-connector-cloudsql-user
Namespace:    GCP_PROJECT_ID
Labels:       <none>
Annotations:  cnrm.cloud.google.com/management-conflict-prevention-policy: none
              cnrm.cloud.google.com/project-id: GCP_PROJECT_ID
              kubectl.kubernetes.io/last-applied-configuration:
                {"apiVersion":"sql.cnrm.cloud.google.com/v1beta1","kind":"SQLUser","me
tadata":{"annotations":{},"name":"config-connector-cloudsql-user","n...
API Version:  sql.cnrm.cloud.google.com/v1beta1
Kind:         SQLUser
Metadata:
  Creation Timestamp:  2020-07-03T12:39:07Z
  Finalizers:
    cnrm.cloud.google.com/finalizer
    cnrm.cloud.google.com/deletion-defender
  Generation:        138
  Resource Version:  427752
  Self Link:         /apis/sql.cnrm.cloud.google.com/v1beta1/namespaces/GCP_PROJECT_
ID/sqlusers/config-connector-cloudsql-user
  UID:               314bf339-6aee-41f5-9fc0-839bfac1cccd
Spec:
  Host: %
  Instance Ref:
    Name: config-connector-cloudsql-instance
  Password:
    Value: Password1234
Status:
  Conditions:
    Last Transition Time:  2020-07-03T23:17:56Z
    Message:               The resource is up to date
    Reason:                UpToDate
    Status:                True
    Type:                  Ready
Events:
  Type    Reason    Age    From                    Message
  ----    ------    ----   ----                    -------
```

```
  Normal  Updating  7m27s  (x62 over 10h)  sqluser-controller  Update in progress
  Normal  UpToDate  7m21s  (x62 over 10h)  sqluser-controller  The resource is up to date
```

```
# 클라우드SQL 데이터베이스 확인
$ kubectl describe sqldatabases.sql.cnrm.cloud.google.com -n ${GCP_PROJECT_ID} config-connector-cloudsql-database
Name:         config-connector-cloudsql-database
Namespace:    GCP_PROJECT_ID
Labels:       label-one=config-connector-cloudsql-database
Annotations:  cnrm.cloud.google.com/management-conflict-prevention-policy: none
              cnrm.cloud.google.com/project-id: GCP_PROJECT_ID
              kubectl.kubernetes.io/last-applied-configuration:
                {"apiVersion":"sql.cnrm.cloud.google.com/v1beta1","kind":"SQLDatabase"
,"metadata":{"annotations":{},"labels":{"label-one":"config-connecto...
API Version:  sql.cnrm.cloud.google.com/v1beta1
Kind:         SQLDatabase
Metadata:
  Creation Timestamp:  2020-07-04T00:57:31Z
  Finalizers:
    cnrm.cloud.google.com/finalizer
    cnrm.cloud.google.com/deletion-defender
  Generation:        3
  Resource Version:  451488
  Self Link:         /apis/sql.cnrm.cloud.google.com/v1beta1/namespaces/GCP_PROJECT_ID/sqldatabases/config-connector-cloudsql-database
  UID:               fb0891b7-9adf-4b81-b4ae-71499628b8ca
Spec:
  Charset:    utf8mb4
  Collation:  utf8mb4_bin
  Instance Ref:
    Name:  config-connector-cloudsql-instance
Status:
  Conditions:
    Last Transition Time:  2020-07-04T00:57:40Z
    Message:               The resource is up to date
    Reason:                UpToDate
    Status:                True
    Type:                  Ready
  Self Link:               https://sqladmin.googleapis.com/sql/v1beta4/projects/GCP_PROJECT_ID/instances/config-connector-cloudsql-instance/databases/config-connector-cloudsql-database
Events:
```

```
Type     Reason     Age   From                    Message
----     ------     ---   ----                    -------
Normal   Updating   38s   sqldatabase-controller  Update in progress
Normal   UpToDate   34s   sqldatabase-controller  The resource is up to date
```

생성된 리소스는 gcloud 명령어로도 확인할 수 있다.

```
# gcloud 명령어로 확인
$ gcloud sql instances list
NAME                               DATABASE_VERSION  LOCATION          TIER
PRIMARY_ADDRESS   PRIVATE_ADDRESS  STATUS
config-connector-cloudsql-instance MYSQL_5_7         asia-northeast3-c db-n1-
standard-1   34.64.245.223         -                 RUNNABLE
```

또한, 생성된 리소스는 GCP 웹 UI에서도 확인할 수 있다(그림 20-3, 그림 20-4, 그림 20-5).

▼ 그림 20-4 클라우드SQL 인스턴스 생성 확인

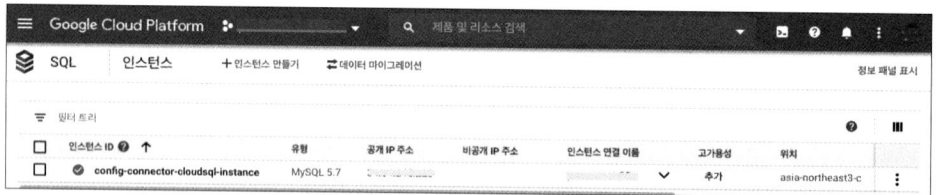

▼ 그림 20-5 클라우드SQL 사용자 생성 확인

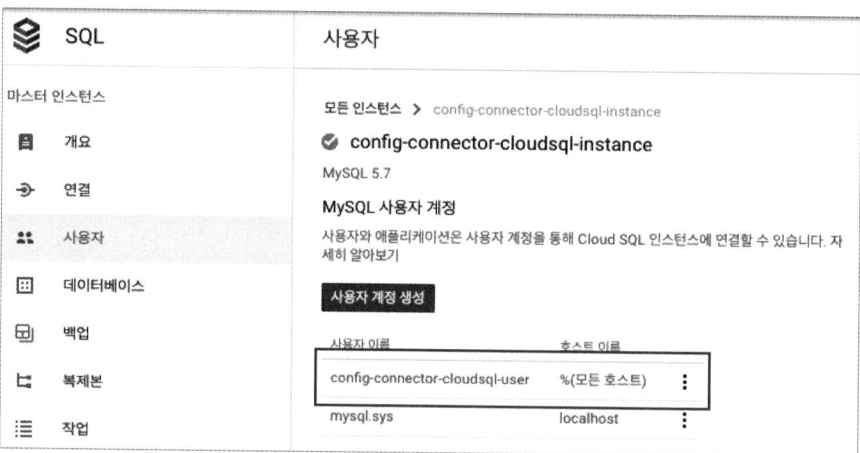

▼ 그림 20-6 클라우드SQL 데이터베이스 생성 확인

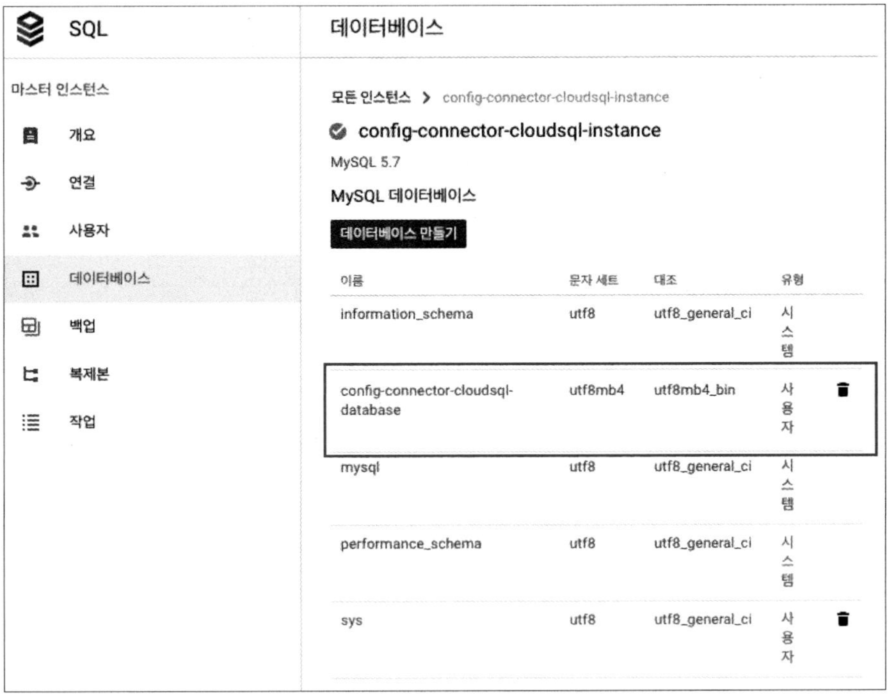

20.3 정리

쿠버네티스가 사실상의 표준이 된 배경에는 리눅스 재단 산하에 있는 CNCF가 주체가 되어 오픈 개발을 실시한 것이 크게 작용했다. 컨테이너 기술은 발전 초기에 컨테이너 런타임인 도커가 견인차 역할을 했지만, 지금은 오케스트레이션 도구인 쿠버네티스가 큰 영향력을 가지게 되었다. OCI v1.0, CRI, CSI, CNI와 같은 컨테이너 이미지 형식/컨테이너 런타임/컨테이너 스토리지/컨테이너 네트워크에 대한 표준화를 함께 진행하면서 쿠버네티스는 도커 이외의 런타임에서도 사용할 수 있게 되어 더욱 개방된 오픈 소스 소프트웨어로 확대될 것이다.

또 쿠버네티스는 확장 가능한 부분이 아주 많다. 예를 들어, 커스텀 리소스 데피니션과 오퍼레이터를 사용하여 쿠버네티스 네이티브 애플리케이션을 만들 수도 있고 스케줄러 확장이나 클라우드

연계 기능을 쿠버네티스에 구현할 수도 있다. 각종 벤더 제품이나 오픈 소스 소프트웨어는 쿠버네티스와 긴밀하게 연계하여 향후 클라우드 네이티브 개발을 가속하는 솔루션이 될 것이다.

그 밖에도 쿠버네티스는 관리형 서비스를 대체할 가능성도 가지고 있다. 예를 들어 클라우드 Pub/Sub는 NATS(Queue as a Service), Amazon RDS는 Vitess(MySQL as a Service) 등으로 대체될지도 모른다. 스테이트풀셋에서 MySQL 클러스터 관리 등과 같이 자체적으로 스테이트풀 서비스를 관리하는 것은 많은 위험이 따르지만, 스테이트풀 애플리케이션을 오퍼레이터가 관리하는 위와 같은 소프트웨어가 해결책이 될 것이다.

21장

부록

21.1 kubectl에서 사용되는 리소스 약어

21.2 자주 묻는 질문과 답변

21.1 kubectl에서 사용되는 리소스 약어

kubectl get 명령어를 실행할 때 인수로 deployment나 service 등의 리소스 유형을 지정했다. 이 리소스 유형은 약어로 사용할 수 있다.

```
# kubectl get deployment의 약어
$ kubectl get deploy

# kubectl get service의 약어
$ kubectl get svc

# kubectl get horizontalpodautoscaler의 약어
$ kubectl get hpa
```

각 리소스의 약어는 표 21-1과 같다.

▼ 표 21-1 쿠버네티스 표준 리소스와 약어 표현

리소스 이름	약어	APIGroup	범위
configmaps	cm		Namespace
cronjobs	cj	batch	Namespace
daemonsets	ds	apps	Namespace
deployments	deploy	apps	Namespace
endpoints	ep		Namespace
events	ev		Namespace
horizontalpodautoscalers	hpa	autoscaling	Namespace
ingresses	ing	networking.k8s.io	Namespace
jobs		batch	Namespace
leases		coordination.k8s.io	Namespace
limitranges	limits		Namespace
networkpolicies	netpol	networking.k8s.io	Namespace
persistentvolumeclaims	pvc		Namespace
pods	po		Namespace

○ 계속

리소스 이름	약어	APIGroup	범위
poddisruptionbudgets	pdb	policy	Namespace
replicasets	rs	apps	Namespace
replicationcontrollers	rc		Namespace
resourcequotas	quota		Namespace
roles		rbac.authorization.k8s.io	Namespace
rolebindings		rbac.authorization.k8s.io	Namespace
secrets			Namespace
services	svc		Namespace
serviceaccounts	sa		Namespace
statefulsets	sts	apps	Namespace
verticalpodautoscalers	vpa	autoscaling.k8s.io	Namespace
verticalpodautoscalercheckpoints	vpacheckpoint	autoscaling.k8s.io	Namespace
clusterroles		rbac.authorization.k8s.io	Cluster
clusterrolebindings		rbac.authorization.k8s.io	Cluster
componentstatuses	cs		Cluster
csidrivers		storage.k8s.io	Cluster
csinodes		storage.k8s.io	Cluster
customresourcedefinitions	crd,crds	apiextensions.k8s.io	Cluster
mutatingwebhookconfigurations		admissionregistration.k8s.io	Cluster
namespaces	ns		Cluster
nodes	no		Cluster
persistentvolumes	pv		Cluster
podsecuritypolicies	psp	policy	Cluster
priorityclasses	pc	scheduling.k8s.io	Cluster
runtimeclasses		node.k8s.io	Cluster
storageclasses	sc	storage.k8s.io	Cluster
validatingwebhookconfigurations		admissionregistration.k8s.io	Cluster

21.2 자주 묻는 질문과 답변

질문	답변 페이지
파드에 여러 개의 컨테이너(프로세스)를 묶어서 관리해도 되는가?	32, 166
컨테이너가 기동될 때 애플리케이션을 다운로드해도 되는가?	32
컨테이너 이미지를 경량화하는 방법	33, 38
도커 파일을 작성하는 방법	33
도커 이미지 사이즈를 확인하는 방법	35
ENTRYPOINT와 CMD의 차이는?	35
도커 이미지를 빌드하는 방법	36
도커 이미지를 멀티 스테이지 빌드하는 방법	38
컨테이너 이미지를 빠르게 빌드하는 방법	39
도커 이미지를 도커 레지스트리(도커 허브)에 업로드하는 방법	41
도커 레지스트리에 로그인하는 방법	42
도커가 아닌 쿠버네티스가 필요한 이유는?	46
쿠버네티스 환경은 어떻게 준비해야 하는가?	56
쿠버네티스는 어느 규모까지 클러스터를 구축할 수 있는가?	69
쿠버네티스 클러스터를 구축하는 방법	69, 792
쿠버네티스 마스터의 인스턴스 사이즈는 어떻게 해야 하는가?	70
오버레이 네트워크란?	73, 800
이 책에서는 어떤 테스트 환경을 사용하는가?	90
관리형 쿠버네티스를 무료로 사용하는 방법	94
kubectl 설치 방법	91
쿠버네티스 버전을 확인하는 방법	94
GKE 알파 클러스터를 구축하는 방법	93
컨테이너에서 퍼블릭 클라우드의 API를 안전하게 연결하는 방법	95
여러 프로젝트에서 쿠버네티스 클러스터를 공유하고 이용하는 방법	100, 578, 604
기본으로 생성되는 네임스페이스 역할은?	101
많은 리소스를 효율적으로 관리하는 방법	100, 129, 119, 638, 694

○ 계속

질문	답변 페이지
여러 쿠버네티스 클러스터를 관리하는 방법	102
kubectl을 효율적으로 사용하는 방법	105, 160
컨텍스트와 네임스페이스를 간단히 전환하는 방법	105, 156
kubectl 명령이 리소스 삭제가 완료될 때까지 종료되지 않게 하는 방법	108
지금 사용 중인 컨테이너 이미지를 확인하는 방법	109, 158
매니페스트 변경이 어떻게 적용되는가?	110
시크릿 리소스 변경 등의 이유로 kubectl을 사용하여 파드를 재기동하는 방법	116
같은 내용의 리소스를 여러 개 생성하는 방법	117
리소스 상태가 특정한 상태가 될 때까지 대기하는 방법	118
매니페스트는 어떻게 설계하면 좋은가?	119
어노테이션과 레이블의 차이는?	124
레이블을 지정하는 방법	131
자동으로 리소스를 삭제하는 방법	132, 708
매니페스트를 적용할 때 변경 내용을 표시하는 방법	138, 695, 708
쿠버네티스에 등록된 모든 리소스를 가져오는 방법	139, 142, 158
등록된 리소스 정보를 확인하는 방법	139
노드나 파드가 사용하는 리소스 사용량을 확인하는 방법	149
각 컨테이너에서 특정 명령어를 실행하는 방법	150
각 컨테이너에 로그인하는 방법	150
지금 실행 중인 컨테이너의 상태를 확인하는 방법	150, 155
임시 디버깅용 컨테이너를 기동하는 방법	151, 162
로컬 머신에서 특정 컨테이너로 접속하는 방법	152
컨테이너별 로그를 확인하는 방법	154
컨테이너 로그를 출력하는 방법	154, 684
여러 컨테이너의 로그를 동시에 확인하는 방법	154, 155
컨테이너에서 로컬 머신으로 파일을 복사하는 방법	156
로컬 머신에서 컨테이너로 파일을 복사하는 방법	156
kubectl에 하위 명령어를 추가하는 방법	156
레플리카셋과 파드 리소스 등의 계층 관계를 표시하는 방법	157
`kubectl get -o yaml` 등에서 출력된 불필요한 필드를 삭제하는 방법	157

◑ 계속

질문	답변 페이지
Ready되지 않는 파드의 목록과 이유를 표시하는 방법	157
파드의 이벤트 정보를 출력하는 방법	157
클러스터의 리소스 사용률을 표시하는 방법	157
입력한 매니페스트를 의존 관계를 기준으로 정렬하는 방법	158
사용하고 있는 컨테이너 이미지에 새로운 버전이 있는지 확인하는 방법	158
tmux를 사용하여 여러 컨테이너에서 명령어를 실행하는 방법	158
tmux를 사용하여 여러 쿠버네티스 노드에 SSH하는 방법	158
쿠버네티스 노드에 셸을 기동하는 방법	158
쿠버네티스 노드를 재기동하는 방법	158
Base64 디코드된 상태에서 시크릿을 표시하는 방법	158
Base64 디코드된 상태에서 시크릿을 kubectl edit하는 방법	158
kubeconfig를 병합하는 방법	158
특정 ServiceAccount의 kubeconfig를 생성하는 방법	158
ServiceAccount나 Group 등에 할당된 RBAC 설정값을 행렬로 시각화하는 방법	158
지정한 권한을 가진 ServiceAccount나 사용자를 표시하는 방법	158
kubectl 실행이 실패한 원인을 확인하는 방법	158
파드가 기동하지 않는 경우 디버깅하는 방법	161, 151, 162
컨테이너가 기동하지 않을 때	161, 391
컨테이너의 프로세스가 바로 정지해버릴 때	161, 476
파드를 설계하는 방법	166
ENTRYPOINT와 CMD를 덮어 쓰기하는 방법	173
파드명에는 어떤 제한이 있는가?	174
파드 네트워크가 아닌 쿠버네티스 노드의 네트워크를 사용한 파드를 생성하는 방법	175, 179
파드가 사용하는 DNS 서버를 변경하는 방법(/etc/resolv.conf)	176
파드에 정적 호스트명을 해석(/etc/hosts)하는 방법	180
컨테이너에서 동작하는 작업 디렉터리를 변경하는 방법	181
파드의 레플리카 수는 어떻게 유지되는가?	186
파드를 생성하면 바로 삭제됨	188
파드의 레플리카 수를 변경하는 방법	190
디플로이먼트가 롤링 업데이트되는 조건은?	196

◑ 계속

질문	답변 페이지
디플로이먼트를 롤백하는 방법	197
디플로이먼트 변경 이력을 확인하는 방법	198
디플로이먼트가 일시적으로 변경을 중지하는 방법	199
리소스가 부족하여 디플로이먼트 롤링 업데이트를 할 수 없음	200
디플로이먼트 업데이트 간격을 늘리는 방법	205
디플로이먼트 업데이트 때 타임아웃 시간을 설정하는 방법	206
각 노드에 하나씩 컨테이너를 기동하는 방법	207
데이터가 지워지지 않는 컨테이너를 사용하는 방법	212
스테이트풀셋의 파드를 한 번에 기동하는 방법	216
스테이트풀셋 업데이트를 일부에만 적용하는 방법	218
스테이트풀셋의 영구 볼륨 데이터를 확인하는 방법	220
스테이트풀셋의 데이터를 완전히 삭제하는 방법	222
스테이트풀셋의 데이터가 어떻게 영속화되는가?	222
배치 잡을 실행하는 방법	223
잡의 용도는?	224
병렬로 태스크를 실행하는 방법	228
작업 큐를 구현하는 방법	233
일정 기간 후 잡 리소스를 자동으로 삭제하는 방법	235
정기적으로 배치 잡을 실행하는 방법	236
크론잡을 일시 정지하는 방법	239
크론잡에서 임의의 시점에 잡을 생성하는 방법	240
크론잡 실행이 충돌할 때 제어하는 방법	240
크론잡 결과를 확인하는 방법	243
쿠버네티스 클러스터의 네트워크는 어떻게 되어 있는가?	249
여러 파드에 로드 밸런싱하는 방법	250
서비스가 대상으로 하는 파드를 확인하는 방법	253
서비스가 통신하지 않을 때	253, 470
이름이 붙여진 포트를 사용하여 포트 번호를 관리하는 방법	256
클러스터 내부 DNS에서 서비스 이름을 해석하는 방법	258

○ 계속

질문	답변 페이지
docker --links로 실행했을 때와 같은 형식으로 다른 서비스 엔드포인트를 환경 변수에 저장하는 방법	258
클러스터 내부 DNS kube-dns(CoreDNS) 성능을 향상하는 방법	264
클러스터 내부에서 사용되는 내부 로드 밸런서를 생성하는 방법	265
ClusterIP 서비스에서 정적 IP 주소를 설정하는 방법	267
클러스터 외부에서 통신하는 외부 로드 밸런서를 생성하는 방법	279
LoadBalancer 서비스의 External-IP가 pending 상태로 되어 있는 경우는?	281, 282
LoadBalancer 서비스에서 정적 IP 주소를 설정하는 방법	283
LoadBalancer 서비스에서 접속 제한을 설정하는 방법	284
요청에 대해 세션 어피니티를 설정하는 방법	286
클라이언트 IP를 가져오는 방법	289, 324
최대한 로드 밸런서의 레이턴시를 줄이는 방법	290, 294
토폴로지 정보를 바탕으로 East-West 트래픽을 억제한 로드 밸런싱을 하는 방법	294
각 파드의 IP 주소가 반환하는 서비스를 생성하는 방법	298, 302
외부 서비스와 느슨한 결합을 유지하는 방법	305
외부 서비스와 클러스터 내부 서비스를 유연하게 전환하는 방법	306
외부 여러 서비스에 로드 밸런싱을 하는 방법	307
경로 기반 라우팅을 수행	310
SSL 터미네이션을 수행	313
리소스와 컨트롤러에 대해	310, 797
서비스 종류가 많은데 어느 것을 사용해야 하는가?	328
컨테이너에 환경 변수를 전달하는 방법	332
컨테이너의 타임존을 변경하는 방법	334
컨테이너에 파드 IP 주소나 기동 중인 노드 등의 파드 정보를 확인하는 방법	334
컨테이너에 할당된 CPU 리소스 등의 컨테이너 정보를 확인하는 방법	336
환경 변수가 제대로 설정되지 않는 경우	337
컨테이너에서 기밀 정보를 사용하는 경우	340
시크릿을 사용한 서비스나 파드가 동작하는 않는 경우	342
인증이 필요한 도커 레지스트리의 컨테이너 이미지를 사용하는 방법	345
동적 시크릿을 업데이트하는 방법	353

○ 계속

질문	답변 페이지
시크릿이 안전한 이유	363
컨피그맵을 볼륨으로 마운트할 때 실행 권한을 부여하는 방법	364
시크릿/컨피그맵을 볼륨으로 마운트할 때 퍼미션을 변경하는 방법	364
여러 컨테이너에서 설정 파일이나 설정 정보를 공유하고 사용하는 방법	355
컨피그맵에서 바이너리 데이터를 취급하는 방법	356
동적 컨피그맵 내용을 업데이트하는 방법	366
시크릿이나 컨피그맵의 데이터가 변경되지 않게 하는 방법	368
OOM(Out of Memory)되는 원인은?	374, 434, 448
쿠버네티스 노드상의 파일을 컨테이너에 마운트하는 방법	375
파드나 컨테이너 정보를 파일로 마운트하는 방법	376
여러 파드에서 영속성 영역을 사용하는 방법	383
영구 볼륨을 사용한 후 처리 방식을 설정하는 방법	386
영구 볼륨 클레임이 Pending 상태로 생성되지 않는 경우	391
영구 볼륨을 확장하는 방법	400
PersistentVolumeClaimResize가 동작하지 않는 경우	400
영구 볼륨의 파일 시스템을 자동으로 확장하는 방법	403
영구 볼륨의 스냅샷과 클론을 사용하는 방법	403
볼륨을 읽기 전용으로 마운트하는 방법	410
볼륨의 특정 경로를 루트 디렉터리로 마운트하는 방법	411
노드에 할당된 CPU/메모리를 확인하는 방법	417
쿠버네티스 노드가 정상적으로 동작하는지 확인하는 방법	419
쿠버네티스 노드가 가지고 있는 도커 이미지를 확인하는 방법	421
가상으로 클러스터를 분리하는 방법	423
컨테이너에서 사용하는 CPU나 메모리 등의 리소스를 제한하는 방법	426
CPU와 메모리 리소스의 단위는?	426
성능을 향상하는 방법	426, 595
GPU 리소스를 제한하는 방법	435
GPU를 가진 GKE 클러스터를 구축하는 방법	435
Pending 상태인 기동하지 않는 파드가 있을 때	436, 441, 526
여러 컨테이너나 여러 초기화 컨테이너에 CPU나 메모리가 할당될 때의 동작은?	439

◐ 계속

질문	답변 페이지
쿠버네티스 클러스터의 오토 스케일을 하는 방법	441
CPU나 메모리 리소스의 기본값이나 최솟값과 최댓값을 설정하는 방법	443
리소스 할당은 어떻게 정하면 좋을까?	442
Requests와 Limits의 차이를 제한하는 방법(시스템을 안정화하고 싶은 경우)	442
영구 볼륨 클레임에 최솟값과 최댓값을 설정하는 방법	447
OOM Killer에 의해 컨테이너를 정지시킬 때 순위를 설정하는 방법	448
각 네임스페이스마다 사용 가능한 리소스 쿼터를 설정하는 방법	451
CPU 부하 등에 따라 디플로이먼트 레플리카 수를 오토 스케일링하는 방법	455
파드를 자동으로 스케일 아웃하는 방법	455
HorizontalPodAutoscaler는 어느 조건에서 스케일하는가?	455
HorizontalPodAutoscaler에서 스파이크에도 바로 반응하게 하는 방법	460
디플로이먼트의 파드에 할당된 CPU나 메모리 리소스를 오토 스케일링하는 방법	460
파드를 자동으로 스케일 업하는 방법	461
컨테이너에 헬스 체크하는 방법	470
명령어를 실행하여 컨테이너가 정상인지 헬스 체크하는 방법	473
HTTP 요청을 보내 컨테이너가 정상인지 헬스 체크하는 방법	473
TCP 포트가 활성화되어 있는지로 컨테이너가 정상인지 헬스 체크하는 방법	474
gRPC를 사용한 헬스 체크를 하는 방법	474
헬스 체크 간격을 조정하는 방법	475
첫 번째 헬스 체크 실행을 지연하는 방법	474, 486
컨테이너가 정지할 때 재기동 정책을 설정하는 방법	490
파드 기동 전에 설정 등의 초기화 처리를 하는 방법	494
컨테이너 기동 직후와 정지 직전에 임의의 명령어를 실행하는 방법	496
파드를 안전하게 정지하는 방법	499
디플로이먼트나 레플리카셋 등이 삭제될 때 하위 리소스인 파드는 삭제하지 않는 방법	502
쿠버네티스 노드를 스케줄링 대상에서 제외하는 방법	506
쿠버네티스 노드의 파드를 축출하는 방법	508
쿠버네티스 노드를 메인터넌스하는 방법	509
파드를 축출할 때 정지할 수 있는 파드 수를 제한하여 자동으로 안전하게 축출하는 방법	510
파드 배치를 재조정하는 방법	513

○ 계속

질문	답변 페이지
리소스에 대해 레이블을 부여하는 방법	518
특정 노드에 파드를 스케줄링하는 방법	522
특정 노드 이외에 파드를 스케줄링하는 방법	533
특정 파드가 있는 노드나 존에 파드를 스케줄링하는 방법	534
특정 파드가 있는 노드나 존 이외에 파드를 스케줄링하는 방법	544
토폴로지 정보를 바탕으로 분산하여 파드를 배치하는 방법	549
노드를 특정 용도를 위한 전용 노드로 사용하는 방법	553
조건에 일치하지 않는 파드를 노드에서 삭제하는 방법	555
파드에 우선순위를 부여하는 방법	562
커스텀 스케줄러를 사용하여 스케줄링하는 방법	566
정적으로 지정하여 특정 노드상에서 파드를 기동하는 방법	566
Go 언어 라이브러리를 사용하여 쿠버네티스 클러스터를 조작하는 방법	575
도커 레지스트리 인증 정보를 파드에 자동으로 부여하는 방법	576
RBAC를 설정하고 인증을 설정하는 방법	578
클러스터롤이 생성되지 않는 경우	580
보안을 향상하는 방법	590, 592, 599
호스트와 동등한 권한을 가진 특수 권한 컨테이너를 기동하는 방법	590
컨테이너에 리눅스 Capabilities를 부여하는 방법	591
컨테이너에서 실행하는 프로세스에 권한이 부족한 경우	590
컨테이너 이미지에 포함된 커널 관련 파일을 읽기 전용으로 하는 방법	592
컨테이너 실행 사용자와 그룹을 변경하는 방법	593
컨테이너 실행을 root 사용자 이외로 제한하는 방법	594
마운트한 볼륨 권한을 변경하는 방법	595
커널 파라미터를 변경하는 방법	595
클러스터 전체의 보안 정책을 정의하는 방법	598
파드 보안 정책(PodSecurityPolicy)이 동작하지 않는 경우	599
클러스터 내부의 네트워크 통신을 제한하는 방법	604
네트워크 정책(NetworkPolicy)이 동작하지 않는 경우	605
특정 레이블을 가진 파드에서 들어오는 통신을 허가하는 방법	611
특정 네임스페이스에서 들어오는 통신을 허가하는 방법	613

◑ 계속

질문	답변 페이지
특정 IP 주소나 네트워크에서 들어오는 통신을 허가하는 방법	615
파드를 생성할 때 기본 설정을 추가하는 방법	618
시크릿 매니페스트 파일을 암호화하여 깃 저장소에 업로드하는 방법	622, 711
매니페스트를 범용화하여 관리하는 방법	638
헬름 v2와 v3의 차이는?	639
헬름에서 템플릿으로 매니페스트 파일을 출력하는 방법	647
헬름에서 사용 가능한 차트를 검색하는 방법	642
설치한 헬름 차트를 테스트하는 방법	645
커스텀 헬름 차트를 생성하는 방법	649
헬름 체크를 로컬 저장소에 공개하는 방법	653
컨테이너 모니터링을 제대로 하는 방법	668
컨테이너 로그를 집계하고 사용하는 방법	685
매니페스트 유효성 검사를 지정하는 방법	697
매니페스트를 테스트하는 방법	699
매니페스트에 설정 가능한 값을 정책에서 제어하는 방법	701
개발 환경을 정비하고 개발 효율을 높이는 방법	711
파드 간 통신의 레이턴시를 시각화하는 방법	765
상세한 조건으로 카나리 배포를 하는 방법	766
쿠버네티스 리소스를 확장하는 방법	803
쿠버네티스에 존재하지 않는 kind라는 리소스를 추가하는 방법	803
클라우드 네이티브 오픈 소스 소프트웨어 목록을 확인하는 방법	810
쿠버네티스상에 관리형 서비스와 같은 XaaS를 배포하는 방법	810
쿠버네티스상에 서비리스를 구현하는 방법	811

마치며

쿠버네티스를 살펴보니 어떠한가? 나는 쿠버네티스가 IT의 미래를 느끼게 해주는 제품이라고 생각한다. 빠르게 변화하는 IT 업계의 특성상 몇 년 후에는 쿠버네티스를 대신하는 오케스트레이션 엔진이 나올 수도 있고, 서버리스로 더 추상화된 플랫폼이 유행할지도 모른다. 비록 그렇게 변한다 하더라도 지금 쿠버네티스에서 배울 수 있는 콘셉트들은 앞으로도 많은 도움이 될 것이다.

이 책을 시작할 때 '이 책의 내용을 전부 학습한다면 CKAD 자격증을 취득하기 쉬울 것이다.'라고 말했다. 이 책에서 다루는 내용을 끝까지 모두 학습했다면 자격증 시험에 도전해보자.

마지막으로 이 자리를 빌려 여러 분들에게 감사의 말씀을 전하고 싶다.

검토에 도움을 주신 모든 분에게 감사드린다. 여러분 덕분에 책의 내용을 알차게 채울 수 있었다.

- 유한회사 인테그시스템 대표 준 후타가와 님(@jfut)
- 주식회사 제트 라보 신야 우메무라 님(@uesyn)
- 쇼타 요시무라 님(@yosshi_)
- 쿄헤이 미즈모토 님(@kyohmizu)
- HPE 코우헤이 오타 님(@inductor)
- 카와미츠 히야히토 님
- 주식회사 사이버에이전트 마코토 헤세가와 님(@makocchi)

또 이 책을 집필할 기회를 주신 임프레스와 편집부의 모든 분에게 정말 감사드린다.

- 주식회사 임프레스 노리 스즈끼 님(@szkn27)
- 신지 이이오카 님(@iiokashinji)
- 코우시 이시가와 님
- 주식회사 그린 체리 무네히로 야마모토 님(@munepixyz)

이 밖에도 쿠버네티스, 도커, 클라우드 네이티브 커뮤니티에게서 많은 도움을 받았다. 항상 감사드린다. 앞으로 여러분께 조금이나마 보답할 수 있도록 노력하겠다. 앞으로도 잘 부탁드린다.

A

ACI 82
Admission Control 616
AKS 82
Alert Manager 678
alias 141, 160
Allocatable 433
Allow 240
Alpine Linux 33
Always 491
Amazon ECR 41
Amazon EKS 47
Amazon Elastic Container Registry 41
Amazon Elastic Kubernetes Service 47
Amazon Machine Image 84
Amazon Web Services 47
AMI 84
Apache Mesos 46
ArgoCD 707
args 173
automountServiceAccountToken 574
AWS 47
AWS VPC 84
Azure Active Directory 82
Azure Container Instances 82
Azure Kubernetes Service 82
az 명령어 83
A 레코드 259

B

Background 502
backoffLimit 228
behavior 458
BestEffort 449
binaryData 356
BORA 31
Borg 47, 77
BuildKit 39
Build Once 31
Burstable 450
busybox 34

C

Calico 605, 800
Capabilities 590
Capacity 434
cdk8s 665
Certified Kubernetes Conformance Program 802
Certified Kubernetes Distribution/Platform 57
cgroups 31
Chart 640
CI/CD 694
CIOps 696
CI옵스 696
Client-side apply 112
cloud-controller-manager 801
Cloud Logging 77, 686
Cloud Native Computing Foundation 47
Cluster Autoscaler 441
ClusterRole 578
ClusterRoleBinding 585
CMD 명령 35, 173
CNAME 304
CNCF 47, 811
CNI 249, 800, 809
command 173
Completed 243, 492
completions 228
concurrencyPolicy 240
ConfigMap 355
configMapKeyRef 359
Conftest 699
containerd 46, 798
Container Network Interface 249, 809
Container Runtime Interface 798, 808
Container Storage Interface 380, 809
Contour 312
Cortex 681
CRI 798, 808
CronJob 236
CSI 380, 403, 809
current-context 105
Custom Columns 140
CustomResourceDefinition 803, 810

D

DaemonSet 207
Datadog 668
Datadog Log 689
default 100, 423
Delete 386
Deployment 192
descheduler 513
Device Plugins 435
Distroless 33, 151
Distroless 이미지 34
DNS 258
dnsConfig 177
dnsPolicy 176, 263
DNS 라운드 로빈 300
Docker 30
Docker Desktop 62, 280
Docker Hub 41
docker —links 258
docker-shim 798
DoesNotExist 오퍼레이터 531
downwardAPI 376
drain 508
Dynamic Provisioning 393

E

EC2 인스턴스 84
EKS 84
eksctl 85
EKS on Fargate 84
Elastic Kubernetes Service 84
emptyDir 370, 430
Entrypoint 593
ENTRYPOINT 162
ENTRYPOINT 명령 35, 173
Envoy 769
Ephemeral Container 151
Ephemeral 스토리지 430
equality-based 191
Error 243, 493
etcd 794
Evict 561
eviction 509

Eviction Threshold 434
Eviction 매니저 434
exec 473
Exists 오퍼레이터 531
ExpandInUsePersistentVolume 403
Exporter 678
ExternalIP 268
ExternalName 304
ExternalSecret 632
externalTrafficPolicy 290
extraPortMapping 68

F

failedJobsHistoryLimit 243
FeatureGates 68
fieldRef 334
Finalizer 108
Flannel 73, 800
Fluent Bit 688
Fluentd 685
Forbid 240
Foreground 502
FPGA 435

G

Gatekeeper 701
gcloud 명령어 79
GCP 47, 94
GCR 41
generateName 117
GitOps 694, 696
GKE 47, 77, 94
glibc 34
Google Cloud Platform 47, 94
Google Container Engine 47
Google Container Registry 41
Google Kubernetes Engine 47, 77
Go Template 140
gpg 626
GPU 435
Graduated 47
Grafana Loki 691
gRPC 764

Gt 오퍼레이터　532
Guaranteed　449
GunPG　626

H

Helm　638
Homebrew　59
HorizontalPodAutoscaler　455
hostAliases　180
hostNetwork　175, 179
hostPath　375, 599
HPA　455
httpGet　473

I

IaC　49
IAM　84
IAM roles for service accounts　95
IBM Cloud Private　76
IBM 클라우드 프라이빗　76
ICP　76
Identity and Access Management　84
imagePullSecrets　576
Immediate　395
immutable　259, 368
Immutable Infrastructure　32
In-Cluster Config　576
Incubating　47
Infrastructure as Code　49
Ingress　310
IngressClass　327
Init Container　69, 494
initContainers　494
initialDelaySeconds　474
Inter-Pod Affinity　534
Inter-Pod Anti-Affinity　544
In 오퍼레이터　531
ipBlock　615
IPVS　799
Istio　769

J

Jenkins X　747
Job　223
JSON　49, 96, 140
JSON Path　140

K

k3s　68
kata-runtime(Kata Containers)　798, 808
kind　63
kpt　665
krew　156
Ksonnet　665
KST　334
kubeadm　67, 70
kubeadmConfigPatches　67
kubeadmConfigPatchesJson6902　67
kube-apiserver　794
kubeconfig　103
kube-controller-manager　797
kubectl　90, 102
kubectl-aliases　160
kubectl apply　108, 121, 159, 190
kubectl autoscale　456
kubectl config　104
kubectl cordon　507
kubectl cp　156
kubectl create　107
kubectl create cronjob　245
kubectl create deployment　207
kubectl create job　236
kubectl debug　151
kubectl delete　107
kubectl describe　144
kubectl drain　508
kubectl edit　136
kubectl exec　150
kubectl get　139, 225
kubectl.kubernetes.io/last-applied-configuration
　　126
kubectl label　520
kubectl logs　154
kubectl patch　239, 402

kubectl port-forward 152
kubectl proxy 503
kubectl rollout pause 200
kubectl rollout resume 200
kubectl rollout status 195
kubectl rollout undo 199
kubectl run 162
kubectl scale 190
kubectl set 137
kubectl set image 194
kubectl top 149
kubectl uncordon 507
kubectl version 94
kubectx 105
kube-dns 801
kubelet 797
kube-node-lease 100, 423
kubens 105
kubeoff 161
kubeon 161
kube-proxy 799
kube-ps1 161
kube-public 100, 423
kube-reserved 433
kubernetes in Docker 63
Kubernetes-native Testbed 811
kube-scheduler 796
kubesec 622
kube-system 100, 423
kube-up 70
Kubeval 697
Kustomize 654

L

L2 Routing 249
Limits 427
Liveness Probe 470
LoadBalancer 279
loadBalancerSourceRanges 284
Lt 오퍼레이터 532

M

managedFields 114
matchExpressions 530
maxSurge 202
maxUnavailable 202, 510
medium 430
MetalLB 279
metrics-server 149
microk8s 68
minAvailable 510
Minikube 58
minReadySeconds 205
Multi Task 230
Multi WorkQueue 231
musl libc 34

N

Namespace 99
namespaceSelector 613
NetworkPolicy 604
Never 225, 493
Nginx 인그레스 312
Node 417
Node Affinity 522
Node Anti-Affinity 533
NodePool 78
NodePort 273
nodeSelector 521
NoExecute Effect 556
None-Selector 서비스 307
nonResourceURLs 580
NoSchedule Effect 555
NotIn 오퍼레이터 531
not-ready 561

O

Observability 765
OCI 798, 808
OnDelete 209, 217
One Shot Task 229
OnFailure 226, 492
OOM 428, 442

OOM Killer 448
Open Container Initiative 798, 808
OpenPolicyAgent 699, 700
OrderedReady 216
Orphan 502
Out of Memory 428

P

Packer 84
Parallel 216
parallelism 228
partition 218
permission 364
PersistentVolume 369
PersistentVolumeClaim 369
PodDisruptionBudget 510
podManagementPolicy 216
PodPreset 617
PodSecurityContext 592
PodSecurityPolicy 598
podSelector 611
Pod Template 183
Pod Template Hash 196
postStart 497
Predicates 516
preemptible-killer 77
PreferNoSchedule Effect 555
preStop 497
Priority 516
PriorityClass 562
privileged 590
progressDeadlineSeconds 206
projected 377
Prometheus 678
Prune 132
prune 옵션 708
publishNotReadyAddresses 484
Push Gateway 678

Q

QAT 435
QoS Class 448

R

RBAC 578
ReadinessGate 481
Readiness Probe 470
ReadOnly 410
ReadOnlyMany 384
ReadWriteMany 385
ReadWriteOnce 384
Recreate 200
Recycle 387
Red Hat OpenShift Container Platform 76
Red Hat Universal Base Image 34
Rego 699
Rego 언어 700
Released 386
Replace 240
ReplicaSet 131, 182
ReplicationController 182
Requests 427
ResourceQuota 451
restartPolicy 225, 490
RESTful API 96
Retain 387
revisionHistoryLimit 205
RFC1123 174
Role 578
Role Based Access Control 578
RoleBinding 585
roleRef 585
RollingUpdate 202, 210, 218
root 593
root 파일 시스템 592
ROX 384
Run Anywhere 31
runc 798, 808
runsc(gVisor) 798, 808
runv 798, 808
RWO 384
RWX 385

S

safe 596
Sandbox 47

SchedulingDisabled 506
SchedulingEnabled 506
Scratch 151
scratch 이미지 34
SealedSecret 627
Secret 99
secretKeyRef 349
SecurityContext 590
Serverless 811
Server-side apply 112
Service 248
ServiceAccount 570
serviceAccountName 573
Service Level Indicator 69
Service Level Objective 69
Service Mesh 766
sessionAffinity 286
set-based 191
SIG 58, 63
SIGKILL 500
SIGTERM 499
Single WorkQueue 233
Skaffold 717
SLI 69
SLO 69
Spinnaker 730
SRV 레코드 262
SSL 터미네이션 313
stabilizationWindowSeconds 460
Stackdriver Logging 77, 686
startingDeadlineSeconds 242
Startup Probe 470, 486
stateful 211
StatefulSet 211
Static Pod 797
Stern 154
StorageClass 388
Strategic Merge Patch 160
subjects 585
subPath 411
successfulJobsHistoryLimit 243
suspend 239
sysctl 595
system-reserved 433

T

Taints 553
tanka 665
Telepresence 711
terminationGracePeriodSeconds 500
Thanos 681
Tolerations 553
Topology-aware Service Routing 294
topologyKey 535
TopologySpreadConstraints 549
TPU 435

U

UBI 34
unreachable 561
unsafe 596
UserAccount 570
USER 명령 36
UTC 334

V

VictoriaMetrics 681
Virtual Kubelet 82
VMware Enterprise PKS 76
Volume 369
volumeBindingMode 395
volumeClaimTemplates 212
volumeHandle 406
VolumeSnapshot 405
VolumeSnapshotContent 405
VPU 435
VXLAN 249

W, X, Y

WaitForFirstConsumer 395
WORKDIR 명령 181
Working Directory 181
Workload Identity 95
XFF 324
X-Forwarded-For 324
YAML 96, 140

ㄱ

가상 IP 주소　250
가상 머신　31, 51
경로 기반 라우팅　313
관리형 쿠버네티스 서비스　56, 87
관측 가능성　765
그라파나 로키　691
깃옵스　694, 696, 707

ㄴ

내부 네트워크　249
네임스페이스　31, 99, 423
네임스페이스 수준의 리소스　139
네트워크 정책　604, 800
노드　417
노드 로컬 DNS 캐시　264
노드 안티어피니티　533
노드 어피니티　522
노드 풀　78, 441, 518
느슨한 결합　305

ㄷ

단정　516
데몬셋　207
데이터독　668
데이터독 로그　689
도커　30, 797
도커 레지스트리　41
도커 스웜　46
도커 이미지　31
도커 이미지 빌드　36
도커 컨테이너　31
도커 파일　33, 36
도커 허브　41, 721
동적 프로비저닝　388, 393
디버깅　158
디자인 패턴　166
디플로이먼트　192

ㄹ

레드햇 오픈시프트 컨테이너 플랫폼　76
레이블　124, 127, 186, 382
레플리카셋　182, 191
레플리케이션 컨트롤러　182
로그　684
로드 밸런싱　250
롤　578
롤바인딩　585
롤백　197
리눅스 재단　47
리소스　97
리소스 쿼터　451

ㅁ

마운트 옵션　389
마이크로서비스 아키텍처　122, 764
매니페스트　49, 106, 110, 119, 694, 696
매니페스트 범용화　638
멀티 스테이지 빌드　38
메시지 큐　231
메인터넌스　506
메타데이터　124
메타데이터 API 카테고리　100
모니터링　668
미니큐브　58

ㅂ

발신 측 IP 주소　286, 292, 324
방화벽　284
배출 처리　508
버추얼 쿠버렛　82
베타　90
변경 불가능한 인프라　32
병합　111
보안 컨텍스트　590
볼륨　370
브이엠웨어 엔터프라이즈 PKS　76
블랙리스트 방식　607
빌드킷　39

ㅅ

사용자 어카운트　570
사이드카　166, 790
사이드카 패턴　166
서버리스　811
서비스　248
서비스 API 카테고리　98
서비스 디스커버리　51, 258
서비스 매시　766
서비스 수준 목표　69
서비스 수준 지표　69
서비스 어카운트　570, 600
선언적 코드　49
선점형 인스턴스　77
성능　426
세션 어피니티　286
셸 자동 완성　91
소노부이　802
스냅샷　403
스캐폴드　717
스케줄링　516
스코어링　516
스크립트　364
스택드라이버 로깅　77, 686
스테이트풀　211
스테이트풀셋　211
스토리지클래스　388, 396
스피네이커　730
시크릿　99, 340

ㅇ

아마존 웹 서비스　47
아티팩트 허브　642
아파치 메소스　46
알림 매니저　678
알파　90
알파인 리눅스　33
애저 액티브 디렉터리　82
앰배서더 패턴　167
어노테이션　124
어댑터 패턴　168
어드미션 컨트롤　616
어드미션 컨트롤러　617

엔보이　769
영구 볼륨　212, 379
영구 볼륨 클레임　212, 369, 443
예측 모니터링　677
오버커밋　429
오토 스케일링　441
오퍼레이터　803, 811
우선순위　516
워크로드 API 카테고리　97
이그레스 룰　606
이상치 모니터링　677
이상 행위 모니터링　677
이스티오　769
익스포터　678
인그레스　310
인그레스 룰　606
인그레스 컨트롤러　311
인그레스 클래스　324
인증서　319
인증 프로그램　57
인터파드 안티어피니티　544
인터파드 어피니티　534
일치성 기준 셀렉터　191
읽기 전용　410, 592
임시 컨테이너　151

ㅈ

자동화된 복구　184
작업 디렉터리　181
작업 큐　228
잡　223
접근 모드　383
정적 호스트명 해석　180
젠킨스 X　747
집합성 기준 셀렉터　191

ㅊ

차트　640
초기화 컨테이너　439, 494, 597
축출　508
축출 처리　509

ㅋ

캐스케이딩 삭제　502
캘리코　605
커널 파라미터　595
커스텀 리소스 데피니션　803, 810
컨테이너디　46
컨테이너 런타임　797
컨테이너 오케스트레이션 엔진　46
컨테이너 이미지　49
컨텍스트　61, 66, 105
컨피그맵　355
컨피그 & 스토리지 API 카테고리　99
쿠버네티스　46
쿠버네티스 노드　95
쿠버네티스 마스터　95
쿠버네티스 적합성 인증 프로그램　802
쿠버네티스 플레이그라운드　86
큐브어드민　70
큐비발　697
크기 조정　400
크론잡　236
클라우드 네이티브 컴퓨팅 파운데이션　47
클라우드 로깅　77, 686
클라우드 프로바이더　279
클라이언트 IP 주소　286, 292, 324
클러스터 API 카테고리　99
클러스터 내부 DNS　258
클러스터롤　578
클러스터롤바인딩　585
클러스터 수준의 리소스　139

ㅌ

타임존　334
태스크　228
테인트　553
텔레프레전스　711
토큰　571
톨러레이션　553
특수 권한 컨테이너　590, 599

ㅍ

파드　106, 165
파드 ready++　481

파드명 제한　174
파드 보안 정책　598
파드 보안 컨텍스트　592
파드 템플릿 해시　196
패커　84
퍼미션　364
포트 포워딩　152
푸시 게이트웨이　678
프로메테우스　678
플라넬　73, 800
플러그인　156
플루언트디　685
플루언트 비트　688

ㅎ

하이퍼바이저　31
헤드리스 서비스　298
헬름　638
헬스 체크　192, 470
홈브류　59
화이트리스트 방식　607

기호

── 120
*.cluster.local　263
/etc/hosts　180
/etc/kubernetes/admin.conf　72
/etc/resolve.conf　261
──grace-period　501
~/.kube/config　103
──output-watch-events　143
──record　193
──sync-frequency　366
──watch　143

숫자

2단계 로드 밸런싱　289